U0916168

《中国国际贸易单一窗口年鉴》编委会◎编著

# 中国国际贸易单一窗口年鉴 2022

中国海关出版社有限公司·北京

**图书在版编目（CIP）数据**

中国国际贸易单一窗口年鉴．2022/《中国国际贸易单一窗口年鉴》编委会编著．—北京：中国海关出版社有限公司，2023.4
ISBN 978-7-5175-0642-3

Ⅰ.①中… Ⅱ.①中… Ⅲ.①国际贸易—贸易管理—中国—2022—年鉴 Ⅳ.①F752-54

中国国家版本馆 CIP 数据核字（2023）第 033312 号

**中国国际贸易单一窗口年鉴 2022**

ZHONGGUO GUOJI MAOYI DANYI CHUANGKOU NIANJIAN 2022

作　　者：《中国国际贸易单一窗口年鉴》编委会
责任编辑：文珍妮
出版发行：中国海关出版社有限公司
社　　址：北京市朝阳区东四环南路甲 1 号　　邮政编码：100023
网　　址：www. hgcbs. com. cn
编 辑 部：01065194242-7533（电话）
发 行 部：01065194221/4227/4246/5127（电话）
社办书店：01065195616（电话）
https://weidian. com/?userid=319526934（网址）
印　　刷：北京铭成印刷有限公司　　经　　销：新华书店
开　　本：889mm×1194mm　1/16
印　　张：28　　字　　数：715 千字
版　　次：2023 年 4 月第 1 版
印　　次：2023 年 4 月第 1 次印刷
书　　号：ISBN 978-7-5175-0642-3
定　　价：300. 00 元

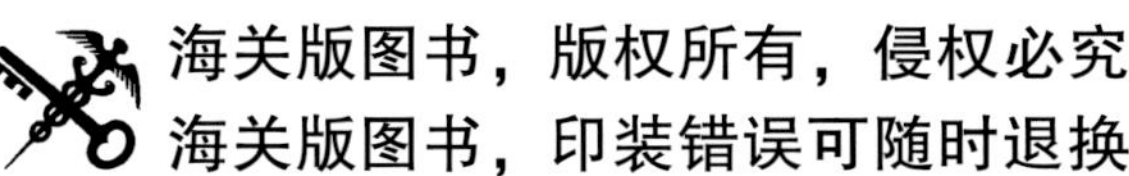

# 不忘初心 牢记使命

## 全面推进国际贸易“单一窗口”建设

我们要深化海关贸易安全和通关便利化合作。中方将推动建设中国—中东欧国家海关信息中心、中欧陆海快线沿线国家通关协调咨询点，愿探索同中东欧国家海关开展“智慧海关、智能边境、智享联通”合作试点。

——2021 年 2 月 9 日，国家主席习近平在中国—中东欧国家领导人峰会上的主旨讲话

要进一步优化外贸发展环境。继续推动降低外贸企业营商成本，清理规范口岸收费，深化国际贸易“单一窗口”建设，推动国际物流畅通。加大对中小外贸企业信贷、保险等支持，推动发展“海外仓”，加快相关标准与国际先进对标，助力企业更好开拓国际市场。

——2021 年 6 月 2 日，国务院总理李克强在全国深化“放管服”改革着力培育和激发市场主体活力电视电话会议上的讲话

不断丰富“单一窗口”业务功能，推动“单一窗口”朝着更加便利化、智能化、国际化方向发展。

——2021 年 2 月 5 日，国务院副总理胡春华在国务院口岸工作部际联席会议第六次全体会议上的讲话

深化国际贸易“单一窗口”建设，推进与国家电子政务平台“总对总”对接，加快跨部门信息共享和业务协同，除保密等特殊情况外，进出口环节 38 种监管证件全部实现一口受理、网上申领。

——2021 年 1 月 28 日，海关总署署长倪岳峰在 2021 年全国海关工作会议上的讲话

# 不忘初心 牢记使命

## 全面推进国际贸易“单一窗口”建设

口岸各部门要认真贯彻落实胡春华副总理关于推进“单一窗口”朝着便利化、智能化、国际化方向发展有关要求，共同持续推进“单一窗口”建设。

在便利化方面，要按照“应上尽上”原则，推动口岸和国际贸易领域相关业务纳入“单一窗口”，除涉密等特殊情况外，进出口环节监管证件及检验检疫证书等全部通过“单一窗口”一口受理，一窗通办；推动实地服务外包合同登记、服务外包出口退税无纸化等改革服务事项，拓展服务贸易功能；建设推广船舶联合登临检查、危险品申报等系统，根据疫情防控形势，适时组织开展邮轮旅客信息申报系统试运行；扩大海关查验信息推送试点；加强出口退税功能与“金税三期”系统对接和全面推广应用；会同民航局不断完善航空物流公共信息平台；加强与国铁集团合作，为企业提供全流程信息服务，支持中欧班列发展。

在智能化方面，持续对接银行、保险、民航、铁路、港口、公路、邮政、场站等行业机构，创新“外贸＋金融”“通关＋物流”等服务模式；加快跨境贸易大数据平台建设，创新更多跨境贸易服务；建设全国口岸综合管理平台，提升数字化、精细化口岸管理水平；加强区域“单一窗口”合作，支持服务京津冀、长三角、粤港澳大湾区、西部陆海新通道、海南自由贸易港等国家发展战略，推广全国口岸收费及服务信息发布系统，根据口岸和区域发展需要推出更多便利化措施，服务地方经济发展；支持地方在落地标准版功能的基础上，根据需要拓展特色服务功能。

同时，要常抓不懈做好“单一窗口”安全运维管理，落实“单一窗口”运行和安全管理办法，执行“单一窗口”运维和服务两项规程，加强服务绩效考核；组织做好企业培训，开展企业应用调查，升级改造门户网站，持续提升用户体验，提高应用率；完善平台基础设施，提高平台稳定性。全年系统整体可用性要达到 99.9% 以上。

——2021 年 2 月 23 日，海关总署党委委员、国家口岸管理办公室主任黄冠胜
在 2021 年全国口岸办主任会议上的讲话

# 不忘初心 牢记使命

## 全面推进国际贸易“单一窗口”建设

深化国际贸易“单一窗口”建设。完善营商环境评价体系。

——《中华人民共和国国民经济和社会发展第十四个五年规划和2035年远景目标纲要》

高标准建设国际贸易“单一窗口”，加快推动“单一窗口”服务功能由口岸通关向口岸物流、贸易服务等全链条拓展，推进全流程作业无纸化。在确保数据安全的前提下，推动与东亚地区主要贸易伙伴口岸间相关单证联网核查。

——《国务院关于开展营商环境创新试点工作的意见》（国发〔2021〕24号）

推动国际贸易“单一窗口”同港口、铁路、民航等信息平台及银行、保险等机构对接。

——《国务院办公厅关于服务“六稳”“六保”进一步做好“放管服”改革有关工作的意见》（国办发〔2021〕10号）

深化国际贸易“单一窗口”建设，2021年底前，除涉密等特殊情况外，进出口环节监管证件统一通过“单一窗口”受理，逐步实现监管证件电子签发、自助打印。

——《国务院办公厅关于印发全国深化“放管服”改革着力培育和激发市场主体活力电视电话会议重点任务分工方案的通知》（国办发〔2021〕25号）

# 不忘初心 牢记使命

## 全面推进国际贸易“单一窗口”建设

加强跨部门信息共享，进一步提升出口退税申报便利水平，实现企业通过税务系统申报出口退税时自动调用本企业出口报关单信息，通过国际贸易“单一窗口”申报出口退税时自动调用本企业购进的出口货物的发票信息。

优化原产地证书自助打印功能。2021年底前，除涉密等特殊情况外，进出口环节监管证件统一纳入“单一窗口”一口受理，根据实际需要逐步实现监管证件电子签发、自助打印。

认真落实口岸收费目录清单公示制度并强化动态更新，目录清单之外不得收费。有序推进口岸收费主体通过“单一窗口”公开收费标准、服务项目等信息，增强口岸收费透明度、可比性。支持具备条件的口岸提供“一站式”收缴费服务，复制推广“一站式阳光价格”服务模式。

建设和优化推广“单一窗口”船舶联合登临检查、邮轮旅客申报、出口退税申报等系统功能，推动口岸和跨境贸易领域相关业务统一通过“单一窗口”办理。将棉花等进口关税配额事项纳入“单一窗口”，实现在线和无纸化办理。创新“外贸＋金融”“通关＋物流”等服务模式，推进企业跨境贸易档案库、物流协同、金融保险、通关物流全流程评估等功能实施。加强“单一窗口”与境外互联互通。支持地方“单一窗口”拓展特色服务功能。

依托“单一窗口”建设航空物流公共信息平台，推动航空物流全链条信息互联互通，实现运单申报、运输鉴定报告、货物跟踪、航线网络可视化等“一站式”服务。

通过“单一窗口”等渠道，推送政策措施及监管要求。提升“单一窗口”智能化服务水平，实现用户咨询问题线上受理和自动应答。

——《海关总署 发展改革委 财政部 交通运输部 商务部 卫生健康委 税务总局 市场监管总局 铁路局 民航局关于进一步深化跨境贸易便利化改革优化口岸营商环境的通知》（署岸发〔2021〕85号）

# 《“十四五”海关发展规划》（摘录）

与境外“单一窗口”互联互通国家（地区）数量至2025年达到15个。

深化“单一窗口”政务服务功能。推动口岸和国际贸易领域相关业务统一通过“单一窗口”办理，除涉密等特殊情况外，进出口环节涉及的监管证件和检验检疫证书原则上都通过“单一窗口”一口受理，推动实现企业在线缴费、自主打印证件等，其他国际贸易领域相关业务办理事项实现“应上尽上”。

拓展“单一窗口”覆盖面。依托“单一窗口”基础架构，将“单一窗口”功能逐步覆盖国际贸易管理全链条，打造“一站式”贸易服务平台和跨境贸易大数据平台，推动形成良好贸易服务生态。

推进“单一窗口”国际联通。拓宽联接共享，推进与主要贸易伙伴国“单一窗口”的互联互通和数据交换，成为我国与世界贸易联通的数字门户，联接贸易、物流、金融和基础设施等，驱动贸易链和供应链的数字化转型。

夯实“单一窗口”信息化基础。推进数据协调、简化和标准化工作，充分运用区块链等技术，实现“单一窗口”性能优越、信息安全可信、流程公开透明。加强电子口岸基础设施建设，完善运维服务体系，提高平台稳定性，全年系统整体可用性达99.9%以上。基于电子口岸、“单一窗口”数据交换体系和统一标准规范，持续推进跨部门、跨地区、跨行业数据交换共享。建设全国口岸综合管理平台，提升全国口岸数字化、精细化管理水平。

丰富国际贸易“单一窗口”功能，优化口岸营商环境，提高边境监管手段、各边境部门协同监管、跨境合作的智能化水平，实现信息互通共享、风险联防联控，推动“智能边境”建设。

依托国际贸易“单一窗口”和海关“一带一路”信息交换共享平台建设，推进中国海关多双边信息交换。

# 《国家“十四五”口岸发展规划》（摘录）

深化国际贸易“单一窗口”服务功能，构建覆盖跨境贸易全链条的“一站式”贸易服务平台，支持新兴业态发展，推进国际间互联互通。

树立“智慧口岸、智能边境、智享联通”理念，按照集约、高效、安全原则，以电子口岸公共平台及国际贸易“单一窗口”应用建设为抓手，推进口岸信息化服务整合，推动各部门、各地方信息互联互通。加快国际贸易“单一窗口”与国家有关政务平台对接。规范口岸信息化建设管理，强化安全运行和服务保障，在确保数据安全的前提下加快推进口岸数据资源的综合利用，提升安全运行和服务保障能力。进一步理顺政府与市场、政务与商务的关系，构建中央和地方合理分工，各相关方优势互补、合作共赢、良性共生的生态体系，最大限度统筹社会资源，共同提升口岸智慧化水平。加强与“智慧边海防”建设对接，为合力强边固防提供技术支撑。

推动口岸和国际贸易领域相关业务统一通过“单一窗口”办理，除保密等特殊情况外，进出口环节监管证件及检验检疫证书等原则上通过“单一窗口”一口受理、一窗通办，推动实现企业在线缴费、自主打印证件。对接银行、保险、征信、支付等机构，推行“外贸＋金融”服务模式，提供更加便利的融资担保、保险理赔、支付结算等服务。鼓励多元参与，依托国际贸易“单一窗口”打通航空、铁路、港航、公路、邮政等各类口岸通关物流节点，实现多种交通工具相互衔接、转运，多个口岸业务联动，各相关主体之间信息互通和协同作业，为企业提供全程“一站式”通关物流信息服务。发挥“单一窗口”数据汇聚优势，构建基于大数据的开放式创新服务平台，提供跨境贸易大数据服务，支持国际贸易全链条相关产业发展。加强标准化建设，主动对接国际标准，开展与境外“单一窗口”互联互通，实现报关单等通关数据、进出境检疫证书等监管证件跨境联网核查和进出境相关商业票据数据交换。

完善“单一窗口”政务服务功能，推进进出口环节监管证件及检验检疫证书等一口受理。对接银行、保险、征信、支付等行业机构，全面推行“外贸＋金融”服务模式，提供“一站式”贸易金融服务。有序推进“单一窗口”与民航、铁路、港口、公路、邮政等行业机构合作，依托“单一窗口”建设综合物流协同平台、航空物流公共信息平台，为企业提供全程“一站式”通关物流信息服务。对接国家政务服务平台，加快建设跨境贸易大数据平台，开展跨境贸易数据跟踪分析，推进跨境物流的全程可视化建设，实现进出口商品全程可追溯。拓展移动服务功能，建设智能客服系统。支持区域“单一窗口”建设。推进国际“单一窗口”信息互联互通。

探索推进“单一窗口”标准和技术走出去，推动与境外“单一窗口”互联互通合作。提升中欧班列信息化水平，为保障运输安全提供数字化解决方案。重点围绕国际贸易“单一窗口”、跨境贸易、国际航空、海运服务等领域积极参与相关国际组织标准制定。

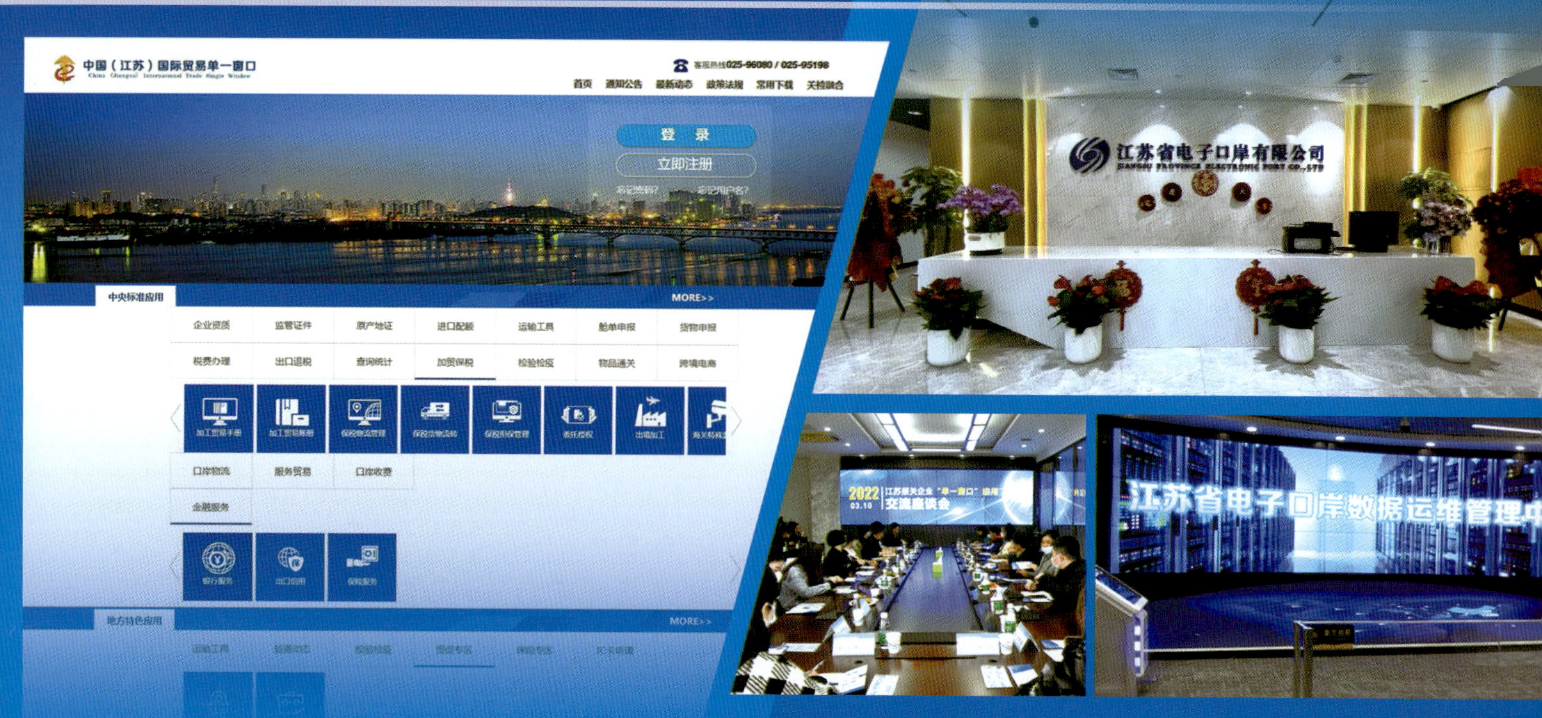


# 江苏省电子口岸有限公司

江苏省电子口岸有限公司成立于2009年6月，是由江苏省贸促会和南京海关、原江苏检验检疫局、江苏海事局相关实体共同投资组建。公司负责“单一窗口”在江苏省的系统部署、试点推广、信息安全、运行维护、技术支持等工作，同时负责全省用户的相关咨询和培训。目前，江苏“单一窗口”已与20个口岸管理部门、省内全部8家市（县）电子口岸实现了数据共享，是全省外贸大数据的唯一枢纽；服务企业11万家，基本覆盖全省外贸企业。

2021年，江苏“单一窗口”标准版货物申报、运输工具、舱单等主要业务覆盖率均稳定在100%。加工贸易、收费公示等5大类16项新功能落地推广。2021年，江苏省企业通过江苏“单一窗口”标准版、江苏特色服务共完成各类申报3124.37万票。平台全年对外提供7×24小时不间断服务，客服热线咨询业务量居于全国前列，电话总接通率达99%，客户评价满意度达99.99%。

“十四五”期间，公司将按照时任江苏省省长吴政隆视察省“单一窗口”时提出的“紧紧围绕问题导向和需求导向，拓展数据共享范围，丰富平台应用功能”的工作要求，以服务江苏省外贸高质量发展为目标，致力于将公司打造为江苏省外贸大数据中心、外贸数据重要枢纽，江苏外贸“互联网+”的主要建设运营方，全省口岸数字化、智慧化的主要开拓者，不断深化改革创新，提升服务质量和能力，为江苏开放型经济提供有力支撑。

## 江苏特色应用

2020年年底，长三角国际贸易“单一窗口”服务专区正式上线运行，与上海电子口岸实现数据共享，截至2021年年底，全省共计75艘次集装箱船舶提交空箱调运申请9880个。

2020年，“苏贸贷”二期平台正式上线运行，累计授信3179家企业，放贷金额159亿元。

2021年，公司配合南京海关关税处建成商品识别码分类系统数据库，南京海关关税处与中国编码中心对接系统共发送12.58万条验证数据，共接收7.32万条验证返回记录。同时完成署级应用研究课题，得到海关总署关税司肯定并在全国推广。

2021年，公司以太仓港智慧口岸为试点，开展江苏省智慧口岸专项规划试点研究，分析提炼符合江苏省智慧口岸（水运）建设基础数据要素参考标准，形成信息化试点解决方案，打造样本应用模块融入江苏“单一窗口”地方特色板块。

2021年，江苏“单一窗口”平台与信用保险行业对接，建成关税保证险投保系统，避免了企业重复提交数据，提高企业和保险公司信保业务交互效率。

# 厦门口岸航空电子货运平台

厦门口岸航空电子货运平台是厦门自贸片区管委会和亚太示范电子口岸网络合作的试点示范项目，也是国家口岸办航空物流公共信息平台验证试点项目，由厦门自贸试验区电子口岸有限公司建设运营。该平台以推进传统航空货运向现代物流转变、实现空港口岸进出口货物无纸化运输为目标，遵循IATA行业标准，以电子运单为主线优化作业流程，依托厦门“单一窗口”作为公共服务和数据交换平台，协调解决民航安监局、航空公司、机场货站、货主货代、报关行、检测机构等航空物流各参与方的业务需求，保证数据传输准确性和安全性，实现多角色业务并联协同作业，境内外双向互联互通，全流程物流信息可视化，极大提高了物流作业时效，为企业节省上千万元成本，提升了厦门跨境贸易便利化水平，为加快形成航空电子货运新发展格局提供了可复制可推广的成功经验。

平台上线以来，厦门口岸空运进口业务由原来每票货物至少5次的人工交接减少为1次提货交接，物流作业时间最快可压缩90%；出口业务在全国率先实现“一单多报”和安检验讫电子化作业，并将托运书、安检申报清单等6种纸面单证转为电子化运作，减少货运代理人3～4趟的人工交接手续，企业外勤工作量减少70%以上，收运作业效率提升90%以上（现场作业时间除外）。厦门空运进口运单电子化在全国首创“单一窗口+空运物流”的模式还得到了商务部、外交部的高度认可，代表中国优秀案例参加2020年年初在马来西亚举行的APEC主席之友互联互通会议，并作为成功案例在亚太示范电子口岸网络第六届公私对话会上分享推介。

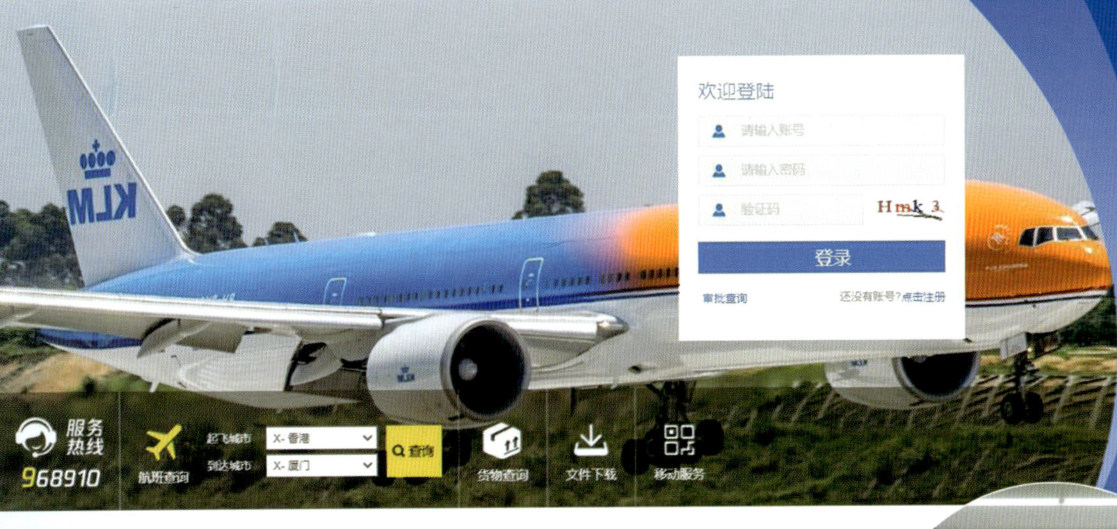


2021年4月在厦门召开的国际贸易“单一窗口”航空物流公共信息平台工作现场会上，国家口岸办对厦门口岸航空电子货运平台给予了高度评价，认为平台解决了很多关键环节的无纸化问题，加强了协同性，提升了企业获得感。2022年5月平台顺利完成与国家航空物流公共信息平台数据对接，成为首个向国家“单一窗口”实时传输共享空运数据的地方“单一窗口”。

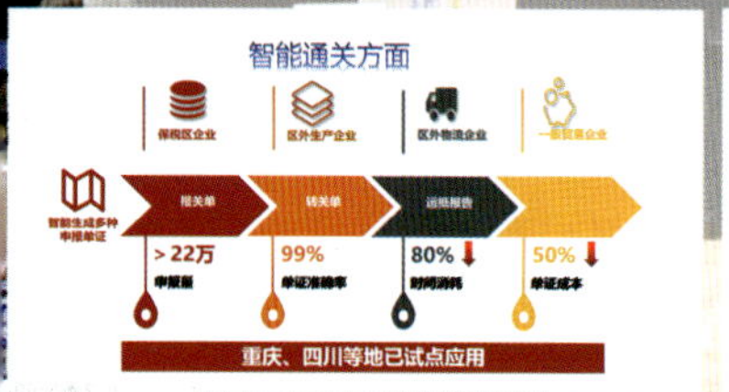

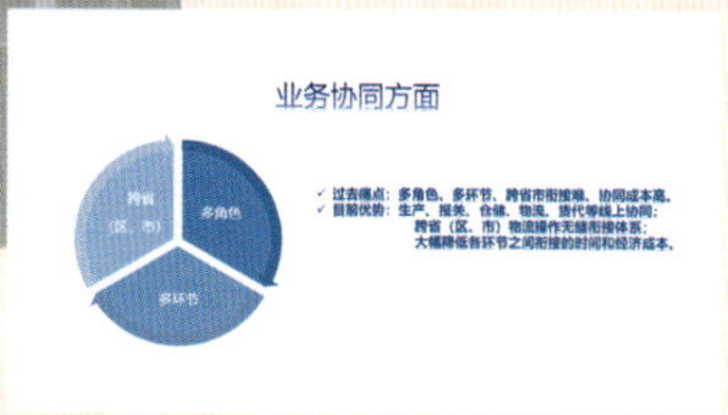

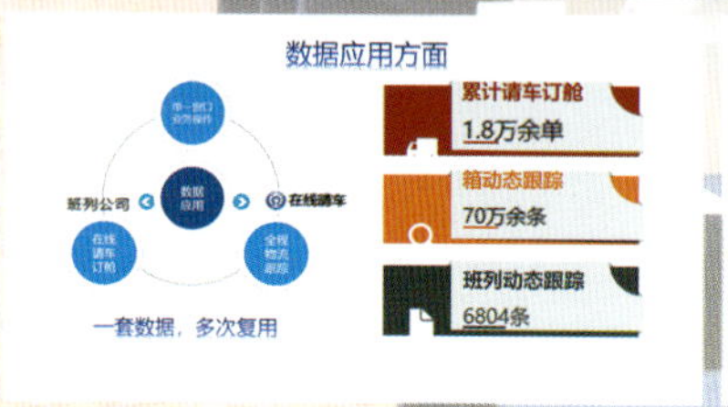

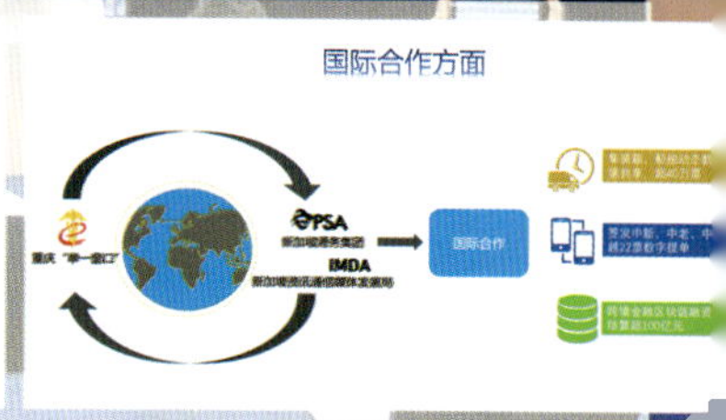

## 重庆电子口岸中心

为贯彻落实习近平主席在第二届“一带一路”国际合作高峰论坛的重要讲话精神，在海关总署、国家口岸办的指导下，重庆会同西部陆海新通道沿线省（区、市）建设了“单一窗口”西部陆海新通道平台。

该平台于2022年7月22日在重庆举行的第四届西洽会开幕式上正式启动上线，海关总署总检验师孙文康为平台上线致辞，国家口岸办和西部陆海新通道沿线“13+2”省（区、市）有关领导出席并共同见证。平台现有智能通关、业务协同、数据应用、国际合作4大板块11项功能，有效提升通道通关物流效率，充分带动通道经贸发展，进一步推动通道产业融合。

这是首个在国家层面推广的区域“单一窗口”平台，是海关总署落实和服务国家战略的务实举措，为依托“单一窗口”推动战略通道建设和服务新发展格局积累了可复制可推广的经验。

# Contents
# 目　录

## 标准版发展篇



## 地方发展篇

## 法规文件篇

中国国际贸易
单一窗口
年鉴

# 标准版[①]发展篇

BIAOZHUN BAN FAZHAN PIAN

2022

① 标准版为国际贸易“单一窗口”标准版的简称。

# 综　述

2021年，国家口岸管理办公室认真贯彻落实党中央、国务院有关决策部署，在全国各地方和各相关部门的支持和共同努力下，砥砺前行、迎难而上，持续拓展国际贸易“单一窗口”应用功能，推进跨部门信息共享，深化跨境互联互通，强化安全运行管理，提升服务水平，各项工作取得新成绩，为实现“十四五”良好开局做出积极贡献。

## 一、认真落实国务院关于进出口环节监管证件一口受理的任务要求

会同科技部、商务部、药监局、中宣部（新闻出版署）、农业农村部、市场监管总局、林草局等部门，实现了人类遗传资源材料出口/出境证明、进口许可证、麻醉药品和精神药物进出口准许证、进口医疗器械备案/注册证、进口普通化妆品备案凭证、进口特殊化妆品注册证书、两用物项和技术进口许可证、两用物项和技术进出口许可证、技术出口许可证、技术出口合同登记证、赴境外加工光盘进口备案证明、国（境）外引进农业种苗检疫审批单/引进林木种子苗木检疫审批单、农业转基因生物安全证书（进口）、强制性产品认证证书或证明文件、进口兽药通关单、特种设备制造许可证及型式试验证书、婴幼儿配方乳粉产品配方注册证书、保健食品注册证书或保健食品备案凭证、特殊医学用途配方食品注册证书等19种进出口环节监管证件通过“单一窗口”一口受理。截至2021年年底，应纳入“单一窗口”受理的38种监管证件，已全部通过“单一窗口”受理。

## 二、持续深化“单一窗口”基本功能建设

### （一）实现与国家政务服务平台“总对总”对接

实现两平台用户身份认证体系对接互认，在国家政务服务平台门户开通“单一窗口”专区，完成与国家政务服务平台电子证照系统对接准备，配合国务院办公厅电子政务办、林草局完成非《进出口野生动植物种商品目录》物种证明申请核发跨省通办功能开发和上线推广。

### （二）危险货物申报功能顺利实施并在山东青岛海运口岸开展试点

试点企业通过“单一窗口”顺利完成船舶载运包装货物、固体散装、液体散装进出港口申报，以及提交安全适运报告等，边试点边优化，持续提升系统使用便利性。

### （三）完成对外服务整合改造工作

完成进口机动车 VIN 管理、进口食品境外生产企业注册管理、出口退货管理等 10 个系统的改造工作，实现统一服务入口、统一身份认证、统一部署、统一运维管理。

2021 年，“单一窗口”基本功能由 18 大类 729 项扩大到 19 大类 781 项，累计注册用户由 396 万家增加到 502 万家，日申报业务量由 1200 万票增加到 1400 余万票，服务覆盖全国所有口岸和各类特殊区域，基本满足企业“一站式”业务办理需求，核心系统可用性达 99.9%。

## 三、进一步增强口岸跨部门信息共享和业务协同

### （一）跨部门业务协同进一步加强

2021 年，平台累计交换共享信息 3.4 亿条，口岸各部门在进出口环节 38 种监管证件全部实现联网核查、无纸通关，会同国家税务总局完成“单一窗口”出口退税（金三版）功能开发并在全国推广应用，提高企业通过“单一窗口”申报出口退税的便利性。

### （二）海关查验信息推送功能在全国水运口岸稳步推广

天津、上海、浙江、山东、广东、海南、重庆、福建、安徽、江苏、广西等 11 个省市已实现海关查验信息推送功能，累计向地方推送海关查验信息 601 万条，接收港口、码头调箱信息 131 万条。

## 四、有序推进“单一窗口”功能向跨境贸易全链条延伸覆盖

### （一）开展与银行、保险机构合作对接，稳步推进金融保险服务扩大试点

“单一窗口”金融服务体系和功能不断优化完善，2021 年完成了与第三批共 8 家金融保险机构的合作协议签署并实施系统对接，对接试点金融机构增至 20 家，上线了信用证国际结算、进出口信用证押汇、出口商业发票融资、“跨境贷”优化、出口信用保险（二期）功能、出口信保快捷贷等一批创新服务功能，惠及外贸企业 23 万余家。

### （二）积极依托“单一窗口”推进航空物流公共信息平台建设

推动完成平台验证工作目标，实现主体、标准和流程三个“全覆盖”。在福建（厦门）、广东（广州、深圳）、海南、陕西等地组织开展首批试点建设工作，取得积极成效。据厦门市口岸办测算，进口方面，物流作业时间最多可压缩 90%；出口方面，作业效率提升 70%。

### （三）创新推出更多贴近企业的实用功能

开发上线企业跨境贸易档案系统（一期），以企业为单元汇聚本企业跨境贸易数据，为企业提供查询、分析和展示服务，辅助企业经营分析和品牌推广。上线“掌上单一窗口”App，首批功能包括货物通关状态、出口退税联网核查、监管证件联网状态、个人物品通关状态、跨境电商

额度、进出口商品税率等查询及订阅推送等，最大限度满足企业“一站式”查询服务需求。创新推出大企业直连服务，满足全国多地从事进出口业务、设有多个独立法人单位的大型企业集团的个性化系统对接直连需求，降低企业的业务管理和系统运维成本。在全国海运口岸推广应用“单一窗口”口岸收费及服务信息发布系统，促进口岸收费更加公开透明，进一步优化口岸营商环境，截至2021年12月底，共收录收费主体4321个，收费清单71135条。

## 五、积极支持指导各地方及区域性“单一窗口”建设

### （一）协力推动海南自贸港建设

对海南“单一窗口”建设提出指导意见，加快推动海南自贸港公共信息服务平台整合，上线海南“零关税”设备、交通工具及游艇管理系统申报功能，提升海南岛内企业设备转移、转让、抵押贷款等业务办理效率。

### （二）支持“单一窗口”西部陆海新通道平台建设

持续支持指导重庆等地推进合作机制、平台建设、统一认证、应用开发、“智能制单”项目推广等相关工作，加强区域内信息共享与业务协同，促进区域跨境贸易、跨境物流和相关产业深度融合。

### （三）组织开展区域性“单一窗口”建设与发展课题研究

研究区域性平台建设发展规划，支持西部陆海新通道、长三角、粤港澳大湾区等国家区域发展战略，促进地方经济发展。指导广东上线粤港澳大湾区跨界车辆信息管理综合服务平台，试运行粤澳货物“一单两报”功能，建设“澳车北上”系统。

## 六、深入开展“单一窗口”对外交流与合作

### （一）持续深化与新加坡在“单一窗口”领域的合作

会同新加坡成功举行中新（加坡）海关“单一窗口”联合工作组第五次会议，签署《中华人民共和国海关总署和新加坡共和国关税局关于“单一窗口”互联互通联盟链的合作备忘录》。双方三个合作示范项目也在稳步推进。

### （二）利用国际平台和不同场合介绍我国“单一窗口”建设情况与经验，提出合作倡议

积极参加世界海关组织、世界贸易组织、亚洲开发银行等有关国际组织活动，推动我国“单一窗口”提案纳入《京都公约》及其指南。开展与马来西亚等东盟成员国、澜湄国家、中亚国家、以色列等“一带一路”沿线国家（地区）的“单一窗口”合作磋商与交流。

## 七、 进一步提升“单一窗口” 客户服务质量

依托全国一体化运维服务管理平台，组织开展每月客服绩效考核和服务月报发布，指导加强对地方 95198 热线抽查。制定 2021 年度对直属海关“单一窗口”绩效考核指标，综合运用项目推广、数据安全、系统运行和客户服务等指标，多手段促进客服质量提升。常态化开展企业问卷调查，了解企业痛点，切实为企业解难题。

定期开展运行周报、服务月报、季度通报发布工作，全年通过微信公众号、新浪微博等发布 196 篇“单一窗口”宣传文章；举办 17 场系统功能操作线上培训。全年运维工单数量下降 53%，用户满意度在 96. 9%以上，“单一窗口”核心系统可用性达 99. 9%以上，客服质量不断提升。

# 大事记

1月5日

“单一窗口”海南“零关税”设备、交通工具及游艇管理功能上线。

1月12日

“单一窗口”金融服务农业银行预约开户功能上线。

1月20日

“单一窗口”进口许可证申领功能上线。

1月28日

全国海关工作会议在北京召开。会议要求深化国际贸易“单一窗口”建设，推进与国家电子政务平台“总对总”对接，加快跨部门信息共享和业务协同，除保密等特殊情况外，进出口环节38种监管证件全部实现一口受理、网上申领。

2月3日

“单一窗口”进口医疗器械备案/注册证、麻精药品进出口准许证申领功能上线。

3月11日

“单一窗口”人类遗传资源材料出口、出境证明申领功能上线。

3月31日

海关总署党委委员、国家口岸管理办公室主任黄冠胜会见国务院办公厅电子政务办公室主任卢向东，就国家电子政务平台与“单一窗口”合作进行了交流。国务院办公室电子政务办公室充分肯定国际贸易“单一窗口”建设取得的成就，认为其在中央国家机关信息化建设中走在了前列，树立了典范。

5月10日

“单一窗口”《区域全面经济合作伙伴关系协定》（RCEP）原产地管理功能上线，涉及货物申报、优惠贸易协定要素申报、原产地综合服务平台、原产地证书申请、原产地证书核查等五个应用系统上线或升级。

5月13日

“单一窗口”进口特殊化妆品注册证书、进口普通化妆品备案凭证申领功能上线。

5月25日

“单一窗口”两用物项和技术进出口许可证、技术出口许可证、技术出口合同登记证申领功能上线。

"单一窗口"金融服务工商银行保函开立功能上线。

6 月 3 日

根据《关于优化整合出口退税信息系统更好服务纳税人有关事项的公告》（国家税务总局公告 2021 年第 15 号），"单一窗口"出口退税功能完成升级并上线，通过"单一窗口"申报出口退税更加方便快捷。

6 月 18 日

中新（加坡）海关"单一窗口"联合工作组第五次会议召开。会议肯定了前期货物申报数据交换、海运集装箱通关物流信息交换、"单一窗口"联盟区块链建设等试点合作项目建设成效，原则审议通过了中新"单一窗口"联盟链《技术标准》《技术方案》《治理方案》等。

7 月 1 日

输泰国的《中华人民共和国与东南亚国家联盟全面经济合作框架协议》项下原产地证书、《中华人民共和国政府和毛里求斯共和国政府自由贸易协定》项下原产地证书可在"单一窗口"自助打印。可在"单一窗口"自助打印的原产地证书增至 17 种。

7 月 6 日

"单一窗口"危险货物申报功能上线，在青岛海运口岸试点应用。

7 月 26 日

"单一窗口"金融服务进口信用证国际结算功能上线。

7 月 28 日

"单一窗口"与国家政务服务平台实现合作对接，在该平台成功开通服务专区。用户可在该专区办理企业资质、货物申报、许可证件、出口退税、物品通关、跨境电商等 18 大类数百项业务。

7 月 29 日

海关总署党委委员、国家口岸管理办公室主任黄冠胜，国家口岸管理办公室副主任党英杰、王可出席国务院政策例行吹风会，介绍进一步深化跨境贸易便利化改革、优化口岸营商环境有关情况，并答记者问。其间对深化"单一窗口"建设情况进行了大篇幅介绍，并回答多项记者问。

7 月 31 日

"单一窗口"国（境）外引进农业种苗检疫审批单/引进林木种子、苗木检疫审批单申领功能上线。

8 月 5 日

"单一窗口"进口机动车 VIN 申报系统上线。

8 月 10 日

"单一窗口"公自用物品申报功能新增个人用户进行留学生购车申请功能。

8 月 20 日

海关总署、发展改革委、财政部、交通运输部、商务部、卫生健康委、税务总局、市场监管总局、铁路局、民航局联合印发《关于进一步深化跨境贸易便利化改革优化口岸营商环境的通知》（署岸发〔2021〕85 号），要求深化国际贸易"单一窗口"功能。建设和优化推广"单一窗口"船舶联合登临检查、邮轮旅客申报、出口退税申报等系统功能，推动口岸和跨境贸易领域相关业务统一通过“单一窗口”办理。将棉花等进口关税配额事项纳入“单一窗口”，实现在线和无纸化办理。创新“外贸+金融”“通关+物流”等服务模式，推进企业跨境贸易档案库、物流协同、金融保险、通关物流全流程评估等功能实施。加强“单一窗口”与境外互联互通。支持地方“单一窗口”拓展特色服务功能。

8月27日

“单一窗口”服务贸易功能项下暂时进出境货物申报功能上线。

8月31日

“单一窗口”航空物流公共信息平台在厦门、广州、深圳、海南、陕西开展首批试点建设工作。

9月8日

“单一窗口”赴境外加工光盘进口备案证明申领功能上线。

10月11日

“单一窗口”农业转基因生物安全证书（进口）申领功能上线。

10月16日

“单一窗口”原产地享惠受阻协调功能上线。

10月20日

“单一窗口”强制性产品认证证书或证明文件申领功能上线。

10月30日

“单一窗口”进口食品境外生产企业注册功能上线。

11月12日

“单一窗口”个人物品税款支付功能上线。

11月18日

“单一窗口”贸促会原产地证书申领功能新增中巴原产地证书申领。

11月29日

“单一窗口”进口兽药通关单申领功能上线。

11月30日

“单一窗口”特种设备制造许可证及型式试验证书申领功能上线。

12月1日

“单一窗口”税款担保备案申请功能上线。

12月8日

“单一窗口”订阅推送功能新增航空物流信息订阅推送。

12月9日

“单一窗口”婴幼儿配方乳粉产品配方注册证书、保健食品注册证书或保健食品备案凭证、特殊医学用途配方食品注册证书申领功能上线。

即日起，除保密等特殊情况外，进出口环节涉及的38种监管证件可全部通过“单一窗口”实现一口受理。

12 月 16 日

“单一窗口”过境运输监管功能上线。

12 月 29 日

海关总署署长倪岳峰与新加坡驻华大使吕德耀交换签署《中华人民共和国海关总署和新加坡共和国关税局关于“单一窗口”互联互通联盟链的合作备忘录》。

“单一窗口”新版门户网站上线试运行。

12 月 30 日

“单一窗口”经核准出口商管理功能上线。

“单一窗口”查询统计功能新增舱单运抵状态查询。

# 标准版功能推广应用情况

## 一、 2021年标准版主要功能申报业务量统计

| 应用类别 | 序号 | 应用项目 | 业务部门 | 全年 | | | | 应用率 |
|---|---|---|---|---|---|---|---|---|
| | | | | 一季度 | 二季度 | 三季度 | 四季度 | |
| 一、货物申报 | 1 | 货物申报 | 海关总署 | 18592990 | 20622264 | 21709435 | 27574949 | 100% |
| | 2 | 其他 | | 1938001 | 1872280 | 2098100 | 2081252 | / |
| 二、舱单申报 | 3 | 舱单（水运） | 海关总署 | 58444391 | 59412227 | 63338549 | 66578368 | 100% |
| | 4 | 舱单（空运） | | 17376627 | 19245084 | 19537203 | 20392723 | 100% |
| | 5 | 舱单（公路） | | 2290915 | 2261847 | 2446695 | 2179465 | 100% |
| | 6 | 舱单（铁路） | | 397989 | 432133 | 409217 | 386198 | 100% |
| 三、运输工具 | 7 | 运输工具（水运） | 海关总署 | 650802 | 705483 | 719639 | 682380 | 100% |
| | | | 交通运输部海事局 | 177188 | 196222 | 184884 | 178198 | 100% |
| | | | 移民局 | 108480 | 118783 | 116208 | 111109 | 100% |
| | 8 | 运输工具（空运） | 海关总署 | 435086 | 457832 | 435144 | 486876 | 100% |
| | 9 | 运输工具（公路） | 海关总署 | 193423 | 179675 | 162894 | 176112 | 100% |
| 四、企业资质 | 10 | 企业资质办理 | 海关总署<br>商务部 | 390890 | 367781 | 448201 | 426731 | / |
| 五、原产地证 | 11 | 海关原产地证 | 海关总署 | 1610817 | 1766760 | 1889168 | 1835217 | 78. 14% |
| | 12 | 贸促会原产地证 | 贸促会 | 47019 | 67290 | 73633 | 83406 | 4. 93% |
| 六、许可证件 | 13 | 民用爆炸物品进口审批单 | 工信部 | 243 | 205 | 332 | 136 | 100% |
| | 14 | 民用爆炸物品出口审批单 | 工信部 | 131 | 281 | 262 | 151 | 100% |
| | 15 | 有毒化学品进出口环境管理放行通知单 | 生态环境部 | 14 | 2 | 0 | 0 | 100% |
| | 16 | 农药进出口放行通知单 | 农业农村部 | 52903 | 52486 | 47186 | 47917 | 100% |
| | 17 | 合法捕捞产品通关证明 | 农业农村部 | 1036 | 2470 | 2227 | 2521 | 100% |

续表

| 应用类别 | 序号 | 应用项目 | 业务部门 | 全年 | | | | 应用率 |
|---|---|---|---|---|---|---|---|---|
| | | | | 一季度 | 二季度 | 三季度 | 四季度 | |
| 六、许可证件 | 18 | 自动进口（机电） | 商务部 | 491 | 275 | 359 | 394 | 1. 83% |
| | 19 | 自动进口（非机电） | 商务部 | 10587 | 9963 | 8147 | 6361 | 5. 70% |
| | 20 | 出口许可证 | 商务部 | 614 | 1132 | 939 | 711 | 0. 67% |
| | 21 | 援外项目任务通知单 | 商务部 | 458 | 657 | 643 | 539 | 100% |
| | 22 | 黄金及黄金制品进出口准许证 | 人民银行 | 188 | 194 | 187 | 244 | 100% |
| | 23 | 银行调运人民币现钞进出境证明 | 人民银行 | 35 | 45 | 12 | 26 | 100% |
| | 24 | 进口广播电影电视带（片）提取单 | 广电总局 | 19 | 57 | 161 | 96 | 100% |
| | 25 | 音像制品（成品）进口批准单 | 新闻出版署 | 13 | 7 | 12 | 5 | 100% |
| | 26 | 野生动植物允许进出口证明书 | 林草局（濒管办） | 4194 | 4388 | 5245 | 5768 | 100% |
| | 27 | 《濒危野生动植物国际贸易公约》允许进出口证明 | 林草局（濒管办） | 11644 | 11967 | 12679 | 11071 | 100% |
| | 28 | 非《进出口野生动植物种商品目录》物种证明 | 林草局（濒管办） | 64 | 84 | 347 | 153 | 100% |
| | 29 | 药品进出口准许证 | 药监局 | 262 | 345 | 430 | 360 | |
| | 30 | 进口药品通关单 | 药监局 | 7776 | 8028 | 8377 | 9182 | 100% |
| 七、税费支付 | 31 | 税费支付 | 海关总署<br>人民银行 | 4838239 | 5201327 | 5106768 | 4771815 | 100% |
| 八、出口退税 | 32 | 出口退税 | 税务总局 | 28550 | 9802 | 19035 | 0 | / |
| 九、加贸保税 | 33 | 加工贸易 | 海关总署 | 5711993 | 6220378 | 6439778 | 6258179 | / |
| 十、物品通关 | 34 | 展览品 | 海关总署 | 188 | 206 | 263 | 631 | 100% |
| | 35 | 快件 | | 64473824 | 57668057 | 35824051 | 35777978 | 100% |
| | 36 | 公自用物品申报 | | 30718 | 29736 | 34474 | 28325 | 100% |
| 十一、跨境电商 | 37 | 跨境电商 | / | 781042294 | 902403900 | 831529691 | 1114973077 | 100% |
| 合计 | | | | 958871096 | 1079331653 | 992610575 | 1285068624 | |
| 总计 | | | | 4315881948 | | | | |

说明：

（1）每日业务量的统计区间为前一日 17 时至当日 17 时；应用率 = 12 月日均业务量 / 业务量基数，应用率“/”表示不纳入本年度达标考核；

（2）业务量基数：许可证件以当日全口径数据为基数。

## 二、2021 年业务量分地区统计

| 地区 | 货物申报（报关） | 舱单申报 | 运输工具 | 企业资质 | 原产地证 | | 税费支付 | 加贸保税 | 物品通关 | 跨境电商 | 合计 |
|---|---|---|---|---|---|---|---|---|---|---|---|
| | | | | | 海关 | 贸促会 | | | | | |
| 北京 | 1807192 | 8895152 | 169821 | 79892 | 44870 | 248 | 137505 | 497351 | 4796279 | 5454852 | 21883162 |
| 上海 | 23827075 | 121262432 | 949742 | 142725 | 461902 | 772 | 293581 | 1577296 | 69860242 | 114304644 | 332680411 |
| 天津 | 2393872 | 11015758 | 223973 | 54860 | 84990 | 6645 | 42504 | 880387 | 9362979 | 29068844 | 53134812 |
| 重庆 | 905378 | 1215311 | 41156 | 11661 | 34442 | 0 | 38611 | 401878 | 1999960 | 37440114 | 42088511 |
| 河北 | 145430 | 200192 | 106763 | 42697 | 117813 | 317 | 38597 | 277493 | 582 | 1047969 | 1977853 |
| 山西 | 58021 | 3131 | 2078 | 7735 | 17476 | 21 | 4366 | 144458 | 632 | 54167 | 292085 |
| 内蒙古 | 311488 | 1265360 | 98224 | 10983 | 23888 | 12 | 49314 | 55943 | 584816 | 2472455 | 4872483 |
| 辽宁 | 1408844 | 5258917 | 199432 | 40573 | 137844 | 667 | 83992 | 433348 | 4560106 | 19810129 | 31933852 |
| 吉林 | 88388 | 44143 | 3467 | 7955 | 13312 | 1 | 11272 | 110430 | 3784 | 1994775 | 2277527 |
| 黑龙江 | 157744 | 227387 | 23072 | 10168 | 35236 | 18 | 77416 | 41068 | 780978 | 3630579 | 4983666 |
| 江苏 | 5997545 | 4044995 | 451341 | 179453 | 763192 | 789 | 918806 | 1194805 | 3640430 | 12546753 | 29738109 |
| 浙江 | 1782623 | 2826937 | 323892 | 119135 | 1180151 | 244186 | 129002 | 1165919 | 137816 | 314141156 | 322050817 |
| 安徽 | 397148 | 58566 | 2960 | 27776 | 117704 | 359 | 56181 | 113214 | 633 | 11162979 | 11937520 |
| 福建 | 480503 | 1248204 | 141603 | 21935 | 92582 | 307 | 25427 | 319058 | 884229 | 73910746 | 77124594 |
| 江西 | 195930 | 272151 | 8337 | 15761 | 49603 | 339 | 26564 | 256440 | 15075 | 8065180 | 8905380 |
| 山东 | 5852205 | 29270318 | 572847 | 167724 | 793444 | 684 | 438685 | 2641270 | 14663842 | 84327052 | 138728071 |
| 河南 | 546228 | 2317183 | 78246 | 28193 | 85882 | 449 | 19326 | 592850 | 452098 | 230405110 | 234525565 |
| 湖北 | 551193 | 470175 | 35437 | 28458 | 68456 | 53 | 80561 | 449789 | 1176214 | 62872520 | 65732856 |
| 湖南 | 231269 | 150738 | 16266 | 24449 | 42245 | 497 | 47418 | 78764 | 1146121 | 91323275 | 93061042 |
| 广东 | 9380113 | 27376367 | 1259978 | 190205 | 1222348 | 2169 | 548281 | 4326540 | 32920282 | 869053725 | 946280008 |
| 广西 | 688899 | 1551656 | 173396 | 33770 | 118976 | 4 | 262 | 148573 | 1192 | 155243532 | 157960260 |
| 海南 | 83761 | 354284 | 40886 | 95391 | 12094 | 5 | 8434 | 181622 | 322707 | 2979507 | 4078691 |
| 四川 | 1167330 | 1457694 | 43234 | 28128 | 23729 | 197 | 53687 | 1234857 | 527782 | 17737058 | 22273696 |
| 贵州 | 11392 | 583 | 311 | 4927 | 6312 | 1 | 2288 | 35027 | 132 | 14497 | 75470 |
| 云南 | 322937 | 1065491 | 239682 | 16989 | 77918 | 174 | 2549 | 41837 | 671254 | 14653646 | 17092477 |
| 西藏 | 7232 | 6386 | 0 | 1110 | 8 | 0 | 1429 | 1 | 10 | 0 | 16176 |
| 陕西 | 474851 | 345518 | 23406 | 10733 | 19206 | 26 | 2220 | 447972 | 4310891 | 8610021 | 14244844 |
| 甘肃 | 6467 | 1432 | 664 | 3297 | 4500 | 404 | 3080 | 58088 | 124 | 298976 | 377032 |
| 青海 | 265 | 3 | 0 | 728 | 538 | 0 | 76 | 458 | 31 | 0 | 2099 |
| 宁夏 | 7848 | 0 | 14 | 3997 | 6108 | 31 | 818 | 12837 | 53204 | 5342 | 90199 |
| 新疆 | 270289 | 1106755 | 25658 | 10484 | 6110 | 1 | 23473 | 77342 | 58 | 38572166 | 40092336 |
| 宁波 | 5829482 | 51810839 | 162502 | 40224 | 483461 | 4523 | 60180 | 1244231 | 3960926 | 137399902 | 200996270 |

续表

| 地区 | 货物申报（报关） | 舱单申报 | 运输工具 | 企业资质 | 原产地证 | | 税费支付 | 加贸保税 | 物品通关 | 跨境电商 | 合计 |
|---|---|---|---|---|---|---|---|---|---|---|---|
| | | | | | 海关 | 贸促会 | | | | | |
| 厦门 | 2772676 | 14743865 | 190387 | 46157 | 253561 | 140 | 83895 | 526591 | 3184593 | 38495087 | 60296952 |
| 深圳 | 14243044 | 41536521 | 792777 | 117947 | 677591 | 6665 | 1481608 | 4792633 | 33735226 | 1242852001 | 1340236013 |
| 合计 | 82404662 | 331404444 | 6401552 | 1626220 | 7077492 | 270704 | 4791408 | 24360370 | 193755228 | 3629948759 | 4282040839 |

## 三、2021年业务量分地区统计（监管证件）

| 地区 | 民用爆炸物（进口） | 民用爆炸物（出口） | 有毒化学品进出口 | 农药进出口 | 合法捕捞通关证明 | 自动进口（机电） | 自动进口（非机电） | 出口许可证 | 援外任务通知单 | 黄金及制品进出口 | 银行调运现钞进出境 | 进口广播电影电视节目 | 音像制成品进口 | 野生动植物 | 一般公约证书 | 非公约证书 | 药品进出口 | 进口药品通关单 | 合计 |
|---|---|---|---|---|---|---|---|---|---|---|---|---|---|---|---|---|---|---|---|
| 北京 | 93 | 124 | 0 | 2631 | 208 | 3 | 523 | 0 | 1413 | 305 | 0 | 317 | 37 | 869 | 2064 | 10 | 0 | 6131 | 14728 |
| 上海 | 0 | 0 | 0 | 23205 | 202 | 13 | 136 | 0 | 7 | 152 | 0 | 6 | 0 | 8991 | 17714 | 0 | 0 | 6403 | 56829 |
| 天津 | 0 | 33 | 0 | 1580 | 51 | 418 | 593 | 0 | 28 | 18 | 0 | 0 | 0 | 373 | 93 | 2 | 1098 | 1416 | 5703 |
| 重庆 | 0 | 4 | 0 | 328 | 0 | 0 | 208 | 0 | 9 | 3 | 0 | 0 | 0 | 37 | 21 | 0 | 0 | 558 | 1168 |
| 河北 | 0 | 0 | 0 | 4660 | 0 | 0 | 2 | 0 | 168 | 0 | 0 | 0 | 0 | 214 | 30 | 0 | 0 | 497 | 5571 |
| 山西 | 0 | 103 | 0 | 15 | 0 | 0 | 0 | 0 | 52 | 0 | 0 | 0 | 0 | 0 | 0 | 0 | 3 | 51 | 224 |
| 内蒙古 | 0 | 38 | 0 | 383 | 0 | 0 | 573 | 0 | 0 | 0 | 0 | 0 | 0 | 3 | 11 | 0 | 0 | 29 | 1037 |
| 辽宁 | 0 | 0 | 0 | 1815 | 1652 | 4 | 0 | 0 | 10 | 0 | 0 | 0 | 0 | 420 | 100 | 0 | 59 | 505 | 4565 |
| 吉林 | 0 | 0 | 0 | 8 | 3339 | 0 | 3 | 0 | 0 | 0 | 0 | 0 | 0 | 189 | 277 | 63 | 29 | 68 | 3976 |
| 黑龙江 | 0 | 0 | 0 | 47 | 41 | 3 | 294 | 1 | 6 | 0 | 0 | 0 | 0 | 168 | 13220 | 0 | 0 | 120 | 13900 |
| 江苏 | 513 | 0 | 2 | 63288 | 25 | 11 | 0 | 0 | 267 | 54 | 0 | 0 | 0 | 519 | 831 | 0 | 0 | 4309 | 69819 |
| 浙江 | 175 | 0 | 0 | 21549 | 269 | 1 | 0 | 0 | 8 | 19 | 0 | 0 | 0 | 837 | 1168 | 0 | 38 | 2064 | 26128 |
| 安徽 | 0 | 0 | 0 | 6380 | 0 | 4 | 0 | 0 | 0 | 1 | 0 | 0 | 0 | 181 | 178 | 0 | 8 | 700 | 7452 |
| 福建 | 0 | 0 | 0 | 2858 | 98 | 1 | 0 | 0 | 0 | 5 | 0 | 0 | 0 | 469 | 951 | 0 | 0 | 78 | 4460 |
| 江西 | 0 | 0 | 0 | 1724 | 0 | 21 | 124 | 0 | 4 | 1 | 0 | 0 | 0 | 43 | 37 | 0 | 0 | 140 | 2094 |
| 山东 | 22 | 64 | 0 | 33291 | 2022 | 6 | 2209 | 1 | 161 | 148 | 0 | 0 | 0 | 1207 | 175 | 45 | 118 | 577 | 40046 |
| 河南 | 0 | 81 | 0 | 594 | 0 | 2 | 185 | 0 | 22 | 1 | 0 | 0 | 0 | 63 | 33 | 0 | 0 | 74 | 1055 |
| 湖北 | 0 | 2 | 0 | 1939 | 0 | 16 | 0 | 0 | 24 | 3 | 0 | 0 | 0 | 150 | 77 | 0 | 0 | 143 | 2354 |
| 湖南 | 0 | 31 | 0 | 1511 | 0 | 3 | 0 | 0 | 17 | 0 | 0 | 0 | 0 | 531 | 423 | 0 | 0 | 157 | 2673 |
| 广东 | 0 | 0 | 0 | 2859 | 17 | 61 | 19 | 0 | 11 | 42 | 84 | 0 | 0 | 1704 | 3834 | 1 | 0 | 4524 | 13156 |
| 广西 | 0 | 0 | 0 | 319 | 0 | 0 | 1 | 0 | 0 | 0 | 0 | 0 | 0 | 160 | 581 | 0 | 0 | 451 | 1512 |
| 海南 | 0 | 0 | 0 | 21 | 0 | 0 | 0 | 0 | 0 | 0 | 0 | 0 | 0 | 353 | 483 | 0 | 0 | 949 | 1806 |
| 四川 | 0 | 5 | 0 | 4844 | 0 | 0 | 110 | 0 | 10 | 0 | 0 | 0 | 0 | 54 | 362 | 269 | 0 | 406 | 6060 |

续表

| 地区 | 民用爆炸物（进口） | 民用爆炸物（出口） | 有毒化学品进出口 | 农药进出口 | 合法捕捞通关证明 | 自动进口（机电） | 自动进口（非机电） | 出口许可证 | 援外任务通知单 | 黄金及制品进出口 | 银行调运现钞进出境 | 进口广播电影电视节目 | 音像制成品进口 | 野生动植物 | 一般公约证书 | 非公约证书 | 药品进出口 | 进口药品通关单 | 合计 |
|---|---|---|---|---|---|---|---|---|---|---|---|---|---|---|---|---|---|---|---|
| 贵州 | 0 | 93 | 0 | 17 | 0 | 0 | 0 | 0 | 0 | 0 | 0 | 0 | 0 | 0 | 233 | 0 | 0 | 6 | 349 |
| 云南 | 0 | 216 | 0 | 509 | 0 | 14 | 1310 | 0 | 59 | 3 | 16 | 0 | 0 | 165 | 782 | 182 | 0 | 665 | 3921 |
| 西藏 | 0 | 0 | 0 | 0 | 0 | 0 | 0 | 0 | 0 | 0 | 0 | 0 | 0 | 3 | 11 | 6 | 0 | 86 | 106 |
| 陕西 | 113 | 18 | 0 | 498 | 0 | 2 | 0 | 0 | 17 | 3 | 0 | 0 | 0 | 595 | 111 | 2 | 0 | 455 | 1814 |
| 甘肃 | 0 | 0 | 0 | 73 | 0 | 0 | 7 | 0 | 4 | 0 | 0 | 0 | 0 | 78 | 79 | 2 | 0 | 7 | 250 |
| 青海 | 0 | 0 | 0 | 0 | 0 | 0 | 0 | 0 | 0 | 0 | 0 | 0 | 0 | 2 | 4 | 63 | 0 | 1 | 70 |
| 宁夏 | 0 | 0 | 0 | 1135 | 0 | 2 | 5 | 0 | 0 | 0 | 0 | 0 | 0 | 0 | 0 | 0 | 0 | 0 | 1142 |
| 新疆 | 0 | 0 | 0 | 0 | 0 | 0 | 6 | 0 | 0 | 0 | 0 | 0 | 0 | 14 | 1 | 0 | 0 | 92 | 113 |
| 宁波 | 0 | 5 | 0 | 9536 | 3 | 0 | 88 | 0 | 0 | 12 | 0 | 0 | 0 | 667 | 496 | 0 | 32 | 78 | 10917 |
| 厦门 | 0 | 0 | 0 | 665 | 11 | 0 | 0 | 0 | 0 | 3 | 8 | 0 | 0 | 193 | 300 | 1 | 0 | 37 | 1218 |
| 深圳 | 0 | 0 | 0 | 7450 | 316 | 936 | 28660 | 0 | 0 | 21 | 10 | 0 | 0 | 329 | 2666 | 0 | 0 | 1586 | 41974 |
| 合计 | 916 | 817 | 2 | 195732 | 8254 | 1521 | 35056 | 2 | 2297 | 794 | 118 | 323 | 37 | 19581 | 47346 | 646 | 1385 | 33363 | 348190 |

## 四、2021年业务量分地区统计（出口退税）

| 地区 | 外贸版 | | | | 生产版 | | | |
|---|---|---|---|---|---|---|---|---|
| | 申报退税（笔） | 退税金额（万元） | 涉及报关单（张） | 企业数（家） | 申报退税（笔） | 退税金额（万元） | 涉及报关单（张） | 企业数（家） |
| 北京 | 78475 | 2149268.049968 | 349975 | 3606 | 12568 | 932228.636 | 160152 | 740 |
| 上海 | 1036 | 5219.608492 | 2336 | 267 | 291 | 1853.78733 | 608 | 42 |
| 天津 | 202 | 7477.770788 | 877 | 42 | 22 | 2096.79907 | 531 | 9 |
| 重庆 | 93 | 469.989531 | 481 | 17 | 39 | 2650.43569 | 391 | 17 |
| 河北 | 2147 | 70007.270223 | 14399 | 407 | 308 | 7198.38043 | 2075 | 94 |
| 山西 | 11 | 4.164527 | 2 | 2 | 1 | 29.143151 | 8 | 1 |
| 内蒙古 | 7 | 47.449658 | 6 | 2 | 8 | 13.643003 | 4 | 1 |
| 辽宁 | 45 | 159.270668 | 89 | 13 | 25 | 406.464893 | 90 | 8 |
| 吉林 | 13 | 49.257994 | 13 | 6 | 308 | 7198.38043 | 2075 | 94 |
| 黑龙江 | 188 | 2869.039499 | 491 | 75 | 0 | 0 | 0 | 0 |
| 江苏 | 5788 | 80975.660492 | 29727 | 1359 | 2727 | 204072.458 | 59752 | 595 |
| 浙江 | 239 | 1585.017106 | 818 | 79 | 68 | 375.860947 | 98 | 12 |

续表

| 地区 | 外贸版 | | | | 生产版 | | | |
|---|---|---|---|---|---|---|---|---|
| | 申报退税（笔） | 退税金额（万元） | 涉及报关单（张） | 企业数（家） | 申报退税（笔） | 退税金额（万元） | 涉及报关单（张） | 企业数（家） |
| 安徽 | 103 | 544.09215 | 167 | 26 | 34 | 157.147203 | 32 | 6 |
| 福建 | 36 | 441.462481 | 50 | 5 | 69 | 87.218031 | 12 | 3 |
| 江西 | 13175 | 473909.311996 | 111113 | 1061 | 3436 | 174855.545 | 31731 | 719 |
| 山东 | 849 | 12403.315884 | 4103 | 133 | 195 | 7699.78167 | 2015 | 34 |
| 河南 | 123 | 1092.124731 | 176 | 46 | 94 | 251.215182 | 87 | 4 |
| 湖北 | 508 | 4645.655178 | 1064 | 119 | 531 | 13338.3748 | 1802 | 52 |
| 湖南 | 255 | 9245.380364 | 3918 | 43 | 23 | 28.198405 | 33 | 5 |
| 广东 | 895 | 13225.171961 | 3481 | 148 | 545 | 29980.0835 | 7195 | 85 |
| 广西 | 226 | 2087.055987 | 1009 | 41 | 60 | 39.236825 | 51 | 8 |
| 海南 | 474 | 12736.782518 | 1676 | 45 | 144 | 12134.389 | 2536 | 7 |
| 四川 | 135 | 594.834807 | 366 | 22 | 176 | 420897.293 | 57118 | 14 |
| 贵州 | 100 | 841.195898 | 444 | 10 | 42 | 103.251846 | 29 | 4 |
| 云南 | 96 | 915.638708 | 199 | 17 | 5 | 20.385244 | 41 | 3 |
| 西藏 | 1 | 4.931201 | 3 | 1 | 0 | 0 | 0 | 0 |
| 陕西 | 1360 | 39093.359002 | 12316 | 47 | 48 | 305.373881 | 107 | 9 |
| 甘肃 | 85 | 562.110616 | 167 | 13 | 24 | 342.702851 | 17 | 4 |
| 青海 | 105 | 3095.732523 | 432 | 13 | 49 | 3.30936 | 4 | 1 |
| 宁夏 | 31 | 484.957145 | 101 | 7 | 38 | 1146.78931 | 198 | 6 |
| 新疆 | 26 | 378.617316 | 100 | 5 | 0 | 0 | 0 | 0 |
| 宁波 | 92 | 11862.603572 | 405 | 16 | 54 | 632.575435 | 344 | 11 |
| 厦门 | 642 | 20338.063896 | 8529 | 85 | 32 | 602.443073 | 318 | 2 |
| 深圳 | 2147 | 38328.407759 | 18872 | 410 | 221 | 5722.81394 | 1381 | 15 |
| 大连 | 24 | 63.550209 | 75 | 6 | 0 | 0 | 0 | 0 |
| 青岛 | 215 | 1096.432044 | 532 | 44 | 14 | 548.611098 | 36 | 7 |
| 合计 | 109947 | 2966120 | 568512 | 8238 | 21901 | 1819820 | 328797 | 2519 |

中国国际贸易
单一窗口
年鉴

# 地方发展篇

DIFANG FAZHAN PIAN

2022

# 北京市

## 一、综述

按照党中央、国务院优化营商环境决策部署，北京市始终把“单一窗口”建设推广与运营服务工作作为促进北京市跨境贸易便利化、改善口岸营商环境的重要举措。2021年，中国（北京）国际贸易单一窗口（以下简称北京“单一窗口”），牢牢把握首都“四个中心”城市战略定位，落实海关总署专项行动和北京市委、市政府相关工作要求，积极拓展地方特色功能建设，助力北京打造国际一流的口岸营商环境。

## 二、运行情况

### （一）运行数据

截至2021年年底，北京“单一窗口”本地累计注册用户1.63万家，较2020年增加2436家。全年共办理货物申报180.72万票；舱单申报889.52万票；运输工具申报16.98万票；企业资质办理7.99万票；原产地证书申领4.51万票；税费支付13.75万票；加贸保税49.74万票；物品通关479.63万票；跨境电商545.49万票；监管证件1.47万票；出口退税9.10万笔。

大兴国际机场空港电子货运方面，累计完成车辆备案4268次，交货预约2374次，提货预约946次，货运卡口放行车辆2756次，报关放行4249票，查验34票。

### （二）运行维护

为保障平台长期、稳定、高效运行，北京“单一窗口”严格按照系统操作及维护安全要求，年内共完成46次系统软硬件例行巡检，进行69次应用版本更新。

#### 1. 应用系统日常运维

制定运维监控巡检脚本，监控部署在政务云机房相关服务器的操作系统、CUP、内存、磁盘空间、网络设备以及应用服务运行情况，每周定期执行运维脚本，形成运维巡检记录；制定报文压缩脚本，定期进行下发报文压缩工作，定期清理压缩报文，保障业务正常运行；按照安全自查表完成相关安全检查工作，并形成安全自查报告；制定最新版谷歌浏览器无法登录问题处理解决方案，指导企业正确设置浏览器参数。

### 2. 应用系统优化升级部署

具体工作包括本地用户体系升级、本地用户权限升级、日志管理功能升级、数据展示功能升级、业务数据展示升级、运营数据展示升级等。

### 3. 基础环境运行维护

从网络安全、主机及存储、数据库、中间件等维度开展基础性保障和维护工作，确保北京“单一窗口”系统安全稳定运行。定期对东方通 RabbitMQ 软件日志文件进行清理备份，保障中间件服务正常运行；定期对神通数据库进行维护，定期备份数据库文件，定期将数据库文件归档到火星舱虚拟磁带库；制定网络监控脚本，实时监控网站访问情况，及时处理网络故障；建立长效沟通响应机制，及时解封企业 IP，保障企业正常开展“单一窗口”业务。

### 4. 基础环境优化

根据系统运行情况，对性能、功能、部署等基础环境进行优化更新。包括软硬件负载均衡、高可用性部署实施、数据库专项调优与设计升级、中间件专项优化部署实施、安全策略调整与安全等级保护级别实施等。对中标麒麟操作系统内核进行升级，分别完成 32 台服务器的合规分析报告表升级防护工作，其中每台服务器按照要求分别完成 8 项账号管理、5 项口令策略、6 项认证授权、7 项系统服务、26 项文件权限相关升级工作。

### 5. 系统应急处理

制订系统应急预案，确立应急处理机制，当发生系统故障等应急情况时，提供 7×24 小时应急处理服务。具体工作包括 7×24 小时电话技术支持、节假日运维支持、系统应急演练、工程师驻场、应用系统运维、日志检查、应急突发事件处置等。

### 6. 重点时间重点保障工作

在疫情突发期间、两会期间、“双 11”购物节等特殊时间段，北京“单一窗口”共发布节假日值班表 6 次，运维人员 24 小时值班，全力保障特殊时间平台相关业务正常运行。

## （三）宣传推广

### 1. 建立多渠道服务方式，大幅提升企业服务质量

一是在 95198 统一热线服务基础上，专门开通北京“单一窗口”专家热线作为有效补充，为本地企业提供更加专业、更加快捷的问题解决通道。二是向企业提供 7×24 小时在线服务。三是提供即时远程技术支持服务，通过 VPN 远程、Windows 远程、QQ 远程等方式，高效解决企业各类疑难问题。四是组织专业技术骨干，根据企业需求，免费为企业提供上门服务，及时排除企业遇到的各类问题。全年累计接听专家热线 1.88 万通，通过在线客服受理问题 7566 个，远程及上门服务 118 次。

### 2. 联合相关单位，开展高质量推广培训工作

全年共计举办各类线下培训 14 场，参训企业 892 家。此外，还邀请全市进出口企业观看直播

培训，惠及企业近万家。

### 3. 全力做好营商环境评价服务保障

积极配合做好营商环境跨境贸易指标评价工作，召集专业服务团队，组织开展考前备考会议，对相关工作进行安排部署，确保各项工作扎实有效、有序有力推进，保障营商环境跨境贸易指标评价工作顺利完成。

## 三、 特色应用

### （一）创新推出数据资产保管箱应用，荣获国家服务业扩大开放综合示范区最佳实践案例

2021 年 3 月，北京“单一窗口”在现有空海国际物流区块链应用基础上，进一步升级拓展上链数据的范围和内容，结合外贸企业外贸单证类型多、管理难、要求高等痛点，推出基于区块链的外贸数据智能化管理系统——数据资产保管箱，帮助企业智能归集和高效管理报关单、发票、箱单、提运单、合同、出口退税申报单、税费支付清单、跨境清单等外贸各环节业务单证。此应用被评选为国家服务业扩大开放综合示范区首批十大最佳实践案例，并于 9 月在全国复制推广。截至 2021 年年底，已有近百家企业使用数据资产保管箱，共计存证管理 10 大类近 20 万条业务单据信息。

### （二）大力开展北京空港口岸信息化建设，制发“百日攻坚”行动方案

为加快推动北京市跨境贸易信息化建设，聚焦跨境贸易便利化，2021 年 8 月，北京“单一窗口”会同北京海关等相关单位，围绕首都机场空运进出口各环节时间费用缩减、信息化建设、优化空港物流服务、规范口岸收费等，制发“百日攻坚”行动方案。在升级大兴国际机场空港电子货运平台的基础上，通过“单一窗口”有机串联起首都机场海关、园区、一级库、二级库、调拨公司、卡口等单位或环节，形成北京空港“双枢纽”平台。平台总共规划了 39 大类 288 项功能，预计于 2022 年 6 月底实现全部功能上线。平台上线后，将使首都国际机场口岸作业全程数字化、海关监管全程线上化、企业办事全程交互化场景化，更好发挥北京市首都国际机场、大兴国际机场“双枢纽”航空货运比较优势，实现两场物流监控数据互通、监管优化，让口岸作业、海关监管和企业办事更安全、更高效、更便捷，为“大型国际航空枢纽”和“两区”的高质量建设与发展提供有力支撑。

### （三）上线冬奥会智慧通关系统，服务北京会展经济

2021 年 9 月，北京“单一窗口”联合冬奥组委、北京海关开发上线冬奥无纸化通关管理系统。该系统基于区块链技术，实现了企业、奥组委、海关之间的数据共享，进一步提高了北京冬奥会暂时进境物资通关效率。同时以冬奥会为契机，通过建设冬奥会智慧通关系统，打造北京国际会展智慧通关服务平台，实现了北京市国际会展和大型活动相关通关政务服务一网通办、一网通查，促进北京会展经济发展，提升北京跨境服务便利化水平。

### （四）建立“单一窗口”中介服务评价体系

为推进中介机构服务信息公开、规范和提高中介服务商业务水平，北京“单一窗口”于 2021

年7月启动中介机构服务评价系统建设及评价体系搭建工作。该系统面向跨境贸易中介服务领域，通过建立对中介服务企业多维度的评价体系，展示中介服务企业的运营情况及服务质量，为广大货主企业和中介服务企业搭建一个更全面、客观、便捷的中介机构评价平台。系统建成后，一是可以提高跨境贸易行业信息透明度，弱化货主企业与中介服务企业之间的信息不对称，降低货主企业选择中介服务商的时间成本，从而降低经营风险，提高经营效率；二是助力中介服务机构改善服务质量，提高服务水平，促进跨境贸易中介服务行业健康发展；三是帮助政府相关管理部门精准扶持优质企业，通过培育一批行业龙头企业，提升北京跨境贸易中介服务行业的吸引力，促进北京跨境贸易行业更加健康、稳定、有序发展。

## 四、大事记

3月29日

北京“单一窗口”上线外贸单证智能管理区块链应用，实现数据智能归档管理，以及区块链存证、确权与链上共享。

4月23日

北京“单一窗口”召开北京跨境电商综试区政策与跨境B2B实务研讨会。

7月13日

北京市副市长杨晋柏在市商务局专题调研北京“单一窗口”跨境贸易区块链建设及营商环境工作。

7月15日

北京“单一窗口”组织召开“一般贸易及跨境电商出口退税实务”专题培训会。

8月3日

北京市副市长杨晋柏在大兴国际机场调研北京“单一窗口”空港智慧口岸运行情况。

9月3日

北京“单一窗口”数据资产保管箱应用入选国家服务业扩大开放综合示范区首批十大最佳实践案例。

11月5日

首批通过北京“单一窗口”冬奥无纸化通关系统申报的冬奥物资顺利通关。

11月10日

北京市副市长杨晋柏在首都国际机场调研北京“单一窗口”“双枢纽”空港电子货运平台建设情况。

## 五、政策文件

### 北京市商务领域“两区”建设工作方案

为扎实推进国家服务业扩大开放综合示范区和中国（北京）自由贸易试验区［以下简称“两区”，含中国（河北）自由贸易试验区大兴机场片区（北京区域）］建设工作，全力完成商务领域“两区”建设各项任务，深入推动本市更高水平的对外开放，特制定本方案。

## 一、总体要求

### （一）指导思想

深入贯彻落实习近平总书记在2020年中国国际服务贸易交易会全球服务贸易峰会上的重要致辞精神，助推构建“以国内大循环为主体、国内国际双循环相互促进”的新发展格局，发挥“两区”政策叠加优势，以制度创新为核心，以投资贸易自由化便利化为主要目标，进一步深化商务领域改革开放，提升国际资源要素配置能力，全力推进“两区”建设，使之成为新时代国家对外开放的新高地。

### （二）发展目标

——加快建设国际消费中心城市。消费市场要素聚集度、国际时尚度、政策开放度等进一步提升，最终消费率和消费贡献率保持在60%以上。

——加快建设一批开放平台。打造全球最具影响力的服贸会，展会国际化、专业化、市场化和品牌化水平不断提升，力争在2021年服贸会前成立全球服务贸易联盟。口岸布局更加合理、功能明显提升，国际商务服务水平得到提升。综合保税区特色化发展取得实质进展。

——持续提升开放能级。货物进出口实现“位次不减、结构优化”，“双自主”企业出口占比每年增长1个百分点；服务进出口实现持平增长。实际利用外资达到150亿美元左右，对外投资合作平稳有序健康发展。

——不断拓展开放网络。境外服务中心累计达到50家，国家级国际营销公共服务平台新增1~2家。对外投资专业服务体系不断完善。

——持续优化开放环境。通关便利化、跨境贸易便利化水平进一步提高，投资体制机制改革进一步深化，企业获得感、满意度显著增强。

## 二、主要任务和措施

### （一）建设国际消费中心城市

1. 促进国际化优质商业资源聚集。打造1~2个国际商圈，吸引国际知名品牌首发、首店落地。创新孵化模式，试点培育1~2个新消费品牌孵化聚集地。支持国际品牌在京设立区域总部，鼓励其提升经营业绩。依托天竺综合保税区、大兴机场自贸试验区等，支持设立高端消费品分销平台、保税直营店。

2. 优化国际化服务消费供给。依托“两区”建设，打造若干国际文化和旅游消费目的地。挖掘城市文化IP资源，拓展海外宣传渠道，做强“北京礼物”品牌。紧抓北京2022年冬奥会和冬残奥会筹办重大契机，丰富冬奥消费业态，促进冰雪运动消费。大力引进符合北京城市定位的全球顶级赛事，吸引电竞等俱乐部和赛事活动落户，拉动入境消费。在海淀、朝阳、顺义等重点区域新建一批国际学校。加快国际医院布局，扩大国际医疗服务供给。鼓励发展国际医疗旅游，推动国家中医药健康旅游示范区建设。

3. 培育“免税+退税+保税”发展。积极争取市内免税店政策在京落地，在重点商圈等区域加快市内免税店布局。推动免税企业开展“保税、免税、跨境电商”政策衔接，拓宽免税企业经营范围。主动衔接国家免税店创新政策，争取免税店增设国产商品销售专区，引导企业开发专供免税渠道的优质特色国产商品。争取扩大口岸免税店规模，增设离境提货点，丰富便捷机场消费。发挥城市航站楼值机便利优势，探索发展新模式。扩大 144 小时过境免签和 24 小时过境免办边检手续政策效应，进一步推广离境退税政策。进一步优化购物离境退税服务，支持企业开展“即买即退”试点。积极争取扩大“网购保税+线下自提”业务，助力提升跨境消费体验，回拉境外消费。

**（二）打造开放平台**

4. 以服贸会为龙头，打造国际经贸交流平台。提升服贸会国际化、专业化、市场化水平，全力打造全球最具影响力的服务贸易展会。探索建立“事业单位+会展集团”日常筹办运行机制，争取稳定一批国家部委和权威机构主办高峰论坛。继续争取服贸会展品留购政策。加快推进全球服务贸易联盟筹建，将其打造成为全球服务贸易国际性社团组织，提升我国在国际服务贸易领域的话语权。协调推动在北京首都国际机场周边打造功能完善的组团式会展综合体，推进新国展二三期项目开工建设，超前谋划大兴国际机场会展设施建设，精心筹划项目远期规模和首期目标，进一步优化展馆设施空间布局，形成与顺义新国展二、三期项目差异发展和合作共赢局面。

5. 以“双枢纽”机场为依托，做强口岸功能平台。完善整车进口口岸功能，推动高端汽车检测场地、配套完整检测设施建设。探索首都机场航空口岸开展平行车进口业务。协调推进大兴国际机场货运区多式联运、国际快件、跨境电商、冷链和综合拼装专业库建设项目开工。参照大兴机场智慧货运平台，启动首都机场货运信息化系统建设，打通两场物流系统数据壁垒，实现数据互通，监管统一。争取扩大货运航权，构建覆盖全球的直达和中转航线网络，优化常态下北京双场货运航班时刻的分配。协调推动首都国际机场货运保障能力进一步提升，结合首都国际机场“再造国门”和总体规划修编，对现有货运设施和关键运行环节优化完善和改造升级，进一步提高首都国际机场货站运行管理效率。探索在大兴国际机场口岸限定区域设立“无关化商务区”，通过对境内关外的特殊区域内现有基础设施的改造，使其具备开展商务活动的功能。

6. 以三大综保区为承载，构建支撑产业发展的开放平台。探索对标服务贸易特殊综保区，加快天竺综合保税区改革创新升级，突出服务贸易特色，围绕医疗健康、文化贸易、升级型消费、国际寄递物流等产业，推动产业结构以货物贸易驱动向以货物贸易、服务贸易双驱动转型，建设首都对外开放新高地。推动大兴综合保税区首创“京冀共建、港区一体”发展模式，依托大兴国际机场和临空经济区，在全国率先打造“一个系统、一次理货、一次查验、一次提离”港区一体化监管模式，将大兴综合保税区打造成为连接全球的国际资源要素配置中心、临空经济区发展核心引擎和全国综保区高质量发展示范区。推动亦庄综合保税区获批，重点发展先进制造、供应链管理、保税服务等业务，致力打造以科技创新为特色的海关特殊监管区域创新示范。协调推动面向北京经济技术开发区四大主导优势产业，发挥综合保税区保税、退税、免税的政策优势，开展保税加工业务；依托亦庄保税物流中心业务基础，开展供应链计划、采购、配送、金融、信息及其他增值服务等一体化服务；复制借鉴国内自贸试验区经验，重点发展融资租赁、第三方科技研发等服务外包，以及科创孵化等创新业态。

### （三）提升开放能级

7. 提升开放主体能级。对标 RCEP，探索争取一批开放措施，打造 RCEP 地方经贸合作先行区。吸引高端开放主体聚集，积极吸引跨国公司在京设立地区总部，支持境外非政府组织在京设立代表机构，加强业务指导和跟踪服务。着力引入科技·服务等高技术服务类外资、商务服务等高端服务类外资、智能装备等高精尖制造类外资，进一步提高利用外资水平。营造更加便利、公平透明的外商投资发展环境，强化重点外资项目全流程跟踪服务，提高服务外资外企能力。支持服务贸易企业拓展“一带一路”国际服务市场，加强对外经贸合作。扩大外贸“双自主”企业群体，不断提升“双自主”企业出口额在我市外贸出口中的占比。

8. 提升开放业态能级。争取在特定区域内试行跨境服务贸易负面清单管理模式。结合北京实际，力争服务贸易主要形态取得进一步开放。自然人流动方面，探索允许持有《境外职业资格来京服务目录》内职业资格的专业人才经备案后在本市内提供服务，探索对金融或其他服务领域国际执业资格的认可；境外消费方面，全力提升我市消费供给，积极吸引外来消费，探索消费、预办登机一体化试点，支持打造国际化消费区域，协调加大国际顶尖体育赛事引进力度，推进体育项目与入境游深度融合等；跨境交付方面，推动研究个人信息分类分级、出境安全评估等制度规范和方法流程。支持高新技术企业开展外贸进出口业务，支持外贸综合服务业务发展，探索外贸市场采购业务发展。加快外贸转型升级基地建设，促进外贸转型升级。积极争取国家进口贸易促进创新示范区。积极探索离岸贸易、保税维修等新模式发展。支持跨境电商发展，充分利用本市跨境电商零售进口药品试点政策，向国家积极争取扩大本市试点清单。提升商务服务业国际化、专业化水平，对标 GaWC 榜单，鼓励国际知名商务服务企业在京落地、提升管理能级，推动商务服务业高端化、国际化发展，提振外资企业在京发展信心。创新服务模式，拓展线上商务服务业务，加速数字化转型发展。加强与国际相关治理机构和平台的交流合作，健全粮食合作机制，提升粮食产业发展质量和国际合作水平。

9. 提升开放领域能级。打造“三位一体”数字贸易试验区。立足中关村软件园国家数字服务出口基地建设“数字贸易港”，打造跨国合作的数字经济新兴产业集群；立足金盏国际合作服务区打造数字经济和贸易国际交往功能区，培育支持若干数字经济国际合作项目落地；立足中国（河北）自由贸易试验区大兴机场（北京大兴）片区，探索建立跨境数据运营监管、展示交易等数字贸易综合服务平台。探索跨境数据安全有序流动，探索符合国情的数字贸易发展规则，加强跨境数据保护规制合作，鼓励认证机构探索建立数据保护能力认证等数据安全管理机制。释放数字贸易创新发展活力，研究境内外数字贸易统计方法和模式，探索开展数字贸易统计监测；持续完善数据交易平台建设，形成可复制可推广的数据交易政策经验；推动数字贸易领域区块链技术应用，提高交易主体、交易内容的可信度，确保交易“高效透明、过程可溯”。

### （四）拓展开放网络

10. 健全完善对外开放服务网络。拓展一批新的境外服务中心，累计达到 50 家，形成覆盖面更广、功能更加完善的国际经贸合作服务网络体系。支持国家级国际营销公共服务平台建设，鼓励已获国家认定的国际营销公共服务平台做大做强，为国际经贸合作提供更加优质的服务；积极申报，争取再新获批 1~2 家。

11. 构建对外投资专业服务体系。在资金支持、平台建设、活动促进等方面，加大对北京市企业“走出去”的支持力度，提升专业服务能力。建立完善投资合作风险预警共享机制，加强对企业境外经营风险防范的指导。积极推动政策性保险机构为企业境外投资项目提供保险服务，创新业务品种，提高服务水平。积极协调自贸试验区内银行业金融机构为“走出去”企业的海外投资、项目建设、工程承包、大型设备出口等提供融资服务。

### （五）优化开放环境

12. 提升通关便利化水平。扩大货运“两步申报”适用主体规模，继续完善“两步申报”通关作业模式，扎实推进“两段准入”监管作业模式。探索进口货物“两步申报”与“两段准入”监管作业衔接方式，优化作业流程。对标国际，持续推进空港口岸提效降费，规范和公布口岸服务价格清单。协调扩大客运通程航班政策范围，加快实现同一航空公司国际中转旅客及行李通程联运。协调推动全面推广国际出境旅客“海关+安检”查验新模式。

13. 拓展国际贸易“单一窗口”应用。进一步融合服务贸易、跨境电商、保税加工等业态，不断丰富“单一窗口”业务服务体系，持续提升口岸信息化水平。利用区块链技术，重点建设跨境贸易区块链应用场景，推进“北京空港国际物流应用系统”“京津冀海运通关物流查询系统”等区块链场景应用，营造贸易便利化新生态。持续做深本地化普惠金融应用，为企业开展外贸业务提供金融保障，提升“单一窗口”综合服务能力。

14. 深化投资体制机制改革。进一步完善外商投资企业“服务包”、企业投诉服务等制度，修订北京市外商投资企业投诉工作管理办法，加强政企对接，解决好企业在落地和经营中遇到的“最后一公里”问题。协调推进“走出去”企业办理境外投资备案和注销手续进一步优化，提高境外投资便利化水平，进一步探索境外投资“一表申报”改革。

## 三、保障措施

### （一）强化组织领导

在市委市政府统一领导下，成立市商务局“两区”建设工作专班，由局党组书记、局长、“两区”办副主任总体负责，主管局领导分别负责统筹调度分管领域，各有关处室（单位）负责同志组织推进各项工作。由综合处统筹推进局“两区”建设工作，各相关处室（单位）加强协调联动、相互配合，推进各项任务措施落实，确保任务目标按时保质高效完成。

### （二）健全投资促进体系

建立全市“一盘棋”的投资促进工作机制。构建多方参与的投资促进工作格局。打造以知名展会为载体的投资促进平台。做好投资促进政策集成和宣传。编印《北京外商投资指南》，发布《北京外商投资发展报告》，为外国投资者来京投资提供引导，扩大宣传范围和效果。

### （三）建立政策支撑体系

加快推动“两区”建设涉及的突破性开放措施的行政法规调整实施，争取国家部委尽快完成“两区”建设涉及商务领域有关配套文件的制定工作。抓紧完成商务领域涉及本市配套文件的制定。协调推动加大资金支持力度和资源投放力度。

**（四）强化宣传体系**

一是广覆盖，面向境内境外，清晰解读政策实施路径和预期，广泛推广本市商务领域改革成效和经典案例。二是多渠道，采取传统媒体与新型媒介相结合，扩大受众圈层。创新推介方式，通过举办浸入式和“云推介”等活动，拉近沟通距离，提升推介效果。三是聚焦点，聚焦服贸会等重大活动宣传，营造声势氛围，扩大展会影响力；聚焦数字贸易、国际消费中心城市、外资引进等重大项目落地节点，打造示范效应，提升政策带动力。

## 关于印发《关于进一步优化京津口岸营商环境促进跨境贸易便利化若干措施的公告》的通知

（京津联合公告第 8 号）

各相关单位：

为贯彻落实党中央、国务院深化“放管服”改革优化营商环境决策部署，落实海关总署专项行动和市委市政府工作要求，进一步优化京津口岸营商环境，京津两地商务（口岸）、海关、交通运输、市场监管、税务等部门联合制定《关于进一步优化京津口岸营商环境促进跨境贸易便利化若干措施的公告》（京津联合公告第 8 号），现印发给你们，请认真贯彻落实。

特此通知。

贯彻落实党中央、国务院深化“放管服”改革优化营商环境决策部署，进一步优化京津口岸营商环境，推出第八批改革创新措施。现公告如下：

### 一、进一步简化单证办理

1. 取消固体废物进口许可证。自 2021 年 1 月 1 日起，停止受理和审批限制进口类可用作原料的固体废物进口许可证申请。

2. 深入推进许可证无纸化改革。自 2021 年 1 月 1 日起，将密码产品和含有密码技术设备进口许可证、商用密码产品出口许可证并入两用物项和技术许可证，京津两地两用物项进出口许可证实行申领和通关作业无纸化。

### 二、持续推进通关监管模式改革

3. 深化“两步申报”模式改革。逐步扩大“两步申报”适用范围，允许大宗商品、转关货物开展“两步申报”；“两步申报”报关单采用“汇总征税”模式纳税的，企业汇总支付时限为完整申报计税处理完成后、下一个月第 5 个工作日结束前。

4. 深入优化容错机制。完善容错机制，精简差错要素，对由于装运配载、修改进口日期等原因造成货物变更运输工具的不予记录报关差错，进一步便利企业纠错改单，提升容错率，便利企业运用“提前申报”和“两步申报”模式。

5. 推进监管模式改革。优化作业流程，推进进口货物“两步申报”与“两段准入”监管作业衔接，全面推进“两段准入”监管模式。

6. 提高通关时效透明度。按季度公布进口报关业务量前 100 名代理报关企业整体通关时间。鼓励企业广泛应用“提前申报”“两步申报”等新模式，进一步压缩整体通关时间。

7. 提升通关信用管理水平。强化信用管理政策措施宣传落实，扩展高级认证企业数量，扩大高认免担保企业范围。

8. 持续扩大“汇总征税”业务规模。加大宣传推广力度，积极引导更多企业应用“汇总征税”模式申报纳税，充分发挥其担保放行货物、压缩通关时间、简化操作流程、集中汇总缴税的业务优势，进一步为企业节约通关时间、盘活资金运作、减轻人力成本。

9. 开展区块链创新发展试点合作，加大通关监管政策支持。依托海关总署区块链创新实验室，将跨境区块链延伸到京津范围。推广扩大京津企业参与区块链试点范围，针对试点企业，海关出台海关联络员制度、参照高资信企业查验率、减少企业稽核查频次、建立容错机制等支持措施，提高京津贸易便利化水平。

10. 推行边检查验“三零”模式。创新边检管理服务，实现进港船舶手续网上办理，船舶抵港“零等待”作业；出港船舶手续一站式办理，船舶离港“零延时”放行；利用边检远程人脸识别与梯口刷证通行智能化在港船舶管理系统，实现在港船舶智能化管理，对上下船舶人员实行“零接触”“无感化”查验。有效压缩船舶在港期间相关联检环节用时，大幅提升港区整体效率，降低航运企业营运成本。

### 三、推进京津口岸业务协同

11. 实施高认企业便利化措施互通共享。积极推进京津两地海关 AEO 高级认证企业便利化措施互认，在京津两地海关增设 AEO 认证企业专用通关窗口，委派专人负责解决突发问题，为 AEO 企业提供精准服务，实现两地高级认证企业免担保等优惠待遇跨关区共享。

12. 实施海关“两段准入”监管协同。自 2020 年 12 月 1 日起，根据企业需求，京津海关开展跨关区附条件提离、合并检查等业务模式。

13. 建设跨境贸易统一平台。探索天津关港集疏港智慧平台与北京空港电子货运平台系统功能对接，共同建立京津协同的集疏港智慧平台，实现天津海港、北京空港互联互通，完成异地预约，降低集疏运成本，提高作业效率。

14. 开展口岸跨境电商合作。鼓励北京企业通过天津港开展跨境电商 B2B 货物出口，支持天津跨境电商 B2C 出口业务通过北京空运出口。

### 四、推进国际贸易“单一窗口”特色应用

15. 拓展“单一窗口”功能应用。将进出口检验检疫、预约查验、联合登临查验等功能纳入“单一窗口”，推进“单一窗口”与交通物流信息节点对接，扩大监管、查验指令信息与港口作业的双向交互应用，便利企业服务。

16. 建设“单一窗口”地方特色功能。依托国际贸易“单一窗口”标准版，开发建设北京地方特色应用，实现展览品通关、临时进境物资无纸化便捷申报、全流程对接，提高跨境贸易便利化水平。

17. 建立“单一窗口”中介服务考核机制。拓展“单一窗口”跨境贸易中介机构服务功能，

开展中介机构服务评价，规范和提高中介服务水平。

18. 提升出口退税便利度。完善“单一窗口”出口退税功能，将申报类、备案类、证明类和其他等四大类62项出口退税业务全部纳入“单一窗口”，推动“单一窗口”实现出口退税全业务、全流程覆盖。

19. 提升“单一窗口”综合咨询服务能力。利用人工智能等新技术，升级“单一窗口”功能，实现用户在线咨询问题机器人自动应答、智能分配等功能，全面提升外贸企业获得感。

## 五、加快智慧港口建设

20. 加快智慧港口建设。加快天津港码头泊位、场桥、岸桥、集卡智能化建设，进一步推进集装箱码头无人集卡规模化应用，推动5G技术在高清视频回传、大型装卸设备远程操控中示范应用，进一步提升港口智能化水平。

21. 推广应用天津港“关港集疏港智慧平台”。实行网上办、掌上办，应用平台网约箱车智能匹配功能，大力推行进口“船边直提”和出口“抵港直装”。

## 六、进一步规范港口收费

22. 停征港口建设费。自2021年1月1日零时起，经对外开放口岸港口辖区范围内所有货物不再征收港口建设费。停征时点以载运货物的船舶进出港口时点为准，无法判定船舶进出港口时点的，以船舶靠离泊时刻为准，以船舶AIS轨迹或VTS轨迹辅证。

23. 升级天津港“三阳服务”4.0版。进一步简并港口服务收费项目、规范收费价格、升级港区操作时限标准，打造高水平阳光服务港口。

24. 进一步规范口岸收费。全面梳理规范、动态调整收费目录清单，做到清单与实际相符、清单外无收费。规范船代、货代收费名称和服务内容，推动精简收费项目，进一步规范船代、货代明码标价行为。

25. 加强监督检查。持续加强口岸收费监管，依法查处强制服务并收费、不明码标价等违规收费行为。重点查处港口、检验检疫环节不落实优惠减免政策行为。

北京市商务局（北京市政府口岸办）
天津市商务局（天津市政府口岸办）
中华人民共和国北京海关
中华人民共和国天津海关
北京市交通委员会
天津市交通运输委员会（天津市港航管理局）
北京市市场监督管理局
天津市市场监督管理委员会
国家税务总局北京市税务局
国家税务总局天津市税务局
2021年2月4日

# 关于印发《北京市关于促进数字贸易高质量发展的若干措施》的通知

京商服贸字〔2021〕36 号

各相关单位：

为落实党中央、国务院和北京市委、市政府有关决策部署，促进数字贸易高质量发展，打造数字贸易示范区，助力全球数字经济标杆城市建设，特制定《北京市关于促进数字贸易高质量发展的若干措施》，经市政府同意，现印发给你们，请结合实际贯彻落实。

北京市商务局　中共北京市委网络安全和信息化委员会办公室
北京市财政局　北京市经济和信息化局
北京市知识产权局
2021 年 9 月 28 日

## 北京市关于促进数字贸易高质量发展的若干措施

数字贸易是国际贸易发展的新趋势和新引擎。为落实中央、北京市委、市政府决策部署，促进数字贸易高质量发展，打造数字贸易示范区，助力全球数字经济标杆城市建设，制定如下措施。

### 一、发展目标

到 2025 年，北京市数字贸易进出口规模达到 1500 亿美元，占全市进出口总额比重达到 25%，其中，数字服务贸易占全市服务贸易的比重达到 75%；培育一批具有全球数字技术影响力、数字资源配置力和数字规则话语权的数字贸易龙头企业；基本建成与国际高标准经贸规则相衔接的数字贸易发展体系，打造具有国内示范作用和全球辐射效应的数字贸易示范区。

### 二、重点任务和措施

#### （一）搭建数字贸易服务平台

1. 打造数字贸易公共服务平台。搭载“走出去”综合服务平台，提供数字贸易企业“走出去”信息共享、政策咨询、政策匹配、项目对接等基础服务，以及专业翻译、法律咨询、数据合规咨询、风险预警，知识产权、支付清算、版权服务等专业化服务；发挥相关部门驻外机构作用，搭建数字贸易企业与海外市场资源的双向对接渠道。建设国际公共采购“一站式”交易服务平台，实现国际公共采购的有效管理、实时监督和资源管控。（责任单位：市商务局，市知识产权局，市委网信办，市科委、中关村管委会，市政府外办，朝阳区政府，市贸促会）

2. 建设数据流通专项服务平台。依托北京国际大数据交易所搭建数据交易平台，开展数据来源合规审查、数据资产定价、争议仲裁等，创新数据交易的规则、技术实现路径和商业模式，加快实现提供面向全球的数据价值发现、数据资产交易服务。（责任单位：市经济和信息化局，市金融监管局，北京金控集团，市委网信办，市商务局，市科委、中关村管委会）

3. 构建数字贸易会展交易平台。高规格办好“中国国际服务贸易交易会”，搭建面向全球的线上线下数字贸易交流和展示平台；用足用好2022年北京冬奥会、中关村论坛、金融街论坛、全球数字经济大会、北京国际电影节、北京国际音乐节、“电竞北京”、中国（北京）国际视听大会等国际性活动，促进各领域数字贸易发展。（责任单位：相关展会主办单位）

**（二）探索推动跨境数据流动**

4. 强化信息基础设施建设和安全保护。立足数字贸易试验区、各类数字贸易园区等特定区域，建设专用通道等通信基础设施，实现5G在特定区域覆盖；升级改造高耗能低效率的数据中心，积极布局物联网、工业互联网信息基础设施。（责任单位：市经济和信息化局，市通信管理局，市商务局，市科委、中关村管委会，各相关区政府）

5. 推动数据跨境流动制度创新。在国家有关部门的指导下，分步骤研究制定智能网联汽车、信息技术等重点领域的数据分级分类标准和重要数据目录；争取建立国家和市相关部门协同参与的数据跨境流动安全评估机制，强化风险监管；逐步建立健全数据出境安全评估有关制度。（责任单位：市委网信办、市经济和信息化局、市商务局、各行业主管监管部门）

6. 积极参与国际规则对接。立足中关村软件园国家数字服务出口基地建好“国际信息产业与数字贸易港”；探索国际合作，逐步推动技术、监管、规则等制度创新，探索形成数据安全有序跨境流动的实现路径。（责任单位：海淀区政府、市委网信办、市经济和信息化局、市商务局）

**（三）夯实数字贸易产业基础**

7. 提升数字贸易核心产业竞争力。培育大数据、云计算、物联网、移动互联网、高端软件研发、卫星互联网、工业互联网、区块链、人工智能等领域的全球标杆企业；开发数字出版、数字影视、网络电视、网游动漫等数字内容产业的原创精品IP和企业品牌；开办本土化的海外专属频道、专属时段、专属视听应用，丰富市场供给；用好中国“互联网+”大学生创新创业大赛等创业赛事，加快新兴技术与垂直行业的融合应用，从源头筛选、孵化、培育有潜力的数字内容企业。（责任单位：市经济和信息化局，市科委、中关村管委会，市商务局，市委宣传部，市文化和旅游局，市广电局，市教委，海淀区政府）

8. 提升服务外包价值链地位。宣传推广众包、云外包、平台分包等新业态新模式，促进外包产业链上下游企业供需对接，加强产业对接合作；利用外经贸发展资金支持服务外包企业参与新基建投资、建设与运营服务，助力开拓国内国际市场；鼓励研发、设计、维修、咨询、检验检测等领域传统服务外包企业向“一站式解决方案提供商”转型，提升外包企业数字化服务能力。（责任单位：市商务局、市经济和信息化局）

9. 破解跨境电商发展瓶颈。优化跨境电商销售医药产品清单，稳步开展北京市跨境电商销售医药产品试点工作。根据实际需要，在自贸试验区内按程序申请增设海关特殊监管区或保税物流中心（B型），拓展“网购保税+线下自提”业务。用好外经贸发展基金，支持跨境贸易数字化服务平台提升服务能力，拓展跨境市场信息服务、代理出口报关、代理收结汇、提前退税、低息订单贷款、出口信保、跨境物流服务等功能，通过数字化手段对跨境电商出口商品进行全流程追溯和风险管理，缩短退汇时间，降低运营成本；从海外仓业务规模、服务企业数量等多个维度对跨境电商服务平台企业开展海外仓业务进行综合评价，对服务质量好的企业，加大信贷支持力度。

（责任单位：市药监局、北京海关、市商务局、市财政局、天竺综保区管委会、人民银行营业管理部）

**（四）提升数字贸易便利度**

10. 推动数字贸易进一步扩大开放。积极争取增值电信业务有序开放；在符合《中华人民共和国网络安全法》和相关法律法规的前提下，允许外商以跨境交付的方式在内地提供与金融信息和服务有关的软件服务；争取教育、医疗等领域开放度进一步提升，与增值电信等领域开放有机结合，在数字贸易试验区内开展制度创新压力测试。（责任单位：市通信管理局、市经济和信息化局、市委网信办、市金融监管局、市教委、市卫生健康委、市商务局）

11. 推动跨境贸易收支便利化。鼓励银行为数字贸易企业外汇收支提供专项服务，加强对数字贸易类企业个案业务的指导；允许出口商在境外电商平台销售款项以人民币跨境结算；给予在京中资机构海外员工薪酬结汇便利化政策。（责任单位：人民银行营业管理部、市金融监管局）

12. 推动行政审批便利化。发挥知识产权保护中心作用，对符合条件的新一代信息技术类企业提供专利预审服务，支撑相关专利申请进入快速审查通道；积极争取并优化游戏版号管理和服务措施；打造全市统一的数字政务服务平台，提升行政审批效率，推进政务服务数据共享。（责任单位：市知识产权局、市委宣传部、市政务服务局、市经济和信息化局）

13. 推动人员跨境往来便利化。进一步简化外国人来华工作许可和工作类居留许可审批流程，提高审批效率；协调我国驻外使领馆，为数字贸易重点企业的“高精尖缺”外籍工作人员来华办理普通签证、长期签证或多次往返签证提供便利；允许外籍人员子女学校适当招收在境外依法定居的中国公民子女及符合相关规定的引进人才子女。（责任单位：市科委、中关村管委会，市政府外办，市公安局，市教委，市人力资源社会保障局）

**（五）加大数字贸易企业支持力度**

14. 加强专项资金支持。用足用好商务、经信、发改、文化、科技、知识产权等领域政策资金，支持数字贸易企业在信息技术服务、数字内容、服务外包、跨境电商等领域发展，对于数字贸易领域的数字基础设施建设、建设支撑平台、提供公共服务、研发投入、参与国际标准制定、开展数字贸易及规则研究、开拓海外市场、宣传推广等予以一定资金支持。（责任单位：市商务局，市经济和信息化局，市发展改革委，市科委、中关村管委会，市委宣传部，市广电局，市知识产权局，市财政局）

15. 加大数字贸易金融支持。将符合条件的数字贸易企业纳入我市总部企业高质量发展鼓励政策范围；推广针对数字贸易企业的知识产权质押、应收账款确权等专项融资担保产品；加大出口信用保险支持力度；引导各类社会资本扩大投入，充分利用外经贸发展基金等，对具有发展潜力的数字贸易企业给予多元化融资支持。（责任单位：市商务局、市金融监管局、中国出口信用保险公司）

16. 强化数字贸易人才支撑。支持数字贸易企业申报新录用人员补助、在职人员专业资格认证等项目；引导高校、培训机构和企业开展数字贸易相关专业和学科建设，开展定向培养；建立数字贸易企业协会和数字贸易专家智库团队。（责任单位：市商务局、市教委、市民政局）

17. 完善数字贸易知识产权指导。强化与数字贸易有关的知识产权保护；推动完善海外知识产权维权援助服务体系，加强我市海外知识产权公共服务信息库建设，开展海外知识产权纠纷应对指导、海外知识产权纠纷信息的收集与分析、风险防控的培训与宣传等工作。（责任单位：市知识产权局）

**（六）完善数字贸易保障体系**

18. 建立数字贸易品牌企业名录库。引入第三方研究机构，发布数字贸易品牌企业名录；编制数字贸易年度发展报告，总结推广数字贸易企业典型案例和发展经验。建立数字贸易品牌企业服务机制，“一企一策”解决企业发展难题。（责任单位：市商务局、市发展改革委、市经济和信息化局、各相关区政府）

19. 建立数字贸易联席会议制度。由市政府分管商务工作的副市长担任召集人，分管商务工作的市政府副秘书长和市商务局主要负责同志担任副召集人，各有关部门分管负责同志为联席会议成员，按月或不定期召开工作会议，及时会商解决数字贸易发展过程中遇到的重大问题。（责任单位：市商务局、市委网信办、市经济和信息化局、市财政局、人民银行营业管理部等相关部门及各区政府）

20. 建立数字贸易统计监测体系。建立健全数字贸易统计制度，打造数字贸易统计监测体系，逐步开展市区两级重点数字贸易企业数据直报工作，逐步实现数字贸易相关统计数据各区、各部门间共享，建设数字贸易统计监测支撑服务平台。（责任单位：市商务局、市统计局、人民银行营业管理部等相关部门及各区政府）

## 三、工作要求

全市各部门、各区政府及经济技术开发区要进一步提高认识，落实好上述二十条措施和重点任务清单，推进数字贸易高质量发展。市商务部门要加强对全市数字贸易工作的统筹协调，建立健全工作协调机制。各相关部门要按照分工，切实履行责任，加强协调配合，创新具体举措，转变工作作风，主动破除瓶颈，解决企业困难问题，促进数字贸易发展。各区人民政府和经济开发区要发挥属地作用，结合本地实际，出台配套措施，强化保障服务。

# 关于印发《北京市关于进一步加强稳外资工作的若干措施》的通知

京商资发字〔2021〕14号

各区人民政府、北京经济技术开发区管委会，各有关单位：

《北京市关于进一步加强稳外资工作的若干措施》已经市政府同意，现予以印发，请认真组织贯彻落实。

特此通知。

北京市商务局

2021年12月9日

## 北京市关于进一步加强稳外资工作的若干措施

为贯彻《中华人民共和国外商投资法》及其配套法规，落实党中央、国务院关于加强利用外资工作的决策部署，进一步推进本市更高水平对外开放，提高投资便利化水平，加强外商投资合法权益保护，积极促进外商投资，以开放促改革促发展，推动形成本市全方位高水平开放新格局。现提出本市进一步促进外商投资的若干措施如下：

### 一、进一步扩大对外开放

1. 落实国家开放政策。深入实施外商投资准入前国民待遇加负面清单管理制度，落实好全国版和自贸试验区版外商投资准入特别管理措施，加快推进金融、汽车等领域开放政策在京落地。（责任单位：市商务局，市发展改革委，市金融监管局，市经济和信息化局及相关部门和各区政府）

2. 深化重点领域开放。在特定区域（自贸试验区）取消应用商店的信息服务业务外资股比限制；争取国家增值电信业务进一步开放试点，探索在自贸试验区特定区域率先开放互联网数据中心（IDC）等增值电信业务；积极争取数字经济、数字贸易领域开放政策在京先行先试。推进研究型医院建设，鼓励符合条件的外资企业参与“互联网+医疗健康”创新发展；积极争取外资独资医疗机构开放政策在京落地。吸引一批国际顶尖的会计、法律、建筑、管理咨询、广告等知名企业在京落地。推进职业教育国际合作示范项目，允许经营性职业技能培训机构落户。对外资高端制造类大型龙头企业，符合国家鼓励外商投资产业目录的，可以纳入本市重大外资项目专班，给予协调推进。积极落实国家发展改革委权限下放政策，对总投资 3 亿美元以下鼓励类外商投资项目进一步优化服务。（责任单位：市卫生健康委，市经济和信息化局，市投资促进服务中心，市教委，市人力资源社会保障局，市发展改革委及相关部门和各区政府）

3. 探索构建现代化开放体系。推进中国（北京）自由贸易试验区和国家服务业扩大开放综合示范区（以下简称“两区”）建设，发挥扩大开放试验田作用，对标最高标准、最好水平，选择符合国家战略、国际市场需求大、对外开放度要求高的重点领域，开展差异化探索。在全面落实国务院批复的“两区”任务和本市“9 大领域+17 个区域+4 大要素”方案的基础上，以重点领域全产业链开放和全环节改革为突破口，打造规则制度型开放水平更高、产业国际合作竞争力更强、区域开放布局更加均衡的首都开放体系。（责任单位：市“两区”办，市各相关部门及各区政府）

### 二、聚集全球高端优质资源

4. 打造更高能级总部经济。贯彻落实《北京市促进总部企业高质量发展的相关规定》及相关配套措施。鼓励外国投资者在本市设立跨国公司地区总部和各类功能性机构，支持其集聚业务、拓展功能，升级为亚太总部、全球总部。符合条件的跨国公司地区总部可以享受资金奖励及重点人员出入境、货物通关等便利化措施。创新举措，持续做好跨国公司地区总部和各类功能性机构的引进和服务工作。（责任单位：市商务局及相关部门，各区政府）

5. 鼓励外资设立研发中心。研究制定北京市设立外资研发中心的相关鼓励政策措施，增强全球资源配置和科技创新策源功能。鼓励外国投资者在本市设立研发创新中心、外资研发总部、开放式创新平台等，支持外资研发机构参与本市研发公共服务平台建设和政府科技计划项目。符合条件的外资研发中心与内资研发机构同等待遇，在研发成果产业化、国际国内专利申请、研发用品进口、出入境等方面享受一揽子便利化措施。落实国家关于科技创新减免税政策，对符合条件的外商投资企业实施研究开发费用税前加计扣除、进口设备减免税等优惠政策。(责任单位：市科委、中关村管委会，市商务局，市财政局，北京市税务局及相关部门)

6. 提升开放平台示范引领效应。开展“两区”立法，深入开展投资贸易自由化便利化改革创新，增强自贸试验区外资聚集效应。用好国家级经济技术开发区新一轮支持政策，优化生产要素配置，聚焦国际先进企业，鼓励引导新一代信息技术、新能源汽车、生物技术和大健康、机器人和智能制造等主导产业在北京经济技术开发区集聚发展。发挥国际国内协同创新优势，搭建市场化、专业化产业服务平台，打造国际化协同创新网络，推动“三城一区”在集成电路、新材料、医药健康等重点领域融合创新，促进创新链、产业链、供应链“三链联动”，引导高精尖产业集群发展。发挥综合保税区政策优势，积极拓展保税研发、租赁、维修等功能，重点发展先进制造、供应链管理、保税服务等业务。推进中日、中德国际合作产业园建设，对接区域全面经济伙伴关系协定等经贸协定，创新国际合作机制，支持园区建立健全对外招商引资、引智渠道，探索园区国际化建设模式，打造国际化环境。(责任单位：市“两区”办，市经济和信息化局，市科委、中关村管委会，北京经济技术开发区管委会及相关部门，有关区政府)

## 三、优化外商投资企业发展环境

7. 推进贸易投融资便利化。实施跨国公司本外币一体化资金池业务试点，对跨境资金流动实施双向宏观审慎管理。稳步推进贸易外汇收支便利化试点，进一步扩大便利化试点银行和试点企业范围。在全市优化升级资本项目收入支付便利化政策，推动银行采取单证合并、线上办理等方式。在中关村海淀园区升级外债便利化政策，注册在中关村海淀园区且符合规定条件的企业实施外债便利化试点政策，试点额度由500万美元进一步提高到1000万美元。支持符合条件的中关村国家自主创新示范区一区十六园内企业可将外债资金用于符合规定的股权投资（房地产投资除外）。放宽企业外债签约币种、提款币种和偿还币种须保持一致的要求，但提款币种和偿还币种须保持一致。将外债注销登记、内保外贷注销登记、境外放款注销登记下放银行办理。支持北京地区银行不断提升跨境金融服务能力，为优质诚信企业货物贸易、服务贸易跨境人民币结算以及资本项目人民币收入境内依法合规使用提供便利化服务。优化外汇收支单证审核流程，按照展业原则办理货物贸易、服务贸易项下购付汇、收结汇及划转等手续，便利真实合规跨境贸易外汇收支业务。强化金融支持稳外资作用，加强银行等金融机构与外资企业的对接，对重点外资企业和外资重点项目建立投贷融资服务机制。(责任单位：人民银行营业管理部，国家外汇管理局北京管理部，市金融监管局)

8. 进一步提高通关便利化。指导支持更多外资企业申请AEO认证，享受更多便利化通关政策。打造公开、透明的口岸通关环境，线上线下同步公开空港口岸经营服务收费清单，定期更新，在线查询，做到清单之外无收费，降低通关成本。加快“单一窗口”功能由口岸通关执法向物流、服务贸易等全链条扩展。推进“提前申报”“两步申报”等措施，进一步压缩通关时间，提高通关效率。(责任单位：北京海关，市商务局等相关部门)

9. 用好税收优惠政策。宣传落实境外投资者以分配利润直接投资暂不征收预提所得税等优惠政策。落实好中关村国家自主创新示范区特定区域（包括：朝阳园、海淀园、丰台园、顺义园、大兴—亦庄园、昌平园）技术转让企业所得税试点优惠政策，符合条件的技术转让所得，在一个纳税年度内不超过 2000 万元的部分，免征企业所得税；超过 2000 万元部分，减半征收企业所得税。对在京从事集成电路、人工智能、生物医药、关键材料等领域生产研发类规模以上企业认定高新技术企业时，满足从业一年以上且在中国境内发生的研究开发费用总额占全部研究开发费用总额的比例不低于 50%条件的，实行“报备即批准”，认定为高新技术企业即可按规定享受所得税优惠等相关政策。（责任单位：市财政局，北京市税务局，市人才局，市商务局，北京海关等相关部门，各区政府）

10. 规范企业有序迁移。尊重企业意愿，支持企业按照经营发展意愿，在本市范围自主有序流动布局，不得为企业跨区迁移设置障碍；企业申请办理变更登记时，市场监管、税务等部门应依法依规及时予以办理。由市财政局（市财源办）牵头组织协调相关部门落实企业迁移市区联动服务工作机制，实现跨区财税利益共享，更好地平衡迁入区和迁出区的利益。（责任单位：市财政局，北京市税务局，市市场监管局，市科委、中关村管委会，北京经济技术开发区管委会，各区政府）

## 四、优化外商生活服务

11. 优化教育服务。加大优质教育资源供给，完善国际学校布局，在人才引进密集区域合理布局一批国际学校，为扩大国际教育供给、服务国际人才子女教育需求提供保障。下放外籍人员子女学校审批和管理权限，减少办事层级、简化办事流程；放宽举办者限制，允许中国社会组织和个人举办外籍人员子女学校。支持中小学按国家和我市有关规定接收外籍人员子女入学。（责任单位：市教委，市人才局等相关部门，各区政府，北京经济技术开发区管委会）

12. 增强医疗保障。规划建设若干国际医院。支持具备条件的医疗机构提供国际医疗服务。探索国际医疗联合体，完善机构合作、分级诊疗等功能集成的国际化医疗服务新模式。加强外商企业及员工驻地的社区卫生服务机构建设，做好社区医疗服务。探索构建国际化院前急救服务体系，持续提升医疗急救整体水平。增强涉外服务能力，支持试点医院聘用符合外国人来华工作条件的外籍医助、外籍导医，加强医护人员外语培训，综合提升外语服务能力。外籍就业人员、外企员工均可参加本市基本医疗保险，享受相关医疗保障待遇。推进商业健康险和基本医疗保险的有效衔接；推动商业保险与医疗机构合作对接，开展实时结算。（责任单位：市卫生健康委，市医保局，北京银保监局，市人力资源社会保障局等相关部门，各区政府，北京经济技术开发区管委会）

13. 提升生活办事便利化水平。推进实现外籍人员线上办理临时住宿登记。积极推进在华永久居留身份证在铁路、民政、社保、银行、不动产登记、医院、公园等系统实现全面适用。对已获得在华永久居留资格或持有工作类居留许可的外籍高层次人才、创新创业人才和港澳高层次人才，可以为其聘雇的外籍家政服务人员来华申请相应期限的私人事务类居留许可（加注“家政服务”）。实施在华外籍人才个人外汇业务便利化试点，满足在华外籍人才真实合规的个人经常项目用汇需求。简化在华工作境外个人薪酬购汇手续，在劳动合同有效期内到同一银行再次办理合法薪酬收入购汇的，试点银行可根据首次办理情况，免于审核重复性材料。加快推动外籍员工参与境内上市公司股权激励登记、变更及注销登记下放银行办理试点落地实施。外资企业在企业纳税地所在区对接保障性租赁住房时与内资企业享受同等待遇。（责任单位：市公安局，市人力资源

社会保障局，国家外汇管理局北京管理部，市人才局，市住房城乡建设委等相关部门）

14. 丰富国际化消费供给。打造2至3个千亿规模世界级商圈，打造一批具有全球影响力的标志性商圈。吸引国内外一线品牌机构在京发展，大力引进国内外知名品牌首店、旗舰店、体验店、定制中心，构建国际化优质商品供给体系。吸引更多国际化餐饮品牌落地北京，为在京外国人提供多样化、品质化餐饮消费场所。释放文旅消费潜力，挖掘文化资源优势，打造北京文创品牌，提升“北京礼物”吸引力和影响力。搭建全球新品首发首秀活动平台，打造时尚品牌活动风向标，全面提升北京国际电影节、北京国际音乐节、“电竞北京”的国际影响力，积极引进和培育国际体育赛事，吸引国际知名体育机构落户北京。优化交通、旅游、支付等配套服务，进一步提升商业服务业领域公共场所外语标识规范化水平，擦亮有温度的“北京服务”品牌。对标国际建立统一、便民、高效的消费申诉和联动处理机制，优化消费维权机制。（责任单位：北京培育建设国际消费中心城市领导小组相关成员单位）

## 五、推动引资与引智引才相结合

15. 优化人才服务体系。推进“落地即办、未落先办、全程代办”人才服务体系，构建外籍人才工作服务网络。符合条件的外资企业中国籍员工可以申办亚太经合组织商务旅行卡。改革创新外籍人才工作证件办理模式，逐步实现签证证件业务全市通办和“两证合一”联办模式。优化外籍人才来京就业审批办事流程，逐步下放外国人来华工作许可预审环节，进一步深化简政放权提高服务效率。为符合条件的外籍人才办理永久居留证件。深入开发“易北京”App应用，打造外籍人才“一站式”线上服务平台。（责任单位：市人才局，市人力资源社会保障局，北京海外学人中心，市政府外办，市公安局，北京海关）

16. 促进国际职业资格人才来京执业。全面梳理境外含金量高的职业资格，建立正面清单，鼓励清单范围内持有境外职业资格的外籍人员来京工作，在工作许可、出入境方面提供便利。根据国家职业资格考试相关政策和“两区”建设对境外专业人员的需求，动态推出境外人员可申报的职业资格考试目录，吸引全球专业人才来京工作。积极争取政策突破，探索京津冀三地外国人来华工作许可互认试点工作。（责任单位：市人力资源社会保障局，北京海外学人中心，市公安局，市卫生健康委，市金融监管局，市财政局等职业资格行业主管部门）

17. 优化人才配套服务保障。结合外资企业在京投资、纳税、科技创新等情况，根据贡献额度、转化效果等，精准提供人才引进支持。加大对符合北京发展定位和引进政策的特定行业高管人才、专业技术人才办理人才引进落户和工作居住证力度。对本市急需特殊技能专业人才落户，业绩、贡献突出的，可适当放宽年龄限制。为研发、执业、参展、交流、培训等高端人才提供签证便利。对境外高端人才设立进境物品审批专用窗口、绿色通道，快速办理物品审批和通关手续。（责任单位：市人才局，市人力资源社会保障局，人民银行营业管理部，市公安局，市科委、中关村管委会，市商务局等相关部门）

## 六、优化外商投资促进服务

18. 完善投资促进体系。加强对全市投资促进工作的指导，统筹全市招商引资活动，编制招商引资中长期规划，对各区招商引资工作实施目标预期调控。建立市区统筹、横向联动的投资促进工作机制，瞄准全球500强、重点领域龙头企业、行业隐形冠军，着力引入符合首都城市功能定位的外资企业。探索社会招商服务的新路径，提升招商活动市场化运作水平。推动招商引资工作与因公出国（境）相结合，对各区、各单位有实质性招商引资任务的出国（境）经贸团组，优先予以重点保障。鼓励各区、北京经济技术开发区、功能园区结合区域特点和资源条件，配套出台支持外资发展和促进招商引资的专项政策，整合建立面向各重点产业、重点区域的“市级统一+各区特色”招商引资政策服务包。强化 12345 企业服务热线的咨询服务功能，向外商企业精准提供政策查询和咨询解读服务；鼓励各区对招商部门、非公务员岗位允许实行更加灵活的激励措施。加强培训，打造高水平、专业化招商人才队伍。（责任单位：市投资促进服务中心，市商务局，市人力资源社会保障局，市政府外办及各相关部门，各区政府，北京经济技术开发区管委会）

19. 进一步提高投资便利度。打造一站式网上服务平台，依托政府国际版门户网站，打造集政策发布、公共服务、咨询交流等功能于一体的一站式、多语种互联网国际化服务平台，围绕投资引导、投资落地、投资促进、投资服务等 4 个环节，发布拟对外招商的空间资源清单，提供全流程的外商投资服务。定期编制和发布外商投资指南、年度外商投资报告等指引，为外国投资者和外商投资企业提供政策信息服务和便利。各区应根据实际，制作投资北京地图，为外商提供便利的查询与选址功能，定期编制和发布本区域外商投资指引。加强与国际专业机构合作，围绕金融科技、资产管理、数字经济、生物医药等重点产业，做好投资准入、资金支持、产业扶持、税收优惠、人才政策等外资企业普遍关注政策宣传解读。推动向自贸试验区下放行政审批权力，发挥开放平台吸引外资主阵地作用。（责任单位：市政务服务局，市商务局，市投资促进服务中心，市委编办及各相关部门，各区政府，北京经济技术开发区管委会）

20. 做好重点项目服务支持。充分发挥服务管家和服务包机制、政企对接机制、协调调度机制、项目促进专员机制等，对重大项目和重点企业进行全流程服务，跟踪项目在谈、签约、注册和运营的全过程，及时协调解决项目推进过程中的问题和困难。对符合区域功能定位的外商投资新设或增资项目，各区、北京经济技术开发区可按照其对本区域的经济社会综合贡献度给予奖励。（责任单位：市投资促进服务中心，市商务局，市发展改革委及市相关部门，各区政府，北京经济技术开发区管委会）

## 七、强化外商投资企业权益保护

21. 深入落实外商投资法律法规。加强《外商投资法》及其配套法规和利用外资相关政策的宣传解读。落实外商投资信息报告制度。制定涉及外商投资的行政规范性文件，应事先征求外商投资企业和有关商会、行业协会意见，按规定进行合法性审核。各区政府严格兑现向投资者及外商投资企业依法作出的政策承诺，认真履行在招商引资等活动中依法签订的各类合同。不断完善外商投资企业投诉机制，按照《北京市外商投资企业投诉工作管理办法（修订）》的要求，妥善解决外商投资企业投诉反映的突出问题，维护外商投资企业及其投资者的合法权益。（责任单位：市商务局，市发展改革委及各相关部门，各区政府，北京经济技术开发区管委会）

22. 完善知识产权保护工作机制。落实北京市《关于强化知识产权保护的行动方案》，构造规范管理与严格执法有机衔接的知识产权保护模式，不断完善司法和行政执法知识产权保护体系。完善展会知识产权保护制度，组织实施参展产品知识产权报备制度和参展方不侵权承诺制度。做好服贸会等大型展会知识产权保护工作，保护国内外参展商知识产权权利人合法利益。完善北京市知识产权保护中心“一站式”知识产权纠纷解决机制，持续推动北京地区企业在新一代信息技术、高端装备制造产业领域的专利快速预审和维权。发挥知识产权品牌服务机构和北京（中关村）国际知识产权服务大厅的作用，有效提升我市知识产权服务质量和能力。制定对入驻自贸试验区企业的保护措施，促进技术和产业不断升级，营造良好创新创业生态。（责任单位：市知识产权局，市高级人民法院，市市场监管局，市版权局）

23. 支持外商投资企业参与标准化工作。本市外商投资企业在参与本市标准化工作方面，与内资企业享有同等待遇。在京外商投资企业主导制修订国际标准、国家标准、行业标准、地方标准和团体标准，符合《实施首都标准化战略补助资金管理办法》和《北京市重点发展的技术标准领域和重点标准方向》的，可申请首都标准化战略补助资金。（责任单位：市市场监管局及各相关部门）

24. 保障外商投资企业公平参与政府采购。建立全市统一的全流程电子化政府采购平台，完善在线招投标、采购评审、合同签订、履约验收、信用评价、资金支付功能。各区、各有关部门在政府采购信息发布、供应商条件确定、评标标准等方面，不得限定供应商的所有制形式、组织形式、股权结构或者投资者国别，以及产品或服务品牌等，依法保障外商投资企业公平参与政府采购。（责任单位：市财政局及各相关部门，各区政府）

25. 完善外商投资事中事后监管体系。落实《北京市加强和规范事中事后监管的实施方案》，推动和深化“互联网+监管”“双随机、一公开”监管、信用监管、重点监管和包容审慎监管等监管方式和手段。规范行使行政处罚自由裁量权，严格按照违法行为危害性和具体情节实施定档分阶裁量，避免处罚畸轻畸重。严格落实行政执法公示、执法全过程记录和重大执法决定法制审核制度，打造规范透明监管体系。（责任单位：市市场监管局，市商务局，市司法局，市政务服务局及相关部门，各区政府）

# 天津市

## 一、综述

天津市委、市政府高度重视中国（天津）国际贸易单一窗口（以下简称天津“单一窗口”）工作，将天津“单一窗口”建设列入《天津市国民经济和社会发展第十四个五年规划和二〇三五年远景目标纲要》，并作为促进跨境贸易便利化、优化营商环境，推动中国（天津）自由贸易试验区、天津北方国际航运核心枢纽建设等的重要举措。市委、市政府领导多次听取专题工作汇报，推动天津“单一窗口”建设推广工作。天津口岸相关部门按照《中国（天津）国际贸易“单一窗口”运行管理办法和工作成员单位及职责（试行）》分工负责，全力保障天津“单一窗口”高效有序运行。

截至 2021 年年底，天津“单一窗口”共有地方特色功能模块 20 个，主要包括 RCEP 服务专区、跨境电子商务综合服务、边检行政许可申报、港口物流查询、企业信用公示和查询、行业主管部门服务热线和服务承诺公示、集装箱作业流程和时限公示、口岸指数发布等。与标准版功能相互补充，在满足企业“一站式”通关的同时，实现天津“单一窗口”功能由口岸通关执法向口岸物流等领域拓展。

## 二、运行情况

### （一）运行数据

2021 年全年，天津“单一窗口”货物申报 239. 39 万票；舱单申报 1101. 58 万票；运输工具申报 22. 40 万票；企业资质办理 5. 49 万票；原产地证书申领 9. 16 万票；税费支付 4. 25 万票；加贸保税 88. 04 万票；物品通关 936. 30 万票；跨境电商 2906. 88 万票；监管证件 5703 票；出口退税 224 笔。

### （二）运行维护

全年通过 95198 热线、网络远程、QQ、微信等方式及时受理企业服务请求 14228 次，日均受理 39 次，为企业提供及时有效的应用指导和咨询服务。

### （三）宣传推广

全年共组织十余场应用推广宣讲会，服务企业千余家。组织“单一窗口”中新（加坡）合作试点项目宣介，推动企业报名第二批试点。会同行业主管部门指导收费主体单位通过全国口岸收费及服务信息发布系统发布收费信息。开展出口退税功能推广，推动企业应用监管证件在线申领功能。

## 三、特色应用

### （一）集装箱作业流程和时限公示功能

在广泛征求口岸相关部门、外贸企业和行业协会意见的基础上，细化天津口岸海运集装箱货物进口6个环节18项作业流程，出口5个环节20项作业流程。新增集装箱作业流程和时限公示功能，公布作业单位、作业内容、完成时限等信息，进一步增强企业预期，便于进出口企业提前合理安排生产及物流运输计划。

### （二）行业主管部门服务热线和服务承诺功能

天津市商务局、天津海关、天津海事局、天津边检总站、天津市港航管理局和天津港集团等口岸单位（部门）依托“单一窗口”共同建设服务热线和服务承诺功能，公布服务热线和服务承诺，进一步畅通惠企便民渠道，着力提升通关服务满意度，打造便捷、高效的通关服务“总客服”。

## 四、大事记

4月23日

天津市商务局赴北京与新加坡企业发展局就“单一窗口”中新（加坡）合作试点项目进行工作交流。

6月18日

“单一窗口”中新（加坡）合作试点项目首单货物通过天津“单一窗口”申报成功。

7月16日

天津市商务局和天津海关共同组织召开“单一窗口”中新（加坡）合作试点项目线上（天津）推介会。

12月19日

天津市副市长王旭主持召开天津“单一窗口”专题工作会议。

# 河北省

## 一、综述

为贯彻落实党中央、国务院关于优化营商环境、促进贸易便利化有关工作部署，2021 年，中国（河北）国际贸易单一窗口（以下简称河北“单一窗口”）深入拓展服务应用范围，持续提高通关便利化水平，多措并举服务全方位对外开放，全面落实新时代口岸高质量发展要求。

## 二、运行情况

### （一）运行数据

截至 2021 年年底，河北“单一窗口”累计注册用户 3.3 万家，较 2020 年增加 2700 家。全年货物申报 14.54 万票；舱单申报 20.02 万票；运输工具申报 10.68 万票；企业资质办理 4.27 万票；原产地证书申领 11.81 万票；税费支付 3.86 万票；加贸保税 27.75 万票；物品通关 582 票；跨境电商 104.80 万票；监管证件 5571 票；出口退税 2455 笔。

### （二）运行维护

一是提供 7×24 小时客户服务，全年共解决客服问题 4.2 万个。二是充分用好“单一窗口”运维服务管理平台，全年共流转工单 487 份。三是执行 7×24 小时常态化运维值守，完成云平台网络通信、安全管理、虚机增删、数据备份、监控、资源调度等日常维护工作 219 次，修复硬件故障 94 次。四是开展网络安全自查工作，整改 25 台服务器，修复 8 类高危漏洞、15 个中危漏洞，阻挡攻击 4 万余次，封禁 IP 地址 356 个，成功阻断远程渗透性攻击测试，完成地方网络安全防护任务。

### （三）宣传推广

#### 1. 宣传培训

全年共组织开展企业资质办理、原产地证书申领等 23 场线上培训会，培训范围覆盖全省，惠及外贸企业 2000 家。继续发挥线上培训中心功能优势，80%“单一窗口”功能应用培训资料可从线上获得，累计下载观看量3万余次。

2. 资讯发布

围绕河北省最新外贸信息，丰富资讯内容，全年共发布贸易商情、投资要闻等资讯4200余条，平台累计点击量达266.38万次。

## 三、大事记

3月11日

河北省副省长夏延军主持召开推进河北省口岸工作发展会议，部署河北“单一窗口”相关工作。

4月25日

河北省政协常委、港澳台侨和外事委员会主任安国富调研河北“单一窗口”。

5月19日

中国电子口岸数据中心党委书记高正太、石家庄海关副关长石金峰一行调研河北“单一窗口”。

9月8日

石家庄海关组织召开河北“单一窗口”建设工作推进会。

## 四、政策文件

### 河北省人民政府口岸办公室关于进一步优化口岸营商环境促进跨境贸易便利化工作的通知

石家庄海关，河北出入境边防检查总站，河北海事局，秦皇岛、唐山、沧州、石家庄市口岸主管部门，有关港口企业，省电子口岸公司：

为持续提高我省跨境贸易便利化水平，营造更加稳定、公开、透明、可预期的口岸营商环境，推动落实《国家口岸管理办公室关于复制推广借鉴优化口岸营商环境促进跨境贸易便利化改革举措的通知》（国岸函〔2021〕31号）的工作要求，现就进一步做好优化口岸营商环境、促进跨境贸易便利化工作通知如下：

一、为企业提供更多可选择的通关模式。尊重市场需求和企业意愿，稳步推进“提前申报”“两步申报”等改革，加大对企业“提前申报”引导力度，稳步实施“两步申报”生产型海关高级认证企业依申请免除税款担保，不断提高“提前申报”“两步申报”应用比例。在具备条件的港口探索推行进口货物“船边直提”和出口货物“抵港直装”试点。（责任单位：石家庄海关）

二、推动口岸和国际贸易相关业务纳入“单一窗口”。除涉密等特殊情况外，推动进出口环节涉及的监管证件通过国际贸易“单一窗口”一口受理和自主打印。（责任单位：省口岸办、省电子口岸公司）

三、优化查验作业流程。采取预约查验、下厂查验、入库查验等方式，减少查验时间。继续推广无陪同查验，鼓励企业选择“不陪同查验”或“委托监管场所经营人陪同查验”方式。对海关高级认证企业进出口的重点民生保障货物实施优先查验。（责任单位：石家庄海关）

四、完善海关查验信息推送工作。由“单一窗口”向进出口企业、港口、码头、口岸作业场站推送海关查验信息通知，同时将口岸作业场站查验货物调箱到位信息发送给海关，快速衔接通关物流各环节操作。（责任单位：省口岸办、石家庄海关、省电子口岸公司）

五、简化报关单随附单证。精简海关申报随附单证，进口申报环节免予提交合同、装箱单，出口申报环节免予提交合同等商业单证。上述单证，海关审核时如需要再提交。（责任单位：石家庄海关）

六、推进通关单证电子化。在全省海运口岸继续推进集装箱设备交接单、装箱单、提货单等单证电子化，鼓励船公司推进提单电子化。（责任单位：石家庄海关、有关港口企业）

七、优化大宗商品检验监管。推进“两段准入”监管作业改革，实施部分矿产品“先放后检”模式，依企业申请对进口大宗商品实施重量鉴定，助力钢铁产业发展。（责任单位：石家庄海关）

八、提升智能化信息化查验水平。加强“智能审图”应用，加大非侵入式检查力度。推进提升电子版《入境货物检验检疫证明》申领比例，推进电子版《入境货物检验检疫证明》的跨部门合作和电子证明信息共享。（责任单位：石家庄海关）

九、实施“云登轮”远程监管。推广以海事“云登轮”为代表的“互联网+”远程信用监管机制，优化海事监管效能，确保港口生产安全，提升船舶靠泊效率。（责任单位：河北海事局，有关港口企业）

十、推行口岸服务公开承诺制度。引导推动港口、船公司及其代理业务、场站等口岸经营单位建立健全口岸服务公开承诺制度，细化并公布受理流程、作业时限标准，公开服务项目的“5+2”“7×24 小时”和“预约制”等方面的服务承诺。（责任单位：有关市口岸办、有关港口企业）

十一、落实 7×24 小时国际航行船舶入出境通关保障。实施 7×24 小时办理国际航行船舶预检、入出境手续、上下外轮许可和搭靠外轮许可等边检业务，畅通国际物流通道。（责任单位：河北出入境边防检查总站）

十二、加快“智慧港口”建设。推广智能卡口、无人集卡、智能理货等应用，推动物流数据多方主体共享，提升口岸通关信息化智能化水平，实现港口业务线下办理向“线上办”“掌上办”转变，助推港口码头提升作业效率。（责任单位：有关港口企业、有关市口岸办、石家庄海关、河北出入境边防检查总站、河北海事局、省电子口岸公司）

十三、实施港口边检行政许可“一地办证、区域通用”。全省各港口口岸边检机关签发的上下外轮许可、搭靠外轮许可，在省内各港口口岸通用，进一步便利港口企业生产作业，减少企业办证办事环节。（责任单位：河北出入境边防检查总站）

十四、推行短期停靠国际航行船舶入境出境手续“一次办妥”。国际航行船舶在口岸停泊时间不超过 24 小时的，边检机关可在办理船舶入境手续时，一次性办结出境手续，减少船舶在港停留时间。（责任单位：河北出入境边防检查总站）

十五、推进海关“经认证的经营者”（AEO）国际互认。优化高级认证企业布控指令，考虑

境内进出口企业信用等级基础上，逐步推进 AEO 互认便利措施的落实落地。（责任单位：石家庄海关）

十六、进一步落实口岸收费目录清单制度。继续推进各收费主体通过国际贸易“单一窗口”公开收费标准、服务项目等信息，增强口岸收费的透明度和可比性。（责任单位：省口岸办、省电子口岸公司）

河北省人民政府口岸办公室

2021 年 7 月 20 日

# 山西省

## 一、综述

2021 年，按照建设更高水平国际贸易“单一窗口”目标要求，山西省口岸办联合口岸各相关部门，加大力度，积极推进中国（山西）国际贸易单一窗口（以下简称山西“单一窗口”）建设与推广，进一步促进贸易便利化水平提升，优化口岸营商环境。

## 二、运行情况

### （一）运行数据

截至 2021 年年底，山西“单一窗口”累计注册用户 1700 家，较 2020 年增加 200 家。全年货物申报 5.80 万票；舱单申报 3131 票；运输工具申报 2078 票；企业资质办理 7735 票；原产地证书申领 1.75 万票；税费支付 4366 票；加贸保税 14.45 万票；物品通关 632 票；跨境电商 5.42 万票；监管证件 224 票；出口退税 12 笔。

### （二）运行维护

通过热线电话、微信群等多种形式，向企业提供 7×24 小时咨询服务，及时为企业解答各类防疫物资进出口问题。日常及时搜集、掌握企业使用“单一窗口”情况、需求与建议，完善客服知识库，强化质量监督，提升热线接听质量。围绕重点项目做好客户服务工作，稳步提升服务效率。

### （三）宣传推广

积极推广山西“单一窗口”功能应用，通过微信公众号及微信群发布操作指南和培训资料。

# 内蒙古自治区

## 一、综述

2021年，内蒙古自治区口岸办围绕《国家口岸管理办公室关于国际贸易“单一窗口”建设的框架意见》和《中国（内蒙古）国际贸易“单一窗口”建设实施方案》要求，加强标准版应用推广及中国（内蒙古）国际贸易单一窗口（以下简称内蒙古“单一窗口”）地方特色应用建设。

## 二、运行情况

### （一）运行数据

2021年全年，内蒙古“单一窗口”货物申报31.15万票；舱单申报126.54万票；运输工具申报9.82万票；企业资质办理1.10万票；原产地证书申领2.39万票；税费支付4.93万票；加贸保税5.59万票；物品通关58.48万票；跨境电商247.25万票；监管证件1037票；出口退税15笔。

### （二）宣传推广

针对内蒙古自治区疫情情况，采用集中教学和上传教学内容到内蒙古“单一窗口”平台、印制推广应用学习手册等形式，线上线下相结合，分东部和中西部举办国际贸易“单一窗口”培训会，共培训口岸管理人员以及综合保税区、国际陆港、进出口企业、代理报关公司等人员282人次，印制推广应用手册4200册。邀请国家口岸管理办公室信息中心、满洲里海关、自治区商务厅、自治区贸促会、自治区税务局等部门专家进行线上线下授课，针对货物申报报关单、出口退税申报系统、舱单管理、货物自动进口许可证签发管理实务、原产地规则、原产地证书签发实务、出口退税优化整合、用户管理、货物申报、进出口许可证申领等十大块具体业务内容，进行专业讲解推广。

# 辽宁省

## 一、 综述

辽宁省委、省政府高度重视中国（辽宁）国际贸易单一窗口（以下简称辽宁“单一窗口”）建设，始终将其作为促进贸易便利化、优化口岸营商环境的重要举措，连续多次在辽宁省口岸工作领导小组会议中将“单一窗口”建设作为促进贸易便利化的首要任务进行部署。2021 年，辽宁省政府出台《辽宁省优化口岸营商环境深化跨境贸易便利化改革若干措施》，从优化进出口环节服务流程、简化进出口环节单证办理、全面提升口岸智能化和信息化水平、规范口岸经营秩序降低进出口合规成本、提高企业服务水平等 5 个方面，提出了 25 条具体措施，有力地推动了辽宁省口岸营商环境建设和跨境贸易便利化工作健康发展。

### （一）推动“单一窗口”建设和应用情况

2021 年，完成标准版和地方特色 20 个业务领域 111 项功能上线，其中包括海关检验检疫证书系统等 19 项地方特色功能。

#### 1. 拓展“单一窗口” 服务功能

一是完成全国口岸收费及服务信息发布系统在辽宁省海运口岸推广工作，实现港口、船代、理货企业收费信息全部由收费主体自主录入、更新，外贸企业随时线上查询。二是积极组织开展企业跨境贸易档案系统测试工作。三是辽宁“单一窗口”增加信保普惠政策申领功能，截至 2021 年 12 月底，全省小微企业通过辽宁“单一窗口”领取保单共计 2816 张，有效增强企业抗风险能力。

#### 2. 有序推进地方特色功能建设

一是积极组织开展 5 项地方特色应用项目开发建设。2021 年年底，海关检验检疫证书系统、海关进出口商品规范申报企业专属库已上线应用；通关时效系统、大连口岸拖轮服务公共信息平台、数据统计系统已具备验收条件。二是不断优化完善平行进口车申报、展示大屏、产品与客户服务系统、商品信息标准化编码管理系统的相关功能。三是完成地方特色应用的自建认证系统的改造，减少用户重复登录，实现一次注册、全国通用。

### （二）新功能试点应用情况

协同中国电子口岸数据中心、辽宁省税务局等，积极组织开展出口退税（外贸、生产版）功能在辽宁省的试点应用。通过实地调研，制定试点方案及现场指导措施等，如期完成试点任务。积极组织进出口收发货人、代理报关企业开展“单一窗口”企业跨境贸易档案系统试点测试工作，圆满完成试点任务。

### （三）构建完善的运维保障体系

依据《中国（辽宁）国际贸易单一窗口运行管理实施细则（暂行）》，建立省市两级联合运维保障体系，充分依托各口岸部门运维资源，建立多部门联动的安全管理应急保障制度，规范服务接入和服务标准，实现对外服务、发布、变更、故障处理的高效协同。积极探索构建智能预警体系，提升系统运行管理精准性，切实保障“单一窗口”平台安全、稳定、高效运行。

## 二、 运行情况

### （一）运行数据

截至2021年年底，辽宁“单一窗口”注册企业6705家（其中辽宁省内企业5832家，占比86.98%；省外企业873家，占比13.02%），注册用户16019个，较2020年增加719个。全年累计办理业务6574万票，其中货物申报140.88万票；舱单申报525.89万票；运输工具申报19.94万票；企业资质办理4.06万票；原产地证书申领13.85万票；税费支付8.40万票；加贸保税43.33万票；物品通关456.01万票；跨境电商1981.01万票；监管证件4565票；出口退税70笔。

地方特色功能应用方面，平行进口车申报886票，危险货物申报12.78万票，查验预约4.15万票，海运中转13.57万票，危险货物联网核查16.05万票，涉税保函金额8.56亿元，归类导航数据169万条。

### （二）运行维护

#### 1. 安全管理

依托现有网络基础设施，完善信息安全管理体系，增强信息系统安全防护能力。通过信息安全等级保护三级测评。按照护网行动及网络安全监督检查的相关要求，定期对网络安全进行扫描、测评和优化。

#### 2. 运行监测

建立监控预警机制，对机房、数据库、主机系统、软件运行实施系统进行自动和人工巡检双重监控。在预估业务高峰期即时调配资源，实现故障主动预警，技术人员秒级响应。

#### 3. 客户服务

建立多层次沟通协调机制，完善客户服务体系，畅通意见反馈渠道，实施双中心轮值制度，精准对接企业需求，不断增强客户黏性。截至 2021 年年底，累计处理客户服务事项超过 27.9 万件，热线一次接通率超过 98%。收到企业赠送锦旗 2 面，表扬信 4 封。

4. 应急处理

联合口岸监管单位共同建立多部门联动的应急保障制度，制订安全应急预案，定期开展应急演练。在平台发生技术故障时立即启动应急预案，确保平台稳定运行。

（三）宣传推广

1. 拓宽宣传推广渠道

一是充分发挥网络传播面广量大、速度快捷的优势，借助门户网站和微信公众号等载体，努力挖掘信息化宣传渠道。截至 2021 年 12 月底，门户网站日均浏览量近 5000 次，日均访客数 1100 余人，微信公众号累计关注人数 1519 人。二是以固化宣传载体为平台，借助在自贸大厅、通关服务中心设置宣传展架、发放宣传手册等一系列措施，不断提高宣传的覆盖面和受众率。三是深化 QQ 群的宣传交流功能，建立专属的信息发布窗口，规律地向企业客户传递信息、收集企业的意见和建议，提升用户满意度。

2. 加强专题实操培训

一是组织 2 次辽宁“单一窗口”口岸收费及服务信息发布系统线上培训，近 100 家企业参加培训。二是为进一步提升标准版企业资质、许可证件、出口退税等功能的应用覆盖率，面向辽宁省内相关企业举办线上培训活动，各市口岸部门和相关企业 240 余人参加培训。

## 三、特色应用

**通关时效系统**

以辽宁自贸片区大窑湾港区为试点，整合“单一窗口”和海关监管系统及港口作业系统的相关数据资源，实现口岸通关和物流等环节的监测评估，为监管流程优化及管理决策提供有效支撑。

1. 主要做法

将采集到的海关、边检、海事等口岸监管单位及港口码头部门状态数据，经整理、统计、分析后，形成涵盖监管单位及相关企业的主要流程节点数据链。最终通过浏览器、微信及展示大屏等多种方式为企业提供货物通关、物流状态全链条信息跟踪服务及其所属进出口货物的通关时效的统计分析结果，同时也可为口岸监管部门及相关政府部门提供全方位的统计分析服务。

根据实际业务需求，通关时效评估系统旨在为政府及监管部门和企业用户提供服务，主要包含 5 个模块，分别为信息公示、信息查询、时效统计、展示大屏及系统维护。

2. 创新点

通过信息化手段对通关的历史和实时数据进行分析、监控及统计，及时了解通关环节痛点，全面掌握辽宁省口岸货物整体通关情况，为政府及监管部门提供决策依据。

### 3. 应用成效

一是摒弃传统人工统计方式，搭建直观、便捷、高效的智能统计模型。为政府及监管部门提供辽宁省口岸的通关业务概览、通关时效统计，并能快速锁定影响通关时效的具体环节。二是进一步压缩通关时间，提升口岸通关效率，营造良好的口岸通关环境，提升辽宁省口岸竞争力。

## 四、大事记

3 月 25 日

辽宁省口岸办组织召开全省通关便利化协调工作会议。

5 月 12 日

辽宁“单一窗口”上线信保普惠政策申领功能。

5 月 19 日

辽宁“单一窗口”上线运行出口退税（金三版）功能。

5 月 28 日

辽宁省口岸工作领导小组办公室印发《辽宁省优化口岸营商环境深化跨境贸易便利化改革若干措施》。

7 月 22 日

辽宁省口岸办组织召开国际贸易“单一窗口”水运口岸海关查验信息推送工作会议。

7 月 26 日

辽宁省组织相关单位开展国际贸易“单一窗口”企业跨境贸易档案系统测试工作。

## 五、政策文件

### 关于印发《辽宁省优化口岸营商环境深化跨境贸易便利化改革若干措施》的通知

辽口工办〔2021〕1 号

省口岸工作领导小组各成员：

为贯彻落实国务院《优化营商环境条例》、《国务院办公厅关于推进对外贸易创新发展的实施意见》（国办发〔2020〕40 号）和《中共辽宁省委　辽宁省人民政府关于推进贸易高质量发展的实施意见》（辽委发〔2020〕10 号），持续提升跨境贸易便利化水平，全力做好“六稳”“六保”工作，省口岸工作领导小组办公室会同相关部门制定了《辽宁省优化口岸营商环境深化跨境贸易便利化改革若干措施》，现予印发，请认真组织实施。

特此通知。

辽宁省口岸工作领导小组办公室

2021 年 5 月 28 日

## 辽宁省优化口岸营商环境深化跨境贸易便利化改革若干措施

为贯彻落实国务院《优化营商环境条例》、《国务院办公厅关于推进对外贸易创新发展的实施意见》（国办发〔2020〕40 号）和《中共辽宁省委　辽宁省人民政府关于推进贸易高质量发展的实施意见》（辽委发〔2020〕10 号）精神，进一步优化辽宁口岸营商环境，提升跨境贸易便利化水平，特制定措施如下：

### 一、优化进出口环节服务流程

1. 深化“两步申报”通关改革。尊重市场需求和企业意愿，稳步提升“提前申报”“两步申报”应用率，将“两步申报”适用范围扩大至大宗商品、转关货物。实施“容错机制”，对企业采取“提前申报”“两步申报”修改进口日期，因装运、配载等原因变更运输工具的，不予记录报关差错。

2. 优化大宗商品检验监管改革。实施“边装边检”“先放后检”“即卸即检”等模式，大力实施原油无储罐“先放后检”、保税铁矿“入区检验出区核销”等监管模式，强化登临检疫、现场检查、实验室检测等保障措施，提高大宗商品流通效率。

3. 实施海关“两段准入”协同监管。科学划分安全准入和入市准入监管，实施信息化监管，支持企业自主申请对符合条件的货物实施“合并检查”“转场检查”，推进进境粮食、冰鲜水产品“附条件提离”，减少货物在港区堆存时间和成本，加快口岸提离效率。

4. 持续开展进口货物“船边直提”和出口货物“抵港直装”。在做好疫情防控和港区生产安全的前提下，根据货主自主申请，确保符合作业条件的货物进行进口货物“船边直提”和出口货物“抵港直装”。

5. 大力推广无陪同查验和在线稽核查。优化海关查验作业模式，鼓励企业选择“不陪同查验”或“委托监管场所经营人陪同查验”方式，扩大“智能审图”和远程监管等覆盖范围。对风险等级小，且可通过线上进行后续检查的企业，减少实际下厂和侵入式检查频次。落实疫情期间收发货人不到场查验、优先查验排班，实施“即到即查”等便利化措施。

6. 实施汽车零部件便利监管。对属于免予办理强制性产品认证（CCC 认证）证明的进口汽车零部件，在申报时“先声明、后验证”，货物可在提离至目的地后实施 3C 免办证明核查。对仅实施商品检验的进口汽车零部件产品，企业可直接提离至目的地实施检验和抽样检测。

7. 推广税收征管便利化措施。持续扩大自报自缴、汇总征税、电子支付等便利化措施覆盖面，充分发挥其担保放行货物、压缩通关时间、简化操作流程、集中汇总缴税的业务优势，进一步为企业减轻成本负担。推广关税保证保险、企业集团财务公司担保、高级认证企业免担保等多元化担保方式。为企业提供归类、原产地、价格预裁定服务，引导企业积极运用咨询服务，提前有效评估交易成本，增强贸易活动的可预期性。

8. 推广第三方采信制度。发挥第三方采信在提升跨境贸易便利化水平中的作用，稳步扩大第三方采信商品范围和内容。强化企业主体责任意识，凭企业自主声明和具备专业资质的检验检测机构检验结果，简化实验室检测流程，实施快速通关。

## 二、简化进出口环节单证办理

9. 简化报关随附单证。企业通过中国（辽宁）国际贸易单一窗口无纸化申报时，进口环节无需提交合同、装箱清单、载货清单（舱单），出口环节无需提交合同、发票、装箱清单、载货清单（舱单）。进口水产品取消提交原产地证书，进口化妆品申报时声明取得国家相关主管部门批准的化妆品卫生许可批件，免于提交批件凭证。有特殊要求的，仍需要按照相关规定执行。

10. 全面推广海事危险货物申报随附单证电子化应用。在进出口申报环节，通过对电子随附单证智能识别辅助审核，提高危险货物审核精度，提升海事审核效率。搭建智慧信息系统，利用行政稽查链条执法模式，对口岸危险货物实施“智慧获取，信息核查，开箱查验，调查处理”四步稽查模式。

11. 全面深入推进“减证便民”。持续推进国际航行船舶进出港手续办理告知承诺制，并在海事相关证明事项领域试点推行告知承诺制；持续推进海事“一网通办”平台政务服务事项线上应用。深化推进“放管服”改革，提升辽宁口岸通关便利化水平。

12. 简化提单相关手续。鼓励引导船公司、船代公司取消进口提货单换单纸质委托书。鼓励船公司通过开展出口提单在线签发、企业自主打印试点等途径，提高出口提单签发效率，减少企业获取出口提单的耗时。

13. 提升证书申领便利化。优化实施出口检验检疫证书“云签发”、原产地证书“智能审核”，提高原产地证书企业自助打印覆盖面，推广证书快递送达，为企业提供证书申领便利化服务。提升电子版《入境货物检验检疫证明》申领比例，推进电子版证明的跨部门合作和信息共享。落实总署推进与相关国家和经济体开展重点商品检验检疫证书联网核查的工作要求。

## 三、全面提升口岸智能化和信息化水平

14. 进一步完善出口退税功能。加大中国（辽宁）国际贸易单一窗口出口退税功能推广应用力度，提升无纸化水平，便利企业办理出口退税业务。

15. 提升集卡进出港通行效率。推进智慧道口建设，支持集卡进出港信息化建设，逐步对码头道口进行全面智慧化升级，并推动实现码头道口业务的集中受理。

16. 持续深化边检便利化服务举措。推进上下外国船舶许可、船舶搭靠外轮许可和“一站签发、全域通用”机制，积极推进涉外服务企业、人员网上备案，推动实现“一站备案、全域共认”。创新边检管理服务，实现进港船舶手续网上办理，船舶抵港“零等待”作业；出港船舶手续一站式办理，船舶离港“零延时”放行；应用国家移民管理机构12367服务平台，为中外出入境人员和广大人民群众提出的相关政策咨询、意见建议等服务诉求，提供中英双语、7×24小时人工服务。

17. 推广海事“云登轮”远程监管机制。推广以海事“云登轮”为代表的“互联网+”船舶监督新模式，优化海事监管效能，提升港口监督管理水平，通过“5G+PSC”检查的方式推动信用监管在“智慧港口”中的应用。

## 四、规范口岸经营秩序，降低进出口合规成本

18. 实施口岸服务收费动态管理。全面推广“单一窗口”口岸收费及服务信息发布功能，实

现海运口岸收费公示线上公开，在线查询。督促港口、船代、理货等企业动态更新服务收费，提升口岸收费公示在中国（辽宁）国际贸易单一窗口的公示率。行业主管部门督促引导市场主体做好收费目录清单，做到清单与实际相符、清单外无收费。

19. 加强监督检查。持续加强口岸收费监管，依法查处强制服务并收费、不明码标价等违规收费行为。重点查处港口、检验检疫环节不落实优惠减免政策行为。密切关注投诉举报及问题线索，对价格违法行为依法依规严肃查处，依法纳入公共信息平台，营造良好的口岸营商环境。

20. 规范港外堆场管理和船公司收费行为。强化行业指导，加强港外集装箱堆场事中事后监管，推动堆场规范洗修箱、二次吊箱等作业标准及收费行为；推动船公司规范收费项目，合理调整海运收费结构。严格执行运价备案制度，开展运价备案执行情况检查。

## 五、提高企业服务水平

21. 公开口岸服务承诺。公布口岸通关流程及作业时限标准，公开服务项目的“5+2”“7×24小时”和“预约制”等方面服务承诺。

22. 完善企业意见反馈和帮扶机制。发挥中国（辽宁）国际贸易单一窗口热线等渠道作用，收集企业建议和诉求，针对企业需求和存在困难给予定点帮扶。

23. 加大外贸企业金融支持力度。深化中国（辽宁）国际贸易单一窗口金融服务功能，扩大出口信用保险企业投保覆盖面，丰富进出口企业在线融资类产品，拓展融资渠道。进一步发挥信用保险作用，深入推广“信保+担保”融资模式。

24. 开展技术性贸易措施帮扶。以重点产业为导向，推进建设优势出口产业技贸措施通报评议基地，加强对国外技贸措施影响评估、监测预警、通报评议、交涉应对。组织企业开展宣传培训，提供国外技术法规标准咨询服务，引导企业吸收国外技贸措施所包含的先进技术，提升合规意识和技术创新能力，促进产品“破壁”出口，增强特色产业国际竞争力，推动出口产业转型升级。

25. 加强政策宣贯。发挥好中国（辽宁）国际贸易单一窗口等平台作用，广泛开展政策宣传解读，提升政策知晓度；精选一批典型案例在企业中推广，鼓励更多企业参与应用。

# 吉林省

## 一、综述

2021年，吉林省积极落实党中央、国务院关于优化营商环境、促进跨境贸易便利化有关决策部署，推动中国（吉林）国际贸易单一窗口（以下简称吉林“单一窗口”）的建设与推广工作。不断完善吉林“单一窗口”各项功能和地方特色功能建设，优化通关流程，提高通关效率，加强业务培训，提高运维保障能力和客户服务水平，助力改善营商环境，促进贸易便利化。

## 二、运行情况

### （一）运行数据

2021年全年，吉林“单一窗口”货物申报8.84万票；舱单申报4.41万票；运输工具申报3467票；企业资质办理7955票；原产地证书申领1.33万票；税费支付1.13万票；加贸保税11.04万票；物品通关3784票；跨境电商199.48万票；监管证件3976票；出口退税321笔。

### （二）运行维护

1. 客户服务机制。组建客服团队，提供QQ群、微信群、95198客服热线等多种沟通方式，为“单一窗口”用户提供在线技术支持。

2. 系统日常维护管理。组建技术运维团队，对网络设备、服务器操作系统、数据库、中间件、存储等IT基础设施实行7×24小时运维保障，提供对IT环境的性能监控及分析、故障监控、故障分析及定位、网络配置文件、资源巡检的管理。建立备用光纤网络，保障系统安全稳定运行。建立系统评估体系，根据业务需求变更、硬件环境升级等完成系统升级和完善工作，不断提高系统性能。

## 三、特色应用

### （一）物流协同平台

吉林“单一窗口”加强与民航、铁路、港口等相关行业机构合作对接，结合吉林省口岸实际，以“单一窗口”通关信息为基础，充分发挥“单一窗口”跨境贸易数据汇聚的优势，打通物流信息节点，建立铁路、航空、公路口岸物流协同系统，拓展本地口岸政务服务、口岸物流服务、口岸数据服务和口岸特色应用。

1. 铁路口岸物流协同系统主要实现单证一次申报，各联检单位之间通过吉林“单一窗口”铁路口岸物流协同系统实现信息互换、监管互认、执法互助。该系统主要设置铁路作业申报、物流管理、备案信息、口岸业务、拆箱业务、拼箱业务、布控管理、审核管理、统计查询等功能。

2. 航空口岸物流协同系统主要实现贸易环节中各参与主体如收发货人、航空公司、地面代理、运输车队、报关行等之间的单证传递，以及联检单位作业执行状态的及时共享，并对货物的进出库及库存情况进行实时统计。该系统主要设置国际货站进/出口、入/出库、报关业务核放单、运单业务核放单、特殊业务核放单、车辆备案、布控管理、审核管理、统计查询等功能。

3. 公路口岸物流协同系统主要实现货物的一次申报，各监管单位的联合执法，贸易环节参与主体如收发货人、代理、运输车队、报关行等之间的单证传递，以及联检单位作业执行状态的及时共享。该系统主要设置报关业务核放单、运单业务核放单、特殊业务核放单、车辆备案、布控管理、审核管理、统计查询等功能。

### （二）大数据决策分析系统

大数据决策分析系统以“单一窗口”大数据为基础，以口岸物流数据为依托，通过分析、采集、校验、清理转化对公众可开放的口岸数据，满足外贸企业了解进出口贸易现状及趋势的需求，便于管理单位及时做出决策与资源调配，提供口岸行业指导指数体系，提供评价、优化、拓展各类服务的数据支持。一方面，与政府其他机构大数据系统互联共享，为吉林省建设成内陆开放高地的发展战略提供监测、预测、决策依据；另一方面，加快促进贸易服务行业的丰富与模式创新，最终建设形成国际贸易互联网专题大数据。

### （三）口岸全景数据展示系统

口岸全景数据展示系统是依托“单一窗口”落地的实时业务数据展示系统，通过收集、展示口岸业务数据，建立一个实时、便利、全面的展示窗口，便于口岸管理相关部门及时有效地掌握最新的口岸通关作业数据。目前，系统可实时展示当日最新的货物申报量和货值，累计的货物申报量和货值，排名前十的货物、国家和企业，吉林省内各关区贸易额、边检旅游人数、备案车辆数量等。

## 四、大事记

6 月 19 日

铁路口岸预约通关及指令推送功能在长春兴隆国际陆港集装箱场站推广使用。

10 月 26 日

吉林省药品药材进口备案管理模块上线运行。

# 黑龙江省

## 一、综述

2021年，黑龙江省积极落实党中央、国务院关于优化营商环境、促进跨境贸易便利化有关决策部署，推动中国（黑龙江）国际贸易单一窗口（以下简称黑龙江“单一窗口”）的建设与推广工作。建立健全运维保障机制，完善协作配合机制，不断提升贸易便利化水平。

## 二、运行情况

### （一）运行数据

2021年全年，黑龙江“单一窗口”货物申报15.77万票；舱单申报22.74万票；运输工具申报2.31万票；企业资质办理1.02万票；原产地证书申领3.53万票；税费支付7.74万票；加贸保税4.11万票；物品通关78.10万票；跨境电商363.06万票；监管证件1.39万票；出口退税188笔。

### （二）运行维护

建立远程服务机制，通过微信群、热线电话和QQ群（包括QQ远程协助）等方式为企业解答“单一窗口”平台使用中遇到的问题。总结常见问题及解决办法，汇总整理并及时更新常见操作问题知识库，线上推送给各企业学习参考。截至2021年年底，运维团队累计为企业解答各类问题4821个。

### （三）宣传推广

采取线上线下相结合的方式进行培训与推广，疫情严重期间组织企业线上学习，以实际操作视角对具体操作流程进行详细讲解；疫情平稳期间，主动走入企业调研走访、收集问题、解决问题。10月26日举办全省出口退税业务培训，各市县共40余税务部门参与线下培训，532家企业参与线上培训。

## 三、大事记

9 月 1 日

黑龙江“单一窗口”跨境电商平台上线投入使用。

10 月 26 日

黑龙江省商务厅联合黑龙江省税务局举办“单一窗口”出口退税平台培训。

# 上海市

## 一、综述

2021年，中国（上海）国际贸易单一窗口（以下简称上海“单一窗口”）按照上海市委、市政府重点工作安排和市商务工作要点要求，继续对标国际先进水平，推动数字化转型，持续推进上海“单一窗口”的智慧化、区域化和国际化，积极推进疫情防控工作，持续深化地方特色功能建设，提升服务能级，助力上海外贸企业平稳发展，落实长三角国际贸易“单一窗口”合作共建，积极做好优化跨境贸易营商环境工作，各项工作有序开展。

一是服务贸易版块上线发布。服务贸易版块推出服务贸易出口退税、购付汇以及生物医药研发用物品进口等功能，形成了货物贸易向服务贸易的延伸，并在第十九届上海软件贸易发展论坛开幕论坛上举行了服务贸易版块上线发布仪式。

二是完成数字应用场景示范展厅搭建。作为上海市商务数字化示范应用场景之一，上海电子口岸搭建了上海“单一窗口”数字应用场景示范展厅。

三是优化出口退（免）税在线申报办理功能。全年有超过3.7万家企业通过上海“单一窗口”申报办理出口退（免）税，累计申报应退（免）税额超1092亿元，提升了便利化退（免）税服务体验。

四是完善保险特色功能。通过精准推送模式实现“政策找企业”，提高出口信用保险企业投保覆盖率。全年小微投保企业数超8400家，同比增长18.86%；保额128.2亿元，同比增长22.9%。

五是丰富结算融资类产品。全年汇出汇款业务对接银行及金融机构达30家，服务货主企业超4500家。全年累计交易额超过390亿元，同比增长270%。融资信贷业务产品超10款。平台融资总额超2300万元，同比增长65%，切实帮助企业缓解“融资难、融资贵”困境。

六是打造口岸疫情防控数字化底座。上海“单一窗口”积极落实市委、市政府对口岸高风险非冷链集装箱货物防疫工作要求，于2021年1月28日上线进口高风险非冷链集装箱货物检测与预防性消毒管控信息平台，为监管部门掌握进口和外省输入的高风险非冷链食品流向提供可溯源、可追踪、可预警的监管手段，打造口岸疫情防控数字化底座。

七是落实长三角国际贸易“单一窗口”合作共建。上海与三省口岸管理部门、电子口岸多次沟通，形成了《长三角国际贸易“单一窗口”合作共建技术方案》。试点上线长三角国际贸易“单一窗口”合作专区，实现四省市企业账户贯通，提供长三角主要口岸海运货物状态跟踪、口岸收费公示等功能。

## 二、运行情况

### （一）运行数据

2021 年全年，上海“单一窗口”货物申报 2382.71 万票；舱单申报 12126.24 万票；运输工具申报 94.97 万票；企业资质办理 14.27 万票；原产地证书申领 46.27 万票；税费支付 29.36 万票；加贸保税 157.73 万票；物品通关 6986.02 万票；跨境电商 11430.46 万票；监管证件 5.68 万票；出口退税 1327 笔。全年累计交易额超过 390 亿元；小微企业信用保险业务量 8427 单，保额 128.2 亿元；融资信贷服务企业 220 家，平台融资总额超 2300 万元；注册账户数 11.5 万个，服务企业 54 万家。

### （二）运行维护

#### 1. 日常维护

全年共接听热线电话超 2.7 万个，接通率达 96.68%，客户满意度达 99.97%，并上线了 AI 智能客服。

#### 2. 服务保障进口博览会

上海“单一窗口”圆满完成第四届进口博览会各项服务保障工作，实现城市服务保障有力有序，溢出带动效应持续放大。一是聚焦展会保障、主场宣传、窗口服务三个重点，成立进博会城市保障工作通关便利化保障组，为参展商、交易商、指定物流商提供现场政策咨询、技术保障、宣传推介等服务。二是派驻专业技术骨干人员，提供 6×8 小时现场展台保障服务，同时后台安排 7×24 小时全程运维值守，切实全面保障进博会期间“单一窗口”平台运行的安全性、稳定性和时效性，全方位助力进博会顺利举办。

### （三）宣传推广

全年共接受包括央视新闻、人民网、《解放日报》、“劳动观察”、《文汇报》、东方网、澎湃新闻、《国际市场》、“周到上海”、浦东电视台等十多家媒体关于上海“单一窗口”特色功能建设、进博会保障等内容的专题报道。

## 三、大事记

6 月 10 日

湖北省副省长赵海山一行调研上海“单一窗口”。

上海电子口岸与湖北电子口岸签署《关于加强沪鄂深度合作　共建国际贸易“单一窗口”合作备忘录》。

11月9日

上海市副市长宗明出席第十九届上海软件贸易发展论坛并致辞，见证上海“单一窗口”服务贸易版块上线仪式。

## 四、政策文件

# 上海市人民政府关于印发《“十四五”时期提升上海国际贸易中心能级规划》的通知

沪府发〔2021〕2号

各区人民政府，市政府各委、办、局：

现将《“十四五”时期提升上海国际贸易中心能级规划》印发给你们，请认真按照执行。

上海市人民政府

2021年4月17日

## “十四五”时期提升上海国际贸易中心能级规划

“十四五”时期，是上海立足新发展阶段、贯彻新发展理念、服务构建新发展格局，加快建设具有世界影响力的社会主义现代化国际大都市的关键五年，也是开启深化国际贸易中心建设新征程、实现上海国际贸易中心能级提升的关键时期。为更高起点、更大力度推进上海国际贸易中心建设，根据国家对上海经济社会发展的重要部署和《上海市国民经济和社会发展第十四个五年规划和二〇三五年远景目标纲要》，编制本规划。

### 一、“十四五”时期提升上海国际贸易中心能级的基础和环境

#### (一)“十三五”时期主要进展

过去五年，上海对国内国际两个市场、两种资源的配置能力显著增强，基本建成了与我国经济贸易地位相匹配、在全球贸易投资网络中具有枢纽作用的国际贸易中心。

1. 贸易集聚功能持续提升，优进优出外贸发展格局基本形成。世界级口岸城市地位继续夯实。2020年，上海口岸贸易额占全球贸易总量3.2%以上，继续位列世界城市首位。集装箱吞吐量达到4350万标箱，连续11年居世界第一。货物贸易结构持续优化。深入实施“四个一百”专项行动，附加值和技术含量较高的一般贸易进出口占比达53.7%，比2015年提高6.3个百分点；新兴市场占比由47%提高到51.1%；离岸贸易加快发展，经常项目汇兑顺畅度进一步提升。贸易中转功能稳步增强，集装箱水水中转和国际中转比例分别提高至51.6%和12.3%。服务贸易发展全国领先。率先发布全国首张跨境服务贸易领域负面清单。技术进出口额达到153.2亿美元，年均增长6.4%。电信计算机和信息服务、专业管理和咨询服务进出口比2015年分别增长57.4%和31.3%。贸易新业态新模式蓬勃发展。发布全国首份省级数字贸易行动方案，数字贸易交易额达

到 433.5 亿美元。设立国家级跨境电商综合试验区，积极创新监管和发展模式。外贸综合服务、汽车平行进口、保税维修和再制造、二手车出口等实现新突破。外贸企业贡献度稳步提升。全市有实际进出口交易的企业数量从 2015 年的 3.9 万家增加到 5.2 万家，贡献了全市 37.3%的税收、12.5%的就业。

2. 消费基础性作用更加凸显，国际消费城市建设取得显著成效。流通和消费规模居全国城市首位。商品销售总额、社会消费品零售总额分别达到 13.98 万亿元和 1.59 万亿元。商贸业增加值占全市 GDP 比重达 13.5%，商贸业税收占第三产业税收比重达 21.3%。商业模式创新持续加快。电子商务交易额从 1.65 万亿元增长到 2.94 万亿元，年均增长 12.3%，居全国城市首位。“互联网+生活性服务业”创新试验区建设成效显著，已有 5300 多家企业落户。产业互联网领域创新性平台集聚发展，成为引领传统制造业转型升级的重要力量。品牌集聚效应显著提升。成功举办首届“五五购物节”，拉动消费作用明显。打响“上海购物”品牌三年行动计划顺利完成，年均引进首店超过 800 家，占全国一半左右，消费品进口占全国三分之一，离境退税销售额占全国六成以上，浦东机场免税销售额跻身全球前三，上海时装周位列全球五大时装周之一。服务民生能力进一步增强。颁布单用途预付消费卡管理规定，出台家政业地方法规，城市主副食品保供机制进一步完善，肉菜追溯体系建设取得积极成效，建成 200 家早餐工程示范点。

3. 资源配置功能不断增强，服务辐射能级进一步提升。平台经济影响力逐步显现。平台交易总额达到 2.99 万亿元，千亿级市场平台数量从 2015 年的 5 家增加到 10 家。大宗商品贸易平台达到 40 家，钢铁、有色金属、铁矿石等大宗商品价格成为国际市场重要风向标。供应链体系效能明显提升。全面完成国家内贸流通体制改革发展综合试点、供应链创新与应用试点等任务。现代物流对贸易的支撑作用进一步显现，物流车辆周转率提高 1 倍以上，供应链效率提升 35%，全社会物流总费用占全市生产总值比重低于全国平均水平 1 个百分点。国际会展之都基本建成。全市展览面积从 2015 年的 1513 万平方米扩大到 2019 年的 1941.7 万平方米，年均增长 6.4%，2020 年国际展占比提高至 78.9%，世界百强商展数量稳居全球首位。出台全国首部省级会展业地方法规。成功举办三届中国国际进口博览会（以下简称“进博会”），进博会溢出带动效应逐步显现，“6 天+365 天”常年展示交易服务平台达到 56 个，城市推介大会打响“上海投资”品牌。区域辐射带动效应明显增强。建立长三角区域市场一体化合作机制，推动重要产品追溯信息互通，推进国际贸易“单一窗口”系统对接和数据共享，推动长三角经贸摩擦应对协同发展。加强与“一带一路”沿线国家和地区合作，进出口额占全市比重从 19.3%提高到 22.5%；新签对外承包工程合同额占全市 73.7%，5000 万美元以上项目占比达到 73.3%。

4. 贸易主体能级不断提升，国际竞争力进一步提高。外资结构优化质量提升。五年累计实际利用外资 921 亿美元。高技术服务业引进外资年均增长 30.9%。全国首家外资独资保险控股公司、首家外资独资人身保险公司、首批新设外资控股合资证券公司落户上海。高技术制造业吸引外资占制造业比重由 25%提升至 31.2%。高能级市场主体持续集聚。五年累计新认定跨国公司地区总部 236 家（其中大中华区及以上总部 96 家）、外资研发中心 85 家，累计分别达 771 家（大中华区及以上总部 137 家）和 481 家，继续保持中国内地外资总部最多的城市地位。培育集聚贸易型总部 210 家，认定民营企业总部 274 家。贸易流通企业集聚效应明显增强。年进出口规模 10 亿美元以上企业 55 家。101 家国际贸易投资促进机构在沪设立了常驻代表机构。上海钻石交易所成为世界第五大钻石交易中心。本土跨国公司显著增多。上海企业在境外投资设立企业增加到 4317 家，对外投资覆盖178个国家和地区，海外存量投资超过1亿美元的企业达到110家。

5. 贸易制度创新持续深化，贸易环境进一步改善。自贸试验区改革取得新突破。参照国际通行规则，实施准入前国民待遇加负面清单的外商投资管理制度。自贸试验区外商投资准入特别管理措施从2015年的122条缩减至30条，54项扩大开放措施累计落地企业3230家。国际贸易“单一窗口”功能模块增加到10个，覆盖部门扩展到23个。亚太示范电子口岸网络成员增至12个经济体22个示范口岸。临港新片区制度创新成效初显。特斯拉超级工厂等项目落地，312家优质企业进入跨境人民币结算便利化名单，享受跨境金融服务便利。洋山特殊综合保税区挂牌，一期14.27平方公里封关运行。服务贸易集聚区加快建设，建立数字贸易交易促进平台。全力推进企业原油进口资质、保税油补、保税维修政策创新。营商环境建设取得重大进展。跨境贸易便利度不断提升，2019年在世界银行营商环境评估中排名全球海运经济体第5位。出台我国首部地方外商投资条例。推出重点商圈“上海购物”诚信指数和全国首份市场信用奖惩清单。建立长三角国际贸易知识产权海外维权联盟。一批国际贸易投资、跨国经营管理领域精英入选上海各类人才计划。

但是，对标全球国际贸易中心城市，上海仍存在一定差距。在贸易能级方面，全球总部和亚太总部数量较少，具备国际竞争力的本土跨国企业依然不多。全球供应链整合能力有待增强，大宗商品话语权、定价权和资源配置权相对有限，商圈商街的国际影响力有待提高。在贸易结构方面，口岸货物国际中转率依然不高，离岸贸易发展较为缓慢，数字贸易尚处于起步阶段，保险、金融、文化等服务领域进出口规模仍然偏小。在制度环境方面，与国际高标准投资贸易规则相比尚有差距，吸引国际消费集聚的制度有待完善。

### （二）“十四五”时期环境分析

“十四五”时期，上海国际贸易中心建设面临着更加深刻复杂的内外部发展环境，但仍处于重要的战略机遇期，机遇和挑战并存。要准确识变、科学应变、主动求变，努力在危机中育先机、于变局中开新局。

1. 国际经贸规则出现新变化。经济全球化遭遇逆流，上海作为我国改革开放的前沿窗口和对外依存度较高的国际大都市，既首当其冲受到外部环境深刻变化带来的重大挑战，也面临着全球治理体系和经贸规则变动带来的新机遇。

2. 全球供应链深度调整形成新布局。新科技革命和产业变革在全球范围内深度推进，进而推动全球范围内价值链、产业链和供应链布局深度调整，新冠肺炎疫情促使跨国公司谋求多元化布局，这有利于吸引全球供应链向我国及长三角地区集聚，助力上海成为全球资本的重要流入地之一。

3. 内需潜力释放带来新机遇。上海坚定实施国家扩大内需战略，大力吸引国内外高端要素集聚，推动人才、资金、技术、信息等各类流量扩容增能，有利于推动上海国际贸易中心枢纽功能的不断跃升。

4. 数字经济快速发展催生新动能。上海明确要加快国际数字之都建设，大力推动数字产业发展，实现数字贸易以及线上购物、线上文娱、数字医疗、数字教育等跨越式发展，这将成为上海国际贸易中心建设新的增长点。

5. 国家对上海战略定位提出新要求。推进浦东高水平改革开放和新的三项重大任务、强化“四大功能”、加快建设虹桥国际开放枢纽等，都是新时期国家赋予上海的重要使命，也为上海国际贸易中心建设指明了方向，拓展了空间。未来上海国际贸易中心建设将全面贯彻落实国家要求，充分利用国内国际两个市场、两种资源，在更高的起点上构筑服务全国、辐射全球的新平台、新网络。

## 二、“十四五”时期上海国际贸易中心建设指导思想和发展目标

### （一）指导思想

以习近平新时代中国特色社会主义思想为指导，深入贯彻党的十九大和十九届二中、三中、四中、五中全会精神，立足新发展阶段，贯彻新发展理念，服务构建新发展格局，坚持稳中求进工作总基调，全面落实浦东高水平改革开放和三项新的重大任务、强化“四大功能”、打响“四大品牌”和加快发展“五型经济”和“五大新城”的总体部署，持续深化供给侧结构性改革，以“提升开放能级、增强枢纽功能”为主攻方向，加快推动制度型开放、数字化转型和新动能转换，积极促进内需和外需、进口和出口、引进外资和对外投资协调发展，着力畅通国内大循环、促进国内国际双循环，率先构建要素高效流动、高效聚合的枢纽节点，加快推动商务高质量发展，实现国际贸易中心核心功能显著提升，为全面提升上海城市能级与核心竞争力作出更大贡献。

### （二）发展目标

经过 5 年努力，上海国际贸易中心能级实现跃升，基本建成全球贸易枢纽、亚太投资门户、国际消费中心城市、亚太供应链管理中心、贸易投资制度创新高地，全面建成国际会展之都，为上海建设国内大循环中心节点、国内国际双循环战略链接提供重要支撑。

——贸易投资规模稳步扩大。口岸货物进出口总额保持全球城市首位，服务贸易进出口额保持世界城市前列。消费规模稳步提高，社会消费品零售总额率先超过 2 万亿元，电子商务交易额达到 4.2 万亿元左右，保持全国城市首位。实到外资保持稳中有进。会展综合竞争力进入全球会展中心城市前列。

——资源配置能级逐步提升。在有色金属、钢铁、铁矿石、能源化工等大宗商品领域，培育若干千亿级、万亿级交易平台，打造一批百亿、千亿级重点功能性平台，部分商品价格和指数成为重要国际风向标。具备全球资源配置能力的贸易主体加快集聚，累计落户跨国公司地区总部达到 1000 家左右、贸易型总部 300 家左右、规模以上本土跨国公司 200 家左右。世界百强商展在沪举办比重进一步提升。

——开放创新能力持续增强。对标国际高标准经贸规则，实施新一轮高水平对外开放。离岸贸易、转口贸易取得突破，规模稳步扩大。加快建设数字贸易国际枢纽港，数字贸易年均增速达到 4%左右。加快吸引和培育一批具有强劲科技创新策源功能的外资研发中心。

——消费引领作用日益凸显。持续打响“上海购物”品牌，集聚高端商品和服务，推进消费数字化转型，扩大新型消费规模，基本建成线上线下融合、引领全球消费潮流的国际消费中心城市。建成若干辐射全国乃至全球的世界级商圈，培育形成一批特色商业街区。

——贸易投资环境更加便利。外商投资开放度和透明度进一步提高，自由化便利化水平大幅提升。跨境贸易便利度位居世界海运经济体前列，国际贸易“单一窗口”功能拓展、覆盖面拓宽，智慧口岸综合治理能力显著提高，长三角“单一窗口”互联互通持续深化。国内外知名专业机构和贸易投资促进机构、国际组织加快集聚，面向国际的商事争议解决平台和纠纷解决机制加快形成。

**专栏1："十四五"时期上海国际贸易中心建设主要预期指标**

| 序号 | 指标类别 | 指标名称 | 2020年 | 2025年目标值 | 备注 |
|---|---|---|---|---|---|
| 1 | 规模集聚度 | 社会消费品零售总额 | 1.59万亿元 | 超过2万亿元 | 年均增长5%左右 |
| 2 | | 电子商务交易额 | 2.94万亿元 | 4.2万亿元左右 | 年均增长8%左右 |
| 3 | | 货物贸易进出口总额 | "十三五"期间累计2.42万亿美元 | "十四五"期间累计2.5万亿美元左右 | 年均5000亿美元左右 |
| 4 | | 口岸货物进出口总额 | 占全球比重"十三五"期间年均3.2%左右 | "十四五"期间基本保持稳定 | — |
| 5 | | 外商直接投资实际到位金额 | "十三五"期间累计921亿美元 | "十四五"期间累计1000亿美元左右 | 年均200亿美元左右 |
| 6 | | 展览面积 | 1942万平方米（2019年） | 2200万平方米左右 | — |
| 7 | 资源配置度 | 千亿、万亿级交易市场（平台）数量 | 累计10家 | 累计15家左右 | — |
| 8 | | 在沪跨国公司地区总部数量 | 累计771家 | 累计1000家左右 | — |
| 9 | | 规模以上本土跨国公司数量 | 累计110家 | 累计200家左右 | — |
| 10 | | 贸易型总部数量 | 累计210家 | 累计300家左右 | — |
| 11 | | 国际展览面积占比 | 78.9% | 80%左右 | — |
| 12 | 开放创新度 | 在沪外资研发中心数量 | 累计481家 | 累计560家左右 | — |
| 13 | | 离岸贸易额 | 3055亿元 | 5000亿元左右 | — |
| 14 | | 数字贸易额 | 433.5亿美元 | 525亿美元左右 | 年均增长4%左右 |
| 15 | | 知识密集型服务贸易额 | 696.4亿美元 | 825亿美元左右 | 年均增长3.5%左右 |
| 16 | 消费引领度 | 新增首店数量 | 909家 | 年均引进800家左右 | — |
| 17 | | 世界级商圈数量 | 2个 | 3-4个 | — |
| 18 | | 网络零售额 | 1.17万亿元 | 2.1万亿元左右 | 年均增长12%左右 |
| 19 | | 高端品牌门店数量 | 累计520家 | 累计700家左右 | 年均增加36家左右 |

续表

| 序号 | 指标类别 | 指标名称 | 2020 年 | 2025 年目标值 | 备注 |
| --- | --- | --- | --- | --- | --- |
| 20 | 营商便利度 | 贸易便利化 | 国际贸易“单一窗口”功能更加优化，通关效率明显提高，进出口环节收费显著降低 | 在世界银行营商环境排名中，跨境贸易指标位居海运经济体前列水平，基本建成数字化、标准化、国际化的智慧口岸，长三角区域一体化业务协同能级提升 | — |
| 21 | | 治理水平 | 事中事后监管制度创新取得成效，商业诚信度明显提高，与高标准国际贸易投资规则相衔接的制度环境更加优化 | 率先实施高水平制度型开放，投资贸易管理体制机制进一步完善，国内外领先专业机构及各类贸易投资促进机构、国际组织加快集聚，商事争议解决平台和纠纷解决机制加快形成 | — |

## 三、“十四五”时期上海国际贸易中心建设主要任务

### （一）培育外贸综合竞争新优势，构筑全球贸易枢纽

实施贸易高质量发展战略，着力推动贸易强国建设，协同推进货物贸易“优进优出”和服务贸易“创新提升”，促进要素资源高效配置，加快形成贸易规模稳定、集散功能强劲、竞争优势明显、链接国内国际两个市场的全球贸易枢纽。

1. 打造联动长三角、服务全国、辐射亚太的进出口商品集散地。促进对外贸易稳中提质。提升贸易发展与产业升级联动效应，扩大高附加值产品出口，促进关键装备、零部件和技术专利进口。支持加工贸易创新发展，鼓励向营销物流、检测维修等产业链上下游延伸，支持加工贸易企业进入关键零部件和系统集成制造领域。支持符合条件的贸易企业申请认定高新技术企业和技术先进性服务企业。加大财税、金融等政策支持力度，扩大出口信用保险覆盖面，提高风险容忍度。支持外贸企业参与国际质量认证、注册国际商标，培育壮大一批自主品牌。拓展贸易调整援助制度覆盖面，帮助企业更好应对国际贸易环境变化影响。进一步夯实国内最大的进口消费品集散地地位，口岸货物进口和出口中外省市占比分别超过 45% 和 70%。建设高能级强辐射的贸易平台。加快虹桥商务区保税物流中心（B 型）建设，深化虹桥和外高桥国家级进口贸易促进创新示范区建设，加快联动发展，形成融合商品进口、保税仓储、分拨配送、展示销售、零售推广及售后服务等功能的贸易服务链，持续增强进口集散功能。优化国家外贸转型升级基地公共服务配套体系，高标准建设一批国别（地区）中心和专业贸易平台。推动综合保税区建成具有全球影响力和竞争力的加工制造中心、研发设计中心、物流分拨中心、检测维修中心和销售服务中心。培育一批信

用等级较高、服务能力较强的外贸综合服务企业。推进联合国采购大会、中国国际公共采购论坛和联合国亚洲采购中心等项目落地。推进崇明横沙渔港国际渔业贸易中心建设。优化国际市场布局。支持企业稳定重点市场，有效运用《区域全面经济伙伴关系协定》（RCEP）等自贸协定中关税减让、原产地累积规则、开放市场准入、简化通关程序等互惠措施，逐步扩大与协定国贸易规模，优化进出口商品结构，更好地促进产业升级。支持行业组织、贸易促进机构搭建公共服务平台，帮助企业参加境内外贸易促进活动，鼓励企业参加海外自办展和专业性展览。支持企业加快建立多层次的国际营销服务网络，扩大国际营销公共平台服务覆盖面，引入一批贸易促进机构。

2. 打造新型国际贸易发展高地。实现离岸贸易创新突破。便利跨境贸易资金流动，支持银行提升企业经常项下离岸贸易外汇收支便利度。有效利用境内外市场资源网络，扩大以自由贸易账户为基础的离岸贸易企业参与范围，支持银行为更多有需求的企业提供相关跨境金融服务便利，培育一批离岸贸易结算标杆企业。在自贸试验区及临港新片区、虹桥商务区等重点区域探索研究鼓励离岸贸易发展的税制安排。支持虹桥商务区内贸易真实且信誉度高的企业通过自由贸易账户开展新型国际贸易。增强转口贸易枢纽功能。促进洋山港、外高桥“两港”功能和航线布局优化，进一步简化进出境备案手续，提高货物流转通畅度和自由度。建设洋山特殊综合保税区国际中转集拼服务中心。在高端装备制造、邮轮保养和船供、沿海捎带、多式联运等方面推进科学化、智能化、便利化监管模式。在智能制造、集成电路、生物医药、大宗商品等领域推动国际分拨发展。挖掘跨境电商发展潜能。加快国家级跨境电商综合试验区和市级跨境电商示范园区建设，鼓励跨境电商模式创新，建设跨境电商营运中心、物流中心和结算中心。深化海关跨境电商企业对企业出口监管试点，支持企业建设海外仓。提升跨境电商公共服务平台能级，支持专业服务机构提供通关、物流、品牌营销、融资、法律等服务。

**专栏2：新型国际贸易创新发展行动**

加快国际贸易新业态新模式创新发展，将创新驱动作为推动贸易新旧动能接续转换的关键动力，进一步推动上海融入全球价值链、供应链体系，提升国内国际两个市场资源配置能力。

（一）优化离岸贸易发展环境。支持商业银行为真实合法的离岸贸易提供经常项下外汇结算便利服务，扩大以自由贸易账户为基础的离岸贸易业务规模，并将支持范围扩展至离岸加工贸易、服务转手买卖等离岸经贸业务。探索在自贸试验区、临港新片区和虹桥商务区等重点区域研究适应离岸业务发展的税收政策。培育一批离岸贸易标杆企业，推动全市离岸贸易业务规模达到5000亿元左右。

（二）深化跨境电商综试区建设。持续提升跨境电商公共服务平台能级，培育和集聚跨境电子商务、电商平台、跨境金融、跨境物流及其他相关服务企业，形成具有国际竞争力的跨境电商产业集群。加强市级跨境电商示范园区建设，完善园区功能，打造一批配套完善、产业优势明显的跨境电商产业集聚区。支持物流、平台或贸易企业共建共享海外仓，丰富海外仓功能，扩大服务范围。

（三）提升国际贸易分拨辐射能级。鼓励跨国物流企业将上海作为其全球或区域性物流分拨业务节点，打造100家左右进出口规模大、辐射国内国际市场的国际贸易分拨中心示范企业。研究对重点国际贸易分拨企业实施个性化监管方案。支持国际贸易分拨企业提升资金结算等特色功能，提升全球供应链资源配置影响力。

（四）提升海关特殊监管区域货物进出监管便利。在海关特殊监管区域，探索通过电子账册、信用监管、风险监控等集成化制度安排，完善智慧智能、高效便捷的海关综合监管模式，提升货物和资金流动效率。重点发展国际中转集拼、保税检测维修、大宗商品交易、高端研发制造、生鲜冷链等。

（五）扩大保税维修和再制造规模。支持综合保税区内企业开展航空航天、船舶、轨道交通、工程机械、数控机床、通讯设备、精密电子等产品维修业务，提升飞机发动机等维修业务规模和水平。推动临港再制造产业示范基地建设。在确保风险可控的前提下，支持在海关特殊监管区外开展高技术、高附加值、符合环保要求的保税维修业务。

3. 打造服务贸易创新发展高地。提升知识密集型服务贸易能级。加快推进全面深化服务贸易创新发展试点，积极配合国家制定跨境服务贸易负面清单。健全服务贸易促进体系，扩大医疗、教育、金融、计算机和信息、商务、文化娱乐、维修维护、知识产权使用费等知识密集型服务出口规模，稳步提升“上海服务”品牌和服务贸易综合竞争力。提升服务外包公共服务水平，夯实数字化转型基础，加强与高端制造业融合发展。推动一批全球保税维修项目先行先试，增加船舶、航空、轨道交通、工程机械、数控机床、通讯设备等维修品类。创新高端设备再制造监管模式，集聚一批具有全球影响力的再制造检测认证与研发创新中心和企业。推进长三角服务行业标准与管理规则对接，探索优势互补的服务贸易集群发展模式，推动长三角服务品牌“走出去”。持续扩大技术贸易规模。聚焦重点产业领域、基础科学研究、关键核心技术，对本市急需并纳入国家《鼓励进口服务目录》的服务进口加大支持力度，促进技术进口来源多元化。建设国际技术贸易合作平台，用好中国（上海）国际技术进出口交易会等国家级科技创新交流平台，发挥“上交会3+365 联盟”优势，吸引全球企业在上海发布最新创新成果。支持全球跨境技术贸易中心建设，健全面向国际的科技服务体系，形成国际化的科技创新成果发现、项目储备对接和跟踪服务机制。

4. 建设数字贸易国际枢纽港。探索推进数字贸易规则制度建设。对标全球数字贸易发展趋势，促进数字经济和实体经济深度融合，配合国家数字贸易规则制定，争取先行先试政策试点。加强跨境数据保护规制合作，研究信息技术安全、数据隐私保护、数据共享、数据确权和数据交易定价相关规则。在临港新片区开展数据跨境流动安全评估试点，探索跨境数据流动分类监管模式。加快建设高质量基础设施。推动虹桥商务区等特定功能区域建设国际互联网数据专用通道、数据枢纽平台。探索建设服务于跨境贸易的大型云基础设施。建立健全公共服务功能。围绕数字资产的确权、定价、交易、存储、转移等关键环节，健全数字经济领域知识产权综合服务、跨境支付结算服务。强化数据共享功能和综合配套服务功能，为数字贸易企业“走出去”提供数据合规咨询服务。培育一批国际化、有潜力的数字贸易品牌。强化数字化转型政策支持，吸引国际数字企业地区总部、研发中心、交付中心和重要平台落户。推动建设一批重要承载区。认定一批国家数字服务出口基地。推动临港新片区实施“互联网+先进制造”战略，建设国际数据港。推动浦东、长宁、静安、杨浦等区打造各具特色的数字贸易生态圈。打造长三角全球数字贸易高地。推动虹桥商务区发展数字会展、跨境电商等，建设数字贸易跨境服务集聚区。探索成立长三角数字贸易城市联盟，推动建设大数据产业集聚区。

**专栏 3：建设数字贸易国际枢纽港专项行动**

以数字基础设施、市场主体集聚和公共服务建设为突破口，加快建设要素有序流动、功能完善、总部集聚的数字贸易国际枢纽港。

（一）建设一批高质量基础设施。提升国际海底光缆容量，建设和开通国际互联网数据专用通道，扩容亚太互联网交换中心（APIX），建设大规模高等级云数据中心，建设人工智能公共算力平台。

（二）建成一批国家级基地。聚焦数字服务、技术转移、版权贸易、文化娱乐、体育电竞等领域，建设数字服务出口基地、文化出口基地等 10 个左右数字贸易领域国家级基地。

（三）打造一批大型互联网平台。发挥上海数字经济和在线新经济发展优势，在数字内容、数字服务领域打造 10 个左右国际性大型互联网平台，进一步集聚全球数字要素资源。

（四）培育一批全球化布局品牌。加大上海数字贸易品牌培育力度，支持企业打造有品牌效应的服务产品，培育云服务、数字化专业服务领域 10 个左右全球化布局的服务品牌。

续表

| （五）建立一批公共服务平台。推动建立数字贸易知识产权综合服务平台、数字贸易跨境支付结算平台、数字贸易数据共享服务平台、跨境贸易数据合规咨询服务平台等公共服务平台，提升服务上海、服务长三角数字贸易企业的能级和水平。 |
| --- |

**（二）深入推进高水平制度型开放，打造亚太投资门户**

实施更大范围、更宽领域、更深层次对外开放，坚持以开放促改革、促发展、促创新，着力推动规则、规制、管理、标准等制度型开放，加快形成高能级市场主体集聚、高标准投促体系健全、高水平服务系统集成的亚太投资门户。

5. 打造新时期外资首选地。实施新一轮高水平对外开放。深入落实浦东高水平改革开放、临港新片区总体方案、虹桥国际开放枢纽建设总体方案，加快落实上海服务业扩大开放综合试点，积极争取更大的改革自主权，推动科技服务、商务服务、物流运输、教育、金融、卫生、文化旅游、电信等领域开放措施率先落地，在更多领域允许外资控股或独资。支持符合条件的跨国公司开展跨境资金集中运营管理。支持外商投资在虹桥商务区建设剧院、电影院、音乐厅等文化场馆和设立演出场所经营单位。落实 RCEP、《中欧全面投资协定》（CAI），研究对标《全面与进步跨太平洋伙伴关系协定》（CPTPP），推动上海率先形成与高标准投资规则相衔接的基本制度体系和监管模式。构建面向全球的投资促进网络。健全由政府、专业机构、商协会、企业组成的“四位一体”投资促进体系，持续增强与主要投资来源地及潜力国家（地区）的经贸及投促机构合作，加快构建境外经贸合作伙伴网络。推动投资促进与进博会、中国（上海）国际技术进出口交易会、中国国际工业博览会、中国国际旅游商品博览会等大型国际会展联动，举办高层次投资促进、文化合作交流活动。

6. 打造高质量外资集聚地。实施“总部增能”行动。持续提升总部经济能级，创新资金管理、境外融资、数据流动、人员出入境、通关便利等方面功能性政策，大力吸引跨国公司亚太总部和全球总部落户。鼓励跨国公司积极参与全球价值链重构，设立辐射亚太、面向全球的财资中心、销售中心、采购中心、供应链管理中心、共享服务中心等功能性机构。打破人才、创新资源等要素跨境流动瓶颈障碍，支持外资设立全球研发中心和开放式创新平台，大力发展具有引领策源作用的创新型经济。继续保持中国内地外资总部能级最高、质量最优的城市地位，累计落户跨国公司地区总部 1000 家左右、外资研发中心 560 家左右。积极参与若干世界级产业集群建设。依托长三角较为完备的产业链基础，全力做强外资创新引擎，聚焦集成电路、生物医药、人工智能和电子信息、汽车、高端装备、先进材料、生命健康、时尚消费品等领域，大力吸引产业链上下游配套企业集聚，构建长三角一体化产业生态，形成前沿制造业产业集群。加大对科技服务、商务服务、物流运输、金融、文化旅游、信息服务业等领域引资力度，打造现代服务业集聚高地。构建外商投资全生命周期服务链。落实外商投资法及其实施条例、上海市外商投资条例，拓展涉外服务专窗内容，健全完善政企沟通、联系走访、重大项目服务、投诉和兜底服务等工作机制，全方位、全流程、全渠道加强外商投资服务，切实保护外商投资合法权益。

**专栏 4："总部增能"行动**

聚焦"全球总部、开放创新"，发展更高能级的总部经济，吸引跨国公司亚太总部和功能性全球总部落户，鼓励外资设立全球研发中心和开放式创新平台，支持贸易型总部和民营企业总部升级，做优做强链接国内国际双循环的市场主体。

（一）持续优化总部经济支持政策。借鉴香港、新加坡等总部发展经验，适时修订完善跨国公司地区总部支持政策，适当降低认定门槛，细化认定分类，建立适应于结算、销售、分拨、管理等功能集聚提升的政策支持体系，不断优化专项资金、人才发展支持政策，打造多维度总部经济政策体系。

（二）提升资源配置能级。重点发展资源配置能力强、辐射范围广的功能性全球总部，促进跨境资金流动便利化，吸引全球资金管理总部集聚；促进离岸贸易结算便利化，吸引全球销售总部集聚；促进跨境支付便利化，吸引全球采购总部集聚；落实通关便利化，吸引全球供应链总部集聚。

（三）提升创新策源能级。落实鼓励外资研发中心发展新举措，推动外资研发中心升级为全球研发中心。借鉴国际先进研发创新模式，开展外资开放式创新平台的吸引、培育和认定服务。推动本土创新企业和跨国公司研发团队协同创新，更好地发挥外资研发中心溢出效应，助力科创中心建设。

（四）支持贸易型总部和民营企业总部升级。发挥总部企业对产业链、供应链、价值链的引导作用，支持贸易型总部与民营企业总部积极开拓海外市场，加快布局亚太和全球市场，升级为亚太乃至全球总部，成为国际贸易投资规则的深度参与者。创新对外投资机制，强化信息、人才、金融、法律等服务支撑，依托浦东新区、临港新片区重点区域，培育、集聚一批具有较强核心竞争力的本土跨国公司。

7. 打造"走出去"对外投资合作桥头堡。培育更高层级的本土跨国公司。加快培育、集聚一批具有全球影响力的本土跨国公司，推动对外投资和扩大出口更好结合。以境外经贸合作区为载体，积极开展国际产能合作，鼓励长三角企业抱团入驻、联动发展。依托 RCEP、CAI 等多双边贸易投资协定，进一步提高对东盟、欧盟等地区的投资质量。提升对外承包工程国际竞争力。支持工程承包企业探索以项目管理总承包（PMC）、建设—经营—转让（BOT）、公私合作制（PPP）、投建营一体化等方式承接海外项目，延伸运营管理服务，全面带动装备、技术、标准和服务出口，打造一批具有影响力和带动力的标志性海外工程项目。支持工程承包企业加强与在沪跨国公司地区总部及日本、韩国、新加坡等国企业开展第三方合作，共同开拓东南亚、中亚等市场。打造"走出去"公共服务体系升级版。加强"走出去"风险防范体系建设，建立企业境外权益保护工作联动机制，整合安全信息、国际救援等各方专业机构资源，构筑企业境外权益保护和突发应急体系网络。深化政企银保四方协调合作，引导更多社会资金共同参与对外投资合作。发挥援外培训与"走出去"的联动效应，加大跨国经营人才培训力度。

**专栏 5："走出去"提质增效行动**

依托 RCEP、CAI 等多双边贸易投资协定，创新投资机制，加强协同联动，优化服务保障，开展提质增效行动，促进合作项目升级、市场主体升级、协同联动升级、服务保障升级。

（一）促进合作项目升级。在东盟、欧盟、西亚、非洲等区域，打造一批有影响力的标杆项目。到"十四五"末，力争新增境外非金融直接投资 1 亿美元以上项目 100 个左右，新签对外承包工程合同额 5000 万美元以上项目 100 个左右。

（二）促进市场主体升级。发挥浦东新区、临港新片区等区域的特殊政策和功能优势，创新对外投资合作方式，以跨境换股、设立境外投资产业基金平台等试点政策为重点，鼓励开展并购，培育、吸引和集聚一批高能级本土跨国公司。

续表

| (三) 促进协同联动升级。强化与进出口联动，以对外投资带动装备、技术、服务、标准出口；强化与"引进来"联动，探索与本市跨国公司地区总部联手开拓第三方市场，试点推进境外投资组建红筹架构境内上市；强化与工程联动，组合对外投资、工程承包、设备出口、运营服务等抱团出海；强化与援外联动，发挥培训优势，助力企业拓展国际市场。<br>(四) 促进服务保障升级。以境外防疫和安全防范为重点，建立企业境外安全和权益保护联动工作机制，加强综合服务中心建设。优化风险预警、培训、信息等服务功能，推出"走出去服务港"公众号升级版。加强 RCEP 规则解读、跨国经营管理等培训，"十四五"期间培训超过 2 万人次。 |
| --- |

### （三）推动消费持续提质扩容，建设国际消费中心城市

坚持扩大内需这个战略基点，着力推进国内市场建设，以创新驱动、高质量供给引领和创造新消费需求，持续增强对国内外消费的吸引力、集聚力、资源配置力和创新引领力，建设线上线下深度融合、内贸外贸相互链接、具有全球影响力的国际消费中心城市。

8. 创新高端消费供给。提升高端商品和服务集聚能力。大力培育高端消费市场，支持高端消费品牌跨国公司设立亚太和全球分拨中心，推动国际知名高端品牌、新兴时尚品牌集聚。发挥世界级口岸优势，建设一批进口消费品展示交易直销平台，多渠道扩大特色优质产品进口。推动首发经济发展。加快建设全球新品首发地，举办具有国际重大影响力的品牌首发活动，支持黄浦、静安、浦东、徐汇、虹口等区打造全球新品首发示范区，支持重点电商平台打造全球新品网络首发中心，支持国内外名家新品、名牌新品、老牌新品和新牌新品设立首店、旗舰店、体验店。深化品牌经济发展。培育本土品牌，鼓励发展城市定制商品和零售商自有品牌，支持外贸企业打造自有品牌，推进国产品牌入驻免税店，推动"上海制造"品牌建设。打造时尚品牌，引进培育一批知名独立设计师、品牌工作室、时尚买手。创新发展老字号，推动"一品一策一方案"落地，加快实施老字号"数字焕新工程""品牌保护工程""传人培养工程""国潮出海工程"。加快免退税经济发展。积极争取新设市内免税店，增加免税购物额度，培育本地免税品经营企业。推进重点商圈离境退税商店全覆盖，推广即买即退。扩大虹桥国际机场航站楼免税购物场所，加快浦东国际机场免税综合体建设，做大邮轮免税经济。支持南京西路等商圈建设离境退税示范区。

9. 建设多层级商业地标。打造世界级商圈。加快建设世界级"消费金腰带"，形成南京路、淮海中路-新天地、豫园、小陆家嘴、徐家汇、北外滩"两街四圈"，打造精品云集享誉世界、服务创新引领全球、消费环境优质舒适、监管模式接轨国际的国际消费中心城市核心承载区。形成差异化区域商圈。优化虹桥商务区免税购物功能和保税展示交易功能，提升服务长三角联通国际的消费枢纽功能。支持临港新片区引入高端、特色目的地消费体验项目，打造一站式消费新地标。加强中心城区历史文脉传承与现代商业融合创新，推动五角场、中山公园、前滩等市级商圈主题化、特色化发展。推动"五大新城"商业高质量发展。加快推动嘉定、青浦、松江、奉贤、南汇等"五大新城"商业发展，按照城市副中心的等级，建设面向新城的综合性商业中心，完善面向大型居住社区的社区配套商业，发展面向长三角的特色商业，加快集聚优质消费资源，深化商产文旅联动，形成层次分明、布局合理、功能完备、业态引领、错位发展的新城商业体系，加快提高新城人居品质，扩大新城商业辐射能力。培育特色商业街区。聚焦特色商业品牌资源与人文旅游资源整合和联动，加快提升国潮品牌特色街区、国别商品特色街区等 20 条"一街一主题"特色

商业街区品质，建设分时步行特色街区。建设夜间经济地标。持续办好上海夜生活节，鼓励夜购、夜食、夜娱、夜游、夜秀、夜读等多元化业态发展，加快推动“1+12+X”夜间经济空间布局，大力发展滨江夜经济活力带、12 个都市夜生活活力圈和多个主题化、特色化、差异化的标志性夜市。

10. 引领服务消费升级。扩大文旅休闲和体育消费。加快打造人民广场、世博会文化博览区两大具有国际影响力的文化设施集聚区，规划建设电竞场馆和全球动漫游戏原创中心。推进杨浦、徐汇国家体育消费试点城市建设，大力发展“三大球”、路跑等具有引领性的体育项目，打造健身休闲多层次消费场景。提升健康和养老消费。持续开展服务业质量提升行动，优化健康消费品和服务供给，发展定制化健康体检、私人健康管理等，推动医疗、养生和养老一体化发展。鼓励社会力量增加养老服务供给，提升老龄消费公共服务水平，支持商贸企业面向社区开展形式多样的养老服务项目。打造虹桥国际医药流通业集聚区，推进“诊疗一体化”等项目集聚。升级信息消费。推动建设各类信息消费体验中心，培育多元化商业模式，促进智能终端、可穿戴设备、智能家居等新型信息产品升级消费，扩大网络文学、互联网游戏等信息服务消费。扩大外来消费。用好进博会、购物节、旅游节、国际艺术节等资源，培育一批会商旅文体跨界融合的新模式、新业态，打造一批品牌化、标志性创新项目。发挥“上海购物”App、“乐游上海”公众号等平台功能，大力吸引境内外旅客来沪，带动吃住行游购娱等延伸消费。

11. 推动消费数字化转型。加快电子商务创新发展。鼓励人工智能、大数据、区块链等新技术广泛应用，积极推动在线教育、健康、文娱等新业态发展，大力推动直播电商、社交电商、小程序电商等新模式创新发展，着力培育一批在线新经济领军企业，支持浦东、长宁、青浦等区打造直播电商基地。加快线上线下深度融合。推动互联网平台企业与实体商业合作创新，加快高品质新型消费资源集聚，打造新型消费场景。鼓励实体商业加快数字化升级，建设南京路步行街、虹桥商圈等数字商圈商街示范项目，打造一批智慧商圈和智慧购物示范场景。加快生活服务数字化提升。建设数字生活服务示范区，大力发展“互联网+”餐饮、旅游、家政和体育等生活服务，形成服务各年龄层人群、覆盖居民“衣食住行娱”、基于地理位置的个性化本地生活服务。推进智能化终端设施建设。加快发展“无接触”经济，完善新型消费基础设施布局，推广建设智能快件箱、智能取餐柜、网订柜取门店、智慧零售终端和智能回收站等新型消费基础设施。推进网络新品牌建设。鼓励电商平台与“上海制造”品牌深度对接，为企业提供全渠道、全品类、全体验的销售模式，形成面向垂直领域、细分客户群的网络新品牌。

**专栏 6：消费数字化赋能行动**

运用 5G、大数据、人工智能等现代信息技术，促进商业领域数字化融合和改造，实现实体商业线上化、零售终端智慧化、物流配送即时化、生活服务数字化、生产消费个性化，通过强化“五个示范”，将上海打造成“在线新消费之城”。

（一）打造数字商圈商街建设示范项目。推动各大电商平台和南京路步行街、徐家汇商圈、五角场商圈、虹桥商圈、陆家嘴商圈等重点商圈商街开展合作，加快数字化智能化升级改造，形成 10 个左右在全国具有示范引领性的数字商圈商街。推动开展商圈商街数字化营销，鼓励电商平台利用直播、小程序、微视频等产品和服务，共同策划系列营销活动。

（二）建设智能化终端设施示范项目。鼓励智能售货机、智慧微餐厅、智能回收站等各类智慧零售终端发展，开展安全卫生智能取餐柜示范试点，在社区、商务楼宇、交通枢纽、医院、学校、园区等场所，打造覆盖面广、类型丰富的新零售应用场景。

续表

| （三）实施智慧即时配送示范项目。加快推动无接触经济发展，加强智能配送设施网络布局，到“十四五”末基本实现智能快件箱社区全覆盖，在商务楼宇、医院和学校覆盖率显著提升。大力发展同城即时配送，加快物流仓储中心、分拨中心、快件转运中心和配送站等布局，合理布局生鲜前置仓，着力构建覆盖15分钟社区生活圈及住宅小区的智能末端配送体系。<br>（四）推进建设数字生活消费示范项目。发挥本市生活服务电商优势，大力推动互联网餐饮、旅游、家政、教育培训和休闲娱乐等生活服务电子商务发展，实现各类居民生活消费与互联网平台深度融合。打造“上海在线生活节”，形成一批数字生活服务的示范案例。<br>（五）培育新消费品牌示范项目。依托电商企业的平台优势和品牌集聚效应，整合网络直播、社交电商、产品供应链以及各类电商专业服务机构等业态资源，重点打造100个左右面向垂直领域、细分客群的上海网络新消费品牌。 |
|---|

12. 打响“上海购物”品牌。提升“五五购物节”辐射力和影响力。推动消费内容、消费模式和消费场景全面创新升级，打造消费新理念、新模式、新业态、新品牌的试验田和竞技场。深化长三角联动，共同做大消费市场。推进中国国际零售创新大会、上海时装周等与“五五购物节”联动，不断提升国际影响力。构建“上海购物”品牌体系。制定实施打响“上海购物”品牌新一轮三年行动计划。加强“上海购物”城市公共品牌研究，探索形成与上海国际消费中心城市相匹配的形象设计和推广模式。打造本土消费内容创意产业，打响一批精品活动IP，提升“上海购物”品牌和商业文明的创造力与传播力。优化“上海购物”环境。提升上海商务服务水平，加快消费服务标准化建设。推进商业配套设施改造，在移动支付、导引标示、信息获取等多环节提升消费便利度。构建以信用为基础的新型监管机制，加强单用途预付卡等商务领域信用分类分级监管，推动行业协会、重点企业开展商户信用分类管理，归集市场信用信息。完善商务诚信平台功能，发布商圈诚信指数，持续推进线下零售企业七日无理由退货。加强国际消费中心城市全球推广，搭建宣传推广公共平台，打造上海消费地图。

| **专栏7：全力打响“上海购物”品牌行动** |
|---|
| 进一步提升“上海购物”品牌的全球影响力和美誉度，聚焦打造系列精品节庆活动，强化“上海购物”品牌营销推广，全力打响“上海购物”品牌。<br>（一）持续提升“五五购物节”办节水平。丰富活动内容，深化线上线下融合，商产文旅展联动，推动消费内容、消费模式和消费场景全面创新升级。深化长三角联动，建立“客流共享、平台互联、主体互动、宣传互通”的联动办节机制，相互合作、相互促进、共同提升的消费资源联动推广载体和平台。打造标志性精品活动，增强集聚和辐射高质量消费资源的能力，打造国际新品名品荟萃、民族品牌精品云集的新品首发季。打造具有全球知名度的“夜上海”标志性项目，不断丰富融合夜游、夜娱、夜食、夜购、夜读等夜间经济新场景，打响“夜上海”品牌。提升国际影响力，开展知名商圈商街与国际知名商业地标的互动交流和节庆联动，不断提升“五五购物节”对全球消费者的吸引力和影响力，将“五五购物节”打造成为国际一流消费节庆活动，展示推广全球消费新理念、新模式、新业态、新品牌。<br>（二）打造一批专业节庆和推广活动。用好进博会等重大活动平台，在沪举办各类促消费活动。办好上海时装周和上海国际美妆节，打造集发布流行趋势、推广原创设计、贸易展示、文化交流于一体的国际时尚消费平台。提升中国国际零售创新大会、上海酒节、双品网购节、互联网青春生活节、浦东国际品质生活节、东方美谷国际化妆品大会等重点商业活动的影响力，培育具有国际影响力的商业节庆品牌项目，打造国际时尚消费风向标。 |

续表

| (三) 构建"上海购物"品牌推广机制。构建"上海购物"品牌体系,开展"上海购物"城市公共品牌研究,明确"上海购物"品牌定位、品牌理念、品牌识别体系和品牌口号。加强上海国际消费中心城市和"上海购物"品牌整体形象设计和推广。打造本土消费内容创意产业,提升消费内容制造与分销传播平台能级和水平,提升"上海购物"品牌和商业文明的创造力与传播力,讲好上海品牌故事,提升国际品牌与国际客群对上海商业文化历史的认同感与认可度。打造"上海购物"品牌宣传推广平台。以手机 App 应用为载体,搭建多元化、开放式、全渠道的融媒体宣传矩阵,打造一站式、多功能、国际化的消费资讯信息门户和"上海购物"品牌宣传平台。 |
|---|

13. 推动生活服务升级。探索超大城市主副食品保供体系。以西郊国际三期和新上海农产品中心批发市场项目建设引领带动批发市场规划布局优化、功能完善和能级提升,提升保供能力。优化标准化菜市场规划布局,推动标准化菜市场向智慧菜市场转型,提升菜市场社区便民服务功能。支持主副食品新零售业态健康发展,丰富多元化供应网络。建设 100 个左右蔬菜域外基地、若干紧密型生猪外延基地。加快建立跨部门、跨地区、产业链各环节集聚的主副食品运行调控系统,进一步强化超大城市保供能力。优化社区商业。完善十五分钟社区生活圈,支持社区商业中心向社区生活服务中心转变,加快发展品牌连锁便利店,提升社区商业丰富度、便捷性和安全性。推进家政业提质扩容。大力培育家政龙头企业,推进产业化发展。推进家政综合服务管理平台建设,完善家政领域信用体系,推行家政人员星级评定和家政机构等级评定,打造上海家政服务品牌。指导推进长宁、闵行"领跑者"行动示范城(区)建设。完善早餐供应体系。制订早餐网点布局规划,加强郊区大居、产业园区、商务楼宇等早餐薄弱区域网点建设,完善以连锁早餐网点为主体,特色单店、流动餐车、外卖平台配送等多种形式为补充的早餐供应体系。制定早餐业态导则,大力发展各类复合业态,持续建设早餐示范点,开展共享早餐创新示范计划和早餐营养优化计划,推动早餐供应更加健康、便捷和丰富。

**专栏 8:超大城市保供优化行动**

以建立健全与超大城市安全运行和高质量发展相匹配的主副食品保供体系,切实保障人民群众"菜篮子"充足稳定为总体目标,推动农产品流通主渠道布局优化、功能提升,进一步打通主副食品产业链,构建大市场、大流通、大基地、大数据、大统筹的保供格局。

(一) 推进重点项目,促进批发市场转型升级。以西郊国际三期和新上海农产品中心批发市场项目建设为引领,带动批发市场规划布局优化、功能完善和能级提升。通过业务流程再造、标准体系建设、加工配送功能扩展、数字化经营管理能力提升,优化城市核心功能设施保供能力。

(二) 开展试点建设,提升零售网络管理服务能级。开展智慧菜场试点,打造集大数据统计分析、线上线下运营功能于一体的数字化菜场。鼓励菜市场融合餐饮、休闲、助老等生活服务元素,提升便民服务功能。将新型零售业态纳入供应基础服务网络,形成市场主体多元、多种模式融合互补和运行高效的主副食品零售网络体系。

(三) 拓展域外基地,强化货源可控能力。推动本市主要批发市场按照日常及应急需要,分级建设 100 个左右蔬菜域外基地。加强政策引导,通过资本、技术等要素输出,不断加强与重点基地的合作紧密度,提升货源可控性。加快制订支持政策,推进在江苏、安徽、河北和贵州等省建设若干紧密型生猪外延基地。提前开展产销对接,拓展渠道,确保基地生猪产品稳定供应上海市场。

(四) 建立调控系统,构建超大城市保供体系。明确各级政府保供职责分工,形成考核机制,制度化保障保供工作协同高效。建立保供企业名录及"哨点"机制,落实保供主体责任。制定监测及应急调度管理制度,规范应急响应调度程序。以主副食品智慧运行调控系统为载体,以专业监测运行队伍和保供专家智库为支撑,强化市场运行监测信息分析预警,提升市场调控科学决策水平,优化主副食品保供能力。

### （四）提升进博会全球影响力和竞争力，全面建成国际会展之都

高质量办好进博会，推动展品变商品、展商变投资商。充分发挥进博会国际采购、投资促进、人文交流、开放合作四大平台作用，持续放大进博会溢出带动效应。推动会展模式、技术、机制创新，着力将上海打造成为市场机制更加成熟、会展企业更有活力、品牌会展更加集聚、更具全球影响力的国际会展之都。

14. 持续放大进博会溢出带动效应。推动贸易升级。做精做优做强“6 天+365 天”常年展示交易服务平台，增加境内外专业采购商规模。强化虹桥商务区进口集散功能，高水平建设一批面向“一带一路”国家和地区的专业贸易平台和国别（地区）商品交易中心，加快建设联动长三角、服务全国、辐射亚太的进出口商品集散地。推动产业升级。用好参展商资源，办好上海城市推介大会等重大活动，推进重大项目落地、总部能级提升。用好进博会海外资源网络，加强投资活动和项目信息联动，推介上海投资环境。推动消费升级。借力进博会新品首发平台，打造“全球新品首发地”。举办进博会参展国商品周、文化周、文化集市和各类场外延展和品牌推介活动，鼓励老字号、非遗品牌等在进博会展示推介，做大做强中国品牌日、中国自主品牌博览会等各类品牌展会。提升进博会常态化精品旅游线路的吸引力、影响力，打造集展会、旅游、购物、体验等为一体的新地标。推动开放升级。巩固和放大虹桥国际经济论坛国际影响力，打造世界级高水平论坛和国际公共产品。将进博会期间的展品税收支持、通关监管、资金结算、投资便利、人员出入境等创新政策依法上升为常态化制度安排。围绕“越办越好”总要求，按照“一流城市形象和一流服务保障”目标，高标准提升城市服务保障能力，着力打造成为城市治理体系和治理能力的现代化国际样板。

**专栏 9：进博会“6 天+365 天”常年展示交易服务平台增能行动**

持续放大进博会溢出带动效应，强化“6 天+365 天”常年展示交易服务平台进口商品集散功能和资源配置能力，加快打造具有国际影响力的进口商品集散地。

（一）做大交易规模，壮大一批交易服务平台。进一步提升交易服务平台发展规模，加快高能级交易服务平台建设和培育，壮大一批综合服务平台、跨境电商平台、专业贸易平台及国别（地区）中心。力争到 2025 年交易服务平台数量达到 80 家左右，累计进口规模超过 1 万亿元左右。推动交易服务平台对接进博会展商展品，丰富进口商品品类，扩大进口规模，促进展品变商品。持续优化进口商品结构，进一步带动本市产业转型升级需要的技术、设备及零部件进口。

（二）优化区域布局，集聚一批高能级贸易主体。进一步优化交易平台区域布局，发挥外高桥和虹桥商务区 2 个国家级进口贸易促进创新示范区促进进口、服务产业、提升消费的示范引领作用，分别打造浦东和浦西集聚区。进一步做精外高桥国家级进口贸易促进创新示范区智能制造、化妆品、红酒等专业贸易平台。依托虹桥进口商品展示交易中心、绿地全球商品贸易港，支持交易服务平台在虹桥商务区集聚，提升规模效应，打造有形大市场。

（三）增强创新能级，形成一批政策创新成果。进一步发挥进博会贸易政策创新策源功能，加强贸易便利化创新政策建议储备，推动已有支持措施固化形成常态化制度安排，畅通进口商品进入国内市场渠道，提升平台创新示范能级。加强保税展示交易常态化业务模式探索，支持虹桥进口商品保税展示交易中心和绿地全球商品贸易港保税展示展销业务发展，提升产品保税展示交易整个流程的便利程度，做实展示、撮合、交易等服务功能。

（四）放大辐射效应，打造一张贸易辐射网络。进一步放大交易服务平台辐射带动效应，支持交易服务平台在长三角地区拓展渠道，增强地域联动能力。鼓励交易服务平台积极开拓新兴市场，在虹桥商务区等重点地区，高标准建设一批面向“一带一路”国家的商品直销平台，支持新兴市场国家和地区入驻国别（地区）商品中心，为国内外企业获取市场机遇搭建平台。

15. 提升会展业配置全球资源的能力。集聚高能级办展主体。大力引进国际知名会展企业总部、境内外专业组展机构及其上下游配套企业，支持打造具有国际竞争力的会展集团。鼓励本土会展企业采取国内外合作、收购兼并等模式增强组展实力，提升国际影响力。探索试点境外机构在本市特定展馆独立举办对外经济技术展会。规划布局大型会展场馆，进一步提升展览场馆运营能力。积极开展与国际展览业协会（UFI）和国际展览与项目协会（IEAA）等国际组织的合作。培育具有国际影响力的会展项目体系。聚焦集成电路、人工智能、生物医药、航天航空等战略性新兴产业和文化创意、金融服务、商业零售、商务服务等现代服务业领域，培育一批具有世界影响力的品牌展会项目，引进一批细分行业领域处于领先地位的世界知名展会项目。大力发展“会议+展览”模式，吸引高级别国际会议在沪举办。创新展会服务模式。大力发展“云展”，培育以线上会展为主的新型展会主体，鼓励会展企业融合 5G、大数据、人工智能等技术办展，实现会展行业线上线下融合发展。

16. 打造国际化城市会展促进体系。形成具有引领性的会展业标准体系。对接国际最高标准，完善会展服务、会展经营、绿色会展、评估认证等标准，在全国率先形成面向市场、服务产业、主次分明、科学合理的会展业标准化体系。构建会展业营商环境高地。深入贯彻本市会展业条例，率先建立会展活动“一网通办”和信息备案制度。构建市、区两级多措并举、精准高效的政策促进体系。完善高效便捷的事中事后监管机制、知识产权保护机制、纠纷解决机制。加强国际宣传推广，提升上海国际会展之都整体形象。

**专栏 10：展会双线（线上线下）联动发展行动**

推动展会线上线下联动发展，创新展会服务模式、培育展会发展新动能、提升上海会展业品牌竞争力，全面建成国际会展之都。

（一）做大做强线上展会新平台。提升云上会展平台运营能力水平，打造具有国际影响力的线上“智慧场馆”，“十四五”期间力争承接 100 个左右国际性优质品牌展览会上线运营。开展“云展示”“云对接”“云签约”，搭建展示、宣传、洽谈等线上新平台。依托新技术优势，探索开发“智慧场馆”新业务，创设场馆运营新模式。

（二）培育线上展会主办主体和品牌展会。鼓励本土展览企业与知名互联网企业、云服务企业加强合作，培育 2–3 家以“云会展”为主要业务的新型展会主办企业。鼓励本市大型组展企业加强与国内外知名会展企业合作，积极拓展长三角联动等跨区域交流，培育一批市场竞争力强、辐射带动作用大的线上品牌展会。

（三）鼓励本市会展企业线上线下融合发展。探索“线上线下双轮驱动”发展新模式，鼓励会展企业将 5G、大数据、人工智能等数字技术深度融合到线下展会运营中，支持知名实体展会加强线上展会运营能力。引导会展企业进一步提升数字化水平，促进线上线下展会相互赋能。

**（五）推进现代流通体系建设，建设亚太供应链管理中心**

深化流通体系改革，创新流通领域技术、业态、模式，完善制度、规则、标准，增强供应链自主可控能力，打造供应链服务健全、物流配送高效、市场治理规范、平台配置完善、期现市场联动的亚太供应链管理中心。

17. 优化现代商贸流通体系。建设高水平的商贸流通体系。推动流通创新与产业变革的深度融合，提升商贸企业产供销资源整合能力，推动产供销一体化发展。优化流通网络布局，合理规划商品集散中心和综合物流园区、公共配送中心。加快上下游协调互动、资源整合、协同创新，实现产业链、供应链高效对接和整合，打造多渠道、多层次、立体化的现代流通体系。培育集聚具有全球竞争力的现代流通企业。聚焦自贸试验区及临港新片区、虹桥商务区、长三角一体化示范区和北外滩等重点区域，加快集聚一批贸易型总部和民营企业总部。支持各类总部积极开拓海外市场，打造形成立足全国、面向亚太的供应链、产业链集群。设立上海中小企业海外中心，实施“专精特新”中小企业培育工程。提升流通主体竞争力，引导流通企业数字化、平台化、标准化发展，进一步降本增效。促进内外贸一体化。打通内外贸流通堵点，完善内外贸一体化调控体系，推动内外贸在法律法规、监管体制、质量标准、认证认可等方面的衔接。推动内外贸产品同线同标同质，培育一批拥有自主品牌和开展国际经营的本土跨国商贸集团。加快推动国内国际流通融合，支持出口企业拓展国内市场、国内流通企业积极布局全球市场，构建高效通畅的全球物流网络。

18. 推动供应链创新与应用。强化供应链物流支撑。完善智慧物流基础设施建设，合理规划物流仓储布局、优化物流运输结构，构建高效便捷的配送网络体系。加强标准化建设和绿色发展，建立托盘循环共用系统性平台。推动青浦商贸服务型国家物流枢纽建设，加强与全球生产、流通、贸易等主体合作对接。推动存量仓库高标化、数字化、智能化升级改造。建设长三角区域应急供应链协作机制。加快推进供应链数字化和智能化发展。积极应用区块链、大数据等现代供应链管理技术和模式，加强数据标准统一和资源线上对接，推广应用在线采购、车货匹配、云仓储等新业态、新模式、新场景，促进企业数字化转型，实现供应链即时、可视、可感知，提高供应链整体应变能力和协同能力。支持商贸企业建设数字化供应链管理平台，实现研发、生产、制造、分销和物流等供应链各个环节实时联通。提升供应链服务平台能级。培育市场空间大、附加值高、对产业提升作用明显的供应链综合平台。拓展会计审计、金融服务、法律服务、投资咨询、信用评级、质量管理、数据服务、追溯服务、人力资源等领域专业服务，构建具有亚太乃至全球服务能力的专业服务网络。推进建设中国（上海）宝玉石交易中心，打造世界级的宝玉石集散中心。加强供应链安全建设。加强对重点产业供应链的分析与评估，探索建立跨区域、跨部门、跨产业的信息沟通、设施联通、物流畅通、资金融通、人员流通、政务联动等协同机制，加强对重点产业和区域的风险预警管理。增强供应链风险防范意识，制定和实施供应链多元化发展战略，着力在网络布局、流程管控、物流保障、应急储备、技术和人员管理等方面增强供应链弹性，促进供应链全链条安全、稳定、可持续发展。

19. 打造具有亚太影响力的大宗商品市场。加强市场监管配套制度建设。在钢铁、有色金属等领域，制定并完善产能预售、提单、远期交易等创新业务规则，建立相应的监管治理机制。探索为大宗商品现货离岸交易和保税交割提供与国际规则相接轨的跨境金融服务。提升大宗商品国际资源配置能力。积极布局亚太地区交割仓库、物流网络以及交易经纪业务，建立内外连接的大宗商品供应链体系。推动大宗商品交易人民币计价结算，推出更多能源和金属类大宗商品期货，打造大宗商品“中国价格”。推动浦东新区期现联动创新探索，开展预售交易业务试点。推动临港新片区设立国际油气交易平台。推进宝山建设钢铁领域亚太供应链管理中心示范区，打造集交易、结算、物流、金融、资讯等功能为一体的行业生态圈。

**专栏 11：平台经济能级提升行动**

大力发展平台经济，建立适应现代市场流通体系建设需要的平台经济治理体系，提升国内国际资源配置能力和定价话语权。

（一）推动大宗商品交易市场能级提升。聚焦钢铁、有色、化工等领域，建立期现联动、内外连接的大宗商品现货市场，打造集交易、结算、物流、金融、资讯等功能为一体的行业生态圈。创建与之相配套的市场规则和治理体系，吸引境内外贸易商同台竞价，提升大宗商品国际资源配置能力。在宝山、浦东等区持续推进平台经济示范区建设，推动上海期货交易所标准仓单交易平台建设，实现从标准仓单逐步向非标仓单、保税仓单和场外衍生品交易拓展，形成满足实体企业风险管理、融资和定价需求的综合服务体系。

（二）建设联通供应链全链条的公共与专业服务平台。以汽车、电子、船舶、航空航天、医药、能源设备等优势行业为依托，持续培育供应链公共服务与专业服务平台，拓展质量管理、追溯服务、金融服务、研发设计等功能，提供供应链全链条服务。

（三）完善平台经济现代化治理体系。健全适应平台经济特点的新型监管机制，应用大数据技术构建商贸领域监管体系。发挥“大数据+部门联动监管”机制作用，分等级强化预警机制，设立监管信息平台，加强商贸领域监管治理。以电子商务、大宗交易等领域为重点，加快培育商务信用服务市场。

**（六）持续打造市场化、法治化、国际化营商环境，形成贸易投资制度创新高地**

对标国际最高标准、最好水平，围绕对内对外开放两个扇面，全力支持浦东进一步扩大高水平制度型开放，推进临港新片区和虹桥商务区“一东一西”国际贸易中心核心功能承载区建设，率先建成贸易流通更便利、法治保障更健全、专业人才支撑更完备的贸易投资制度创新高地。

20. 推进浦东新区、自贸试验区和临港新片区高水平制度型开放。支持浦东新区打造社会主义现代化建设引领区。全面落实国家支持浦东新区高水平改革开放的意见，着力强化开放窗口、枢纽节点、门户联通功能，率先推进规则、规制、管理、标准等高水平制度型开放，率先加大现代服务业和先进制造业对外开放力度。建立与国际高标准规则相一致的跨境服务贸易制度，大力发展专业服务、商贸物流、旅游、会展等跨境服务。支持自贸试验区和临港新片区构建更高水平开放型经济新体制的试验田。对标最高标准、最好水平，实行更大程度的压力测试，加快推动自贸试验区和临港新片区由商品要素流动型开放向规则制度型开放转变。把握 RCEP 签署机遇，对标 CPTPP，在数字经济、互联网和电信、金融、教育、医疗、文化、知识产权等领域先行先试高标准经贸规则。加快建设临港新片区更具国际市场影响力和竞争力的特殊经济功能区，努力推动投资自由、贸易自由、资金自由、运输自由、人员从业自由、数据跨境流动安全有序，持续释放制度创新集成效应。建立以安全监管为主、体现更高水平贸易自由化便利化的货物贸易监管制度。建设高水平的洋山特殊综合保税区，推进国际物流、中转集拼、大宗商品等优势业态发展，拓展保税研发、保税制造、保税维修等新业态。研究推进加工制造、研发设计、物流分拨、检测维修等专项政策在特殊综合保税区制度环境下的集成和创新。探索实施洋山特殊综合保税区主分区制度。

21. 推进虹桥商务区打造上海国际贸易中心新平台。做大进口商品集散规模。推进国家级进口贸易促进创新示范区建设，培育保税展示、保税交易、价格形成、信息发布等核心功能，扩大保税交易规模，鼓励跨境电商创新发展。增强虹桥海外贸易中心功能，优化提升服务能级，吸引集聚国际经贸仲裁机构、贸易促进协会商会等组织，建设高能级贸易主体集聚地，推动贸易功能向国际交流、平台展示和贸易消费功能升级。推动服务贸易创新发展。依托虹桥临空经济示范区，发展航空服务业及配套产业，支持给予虹桥国际机场空运整车进口口岸资质，优化拓展虹桥机场国际航运服务。建设全球航空企业总部基地和高端临空服务业集聚区。鼓励新虹桥国际医学中心发展医疗服务贸易。积极吸引管理、会计、法律等咨询服务机构入驻，推动专业服务业集聚发展。支持在电子商务、数字贸易、供应链管理等领域培育引进一批独角兽企业和行业龙头企业。加快形成联通全球的数字贸易枢纽。充分发挥数字贸易龙头企业的带动作用，支持符合条件的境外企业探索数字贸易增值服务试点。持续优化数字贸易综合营商环境，建设虹桥商务区数字贸易重点区域，支持虹桥临空经济示范区建立国家数字服务出口基地。持续提升服务辐射长三角的能力。构建国际会展之都的重要承载区，推动高端商务、会展、交通功能深度融合。加强海关特殊监管区域建设，推动综合保税区与长三角区域内自由贸易试验区协同发展。加大与长三角协同联动力度，推动长三角生态绿色一体化发展示范区和虹桥国际开放枢纽拓展带建设。鼓励长三角地区各类品牌展会和贸易投资促进活动加强协调，支持长三角企业在虹桥商务区设立总部和功能性机构。

22. 优化跨境贸易营商环境。深化跨境贸易降费提速改革。对标国际最高标准、最好水平、最前沿实践，聚焦优流程、减单证、提效率、降费用、可预期，助力我国在世界银行营商环境跨境贸易指标排名位居海运经济体前列。进一步削减进出口验核单证，通过监管环节电子化、集约化，探索“云监管”和“云服务”。推动建立降费传导机制，提高企业感受度。深化中国（上海）国际贸易“单一窗口”建设。丰富银行、税务、保险等特色功能，拓展大数据、区块链等新技术应用试点，打造口岸“通关港航物流”服务平台。探索建立进出口企业信用评价体系，实施贸易融资、信用保险、出口退税等信用应用。推动跨境贸易便利化措施适用至所有海运、空运和海铁联运货物，并探索拓展至边境后管理领域。健全适应贸易高质量发展的法规制度体系。对标国际高标准贸易投资规则，不断完善国际贸易中心建设相关的地方法规制度体系，加强平台经济、总部经济、贸易消费数字化转型等领域立法调研，适时推动出台相关地方立法。完善海外知识产权维权援助服务机制，健全知识产权海外维权网络体系，支持重点行业、企业建立知识产权海外维权联盟，促进知识产权保护领域的国际交流与合作。

**专栏 12：口岸营商环境优化行动**

对标最高标准、最好水平，巩固口岸营商环境优化成效，推进实施一批跨境贸易便利化新措施，营造高效、透明、规范的贸易便利化环境，助力我国在世界银行营商环境跨境贸易指标排名中，位居海运经济体前列水平。

（一）优化口岸“通关+物流”流程。统筹口岸不同主体、不同环节衔接畅通，依托国际贸易“单一窗口”，优化“通关+物流”全流程并联作业，以海关进口“两步申报”、进出口“提前申报”模式和港航“出口直装”“进口直提”模式融合协调为核心，推进并联作业向订舱、集港、提货、疏港、提还箱等物流环节拓展。

（二）推进口岸单证精简及无纸化。进一步争取削减口岸环节验核单证，推进简化相关检验、检测、认证类证书和凭单，严控相关市场主体新设单证，取消陆上运输、航运、港口经营等领域非必要单证要求。除保密等原因外，推进相关单证办理手续前推后移、网上申领、网上验核。优化出口退税单证备案制度，试点无纸化单证备案。

（三）降低企业进出口合规成本。落实停征港建费、简并港口收费项目等简降费政策。加强市场化收费公开和便捷查询，鼓励和推动港口、航运企业、堆场经营人等主体调整收费结构，加强口岸不合理收费的清理和监督检查。

（四）提升口岸监管能力和服务水平。推广无陪同查验，优化以风险管理为基础的口岸联合监管和事中事后监管模式，提升口岸查验单位风险管理水平，运用大数据风险识别、区块链供应链监管、非侵入式智能查验等监管手段，推进对实货的顺势监管和无感通关。

（五）强化口岸作业公开透明可预期。主动听取企业对跨境贸易便利化改革的建议，加强通关便利化措施对企业宣传培训，加强通关疑难问题会诊咨询和热线服务，向企业提供更多即时性通关状态和监管过程信息。

23. 优化国际经贸人才发展环境。加大海内外优秀人才引进力度。聚焦国际贸易中心建设紧缺急需人才，推动人才引进政策向重点区域、重点领域、重点机构聚力，鼓励重点功能区实施差异化特殊人才政策。完善经贸人才引进重点机构目录和动态调整机制，支持在线新经济、商贸会展等重点领域和各类总部型机构引进优秀人才。强化高水平人才队伍培育。完善市场化、社会化的国际贸易中心人才培养体系，统筹推动高端领军、专业技能、质量管理等各类人才队伍建设。整合各类优质培训研修交流资源，深入开展国际商务领域高端人才专项培育，探索建立国际贸易中心建设高端智库。加快推动高技能人才培养基地、技能大师工作室、工匠创新工作室等载体建设，培育国际贸易中心建设高技能人才。

**四、保障措施**

24. 发挥贸易与金融、航运、科技创新互相促进的作用。大力发展贸易金融。积极探索资金跨境自由流动的管理制度，积极推进人民币跨境使用，着力推进货物贸易外汇收支便利化试点，促进离岸贸易、转口贸易、跨境电商等新型国际贸易发展。加强贸易与航运联动发展。大力吸引国际性航运专业组织和功能性机构落户，加快优化集疏运体系和海空铁多式联运体系，持续增强长三角贸易综合竞争力。强化贸易与科技创新的相互促进。着力吸引和集聚各类国际创新资源，推进国家技术转移东部中心、上海国际技术进出口促进中心、南南全球技术产权交易所参与国际技术交流与合作，鼓励外资研发机构与本土机构组建国际研发联盟和联合研究机构，构建面向国际的创新合作新平台。

25. 全面提升防范应对风险能力。积极参与和服务国家涉外法治工作战略布局，提高以法治方式应对挑战、防范风险、反制打压的能力。持续跟踪国际经贸发展趋势，及时研判风险挑战。建立全球性突发事件应急预案，加强区域产业链、供应链安全监测，促进供应链开放、稳定、安全。拓展公平贸易公共服务平台与载体，持续开展国际贸易风险防控与法律实务培训，提升贸易摩擦应对、贸易投资合规指导的精准性与有效性。深化产业损害预警体系建设，搭建上海国际经贸政策工具箱，构建面向国际的经贸商事争议解决平台。

26. 强化规划实施组织保障。发挥市推进上海国际贸易中心建设领导小组作用，加强统筹协调，优化财政资金支持的内容和方式，保障重大项目、重大平台、重大政策顺利实施。深入落实推进浦东高水平改革开放和三项新的重大任务，承担更多国家级贸易、投资、消费和流通领域改革试点任务。健全政府与企业、市民的信息沟通和交流机制，发挥新闻媒体、群众社团的桥梁和监督作用，完善国际贸易中心建设动态监测和评估体系，推动规划有效实施。

## 上海市商务委关于印发《全面推进上海数字商务高质量发展实施意见》的通知

沪商电商〔2021〕121 号

各区商务主管部门，机关各处办、委属各单位：

为贯彻落实市委、市政府关于全面推进上海城市数字化转型的要求，加快推进本市数字商务高质量发展，现将《全面推进上海数字商务高质量发展实施意见》印发给你们，请结合实际认真贯彻执行。

上海市商务委员会
2021 年 5 月 6 日

## 全面推进上海数字商务高质量发展实施意见

为全面推进我市数字商务建设，根据市委、市政府《关于全面推进上海城市数字化转型的意见》（沪委发〔2020〕35 号）和商务部《关于加快数字商务建设、服务构建新发展格局的通知》，制定本实施意见。

### 一、指导思想和总体目标

以习近平新时代中国特色社会主义思想为指导，全面贯彻党的十九大和十九届二中、三中、四中、五中全会精神，认真落实市委、市政府推进城市数字化转型的战略部署，服务于上海打造国内大循环的中心节点和国内国际双循环的战略链接，立足新发展阶段、贯彻新发展理念、服务新发展格局，围绕“经济、生活、治理”全面数字化转型要求，坚持整体性转变、全方位赋能和革命性重塑，全面推进我市数字商务高质量发展。到 2025 年，商务领域数字化、网络化、智能化水平进一步提升，数字商务建设取得显著成效，助推国际贸易中心能级提升，为上海国际数字之都建设作出积极贡献。

——数字贸易国际枢纽港功能不断完善。数字贸易基础设施国际一流，数字贸易规则更加完备，数字贸易市场主体能级进一步提升，数字贸易公共服务能力全面优化，数字贸易国际枢纽港影响力进一步增强。

——贸易数字化转型不断加快。跨境电商能级持续提升，外贸数字化营销新模式逐步建立，跨境贸易生产、通关、物流仓储、跨境支付、售后服务等多环节的数字化管理能力得到提升。

——商业数字化创新高地逐步建立。新流通、新零售、新服务充分发展，商业领域数字化融合程度进一步增强，商业在本市各行业率先实现数字化转型，在全国商业数字化建设中发挥引领示范作用。

——口岸数字化水平进一步提升。国际贸易“单一窗口”数字化功能逐步完善，口岸数字化基础设施基本完备，口岸数字化监管与服务基本实现，口岸服务治理生态圈持续健全，“便捷、高效、安全、法治、透明”的口岸环境进一步优化。

——商务数字治理范式基本形成。商务领域政务服务水平进一步提升，数字时代商业信用体系逐步构建，市场化、法治化、国际化营商环境建设取得进展，科学化、精细化、智能化的“数治”新范式初步建成。

### 二、积极推动数字贸易创新发展，激发数字经济新动能

（一）发展数字贸易新模式新业态。支持企业在全球主要城市建设云数据中心节点，扩大云服务覆盖范围。集聚打造一批有影响力的数字内容互联网平台和应用商店，拓展优质内容发行推广渠道，打造具有全球影响力的原创 IP，推动网络视听、数字阅读、动漫游戏等原创内容出海。

引进高水平数字服务，培育与金融、运输、旅游、制造等垂直行业深度融合的数字服务创新平台，探索建立具有国际影响力的数字服务标准。

（二）培育数字贸易主体。加快集聚一批具有行业影响力的跨国公司地区总部、高能级国际贸易主体、独角兽企业、专业化服务机构等，发布数字贸易创新引领案例。强化国家数字服务出口基地功能，建设一批数字贸易企业孵化器。完善数字贸易交易促进平台功能，支持拥有核心技术的数字贸易企业在科创板上市。构建国际合作交流平台，支持人工智能、金融科技、文化创意、生命科学、智慧城市等领域先进技术、创新产品和应用场景的国际合作。

（三）打造数字贸易发展示范区。以虹桥商务区全球数字贸易港、临港新片区“信息飞鱼”全球数字经济创新岛为两翼，积极承担国家试点任务。提升浦东数字内容示范引领区、静安数字应用和技术示范区、长宁数字服务发展示范区等数字贸易承载区能级，加快推进徐汇、闵行和杨浦等新兴区域发展，扩大数字贸易规模。

（四）加快数字贸易国际规则对标。试点实施 RCEP 关于促进无纸化贸易、推广电子认证和电子签名、保护电子商务用户个人信息、保护在线消费者权益等规则，探索跨境信息传输制度。在临港新片区探索跨境数据流动分类监管模式，开展数据跨境流动安全评估试点。

## 三、促进贸易数字化转型，打造数字经济新优势

（五）推动跨境电商新业态加快发展。完善跨境电商公共服务平台软硬件基础设施，确保平台通关便利性保持全国前列。发挥上海枢纽优势，在空海港口岸、海关特殊监管区和优势产业带增设一批跨境电商示范园区。集聚一批高能级跨境电商平台、物流和综合配套龙头企业，提升辐射长三角、服务全国的跨境电商运营中心、物流中心和结算中心能级。

（六）拓展外贸数字化营销新模式。支持外贸企业运用“云展示”“云对接”“云签约”等新模式展示、洽谈和撮合，鼓励企业通过线上广交会、华交会、跨采会等数字化展会平台开拓市场。支持企业建设面向海外市场的线上营销网络，实施精准品牌营销、社交营销、搜索营销，助力中小外贸企业拓展国际业务。

（七）提升外贸数字化管理能力。打响“出海优品”品牌，举办“云购申城”“E 路同行”系列活动，建立线上对接平台，举办专项培训，支持电商平台赋能贸易商和制造商转型发展。推动一批具有示范引领性的外贸企业率先开展数字化转型，在跨境贸易生产、通关、物流仓储、跨境支付、售后服务等多环节实现数字化。

## 四、加快推进商业数字化转型，助力数字生活新风尚

（八）加快实体商业企业数字化创新。推动连锁商业企业向全方位、全渠道、全流程数字化转型，实现品牌数字化、客户数字化、供应链数字化、场景数字化和组织架构数字化。推动实体商业提升基于大数据的商铺选址、经营决策、招商决策、消费分析、全渠道营销等智慧经营能力。培育一批老字号数字化转型示范企业。

（九）建设商业数字化转型示范区。支持浦东、黄浦、静安等区创建“国际消费中心城市数字化示范区”。支持长宁、普陀等区创建“生活服务数字化示范区”。支持嘉定、青浦、松江、奉贤、南汇创建“新城商业数字化示范区”。

（十）打造示范性商业数字化场景。建设在全国具有示范引领性的数字商圈商街，提升消费

者体验感、商户经营效率和商圈服务能级。发展智慧零售、智慧餐厅、社交电商、内容电商等新业态新模式。推进智慧早餐、智慧菜场建设，提升便民服务水平。大力发展云会展，推动展会线上线下联动。构建智慧供应链生态圈，推动大宗商品交易全面实现数字化转型。拓展直播应用场景，培育一批具有全球影响力的直播活动，打造一批体现上海特色的潮流直播消费场景。以“五五购物节”等重要节庆活动为载体，建设一批具有全国影响力、线上线下联动的节庆活动平台。

（十一）增强商业数字技术应用能力。加快推动5G、大数据、区块链、人工智能、云计算、虚拟现实等技术在商业场景的融合应用。推广智能软硬件应用，提高智能技术无障碍服务水平。扶持一批数字商务服务企业，为商业企业特别是中小企业数字化转型提供支撑。开展数字人民币应用试点。

（十二）完善新型消费基础设施。完善城市物流基础设施，优化城市物流配送网点布局，形成高效便捷绿色的商贸物流网络。构建覆盖15分钟社区生活圈和住宅小区的智能末端配送体系。加大智能快件箱布设力度，开展智能取餐柜示范试点。鼓励智能售货机、智能饮料机、智能回收站等各类智慧零售终端发展。

## 五、加速推进口岸数字化升级，打造数字城市新门户

（十三）加强口岸数字化基础设施建设。深化国际贸易“单一窗口”建设，打造具有全球影响力的口岸大数据网络节点。提升数据归集和处理能力，探索制定统一的数据标准、接口规范、调用规则等数字技术标准。形成针对不同领域不同应用场景的智能算法模型，为跨部门监管、服务等提供支撑。

（十四）提升口岸数字化服务能力。推进智慧口岸服务体系建设，打造符合开放新格局要求的服务生态圈。建设面向货物贸易、服务贸易的数字化一站式业务办理平台，覆盖口岸申报、物流、贸易融资、保险等多场景。推动以数据为基础的精准服务模式，探索开放部分公共数据。

（十五）强化口岸数字化监管。构建基于数字化的联防联控体系，为口岸管理部门监管模式创新、系统集成创新提供平台、数据、算力支撑，形成口岸管理一体化数字闭环运转模式。推进多部门共同开展的口岸营商环境的监测与分析，提升预警研判能力。推进跨部门、跨系统、跨区域数据共享，拓展数据共建共用共管能力，加强数据安全保护力度，进一步促进形成高效、透明、便捷的口岸综合治理新格局。

（十六）增强口岸区域辐射能级。深化长三角国际贸易“单一窗口”合作共建，推动长三角世界级港口群一体化发展，推进口岸信息系统资源整合，建设海（空）港一体化信息平台。深化与长江经济带重点口岸跨区域互联、跨区域协同，大力支持水水中转、江海直达、铁海联运等业务发展。

（十七）打造国际互联互通合作新载体。积极参与国际合作，以亚太示范电子口岸网络（APMEN）为基础，探索推进与APEC、RCEP以及“一带一路”条件成熟的经济体开展物流可视化、贸易合规等试点，形成高效率、低成本、便利化跨境网络贸易通道，为企业提供“一次申报、全球通关”服务。

## 六、优化商务营商环境，提升数字治理新效能

（十八）深化商务“一网通办”建设。在商务领域推动更大范围、更宽领域、更深层次“一

网通办”改革，拓展政务服务事项范围，以更高效、更便捷、更精准为目标，加快业务流程优化再造，为各类企业提供在线“不打烊”政务服务。将“两个免于提交”落实情况纳入“一网通办”日常监管范围，加强常态化、长效化监管。推进数据治理，研究制定市商务委公共数据标准，对高频数据进行“一数一源”治理，推动公共数据应归尽归，提升公共数据时效性。深化数据共享开放，依托“随申办”提升用户使用体验。

（十九）推进涉外服务专窗建设。推进“一网通办”涉外服务专窗建设，为外资企业和境外人士提供涉外办事服务和公共服务中英文指引。梳理更新涉外服务事项内容，建立中英文服务事项清单，优化“随申办”移动端涉外服务事项展示界面。

（二十）健全数字监测服务体系。探索研究反映商业数字化转型成效的监测指标和方法，建立消费市场监测、主副食品运行调控等监测体系。建设大宗商品现货交易监管平台，对市场主体风险和信用等级状况实施监管。深化跨境电商公共服务平台建设，加强与海关、外汇、税务、国际贸易“单一窗口”等部门系统对接和数据共享。推进电子商务地方性法规修订。研究制订直播电商等行业标准，推动行业自律。

（二十一）加强数字信用建设。建立商务信用治理数字化公共服务平台，构建信用信息归集、查询、等级评估、风险预警和联合奖惩等全景式信用分类监管体系。打造信用应用场景，推广特色信用商圈，为商圈商场、商户、零售企业提供信用等级自查、信用数据申报、长三角“七日无理由退货”信用承诺自主公示等服务。以家政管理平台为支撑，强化家政行业信用监管。开展单用途预付卡治理数字化试点，推进宝山新型单用途预付消费卡监管服务平台建设。

## 七、保障措施

（二十二）加强组织领导。成立市商务委推进数字商务发展工作领导小组，由委主要领导担任组长，各分管委领导担任副组长，设立数字贸易、贸易数字化、商业数字化、口岸数字化、数字商务治理五个工作组，负责组织实施数字商务工作。领导小组下设办公室，设在电子商务处，办公室主任由分管电子商务的委领导兼任，统筹协调数字商务工作。

（二十三）强化联动推进。建立完善市区联动、部门协调的工作机制，市商务委加强对全市数字商务发展工作的统筹协调和指导。各区商务部门建立推进数字商务高质量发展工作机制，制定推进措施，落实属地责任，明确负责人和联络员，将数字商务发展纳入区数字化转型发展规划，为数字商务建设营造良好环境。组织开展数字商务专业培训，提高商务部门各级领导干部专业素养。

（二十四）加强政策引导。统筹发挥相关财政资金引导作用，支持建设一批数字商务重点项目。通过贴息贷款、产业基金等方式，带动金融和社会资金投入数字商务基础设施建设。建立评价指标体系，开展数字商务发展水平评估。强化数字商务人才培养，重点引进复合型数字商务高端专业人才。

# 江苏省

## 一、综述

2021年，按照国家口岸管理办公室和江苏省委、省政府相关要求，江苏省商务厅紧扣“强富美高”新江苏建设总目标，突出高质量发展导向，立足推进贸易便利化改革，加快中国（江苏）国际贸易单一窗口（以下简称江苏“单一窗口”）建设推广，同时不断拓展江苏“单一窗口”地方特色项目建设，积极参与长三角国际贸易“单一窗口”合作共建。一是完成船舶转港数据复用试点任务。二是完成全国口岸收费及服务信息发布系统推广工作，全省口岸收费主体已通过平台发布相关信息。三是优化原产地证申领系统与贸促总会的数据传输接口。四是完成海关原产地证申报系统切换。五是升级通关时效评估系统，扩大港口数据接入。六是完成出口退税（金三版）系统切换。七是上线试运行海关查验信息推送系统等。进一步深化完善江苏“单一窗口”重点功能。

## 二、运行情况

### （一）运行数据

2021年全年，江苏“单一窗口”货物申报599.75万票；舱单申报404.50万票；运输工具申报45.13万票；企业资质办理17.95万票；原产地证书申领76.40万票；税费支付91.88万票；加贸保税119.48万票；物品通关364.04万票；跨境电商1254.68万票；监管证件6.98万票；出口退税8515笔。江苏特色服务共完成各类申报124.47万票，其中贸促会原产地证申领56.51万票，船港动态申报67.96万票。

### （二）运行维护

2021年，江苏“单一窗口”根据《国家口岸管理办公室关于做好国际贸易“单一窗口”网络安全管理工作的通知》要求，完成相关应用部署情况全面梳理，及时关停老旧、废弃系统。严格优化网络区域边界访问控制策略，按照“最小化”原则进行收缩整改。落实《国家口岸管理办公室关于开展2021年度国际贸易“单一窗口”安全检查的通知》，制订安全检查自查工作方案，统筹协调，有序推进，确保全面完成各项检查自查及材料编制上报任务。

落实数据安全技术规范与标准、数据安全管理工作规章制度，更新国产防火墙等安全设备，改善优化网络结构，不断提高数据中心基础平台的安全性、稳定性，持续更新 ISO20000、ISO27001 资质证书。系统达到网络安全等级保护三级要求，相关软硬件质量指标维护合格率和机房维护准确率均达 100%。

提供 7×24 小时不间断服务，全年未发生重大故障和人为责任事故。截至 2021 年 12 月底，数据中心存储数据量累计 7. 6T，日均处理报文 13. 5 万条，网络日均吞吐量 190GB，平台可用率达到 99. 9%，为平台各系统的稳定运行提供了强有力的基础支撑。客服热线累计受理用户咨询 25 万人次。

### （三）宣传推广

全年共开展 11 次调研和走访，其中关于地方特色应用需求调研 4 次、企业应用情况及建议调研 4 次、监管单位特色需求调研 3 次。

## 三、大事记

2 月 26 日

船员换班申报、转港数据复用等相关项目通过验收。

3 月 30 日

江苏省口岸收费清单公示工作顺利完成。

4 月 27 日

江苏省商务厅与上海市商务委（口岸办）就长三角国际贸易“单一窗口”合作共建情况进行工作交流。

5 月 21 日

国际贸易“单一窗口”长三角合作专区新上线货物跟踪查询及江苏口岸收费公示查询功能。

6 月 30 日

江苏特色应用出口退税系统切换至江苏“单一窗口”出口退税（金三版）系统。

11 月 8 日

江苏“单一窗口”上线海关查验通知信息推送新功能。

12 月 10 日

江苏“单一窗口”上线全省口岸作业时限公示平台。

# 浙江省

## 一、 综述

2021年，中国（浙江）国际贸易单一窗口（以下简称浙江“单一窗口”）积极落实党中央、国务院，浙江省委、省政府部署有关要求，在完成标准版服务功能全覆盖的基础上，不断提升跨境电商线上综合服务、自贸区公共信息服务、市场采购贸易联网信息服务等地方特色应用，积极推进跨境贸易领域数字化改革，初步建成集大通关、大物流、大外贸和大数据于一体的一站式贸易服务平台，通过不断深化多跨场景应用建设，为优化口岸营商环境、提升跨境贸易便利化水平贡献力量。

## 二、 运行情况

### （一）运行数据

截至2021年年底，浙江“单一窗口”注册用户34.4万家（含宁波），较2020年增加约2.9万家。全年货物申报178.26万票；舱单申报282.69万票；运输工具申报32.39万票；企业资质办理11.91万票；原产地证书申领142.43万票；税费支付12.90万票；加贸保税116.59万票；物品通关13.78万票；跨境电商31414.12万票；监管证件2.61万票；出口退税307笔。

### （二）运行维护

2021年，浙江“单一窗口”接听热线电话6.51万通；维护企业微信群45个，为企业答疑8.06万次；持续增加运维保障投入，确保系统高质量稳定运行，可用性超过99.9%，成功支持和保障“双11”及“6·18”等企业重大生产活动，用户满意度测评连续7年超90%。

在迎接北京2022年冬奥会和冬残奥会等重保任务的大背景下，结合网络安全等级保护2.0标准的基本要求，浙江“单一窗口”全面加强有关系统的安全管理，严格落实《国际贸易“单一窗口”数据安全管理办法》，在定期组织网络安全教育培训和自查自纠的基础上，加大网络安全应急演练力度，顺利通过年度网络安全等级保护三级测评，并通过了公安部和省公安厅等各级网络安全主管部门组织的系列网络安全攻防演练。

### （三）宣传推广

累计组织“线上+线下”业务培训 68 场，覆盖全省企业 8057 家。全年申报总单量约 12 亿票（含宁波）。特别是贸促会原产地证推广工作效果明显，自 2018 年国家在浙江启动试点以来，累计完成贸促会原产地证申领 332.64 万票。

## 三、特色应用

2021 年，浙江“单一窗口”围绕“跨境贸易一件事”，通过横向关联跨境贸易监管单位和政府部门、纵向关联跨境贸易链条上下游企业，以解决企业痛点和难点为出发点和落脚点，迭代升级特色应用，持续推进口岸领域数字化改革。

一是持续开展口岸数据融合，推动数字口岸一体化成果落地。积极推动对港口、铁路和机场物流数据与通关数据的整合，在“浙里办”App 上线“通关+e 物流”应用服务，实现了包括退税状态在内的进出口货物通关物流状态一键查询，同时还牵引出查验预警、截港预警、便利化措施推荐、“浙冷链”申报等实用服务。应用上线以来，使用主体超过 2.2 万个，访问量达到 13.6 万次，广受企业好评。

二是迭代优化海事服务功能，服务自贸区建设不断深入。开展舟山数字口岸综合服务和监管平台建设，进一步提升舟山海事服务的数字化水平，相关手续办理时间从原来的半天缩短到 5 分钟，极大地提高了业务办理效率。全年平台共服务船舶 3803 艘，完成保税燃油加注 553 万吨，助力舟山港连续 4 年成为国内保税燃油第一大加油港，跻身全球第六大加油港；完成供退物料以及伙食供应等海事服务申请共计 4.19 万单，为自贸区舟山片区打造国际海事服务基地做出贡献。

三是助力铁路口岸作业无纸化，服务“义新欧”国际班列跨越式发展。深入开展浙江“单一窗口”义乌铁路运输试点，打通海港、铁路数据壁垒，支持省海港集团开展“第六港区”建设，同时不断完善“义新欧”特色班列服务应用，依托“单一窗口”打通海关、铁路公司、铁路场站、班列运营企业、货代和报关行，实现了“义新欧”中欧班列金华和义乌双平台的申报无纸化、通关便利化、作业智能化、服务企业化、决策数字化。全年基于“单一窗口”，各“义新欧”业务主体数据交换 31 万条，有效保障 1885 列“义新欧”班列顺利开行，服务量同比增长 30%以上。

四是上线推广线上收结汇实名制功能，服务市场采购贸易健康发展。在温州市场采购贸易联网信息平台率先试点线上收结汇实名制功能，加强对个人收结汇业务的监管力度。2021 年已在湖州、台州、绍兴等地试点推广使用该功能，实名制收汇金额 9.81 亿美元。全年省内 6 个市场采购贸易试点实现总出口额 538 亿美元，同比增长超 31%。

五是建设电商退货辅助系统，提升跨境综试区服务能力。上线试运行杭州跨境综试区跨境电商出口退货海关辅助系统，打通跨境电商直邮出口货物的闭环流程，整合跨境电商直邮出口退货数据，提高海关对跨境电商出口退运货物的管理效率。基于跨境电商退货体系，跨境电商服务体验进一步得到优化。2021 年全省累计完成跨境电商进出口 4.07 亿票。

## 四、大事记

1月6日—7日

浙江省政府办公厅在温州、台州组织开展2021年度浙江“单一窗口”功能提升专题调研。

3月1日

浙江省政府副秘书长、办公厅主任暨军民一行调研数字政府“双循环”重点应用建设工作。

3月23日—26日

国家口岸管理办公室组织开展国际贸易“单一窗口”深化建设研讨集中工作。

4月2日

“浙里办”App上线“通关+e物流”查询服务，实现通关、港口物流状态“一指查”。

4月26日

浙江省口岸办与上海市商务委员会座谈长三角国际贸易“单一窗口”合作共建工作。

5月20日

浙江省政府副秘书长高屹出席“义新欧”中欧班列服务平台建设情况汇报会。

6月1日

浙江省政府副秘书长高屹调研浙江“单一窗口”工作。

6月18日

全力保障跨境通关服务平台在“6·18”跨境购物节期间稳定高效运行。

7月8日

“义新欧”国际贸易“单一窗口”铁路运输试点项目在义乌市通过验收。

9月7日

“义新欧”班列数字服务平台上线试运行。

10月12日

浙江省政府副秘书长陈重调研浙江“单一窗口”建设运营情况和“义新欧”班列数字化服务在线项目建设情况。

11月11日

完成“双11”跨境贸易电子商务通关服务平台的服务保障工作，确保平台高效稳定运行。

12月2日

绍兴综合保税区项目（信息化软件部分）通过国家八部委正式验收。

12月3日

数字“单一窗口”（省政府数字化转型“8+13”重点项目）通过浙江省发展和改革委员会牵头的考核组和专家组的验收。

12月17日

浙江“单一窗口”完成移动应用部署环境迁移工作。

浙江“单一窗口”上线金融服务平台。

## 五、政策文件

# 中共浙江省委全面深化改革委员会关于印发《浙江省数字化改革总体方案》的通知

浙委改发〔2021〕2号

各市、县（市、区）党委全面深化改革委员会，省直属有关单位：

现将《浙江省数字化改革总体方案》印发给你们，请结合实际认真贯彻实施。

中共浙江省委全面深化改革委员会
2021年3月1日

## 浙江省数字化改革总体方案

按照省委十四届八次全会决策部署，现就加快推进数字化改革制订如下方案。

### 一、总体要求

#### （一）指导思想

以习近平新时代中国特色社会主义思想为指导，全面贯彻落实党的十九大和十九届二中、三中、四中、五中全会精神，坚持以人民为中心的发展思想，完整、准确、全面贯彻新发展理念，忠实践行“八八战略”，奋力打造“重要窗口”，以数字化改革撬动各领域各方面改革，聚焦“七个关键”，突出一体化、全方位、制度重塑、数字赋能和现代化，以重大任务和年度目标为切入点，以破解问题为工作导向，建设跨部门多场景协同应用，加快完善高质量发展、高水平均衡、高品质生活、高效能治理的体制机制，提高省域治理科学化、精准化、协同化水平，争创社会主义现代化先行省。

#### （二）定义内涵

数字化改革是围绕建设数字浙江目标，统筹运用数字化技术、数字化思维、数字化认知，把数字化、一体化、现代化贯穿到党的领导和经济、政治、文化、社会、生态文明建设全过程各方面，对省域治理的体制机制、组织架构、方式流程、手段工具进行全方位、系统性重塑的过程，从整体上推动省域经济社会发展和治理能力的质量变革、效率变革、动力变革，在根本上实现全省域整体智治、高效协同，努力成为“重要窗口”的重大标志性成果。要从三个方面来理解和把握内涵：

1. 从改革方向看，要把握三个层面。数字化改革的意义不仅仅在具体的场景应用上，更在于推动生产方式、生活方式、治理方式发生基础性、全局性和根本性的改变，是一个质变而不是量变的过程。

一是推进省域治理体系和治理能力现代化。这是数字化改革的重要目的，也是落实党的十八届三中全会精神的重要举措。要推进深层次系统性制度重塑，全面优化营商环境，加快完善高质量发展、高水平均衡、高品质生活、高效能治理的体制机制，推动党的领导职能配置更加科学合理、体制机制更加完备完善、运行管理更加高效，提高省域治理科学化、精准化和协同化水平。

二是激发活力、增添动力。推动生产关系适应数字化时代发展规律和特点，充分发挥市场在资源配置中的决定性作用，更好发挥政府作用，破解要素流动不畅、资源配置效率不高等制约高质量发展的瓶颈，为社会、市场、经济增添新动能、创造新价值，在更高层次更高水平上释放生产力、解放生产力、激活生产力。

三是打造全球数字变革高地。以数字化提高全社会治理效能，提高资源要素配置效率，提高数字规则话语权，提高考核评价科学性，实现党政机关内部高效协同，党政机关与社会、企业高效协同，企业与企业、企业与社会高效协同，打破数字壁垒，消除数字鸿沟，形成全社会共享“数字红利”的良好氛围。

2. 从改革特征看，要把握五个关键词。

一是一体化。纵向要一体化，省市县乡各层级一体推进、步调一致、高效协同，实现自上而下的顶层设计和自下而上的应用场景创新相结合；横向要一体化，各部门各领域一体推进、步调一致、高效协同，实现相互贯通、系统融合和综合集成；业务之间要一体化，网络、平台、数据、场景要统筹规划、整体设计、一体考虑，发挥整体的最大效应。

二是全方位。数字化改革具有极强的引领性、整体性和撬动性，是引领发展格局、治理模式和生活方式变革的关键变量，是党的领导、政府治理、经济发展、社会建设和法治建设的整体性变革，具有一子落而满盘活、牵一发而动全身的放大效应。通过数字化改革补短板、扬优势，把各方面的优势和潜力激发出来，进一步打牢高质量之基、激活竞争力之源、走好现代化之路。

三是制度重塑。要重塑党政机关运行机制，从根本上解决内外融合、上下贯通等难题，实现党政机关内部高效协同；重塑党政机关与社会、企业的制度链接，从根本上解决内外信息不对称、政策回应慢等难题，实现党政机关与社会高效协同；重塑企业与企业、企业与社会等多元社会主体的沟通机制，从根本上解决社会交易成本偏高等难题，促进全社会各类主体高效协同，实现各领域全方面的流程再造、规则重塑、功能塑造、生态构建。

四是数字赋能。通过数字赋能，对每一项任务、每一个领域就能实现从宏观到微观、从定性到定量的精准把握，提升整体协同能力。数字化改革要在确保数据安全的前提下，最大程度地开放数据资产，促进数据关联应用，激发数据生产要素对经济社会的放大、叠加、倍增作用，既为改革自身赋能，也为社会赋能，提升治理能力，做到准确识变、科学应变、主动求变，实现决策时运筹帷幄、落实时如臂使指。

五是现代化。数字化改革是现代化的内在要求，也是全面贯彻新发展理念、推进以人为核心的现代化的必由之路。“十个现代化先行”都要在数字化改革中交融聚合、形成裂变效应，在高水平自立自强、高水平对外开放、供需高水平动态平衡、高水平超大规模国内市场建设上加快突破，推动质量变革、效率变革、动力变革，不断促进人的全面发展和社会全面进步。

3. 从改革重点看，要聚焦五大方面。

一是聚焦党政机关，以加强党的全面领导为主线，推进党政机关全方位、系统性、重塑性变革，构建综合集成、协同高效、闭环管理的运行机制，更好发挥党委“总揽全局、协调各方”作用，推动党的全面领导在“制度”“治理”“智慧”三个维度持续提升。

二是聚焦数字政府，围绕“管”和“服”，立足企业群众的政务服务需求和办事获得感、满意度，以数字化手段推进政府治理全方位、系统性、重塑性变革，构建整体高效的政府运行体系、优质便捷的普惠服务体系、公平公正的执法监管体系、全域智慧的协同治理体系，加快打造“整体智治、唯实惟先”的现代政府。

三是聚焦数字经济，围绕数字产业化和产业数字化，实施数字经济“一号工程”2.0 版，推动公共基础数据、生产要素数据、科技创新数据、消费服务数据、贸易流通数据、供应链数据的融合应用，实现资源要素的高效配置和经济社会的高效协同，形成全要素、全产业链、全价值链的全面连接。

四是聚焦数字社会，立足未来社区、数字乡村，有力支撑全生命周期公共服务跨部门协同，实现幼有所育、学有所教、劳有所得、住有所居、文有所化、体有所健、游有所乐、病有所医、老有所养、弱有所扶、行有所畅、事有所便，更好满足群众对高层次、多样化、均等化公共服务需求，建设场景化、人本化、绿色化、智能化的美好家园。

五是聚焦数字法治，综合集成科学立法、严格执法、公正司法、全民守法等社会主义法治全过程，推动法治建设重要领域体制机制、组织架构、业务流程的系统性重塑，为深化法治浙江建设、打造法治中国示范区发挥重要的引领、撬动和支撑作用。

### （三）方法路径

按照系统分析 V 字模型持续迭代，将“业务协同模型和数据共享模型”的方法贯穿到数字化改革的各领域、各方面、全过程。

1. 业务协同模型。以“定准核心业务—确定业务模块—拆解业务单元—梳理业务事项—确定业务流程—明确协同关系—建立指标体系—汇总数据需求”为路径，从梳理党政机关核心业务出发，逐层拆解到最具体最基本的事项，并从治理与服务两个维度加以标识形成业务事项清单，逐一明确支持事项及业务流程的数据指标，实现事项的标准化、数字化，形成可认知、可量化的部门职责体系。

2. 数据共享模型。以“形成数据共享清单—完成数据服务 对接—实现业务指标协同—完成业务事项集成—完成业务单元集成—完成业务模块集成—形成业务系统”为路径，按照数据需求清单，逐项明确数据所在系统与所属部门，明确数据共享方式与对接接口，加快业务单元、业务模块的数据定义和系统开发，开发支撑部门职责体系的业务系统。

3. V 字模型持续迭代。以党中央、国务院和省委、省政府重大决策部署、“十四五”重大任务、年度重大任务为核心，推进原有业务协同叠加重要精神、八八战略、疫情防控等新的重大任务，从“一件事”视角，持续迭代原有业务协同模型，建立新的系统集成的业务协同模型。同步推进数据共享模型迭代升级，打造一批多部门多场景的综合应用，设计一批标志性应用场景，找到“破点—连线—成面—立体”的最优方案，推动整体智治体系的整体性优化和系统性重塑。

### （四）主要目标

按照“一年出成果、两年大变样、五年新飞跃”的要求，聚焦“应用成果+理论成果+制度成果”，推动各地各部门各系统核心业务和重大任务流程再造、协同高效，构建整体智治体系，破除制约创新发展的瓶颈，激发经济社会发展活力，加快实现省域治理体系和治理能力现代化，打造全球数字变革高地，努力使数字化改革成为“重要窗口”的重大标志性成果。

——到 2021 年底，初步构建一体化智能化公共数据平台，5 个综合应用实现功能全上线、省市县全贯通，初步建立数字化改革的内涵、目标、思路、举措、项目等理论体系，初步建立数字化改革平台技术支撑、业务应用管理、数据共享开放、网络安全保护等制度规范体系，初步形成党政机关科学决策、高效执行、有力监督、精准评价的整体智治体系，基本建成“掌上办事之省”“掌上办公之省”“掌上治理之省”。4 月底前，上线运行数字化改革总门户；8 月底前，上线运行 5 个综合应用。

——到 2022 年底，数字化改革总门户和 5 个综合应用高效运行，市场活力进一步激发，发展动力更加强劲，数字化改革理论体系和制度规范体系更加健全，全面建成“掌上办事之省”“掌上办公之省”“掌上治理之省”。

——到 2025 年底，全面形成党建统领的整体智治体系，数字化改革理论体系丰富完备、制度规范体系成熟定型，基本建成全球数字变革高地，数字化改革成为“重要窗口”的重大标志性成果。

**数字化改革核心指标**

| 序号 | 指标名称 | 2021 年目标 | 2022 年目标 |
| --- | --- | --- | --- |
| 1 | 综合应用功能上线率 | 100% | — |
| 2 | 综合应用省市县贯通率 | 100% | — |
| 3 | 党政机关核心业务事件组完成率 | 40% | 80% |
| 4 | “浙里办”日活跃用户数 | 240 万 | 300 万 |
| 5 | “浙政钉”用户日活跃率 | 70% | 80% |
| 6 | 全省数字经济总量 | 3.5 万亿元 | 4 万亿元 |
| 7 | 社会事业跨部门多业务协同应用 | 3 个 | 6 个 |
| 8 | 单轨制协同办案比例 | 90% | 95% |
| 9 | 全省统一行政处罚办案系统应用率 | 25% | 40% |
| 10 | 数据共享需求满足率 | 98% | 99% |
| 11 | 新建应用统一组件利用率 | 70% | 90% |
| 12 | 政务云平台可靠性 | 99.9% | 99.95% |

## 二、重点任务

### （一）推进一体化智能化公共数据平台建设（牵头单位：省大数据局）

紧紧围绕数字化改革总目标，按照“以用促建、共建共享”的原则，打造健壮稳定、集约高效、自主可控、安全可信、开放兼容的一体化智能化公共数据平台，建设完善基础设施、数据资源、应用支撑、业务应用、政策制度、标准规范、组织保障、政务网络安全“四横四纵”八大体系和“浙里办”“浙政钉”两大终端，全面服务党委、人大、政府、政协、法院、检察院、纪委监委、群团、社会组织、公共企事业单位等改革主体，有效支撑党政机关整体智治、数字政府、数字经济、数字社会、数字法治全领域改革，数字赋能决策、服务、执行、监督和评价履职全周期。到 2021 年底，一体化智能化公共数据平台初步就绪，省市县一体统筹、集约高效的平台架构初步形成，有效对接国家平台。基础设施体系、数据资源体系、应用支撑体系更加健全，“浙里办”“浙政钉”迭代优化，有力支撑各领域各方面重点应用。配套政策制度、标准规范、组织保障和政务网络安全体系初步建立。4 月底前，上线运行数字化改革总门户。到 2022 年底，一体化智能化公共数据平台基本建成，技术架构、标准规范、服务能力等方面全国先行，实现对数字化改革各领域、各主体核心业务系统的有效支撑，公共数据平台数据共享需求满足率达到 99%，分钟级数据共享需求满足率达到 90% 以上，公共信用产品日均使用量达到 10 万次。到 2025 年底，一体化智能化公共数据平台全面建成，平台标准化、集约化、智能化水平大幅提升，数据资源实现高效率配置，全面支撑全领域、全主体、全周期数字化改革需求。

1. 加强“浙里办”“浙政钉”两个掌上（前端）建设。迭代升级“浙里办”。以群众企业需求为导向，推动服务领域由政务服务向城市生活、未来社区、数字乡村等领域延伸，全面融合便民惠企高频刚需服务。推进城市频道建设，综合集成各地特色服务，实现一端集成、全省共享。聚焦群众企业个性化需求，强化智能服务与授权管理，推动用户中心迭代升级。迭代升级“浙政钉”。完善高效协同、开放共享、安全可控的“浙政钉”政务协同平台。持续迭代完善“浙政钉”基础平台和应用支撑能力，为各类应用提供统一的用户体系、工作流、电子签章（签名）、密码服务等公共支撑服务组件，实现通讯录安全可控、文档高效协同、政企互联互通。以“浙政钉”为统一入口，整合各类办公、管理、学习等移动应用，实现面向基层工作人员的移动应用一端集成。（牵头单位：省大数据局；协同单位：省级各单位）

2. 打造规范高效的应用集成体系。建立健全全省统一、规范高效的应用协同机制。围绕应用开发、部署、运行等关键环节，构建应用管理标准化流程。建设一体化应用集成管理系统，贯通“浙里办”“浙政钉”，综合集成高频刚需组件，支撑全省应用规范开发、高效集成、稳定运行。强化运行监测，加强应用效能评估，促进应用体验优化、性能提升。（牵头单位：省大数据局；协同单位：省委办公厅、省政府办公厅、省发展改革委、省经信厅、省委政法委）

3. 加强一体化智能化应用支撑体系建设。统筹规划一体化智能化应用支撑体系，为各地各部门开发业务应用提供公共支撑。建立全省一体化智能化应用组件目录，强制类组件要求数字化改革应用必须使用，推荐类组件可选择使用。针对数字化改革过程中的新任务、新需求，开发共性适用的应用支撑组件，汇聚各地各部门优秀组件，推进共建共享，丰富应用支撑体系；加强各地各部门的培训，强化技术支持，提升支撑组件的利用率。推进用户中心、交互中心、业务中心、信用中心、空间中心、智能中心建设，大力提升一体化智能化应用支撑能力。（牵头单位：省大数据局；协同单位：省发展改革委、省公安厅、省财政厅、省自然资源厅、省市场监管局，省级各单位）

4. 加强共享开放的一体化数据资源体系建设。加强基础域建设，扩大公共数据按需归集和管理范围，实现全领域数据高质量供给。加强共享域建设，构建大数仓体系，形成全省共建共治共享、数据循环利用的机制，支撑重大改革应用。加强开放域建设，完善开放域工具，推动公共数据和社会数据融合应用，形成数据开放创新生态体系。（牵头单位：省大数据局；协同单位：省级各单位）

5. 加强集约安全的基础设施体系建设。完善政务云服务体系。依托政务云，促进医疗、教育等公共服务行业云基础设施建设，开发建成高并发、大容量、高性能、强一致的分布式关系型数据库。完善云资源使用监管体系，持续提升云资源使用效率。完善政务网络体系。迭代升级电子政务外网，整合部门互联网出口，实现公共服务网络与政务外网互联互通。迭代升级电子政务视联网，统筹物联感知网规划。建设完善电子政务内网，完善与政务外网数据跨网共享机制，建设全省内网业务协同数字化一体化支撑平台，提升内网基础支撑能力。（牵头单位：省大数据局；协同单位：省委机要局、省经信厅）

6. 提升严密可靠的政务网络安全体系。健全网络安全制度体系。全面落实网络安全同步规划、同步建设、同步实施要求，推动安全与应用协调发展。贯彻落实国家网络安全相关法律法规，健全安全等级保护、涉密信息系统分级保护、风险评估制度、预警和应急处置制度，建立网络安全保密工作责任制。健全政务网络安全保障体系。完善省市两级电子政务网络安全监管体系，完善一体化电子政务网络安全支撑体系，建设内外网公共安全组件，加强应用和移动端安全管理。健全公共数据安全保障体系。围绕数据采集、传输、存储、处理、交换、销毁等环节，构筑公共数据全生命周期安全防护体系。建立全省公共数据平台安全风险预警机制，建立健全数据安全防护能力评估指标，推动数据安全管理工作可量化、可追溯、可评估。（牵头单位：省大数据局；协同单位：省委网信办、省公安厅、省委机要局，省级各单位）

**（二）推进党政机关整体智治系统建设**（牵头单位：省委办公厅）

围绕省域治理现代化，以加强党的全面领导、服务省委“总揽全局、协调各方”为主线，运用系统观念、系统方法和数字化手段，推进党政机关全方位、系统性、重塑性改革。在全面梳理党政机关核心业务基础上，充分利用政府数字化转型成果，建设党政机关整体智治综合应用，着力打造全局“一屏掌控”、政令“一键智达”、执行“一贯到底”、服务“一网通办”、监督“一览无余”等数字化协同工作场景，构建综合集成、协同高效、闭环管理的工作运行机制，实现党的全面领导在“制度”“治理”“智慧”三个维度纵深推进，开创党政机关整体智治新格局。到2021年底，党政机关整体智治系统框架基本形成，省市县机关基本纳入协同体系，整体智治取得实质性突破。重大任务贯彻落实的综合集成机制建立，实现重大任务综合集成应用；充分运用政府数字化转型成果，构建完成40%主要领域核心业务事件组。8月底前，上线运行党政机关整体智治综合应用。到2022年底，党政机关核心业务实现多跨高效协同，建成“掌上治理之省”，整体智治成效显著。重大任务贯彻落实的综合集成机制更加完善，重大任务综合集成应用不断丰富；构建完成80%主要领域核心业务事件组。到2025年底，党政机关整体智治系统形成成熟完备的实践体系、理论体系、制度规范体系，在党委“总揽全局、协调各方”中发挥关键作用。

1. 构建党政机关整体智治综合应用。党政机关整体智治综合应用，是统筹主要领域进行重大任务综合集成的创新载体，是全省党政机关开展多跨协同、推进数字赋能、实施闭环管控的数字化应用集成，是加快推进省域治理现代化的重大改革举措。按照“四横四纵”基本架构，依托一体化智能化公共数据平台，构建党政机关整体智治综合应用，通过政务网络连接省市县各部门，建设、丰富和完善系统功能模块组，包括重大任务、主要领域（核心业务事件组）以及执行链管理、数据链管理、权限管理等模块。其中，重大任务和主要领域（核心业务事件组）模块实行开放式管理，成熟一个、纳入一个，形成“滚雪球”效应，并面向不同层级不同部门构建综合应用场景，支持个性化定制，有力促进各部门业务协同、流程再造、系统重塑，有力支撑纵向到底、横向到边的整体智治系统运行。根据数据信息的不同涉密等级，在政务内网和外网分别部署综合应用，同步建设内网移动办公系统，安全对接内外网两个综合应用，最终实现内外网一体化运行。深化“县乡一体、条抓块统”改革，作为党政机关整体智治系统向基层的延伸，在基层搭建“基层治理四平台”与综合应用的连接。（牵头单位：省委办公厅、省人大常委会办公厅、省政府办公厅、省政协办公厅；协同单位：省委机要局、省大数据局，各机关单位）

2. 全面推进“主要领域”核心业务数字化。“主要领域”是指在业务梳理、数字赋能基础上构建的核心业务事件组，以数字化形式映射各领域各部门的年度重点工作和整体运行情况。主要领域核心业务数字化是各级机关推进整体智治、协同高效的基础，通过不断拓展深化重大任务的综合集成应用，倒逼推动任务协同单位及相关领域的核心业务数字化迭代升级。在政府数字化转型现有重点项目基础上，按照“每年提升一批、新建一批、谋划一批”的原则，统筹推进各领域各部门核心业务数字化，逐步纳入综合应用。省级层面，安排党的建设、人大工作、政协工作、纪检监察、宣传思想、统战工作、经济调节、市场监管、社会治理、公共服务、乡村振兴、科技创新、法治浙江、文化浙江、平安浙江、美丽浙江、群团工作、机关运行、市县工作等 19 个主要领域，每个领域逐步丰富完善核心业务事件组，为实现党政机关整体智治提供基础情况、动态信息和业务协同。（牵头单位：省委办公厅、省政府办公厅；协同单位：省委编办、省委机要局、省大数据局，各机关单位）

3. 构建“重大任务”贯彻落实的综合集成机制。“重大任务”是指当年度的重点工作事项和紧急协同事项，是各级机关开展数字化治理的主要抓手。从省级层面来考虑，目前主要聚焦重要精神、八八战略、共同富裕、疫情防控、应急处突、问题清单、监督整改、勇立潮头、重大项目等具体任务，按照省委工作部署可随时增加任务事项组，年度任务完成后纳入主要领域实行常态化管理。每个任务明确任务清单（包括责任单位）、指标体系、工作体系、政策体系、评价体系，并与执行链紧密关联，可随时进行批示、督办和问题反馈、控制、修正。建立健全任务清单动态管理、协同执行、闭环管理、迭代完善、数据资源开发利用等工作机制，全面保障重大任务事项组正常运转。（牵头单位：省委办公厅、省政府办公厅；协同单位：省委改革办、省委机要局、省大数据局，各机关单位）

**（三）深化数字政府系统建设**（牵头单位：省政府办公厅）

以数字化手段推进政府治理全方位、系统性、重塑性变革，打造整体智治、高效协同的数字政府综合应用，构建整体高效的政府运行体系，优质便捷的普惠服务体系，公平公正的执法监管体系，全域智慧的协同治理体系，建设“一网通办”“一网通管”的“掌上办事之省”“掌上办公之省”“掌上治理之省”，加快建设“整体智治、唯实惟先”的现代政府。到 2021 年 8 月底，上线运行数字政府综合应用；年底前，依托数字政府综合应用，高质量完成政府工作报告确定的各项目标任务。85%以上依申请政务服务事项实现“一网通办”，“浙里办”日活跃用户数超过 240 万。行政执法“一网通管”全面推进，掌上执法率达到 90%以上，事中事后监管闭环初步建成。政务服务、经济调节、市场监管、生态环境治理、应急管理等领域整体智治能力取得重要突破。数字政府建设的实践体系、理论体系、制度规范体系初步建立，“掌上办事之省”“掌上办公之省”“掌上治理之省”基本建成。到 2022 年底，以年度工作目标为核心的各项业务实现跨业务、跨层级、跨部门高效协同，数字政府综合应用更加成熟定型，形成一批标志性应用场景。“浙里办”日活跃用户数超过 300 万，全面实现政务服务“一网通办”。权责明确、公平公正、公开透明、简约高效的事中事后监管体系基本建成，掌上执法率达到 95%以上。政府履职各领域数字化改革取得重大成果，走在全国前列。数字政府建设的实践体系、理论体系、制度规范体系更加完善，“掌上办事之省”“掌上办公之省”“掌上治理之省”全面建成。到 2025 年底，数字政府建设形成比较成熟完备的实践体系、理论体系、制度规范体系，基本建成“整体智治、唯实惟先”的现代政府，数字政府有力撬动数字经济、数字社会建设，有效推进省域治理现代化。

1. 建设数字政府综合应用。依托一体化智能化公共数据平台，建设数字政府综合应用，通过对各部门核心业务数字化应用迭代升级，建立重大任务运用数据科学决策、精准执行、风险预警、执法监管、服务保障、督查督察、绩效评估、成果运用的体制机制，建设重大任务、重点领域跨部门跨系统，全业务协同应用的功能模块（“一指办理”），建立数字化的决策、执行、预警、监管、服务、督查、评价、反馈的闭环管理执行链，构建数字政府建设的理论体系和制度规范体系，实现政府履职整体智治、高效协同。（牵头单位：省政府办公厅；协同单位：省发展改革委、省科技厅、省生态环境厅、省农业农村厅、省商务厅、省卫生健康委、省应急管理厅等）

2. 打造常态化疫情防控应用。围绕重大疫情防控“四个确保一个力争”工作总目标，集成“健康码”“浙冷链”、药品销售监测、发热门诊监测等系统，建设多点触发预警模型、流调溯源、重点人员管控、冷链物防、疫苗追溯（浙苗链）、核酸筛查、应急指挥、医疗救治、资源调度、精密智控绩效评价等核心模块，运用重点人员、发热门诊运行、冷链监测溯源等大数据分析，构建主动发现、快速响应、有效处置、科学评价、结果运用等跨部门、跨业务、跨地区的疫情防控闭环管理执行链，推动“源头查控+ 硬核隔离+精密智控”疫情防控体制机制持续改革完善。（牵头单位：省疫情防控办、省卫生健康委；协同单位：省农业农村厅、省市场监管局、省大数据局、省药监局、省政府督查室、杭州海关、宁波海关等）

3. 打造科技创新应用。聚焦三大科创高地建设总体目标，围绕产业链部署创新链，围绕创新链布局产业链，突破产业发展瓶颈，解决“卡脖子”问题。运用分析研判、创新指引、要素分配、成效评价等人工智能技术，集成科技大脑的项目、载体、企业、人才等子系统，强化创新主体地位，布局平台载体，建设创新主体培育、高能级平台建设、核心技术攻关、科研成果转化等模块，加强科技资源一体化配置，深化科技体制改革，为赋能高水平创新型省份建设提供科技支撑。（牵头单位：省科技厅；协同单位：省发展改革委、省经信厅、省财政厅、省审计厅、省市场监管局、省地方金融监管局、浙江省税务局等）

4. 打造产业发展应用。围绕建设具有国际竞争力的现代产业体系，加快推进产业数字化、高端化、集群化、融合化，聚焦产业基础再造和产业链提升、产业集群培育升级、高端服务业发展、两业融合等重点领域，集成规划管理、经济运行监测、投资项目管理、省域空间治理、平台经济风险防控、产业链数据中心、数字经济、“亩均论英雄”等系统，综合运用统计、电力、税收、贸易等数据和产业政策，着重建设产业规划布局、运行监测、行业预警、要素保障等应用场景，形成“科学决策、高效执行、精准服务、综合评价”的工作闭环，依托数字化手段推进产业高质量发展，不断提升现代产业体系整体竞争力。（牵头单位：省发展改革委；协同单位：省经信厅、省科技厅、省人力社保厅、省农业农村厅、省商务厅、浙江省税务局、省市场监管局、省地方金融监管局、省统计局、省电力公司等）

5. 打造双循环应用。围绕打造国内大循环的战略支点、国内国际双循环的战略枢纽，发展更高层次的开放型经济，聚焦塑造产业竞争优势、消费扩容提质、扩大有效投资、构筑开放新优势、赋能市场主体、增强循环畅通等重点领域，集成“一带一路”数字化管理和服务、数字生活新服务、外贸“订单+清单”、金融综合服务、物流管理等数据和系统，挖掘宏观、中观、微观以及高频数据，着重建设“一支点四枢纽”应用场景，形成“任务分解、执行、监测、预警、评价、反馈”工作闭环，深入挖掘国内市场潜力，全面提升对外开放水平。（牵头单位：省商务厅；协同单位：省发展改革委、省教育厅、省科技厅、省交通运输厅、省文化和旅游厅、省地方金融监管局、浙江省税务局、省贸促会、浙江银保监局、浙江证监局、人行杭州中心支行、杭州海关、宁波海关等）

6. 打造营商环境市场活力应用。对标国际一流水平，深入推进“证照分离”、告知承诺制、高频事项“智能秒办”等涉企改革，持续深化“浙里办”“浙政钉”涉企服务智能化应用，优化惠企政策供给，集成浙里亲清政策专区、省企业综合服务、企业全生命周期办事服务［企业开办和注销、办理建筑许可、获得水电气和网络、获得信贷、纳税、电子发票（票据）、跨境贸易、执行合同、办理破产、不动产登记等］、创新资源服务、知识产权保护、公共资源交易、互联网+监管、要素资源配置、政府采购等系统应用，运用群众企业咨询投诉举报、互联网舆情、公共数据、问卷调查等大数据分析，打造营商环境最优省。（牵头单位：省发展改革委；协同单位：省经信厅、省司法厅、省自然资源厅、省建设厅、省商务厅、浙江省税务局、省市场监管局、省大数据局、省法院、人行杭州中心支行等）

7. 打造新型城镇化应用。集成浙江省城镇发展数字化管理平台，建设任务触发、决策、调查研究、服务指导、总结评估、案例推广等核心模块，运用公共数据、问卷调查等大数据分析，构建科学决策、高效执行、精准服务、综合评价的执行链，实现更高质量、更广覆盖的人口市民化，形成更加协调、更有效率的城镇化格局，建成更加宜居、更加安全的现代城市，踏上更为和谐、更趋共享的城乡融合发展道路。（牵头单位：省发展改革委；协同单位：新型城镇化专班成员单位）

8. 打造乡村振兴应用。围绕农业高质高效、农村宜业宜居、农民富裕富足的目标，集成和提升“肥药两制”、渔船精密智控、农村集体“三资”管理、低收入农户帮扶、数字农合联等业务系统，建设肥药定额标准测算、肥药“进—销—用—回”闭环管理、渔船风险识别、渔船应急救助、农村集体“三资”管理、农村财务管理、低收入农户帮扶一张图、农户走访信息核对和监察、为农服务资源协同等核心模块，运用农资产品经营主体、渔船状态、集体经济、低收入农户、农合联服务需要与供给等大数据分析，构建任务触发、规划部署、目标达成、绩效评估和督查反馈的执行链，以数字赋能乡村振兴，促进城乡融合发展。（牵头单位：省农业农村厅；协同单位：省教育厅、省民政厅、省人力社保厅、省自然资源厅、省生态环境厅、省建设厅、省交通运输厅、省医保局、省统计局、省大数据局、省供销社、省气象局等）

9. 打造区域协调发展应用。围绕实施长三角一体化发展、长江经济带发展战略以及我省“四大建设”、海洋强省、山区跨越式发展等重点领域，建设和集成长三角一体化、长江经济带、大湾区、大通道、大都市区、大花园、海洋强省、山海协作等系统，谋划实施一批重大平台、重大项目、重大改革、重大政策，构建具有浙江特色的区域协调发展执行链，协同推进国家战略和省重大战略更高质量发展，全方位联动实施。（牵头单位：省发展改革委；协同单位：省推进长三角一体化发展工作领导小组成员单位、省推动长江经济带发展工作领导小组成员单位、省推进“四大

建设”工作领导小组成员单位、省海洋强省建设专班成员单位、省山海协作领导小组成员单位等）

10. 打造生态环境保护综合协同管理应用。深入践行“绿水青山就是金山银山”理念，集成地表水水质预测预警、大气环境监测预报预警、固废治理数字化应用、河湖库保护、农地土壤改良服务、农村生活垃圾分类回收和资源化利用等系统，完善生态环境全要素态势感知、污染源数字化档案、污染防治攻坚战指挥协同、生态环境治理应用服务、碳排放监测应用服务等模块，运用环境质量、污染源自动监控、排污许可、河湖库保护、农地土壤改良等大数据分析，构建地上地下、陆海统筹的生态环境数字治理体系和生态环境质量评价体系，提升生态环境治理智能化水平，打造美丽中国先行示范区。（牵头单位：省生态环境厅；协同单位：省经信厅、省建设厅、省交通运输厅、省水利厅、省农业农村厅、省市场监管局、省供销社等）

11. 打造民生保障应用。以省政府工作报告关于民生保障年度重大任务为依据，围绕就业、养老、医疗、教育、体育等领域，集成和提升公共就业服务、医保、之江汇教育广场、退役军人全生命周期管理保障等应用，完善优质公共服务资源统筹共享机制，提升民生保障数字化水平。（集成数字社会系统相关应用）（牵头单位：省发展改革委；协同单位：省教育厅、省民政厅、省人力社保厅、省卫生健康委、省退役军人事务厅、省体育局、省气象局等）

12. 打造安全生产风险防控和应急救援应用。深入推进第二轮安全生产综合治理三年行动计划，聚焦交通运输、涉海涉渔、消防、危化品、建设施工、工矿、旅游、城市运行等八个重点领域遏制重大生产安全事故工作目标，集成行政审批、行政执法、危化品物流管控、渔船监管、消防安全风险评估、重大危险源监测预警、非煤矿山监测预警、水旱灾害监测预警、小流域山洪预警、建筑工地管理、特种设备管理、应急物资保障、基层安全生产风险处置等系统，建设安全生产风险识别、风险研判、风险防控、指挥救援、绩效评估等核心模块，运用企业安全风险评估、事故知识图谱、管控力指数等大数据分析，实现风险精准识别、高效处置、有效防范，提升应急管理精密智控水平。（其他社会治理领域集成数字法治系统相关应用）（牵头单位：省应急管理厅；协同单位：省安委会各成员单位）

13. 打造政府效能管理应用。围绕建设人民满意的服务型政府总目标，着力提升政府治理质量、效率和公信力，集成互联网+督查、巡视巡察、廉政建设、预算管理、审计监督、政务公开、“浙里访”、绩效管理、建议提案办理、政务信息采编等子系统，建设民意收集一个码、问题线索一个库、指标管理一本账、重点工作一张图、业务协同一件事、全员督查一张网、政府绩效一张表等核心应用模块，运用天地图、在线调查、数据挖掘、图像视频分析、机器学习等数字化技术，构建目标体系量化、工作体系具化、政策体系细化、评价体系实化的政府治理闭环执行链条。（牵头单位：省政府办公厅；协同单位：省人大办公厅、省政协办公厅、省委改革办、省委网信办、省信访局，省政府各部门）

**（四）深化数字经济系统建设**（牵头单位：省经信厅）

数字经济是以数据资源为关键生产要素，以产业数字化和数字产业化为核心内容的新经济形态。围绕科技创新和产业创新双联动，聚焦“七个关键”，大力推进数字经济“一号工程”2.0版，着力提升数字经济治理体系和治理能力现代化。以工业领域为突破口，以产业大脑为支撑，以数据供应链为纽带，以“未来工厂”、数字贸易中心及未来产业先导区等建设为引领，推动产业链、创新链、供应链融合应用，实现资源要素的高效配置和经济社会的高效协同，形成全要素、全产业链、全价值链全面连接的数字经济运行系统，赋能高质量发展、竞争力提升、现代化先行，努力打造全球数字变革高地。到 2021 年底，基本构建数字经济系统总体框架，初步建立数字经济系统建设的理论体系和制度规范体系，8 月底前，上线运行数字经济综合应用。推进产业大脑 1.0 版建设，全省产业大脑数据中枢基本建成，启动十大标志性产业链数据中心建设，选择 2 个左右优势行业开展产业大脑应用试点。"1+N"工业互联网平台体系不断完善，创建省级工业互联网平台 200 个以上。数字产业化支撑服务能力不断提升，连接工业设备产品 6000 万台，开发集成工业 App 3.5 万款以上，启动未来产业先导区建设试点。产业数字化转型不断加快，打造"未来工厂"20 家以上、智能工厂（数字化车间）350 家以上。公共资源优化配置机制初步构建。初步完成数字贸易顶层设计，举办首届全球数字贸易博览会，数字贸易管理服务体系迭代升级。全省数字经济总量突破 3.5 万亿元。到 2022 年底，数字经济系统建设不断完善，产业大脑迭代升级、试点扩面，在 10 个左右优势行业和产业集群推广应用，十大标志性产业链数据中心基本建成，以数字化赋能推进产业链治理多部门协同。创建省级工业互联网平台 300 个以上，未来产业先导区建设覆盖更多的领域。新智造推进机制和支撑服务体系基本建立，形成一批"未来工厂"引领的新智造企业群体，打造"未来工厂"30 家以上、智能工厂（数字化车间）500 家以上。全省统一的科技成果交易体系等不断完善，公共资源配置不断优化提升，基本实现全省公共资源交易"一张网"。数字自贸区建设稳步推进，初步建成数字贸易规模较大、竞争力较强、数字产业集聚、数字内容丰富、数字贸易便利、辐射带动突出的数字贸易先行示范区，为全国数字贸易发展积累一批可复制可推广的经验。全省数字经济总量力争突破 4 万亿元。到 2025 年底，产业大脑多元数据融合应用体制机制全面建立，全省重点优势产业链数据中心全面建成，实现百亿以上产业集群产业大脑应用和工业互联网平台全覆盖。建成若干个创新能力强、特色鲜明的未来产业先导区，未来产业成为新的经济增长点。"未来工厂"引领下的新智造企业群体不断壮大，基本实现产业数字化、智能化、绿色化。全省公共资源交易体系更加完善，跨部门多层级协同的数字化改革取得显著成效，初步建成全球数字贸易中心。全省数字经济总量力争达到 5.4 万亿元。经济治理体系和治理能力显著提升。

1. 构建产业大脑建设体制机制。产业大脑是基于系统集成和经济调节智能化的理念，将资源要素数据、产业链数据、创新链数据、供应链数据、贸易流通数据等汇聚起来，运用云计算、大数据、人工智能、区块链等新一代信息技术，对数字产业发展和产业数字化转型进行即时分析、引导、调度、管理，实现产业链和创新链双向融合，推动数字经济高质量发展。产业大脑主要由数据中枢系统、政府端数据仓、企业端数据仓等构成，在政府端，基于一体化智能化公共数据平台推动政府各部门有关数字经济运行的公共资源数据的共享应用；在企业端，基于工业互联网平台构建全要素、全产业链、全价值链的全面连接，推动生产方式、产业链组织、商业模式、企业形态重构，提高经济社会的运行效率和资源要素的配置效率。推动数据汇聚共享。基于一体化智能化公共数据平台和工业互联网平台，打通政府端数据仓和企业端的产业数据仓，实现供应链创新链数据与公共资源数据互联互通，有效支撑多样化的经济数字化治理、产业数字化服务、数字产业化发展应用场景，提升政企协同能力。（牵头单位：省经信厅；协同单位：省委宣传部、省发展改革委、省科技厅、省财政厅、省人力社保厅、省商务厅、省市场监管局、省统计局、省地方金融监管局、省大数据局、浙江省税务局、省通信管理局、人行杭州中心支行）支持建设工业互联网平台。支持 supET 平台、supOS 工业操作系统等基础性平台企业加强与工业企业、互联网企业、行业性平台企业、金融机构等合作，构建“生产服务+ 商业模式+金融服务”跨界融合的工业数字化生态。突出行业共性、特色产业集群、产业链创新协同，充分发挥地方政府主导作用，依托龙头企业建设行业级、区域级、企业级工业互联网平台。（牵头单位：省经信厅；协同单位：省委宣传部、省发展改革委、省科技厅、省商务厅）探索建设未来产业先导区。以全省“万亩千亿”产业平台、产业园区、特色小镇等为载体，依托产业大脑优化配置资源要素，探索未来产业先导区建设，积极探索未来产业培育模式和路径，为加快数字产业发展、构建新发展格局破题。（牵头单位：省经信厅；协同单位：省委组织部、省发展改革委、省科技厅、省财政厅、省人力社保厅、省自然资源厅、省交通运输厅、省市场监管局、省统计局、浙江省税务局、省地方金融监管局、人行杭州中心支行、浙江银保监局、之江实验室）

2. 建立完善“未来工厂”建设机制。“未来工厂”是广泛应用数字孪生、人工智能、大数据等新一代信息技术革新生产方式，以数据驱动生产流程再造，以数字化设计、智能化生产、数字化管理为基础，以网络化协同和个性化定制为特征，以企业自主创新和核心竞争力提升为目标，引领新一轮智能制造（以下简称新智造）的现代化工厂。坚持政府引导、企业主体、市场导向，以新智造为主攻方向，建立完善推进机制，加快新一代信息技术与制造业深度融合，有效激发创新发展活力，打造“未来工厂”引领、智能工厂（数字化车间）为主体的新智造企业群体，促进企业生产方式转型，推动制造业要素资源重组、生产流程再造、企业组织重构。建立新智造标准体系。分行业从智能制造装备、工厂车间、信息工程服务、工业软件和大数据等不同层面开展技术标准制订。（牵头单位：省经信厅；协同单位：省科技厅、省财政厅、省市场监管局、之江实验室）完善新智造自主创新供给体系。探索构建社会主义市场经济条件下关键核心技术攻关新型举国体制，推进政府、高校、科研院所、企业联动创新。加强工业软件支撑能力建设，实施首台（套）工程化项目攻关，构建核心技术装备自主可控的应用生态。（牵头单位：省科技厅；协同单位：省发展改革委、省经信厅、省财政厅）搭建工业操作系统开源开放平台。支持行业龙头企业联合高校院所，引入社会力量，共同建设工业操作系统开源开放平台。构建工业软件、工业 App 研发及应用生态，培育壮大工业操作系统领域具有核心创新能力的一流企业，支持建设工业互联网平台应用创新中心。（牵头单位：省经信厅；协同单位：省发展改革委、省科技厅、省财政厅、省大数据局）实施新智造示范专项。建立完善新智造分类推进机制和政策激励措施，全面推动企业智能化转型。（牵头单位：省经信厅；协同单位：省发展改革委、省财政厅、省自然资源厅、省市场监管局、浙江省税务局、人行杭州中心支行、浙江银保监局）健全新智造服务保障体系。建设新智造公共服务系统，为企业提供系统化服务。培育和引进一批智能制造系统解决方案供应商，实施新智造融通工程，建立重大项目与人才引进联动机制，支持高校联合企业探索产融合作人才培育途径。（牵头单位：省经信厅；协同单位：省委人才办、省财政厅、省教育厅、省人力社保厅、省市场监管局、省大数据局、人行杭州中心支行、浙江银保监局）

3. 优化资源要素配置体制机制。推进公共资源交易数字化整合。搭建公共资源交易服务“总门户”，推进公共资源交易全流程电子化，逐步实现“主体一网登记、交易一网入口、信息一网公开”。推动行业间和省市县交易应用纵横贯通，基本形成以省公共资源交易服务应用为核心的全省公共资源交易体系，构建公共资源交易“一张网”。（牵头单位：省发展改革委；协同单位：省财政厅、省自然资源厅、省生态环境厅、省水利厅、省农业农村厅、省国资委、省医保局、省能源局、省林业局、省法院）推进科技成果转移转化数字化建设。强化技术资源在数字经济系统建设中的支撑作用，创新科技成果转化机制，健全科技成果转移体系，建设中国浙江网上技术市场3.0，完善科技成果转移转化渠道，加快国家科技成果转移转化示范区建设。（牵头单位：省科技厅；协同单位：省发展改革委、省教育厅、省国资委、省市场监管局、省地方金融监管局、人行杭州中心支行、浙江银保监局、浙江证监局）推进数字赋能金融服务实体经济发展。加快数字化转型，强化公共信用信息系统支撑能力，统筹推进企业信用信息服务应用、金融综合服务应用等建设，健全金融信息共享机制，提高金融资源配置效率，扩大金融服务覆盖面，提升金融服务实体经济水平。（牵头单位：省地方金融监管局、人行杭州中心支行、浙江银保监局；协同单位：省发展改革委、省经信厅、省科技厅、省自然资源厅、省市场监管局、省大数据局、省法院、浙江证监局）

4. 健全数字贸易体制机制。推进服务贸易数字化转型。推动数字技术赋能传统服务贸易，推动服务外包向高技术、高品质、高效益、高附加值转型升级，探索以高端服务为先导的“数字+服务”新业态新模式，发展动漫游戏、数字出版等数字商品贸易，加快建设浙江网上展会系统。（牵头单位：省商务厅；协同单位：省委宣传部、省经信厅、省教育厅、省科技厅、省文化和旅游厅、省卫生健康委、省地方金融监管局、省贸促会）推进跨境电子商务创新发展。支持各类产业主体积极开展跨境电商业务模式创新，推动跨境电商企业品牌化、品质化发展，壮大省内各类跨境电商平台，探索建设以供应链合作为主的 B2B 国际贸易平台，推进跨境电商与市场采购、外贸综合服务企业等外贸新业态融合发展。［牵头单位：省商务厅；协同单位：浙江省税务局、省邮政管理局、省贸促会、人行杭州中心支行（省外汇管理局）、杭州海关、宁波海关］建设数字贸易高能级平台。大力推进数字自由贸易试验区建设，加快打造数字贸易先行示范区，举办全球数字贸易博览会，大力建设跨境电子商务综合试验区，深入开展全面深化服务贸易创新发展试点。（牵头单位：省商务厅；协同单位：省自贸试验区联席会议各成员单位、有关设区市人民政府）优化数字贸易发展生态。运用区块链技术完善企业信用体系，完善跨境支付结算服务，构建智慧化供应链体系，建设数字化港口，建立智慧口岸通关与服务体系，进一步丰富国际贸易“单一窗口”功能。［牵头单位：省商务厅；协同单位：省委网信办、省政府办公厅（省口岸办）、省发展改革委、省交通运输厅、人行杭州中心支行（省外汇管理局）、省地方金融监管局、浙江省税务局、杭州海关、宁波海关、进出口银行浙江省分行、中信保浙江分公司］探索数字贸易规则标准。组建浙江省数字贸易标准化技术委员会，推进数字贸易领域标准规范的研究制定。积极构建兼顾安全和效率的数字贸易规则，探索在数据交互、业务互通、监管互认、服务共享等方面的国际合作及数字确权等数字贸易的规则研究。探索数据跨境安全有序流动试点。支持以市场化方式推进世界电子贸易平台（eWTP）建设。（牵头单位：省商务厅；协同单位：省委网信办、省市场监管局、省贸促会）完善数字贸易统计监测体系。建设浙江省数字贸易统计监测系统，运用大数据、企业直报等方式，开展数字贸易监测、统计、分析。［牵头单位：省商务厅；协同单位：省统计局、人行杭州中心支行（省外汇管理局）］

**（五）推进数字社会系统建设**（牵头单位：省发展改革委）

以城市大脑（与数字社会相关的数据、模块及应用）为支撑，以满足群众高品质生活需求和实现社会治理现代化为导向，打造一批跨部门多业务协同应用，为社会空间所有人提供全链条、全周期的多样、均等、便捷的社会服务，为社会治理者提供系统、及时、高效的管理支撑，发挥

“民生服务+社会治理”双功能作用，让城市和乡村变得更安全、更智能、更美好、更有温度。到2021年底，建立健全各设区市城市大脑（与数字社会相关的数据、模块及应用），全面夯实12个社会事业领域数字化改革基础，数字社会系统架构基本成型，率先形成3个跨部门多业务协同应用，初步建立数字社会系统理论体系和制度规范体系。未来社区，建立数字化建设与运营标准体系，建成未来社区智慧服务应用2.0，6月底前，推动50个以上存量社区先试先用；年底前全面推广未来社区服务模式，初步形成数字社会城市基本功能单元系统。乡村服务，全面推广应用“浙农码”，力争赋码量累计达80万次以上，基本实现乡村服务数字社会在线化。8月底前，上线运行数字社会综合应用。到2022年底，全面提升12个社会事业领域数字化改革水平，各设区市城市大脑（与数字社会相关的数据、模块及应用）支撑数字社会服务模式基本完善，形成6个以上跨部门多业务协同应用，进一步完善数字社会系统理论体系和制度规范体系。未来社区，智慧服务应用功能进一步完善，在覆盖的未来社区中推广更多类型的场景，基本形成数字社会城市基本功能单元系统。乡村服务，依托“浙农码”集成数字生活、数字教育、数字交通等新服务，拓展精准帮扶、乡村治理等行业应用，力争赋码量累计达100万次以上。到2025年底，社会事业领域数字化改革全面深化，跨部门多业务协同应用全面拓展，数字社会系统理论体系和制度规范体系基本健全。数字孪生社会基本建成，人民群众的获得感、幸福感、安全感全面提升。

1. 全面提升社会事业领域数字化能力。根据部门职能和群众需求，围绕“婴育、教育、就业、居住、文化、体育、旅游、医疗、养老、救助、交通、家政”等领域，创造性探索“一件事”集成协同场景，推进公共服务供给创新，完善优质公共服务资源统筹共享机制，大力推动基本公共服务均等化。以构建全省9类公共场所“一张图”“一张网”为重点，着力破解一批普遍性的服务痛点难点，持续推动公共场所服务大提升。在此基础上，以省政府工作报告关于民生实事年度重大任务为依据，推进民生实事落地。开展跨部门多业务协同及子场景梳理工作，明确每项子场景的领域、事项、指标、协同关系和数据项等内容，建立指标体系、工作体系、政策体系、评价体系，制定系统集成清单和数据共享清单，绘制数据集成流程图和业务集成流程图，形成跨部门多业务协同的场景应用。（牵头单位：省发展改革委；协同单位：省委宣传部、省委改革办、省委老干部局、省教育厅、省民政厅、省财政厅、省人力社保厅、省建设厅、省交通运输厅、省水利厅、省商务厅、省文化和旅游厅、省自然资源厅、省卫生健康委、省大数据局、省广电局、省体育局、省统计局、省医保局、省妇联、省残联等）

2. 全省域拓展数字社会多场景应用。在未来社区方面，以满足社区居民数字社会美好生活需求为牵引，持续迭代提升未来社区智慧服务应用，集成社会事业12个领域公共服务，率先提供数字生活、数字教育、数字交通、数字旅游、数字养老、数字健康等新服务跨部门协同应用，落地“未来邻里、教育、健康、创业、建筑、交通、低碳、服务、治理”九大场景，创新有机统一的新人居空间，形成数字社会城市基本功能单元系统。同时，激发一批跨部门多业务协同爆发式增长。（牵头单位：省发展改革委；协同单位：省建设厅，各设区市人民政府）在乡村服务方面，推广应用“浙农码”，创新“跟着节气游乡村”等场景应用，打造一批可复制、可推广的数字乡村振兴应用场景典范。充分运用数字技术手段，加快数字就业、数字文化、数字救助、数字养老、数字旅游、数字交通等服务直达乡村，迭代升级“礼堂家”农村文化礼堂应用，促进城乡融合发展。（牵头单位：省农业农村厅；协同单位：省委宣传部、省发展改革委、省人力社保厅、省文化和旅游厅、省交通运输厅、省民政厅，各设区市人民政府）

3. 全面迭代提升城市大脑（与数字社会相关的数据、模块及应用）能力。以应用场景为牵引，以一体化智能化公共数据平台为基础，完善提升各设区市城市大脑（与数字社会相关的数据、模块及应用）支撑能力。充分运用大数据、人工智能等技术，实现全量、全时、全域感知，构建更加智能化的城市大脑（与数字社会相关的数据、模块及应用）。（牵头单位：省大数据局，各设区市人民政府）

**（六）推进数字法治系统建设**（牵头单位：省委政法委）

结合实施《法治浙江建设规划（2021—2025 年）》和《浙江省政法智能化发展“十四五”规划》，以数字化改革撬动法治建设领域各方面改革，在政法一体化办案体系、综合行政执法体系、社会矛盾纠纷调处化解体系建设中率先突破，构建以“1338”为主要内容的数字法治系统，同步推进理论体系和制度规范体系建设，推动法治建设重要领域体制机制、组织架构、业务流程的系统性重塑，为深化法治浙江建设、打造法治中国示范区发挥重要的引领、撬动和支撑作用。到 2021 年底，数字法治系统总体框架基本形成，执法、司法、社会矛盾纠纷化解等重点领域数字化转型全面深化，数字化转型能力明显提升，初步构建数字法治理论体系和制度规范体系。政法一体化办案体系基本定型，源头数字化事项增加 3 项以上，卷宗数字化率达到 40%以上，单轨制协同办案比例稳定在 90%以上，基本实现案由、办案单位、办案流程“三个全覆盖”。综合行政执法体系初步构建，全省统一行政处罚办案系统应用率达到 25%，建立行刑数字化衔接，实现执法监管数据的归集分析和行政执法案卷在线评查。社会矛盾纠纷调处化解体系初步形成，基本满足业务管理、分析研判、指挥调度等需求，逐步拓展业务协同的范围和程度。8 月底前，上线运行数字法治综合应用。到 2022 年底，数字法治系统不断完善，立法、执法、司法、普法相关领域数字化转型持续迭代升级，整体功能、系统关联逐步成熟，初步形成多跨协同并建立健全理论体系和制度规范体系。政法一体化办案体系更加完备，源头数字化事项持续增加，源头数字化率达到 50%以上，单轨制协同办案比例达到 95%以上。综合行政执法体系基本建成，全省统一行政处罚办案系统应用率达到 40%，初步实现自动化智能化，执法监管问题定位更加精准，数字化执法监督多场景应用更加丰富。社会矛盾纠纷调处化解体系逐步优化完善，整体研判分析能力和智能化水平明显提升，业务协同进一步拓展延伸，推动社会矛盾纠纷调处化解工作由“经验决策”向“大数据决策”转变。到 2025 年底，数字法治系统基本建成，业务协同更加高效，推动法治建设领域数字化改革不断深化，数字法治综合应用成熟稳定运行，集成应用场景不断拓展，数字法治理论体系和制度规范体系逐步完善，形成一批有辨识度有影响力的标志性成果。

1. 完善政法一体化办案体系。围绕深化司法责任制综合配套改革、以审判为中心的刑事诉讼制度改革和民事诉讼制度、行政诉讼制度、刑罚执行体制改革，深入推进司法权运行数字化转型，深化数字卷宗单轨制协同办案模式，提升“云上公安、智慧警务”、检察监督大数据应用能力，优化法院智能办案平台功能，加强智慧监狱和智慧矫正建设，推进刑事司法与行政执法、监察执法衔接，完成政法智能化发展“十四五”规划六大新体系和重点专项建设任务，支撑和推动司法权运行绩效明显提升，司法权威进一步确立，努力让人民群众在每一个司法案件中感受到公平正义。（牵头单位：省委政法委；协同单位：省纪委省监委机关、省检察院、省法院、省公安厅、省司法厅、省大数据局、省综合执法办，省级有关单位）

2. 完善综合行政执法体系。深入推进“大综合、一体化”执法体制改革，围绕执法信息化流转、联动式协同、智慧化分析，全面应用全省统一行政处罚办案系统，推进执法规范化、标准化、智能化建设，建立健全行政执法和刑事司法衔接工作机制，加快执法监督数字化转型，实现对事中事后监管的数字化监督，推动形成“审批—监管—处罚—监督评价”的“大执法”全流程闭环，打造职责更清晰、队伍更精简、协同更高效、机制更健全、行为更规范、监督更有效的综合行政执法体系。（牵头单位：省综合执法办；协同单位：省大数据局、省公安厅，省级有关单位）

3. 完善社会矛盾纠纷调处化解体系。坚持运用法治思维和法治方式解决社会矛盾纠纷和各类问题，承接“县乡一体、条抓块统”改革创新成果，围绕高水平完成全覆盖的市域社会治理现代化试点、“四治融合”推广、“一中心四平台一网格”和县乡社会治理综合指挥体系建设等重点任务，基于“基层治理四平台”，依托“浙里访”平台，打造矛盾纠纷全量掌握、调解资源全面整合、调解机制更加完善、协同应用更加高效、矛盾风险闭环处置的社会矛盾纠纷化解体系，不断提高社会治理科学化、社会化、法治化、智能化水平，推动县级以下信访问题和矛盾纠纷就地化解率达到90%以上，信访总量不断下降，群众安全感满意度位居全国前列。加快地方立法工作数字化转型，不断提升普法工作针对性实效性。（牵头单位：省委政法委；协同单位：省信访局、省人力社保厅、省公安厅、省司法厅、省大数据局、省法院、省检察院，省级有关单位）

**（七）推进数字化改革理论体系建设**（牵头单位：省委政研室）

强化实践基础上的数字化改革理论研究，迭代完善数字化改革的内涵、目标、思路、举措、项目，同步完善数字化改革的系统、组织、机制，推动数字化改革实践上升为理论成果，形成数字化改革理论体系。到2021年底，组建大成集智的数字化改革专家组，初步建立数字化改革的内涵、目标、思路、举措、项目等理论体系。到2022年底，基本建成“政府主导+社会参与”的数字化改革理论研究机制，基本形成数字化改革理论体系。到2025年底，全面形成数字化改革理论体系。

1. 加强基本理论问题研究。强化实践基础上的理论研究和指导，进一步统一思想、形成共识。组织专门力量，对数字化改革的对象、主体、客体、系统、组织、机制进行研究，着力厘清思路；加强对数字化改革的内涵、目标、思路、举措、项目等理论研究，形成数字化改革的理论体系。（牵头单位：省委政研室；协同单位：省委党校、省社科院、省社科联）

2. 组建大成集智改革智库。成立数字化改革专家组，把党的建设、公共管理、经济治理、社会治理、数字化建设等各领域的专家和企业家、基层工作者都吸纳进来，打造“最强大脑”。建立健全专家组运行机制，持续丰富改革智库运行方式，集中各方面智慧，凝聚最广泛力量，为数字化改革理论体系提供智力支持。（牵头单位：省委改革办；协同单位：省委党校、省社科院、省社科联）

3. 创新理论研究机制。积极探索“政府主导+社会参与”的数字化改革理论研究机制，加快数字化改革的开源创新平台建设，鼓励高校、科研机构参与数字化改革理论研究，吸引社会力量共同参与，形成理论研究的强大合力。（牵头单位：省委政研室；协同单位：省委党校、省社科院、省社科联）

**（八）推进数字化改革制度规范体系建设**（牵头单位：省委改革办、省委依法治省办、省人大常委会法工委、省司法厅、省市场监管局）

进一步解放思想、大胆探索、先行先试，全面构建一整套与党政机关整体智治、数字政府、数字经济、数字社会、数字法治相适应的体制机制和工作规范，推动数字化改革实践固化为制度成果，积极构建有利于破除制约创新发展的瓶颈、激发经济社会发展活力、加快实现省域治理现代化、符合未来发展方向的制度规范体系。到 2021 年底，初步建立数字化改革平台支撑、数据共享、业务管理、技术应用等标准体系。到 2022 年底，初步形成关于一体化智能化公共数据平台、党政机关整体智治、数字政府、数字经济、数字社会、数字法治等制度规范体系。到 2025 年底，全面形成一整套成熟定型的数字化改革制度规范体系。

1. 推动相关法规规章立改废释。积极推动在实践中行之有效、具有普遍推广意义的体制机制创新，从立法层面予以固化提升，上升为法规规章。制定实施涉及网络安全、个人信息保护、公共数据共享开放等方面的法规规章。（牵头单位：省委依法治省办、省人大常委会法工委、省司法厅、省大数据局；协同单位：各系统牵头单位）

2. 构建数字化改革标准体系。组建浙江省数字化改革标准技术委员会，组织制订相关标准和规范，研究制订大数据标准建设的政策措施和激励措施。对国家标准、行业标准进行全面梳理，系统梳理数字化改革各领域的标准需求及建设业务、数据、技术、安全、研发、运维标准规范，构建完善的标准规范体系。加快制定出台事项标准、治理标准、服务标准、数据标准、应用技术标准、基础设施标准、运营管理标准、数据安全标准等，推动标准实施和监督管理。（牵头单位：省委改革办、省大数据局、省市场监管局；协同单位：各系统牵头单位）

3. 加强前瞻性法律秩序研究。聚焦互联网自由与监管、大数据自主与共享、算法的技术秘密与信息公开等关系，积极开展智能社会法律秩序研究，大力探索以科学、人本、包容、普惠、共治为核心要素来构建智能社会法律秩序。（牵头单位：省委依法治省办、省人大常委会法工委；协同单位：各系统牵头单位）

4. 构建覆盖数据管理全生命周期的制度体系。全面实施《浙江省公共数据开放与安全管理暂行办法》和配套措施，推进数据开放和应用创新。加快制订《浙江省公共数据条例》，规范公共数据提供主体、使用主体和管理主体之间的权责关系，明确公共数据边界、范围和多元治理体系，健全数据共享和开放制度，推动建立公共数据资源市场化配置机制。（牵头单位：省大数据局；协同单位：省委网信办、省委机要局、省人大常委会法工委、省发展改革委、省司法厅、省财政厅）

5. 建立数字化改革项目管理制度体系。编制《省级数字化改革项目建设指南》，明确项目技术标准和建设要求，指导规范新建项目，确保数据充分回流，有效支撑基层决策管理。健全数字化项目管理办法，完善项目立项审批、招标采购、建设实施、验收、运维与安全等管理要求，强化专家预审机制，强化对项目的全生命周期规范管理和考核评价。建立省市县信息化项目立项联审机制和资金分摊机制。充分发挥展示交流平台作用。鼓励企业和科研机构参与数字化改革，探索社会化、市场化的运营模式，促进全域数字化能力的开源开放。（牵头单位：省大数据局；协同单位：省委网信办、省委机要局、省发展改革委、省财政厅、省司法厅）

### 三、保障体系

（一）强化组织领导。成立浙江省数字化改革领导小组，省委书记任组长，领导全省数字化改革工作。领导小组每两个月召开一次数字化改革例会，听取改革进度汇报，分析堵点难点问题，分析最佳实践创新点，研究部署下阶段重点工作。领导小组下设办公室，办公室设在省委改革办。各地各部门各系统要实行专班化运作，落实“一把手”责任，组建跨部门、跨层级、跨地域的实体化工作专班，设立项目推进组，细化指标体系，明确具体任务和时间节点，建立表格化、清单化、项目化管理机制和周报告、月例会制度，实行“一个专项、一个团队、一套方案、一抓到底”。各级组织、财政、机关事务管理等部门要大力支持，保障专班高效运行。（牵头单位：省委改革办、省大数据局、省委组织部、省财政厅、省机关事务局，各系统牵头单位）

（二）强化清单管理。各地各部门各系统要盯紧目标任务，建立动态工作台账，按月列清单、按周抓推进，层层放大滚雪球效应。围绕改革总目标，按照可操作、可落实、可考核的要求，细化任务、落实责任，实现细化量化闭环管理，确保件件有落实，事事有回应。聚焦改革推进中的重点难点问题，迭代工作清单，找到关键短板，抓住问题要害，集中力量进行攻坚突破，以点上突破牵引面上跃升、以点状推进体系升级。建立健全纵向省市县之间、横向部门之间的高效协同机制，列出跨部门跨层级工作清单，建立省市县问题反馈整改机制和工作体系，实现“发现—反馈—整改—共享”闭环机制。（牵头单位：省委改革办、省大数据局，各系统牵头单位）

（三）强化开放共建。强化政企合作，充分发挥数字经济、数字社会优势，依托浙江大学、之江实验室等平台，加强与第三方企业合作，推动高校、研究机构、高新技术企业参与数字化改革，激发全社会活力共同推进。创新成效评估机制，坚持用户导向、需求导向、效果导向，建立第三方评价机制和群众评价机制，畅通公众参与渠道，更好发挥改革应用价值，不断提高社会各界的获得感、满意度和参与度。（牵头单位：省委改革办、省大数据局，各系统牵头单位）

（四）强化揭榜挂帅。建立改革破题“悬赏制”，设立改革突破奖，完善改革容错纠错机制，鼓励基础好、积极性高的市县和部门揭榜挂帅、先行先试，发挥特色优势开发创新应用，及时总结提炼经验、全省面上复制推广。建立健全考核评估体系，将数字化改革纳入目标责任制考核，实行赛马机制和定期督查机制，量化目标、明确要求、跑表计时、到点验收，两个月一般性评估，年底总盘点。加大数字化改革在干部实绩考核中的权重，推动形成能者上、优者奖、庸者下、劣者汰的正确导向，让想干事、能干事、会干事的人干成事。（牵头单位：省委改革办、省委组织部，各系统牵头单位）

附件：1. 浙江省党政机关整体智治系统建设方案（略）
2. 浙江省数字政府系统建设方案（略）
3. 浙江省数字经济系统建设方案（略）
4. 浙江省数字社会系统建设方案（略）
5. 浙江省数字法治系统建设方案（略）
6. 浙江省一体化智能化公共数据平台建设方案（略）
7. 2021 年度全省数字化改革作战图（略）
8. 省直属有关单位名单（略）

# 安徽省

## 一、综述

2021 年，根据党中央、国务院关于优化营商环境、促进跨境贸易便利化有关决策部署，以及《关于进一步深化跨境贸易便利化改革优化口岸营商环境的通知》（署岸发〔2021〕85 号）等文件要求，中国（安徽）国际贸易单一窗口（以下简称安徽“单一窗口”）深化建设，拓展地方特色服务功能，进一步优化口岸营商环境，提升跨境贸易便利化水平。

## 二、运行情况

### （一）运行数据

2021 年全年，安徽“单一窗口”货物申报 39.71 万票；舱单申报 5.86 万票；运输工具申报 2960 票；企业资质办理 2.78 万票；原产地证书申领 11.80 万票；税费支付 5.62 万票；加贸保税 11.32 万票；物品通关 633 票；跨境电商 1116.30 万票；监管证件 7452 票；出口退税 137 笔。

### （二）运行维护

运维保障方面，强化安徽“单一窗口”运维团队建设，保障系统软硬件稳定运行。按要求完成网络数据安全自查工作，在物理、网络、主机、应用、数据备份及恢复和安全管理等方面采取有效的安全防范措施。

机房环境维护方面，保持机房卫生，定期对机房内部进行大清除；每日检查机房内电源稳定度、环境温湿度，以保持设备正常运行。检查机房 UPS 供电情况，保障机房 24 小时不间断供电；定期检查机房周边墙面、吊顶有无渗水漏水情况。

服务器系统病毒防治管理方面，服务器系统病毒防治工作实行“预防为主，清查为辅”方针；所有服务器系统定期进行计算机病毒检查，发现病毒及时清除；不使用来历不明的软盘、光盘和软件；定时查看服务器系统日志，发现异常错误日志或任何黑客渗透系统所留痕迹，第一时间上报。同时，对机房所有服务器及备件、坏件定期检查、检修、替换和保修，建立数据中心，例行检查和维护文档；针对机房内可能出现的各类故障，制定应急操作指引；配合资产管理，遵照流程进行设备调动，提供设备信息；及时按要求撰写工作及技术文档。

客户服务保障方面，建立客服保障团队，通过 95198 客服热线、移动电话、QQ 群、微信群、微信公众号等渠道，及时解决企业在使用安徽“单一窗口”平台过程中遇到的问题，保障企业快速通关。全年 QQ 在线服务 6.15 万次，微信在线服务 9154 次，接听 95198 客服热线 1.92 万次，远程协助企业处理问题约 1539 次，企业反馈给“单一窗口”的问题 99%均可在当天内处理完毕，部分因系统异常而无法及时处理的问题，通过采取客服人员积极跟进处理进度，待系统恢复后再指导企业进行操作等方式予以解决。全年软件、硬件均为零故障，平台整体运行稳定。

**（三）宣传推广**

积极引导企业应用安徽“单一窗口”平台办理业务，提高安徽省外贸企业对平台的业务操作水平。会同海关部门，开展海关查验信息推送系统专项业务模块培训。根据企业实际需要，在各市开展国际贸易“单一窗口”业务功能培训，现场解答常见问题，为企业答疑解惑。主动与长三角其他省市“单一窗口”平台开展业务交流合作，进一步提升安徽“单一窗口”服务水平。

## 三、 大事记

4 月 29 日

安徽“单一窗口”第一次业务操作培训会在黄山市召开。

5 月 10 日

安徽“单一窗口”新版原产地综合服务平台启用。

7 月 26 日

安徽“单一窗口”上线金融服务进口信用证国际结算功能。

11 月 25 日

安徽“单一窗口”在铜陵口岸开展海关查验信息推送工作试点。

12 月 1 日

安徽“单一窗口”新增税款担保备案申请通道。

12 月 31 日

安徽“单一窗口”上线过境运输监管功能。

# 福建省

## 一、综述

2021年，面对复杂严峻的国内外形势和起伏反复的疫情影响，福建省委、省政府高度重视优化口岸营商环境工作，连续4年将中国（福建）国际贸易单一窗口（以下简称福建“单一窗口”）工作列入省政府工作报告。福建省商务厅精心打造福建“单一窗口”，深入践行“我为群众办实事”，持续推动功能优化和服务拓展，助力跨境贸易便利化，奋力推动福建省商务发展稳中加固、稳中向好、稳中提质。

截至2021年年底，福建“单一窗口”连通40多个部门，形成企业业务集中办理平台、监管部门数据交换平台，共上线14大类120多项基本政务服务功能，提供全链条一体化服务，实现进出口贸易“一口接入、一口对企、一口受理、一窗通办”，跨境电商业务“一次登记、一点对接”，使相关企业享受“简化申报”“自动比对”“优先查验”“一体通关”等优惠措施，实现业务数据跨部门、跨层级、跨区域共享，将跨境贸易从线下转向线上、从人工转向智能、从串联转向并联、从专项转向综合，为广大企业提供稳定、高效、优质的服务，用信息化、智慧化更好地支撑口岸营商环境建设。

## 二、运行情况

### （一）运行数据

2021年，福建“单一窗口”累计用户2.13万家，新增注册用户5229家。全年货物申报48.05万票；舱单申报124.82万票；运输工具申报14.16万票；企业资质办理2.19万票；原产地证书申领9.29万票；税费支付2.54万票；加贸保税31.91万票；物品通关88.42万票；跨境电商7391.07万票；监管证件4460票；出口退税105笔。

### （二）运行维护

#### 1. 运维保障方面

运维管理团队充分发挥业务和技术专业优势，为福建“单一窗口”的稳定运行保驾护航。根据国家口岸管理办公室相关要求，组织运维人员及时做好系统更新工作。根据实际情况不定期对本地版进行平台优化，增加了服务贸易、浦发银行应用，更新了仲裁服务、贸促会出认证系统，升级了信保、石狮市场采购等系统。根据国家口岸管理办公室相关要求，做好“单一窗口”全国统一用户认证工作和安全检查工作。做好法定节假日、中国共产党成立100周年等重大重要节日和重特大活动的保障和巡检工作，全力保障平台的正常运行和各类应用系统、数据的可靠性、安全性和稳定性。

2. 安全工作方面

安全工作小组采取7×24小时实时监控系统运行情况和人工定期巡检相结合的方式，保障系统日常安全。通过流量监控分析以及日常巡检、季度巡检等手段，保障福建“单一窗口”服务器以及业务系统安全，同时不定期开展应急演练和安全培训。

3. 数据管理服务方面

对国家口岸管理办公室定期下发的报文进行解析，采用专业报文解析方法，完成货物申报、舱单申报、运输工具三大类报文的解析工作；实现跨境贸易电子商务综合服务系统、国际快件申报系统、邮件申报系统、口岸统计分析系统等的数据汇聚；依托数据管理平台，为全球溯源体系（福建）公共服务平台、福建省“金服云”平台等提供数据共享服务；按照政务数据“应汇尽汇”的原则，做好福建“单一窗口”相关系统的数据汇聚工作。

### （三）宣传推广

1. 积极参与标准版试点推广

配合做好“单一窗口”全国口岸收费及服务信息发布系统上线推广工作。开展“单一窗口”监管证件申领功能宣传推广工作。参与全国水运口岸全面推广海关查验信息推送工作。做好“单一窗口”出口退税（金三版）功能推广工作。组织开展8场业务培训。

2. 扎实做好地方特色应用宣传推广工作

不断创新宣传形式，通过福建“单一窗口”门户网站、官方微博和微信公众号等，依托鲜明易懂的图文专题、原创精品栏目、线上活动等形式，多渠道加强宣传，提升推广效果，提高企业认知，扩大社会影响。全年通过新媒体平台编辑发布信息总量达2571篇，其中网站发布256篇、微信公众号发布356篇、微博发布1959条。微信公众号粉丝量由原来的1.45万个上涨至1.98万个，微博粉丝量由原来的1.46万个上涨至2.04万个。

3. 加强媒体宣传报道

2021年，在《人民日报》《福建日报》等多家媒体平台，开展福建“单一窗口”最新成果动态报道。《福建日报》于2021年1月14日头版刊文《机制活，激发改革开放新动能》；《福建日报》于2021年3月14日第3版“商务观察”刊文《进口通关快全国七小时　口岸收费居国内低价位》；《人民日报》数字传播直播间于2021年4月26日邀请福建省商务厅通关处做客专访；《福建日报》于2021年5月7日第5版“经济”再次刊文《超2000家次小微企业受益福建小微出口护航行动》。

## 三、大事记

1 月 10 日

福建“单一窗口”区块链公共服务平台上线，实现跨境商品源头可溯，打造“溯源链”。

福建省出台首批“丝路海运”扶持政策，提出加强“单一窗口”3.0 版建设。

1 月 14 日

《福建日报》头版刊文《机制活，激发改革开放新动能》，就“十三五”期间福建“单一窗口”“融入大局，拓展发展新优势”详细展开叙述。

1 月 20 日

福建“单一窗口”行业研究报告功能上线。

1 月 24 日

福建省第十三届人民代表大会第五次会议上，省政府工作报告中提到，福建省将全面深化改革扩大开放，更好吸引优质生产要素集中集聚，其中包括拓展升级国际贸易“单一窗口”等内容。

2 月 24 日

福建“单一窗口”上线大数据应用分析综合服务系统（“惠数通”）。

2 月 28 日

福建省商务厅（口岸办）会同建设银行福建省分行在福建“单一窗口”开辟防疫应急绿色通道，将一站式金融服务推广到全省。

3 月 3 日

福建省政府印发《国家数字经济创新发展试验区（福建）工作方案》，“持续拓展国际贸易‘单一窗口’服务功能，推动与‘一带一路’沿线国家和地区口岸信息系统互联互通，推进关港贸税金全链条一体化运作”作为打造数字经济开放合作核心区重要任务之一，写入工作方案。

3 月 6 日

福建省商务厅与中国太保产险福建分公司签署战略合作协议，提出在加强福建“单一窗口”服务等 6 个方面开展合作，加大力度帮助外贸、外资、商贸等企业统筹做好疫情防控和复工复产工作。福建省副省长郭宁宁见证签约。

3 月 14 日

《福建日报》第 3 版“商务观察”刊文《进口通关快全国七小时　口岸收费居国内低价位》，报道了福建“单一窗口”赋能“稳外贸”所做的各项举措以及取得的主要成果。

3 月 17 日

福建省商务厅（口岸办）副厅长、一级巡视员黄娜恩主持召开专题会议，提出加快福建“单一窗口”提质增效和应用拓展，不断提升跨境贸易便利化水平，促进市场活力释放。

3 月 19 日

福建省政府发布《福建省国民经济和社会发展第十四个五年规划和二〇三五年远景目标纲要》，“提升通关便利化水平，优化升级中国（福建）国际贸易单一窗口，建设智慧口岸，推进关、港、贸、税、金一体化运作，加强境内外跨区域口岸通关合作”被纳入规划。

4月8日

福建“单一窗口”完成首单船舶转港数据复用功能业务。

4月10日

福建“单一窗口”成功办理跨境电商综试区“9610”首票业务。

4月21日

福建省副省长郭宁宁主持召开省商务发展小组第二十五次会议，福建省商务厅（口岸办）副厅长、一级巡视员黄娜恩在会上汇报了全省口岸和福建“单一窗口”工作。郭宁宁要求持续加强口岸疫情防控，推进通关监管业务改革，“单一窗口”系统做到便利化、智能化、智慧化、国际化，一站式、全链条服务好跨境贸易。

4月22日

福建“单一窗口”智能通关平台在平潭上线试运行。

4月25日

福建“单一窗口”亮相第四届数字中国建设峰会。

4月26日

福建省商务厅通关处受邀做客《人民日报》数字传播直播间，介绍福建“单一窗口”建设成果。

5月7日

福建“单一窗口”上线融资系统。

《福建日报》第5版“经济”刊文《超2000家次小微企业受益福建小微出口护航行动》，报道了2020年近4000家企业通过福建“单一窗口”投保受益的情况，并进一步介绍了2021年小微出口企业投保保障扩大范围。

5月9日

由福建省商务厅（口岸办）牵头，省电子口岸服务中心、省标准化院共同起草的省地方标准《单一窗口进出口信用证服务系统接口技术要求》正式实施。

5月18日

福建“单一窗口”与交通银行福建省分行开展合作，加码金融服务，完成首笔跨境汇款业务。

5月22日

福建“单一窗口”4.0版上线，福建省副省长郭宁宁、省商务发展服务小组各成员单位负责同志到场见证。

6月18日

据统计，“6·18”大促期间，福建“单一窗口”跨境电商综合服务系统放行量突破500万票，同比增长354%；累计货值总额超9.5亿元，同比增长358%；最高峰值日，业务放行量超60万票，货值近9千万元，各项指标均再创历史新高。

6月24日

《福建日报》刊文《窗口服务再升级　贸易又添新捷径》，介绍福建“单一窗口”4.0版为稳外贸、促发展赋能。

7月27日

福建“单一窗口”区块链公共服务平台获评福建自贸试验区第16批36项创新举措之一，并被评为全国首创。

7 月 30 日

福建“单一窗口”4.0 版入选省发改委（省营商办）16 个典型经验做法，向全省推广。

8 月 6 日

福建省商务厅（口岸办）副厅长、一级巡视员黄娜恩主持召开会议，听取福建“单一窗口”工作进展情况汇报，研究部署下一步重点任务，明确具体要求。

8 月 18 日

福建省政府新闻办公室召开福建省“十四五”专项规划系列新闻发布会（商务发展专场）。其间，福建省商务厅通关处围绕“‘十四五’期间福建省在福建‘单一窗口’建设提升方面的举措”问题进行了详细回答。

8 月 19 日

福建省商务厅（口岸办）副厅长、一级巡视员黄娜恩主持召开福建“单一窗口”工作座谈会，研究福建“单一窗口”建设发展相关事项，谋划上线项目。

8 月 24 日

福建省召开全省打造数字化营商环境培育和激发市场主体活力电视电话会议，省长王宁在厦门主会场出席会议并讲话。5 个直属部门、3 个设区市政府主要负责同志在会上发言交流，福建省商务厅厅长、口岸办主任吴南翔汇报了“推进福建‘单一窗口’建设　优化口岸营商环境”工作情况。

9 月 1 日

福州跨境综试区跨境电商 B2B 出口首票业务通过福建“单一窗口”跨境电商综合服务系统申报并顺利通关。

10 月 12 日

福建省“数字经济百项应用场景”典型案例在第三届数字中国建设峰会数字福建分论坛上发布，福建“单一窗口”入选。

10 月 16 日

福建“单一窗口”4.0 版作为典型经验做法入编国家发改委《中国营商环境报告 2020》。

10 月 27 日—11 月 10 日

福建省商务厅（口岸办）组织召开福建“单一窗口”跨境电商综合服务平台“双 11”保障协调会。

11 月 11 日

福建“单一窗口”全力保障“双 11”跨境电商再创佳绩。统计数据显示，自 11 月 1 日零时开始，截至 11 月 11 日 24 时，通过福建“单一窗口”跨境贸易电子商务综合服务系统申报、经由海关核放的跨境电商进出口业务 294 万票，同比增长近一倍；交易总额 4.91 亿元，同比增长 2 倍多。

12 月 17 日

《福建日报》专栏刊文《引金融活水　服务商贸外贸外资企业发展》，介绍福建“单一窗口”积极主动加强银贸合作，有效发挥专业优势，为外贸企业提供一站式金融服务功能，推动商务高质量发展工作。

12月18日

福建"单一窗口"上线融资系统（福建农商银行、农村信用社）模块，将4.0版融资系统与"福商小微贷"进行业务对接和功能融合，重点打造小微融资全链条、一站式金融服务。

## 四、政策文件

### 福建省人民政府办公厅关于印发《进一步优化营商环境更好服务市场主体实施方案》的通知

闽政办〔2021〕4号

各市、县（区）人民政府，平潭综合实验区管委会，省人民政府各部门、各直属机构，各大企业，各高等院校：

《进一步优化营商环境更好服务市场主体实施方案》已经省政府同意，现印发给你们，请认真组织实施。

福建省人民政府办公厅
2021年1月24日

### 进一步优化营商环境更好服务市场主体实施方案

为深入贯彻落实党中央、国务院关于深化"放管服"改革优化营商环境的决策部署，落实《国务院办公厅关于进一步优化营商环境更好服务市场主体的实施意见》（国办发〔2020〕24号）精神，持续优化营商环境，激发市场活力，增强发展内生动力，结合我省实际，制定本实施方案。

#### 一、总体要求

以习近平新时代中国特色社会主义思想为指导，全面贯彻落实党的十九大和十九届二中、三中、四中、五中全会精神，认真落实《优化营商环境条例》，践行"马上就办、真抓实干"优良作风，把优化营商环境作为我省推进治理体系和治理能力现代化、提升软实力和核心竞争力的重要举措，对标国际国内先进水平，实施一批突破性、引领性改革创新举措，全力解决"放管服"改革和营商环境建设中的"堵点""痛点""难点"问题，提升政府服务水平，努力打造市场化、法治化、国际化的营商环境，为全方位推动高质量发展超越、加快新时代新福建建设提供有力支撑。至2022年，有利于创新创业创造的发展环境进一步优化，市场主体更加活跃，发展动力更加强劲，企业群众对营商环境的满意度进一步提升，全省营商环境水平位居全国先进行列。

#### 二、主要任务

**（一）持续提升投资服务水平**

1. 推进投资项目审批便利化。从办成项目前期"一件事"出发，将投资项目涉及的相关审批服务事项打包，提供套餐式、主题式集成服务。改进投资项目"一窗通办"服务机制，细化服务标准，优化业务流程，加快项目落地。全面推行行政审批标准化规范化，实现投资项目审批线上线下办理全省统一标准、统一平台，无差别受理，同标准审批。优化投资项目在线审批监管平台审批流程，实现批复文件等在线打印。［省发改委牵头，各相关部门负责。各项任务均需各市、县（区）人民政府和平潭综合实验区管委会落实，以下不再列出］

2. 提升工程建设项目审批效率。推行分级分类管理，对社会投资的小型低风险新建、改扩建等简易工程项目，推进“清单制+告知承诺制”审批。推行容缺受理、并联审批，在前置审批意见出具前，可提前受理，开展审查，前置部门作出审批意见后，符合条件的即予以审批，同步推进审批审查事项办理。精简工程项目审批事项和条件，规范评估评审、勘探测绘、技术审查等中介服务事项，明确办理流程和时限要求。取消或简化审批事项前置条件和特殊环节，2021 年 3 月底前公布保留清单。工程建设项目实现全流程在线审批与监管，将审批涉及的行政许可、备案、评估评审、中介服务、市政公用服务等纳入线上平台。2021 年底前，建成审批电子可信文件库，推行审批电子档案。2022 年底前，办理建筑许可审批环节减至 15 个内，审批时间减至 50 个工作日内。

推进“多规合一”“多审合一”“多证合一”，统一核发建设项目用地预审与选址意见书。2021 年 6 月底前，实现用地、规划、施工、验收、不动产登记等环节测绘成果共享互认。（省住建厅牵头，省自然资源厅、发改委、数字办、水利厅、交通运输厅、生态环境厅、林业局等负责）

### （二）降低市场准入和创业就业门槛

3. 放宽市场准入。全面实施市场准入负面清单，落实“非禁即入”。海事部门直接受理申请、开展检查和签发海事劳工证书，不再要求企业为此接受船检机构检查，根据国家部署，停止收取企业办证费用。在福州、厦门市开展诊所备案管理试点。通过在线审批等方式简化跨地区巡回演出审批程序，涉外涉港澳台营业性演出项目审批压缩至 7 个工作日。深入实施外商投资准入负面清单，清单之外给予内外资企业平等待遇。取消对台资建筑业企业承揽业务要求台资投资比例超过 50% 等限制。（省发改委牵头，省商务厅、文旅厅、卫健委、市场监管局、住建厅，福建海事局等负责）

4. 健全政府采购和招标投标机制。提升电子化政府采购平台功能，实现在线发布采购公告、提供采购文件、提交投标（响应）文件，实行电子开标、电子评审。2021 年底前实现远程电子开标，异地电子评审和在线信用评价。建立招投标领域营商环境长效机制。实现住建、水利、交通、工业、渔港、信息化等领域项目全部进驻招投标交易平台。统一工程领域招投标行业交易规则，统一开展交易平台升级改造，统一进行线上全流程电子化招投标，统一线上监管，统一建设招投标市场主体信用库，统一 CA 互认和电子签名。2021 年底前，上线运行工程领域招投标在线监管平台。（省财政厅、发改委负责）

5. 营造创新创业创造环境。实施优质创新企业培育行动，每年遴选一批创新龙头企业和“独角兽”“瞪羚”企业，省有关部门和各地方政府要在项目安排、政策扶持、要素保障、跟踪服务等方面对入选企业加大支持力度。对新认定的国家专精特新“小巨人”企业和省“专精特新”中小企业，给予奖励。对加大研发经费、购买重大科技成果实现产业化的企业，按规定给予补助。鼓励科技龙头企业、骨干企业与高等院校、科研院所合作建立人才实训基地，培养创新创造应用人才。加大创业带动就业支持力度，对初创三年内的小微企业、个体工商户吸纳就业的，给予创

业带动就业补贴。（省发改委牵头，省科技厅、数字办、工信厅、财政厅、人社厅、教育厅等负责）

6. 优化部分行业从业条件。清理对职业资格培训和技能培训类民办学校在管理人员从业经验、培训工种数量等方面设定的不合理要求。完善台湾地区医师、导游等 9 类职业资格直接采认工作，直接开展相应业务，享受对应职业资格同等待遇。落实道路货物运输驾驶员从业资格改革，简化从业资格证申领手续。推动取消执业兽医注册，取得执业兽医资格的人员备案即可执业。（省人社厅牵头，省交通运输厅、农业农村厅等负责）

7. 促进人才流动和灵活就业。2021 年 6 月底前，实现专业技术人才职称信息全省范围内跨地区在线核验，鼓励地区间职称互认。开展赋予科研人员职务科技成果所有权或长期使用权试点。加强用工余缺信息归集与共享，引导企业开展“共享用工”。实现失业人员凭社保卡或身份证可向办理机构申领失业保险金；养老保险关系转移接续“一地办理”，业务网上可办率 100%。合理设定流动摊贩经营场所，明确“摊规点”准入要求，引导从业人员进摊入点、规范经营。（省人社厅牵头，省科技厅、住建厅等负责）

### （三）简化企业办事审批手续

8. 提升企业开办经营便利化。全面推行证明事项和涉企经营许可事项告知承诺制。推进个体工商户全程智能化登记改革，推广“自助查重、自助登记、自助打照”等全自助模式。实现企业登记、公章刻制、申领发票和税控设备、员工参保登记可在线“一表填报”申请办理。2021 年 6 月底前，企业开办时间压缩至 1 个工作日内。2021 年底前，实现“证照分离”改革全覆盖，对所有涉企经营许可事项实行分类改革。探索开展“一业一证”改革。（省市场监管局牵头，省司法厅、发改委、公安厅、人社厅，省税务局、厦门市税务局等负责）

9. 优化供电供水供气服务。进一步压减办电时间，用电报装各环节合计时间压缩 40% 以上；2022 年底前，“三零”低压非居民用户全过程办电时间压减至 15 个工作日内；福州和厦门市区、城镇用户年均停电时间分别减至 2 个和 5 个小时内，其他地市市区、城镇分别减至 5 个和 9 个小时内。优化用水、用气报装流程，申请材料不超过 2 份，环节不超过 2 个，不得收取申请费、手续费等未提供实质服务内容的费用。（省住建厅、福建能源监管办牵头，国网福建省电力公司等负责）

10. 优化不动产登记。不动产交易、登记、缴税实现一次申请一次办理完成，与水电气变更联动办理。一般登记业务办理时间 2021 年底前地市一级压缩至 3 个工作日内，2022 年底前全省压缩至 3 个工作日内。推行不动产登记电子证照协同互认。优化不动产登记金融服务，将登记服务窗口延伸至商业银行网点。推行不动产登记信息和地籍管理信息互联互通。（省自然资源厅牵头，省住建厅，省税务局、厦门市税务局、人行福州中心支行等负责）

11. 推进通关便利化。推广“提前申报”，实施“两步申报”通关模式，开展进口货物“船边直提”和出口货物“抵港直装”试点。推进集装箱设备交接单、口岸作业无纸化，海运提单电子化。推行预约查验、下厂查验、入库查验等灵活查验方式，减少货物搬倒和企业查验等待时间。提升中国（福建）国际贸易单一窗口功能，应用区块链、人工智能等新技术，拓展“单一窗口+”模式，推进关、港、贸、税、金一体化运作。（省商务厅牵头，福州海关、厦门海关、福建海事局等负责）

12. 提升纳税便利化水平。进一步巩固拓展“非接触式”办税缴费服务，2021 年底前，除个别特殊、复杂事项外，基本实现办税缴费事项企业可网上办理、个人可掌上办理。正常出口退税业务平均办理时间减至 7 个工作日内。2022 年底前，纳税缴费时间减至 100 小时以内。（省税务局、厦门市税务局牵头，福州海关、厦门海关等负责）

**（四）减轻企业生产经营压力**

13. 降低企业经营成本。在确保食品安全前提下，鼓励有条件的地方合理放宽对连锁便利店制售食品在食品处理区面积等方面的审批要求，探索将食品经营许可（仅销售预包装食品）改为备案。在工程建设、政府采购等领域，推行以保险、保函等替代现金缴纳涉企保证金。免费向新开办企业发放税务 Ukey，改变税控设备“先买后抵”领用方式。依法查处互联网领域滥用市场支配地位限制交易、不正当竞争等违法行为。2021 年 3 月底前，对行业协会商会乱收费清理、退还违法违规所得等情况进行检查。（省市场监管局牵头，省工信厅、财政厅、住建厅、民政厅、发改委，省税务局、厦门市税务局等负责）

14. 优化小微企业融资服务。加强水电气、纳税、社保、司法等领域信用信息在“信易贷”“金服云”等平台共享应用，为金融机构服务小微企业提供数据支持。推动政府性融资担保机构开发适合“首贷户”、知识产权质押融资、中长期研发融资等的担保产品，推广外贸企业“信保+担保”融资模式。在银担合作“总对总”批量业务中，对符合条件的创业人员、创业项目、创业企业等，免除反担保要求。政府性融资担保机构逐步将融资担保费率降至 1%以下。（省金融监管局牵头，人行福州中心支行、福建银保监局、厦门银保监局，省发改委、财政厅、住建厅、人社厅、知识产权局，省税务局、厦门市税务局，国网福建省电力公司等负责）

**（五）提升智慧政务服务效率**

15. 提升“一网通办”水平。开展网上办事大厅“开卷式”审批，推进共享云表单系统建设，除涉密及不宜对外公开事项外，实现全省依申请审批服务事项网上可办。2021 年底前，将“一趟不用跑”事项比例提高到 70%以上。深化“八闽健康码”与民生服务融合应用，打造“一码通行”服务超市专区。推广厦门“e 政务”服务模式，构建“15 分钟便民利企服务圈”。

全面清理“信息孤岛”和“数据烟囱”，实现省政务数据汇聚共享平台汇聚有效数据超 100 亿条，推进政务数据在政务服务事项中共享应用。公安、交通等部门要加快向省政务数据汇聚共享平台实时汇聚业务数据，国家部委对数据管理有特殊规定的，制定具体数据汇聚方案，在确保数据安全的同时满足“一网通办”要求。（省发改委、数字办牵头，省公安厅、交通运输厅等负责）

16. 推进高频政务服务事项电子化。在税务、社保、公积金、信贷等领域推广电子营业执照、电子印章。推广电子证照应用，列入“全省不再重复提交”证照清单的，在审批受理时不再要求行政相对人提供证照。推进高频政务服务事项“跨省通办”，2021 年底前增加工业产品生产许可证等 72 项事项异地办理，2021 年后实现新生儿入户等 8 项事项异地办理。在厦漳泉都市圈开展一批高频政务服务事项“省内通办”试点，逐步在全省推广。完善省社会用户实名认证和授权平台功能，引入一键登录、电子营业执照登录等第三方登录方式。（省发改委、数字办牵头，省市场监管局、公安厅、人社厅、住建厅，省税务局、厦门市税务局、人行福州中心支行、福建银保监局、

厦门银保监局等负责）

17. 增加新业态应用场景供给。围绕经济发展、社会治理、健康医疗、民生服务等重点领域，征集需运用人工智能、物联网、大数据、5G、工业互联网、区块链等数字技术解决的应用场景建设需求，推动一批数字经济新技术、新产品、新模式应用落地。建立健全政府及公共服务机构数据开放共享规则，编制实施开放数据质量评价规范，完善公共数据资源统一开放平台。（省数字办牵头，省工信厅、卫健委等负责）

### （六）加强市场主体权益保障

18. 构建新型监管机制。推动监管理念从“严进宽管”转为“宽进严管”，加强取消、下放审批事项的事中事后监管，将精简的证明材料涉及事项、当事人承诺事项等纳入事中事后监管。完善“双随机、一公开”监管、“互联网+监管”、跨部门协同监管。运用信用评价结果，推进分级分类监管，依法实施联合惩戒。研究制定市场主体首次轻微违法违规经营行为免于行政处罚清单。对新业态实施包容审慎监管，清理不合理监管措施。加强互联网医院建设，将符合条件的互联网医疗服务纳入医保报销范围。推动建设无人驾驶测试路段。（省市场监管局牵头，省发改委、司法厅、数字办、工信厅、交通运输厅、卫健委、医保局等负责）

19. 加强知识产权保护。2021 年底前，建立省级知识产权运营保护中心，升级建设全省知识产权保护智慧案管平台及大数据中心。在全国率先探索建设覆盖省、市、县三级知识产权协同保护体系；建立执法联动协作机制，健全侵权惩罚性赔偿制度，完善行政执法与刑事司法衔接机制。发挥“知创中国”“知创福建”知识产权公共服务平台综合效应，加快实施产业自主知识产权竞争力提升领航计划，推广“最多跑一地”知识产权公共服务创新范式。（省知识产权局牵头，省公安厅，省法院、检察院等负责）

20. 健全办理破产机制。完善企业破产启动与审理程序，建立健全重整识别、预重整和简易破产案件快速审理机制，2022 年底前将简易破产案件平均审理周期控制在 180 天内。落实“府院联动”处置破产工作统一协调机制。建立全省法院智慧破产审理系统。完善破产管理人选任机制和考核制度，实行管理人分类、破产案件分级管理。（省法院牵头，各相关部门负责）

## 三、保障措施

（一）加强组织领导。各地要根据本实施方案，结合实际，分解目标任务，明确工作责任，安排实施进度，确保完成各项目标任务。省有关部门要按照职责，细化工作措施，加强协作配合，强化指导督促，落实优化营商环境各项工作任务。

（二）切实改进工作作风。各级各部门要强化服务意识，增强服务能力，当好“服务员”，严肃整治“庸、懒、散”“推、拖、拒”问题，切实高质量、高效率地服务企业、服务社会。

（三）构建亲清政商关系。多渠道听取企业家意见和诉求，及时受理、核实，构筑企业直通政府的快捷通道。推动企业家参与涉企政策制定，通过座谈会、问卷调查、主动上门等方式，充分了解企业政策需求，提出有针对性的政策措施。

（四）强化惠企政策兑现。完善省、市、县“政企直通车”和各地惠企政策信息统一发布平台，梳理公布惠企政策清单、政策兑现指南，主动精准推送政策。县级政府出台惠企政策时，要公布相关负责人及联系方式，实行政策兑现“落实到人”。通过政府部门信息共享等方式，推行惠企政策“免申即享”。对确需提出申请的惠企政策，要合理设置并公开申请条件，简化申报手续。建立帮办代办机制，在各级政务服务大厅开设惠企“政策兑现”代办服务窗口，为企业提供政策兑现“一门式”办理服务。

（五）开展营商环境评价和办事体验。以企业和群众的获得感和满意度作为评判标准，开展营商环境评估，将各地优化营商环境工作情况纳入绩效考评。各级各部门要积极开展办事体验，亲身体验自建的政务服务系统和制定的服务流程、设计的办事环节，发现问题立行立改。加强督导检查和明察暗访，集中力量解决企业群众反映强烈的突出问题。对优化营商环境的好经验好做法，及时复制推广，强化示范引领。

## 福建省人民政府办公厅关于印发《2021 年数字福建工作要点》的通知

闽政办〔2021〕26 号

各市、县（区）人民政府，平潭综合实验区管委会，省人民政府各部门、各直属机构，各大企业，各高等院校：

《2021 年数字福建工作要点》已经省政府同意，现印发给你们，请认真组织实施。

福建省人民政府办公厅
2021 年 5 月 26 日

### 2021 年数字福建工作要点

2021 年数字福建工作，要以习近平新时代中国特色社会主义思想为指导，全面贯彻党的十九大和十九届二中、三中、四中、五中全会精神，深入贯彻习近平总书记来闽考察重要讲话精神，按照省委、省政府工作部署，围绕新时代数字福建建设，加快编制出台“十四五”数字福建专项规划，加快建设国家数字经济创新发展试验区，加快建设“数字应用第一省”，强化营商环境建设信息化支撑，为全方位推进高质量发展超越注入强大引擎。

#### 一、高水平建设数字政府

（一）整合优化政务网络和政务网站。将现有政务信息网、政务外网、无线政务专网、政务内网整合为上下贯通、横向到边的政务信息网和政务内网“两张网”，统一运维管理，建设全省一体化协同办公和移动办公平台，推广省电子档案管理系统，实现全流程无纸化办公和移动办公。按照适度超前、留有余地原则，依托“中国福建”门户网站，建设政务服务“一张网”总门户，优化网站界面设计和用户体验水平，实现“对外好办事，对内好办公”。（责任单位：省数字办、档案局，省直各有关单位）建设党委、人大、政府、政协内部办公系统与省一体化协同办公平台的数据通道。（责任单位：省数字办，省委办公厅、机要局、保密局，省人大常委会办公厅，省政府办公厅，省政协办公厅）

（二）优化升级省网上办事大厅和闽政通 App。制定政务服务旗舰店建设标准规范以及自建办事系统接入标准，开发省级行政审批电子文件归档系统。推动各级各部门已建 App 和第三方平台公众号、小程序等以“政务小程序”入驻闽政通App。建设全省便民服务统一支付入口。优化政务服务适老助残功能。(责任单位:省审改办、数字办、经济信息中心)

(三)推进“省内通办”“跨省通办”“自助办”“一次办”。加快落实电子证照跨省互认,建设跨省跨区域通办审批系统和线上线下服务专区。建设全省政务自助终端通办平台,实现随时办、就近办、自助办。推进“一业一证”改革,扎实推进“一件事”套餐服务。(责任单位:省审改办、数字办、经济信息中心,省直有关单位)

(四)推广“互联网+监管”应用。加快省级部门自建监管系统与省“互联网+监管”系统对接,推动各行业监管部门依托省“互联网+监管”系统开展应用。打通网上办事大厅、“互联网+监管”系统、网上行政执法平台以及两法衔接平台业务融合通道。(责任单位:省数字办、审改办、司法厅、市场监管局)

(五)启动智慧政法建设。建设智慧政法一体化平台,推动政法部门业务协同应用和基层社会治理智能化应用。深化“雪亮工程”建设联网应用,建设智慧检务。(责任单位:省委政法委,省法院、检察院,省公安厅、司法厅、信访局,省安全厅)

(六)提升统一平台支撑能力。建设统一业务协同平台,完善社会用户实名认证和授权平台,建立全省统一电子签名体系。建设政务云统一密码服务平台,加快信创云建设。建设数字福建区块链应用技术服务平台。升级改造省政务电子印章服务平台。(责任单位:省数字办,省委机要局,省经济信息中心)

(七)提升部门信息化水平。优化省金服云平台功能,推进生态云平台3.0、福茶网产业平台、医保信息平台、国企在线监管系统、水利数字化监管能力提升工程、社保卡“一卡通”、金审三期、民政“一网通”、退役军人“一体化”、智慧应急、智慧信访、智慧林业、智慧文旅、智慧邮政、智慧校园等一批行业部门综合性平台建设。(责任单位:省直有关单位)

## 二、加快建设国家数字经济创新发展试验区

(八)加强重点领域核心技术攻关。建立健全数字产业重点攻关技术目录(库),支持领军企业牵头组建创新联合体实施一批国家级、省级科技重大项目,加强高端芯片与元器件、核心算法与特色软件、基础材料与关键零部件等核心技术攻关。实施自主知识产权竞争力提升“领航计划”,加速数字经济产业高价值专利培育和转化。(责任单位:省科技厅、工信厅、知识产权局)

(九)建设一批高能级创新平台。高标准建设省创新研究院和省光电信息创新实验室,建成70个以上数字经济领域工程研究中心、企业技术中心和新型研发机构等高水平创新平台。加快厦门金砖国家新工业革命伙伴关系创新基地、厦门中俄数字经济研究中心建设。推进省内信创产品入围国家目录,稳步实施信创工程。(责任单位:省科技厅、发改委、数字办、工信厅,省委机要局)

(十)加快推进智能制造。深入实施“上云用数赋智”行动,建设5个以上中小企业数字化转型促进中心,新增5000家企业“上云上平台”。实施“5G+工业互联网”创新工程。推动厦门、泉州、龙岩、漳州等地建设工业互联网标识解析二级节点。争取设立中国工业互联网研究院福建分院、国家工业互联网大数据中心福建分中心。(责任单位:省工信厅、数字办,省通信管理局)

(十一)培育引进数字龙头企业。编制数字经济产业图谱,制发重点数字经济产业招商目录,制定针对性政策,吸引一批国内外龙头骨干企业落地我省。实施数字经济闽商回归工程和优质创

新企业培育行动，培育形成2000家以上数字经济领域高新技术企业、科技小巨人、单项冠军、“专精特新”等创新企业。（责任单位：省发改委、工信厅、科技厅、数字办）

（十二）做强做优平台经济。按照重组提升一批、扶持壮大一批、“一企一策”引进一批、研究策划一批的思路，加快培育一批具有全国领先水平的行业平台。推动福州、莆田建设平台经济示范区。（责任单位：省数字办，省直有关部门，各设区市人民政府、平潭综合实验区管委会）

（十三）推动数字产业集聚发展。实施数字经济园区提升行动，重点打造10个以上省级数字经济园区。打造海峡两岸集成电路产业合作试验区。支持创建福州区块链经济综合试验区。加快建设厦门软件园国家数字服务出口基地。（责任单位：省发改委、数字办、工信厅、商务厅，各设区市人民政府、平潭综合实验区管委会）

（十四）大力发展数字农业。推进“互联网+”农产品出村进城工程国家级试点县建设，创建一批省级现代农业智慧园。加快发展农村电商，完善农村智慧物流体系，大力推广农产品网络销售。推进粮库智能化。（责任单位：省农业农村厅、商务厅、数字办、粮储局）

（十五）发展消费新业态。完善“互联网+”消费体系，大力发展“网上餐厅”“直播+”“云逛街”。鼓励实体商业发展直播电商、社交营销。在长乐、仓山、武夷新区等地建设一批网络直播视听产业基地。（责任单位：省委宣传部，省广电局、商务厅）

（十六）持续推动峰会对接项目落地。建立常态化的对接推进落实机制，加强项目要素保障，推动数字项目尽快落地建设。建设省级数字技术应用场景滚动推进项目库，健全省级数字技术应用场景征集、评审、发布、对接、落地工作机制，开展数据招商、场景招商、精准招商。（责任单位：省数字办，省直有关单位，各设区市人民政府、平潭综合实验区管委会）

## 三、加快数字社会建设

（十七）助力疫情常态化防控。建设疫情防控信息平台、省级疫情防控统一数据库和省级通信大数据平台。健全传染病疫情、突发公共卫生事件监测及信息直报系统。推进疫情防控数据与社会治理数据高效便捷共享，助力社会治理水平提升。（责任单位：省发改委、数字办、卫健委，省通信管理局）

（十八）拓展“福建码”应用。将“八闽健康码”升级为“福建码”，统筹电子身份证、电子健康卡、医保电子凭证、电子社保卡等技术标准，实现一部手机全省就医；整合民生服务资源，构建运动、旅游、文化等高频场景应用。（责任单位：省直有关单位）

（十九）实施“互联网+社会服务”行动。推动社会服务数字化、网络化、智能化，打造一批具有全国影响力的“互联网+社会服务”平台。建设一批数字校园和智慧校园。升级完善“全福游”App，打造一批智慧旅游景区。推进气象预警信息精准发布。建设“数字体育”服务平台。（责任单位：省教育厅、文旅厅、民政厅、体育局，省气象局）

（二十）建设“互联网+医疗健康”示范省。实施县域医疗卫生信息服务能力提升工程（二期），启动省统筹全民健康信息平台建设。推进省属公立医院健康医疗数据汇聚和医院间诊疗信息互通互认。（责任单位：省卫健委、人社厅、医保局）

（二十一）实施文化数字化行动。建设国家文化大数据体系（福建）和龙岩红色基因数字化传承基地。打造自主可控、传播力强的新型网络传播平台，建强用好县级融媒体中心。推进智慧广电等工程。（责任单位：省委宣传部，省文旅厅、广电局）

## 四、深化“数字丝路”合作

（二十二）提升数字经贸合作水平。建设“丝路海运”信息化平台。拓展国际贸易“单一窗口”通关签证、物流和服务贸易等协同创新和智能应用服务功能。建设泉州海上丝绸之路时间中心。建设省网上办事大厅海外版。（责任单位：省发改委、商务厅，泉州市人民政府）

（二十三）建设文化交流信息平台。建设数字“第一家园”对台服务平台。推动数字龙头企业在“一带一路”沿线国家和地区建设数字教育平台。开展南洋华裔族群寻根谒祖综合服务平台、海丝信用服务平台等建设。（责任单位：省台港澳办，省电子信息集团，福州市、泉州市人民政府）

（二十四）建设海丝空间信息港。新建国家北斗导航位置服务数据中心福建分中心、全球商业遥感卫星地面接收站网福建站。培育福州、漳州等卫星应用产业基地。加强“海丝一号”遥感卫星在农业、林业、海洋等领域的应用。（责任单位：省数字办，省电子信息集团，福州市、泉州市、漳州市人民政府）

## 五、加快新型基础设施建设

（二十五）优化提升网络和数据中心能级。新建 3 万个以上 5G 基站，推进 IPv6 规模部署。加快建设厦门鲲鹏超算中心、泉州先进计算中心、龙岩土楼云谷数据中心等重大项目。（责任单位：省工信厅、数字办，省通信管理局，各电信运营商，厦门市、泉州市、龙岩市人民政府）

（二十六）完善安全保障能力。推进网络和信息安全相关监管平台和政务 App 安全保障能力建设，扩容异地灾难备份中心，升级政务网边界安全接入平台，建立网安人才培养基地。（责任单位：省委网信办，省公安厅）

（二十七）加快建设新型智慧城市。建立全省统一的国土空间基础信息平台，搭建 CIM 城市信息模型。推广应用多功能智慧门牌、智慧杆，发展智慧管网、智慧水务、智慧井盖等。建设城市综合管理服务平台，打造“城市大脑”。建设城市级公共停车信息平台。遴选智能网联汽车商业应用示范区，改造车路协同信息化设施。推进 5G 技术在超高清视频、工业互联网、智慧港口、在线教育、远程医疗等领域应用。（责任单位：省住建厅、自然资源厅、数字办，各设区市人民政府、平潭综合实验区管委会）

（二十八）加快建设数字乡村。开发和完善乡村振兴、农村人居环境监督举报、农村宅基地管理等平台。推动“互联网+”向农村延伸，加快益农信息社覆盖主要行政村。加快国家级数字乡村试点县建设。（责任单位：省委网信办，省农业农村厅、数字办）

（二十九）加快建设智慧海洋。构建海洋信息通信“一网一中心”。持续完善海洋综合感知网和通信网，建设多源遥感卫星服务保障系统。加快智慧海洋大数据中心（一期）、渔业渔政综合管理服务平台和大中型海洋渔船“插卡式 AIS”项目建设。开展智慧海运、“丝路海运”气象和海丝沿线智能港口、智慧航线服务。（责任单位：省海洋渔业局、交通运输厅）

## 六、深化数据资源开发利用

（三十）加强公共数据资源汇聚治理。编制事业单位和公用企业数据资源目录。建立政务数据汇聚保障机制和基础数据更新联动机制，制定公共数据治理规则。（责任单位：省数字办，各设

区市人民政府、平潭综合实验区管委会）

（三十一）推动公共数据资源共享开放。全面加快全省电子证照国标改造，加强行政审批、公共服务、现场执法领域电子证照推广应用。制定省市公共数据资源开放目录清单，依法有序向社会开放重点领域公共数据资源。推广应用“一人一档”“一企一档”对象库。（责任单位：省大数据局，各设区市人民政府、平潭综合实验区管委会）

（三十二）推进公共数据资源开发利用。上线省公共数据资源开发服务平台，推出10个以上公共数据资源开发利用示范应用。推进省大数据公司筹备挂牌运作。（责任单位：省发改委、数字办，各设区市人民政府、平潭综合实验区管委会）

（三十三）完善政策规章体系。推动《福建省大数据发展促进条例》立法，研究制定《福建省公共数据资源开放开发管理办法（试行）》《福建省公共数据资源目录编制规范（试行）》。（责任单位：省数字办、司法厅）

## 七、强化统筹协调

（三十四）健全统筹协调机制。牢固树立“全省一盘棋”理念，在数字福建建设领导小组的领导下，充分发挥省数字办统筹协调作用，健全数字福建重大规划衔接、重大项目论证、重大协议（合约）审查、公共数据资源管控、网络信息安全保障等方面工作机制；指导各地各部门建立纵向衔接、横向协同、共建共享机制，健全评估考核机制。（责任单位：省发改委、数字办，省直有关单位，各设区市人民政府、平潭综合实验区管委会）

# 江西省

## 一、综述

2021年，在江西省委、省政府的领导下，全省商务（口岸）系统聚焦“作示范、勇争先”目标定位，统筹推进疫情防控和中国（江西）国际贸易单一窗口（以下简称江西“单一窗口”）建设推广，持续拓展地方特色功能，提升服务效能，助力企业平稳发展，积极做好优化口岸营商环境工作，各项工作有序开展。

### （一）大力加强新上线功能培训

根据国家口岸管理办公室统一部署和要求，采取线上线下结合的方式，会同省有关单位及时开展标准版全国口岸收费及服务信息发布系统、出口退税（金三版）系统、进出口监管证件申领等功能推广培训21场，培训3700余人次、培训企业2900余家，进一步提升企业网上申报的成功率。

### （二）不断拓展地方特色功能

先后开发完成口岸大屏展示分析系统、口岸疫情数据监控系统、航空物流信息平台等特色功能，在精准实施疫情防控的同时为企业拓宽国内市场。截至2021年年底，经过同类系统整合，全省地方特色功能累计达15个。

### （三）积极做好日常运维保障

加强全省95198服务热线和微信运维工作群管理工作，向企业提供7×24小时服务，全年接听电话3849个，接听率100%、解决率100%，日均申报业务量1.08万余票，同比增长48%。截至2021年年底，江西“单一窗口”用户达1.49万余家，同比增长54%，其中江西外贸企业1900余家，同比增长53%。

## 二、运行情况

### （一）运行数据

2021年全年，江西“单一窗口”货物申报19.59万票；舱单申报27.21万票；运输工具申报8337票；企业资质办理1.58万票；原产地证书申领4.99万票；税费支付2.66万票；加贸保税

25.64 万票；物品通关 1.51 万票；跨境电商 806.52 万票；监管证件 2094 票；出口退税 1.66 万笔。

1. 全省报关申报相关情况

2021 年，全省申报 19.16 万票。其中报关 15.30 万票，检验检疫电子底账 3.86 万票。

**2021 年 1—12 月全省报关申报情况（按申报单位注册地统计）**

| 序号 | 地区 | 报关（票） | 占比 |
| --- | --- | --- | --- |
| 1 | 南昌市 | 41439 | 27.09% |
| 2 | 九江市 | 15365 | 10.04% |
| 3 | 赣州市 | 50323 | 32.90% |
| 4 | 宜春市 | 12388 | 8.10% |
| 5 | 上饶市 | 3365 | 2.20% |
| 6 | 吉安市 | 20806 | 13.60% |
| 7 | 抚州市 | 5410 | 3.54% |
| 8 | 景德镇市 | 672 | 0.44% |
| 9 | 萍乡市 | 1328 | 0.87% |
| 10 | 新余市 | 1355 | 0.89% |
| 11 | 鹰潭市 | 511 | 0.33% |
| 合计 | | 152962 | 100.00% |

**2021 年 1—12 月全省检验检疫电子底账申报情况（按申报单位注册地统计）**

| 序号 | 地区 | 检验检疫电子底账（票） | 占比 |
| --- | --- | --- | --- |
| 1 | 南昌市 | 2200 | 5.70% |
| 2 | 九江市 | 1974 | 5.11% |
| 3 | 赣州市 | 13116 | 33.97% |
| 4 | 宜春市 | 9179 | 23.78% |
| 5 | 上饶市 | 2894 | 7.50% |
| 6 | 吉安市 | 1068 | 2.77% |
| 7 | 抚州市 | 2338 | 6.06% |
| 8 | 景德镇市 | 266 | 0.69% |
| 9 | 萍乡市 | 4162 | 10.78% |
| 10 | 新余市 | 892 | 2.31% |
| 11 | 鹰潭市 | 516 | 1.34% |
| 合计 | | 38605 | 100.00% |

2. 全省关检业务覆盖率有关情况

2021年，货物申报模块的月均报关覆盖率为100%，实现了“2021年底前，主要业务（货物、舱单、运输工具）申报应用率100%”的目标。

**2021年1—12月全省关检业务覆盖率情况**

| 月份 | 报关覆盖率 | 检验检疫电子底账覆盖率 |
| --- | --- | --- |
| 1月 | 100% | 100% |
| 2月 | 100% | 100% |
| 3月 | 100% | 100% |
| 4月 | 100% | 100% |
| 5月 | 100% | 100% |
| 6月 | 100% | 100% |
| 7月 | 100% | 100% |
| 8月 | 100% | 100% |
| 9月 | 100% | 100% |
| 10月 | 100% | 100% |
| 11月 | 100% | 100% |
| 12月 | 100% | 100% |
| 平均值 | 100% | 100% |

### （二）运行维护

1. 积极做好数据安全工作

落实相关制度要求，对电子口岸平台设施安全、“单一窗口”门户网站安全、“单一窗口”系统运行安全、“单一窗口”数据使用安全、统一用户管理和身份认证进行自查和应急演练，通过项目管理系统建立专门的服务器使用记录，对使用堡垒机登录服务器、登录原因等进行详细记录。

2. 进一步完善客户服务机制

全年共接听95198客服热线3849个，通过微信解决问题5898个，远程指导企业157次，电话接听率100%、问题解决率100%。从2021年5月开始，国家口岸管理办公室对江西95198地方客服绩效考核均为100分。客服团队面向全省各地市建立“单一窗口”微信交流群，服务企业3600余家，为企业编制精简版操作流程、热门疑点问题汇总等文档，在帮助企业解决问题的同时也促进了相互交流。

### （三）宣传推广

#### 1. 做好政策宣讲服务

为加大稳外贸政策宣讲和对企业精准帮扶力度，提升贸易便利化水平，省商务厅（口岸办）在全省组织开展“百场口岸惠企政策宣讲会”，并派督导组赴各地深入企业调研走访，倾听企业意见，解决企业问题。

#### 2. 大力开展业务培训

采取线上线下相结合、重点企业上门指导等方式为外贸企业提供培训服务，全年累计开展培训 17 场，培训企业 2983 家、培训人员 3777 人。

## 三、特色应用

### （一）江西省出口产品转内销平台

#### 1. 应用目标

为深入贯彻落实党中央、国务院关于经济社会发展工作的决策部署，做好“六稳”工作、落实“六保”任务，在鼓励企业拓展国际市场的同时，支持适销对路的出口产品开拓国内市场，这不仅有助于帮助企业渡过难关，更能推动国内市场改革，为外贸企业持续健康发展提供有力支持。

#### 2. 主要内容

建设出口产品转内销平台，为外贸企业提供企业信息展示和商品展示服务，建立供需双方沟通平台，为促进出口产品转内销提供平台支撑。该项目主要建设内容包括：

（1）搜索与分类。通过关键字搜索，把数据库中所有包含关键字的商品罗列出来；对企业上传的商品进行大、中、小分类，大类包括电子及家电、照明产品、车辆及配件等 16 项，一项大类包含若干中类，一项中类包括若干小类，层层递进。

（2）企业信息上传。上传企业名称、统一社会信用代码、海关代码等相关信息。

（3）产品信息上传。上传产品名称、产品图片、产品简介等相关信息。

（4）系统审核。分为省级和市级两级，根据企业所填的企业所在区域，由当地有关部门进行审核。

（5）查询统计。分为注册成功企业统计、企业上传商品统计、货物类型统计。注册成功企业统计按地市分类统计，企业上传商品统计按企业名称统计，货物类型统计按 16 项大类进行统计。

#### 3. 取得成效

江西省出口产品转内销平台于 2021 年 4 月上线运行，已有 56 家外贸企业注册，成功发布 253 条产品信息，有效地帮助企业拓展产品在国内的销售渠道，提升企业和品牌知名度。

### （二）进口疫情数据监控系统

#### 1. 应用目标

依托江西“单一窗口”，对全球疫区国家（地区）、进口口岸、运输方式、货物类别、收货人进行统计分析，结合物流信息，定位货物走向，为有效实施疫情精准防控提供支持。

#### 2. 主要内容

系统分为两部分：第一部分为基本信息查询，主要包括与江西有贸易往来的国家（地区）、口岸、商品、收货人以及疫情走势等基本信息，以世界地图、中国地图、江西地图、地市地图的形式进行直观展示，同时实现信息查询功能；第二部分为数据查询，以收货人、进口口岸、运输方式及进口国（地区）别等 4 组关键字来确定搜索数据。

#### 3. 取得成效

进口疫情数据监控系统实现了对疫情国家（地区）数据监控、进口口岸数据监控、省内疫情风险分析、地市疫情情况统计、收货人疫情数据跟踪等功能，为政府部门提供风险预警和技术支撑。

### （三）南昌航空口岸航空数据采集与奖励系统

#### 1. 应用目标

以机场、货代、航空公司、拖车公司等航空运营主体业务数据为基础，整合地面服务公司飞机动态信息、货物信息、货物进出港和装卸、堆场等作业信息，建设南昌航空口岸航空数据采集与奖励系统，为全省各级口岸管理部门、进出境人员、外贸企业提供全程状态查询服务。

通过南昌航空口岸航空数据采集与奖励系统的建设，对地面服务、航空公司、货代、拖车公司等运营主体数据进行有效核对，相互验证，提升航空口岸航空货物数据的有效性和准确性，为航空口岸管理和政策制定提供量化指标，方便各方掌握航空口岸各环节状态，合理安排口岸作业。

#### 2. 主要内容

依托现有环境，建立南昌航空口岸航空数据采集与奖励系统，系统会对收集到的数据进行整理，并进行验证核对，生成准确、完整的航空进出港货物数据。南昌航空口岸航空数据采集与奖励系统以航空数据为载体，以网络技术和信息技术为主导，充分运用现代通信技术、网络技术、自动化技术等先进技术，构建以数据传输网络为纽带、以计算机信息系统为支撑、以航空货物数据为核心的现代化、网络化、智能化综合数据服务平台，为相关监管职能部门提供数据支撑。该项目主要建设内容包括：

（1）航空货运系统采集。主要包括国内进港数据采集、国际进港数据采集、国内出港数据采集、国际出港数据采集、航司电报数据采集、货运航班信息采集、货运系统机场站点字典采集、货运系统航司字典采集、货运系统代理人数据采集和货运系统货品分类数据采集。

（2）奖励数据申报。主要包括货代国内国际出港奖励申报、货代国内国际空空中转奖励申报、货主企业奖励申报、卡车运营商奖励申报、货运航司奖励申报。

（3）航司数据管理。主要包括东航数据管理、数字民航数据管理。

（4）卡车数据核验。主要包括公路里程查询、卡车核验照片管理。

（5）昌北机场卡车小助手（微信小程序）。主要功能包括账号绑定、卡车进场预约、卡车进场信息修改、卡车核验拍照。

（6）数据对比分析与处理。主要包括数据对比控制、货代国内国际出港奖励数据对比分析、货代国内国际出港奖励数据对比结果处理、货代国内国际空空中转奖励数据对比分析、货代国内国际空空中转奖励数据对比结果处理、货主企业奖励数据对比分析、货主企业奖励数据对比结果处理、卡车运营商奖励数据对比分析、卡车运营商奖励数据对比结果处理、货运航司奖励数据对比分析和货运航司奖励数据对比结果处理。

（7）数据查询统计。主要包括货运系统数据查询、进港货运量统计（按货代）、出港货运量统计（按货代）、月度货运量统计、货代货运量排名、航司货运量排名、最终奖励统计和国内进出港货品占比。

### 3. 取得成效

通过南昌航空口岸航空数据采集与奖励系统的建设，建立统一的航空口岸数据库，航空口岸信息化水平提质升级，为后续航空口岸信息化应用提供数据支撑。建设航空口岸信息平台，打通进出口核心环节，实现物流全程电子化、网络化、数字化，形成一个操作性强、方便社会各界使用的大通关电子平台。

## 四、大事记

3 月 24 日

江西省口岸贸易促进中心赴上饶、鹰潭、抚州市开展稳外贸调研，并向各地商务主管部门和外贸企业宣传解读各项稳外贸政策措施及推广江西“单一窗口”。

3 月 29 日

江西省口岸办赴赣州开展稳外贸调研，在于都县、瑞金市等县区走访多家企业，了解企业使用江西“单一窗口”的情况，进一步向企业宣传推介国际贸易“单一窗口”。

11 月 30 日

江西“单一窗口”上线地方特色应用进口疫情数据监控系统。

## 五、政策文件

### 江西省人民政府口岸管理办公室关于印发《进一步深化跨境贸易便利化改革优化口岸营商环境实施方案》的通知

赣口岸字〔2021〕1 号

各设区市人民政府，省有关单位：

为进一步优化我省营商环境，积极落实《关于进一步深化跨境贸易便利化改革优化口岸营商环境的通知》（署岸发〔2021〕85号）各项举措，根据省政府批示要求，省人民政府口岸管理办公室会同省有关单位结合我省实际制定了实施方案，现印发给你们，请认真抓好落实。

附件：江西省人民政府口岸管理办公室关于进一步深化跨境贸易便利化改革优化口岸营商环境实施方案

江西省人民政府口岸管理办公室
2021年11月16日

## 江西省人民政府口岸管理办公室关于进一步深化跨境贸易便利化改革优化口岸营商环境实施方案

为认真落实党中央、国务院决策部署，深化“放管服”改革，贯彻《海关总署、发展改革委、财政部、交通运输部、商务部、卫生健康委、税务总局、市场监管总局、铁路局、民航局关于进一步深化跨境贸易便利化改革优化口岸营商环境的通知》（署岸发〔2021〕85号）精神，进一步深化跨境贸易便利化改革、优化口岸营商环境，提升跨境贸易便利化水平，实现更高水平对外开放，促进外贸高质量发展。根据省政府批示要求，省人民政府口岸管理办公室会同省相关单位，结合全省口岸实际，研究制定了我省进一步深化跨境贸易便利化改革优化口岸营商环境实施方案。方案如下：

### 一、工作目标

充分发挥我省口岸平台和国际物流通道作用，统筹推进疫情防控和经济社会发展，进一步优化通关流程、创新监管方式、提升通关效率、降低通关成本，提升高质量监管、高品质服务水平，持续优化市场化、法治化、国际化口岸营商环境，更大激发市场主体活力和综合竞争力，保持外贸进出口稳定增长，切实为外贸企业减负增效，进一步提升我省跨境贸易便利化水平，积极推进江西内陆开放型经济试验区建设，加快构建以国内大循环为主体，国内国际双循环相互促进的新发展格局。

### 二、职责分工

江西省商务厅（省政府口岸办）：负责统筹全省提升跨境贸易便利化水平工作，协调相关部门落实任务分工，指导各设区市推进工作落实，实时调度工作进展情况。

省相关单位：严格按照国家部委工作部署和我省实施方案，结合本单位职能开展推动落实，及时向省商务厅（省政府口岸办）反馈各项任务的落实进展情况。

各设区市人民政府：统筹做好本市优化口岸营商环境工作，制定完善配套措施及落实细则，对本地有进出口环节的作业场所实现全覆盖，督促检查口岸经营服务单位提高工作效率、提升服务质量，配合省相关单位开展改革事项，确保各项政策措施落地生效。

## 三、主要措施

### （一）进一步优化通关全链条全流程

1. 推进海关全业务领域一体化。按照海关总署统一部署，紧扣高质量发展推进海关业务一体化改革，落实海关全业务领域一体化，积极推动全业务领域跨关区协同治理与发展。（南昌海关负责）

2. 进一步优化进出口货物通关模式。推动落实整合简化报关单申报项目。支持企业自主选择进出口申报模式，加大进出口货物“提前申报”“两步申报”通关模式推广力度，在符合条件的港口扩大进口货物“船边直提”和出口货物“抵港直装”试点。提高出口便利化水平，优化出口环节服务。支持海外仓建设，指导企业开展出口海外仓备案，依托出口海外仓大力发展跨境电商出口业务。鼓励企业完善物流体系，对接跨境电商线上综合服务平台、国内外电商平台等。加强外贸新业态领域知识产权保护，鼓励建立重要产品追溯体系，便利跨境电商进出口退换货管理。（南昌海关、省商务厅、省税务局和相关设区市人民政府按职责分工负责）

3. 深入推进“主动披露”制度和容错机制实施。加强主动披露政策宣传，扩大政策覆盖面，切实落实优惠措施；畅通“主动披露”受理部门与核实部门间的联系配合，提升主动披露作业执行效能；优化作业模式，探索以“线上+线下”方式受理企业主动披露，以“云传输”、系统信息数据比对等手段开展非侵入式核实，帮助企业节省成本。（南昌海关负责）

4. 深化税收征管改革。加大对企政策宣贯力度，提供多元化税收担保方式，引导企业用好用足关税保证保险、汇总征税、自报自缴、预裁定等便利措施。（南昌海关负责）

5. 进一步提升出口退税便利度。加强跨部门信息共享，进一步提升出口退税申报便利水平，实现企业通过税务系统申报出口退税时自动调用本企业出口报关单信息，通过国际贸易“单一窗口”申报出口退税时自动调用本企业购进的出口货物的发票信息。持续加快出口退税进度，2021年办理正常出口退税的平均时间保持在7个工作日以内，2022年底前进一步压缩至6个工作日以内。（省税务局、省商务厅按职责分工负责）

6. 进一步合理调整和精简进出口环节监管证件。进一步推进原产地证书自助打印。落实自动进口许可证商品目录调整，对可在后续市场环节验核的证件，按照要求退出口岸验核。2021年底前，除涉密等特殊情况外，进出口环节监管证件统一纳入“单一窗口”一口受理，根据实际需要，逐步实现监管证件电子签发、自助打印。（南昌海关、省商务厅、省贸促会按职责分工负责）

7. 推进检验检疫监管模式改革。强化巴氏杀菌乳进口商的培训力度，督促进口商落实主体责任，建立完善境外出口商、境外生产企业审核制度，保障进口乳品质量安全卫生。加大对监管人员的业务培训，熟练掌握乳制品进口法律法规和相关要求，确保“检查放行+风险监测”模式顺利实施。（南昌海关负责）

8. 优化进口食品化妆品样品检验监管。对用于展览展示的预包装进口食品样品，在符合准入要求的前提下，免予抽样检测。进口用于特殊化妆品注册或普通化妆品备案用的化妆品样品、企业研发用的非试用化妆品样品、非试用或者非销售用的展览展示化妆品，可免予提供进口特殊化妆品产品注册证或进口普通化妆品备案电子信息凭证，免予进口检验。（南昌海关负责）

9. 深化区域物流一体化监管。继续深化“赣深组合港”模式，扩大改革试点规模。支持推动

将“赣深组合港”纳入粤港澳大湾区“组合港”范围。（南昌海关、相关设区市人民政府负责）

### （二）进一步降低进出口环节费用

10. 落实国家减费降税政策。贯彻落实财政部关于取消港口建设费的政策要求，充分利用政府、财政门户网站等载体广泛开展政策宣传，确保政策落地生根。推动口岸与国内外知名船公司合作，在港口设立提还箱点，延长免费用箱周期，降低用箱成本。进一步规范港口、集装箱堆场、查验场站、中介代理等经营服务性收费行为，推动拖车等服务企业费用下浮。继续在九江城西港开展免除海关查验没有问题外贸企业吊装移位仓储费用试点工作，进一步减轻外贸企业负担。（省发改委、省财政厅、省交通厅、省商务厅、南昌海关、省市场监管局和各设区市人民政府按职责分工负责）

11. 优化口岸收费目录清单公开制度。指导推动口岸经营服务单位认真落实口岸收费目录清单公示制度并强化动态更新，目录清单之外不得收费。持续推进口岸收费主体通过国际贸易“单一窗口”公开收费标准、服务项目等信息，增强口岸收费透明度、可比性。（各设区市人民政府负责）

12. 建立长效监督监管约束机制。加大督查检查力度，对口岸乱收费问题采取零容忍态度，依法查处口岸不执行政府定价和指导价、不按规定明码标价、未落实收费优惠政策等违法违规收费行为。典型案例及时向社会公布，切实防范口岸乱收费问题发生。（省市场监管局牵头，省发改委、省财政厅、省商务厅、南昌海关、省交通厅和各设区市人民政府按职责分工负责）

### （三）进一步提升口岸综合服务能力

13. 深化国际贸易“单一窗口”功能。根据国家口岸管理办公室统一部署，加快国际贸易“单一窗口”标准版新上线功能推广应用，推动口岸和跨境贸易领域相关业务统一通过“单一窗口”办理，逐步实现国际贸易“单一窗口”覆盖国际贸易全链条。相关设区市和部门围绕优化口岸营商环境各项要求，结合本地发展需求加强与沿海沿边口岸对接，实现信息互联互通；积极提出创新性业务需求建议，推动纳入“单一窗口”国家标准版或地方功能，实现创新“外贸+金融”“通关+物流”等服务模式，不断提升跨境贸易便利化水平。（省商务厅、南昌海关、省交通厅、省税务局、民航江西监管局、中铁南昌局集团和各设区市人民政府按职责分工负责）

14. 推进口岸物流单证全流程无纸化。依托江西国际贸易“单一窗口”，推进九江港在长江口岸实现集装箱设备交接单及港口提箱作业信息电子化，减少企业单证流转；对接铁路国际联运无纸化通关及数字口岸系统，逐步实现中欧班列、铁海联运物流数据的交互应用；对接航空运捷迅系统，优化信息交换和单证流转流程，全面实现单证全流程无纸化。充分应用“5G+区块链”技术在九江港、龙头港等水运集装箱码头推进电子放货平台，海关提供放行信息。（省商务厅、南昌海关、民航江西监管局、中铁南昌局集团和相关设区市人民政府按职责分工负责）

15. 提升口岸基础设施和监管智能化水平。推动口岸运营单位加强自动化码头建设，推广智能卡口、无人集卡、智能理货、辅助机器人、货物智能识别等技术应用，扩大智能审图商品范围。在场所巡查、审核单证等业务领域，通过机器辅助人工等方式加强智能化监管。（相关设区市人民政府牵头，省商务厅、南昌海关配合）

16. 促进航空物流通关便利化。依托“单一窗口”建设航空物流公共信息平台，推动航空物流全链条信息互联互通，实现运抵申报、运输鉴定报告、货物跟踪、航线网络可视化等“一站式”服务。利用运捷迅货站系统，代理人在平台自助预约进出口，系统对接“单一窗口”实现电子放行，便于实时查询货物通关状态，快速衔接通关和物流操作，提高进出口货物运输速度。（省商务厅、南昌海关、民航江西监管局和相关设区市人民政府按职责分工负责）

17. 加快多式联运发展。打造口岸集群，完善集疏运体系，畅通物流开放通道，常态化稳定开行铁海联运、水水联运、中欧班列，大力发展航空货运，建设以水陆空运输无缝对接、铁海江海多式联运和通关一体化为特征的现代集疏运体系。配合做好建设全国多式联运公共信息系统，推进多式联运各方信息共享和协同，为承运人企业提供多式联运“一站式”服务。对水运转铁路运输货物，探索实行“车船直取”模式。（省商务厅、省发改委、省交通厅、南昌海关、中铁南昌局集团和相关设区市人民政府按职责分工负责）

18. 提升口岸物流作业综合效率。落实属地管理责任，配备充足口岸作业人员，严格落实新冠肺炎病毒疫苗接种、新冠肺炎病毒核酸检测、人员管理等各项疫情防控措施。坚持“人物同防”，加大出入境人员卫生检疫岗位工作人员的安全防护培训力度，严格落实“三查三排一转运”等出入境人员疫情防控措施。统筹做好进出口冷链商品消杀等工作，严防疫情通过商品传入。推动上线集装箱智能理货系统，通过智能 AI 视频识别、云计算和“互联网+”等技术，实现与码头生产作业辅助系统的数据共享和交互，提高作业效率。（省商务厅、南昌海关、省卫健委和相关设区市人民政府按职责分工负责）

**（四）进一步改善跨境贸易整体服务环境**

19. 推进政务服务事项一体化办理。全面深化“放管服”改革，依托国际贸易“单一窗口”，实现进出口环节行政审批线上办理和窗口递交纸本、后台流转作实体验核的一体“通办”。大力推进“互联网+政务服务”，推行备案事项的一网通、无纸化和集约化，全面推广“在线咨询、网上申请、快递送达”办理模式，除涉密或法律法规有特别规定外，基本实现进出口环节服务事项网上办理全覆盖。（省商务厅、南昌海关、省交通厅、省发改委、省财政厅、省市场监管局、省税务局按职责分工负责）

20. 建设稳定透明的口岸服务环境。在政府网站和口岸经营场所，明确并全面公开全省港口、机场、陆港、铁路场站调货、移位、装卸等物流作业时限及流程。依托国际贸易“单一窗口”地方功能，与口岸查验单位、口岸场站各环节推送通关状态信息，实现通关全流程可视化查询，逐步实现外贸企业可实时查询运抵、调箱、装载等作业信息。（各设区市人民政府牵头，省商务厅、南昌海关、省交通厅、民航江西监管局、中铁南昌局集团职责分工负责）

21. 为海关认证企业提供更多便利化措施。全面落实“经认证的经营者”（AEO）制度，加强政策宣传力度。以“十百千万”服务计划为抓手，发挥企业协调员作用，对高级认证企业实施“点对点、一对一”服务，协调解决问题和诉求。（南昌海关负责）

22. 加强知识产权海关保护。贯彻落实全国海关知识产权保护专项行动（代号“龙腾行动”）等执法行动。加强能力建设，提升执法能力。加强风险布控，严厉打击进出口侵权违法行为。加强与沿海沿边海关合作，强化与地方部门协作，构建全链条保护格局。强化政策宣贯，提升企业守法经营和尊重知识产权意识。加大重点企业培塑，为企业创新和维权提供便捷服务。（南昌海关负责）

23. 加强技术性贸易措施企业咨询服务。面向全省企业开展技术性贸易措施咨询服务，提升企业应对能力。推进我省相关产业技术性贸易措施评议基地建设。加强国外技术性贸易措施的预警和通报评议，提升合规意识和技术创新能力，助力企业“走出去”。（南昌海关负责）

24. 完善企业意见反馈和协调解决机制。积极开展口岸惠企政策宣讲和“服务进园区、畅通双循环”活动，帮助外贸企业解决在国际货物运输中遇到的问题。在口岸现场设立通关疑难问题处理专窗，协调解决疑难问题。通过“单一窗口”等渠道，推送政策措施及监管要求。统筹做好改革问题收集、稳外贸稳外资协调等机制下“问题清零”工作。（省商务厅、南昌海关和各设区市人民政府按职责分工负责）

### （五）进一步加强跨境通关合作交流

25. 加大跨境通关合作力度。加强《区域全面经济伙伴关系协定》政策宣介，帮助企业了解政策，用好用足政策。按照海关总署统一部署，落实“智慧海关、智能边境、智享联通”建设。继续推动匈牙利中欧商贸物流合作园区与中国（赣州）跨境电子商务综合试验区“双区联动”模式。（省商务厅、南昌海关、赣州市人民政府按职责分工负责）

## 四、有关要求

（一）统一思想、提高认识。跨境贸易便利化推进工作涉及部门广、流程多、任务重。各地各部门要统一思想，充分认识到提升跨境贸易便利化水平对于优化我省营商环境的重要意义，要强化责任意识、服务意识、协作意识，共同推动各项工作措施落实到位。

（二）建章立制、明确责任。各设区市要结合本设区市实际，建立并完善提升跨境贸易便利化水平工作协调机制，认真梳理跨境贸易便利化业务内容，及时制定本地区实施措施，明确职责分工，并将责任落实到人。要进一步加强与口岸管理等单位的配合，及时协调解决存在的问题。

（三）加强宣传、确保效果。各设区市要会同有关部门加大政策宣传力度，充分发挥政府与企业合力，聚焦市场主体关切，引导企业用好各项惠企政策措施，对企业反映的问题要及时回应，积极推动研究解决，营造良好的舆论氛围。

# 山东省

## 一、综述

2021年，山东省积极落实党中央、国务院关于优化营商环境、促进跨境贸易便利化有关决策部署，推动中国（山东）国际贸易单一窗口（以下简称山东“单一窗口”）的建设与推广工作。按照建设更高水平国际贸易“单一窗口”目标要求，加大标准版建设推广力度，积极拓展地方特色应用，助力改善营商环境，促进贸易便利化。

### （一）平台功能更加丰富

上线享惠受阻协调申请、19种进出口环节监管证件申领、货物贸易税费支付、进口旧机电产品装运前检验监督管理、进口机动车VIN申报、暂时进出境货物等标准版应用。新建查验信息推送系统、国际结算平台、外贸中介服务评价系统、临沂/烟台/即墨市场采购贸易联网信息平台等4个地方特色应用。按照国家口岸管理办公室的部署要求，积极开展危险货物申报试点工作，在全国率先试点上线危险货物申报功能，为全国推广提供经验。截至2021年年底，山东“单一窗口”累计上线17大类108个标准版子系统781项服务功能、15大类34个地方特色应用系统320项服务功能，业务涵盖通关服务、金融服务、物流服务、税费服务、证书服务、资质服务等跨境贸易全流程服务。

### （二）深入开展调研工作

#### 1. 海运出口物流单证电子化调研

为提升跨境贸易便利化水平，加快海运集装箱货物出口物流单证无纸化步伐，联系青岛地区20多家货代、船代、船公司、场站、码头、运输公司等企业，针对集装箱出口货物背空返重单据流转、设备交接单电子化等情况进行深入调研，征求各方对背箱及设备交接单电子化的需求及意见，并对青岛港口业务各环节信息化水平和共享情况做详细了解，对比上海、宁波和深圳等各港口的海运出口单证电子化模式，学习借鉴其海运出口单证电子化流转的实现方式，结合山东自身海运出口业务现状，探索符合山东实际的海运出口物流单证电子化模式。

#### 2. 中韩跨境贸易互联互通调研

为贯彻落实党中央、国务院决策部署，持续优化市场化、法治化、国际化口岸营商环境，探索开展与韩国、日本跨境贸易信息互联互通、信息共享的改革任务，就中韩跨境贸易各环节的操作流程进行调研，并对业务现状进行需求分析。调研分析结果表明，青岛与韩国之间贸易往来较为密切，在货物申报、舱单申报和船舶申报等方面均有大量业务数据交互，迫切需要实现双方申报数据的互联互通，可依托山东“单一窗口”已有体系架构，在货物申报、船舶申报、舱单申报等领域探索开展中韩跨境贸易相关单证互联互通、信息共享和联网核查等合作。

### （三）培训宣介成效明显

联合各口岸相关单位，积极开展通关政策、口岸收费自主更新、“单一窗口”操作等业务培训。全年共举办培训会 26 场，参会企业 1734 家，参会人员达 2653 人次。

### （四）平台保障更加有力

推动实施扩充云资源，购买 Oracle 数据库软件，云资源空间得到有效扩展，平台数据处理能力提高 50%以上。组织专家对平台网络安全等级保护定级进行论证，强化安全措施，网络安全保障工作全面加强。

## 二、运行情况

### （一）运行数据

#### 1. 山东“单一窗口”用户情况

截至 2021 年年底，山东“单一窗口”注册用户 46138 家，较 2020 年增加 10478 家；服务企业数量达 227915 家，较 2020 年增加 48024 家。

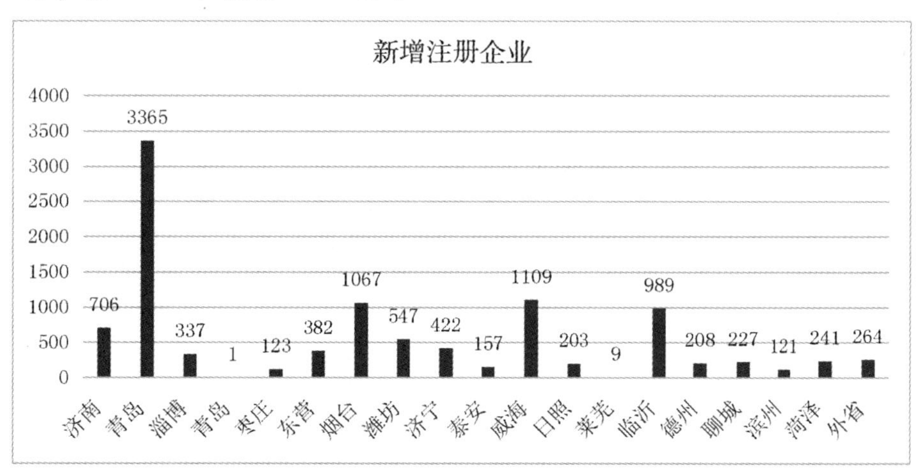


**图 1　2021 年山东“单一窗口”新增注册用户情况**

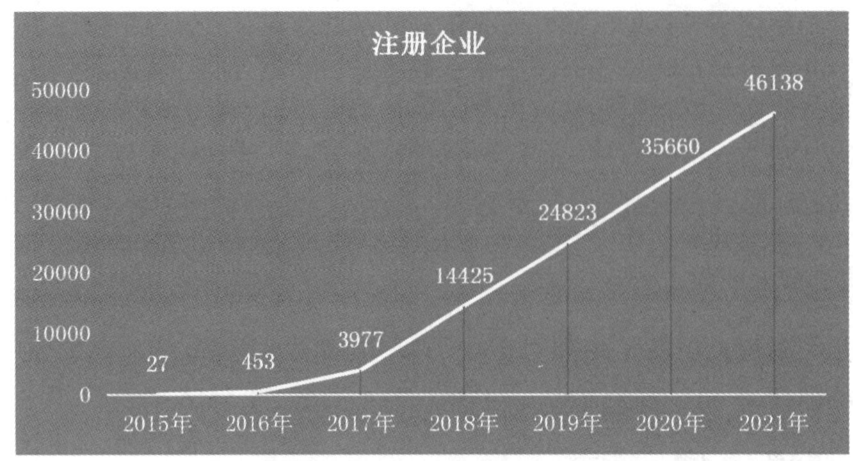


**图 2　山东“单一窗口”注册企业数增长情况**

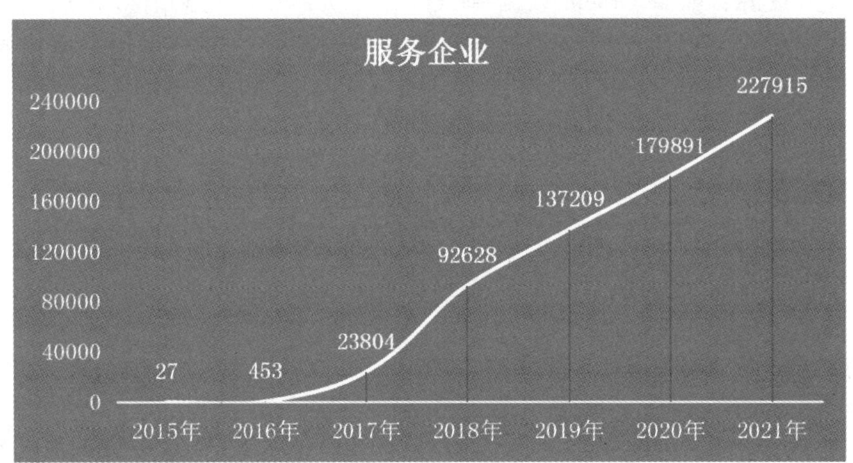


**图 3　山东“单一窗口”服务企业数增长情况**

### 2. 标准版业务数据

2021 年全年，山东“单一窗口”货物申报 585.22 万票；舱单申报 2927.03 万票；运输工具申报 57.28 万票；企业资质办理 16.77 万票；原产地证书申领 79.41 万票；税费支付 43.87 万票；加贸保税 264.13 万票；物品通关 1466.38 万票；跨境电商 8432.71 万票；监管证件 4.00 万票；出口退税 1044 笔。

### 3. 地方特色应用数据

（1）口岸物流协同平台运行情况

2021 年，共有 2000 余家企业通过口岸物流协同平台办理换单、押箱等业务，业务量达 170.2 万票，其中整箱业务 168.9 万票、拼箱业务 1.3 万票，青岛港进口集装箱线上换单押箱业务覆盖率达 90%以上。口岸物流协同平台的上线运行，先后实现了海运进口集装箱整箱、拼箱货物提货环节单据电子化流转，企业可线上办理换单、押箱、提箱和退押等手续，是全国首家同时实现海运提货单、设备交接单电子化流转的综合性公共物流服务平台，是山东口岸实现口岸通关物流“最多跑一次”的关键一步。

表1　2021年口岸物流协同平台业务量

| 月份 | 电子提货单（票） | 电子设备交接单（票） | 电子分拨提货单（票） |
| --- | --- | --- | --- |
| 1月 | 26944 | 133053 | 61 |
| 2月 | 18771 | 91170 | 32 |
| 3月 | 30401 | 135799 | 65 |
| 4月 | 27688 | 121967 | 154 |
| 5月 | 26435 | 118244 | 180 |
| 6月 | 26566 | 110354 | 263 |
| 7月 | 25576 | 109091 | 935 |
| 8月 | 25090 | 116040 | 1748 |
| 9月 | 24498 | 114569 | 2272 |
| 10月 | 21442 | 95513 | 2159 |
| 11月 | 26218 | 118695 | 2570 |
| 12月 | 27010 | 117970 | 2930 |
| 合计 | 306639 | 1382465 | 13369 |

（2）金融服务情况

2021年，为进一步满足、适应本省企业需要，在标准版金融服务应用基础上，山东“单一窗口”上线外贸金融服务平台、国际结算平台、小微信保统保平台，与济宁银行、北京银行、齐商银行、日照银行、太平洋保险公司等银行和保险机构进行技术对接，企业足不出户即可线上办理预约开户、跨境收付汇、结售汇、国际收支申报、贸易融资、信保投保等跨境业务。

2021年，外贸金融服务平台新增签约企业79家，办理融资金额达464万美元；国际结算平台办理国际结算495笔，其中人民币业务39笔、金额达2.8亿元，美元业务456笔、金额达4140万美元；共有514家小微外贸企业通过小微信保统保平台进行投保。

表2　国际结算平台业务量情况

| 业务名称 | 币种 | 笔数 | 金额（万） |
| --- | --- | --- | --- |
| 购付汇 | 人民币 | 6 | 27106.6 |
| | 美元 | 170 | 1580.4 |
| 收汇 | 人民币 | 33 | 822.8 |
| | 美元 | 260 | 1531.7 |
| 结汇 | 美元 | 26 | 1028 |

（3）市场采购业务情况

2021年，通过山东“单一窗口”办理市场采购贸易出口企业773家，出口额1043.6亿元。其中临沂市场采购贸易方式出口企业516家，出口额669.5亿元；烟台市场采购贸易方式出口企业140家，出口额173.5亿元；即墨市场采购贸易方式出口企业117家，出口额200.6亿元。为促进山东省外贸转型升级、外贸新业态新模式创新发展，山东“单一窗口”与工商银行、农业银行、中国银行、建设银行、中信银行、招商银行、浙商银行、浦发银行、光大银行、日照银行、青岛银行、临商银行、齐鲁银行、平安银行等 14 家银行进行系统对接，实现市场采购贸易模式下快速、便捷的全流程线上收结汇服务。

（4）口岸收费公示情况

2021 年，共有 650 家企业通过山东“单一窗口”更新发布 1.4 万条收费信息。截至 2021 年年底，口岸收费公示系统共有 900 家口岸经营单位发布 1.8 万条收费信息。

### （二）运行维护

#### 1. 值守巡检

安排专人 7×24 小时值守巡检，全面监控、实时跟踪。全年共巡检 251 次，未出现本地服务器、关键设备、网络安全、运维、业务系统、安全等方面的故障。

#### 2. 服务客户

设立 95198 客服呼叫中心，建立客户服务 QQ 群，规范服务标准，提供 7×24 小时热线咨询和故障即时解决服务，保证用户随时提问、随时答疑。全年，95198 客服呼叫中心通话数 3.2 万个，接通率达 99%，客户满意度 100%；29 个系统服务 QQ 群服务企业人数达 2.9 万人，解决问题 19 万个，为企业提供全天候的方便快捷的网上“大通关”服务。

#### 3. 系统更新升级

认真落实系统升级运维任务，系统全年平均每周 4~5 次升级，升级前均通过网站、微信平台发布公告通知企业。发现系统缺陷及时研究梳理，并汇总企业反馈问题。涉及标准版系统问题及时上报国家项目组，并跟进测试系统完善情况，全年提交国家项目组缺陷类、优化类、需求类问题共计 25 项。

#### 4. 信息安全保障

建立信息安全应急响应机制，保障与口岸有关部门信息共享与数据交换，提升网络数据安全管理、态势感知和风险防范能力，确保业务数据安全可靠。按照国家有关要求，开展海关业务安全自查，严格排查安全隐患，加强全员安全意识培训，全员签订数据安全保密协议，确保山东“单一窗口”数据安全。

### （三）宣传推广

为进一步提高企业对山东“单一窗口”系统应用的积极性和主动性，加强与企业的沟通交流，2021 年，山东省口岸办积极联合有关部门开展多场次培训、调研活动，深入企业“面对面”解决系统操作过程中遇到的问题，充分利用传统主流媒体和网络新媒体加强宣传报道，多途径、多形式扩大宣传工作的覆盖面和影响力，推动山东“单一窗口”工作创新发展。

1. 培训宣讲

联合青岛海关、济南海关及各市口岸办等单位，围绕“单一窗口”应用、口岸收费公示、出口退税等主题举办 26 场培训会，参会企业 1734 家、参会人员 2653 人次。

表 3　2021 年山东“单一窗口”培训情况

| 时间 | 地点 | 培训主题 | 培训人数 | 培训企业数 |
|---|---|---|---|---|
| 3 月 24 日 | 威海市 | “单一窗口”业务培训 | 60 | 45 |
| 4 月 14 日 | 烟台市 | “单一窗口”业务培训 | 170 | 110 |
| 4 月 20 日 | 济宁市 | “单一窗口”业务培训 | 100 | 51 |
| 4 月 22 日 | 菏泽市 | 口岸收费公示系统培训 | 20 | 20 |
| 4 月 27 日 | 青岛市 | “单一窗口”业务培训 | 100 | 60 |
| 5 月 12 日 | 青岛西海岸新区 | “单一窗口”业务培训 | 200 | 120 |
| 5 月 18 日 | 日照市 | 口岸收费公示及货物申报系统培训 | 60 | 50 |
| 5 月 18 日 | 滨州市 | 口岸收费公示系统业务培训 | 50 | 40 |
| 5 月 20 日 | 东营市 | 口岸收费公示系统业务培训 | 31 | 29 |
| 5 月 25 日 | 德州市 | 口岸收费公示系统业务培训 | 20 | 15 |
| 5 月 25 日 | 潍坊市 | “单一窗口”业务培训 | 80 | 55 |
| 5 月 27 日 | 济南市 | 口岸收费公示系统业务培训 | 70 | 46 |
| 6 月 3 日 | 聊城市 | “单一窗口”业务培训 | 37 | 24 |
| 6 月 8 日 | 淄博市 | 单一窗口”业务培训 | 120 | 60 |
| 6 月 23 日 | 临沂市 | 口岸收费公示系统业务培训会 | 55 | 40 |
| 9 月 16 日 | 德州市 | 跨境电商线上专题培训 | 300 | 200 |
| 9 月 24 日 | 青岛西海岸新区 | 出口退税系统培训 | 70 | 60 |
| 9 月 28 日 | 青岛城阳 | 出口退税系统培训 | 70 | 58 |
| 9 月 28 日 | 聊城市 | “单一窗口”业务培训 | 150 | 90 |
| 9 月 30 日 | 青岛崂山 | 出口退税系统培训 | 55 | 45 |
| 10 月 12 日 | 青岛即墨 | 出口退税系统培训 | 90 | 78 |
| 10 月 21 日 | 青岛胶州 | 出口退税系统培训 | 60 | 52 |
| 10 月 28 日 | 青岛市南 | 出口退税系统培训 | 40 | 30 |
| 11 月 17 日 | 青岛市北 | 出口退税系统培训 | 40 | 26 |
| 11 月 25 日 | 青岛莱西 | 出口退税系统培训 | 40 | 30 |
| 12 月 14 日 | 济南市 | “单一窗口”业务线上培训 | 565 | 300 |
| 合计（26 场次） | | | 2653 | 1734 |

2. 宣传推广

充分利用传统主流媒体和网络新媒体加强宣传报道，多途径、多形式扩大宣传工作的覆盖面和影响。全年通过《大众日报》《山东新闻联播》刊发新闻报道 2 篇；山东电子口岸网站发布文章 600 余篇，累计发布 5000 余篇，点击量达 70 万余次；微信公众号分享文章 300 余篇。

表 4 2021 年山东“单一窗口”外宣统计表

| 日期 | 新闻标题 | 发布媒体 |
|---|---|---|
| 2 月 6 日 | 5 天，9000+！“单一窗口+信保”模式再创山东速度 | 《大众日报》客户端、中国国际贸易单一窗口订阅号 |
| 3 月 21 日 | 打造对外开放新高地山东：完善国际贸易“单一窗口”功能 提升跨境贸易便利化水平 | 《山东新闻联播》 |

3. 走访企业

（1）服务企业讲政策

为持续优化口岸营商环境，推动以更高水平开放引领高质量发展，2021 年 9—10 月，山东“单一窗口”会同青岛市口岸办、青岛海关、青岛税务局、青岛港，联合青岛市各区（市）政府开展口岸政策“进基层、惠企业、促发展”巡回宣讲和外贸企业走访活动。为更好地了解企业诉求，解决企业实际问题，每场宣讲结束后，宣讲队成员就地到各区（市）进出口企业实地走访调研，切实掌握企业需求，现场解决问题，并紧紧围绕企业需求，强化口岸信息化、智能化建设，促进口岸营商环境规范化、透明化，打通政策落地“最后一公里”。

（2）深入一线解难题

根据国家和省政府关于优化口岸营商环境的工作部署，聚焦企业需求，着眼于建设公开、透明、可预期的口岸营商环境，基于平台基础功能推进开发地方特色应用相关功能，优化系统操作，减少企业录入工作量。对于新上线的功能应用，积极赴企业实地辅导培训，指导企业进行系统操作，为企业解决系统操作过程中遇到的问题和难题。全年累计走访省内报关行和进出口企业 300 余家，对企业在“单一窗口”申报过程中遇到的问题，逐一进行答疑解惑，能当场解决的，现场提出指导建议，不能当场解决的，整理问题后反馈至“单一窗口”项目组解决处理。

## 三、特色应用

2021 年，山东省口岸办全面贯彻落实党中央和山东省有关工作部署，科学研判形势，聚焦企业需求，主动靠前服务，在运维好各项通关执法服务功能的同时，将平台功能向金融服务、市场采购等领域拓展延伸，创新业务模式，结合省内实际和企业需求开发建设地方特色应用，不断优化系统功能，逐步满足企业一站式作业要求。2021 年，山东“单一窗口”新增市场采购联网信息平台、国际结算平台、外贸中介服务企业评价系统、查验信息推送系统、地方专区等特色应用。

### （一）市场采购联网信息平台

为贯彻落实海关总署 2020 年第 114 号公告，进一步支持市场采购贸易方式，确保市场采购业务顺利、平稳开展，积极完善市场采购联网信息平台功能，分别于 2021 年 4 月 27 日、5 月 24 日、9 月 9 日在山东“单一窗口”上线临沂市场采购贸易联网信息平台、即墨市场采购贸易联网信息平台、烟台市场采购贸易联网信息平台。

#### 1. 主要做法

实现与临沂市场采购联网信息平台、即墨市场采购贸易联网信息平台、烟台市场采购贸易联网信息平台的无缝对接，搭建市场采购贸易方式的通关一体化平台，市场采购贸易经营者、代理人、采购商、报关企业可以在市场采购联网信息平台备案之后，通过平台完成交易登记、组货装箱、报关报检、免税申请、结算申报、统计分析、收汇结汇等市场采购贸易全流程操作。

同时，平台发挥电子口岸与海关、国税、检验检疫等监管部门信息互联互通的优势，提供一站式便利化服务，监管用户可在平台上进行组货装箱后台管理、报关报检备案信息管理、统计分析、商品认定管理、贸易追溯等操作，极大地提升了通关效率，促进外贸创新发展。

此外，平台还主动对接农业银行、中信银行、建设银行等单位，开发并运行市场采购自助收结汇平台，完善平台功能，实现平台和金融机构直连，为外贸公司和商户提供线上收结汇相关服务，简化结汇办理手续。

#### 2. 实践成效

市场采购联网信息平台实现了对市场采购贸易的全流程跟踪，实现数据一单到底，即从主体备案、交易登记、组货装箱、报关报检、免税申报到收汇管理，数据自动推送到下一个流程，实现全流程的管理服务。平台的使用避免了报关报检业务数据重复录入，减轻了用户申报录入工作，提升了通关效率。依托电子口岸与各个监管单位信息互通互联，构建涵盖市场采购贸易方式各方经营主体和监管部门的一站式服务平台，按照“风险可控、源头可溯、责任可究”的原则，实现贸易全流程监管服务，做到“分得清、管得住、通得快”。

收结汇功能上线后，市场采购贸易主体通过平台线上即可办理收结汇，线上提交交易背景资料，系统自动审核收结汇额度，银行收汇入账办理时间由半天缩减为 10 分钟，为企业节省了成本，提高了效率。平台接入银行端口，方便银行专门对市场采购贸易出口业务提供收结汇服务，在平台上共享出口信息，方便银行核查追溯出口业务信息，保证业务的准确性。此外，线上收结汇有利于外汇管理部门对收结汇进行监管，可以通过平台进行一站式查询监管，实现“通得快、管得住、可溯源”。

### （二）国际结算平台

为解决外贸企业在国际货物贸易结算中遇到的跨境汇款难、申报资料多、业务办理慢等难点痛点问题，山东“单一窗口”于 2021 年 5 月 13 日上线国际结算平台，为外贸企业提供一般贸易的在线购付汇、收结汇等快捷操作，助力企业外贸资金流转。

#### 1. 主要做法

国际结算平台包括签约管理、基础业务、购汇付汇、收汇结汇四大模块，为外贸企业提供三方协议签约、银行开户预约、影像资料上传、账号绑定、实时外汇牌价查询等基础业务，以及收付汇、进度查询及结汇等线上操作核心业务，助力企业实时快捷收付汇。

2. 实践成效

传统模式下，外贸企业办理跨境收付汇业务时，需要财务经办人员携带印鉴以及相关的合同、发票、报关单等资料到营业网点排队办理，费时费力。国际结算平台通过与济宁银行、日照银行、北京银行和齐商银行进行系统对接，帮助相关企业通过线上渠道办理跨境收付汇等国际业务，实现全流程线上化、无纸化，保证外贸企业收付汇业务全程便捷、高效、透明、安全，进一步改善外贸企业的营商环境，为跨境贸易便利化提供支撑，为国际贸易赋能。

**（三）外贸中介服务企业评价系统**

随着国际贸易的快速发展，报关行、船代、货代、场站等中介服务领域形成了越来越多的专业化经营和细分市场，进出口企业如果对中介市场不甚了解，就无法选到专业并且适合自己的中介机构，增加通关时间和成本。为破解进出口企业与中介服务市场信息不对称的难题，助推口岸营商环境高质量发展，山东“单一窗口”于 2021 年 6 月 30 日上线试运行外贸中介服务企业评价系统。

1. 主要做法

外贸中介服务企业评价系统分为两部分：一是管理端，货代、报关行、跨境电商企业和一般进出口企业可以登录管理端，依据历史交易和服务体验对物流企业、船代企业、受理押箱企业、报关代理企业等中介服务企业进行多维度点评和打分；二是公示网站，用于公示中介服务企业的得分和排名。系统将根据点评和评分生成企业榜单并定期更新，使相关企业了解服务企业的业内口碑，营造“安全稳定、便捷顺畅、公开透明”的营商环境。

2. 实践成效

外贸中介服务企业评价系统为进出口企业提供了一个足不出户就可以查看、选择优质中介服务商的公共平台，大大拉近了委托方和受托方的距离。系统通过集成监管部门信用评级信息、进出口企业点评信息、中介服务企业自行填报信息、“单一窗口”中介服务企业实际经营信息，从监管评级、市场口碑、通关时间、申报质量等角度全面客观地展示中介服务机构的运营情况和服务质量，进一步推动跨境贸易中介服务向专业化、市场化、透明化方向发展。

**（四）地方专区**

根据国家优化口岸营商环境、促进跨境贸易便利化的部署要求，各地市口岸监管部门聚焦企业关心的问题，依托山东“单一窗口”功能集成、受众面广和一站式服务的突出优势，在山东“单一窗口”开设地方专区，开辟构筑优化口岸营商环境宣传引导的主阵地，方便监管部门准确掌握本地市外贸发展趋势，为出台扶持政策提供精准支撑，搭建各行业、部门之间沟通交流的桥梁和纽带，助力营造更加公开、透明、可预期的口岸营商环境。

1. 主要做法

依托山东“单一窗口”信息共享、业务协同、功能集聚等优势，在通用系统的基础上，结合各地市实际情况拓展功能应用，主要包括专区门户服务、口岸收费公示服务、外贸企业评价服务、口岸问题反馈服务、口岸数据统计服务、查验信息查询服务、船舶抵港动态显示与查询服务、口岸新闻动态与通知公告服务等功能。截至2021年年底，已上线青岛专区、济宁专区、临沂专区、淄博专区、潍坊专区、烟台龙口专区。

### 2. 实践成效

（1）服务企业方面

①专区对企业实现政务服务全免费，减轻企业负担，降低通关成本。

②破解进出口企业与中介服务市场信息不对称难题，助推口岸营商环境高质量发展。

③进出口企业能够更加便捷地管理供应链，船舶抵港信息全程可视，真正实现“进度可见、时间可测、成本可控”。

④方便企业及时了解行业内重要新闻、政策和规范。

（2）服务政府方面

①准确掌握全市外贸发展趋势，为出台扶持政策提供精准支撑。

②优化口岸收费公示制度和服务模式，巩固清理规范口岸收费成果，不断提高口岸收费的规范性和透明度。

③广泛收集企业意见建议，助力营商环境改善。

## 四、大事记

3月24日

山东省商务厅调研“单一窗口”小微信保投保工作。

4月27日

山东“单一窗口”地方特色应用市场采购系统升级上线临沂市场采购贸易联网信息平台。

5月13日

山东“单一窗口”上线运行地方特色应用国际结算平台。

5月24日

山东“单一窗口”地方特色应用市场采购系统升级上线即墨市场采购贸易联网信息平台。

6月11日

山东“单一窗口”上线运行危险货物海事申报系统。

6月30日

山东“单一窗口”上线运行地方特色应用外贸中介服务评价系统。

山东省被确定为“单一窗口”标准版危险货物申报试点省份。

9月9日

山东“单一窗口”地方特色应用市场采购系统升级上线烟台市场采购贸易联网信息平台。

9月15日

山东“单一窗口”上线运行查验信息推送系统。

11月9日

山东省通信管理局、省司法厅办公室、省信息协会调研山东“单一窗口”。

12 月 8 日

山东海事局调研山东“单一窗口”。

## 五、 政策文件

### 山东省人民政府关于印发山东省优化营商环境创新突破行动实施方案的通知

鲁政发〔2021〕6 号

各市人民政府，各县（市、区）人民政府，省政府各部门、各直属机构，各大企业，各高等院校：

现将《山东省优化营商环境创新突破行动实施方案》印发给你们，请认真贯彻执行。

山东省人民政府

2021 年 4 月 18 日

（此件公开发布）

### 山东省优化营商环境创新突破行动实施方案

为贯彻落实省委省政府决策部署，深入实施优化营商环境创新突破行动，全力打造市场化法治化国际化一流营商环境，制定本方案。

#### 一、工作目标

坚持以习近平新时代中国特色社会主义思想为指导，全面贯彻党的十九大和十九届二中、三中、四中、五中全会精神，瞄准“走在全国前列”目标定位，对标全国最优水平，补齐补强短板弱项，巩固提升既有优势，推动营商环境评价 18 项指标在 2020 年基础上实现较大突破，全省营商环境整体走在全国前列，济南市、青岛市在副省级城市中走在全国前列，淄博市、烟台市、济宁市等参加国评城市走在同类城市前列，其他城市主动寻求对标，努力实现追赶超越。各市、各部门 4 月底前制定具体落实方案、建立工作台账，明确时间表、路线图，6 月底前取得实质性进展，9 月底前基本完成改革任务，年底前实现重大突破。

#### 二、工作原则

（一）坚持对标对表。对标世界银行营商环境评价标准，对表国内先进理念和最佳实践，找准差距，明确方向，全力攻坚突破。

（二）坚持问题导向。结合全国和全省营商环境评价，针对企业全生命周期涉及的痛点难点堵点问题，靶向攻坚、精准发力，倒逼营商环境提升。

（三）坚持创新突破。敢于向顽瘴痼疾开刀，勇于突破利益固化藩篱，充分运用新思维、新技术、新手段推动制度创新、流程再造，实现“从跟跑到并跑到领跑”。

（四）坚持开门改革。用好 12345 热线、政务服务“好差评”等渠道，充分听取社会各界意见建议，及时借鉴各地优化营商环境的经验做法。

## 三、重点任务

（一）全面提升企业全生命周期服务水平。围绕开办企业、办理建筑许可、获得电力、获得用水用气、登记财产、纳税、跨境贸易、办理破产等衡量企业全生命周期的 8 个一级指标，重点在“减环节、减材料、减时限、减费用、增便利”等方面攻坚，力争在深化“一业一证”改革、深化工程建设项目审批制度改革、优化市政接入服务、推行“交房即办证”、拓展国际贸易“单一窗口”功能、优化纳税服务、提高破产案件处置效率等方面，实现更大突破。

（二）全面提升企业投资贸易便利度和吸引力。围绕获得信贷、保护中小投资者、执行合同、劳动力市场监管、政府采购、招标投标等反映投资便利度和吸引力的 6 个一级指标，重点在建立健全信息共享、绩效评价、纠纷化解、权益保护等工作机制方面攻坚，力争在强化要素支持保障、健全多元纠纷化解机制、优化就业服务、保障公平竞争等方面，实现更大突破。

（三）全面提升政府监管服务能力。围绕政务服务、知识产权创造保护运用、市场监管、包容普惠创新等反映政府监管与服务水平的 4 个一级指标，重点在提升服务能力、健全监管体系、激发创新创业活力等方面攻坚，力争在加快数字政府建设、推行“跨省通办”、加强知识产权保护、加快科技创新、优化基本公共服务等方面，实现更大突破。

（四）全面清理规范各类涉企收费。清理行政事业性收费、政府性基金、中介组织和行业协会商会收费中的不合理和违规收费，10 月底前公布清理结果。落实各项减税降费政策，探索降低总税收和缴费率，减轻市场主体负担。动态调整行政事业性收费、政府性基金和实行政府定价的经营服务性收费目录清单，做到定期更新、在线查询、清单之外无收费。建立健全违规收费投诉举报机制，发现问题严肃整改问责。

## 四、保障措施

（一）加强组织领导。各指标省级牵头部门省政府分管领导作为本指标“总指挥”，定期研究创新突破工作，督导改革任务落实。各级、各部门要把优化营商环境创新突破行动作为“一把手”工程来抓，主要负责同志亲自部署、亲自协调，分管负责同志抓好调度落实。

（二）压实工作责任。省政府办公厅要发挥好统筹协调作用，及时协调解决重点难点问题。各指标牵头部门要切实发挥牵头作用，健全工作机制，加强培训指导，强化监督检查，统筹推进本领域的创新突破行动。各指标责任部门要按照时间节点和责任分工，抓好工作落实。各市要参照本方案制定具体落实方案和工作措施。健全责任追究机制，对工作推进不力、政策落实不到位的严肃问责。

（三）强化督导考评。建立工作台账，实行定期调度通报。综合运用专家论证、第三方评估等多种方式对创新突破行动进行跟踪问效。将营商环境评价成绩纳入省委省政府高质量发展综合考评，对国评成绩进入全国前列的指标牵头部门、责任部门和城市以及省评前三名的城市，进行加分奖励；对国评排名靠后的指标牵头部门、责任部门、城市以及省评后三名的城市进行减分、约谈；对有关部门和市自主创新的在全国领先的好经验好做法进行加分奖励，并在全省复制推广。

（四）加强事中事后监管。强化安全生产、生态环境、卫生健康、食品、药品、特种设备、危险化学品等重点领域监管，保障人民群众生命财产安全。普遍推行“双随机、一公开”监管，完善信用监管，推进“互联网+监管”，创新包容审慎监管，持续完善监管机制，使监管既“无事不扰”又“无处不在”。

（五）加强宣传引导。各级、各部门要充分运用各类新闻媒体，加强对深化“放管服”改革优化营商环境的政策解读，及时总结推广好的经验做法，接受社会监督，回应社会关切，营造良好的社会氛围。

附件：山东省优化营商环境创新突破行动配套措施—跨境贸易

## 山东省优化营商环境创新突破行动配套措施—跨境贸易

1. 持续深化通关模式改革。尊重市场需求和企业意愿，稳步推进“提前申报”“两步申报”“两段准入”等改革，加大对企业“提前申报”引导力度。6 月底前，实施“两步申报”生产型海关高级认证企业依申请免除税款担保。深入推进“抵港直装”和“船边直提”试点，为企业提供更多可选择的通关模式。（牵头部门：青岛海关、济南海关；责任部门：省交通运输厅，省港口集团）

2. 优化大宗商品检验监管。实施“先放后检”“边装边检”“即卸即检”等模式，大力实施保税铁矿“入区检验出区核销”、棉花“集成查检+分次出区”等通关模式，助力打造大宗资源性商品集散中心。7 月底前，率先在青岛口岸前湾港区落地实施。（牵头部门：青岛海关、济南海关）

3. 推广第三方采信制度。推广第三方采信制度，逐步扩大采信商品范围和内容，发挥采信作用，提高实验室检测效率，进一步提高进出口商品通关速度。（牵头部门：青岛海关、济南海关）

4. 推进跨境电商监管模式改革。畅通海、空两种方式退货渠道，推动跨境电商综合试验区发展。量身打造跨境电商 B2B 出口监管新通道，指导企业用好“直接出口”和“出口海外仓”等跨境电商监管新政策。（牵头部门：青岛海关、济南海关；责任部门：省商务厅）

5. 提升通关查验服务水平。精简海关申报随附单证，进口申报环节免予提交合同、装箱单，出口申报环节免予提交合同等商业单证，上述单证，海关审核时如需要再提交。推行灵活通关查验，对有特殊运输要求的出入境货物，采取预约查验、下厂查验、入库查验等方式，减少货物搬倒和企业等待时间。推广无陪同查验，鼓励企业选择“不陪同查验”或“委托监管场所经营人陪同查验”方式。对海关高级认证企业进出口的重点民生保障货物实施优先查验。8 月底前，在前湾港区建设具备查验流程线上办理、智能确认预约顺序、流程动态跟踪、免单申请及电子化提箱、异常状态预警等功能的口岸智慧查验平台，实现查验环节公开透明、可查询。（牵头部门：青岛海关、济南海关；责任部门：省口岸办，省港口集团）

6. 启用原产地证书虚拟审签中心。通过虚拟审单平台和智能审签数据库，破除海关辖区界限，构建“线上智能化自动审签+人工集中分类审签”模式，推广应用原产地证书自助打印和智能审核，实现原产地签证集约化、专业化、智能化。7 月底前，正式上线启用虚拟审签中心。（牵头部门：青岛海关、济南海关）

7. 实施“云登轮”远程监管。6 月底前，建成以海事“云登轮”为代表的“互联网+”远程信用监管机制，优化海事监管效能，提升船舶靠泊效率。（牵头部门：山东海事局）

8. 完善“单一窗口”功能。依托“单一窗口”实现通关流程全程可视化，提升通关透明度。

推动“单一窗口”与海关、港口的信息共享，实现船舶进港、海关查验、货物提离等各个作业环节协同，提升口岸智能化水平。进一步完善出口退税功能，提升无纸化水平。试点上线海运口岸危险品申报和稽核检查系统，在方便企业申报的同时，助推口岸安全监管。加强“单一窗口”金融服务功能的推广及拓展，7 月底前，建设小微出口信用保险地方版，开发建设结汇、售汇功能。（牵头部门：省口岸办；责任部门：青岛海关、济南海关、省税务局、山东海事局、省商务厅、省外汇管理局，省港口集团）

9. 实行口岸收费公示自主更新。8 月底前，依托“单一窗口”建设口岸收费自主更新系统，并在全省推广。行业主管部门督促引导口岸服务企业，加强收费公示清单管理，对现有清单全面梳理规范、自主动态调整，做到清单外无收费。（牵头部门：省口岸办；责任部门：省发展改革委、省市场监管局、省交通运输厅、省商务厅）

10. 建立口岸服务评价机制。9 月底前，依托山东“单一窗口”建立进出口收发货人等对码头、船公司、货代、报关、集装箱堆场、集卡等经营服务主体满意度的点评制度。（牵头部门：省口岸办；责任部门：省商务厅、省交通运输厅、青岛海关、济南海关）

11. 建立通关时效会商机制。从 5 月份开始，每月 20 日前，省口岸办和青岛海关、济南海关共同研究上月通关时效情况，分段分析通关时长变化，有针对性地采取措施，不断巩固压缩整体通关时间成果，持续提升通关时效。（牵头部门：省口岸办；责任部门：青岛海关、济南海关）

12. 加强口岸收费监管。取消港口建设费，加强船代、货代等口岸经营企业收费监管，引导船公司规范收费行为。畅通投诉举报渠道，加强对口岸收费行为常态化巡查，依法查处价格违法行为，保持对口岸收费监管的高压态势。（牵头部门：省市场监管局；责任部门：省发展改革委、省交通运输厅、山东海事局）

## 山东省人民政府办公厅关于进一步优化口岸营商环境促进跨境贸易便利化的通知

鲁政办字〔2021〕32 号

各市人民政府，省政府各部门、各直属机构：

为贯彻落实党中央、国务院深化“放管服”改革优化营商环境决策部署和省委、省政府要求，持续提高山东跨境贸易便利化水平，营造更加稳定、公开、透明、可预期的口岸营商环境。经省政府同意，现就进一步优化口岸营商环境促进跨境贸易便利化工作通知如下。

### 一、继续深化通关业务改革

1. 提供多种报关方式。尊重市场需求和企业意愿，稳步推进“提前申报”“两步申报”“两段准入”等改革，加大对企业“提前申报”引导力度，实施“两步申报”生产型海关高级认证企业依申请免除税款担保。（牵头单位：青岛海关、济南海关）

2. 优化大宗商品检验监管。实施“先放后检”“边装边检”“即卸即检”等模式，大力实施保税铁矿“入区检验出区核销”、棉花“集成查检+分次出区”等通关模式，助力打造大宗资源性商品集散中心。（牵头单位：青岛海关、济南海关）

3. 推广第三方采信制度。在海关总署统一部署下，逐步扩大第三方采信商品范围和内容，发

挥第三方采信作用，提高实验室检测效率，进一步提高进出口商品通关速度。（牵头单位：青岛海关、济南海关）

4. 推进跨境电商监管模式改革。畅通海、空两种方式退货渠道，推动跨境电商综合试验区发展。量身打造跨境电商 B2B 出口监管新通道，指导企业用好“直接出口”和“出口海外仓”等跨境电商监管新政策。（牵头单位：青岛海关、济南海关，参与单位：省商务厅）

5. 优化通关查验流程。推行灵活通关查验，对有特殊运输要求的出入境货物，采取预约查验、下厂查验、入库查验等方式，减少货物搬倒和企业等待时间。推广无陪同查验，鼓励企业选择“不陪同查验”或“委托监管场所经营人陪同查验”方式。对海关高级认证企业进出口的重点民生保障货物实施优先查验。（牵头单位：青岛海关、济南海关，参与单位：省港口集团）

## 二、进一步简化单证要求

6. 提高原产地证书审签效率。通过虚拟审单平台和智能审签数据库，破除隶属海关辖区界限，构建“线上智能化自动审签+人工集中分类审签”模式，推广应用原产地证书自助打印和智能审核，实现原产地签证集约化、专业化、智能化。（牵头单位：青岛海关、济南海关）

7. 简化报关单随附单证。精简海关申报随附单证，进口申报环节免予提交合同、装箱单，出口申报环节免予提交合同等商业单证。上述单证，海关审核时如需要再提交。（牵头单位：青岛海关、济南海关）

## 三、持续优化口岸作业流程

8. 深入推进“抵港直装”和“船边直提”试点。针对货物提离和装船需求，根据货主申请，确保符合作业条件的货物进行进口“船边直提”和出口“抵港直装”作业，为企业提供更多可选择作业模式，加快通关物流速度。（牵头单位：青岛海关、济南海关，参与单位：省交通运输厅、省港口集团）

9. 落实 RCEP 货物“6 小时放行”。对运输方式为空运，由快件运营人承揽承运，具备 RCEP（《区域全面经济伙伴关系协定》）缔约方或缔约方原产资格的货物，以及来自于 RCEP 缔约方的物品，在海关正常工作时间内，相关货物物品已抵达海关监管作业场所并且企业已向海关完整提交放行所需信息的情况下，海关实行 6 小时内放行的便利措施，但不包括海关需要对相关货物、物品进行查验处理或者其他处置的情形。（牵头单位：青岛海关、济南海关）

## 四、不断提升口岸信息化水平

10. 实施智能查验。建设具备查验流程线上办理、智能确认预约顺序、流程动态跟踪、免单申请及电子化提箱、异常状态预警等功能的口岸智慧查验平台，实现查验环节公开透明、可查询，切实增强企业获得感。（牵头单位：青岛海关、济南海关，参与单位：省港口集团）

11. 实施“云登轮”远程监管。推广以海事“云登轮”为代表的“互联网+”远程信用监管机制，优化海事监管效能，确保港口生产安全，提升船舶靠泊效率。（牵头单位：山东海事局，参与单位：省港口集团）

12. 实现通关物流全程可视。依托“单一窗口”实现通关流程全程可视化，增加企业通关透明度，便利企业提前做好生产经营安排。（牵头单位：省口岸办）

13. 加强关港信息协同。协调推动“单一窗口”与海关、港口的信息共享，实现船舶进港、海关查验、货物提离等各个作业环节的数据协同，不断提升口岸智能化水平。（牵头单位：省口岸办，参与单位：青岛海关、济南海关、省港口集团）

14. 进一步完善出口退税功能。加大“单一窗口”出口退税功能推广应用，提升无纸化水平，便利企业办理出口退税业务。2021 年全省出口退税平均办理时间从 2020 年的 4. 8 个工作日压缩到 4 个工作日以内。自 2021 年起，对全省综合保税区税收业务开展统一集中服务和管理。（责任单位：省税务局、省口岸办）

15. 便利危险品申报监管。推广应用“货主码头双选船”平台，完善平台服务货主、港口的功能，提升保障生产供应链功能。在“单一窗口”试点上线海运口岸危险品申报和稽核检查系统，在方便企业申报的同时，助推口岸安全监管。（牵头单位：山东海事局，参与单位：省口岸办）

16. 强化“单一窗口”金融服务。加强“单一窗口”金融服务功能的推广及拓展，建设小微出口信用保险地方版，开发建设结汇、售汇功能。（牵头单位：省口岸办，参与单位：省外汇管理局）

## 五、进一步规范口岸收费

17. 实行口岸收费公示自主更新。依托“单一窗口”建设口岸收费自主更新系统，并在全省推广。行业主管部门督促引导口岸服务企业，加强收费公示清单管理，对现有清单全面梳理规范、自主动态调整，做到清单与实际相符、清单外无收费。（牵头单位：省口岸办，参与单位：省发展改革委、省市场监管局、省交通运输厅、省商务厅、各市政府）

18. 加强口岸收费监管。落实国家有关口岸降费要求，取消港口建设费，加强船代、货代等口岸经营企业收费监管，引导船公司规范收费行为。密切关注口岸收费舆情，畅通投诉举报渠道，依法查处价格违法行为。（牵头单位：省市场监管局，参与单位：省发展改革委、省交通运输厅、山东海事局、各口岸市政府）

## 六、进一步提升口岸服务水平

19. 公开口岸服务承诺。细化公布港口、船公司及其代理业务、场站等口岸经营单位受理流程、作业时限标准，公开服务项目的“5+2”“7×24 小时”和“预约制”等方面的服务承诺。（牵头单位：省口岸办，参与单位：省交通运输厅、省港口集团、各口岸市政府）

20. 建立企业诉求快速回应机制。发挥好省商务厅“稳外贸稳外资”服务平台作用，接诉即办。办理单位 24 小时内与企业对接，办理结果及时反馈。“95198”单一窗口客户服务热线收到的涉通关问题诉求，及时推送至“稳外贸稳外资”服务平台统一办理。（责任单位：省商务厅、省口岸办）

21. 建立口岸服务评价机制。依托山东“单一窗口”建立进出口收发货人等对码头、船公司、货代、报关、集装箱堆场、集卡等经营服务主体满意度的点评制度。（牵头单位：省口岸办，参与单位：省商务厅、省交通运输厅、青岛海关、济南海关）

山东省人民政府办公厅

2021 年 4 月 25 日

（此件公开发布）

# 河南省

## 一、 综述

2021 年，按照党中央、国务院和河南省委、省政府有关统筹推进疫情防控和经济社会发展的决策部署，围绕积极融入共建“一带一路”，加快打造内陆开放高地，服务河南“四路协同”联通世界、“五区联动”能级提升，河南口岸相关单位通力协作、共同努力，全面做好中国（河南）国际贸易单一窗口（以下简称河南“单一窗口”）建设和运维工作，为河南强省建设提供强有力支撑。

## 二、 运行情况

### （一）运行数据

截至 2021 年年底，河南“单一窗口”累计入驻企业 1.89 万家，较 2020 年增加 4024 家。全年货物申报 54.62 万票；舱单申报 231.72 万票；运输工具申报 7.82 万票；企业资质办理 2.82 万票；原产地证书申领 8.63 万票；税费支付 1.93 万票；加贸保税 59.29 万票；物品通关 45.21 万票；跨境电商 23040.51 万票；监管证件 1055 票；出口退税 217 笔。

### （二）运行维护

#### 1. 强化问题导向，提升企业通关能力

以迎接中国共产党成立 100 周年为契机，根据国家口岸管理办公室关于做好平台网络安全保障的要求，开展为期 15 天的网络安全攻防演练，排查一切可能的风险隐患问题，有力地保障了平台的安全、稳定、高效运行。持续提升系统承载能力，将跨境电商系统理论日承载提升至 5000 万单以上，强化节点意识，成功保障企业“6·18”“双 11”大促活动。现场驻扎郑州机场，为富士康苹果新品通关保驾护航。

#### 2. 强化调查研究，提升服务企业精准度

以提高平台在全省范围应用覆盖率和调研企业需求情况为目的，线上通过 95198 热线，线下深入各市、各特殊监管区域、大型代理报关行、重点生产企业等开展摸底调研，分类查找部分系

统应用率不高、企业用户黏性差的原因，针对问题症结，提出有效改进措施，率先对企业集中反映的申报中心系统稳定性差等问题，组织技术部门和合作伙伴深入讨论、定位问题，加快系统优化，真正解决企业应用的痛点难点问题。95198 热线全年共受理电话 9315 人次，完成在线咨询 1026 次，问题解决率稳定在 95%以上，累计调研对象 500 余家，为下一步开展精准企业服务明确了方向和内容。

### （三）宣传推广

#### 1. 强化主动作为，提升服务能级

落实河南“万人助万企”行动，赴许昌、焦作、濮阳、信阳、新乡等，开展外贸企业国际贸易“单一窗口”业务培训，助力企业了解和用好外贸惠企政策，共计 2000 余家企业参与培训。深度挖掘平台大数据资源价值，服务航空港区，有针对性地推出精准跨境电商产业政策，发布 5 篇河南外贸分析报告，其中 2 篇以信息专报形式上报省政府，为政府科学制定宏观决策提供基础数据支撑，提高政策制定的严谨性、导向性和实效性，推动平台由功能型向服务型转变。

#### 2. 持续做好宣传，提升平台影响力

通过微信公众号、门户网站等，及时传播河南“单一窗口”有关信息，传播对象覆盖口岸政务部门、重点外贸企业等核心人员 8000 余人，门户网站累计浏览量突破 200 万人次，全年在《河南日报》、河南卫视等省级权威媒体重要版面和黄金时间刊播 13 次新闻报道，被中国政府网、“学习强国”等媒体转载 100 余次，其中 9 月 12 日中央人民广播电台中国之声《全国新闻联播》和《新闻与报纸摘要》节目在头条报道河南“单一窗口”典型案例，引起良好社会反响，品牌影响力进一步得以彰显。

## 三、特色应用

### （一）跨境零售进口药品管理系统

2021 年 5 月，国务院正式批复了在河南开展跨境电商零售进口药品试点，这为河南省跨境电商产业发展指明了新的方向。鉴于跨境电商零售进口药品的特殊性，监管部门会进行更加严格的过程监管，在充分征求有关部门需求的基础上，河南“单一窗口”依托原有的跨境电商服务功能，拓展建设集跨境电商零售进口药品企业公共服务平台、海关辅助管理端、药监管理端等为一体的跨境零售进口药品管理系统。系统建成后可实现跨境电商零售进口药品一站式申报和监管，有力支撑跨境电商零售进口药品试点建设，助力河南跨境电商实现高质量发展。

### （二）技术性贸易措施监测系统

根据郑州海关业务需求而建，主要为了解决国外不断变化、日趋严格的技术性贸易措施限制给外贸企业造成损失的痛点问题。系统对接海关总署标法中心，重点围绕技术性贸易措施影响调查、技术性贸易措施调整发布、风险预警提示、数据统计分析等 4 方面进行功能开发，面向全省企业提供技术性贸易措施影响预警反馈服务，助力政府部门和企业实时掌握货物出口到国外时遇

到的技术性贸易措施影响情况，为跨越或打破国外技术性贸易壁垒提供技术支持。系统于 2021 年 5 月上线运行，已完成河南全省企业 2020 年度技术性贸易措施影响线上问卷调查，并实施了与重点外贸监测系统的对接，实现了数据信息的共享互联，后续将以数据和业务协同方式为企业提供更加精准的贸易预警服务，指导企业在国际贸易环节趋利避害。

### （三）特殊监管区域（场所）绩效评估监测系统

近年来，国家为督促引导综保区高质量发展，强化了对综保区发展绩效的评估，出台了《综合保税区发展绩效评估办法（试行）》，但指标数据的获取、评估、汇总、分析及展示缺乏无纸化智能系统的支撑，不利于绩效评价工作有效开展，为保证该项工作顺利推进，河南口岸办立足于综保区绩效评估需求，拓展兼顾物流保税中心绩效评估需求，开发上线特殊监管区域（场所）绩效评估监测系统。系统对接口岸管理部门、海关监管部门、各地市政府部门、特殊监管区域运营部门等机构相关应用系统，采集 6 大类 27 项主要数据项（其中平台复用数据 10 项、监管部门提供数据 4 项、管理部门上报数据 2 项、系统自动计算数据 11 项），以及 7 项辅助指标项，同时根据关联部门需求，设置 18 个扩展指标，力求做到各特殊监管区域（场所）运行轨迹数据全面采集。

通过对采集到的数据进行综合研究和分析，建立起全面的绩效评估监测指标体系，为政府部门提供集排名测算、监测、评估、分析、展示于一体的特殊监管区域绩效评估服务，针对综保区、保税物流中心等海关特殊监管区域不同发展阶段的管理需求，提供精准的管理实施载体，动态开展封关区域运行质量监测、在建区域建设进度跟踪、申报区域达标条件评估，有效提升政府特殊监管区域治理的精细化、数字化水平，实现从经验决策到数据算法决策的转型升级。

### （四）河南海外仓综合服务平台

受新冠肺炎疫情影响，跨境直邮模式遭遇严重阻碍，而海外仓模式具有提前备货、配送时效高、本土化服务、供应链保障等优势，受到越来越多跨境卖家的欢迎，助力跨境电商规模迅速增长。但海外仓的发展也面临着一系列问题：一是企业运营难，海外仓运营企业整体呈现小、散、弱的特点，供需不能有效匹配；二是商务等政府部门对海外仓企业认定难，相关政策落实难；三是海关等监管部门对海外仓的监管智能化水平受限。为解决海外仓企业及政府面临的痛点难点问题，规划建设河南海外仓综合服务平台。拟建设内容分为前台服务端和后台管理端两部分：前台服务端面向企业，提供海外仓资源信息共享管理、海外仓认定管理、在线交易管理、物流可视化系统、金融服务等 8 项服务；后台管理端面向河南商务厅、郑州海关等管理部门，提供海外仓线上资证审核、过程监管等服务。同时，还实现了平台原有功能、数据的充分共享和横向复用，对接技贸通监测服务系统、大数据分析系统等应用功能，方便企业单点登录，免于多项信息重复录入。

平台针对海外仓经营和管理提供一站式服务，可实现三大效益：一是做优企业服务，有效解决企业海外仓供需不匹配等痛点问题，提高货物流转效率，降低企业综合成本；二是做好政府服务，为商务厅等部门提供便捷的在线资证审核和管理功能，为服务政府部门精准施策提供支撑；三是做强监管服务，企业可一键申报监管部门所需单证信息，有利于提升监管的智能化水平。

## 四、大事记

1月11日

河南省副省长何金平调研河南“单一窗口”建设和运营情况。

2月4日

宁夏回族自治区副主席赖蛟一行调研河南“单一窗口”建设和运营情况。

3月23日

依托河南“单一窗口”建设的许昌市场采购贸易联网信息平台成功通过国家商务部等七部委验收。

3月31日

河南“单一窗口”运维单位河南电子口岸有限公司获得郑州市2020年度“物流口岸工作先进集体”荣誉称号。

7月16日

落地河南的龙头电商菜鸟网络向河南“单一窗口”赠送锦旗，感谢其在“6·18”跨境电商大促活动中提供的高效通关保障。

7月20日

河南郑州遭遇特大暴雨，河南“单一窗口”全力以赴保障平台正常运行，在汛情期间为外贸企业保驾护航。

8月17日

特殊监管区域（场所）绩效评估监测系统再度荣膺“中原崛起·且看黄河鲲鹏应用创新大赛2021（河南赛区）”政府赛道一等奖。

9月12日

中央人民广播电台中国之声《全国新闻联播》《新闻与报纸摘要》两档节目头条报道河南“枢纽经济”，对河南“单一窗口”典型案例进行报道。

## 五、政策文件

### 河南省人民政府办公厅关于推动综合保税区和保税物流中心高质量发展的意见

豫政办〔2021〕44号

各省辖市人民政府、济源示范区管委会、各省直管县（市）人民政府，省人民政府有关部门：

为加强我省综合保税区和保税物流中心建设，推动开放型经济发展，加快建设开放强省，经省政府同意，现结合我省实际，提出以下意见，请认真贯彻落实。

#### 一、扎实推动高水平建设

（一）加强规划建设管理。严格按照国家批复规划面积和四至范围，推进综合保税区和保税物流中心建设，不得擅自改变国土空间规划和土地用途。合理控制周边区域用地，为未来发展预留空间。开展入区项目投资强度和用地投入产出评价，着力提高土地利用率和综合运营效益。高标准推进区内基础设施、监管设施和信息平台建设，确保在国家规定时限内完成建设与验收。

（二）加快重大项目落地。综合保税区和保税物流中心所在省辖市（济源示范区，下同）政府要高度重视项目储备和招商引资工作，制定招商引资专项方案，加大招商引资力度，引进一批技术先进、关联度高、带动作用强的产业项目。新设立综合保税区在验收时要有投产运营的标志性产业项目，封关运行 2~3 年内要入驻一批重大项目。

（三）强化财政金融支持。加大对综合保税区和保税物流中心建设的支持力度，鼓励所在省辖市政府设立专项资金或产业基金，支持符合主导产业发展方向的重大项目落地。鼓励社会资本参与建设，引导政策性金融机构、商业银行等为入区企业提供信贷、出口信用保险、融资担保等金融服务。

（四）推动配套园区发展。支持在综合保税区和保税物流中心周边规划建设特色配套园区，培育集聚一批上下游产业链企业，推进生产加工、物流和服务等功能融合，推动联动发展。

## 二、有序推动高标准申建

（五）加强综合保税区申建管理。申请设立综合保税区，要以重大项目或产业集群为支撑，充分考虑对区域外向型经济发展的引领、带动和促进作用。提出申请的省辖市要落实申建责任，加强可行性研究及规划论证，明确产业发展思路，加强产业项目储备，确保封关运行次年进出口值达到 20 亿元以上，3~5 年内突破 50 亿元、力争达到 100 亿元。优先支持保税物流中心运行良好、条件成熟的省辖市申建综合保税区。

（六）加强保税物流中心申建管理。申请设立保税物流中心，要具备较好的进出口业绩、扎实的外向型产业基础和专业的运营团队。提出申请的省辖市要积极引进项目，确保封关运行次年进出口值达到 5 亿元以上，力争 3~5 年内突破 30 亿元。优先支持进口保税仓和出口监管仓运行良好、条件成熟的省辖市申建保税物流中心。

（七）完善申建管理机制。统筹推进全省综合保税区和保税物流中心申建工作，提出申请的省辖市要加强基础设施建设，完善交通物流体系，营造良好营商环境，不断夯实申建基础。依据各地进出口值等业务指标和产业基础，建立我省申建综合保税区和保税物流中心排序机制，加强业务指导，实施动态管理，优先支持排序靠前的省辖市开展申建工作。

## 三、加快推动高质量发展

（八）加强产业支撑。树立“项目为王”理念，明确重点产业和行业领域，不断强化产业项目对综合保税区和保税物流中心发展的支撑作用。鼓励综合保税区结合当地产业资源优势，围绕建设加工制造中心、研发设计中心、物流分拨中心、检测维修中心、销售服务中心等目标，培育形成 1~2 个主导产业。对照《综合保税区适合入区项目指引（2021 年版）》，聚焦先进制造业、智能终端、生物医药、新能源、新材料等重点领域，吸引一批外向型产业项目落地综合保税区。支持开展汽车、文化艺术品等保税存储、展示和交易业务，积极发展新技术、新产业、新业态、新模式，培育综合竞争新优势。支持保税物流中心差异化、特色化发展，积极开展保税仓储、全球采购和国际分拨配送等业务。

（九）创新监管服务。依托中国（河南）国际贸易“单一窗口”，优化综合保税区和保税物流中心货物进出监管流程，实现数据自动比对和卡口自动核放。积极探索运用信息化技术，推动保税货物与非保税货物一体化监管、区内区外全产业链保税监管，满足产业链上下游企业灵活生产需要。拓展综合保税区内口岸作业区功能，优化账册互转流程，鼓励开展转口贸易、港仓内移、内销分拨等业务。全面推广“先入区、后检测”“抽样后即放行”等便捷监管模式，允许采信第三方评估认证结果，支持采信符合条件的企业标准。支持综合保税区开展增值税一般纳税人资格试点工作，引导综合保税区内加工制造企业利用富余产能承接委托加工业务，将内外销产品“同线同标同质”实施范围扩大到一般消费品和工业品。

（十）健全体制机制。综合保税区和保税物流中心所在省辖市要进一步落实责任，健全管理机构，完善工作机制，强化规划建设、产业培育、运行管理等职能。探索建立灵活高效的人才引进、薪酬激励等机制，建设专业化运营团队，提升市场化运作水平。支持省辖市政府向具备条件的综合保税区进一步下放区域内管理审批权限，优化服务功能。

（十一）推动协同联动发展。依托航空、铁路口岸和进口药品、汽车、肉类、水果、冰鲜水产品等功能性口岸，发挥郑州航空港经济综合实验区、自由贸易试验区、跨境电商综合试验区等开放平台政策优势，推动综合保税区和保税物流中心拓展业务范围、开展业务创新。落实保税货物跨区流转便利化措施，加强综合保税区间原产地全链条管理、转口证明和未再加工证明开具等方面合作。深化与沿海沿边地区的口岸、海关特殊监管区域（场所）对接协作，鼓励发展“飞地经济”和异地共建园区。

（十二）强化绩效评估结果运用。开展综合保税区发展绩效评估工作，把评估结果作为推动综合保税区高质量发展的重要依据，夯实产业基础，强化项目支撑，不断提高综合保税区建设发展水平。依托中国（河南）国际贸易“单一窗口”建立综合保税区运行指标监测机制，实行综合保税区运营情况“月监测、季分析”，加强日常监测和业务指导。

省直相关部门要加强工作指导，强化协同配合，形成推动综合保税区和保税物流中心高质量发展的工作合力。相关省辖市政府、综合保税区管委会要加强组织领导，落实工作责任，结合实际情况研究出台支持综合保税区和保税物流中心高质量发展的政策措施并抓好落实。省发展改革委（省政府口岸办）要加强统筹协调和工作督导，重大问题及时向省政府报告。

河南省人民政府办公厅
2021 年 8 月 24 日

## 河南省人民政府关于印发河南省“十四五”开放型经济新体制和开放强省建设规划的通知

豫政〔2021〕59 号

各省辖市人民政府、济源示范区管委会，省人民政府各部门：

现将《河南省“十四五”开放型经济新体制和开放强省建设规划》印发给你们，请认真贯彻实施。

河南省人民政府
2021 年 12 月 31 日

# 河南省“十四五”开放型经济新体制和开放强省建设规划

根据《河南省国民经济和社会发展第十四个五年规划和二〇三五年远景目标纲要》总体要求，编制本规划，主要阐明“十四五”时期我省开放发展的指导思想、发展目标、主要任务及保障措施。本规划是我省构建开放型经济新体制、建设开放强省的重要指引。

## 第一章　发展环境

“十四五”时期是我省开启全面建设社会主义现代化河南新征程、谱写新时代中原更加出彩绚丽篇章的关键时期，是推动高质量发展、加快由大到强的转型攻坚期。要立足新发展阶段、贯彻新发展理念、融入新发展格局，实施制度型开放战略，加快构建更高水平的开放型经济新体制和建设开放强省，为全面建设社会主义现代化河南开好局、起好步多作贡献。

### 第一节　“十三五”发展现状

“十三五”时期，面对复杂严峻的发展环境，特别是新冠肺炎疫情、中美经贸摩擦等重大风险挑战，我省攻坚克难、开拓创新，走出了一条内陆地区开放发展的新路子，为“十四五”开放强省建设奠定了坚实基础。

对外贸易创历史新高。货物贸易进出口总额先后跨越5000亿、6000亿两大台阶，最高至6654.8亿元，年均增长7.7%，稳居中部第一、进入全国十强。外贸市场更趋多元，对东盟、欧盟、“一带一路”沿线国家进出口占比分别达到13%、12.7%、23.5%。贸易结构不断优化，高新技术产品出口占比达到60.4%，一般贸易占比提升到32.9%。贸易新业态蓬勃发展，“十三五”期间跨境电商进出口累计交易额6408.8亿元、年均增长35.3%，获批3个跨境电商综合试验区、4个跨境电商进口试点城市。

招商引资再上新台阶。“十三五”期间全省累计实际吸收外资901亿美元，实际到位省外资金4.7万亿元，分别是“十二五”时期的1.36倍和1.57倍。外资结构不断改善，一、二、三产吸收外资占比为3%、49.2%、47.8%，先进制造业、现代服务业、新兴产业成为外来投资热点。引资质量不断提高，“十三五”时期新上超千万美元外资项目452个、占比41%，引进合同利用省外资金超10亿元项目2264个、占比8.3%，在豫世界500强、中国500强企业分别达189家、172家。

对外投资合作有序发展。“十三五”期间全省累计对外直接投资中方协议额105亿美元，一批重点项目进展顺利。对外承包工程和劳务合作新签合同额年均增长2.7%，五年累计派出劳务人员23.5万人次。累计设立9个境外经贸合作区，中吉亚洲之星农业产业合作区成为国家级园区。组建国际产能合作联盟，成员单位57家，市场主体对外直接投资更趋成熟和回归理性，“走出去”企业国际经营能力显著提升。

开放通道建设取得突破。空中、陆上、网上、海上“四路协同”联通世界，郑州—卢森堡“空中丝绸之路”成为共建“一带一路”的典范。郑州新郑国际机场国际综合交通枢纽地位持续加强，开通货运国际航线41条，通航国际城市46个，客货运吞吐量自2017年以来持续位居中部地区“双第一”。中欧班列（郑州）综合运营能力居全国第一方阵，辐射30多个国家、130多个城市，郑州成为全国五个中欧班列集结中心之一。首创跨境电商“网购保税1210服务模式”并在海内外复制推广，业务覆盖196个国家和地区，“买全球、卖全球”加速推进。已开通9条至沿海主要港口海铁联运班列线路，周口港、漯河港、信阳港等河海联运开通运营。

开放平台功能体系更加完善。郑州航空港经济综合实验区被确定为空港型国家物流枢纽，开放门户作用更加凸显。中国（河南）自由贸易试验区累计形成416项制度创新成果，48项改革创新项目、23个实践案例在全省复制推广。跨境电商综合试验区已形成多点布局、多主体运行、多模式联动发展格局，获批国内首个跨境电商进口药品和医疗器械试点。累计设立5个综合保税区、4个保税物流中心，建成3个国家一类口岸及9个功能性口岸，功能性口岸内陆地区数量最多、功能最全。纳入国家目录的开发区总数居全国第三，市场化、国际化水平不断提升。

国内外合作空间不断拓展。加快实施黄河流域生态保护和高质量发展、促进中部地区崛起等国家战略，主动对接京津冀、长三角、粤港澳大湾区开展务实合作。成功举办多届中国（河南）国际投资贸易洽谈会、中国（郑州）产业转移系列对接活动、全球跨境电商大会、开放创新暨跨国技术转移大会、全省招才引智大会。承办上合组织成员国政府首脑（总理）理事会第14次会议、《区域全面经济伙伴关系协定》（RCEP）第27轮谈判、外交部河南全球推介活动等国际性会议。加强科教文卫、农业等多领域对外合作，已建成181家省级以上国际科技合作平台，涉外办学在校生总人数约3.8万人，建成4个重点国际医学合作项目。友好城市124对，数量位居全国前列。

开放制度环境显著优化。深入推进开放型经济体制改革，不断完善开放型经济发展政策措施。出台《河南省优化营商环境条例》，开展全域营商环境评价，在全国率先建立评价结果与各地、各部门绩效、评先树优、干部考核“三挂钩”机制。实施投资审批“三个一”改革，审批事项从113项减至36项，一般性企业投资项目全流程审批时限压减至100个工作日以内，省、市、县级政务服务事项办理时限压缩70%以上，不见面审批事项占比达到86%，全省企业开办时间压缩至1个工作日。国际贸易“单一窗口”服务能级大幅提升，口岸整体通关时间大幅压缩，郑州航空口岸实现7×24小时通关。加强外商投资权益保护，外商投诉结案率常年保持在90%以上。

但同时，在国内区域竞争日益激烈的背景下，我省开放先发优势不断减弱，一些短板弱项亟待解决：思想有待进一步解放，部分地方对开放工作存在路径依赖，能力不够、水平不高、意识不强的问题还很突出；开放经济质量水平不高，开放主体数量少、规模小、层次低，活力后劲不足；开放通道建设仍存短板，开放平台集聚要素资源能力较低；对外开放政策体系尚不完善，体制机制改革需要进一步推进。

## 第二节　“十四五”发展形势

当前和今后一个时期，我省开放发展面临的外部环境和内部条件将发生深刻复杂变化，机遇和挑战呈现出新的时代特征，总体上机遇大于挑战。

从国际上看，世界正经历百年未有之大变局，新冠肺炎疫情影响广泛深远，国际环境更趋复杂，世界经济不稳定性不确定性明显增加。国际经贸摩擦持续升级，国际贸易投资规则加快重塑，全球化面临的深层矛盾进一步凸显。但和平与发展仍是时代主题，经济全球化和区域一体化仍是大势所趋，新一轮科技革命和产业变革深入发展，新业态新模式不断涌现，开放型经济领域的数字化转型正在加速。这既对我省深入推进国际经贸合作和科技交流带来了严峻挑战，也为倒逼我省产业优化升级、塑造开放新优势、实现更高水平对外开放提供了重要机遇。

从国内看，我国经济已转向高质量发展阶段，党中央提出加快构建新发展格局，持续释放强大国内市场潜力，促进区域协调发展，有利于我省深化与国内重要地区互补合作，进一步融入国内外产业链、供应链，协同推进对内对外开放。同时，我国进一步完善对外开放布局，扎实推进“一带一路”建设，高标准高水平建设自由贸易试验区，成功签订《区域全面经济伙伴关系协定》等高标准经贸规则，加快推进商品和要素等由流动型开放向规则等制度型开放转变，有利于我省通过制度创新实现跳跃式、直联式开放，重塑对外开放新优势。

从省内看，习近平总书记对我省提出“奋勇争先、更加出彩”要求，为我省开放发展提供了总纲领、总遵循、总指引。我省区位优势明显，产业基础扎实，居民消费潜力较大，投资增长后劲较足，在新基建、能源设施、综合交通、流通体系、新型城镇化等领域有较大发展空间，对高端产业活动和高端生产要素有强大的吸引力，是深化对外开放、融入国际经济合作竞争的有利条件。新时代推动中部地区高质量发展、黄河流域生态保护和高质量发展等多重国家战略叠加，中国（河南）自由贸易试验区、郑州航空港经济综合实验区、郑洛新国家自主创新示范区等建设加速推进，为我省拓宽发展空间提供了有力支撑。

综合判断，“十四五”时期是我省建设更高水平开放型经济新体制的关键阶段，开放发展仍具有后发优势，开放型经济仍处在快速增长期。要增强机遇意识和风险意识，牢固树立对外开放没有边缘只有节点的理念，准确识变、科学应变、主动求变，加强战略谋划，凝聚开放共识，形成开放合力，加快建设更具竞争力的开放强省。

## 第二章　总体要求

### 第一节　指导思想

高举中国特色社会主义伟大旗帜，深入贯彻党的十九大和十九届二中、三中、四中、五中、六中全会精神，全面落实习近平总书记关于河南工作重要讲话重要指示，锚定“两个确保”目标，紧抓构建新发展格局战略机遇、新时代推动中部地区高质量发展政策机遇、黄河流域生态保护和高质量发展历史机遇，进一步强化内陆和沿海同处开放一线理念，解放思想、大胆创新，拉高标杆、争先进位，实施制度型开放战略，统筹国内国际两个大局，优化内资外资两种资源，激活内需外需两个市场，准确把握开放和安全的关系，大力推动重点产业开放，做大做强开放型市场主体，加快对外贸易创新发展，持续完善对外开放通道体系，推动开放平台能级提升，加强创新能力开放合作，加快打造要素高度集聚、平台高度集成、通道高度便捷、体制高度灵活的内陆开放高地，形成更高水平的开放型经济新体制，推动开放强省建设迈出坚实步伐。

### 第二节　基本原则

坚持战略引领。积极主动服务国家战略，找准自身定位，更加注重从全局谋划一域、以一域服务全局，在开放中扩大共同利益，在合作中实现机遇共享，实现服务全局与自身发展有机统一。

坚持系统观念。准确把握好改革与开放、国内与国际、政府与市场、发展与安全关系，加强前瞻性思考、全局性谋划、战略性布局、整体性推进，形成整体大于部分之和的系统效应。

坚持创新驱动。以开放的视野谋创新、以创新的思路抓开放，加快理念创新、技术创新、商业模式创新及组织管理创新，推进创新能力开放合作，增强开放发展新动能，提升开放竞争新优势。

坚持改革推动。加强改革举措的有机衔接和融会贯通，推动各项改革向更加完善的制度靠拢，从要素开放向制度开放全面拓展，着力构建开放型经济新体制，以开放倒逼改革，以改革促进开放。

坚持重点突破。树立“项目为王”鲜明导向，从项目切入、以项目推动、用项目支撑，推动重点产业开放发展，壮大开放型市场主体，提升开放平台能级，以“小切口”突破带动全局整体跃升。

## 第三节 主要目标

对标对表到2035年基本建成社会主义现代化河南的远景目标和“十四五”时期我省经济社会发展目标，全省开放发展主要目标如下。

到2035年，基本建成开放强省，融入共建“一带一路”水平大幅提升，贸易和投资实现高水平自由化便利化，营商环境进入全国先进行列，国内大循环重要支点和国内国际双循环战略链接地位基本确立。

“十四五”时期，要努力实现以下目标：

——开放型经济规模质量显著提升。外贸进出口占全国比重进一步增加，一般贸易占比、高附加值出口商品占比及内外贸一体化水平显著提升，服务贸易快速发展，跨境电商总体发展水平居中西部前列。利用外资和引进省外资金保持稳定增长，先进制造业、现代服务业实际利用外资占比持续提升，在豫世界500强、中国500强、行业领军企业显著增多。双向投资合作水平不断提升，培育一批具有较大国际影响力的跨国公司。

——融入新发展格局实现更大作为。空中、陆上、网上、海上“四路协同”立体开放通道体系进一步完善，连通境内外、辐射东中西的物流通道枢纽优势更加彰显。内需潜力充分释放，高标准市场体系基本建成，现代流通体系更加完善。与京津冀、长三角、粤港澳大湾区的合作成效进一步显现，与“一带一路”沿线国家投资经贸合作水平稳步提升。

——多层次开放平台体系更加健全。郑州航空港经济综合实验区开放引领作用凸显，中国（河南）自由贸易试验区制度创新走在全国前列，扩展区域建设取得突破性进展。开发区主阵地主战场主引擎作用大幅提升，管理体制和运营机制更加精简高效，形成10个以上营业收入超千亿元的高能级战略平台。口岸体系更加健全、布局不断优化，对开放基础支撑作用进一步提升。

**专栏1 “十四五”河南省开放发展主要指标**

| 指标 | | | 单位 | 2020年基值 | 2025年预期 |
|---|---|---|---|---|---|
| 对外贸易 | 1 | 货物贸易进出口额 | 亿元 | 6654.8 | 10000 |
| | 2 | 服务贸易进出口额 | 亿元 | 394.3 | 580 |
| | 3 | 外贸新业态进出口占比 | % | — | 30 |
| 利用外资 | 4 | 实际利用外资总额 | 亿美元 | 200.6 | 230 |
| | 5 | 实际利用省外资金额 | 亿元 | 10327.3 | 12000 |
| | 6 | 高技术产业吸收外资占比 | % | — | 20左右 |
| 对外投资 | 7 | 对外直接投资备案额 | 亿美元 | 105 | 120 |
| | 8 | 对外承包工程完成营业额 | 亿美元 | 49.7 | 50 |
| 平台通道 | 9 | 开发区实际利用省（境）外资金额 | 亿元 | — | 增速高于全省3个百分点 |
| | 10 | 国际航空货邮吞吐量 | 万吨 | 45.13 | 70 |

——制度型开放取得明显成效。重点领域和关键环节改革取得重大突破，投资贸易自由化便利化水平进一步提升，开放制度的系统性、整体性和协同性增强，内陆开放型经济新体制基本形成。市场化、法治化、国际化营商环境更加优化，核心指标进入全国第一方阵，各类企业公平待遇和合法权益得到有效保障，市场主体获得感明显增强。

## 第三章　发展布局

主动对接国家重大战略，进一步拓展和优化开放发展空间布局，促进对内对外合作交流，服务国内大循环更加有为，链接国内国际双循环更加有效，为构建新发展格局探索路径、争做示范。

### 第一节　全面融入国家发展战略

深度参与共建“一带一路”，抢抓 RCEP、《中欧全面投资协定》（中欧 CAI）、中新自贸协定升级、非洲自贸区建设等机遇，积极开展对外贸易创新、招商引资提质、装备产能出海、科技创新合作等专项行动，在先进制造业、数字经济、基础设施和绿色发展等方面加强务实合作，构筑互利共赢的合作体系。立足自身区位优势，在融入新时代中部地区高质量发展、黄河流域生态保护和高质量发展、京津冀协同发展、长江经济带发展、粤港澳大湾区建设、长三角一体化发展等国家战略中培育新优势，建立健全跨省对话常态机制，加强战略、规划、机制对接，推动在标准、市场、政策体系、资质互认等方面有效衔接。着眼培育壮大先进制造业集群，增强优势产业吸引力和承载力，推进三门峡晋陕豫黄河金三角承接产业转移示范区提质增效，联动建设郑洛西高质量发展合作带、豫鲁毗邻地区黄河流域高质量发展示范区，协同打造中原—长三角经济走廊，大力承接粤港澳大湾区、长三角、环渤海地区装备制造、新材料、生物医药、新一代信息技术等产业转移。深化豫京和南水北调战略合作，拓展豫沪、豫苏、豫浙交流合作，加强与湖北、安徽、陕西、山东、山西等周边省份合作，走出一条内陆地区开放发展的新路子。

### 第二节　优化省内开放布局

立足全省高质量发展空间格局，坚持龙头带动和整体联动相结合，加快推进全域开放。做强全省开放龙头，坚持国际化、现代化方向，提升郑州国家中心城市参与全球竞争和集聚高端资源功能，积极承接国家重大生产力和创新体系布局，强化科技创新、枢纽开放、教育文化、金融服务等功能，提升集聚、裂变、辐射、带动能力，打造“一带一路”重要枢纽城市，建设具有国际竞争力、影响力的综合性国际消费中心城市。加快郑州都市圈一体化发展，以郑开同城化、郑许一体化为支撑，将兰考纳入郑开同城化进程，发挥郑州航空港区枢纽作用，打造郑汴许核心引擎，推动洛阳、平顶山、新乡、焦作、许昌、漯河、济源与郑州融合发展，建设全省开放发展引领区。支持平原示范区、武陟、长葛等地高标准建设郑州都市圈同城化发展特别合作区。提升洛阳中原城市群副中心城市功能地位，增强要素集聚承载和跨区域配置能力，加快建设国际文化旅游名城、国际人文交往中心和现代生态宜居城市。推动洛阳与三门峡、济源协同发展，形成省内开放合作重要支点，建设豫西转型创新发展示范区。支持南阳建设副中心城市，与信阳、驻马店协作互动，加强与长江经济带对接协作，建设豫南高效生态经济示范区。支持商丘、周口对接长三角一体化发展，打造新兴工业城市和区域商贸物流中心，建设豫东承接产业转移示范区。支持安阳、鹤壁、濮阳融入京津冀协同发展，打造区域先进制造业中心和交通物流中心，建设豫北跨区域协同发展示范区。支持各县（市）融入开放强省建设大局，积极融入周边中心城市发展，推动县域产业融入区域产业链供应链体系，建设一批产业转型示范园区，培育发展一批现代化中小城市。

## 第四章　实施制度型开放战略

对标国际一流水平，推动规则、规制、管理、标准等制度型开放迈出更大步伐，以高水平开放促进深层次市场化改革，加快打造参与国际合作和竞争新优势。

### 第一节　积极对接高标准国际经贸规则

发挥自由贸易试验区制度型开放“试验田”作用，加强开放规则机制创新。提高自贸协定利用率，用好区域累积规则、经核准出口商制度等原产地规则和关税优惠政策，助力企业扩大与协定国的贸易规模，推动“买全球、卖全球”升级，探索打造 RCEP 地方开放型经济合作试验区。研究对标中欧 CAI、《全面与进步跨太平洋伙伴关系协定》（CPTPP），在市场监管、知识产权保护、电子商务、政府采购、竞争中立、争端解决、绿色发展和经济技术合作等领域积极探索，持续开展首创性、集成性、差异性改革创新，促进“边境上”开放与“边境内”措施与制度的对接与协调，积极争取在金融、增值电信、数据跨境流动、教育、医疗、文化等重点领域实现突破性政策和制度支持，加快形成与国际通行规则相衔接的市场体系。加强对《数字经济伙伴关系协定》（DEPA）的研究对接，创新探索数字经济监管框架和监管流程，加快政府治理数字化变革。

### 第二节　提升规制链接国内国际双循环能力

加快推进标准衔接，对标 CPTPP 贸易技术壁垒协议（TBT）、动植物卫生检疫措施协议（SPS）等规则，探索推动技术标准升级，实施标准体系认证，推进出口产品标准化发展；对标 CPTPP 环境条款，完善企业环保信用评价制度，推行产品碳标准认证和碳标识制度。完善质量监管机制，调整完善产品合格评定机制，争取允许境外合格评定机构开展境内认证、检测和检验业务试点。坚持开放性、经济性和安全性相结合，鼓励省内企业积极融入全球产业分工体系，探索优化全球价值链嵌入模式，拓展参与全球产业链供应链的深度和广度，推动龙头企业在提升要素、产能、市场、规则等链接国内国际双循环能力方面发挥更大作用。促进内外贸融合发展，完善外贸企业拓内销支持体系，统筹开拓国内外市场，鼓励外贸企业建设国内营销渠道和自主品牌，推动“同线同标同质”适用范围扩大至一般消费品和工业品领域，促进商品服务内外循环畅通。扩大与重点国家和地区双向投资经贸合作，实施贸易投资融合工程，提高国际化双向投资水平。立足自身特点和优势，在跨境电商、陆上贸易、数字贸易等领域深化制度创新，强化规则探索，争取国际规则和标准体系制定话语权。

### 第三节　促进投资贸易自由化便利化

持续放宽外商投资准入限制，按照“竞争中立性原则”，加大对外商投资企业享有准入后国民待遇的保障力度，建立健全与负面清单管理方式相适应的事中事后监管制度。设立国际投资“单一窗口”，全面推行极简审批投资制度，探索“标准制+承诺制”改革，完善企业全生命周期服务体系。推动建立与服务化、数字化等新业态新模式相适应的监管体系，创造宽松的贸易创新环境。扩大国际贸易“单一窗口”功能及覆盖面，加快推进通关数据互换、口岸物流信息对接、企业信用信息互认、监管执法信息共享，巩固压缩货物整体通关时间成效。试行有利于促进跨境贸易便利化的外汇管理政策和贸易监管制度，探索跨境服务贸易负面清单管理模式，建立健全数字贸易监管体系。

### 第四节　打造市场化法治化国际化一流营商环境

适时修订《河南省优化营商环境条例》。加快“放管服效”改革，推行“证照分离”“照后减证”，试行“一枚印章管审批”。进一步降低行政事业性收费标准，持续开展涉企经营服务性收费专项检查。全面实行“双随机、一公开”监管，对新技术、新产业、新业态、新模式实行审慎包容监管。打造政策精准直达企业服务平台，实施“小错免罚”包容柔性执法。健全政企沟通长效机制。推进外商投资权益保护地方性立法，完善外商投资企业投诉处理机制。健全知识产权保护、应用和服务体系。建立国际交流中心，打造高品质国际化生活城市和特色国际化社区群落，促进商业、生活、旅游设施和服务与国际接轨，在出租车、公交车、门户网站等“窗口”逐步实现多语种服务。

### 第五节　强化开放型经济安全保障

构筑与更高水平开放相匹配的监管和风险防控体系。完善经贸安全保障机制，健全产业损害预警体系。妥善化解国际贸易争端，坚定维护我省产业安全和企业合法权益。引导企业加强合规管理，防范化解境外政治、经济、安全等各类风险。扩大出口信用保险覆盖面。按照国家统一部署，落实外商投资国家安全审查、反垄断审查、技术安全清单管理、不可靠实体清单等制度。

## 第五章　做大做强开放型市场主体

更大力度吸引和利用外资，更加高效利用全球资源要素和市场空间，推动重点产业开放发展，引育更多有国际竞争力和国际视野的开放型经济市场主体，打造高质量外资集聚地和高层次对外投资策源地。

### 第一节　推动重点产业开放

聚焦新型显示和智能终端、智能装备、智能传感器、新一代人工智能、新材料、生物医药、节能环保、新能源及智能网联汽车、网络安全、5G 等新兴产业，围绕薄弱环节、缺失环节、重点配套环节，引进落地一批带动效应强的龙头型旗舰型企业、项目，促进相关产业规模化、集群化、高端化发展。着眼量子信息、氢能与储能、区块链、类脑智能、生命科学、未来网络、前沿新材料、6G 等未来产业，以关键共性技术、前沿引领技术、现代工程技术和颠覆性技术创新为突破口，前瞻性招引高增长科技型企业和重大平台，打造国家未来产业先导示范区。立足装备、食品、汽车、轻纺和钢铁、有色、化工、建材等传统产业，吸引外商投资高端制造、智能制造、绿色制造等领域，完善上下游配套产业，提高产业链供应链稳定性和现代化水平。有序扩大服务业开放，积极争取服务业扩大开放综合试点，放宽服务业外资市场准入限制，促进现代服务业与先进制造业融合发展。以推动运输、数据、资金、人员流动便利为方向，持续扩大物流、金融、科技、教育、医疗、电信、贸易和数字经济等领域开放，促进生产性服务业向专业化和价值链高端延伸、生活性服务业向高品质和多样化升级。引导农业技术输出、品种试验示范、农业投资合作向具备条件的“一带一路”沿线国家和地区集聚，推进吉尔吉斯斯坦亚洲之星农业产业合作区、乌兹别克斯坦布哈拉农业综合示范区等境外园区建设。

| 专栏2　服务业扩大开放重点工程 |
| --- |
| 商业服务领域。制定平行进口汽车符合性整改标准和整改企业资质标准，开展标准符合性整改试点。开展进口商品展示交易创新试点，优化进口货物分送集报的贸易便利化流程。支持车辆展品依法留购并给予展示交易便利。允许具有国家认可的境外职业资格的建筑设计、规划等领域专业人才，按规定为省内企业提供专业服务，其在境外的从业经历可视同国内从业经历。<br>金融服务领域。实施“引金入豫”工程，积极吸引全国性金融机构在我省设立子公司以及区域性总部机构，布局科技金融、绿色金融、普惠金融、财富管理、金融科技等专营机构。建设郑州、洛阳私募基金集聚区。建立完善航空产业金融服务平台，探索复制国内自由贸易试验区金融改革创新经验，争取开展合格境外有限合伙人（QFLP）、合格境内投资企业（QDIE）业务试点。开展离岸金融研究，探索通过设立本外币一体化自由贸易账户、引进离岸金融服务机构等推动离岸业务发展。<br>物流服务领域。进一步开放物流基础设施投资和运营准入，引进具有影响力的国内外大型物流企业在我省设立区域总部或分支机构。<br>航空服务领域。加快发展飞机租赁以及航空培训、运动、会展、保险等关联产业。完善低空飞行服务保障体系，推进通用航空作业和服务消费模式创新。建设飞行员技能全生命周期培训基地。申建无人驾驶航空试验区。筹建航空职业学院。<br>国际标准认证服务领域。加强与“一带一路”沿线城市和企业在认证认可、数据交换等方面合作，推动与卢森堡等国际金融中心在金融标准、金融科技等领域互通互认，探索跨境电商国际规则与标准体系，创新适合内陆多式联运的服务规范，为国家参与相关国际标准规则制定提供“河南方案”。<br>电力服务领域。支持民营企业以控股或参股形式开展发电、增量配电和售电业务。稳步推进上网电价市场化改革，探索创新竞价上网模式。<br>电信服务领域。争取对我省增值电信业务开放政策，逐步放宽存储转发类业务、呼叫中心业务、国内多方通信业务、互联网接入服务业务、在线数据处理与交易处理业务（经营类电子商务）外资股比限制。 |

## 第二节　实施精准招引

突出招大引强，深入实施“对接500强、提升产业链”专项行动。聚焦引进“三类500强”、细分行业领军企业等战略投资者，以及“独角兽”企业、“小巨人”企业、“瞪羚”企业和“隐形冠军”企业。聚焦总部经济项目引进，发挥政策引领作用，鼓励建设一批总部经济示范园区。深化与德国、以色列、卢森堡、芬兰等重点国家合作，打造高质量外资集聚区。力争“十四五”期间每年引进“三类500强”重大产业项目100个以上，到2025年，在豫投资的世界500强企业突破200家。创新招商方式，实施产业链“链长制”招商，动态完善重点产业链图谱和招商路线图，推行市场化、专业化、精细化招商新模式新机制，引育一批引领型“链主”企业和具有“撒手锏”产品的配套企业。加强创新链、供应链、价值链招商与产业链招商协同，依托生产制造类项目同步引进企业研发设计、营销结算中心等生产性服务类项目。推广“带地招商”，强化资本招商，探索“产业园区+创新孵化器+产业基金+产业联盟”一体化推进的引资模式。鼓励采取异地孵化、“飞地”经济、要素合作等模式，与东部沿海地区共建产业转移合作园区。搭建招商平台，办好中国（河南）国际投资贸易洽谈会、全球跨境电商大会、全省招才引智大会、产业转移大会、中国农产品加工投资贸易洽谈会等国际性大型活动，利用中国国际进口博览会、中国国际投资贸易洽谈会、中国中部投资贸易博览会、中国—东盟博览会等国家级重要经贸活动。强化驻外办事机构招引职能，加快完善境内外招商网络。

| 专栏 3　高质量外资集聚区建设工程 |
| --- |
| 中德（许昌）中小企业合作区。聚焦对德合作产业生态，依托许昌产业优势，健全与德国相关机构合作联络机制，引进德国技术领先企业，建设开放包容、绿色低碳、智慧创新、循环发展、产城融合、转型升级的中德合作园区。<br>中欧（洛阳）科创国际合作产业园。以欧洲产业龙头为引领，辐射美国、日韩等发达国家和地区，在投资、贸易、产业、科技、人文等方面开展全方位合作，为园区建设提供资源要素和产业配套等功能支撑。<br>中以（郑州）科技城。以农业发展、技术创新、人工智能等为重点，积极引进以色列先进技术和项目，打造“人才+技术+资金+基地+服务”创新综合体，建设国际先进技术成果孵化基地。<br>中卢（郑州）创新科技园。充分发挥“空中丝绸之路”品牌优势，面向卢森堡，辐射欧洲国家，推动中欧科技合作，促进科技、服务等相关产业落户。<br>豫芬合作产业园。提升与芬兰合作层次，在郑州航空港经济综合实验区、郑州经济技术开发区等布局建设合作园区，加强通讯技术、生物医药、物流、航空运输等领域对接，推进 5G 全球交付中心、地热清洁取暖工程、智慧社区等项目。 |

### 第三节　支持市场主体拓展境外市场

实施外贸主体“破零倍增”行动，扩大外贸主体规模，推动全省有国际贸易潜力的制造企业、批发零售企业、电商企业等加快实现进出口落地转化。鼓励大型客车、电气装备、工程轮胎、现代农机、食品制造等行业龙头企业提高国际化经营水平，培育一批兼具创新能力、成长性和国际影响力的跨国公司，建设国际贸易总部。引导对外投资合作健康有序发展，支持企业到境外开展实物投资、股权置换、联合投资、并购重组，积极参与全球产业链供应链重塑，促进境内外产业协同联动。鼓励“专精特新”中小企业通过小比例参股、共建研发中心、初创企业投资、设立联合基金等方式开展海外投资合作。健全对外投资合作公共服务体系，创新“走出去”金融产品、信用保险与服务，加强事中事后监管和风险防范。优化对外劳务合作结构，拓展对外劳务合作市场。创新发展对外承包工程，鼓励联盟拓市和投建营一体化，积极参与第三方市场合作，带动装备、技术、标准和服务“走出去”。

### 第四节　提升供应链主体竞争优势

大力引进国际知名研发设计、总集成总承包、检验检测认证、供应链管理、电子商务等供应链关键环节企业，打造全链条供应链体系。提升生产制造、批发零售、物流配送、生活服务、农业产业化等本土龙头企业产业生态主导力和供应链整合能力，带动更多周边区域上下游企业入链。建设一批服务型制造公共服务平台，发展基于供应链的生产性服务业，引导商贸企业、物流企业、商品市场等向供应链综合服务商转型。鼓励流通企业与生产企业合作建设供应链协同平台，推动供应链上下游企业实现协同采购、协同制造、协同物流。引育若干拥有自主品牌、主业突出、竞争力强的大型流通企业集团。积极发展供应链金融服务。搭建供需合作平台，常态化举办产业峰会、行业论坛等交流洽谈活动，引导省内汽车、轻工、纺织等领域企业融入“链主”企业供应链体系。到 2025 年，培育 5 家左右全球供应链领先企业、20 家左右全国供应链领先企业和 2—3 个现代供应链体系全国领先城市。

## 第六章　推动贸易高质量发展

积极应对后疫情时期贸易格局调整，着力补短板强优势，培大育强外贸企业，优化贸易结构，发展新业态新模式，稳定外贸产业链供应链，提升价值链，推动对外贸易创新发展，加快建设贸易强省。

### 第一节　稳固扩大外贸基本盘

完善“三外”企业协调服务机制，加强出口订单等监测分析和供应链风险预警，保障重点企业和产品进出口畅通，稳定重点外贸企业运行。支持更多本土企业为龙头企业配套，加大补链强链固链力度，构建产业链上下游企业集聚共生的生态体系。深入落实减税降费、金融信贷等各项帮扶政策，支持中小外贸企业加强研发、品牌培育、营销渠道建设，提高规模和效益。支持民营企业开拓国际市场，稳步提高民营企业进出口份额。推进贸易平台建设，做大做强国家级外贸转型升级基地，培育认定一批省级外贸转型升级基地，支持打造中小外贸企业集聚发展平台。充分发挥郑州、洛阳等国家级加工贸易梯度转移重点承接地平台作用，依托综合保税区等平台，引进加工贸易产业链高端领域的龙头企业，建设一批特色鲜明、优势突出的加工贸易产业园区。拓展加工贸易品类，打造加工贸易产业集群，高水平建好济源国家加工贸易产业园区。支持加工贸易企业进入关键零部件和系统集成制造领域，鼓励龙头企业向营销物流、检测维修等产业链上下游延伸。

| 专栏4　外贸龙头企业和产业集群培育工程 |
| --- |
| 龙头企业培育。坚持引育并举，加大扶持力度，加快培育一批产品附加值高、带动能力强的外贸龙头企业。到2025年，全省力争培育年进出口额50亿元以上外贸企业10家以上，进入全国综合外贸500强的企业增加到6家以上，进入全国民营外贸企业500强的企业增加到8家以上。<br>外贸产业集群。优化外贸转型升级基地公共服务配套体系，鼓励因地制宜出台落实扶持政策措施，支持有条件的省级外贸转型升级基地创建国家级基地。力争到2025年，培育60个以上省级外贸转型升级基地，积极推动省级基地申建国家级基地，基地出口额占比达到全省的80%以上，出口超1亿美元外贸产业集群达到80个。 |

### 第二节　深入实施优进优出

提高出口国际竞争力，完善农产品等出口平台，扩大我省精深加工农产品和劳动密集型产品等传统产品出口，促进食品农产品等优势产品“出口”。扩大工程机械、电子信息、光电产品、发制品等特色产品出口规模，不断提高生物医药、节能环保、新能源等新兴产业国际竞争力。积极扩大优质进口，以主要贸易国高质量产品和服务为重点，主动扩大先进技术装备、关键零部件、紧缺资源性产品、优质消费品、民生服务等进口，扩大汽车、药品、粮食、肉类、生鲜产品等特殊商品进口业务规模，加快构建覆盖全国的进口商品采购分拨体系。完善全省进口促进体系，培育和提升一批省重点进口平台，培育新型进口商品营销模式。

**专栏 5　打造特色进出口商品平台**

提升农产品出口平台功能。建设周口国家农业高新技术产业示范区，打造具有全国影响力的现代农业创新高地、人才高地、产业高地、开放高地。建设中国（驻马店）国际农产品加工产业园，打造促进农业“三链同构”和高质量发展的重要载体。支持南阳依托卧龙综合保税区打造优势农产品出口贸易平台，用好原产地优惠政策，重点扶持食用菌、茶叶等特色产业，开拓多元化国际市场，拓宽出口渠道，促进食品农产品出口。

打造二手车出口集聚区。加快郑州二手车出口试点建设，出台二手车出口业务支持政策，评定一批二手车出口试点企业。完善质量检测、境外销售服务等出口产业链条，打造集汽车贸易、展示、拍卖、仓储、整备、一站式交易、供应链金融等于一体的二手车出口交易集散地。

培育进口贸易促进创新示范区。鼓励建设集展示、交易、消费为一体的进口商品线上线下展销平台，推动进口新业态发展。支持有条件的城市申建国家进口贸易创新示范区。力争“十四五”期间，我省年均进口增速高于全国平均水平。

## 第三节　加快发展新型业态

推进跨境电商综合试验区建设，支持郑州建设跨境电商营运中心、物流中心和开展跨境电商零售进口药品试点，鼓励营销推广、创业策划、商务会展、教育培训等关联产业发展，构建产业生态体系，催生一批有影响力的本土跨境电商品牌。支持洛阳、南阳等跨境点综合试验区竞相发展，推广“区域产业带+跨境电商模式”，拓展优势产品境外营销渠道。深化许昌发制品市场采购贸易试点建设，推动具备条件的商品市场申建市场采购贸易方式试点。加快郑州二手车出口试点建设，扩大二手车出口规模。加快推动公共海外仓发展，制定促进公共海外仓发展的政策措施，支持跨境电商等企业在重点市场、境外枢纽节点及“一带一路”沿线国家等布局建设海外仓，构建覆盖全球的海外仓网络，打造外贸供应链稳定的战略支点，培育一批优秀海外仓企业。到 2025 年，培育年交易额 50 亿元以上的海外仓企业 2 家以上，年交易额 10 亿元以上的海外仓企业 10 家以上。提升报关、仓储物流、结汇退税、境外商标注册等集成式服务能力，带动中小微生产企业出口。积极发展转口贸易、离岸贸易等新型贸易方式。

## 第四节　创新发展服务贸易

大力发展服务贸易，增强服务业品牌的国际竞争力。完善服务贸易发展机制，推动建立省服务贸易发展厅际联席会议制度，加强对服务贸易工作的统筹、领导、协调和推进。争取开展国家服务贸易创新发展试点，积极申建服务贸易国际合作示范区和境外促进中心。不断优化服务贸易结构，提升运输、旅行、建筑等传统服务贸易综合竞争力，推进金融服务、保险服务、知识产权使用、个人文化娱乐服务、电信计算机信息服务、其他商业服务等知识密集型服务贸易发展，积极申建国家文化贸易、数字服务、中医药服务、知识产权服务等特色服务出口基地，认定一批省级特色服务出口基地，评选一批省级服务贸易龙头企业，打造“河南服务”产业集群。高质量建设郑州、洛阳国家服务外包示范城市和 13 个省级服务外包示范园区，持续开展省级服务外包示范园区综合评价，命名一批省级服务外包示范城市、示范园区。实施服务外包转型升级行动，积极发展云外包、众包众创、平台分包、数字制造外包、生物医药研发外包等新型服务外包，加快服务外包数字化、高端化进程。推动服务外包与制造业融合发展，培育一批信息技术外包和制造业融合发展示范企业。

## 第七章　推动开放平台能级提升

坚持全省一盘棋，推动各级各类开放平台提档升级、协同发力，增强高端产业引育、科技创新策源、资源集聚外溢功能，切实把各级各类平台打造成为经济建设主阵地、主战场、主引擎，为全省高质量发展和竞争力提升提供核心支撑。

### 第一节　提升郑州航空港开放门户功能

坚定不移走好“枢纽+开放”路子，统筹推进规划建设、枢纽建设、产业培育，加快探索以航空经济促进发展方式转变新模式，打造链接双循环的先导平台。完善北部空港新城、中部空铁新城与南部双鹤湖科技城三大片区功能，实现协同发展。坚持枢纽建设先行，加快推进郑州新郑国际机场三期工程项目建设，建设卢货航亚太枢纽工程，建成投用郑州高铁南站，打造“一核两翼”国际综合枢纽，建成全国重要的国际航空物流中心。完善新郑综合保税区、双鹤湖商务区等开放功能，重点布局电子信息、生物医药、智能装备、新能源汽车等高端制造业，以及大数据、人工智能、科技研发等战略新兴产业，提升现代金融、商展贸易、国际物流、商贸文旅、航空运输、高铁物流等现代服务业，打造枢纽经济特色功能区。加快建设一批孵化基地、专业园区、公共服务中心等创新载体，推动国家生物医药产业基地公共服务平台、第三方生物医学检测平台、跨境电商创新创业综合公共服务平台建设，打造科技创新引领区。合理配置教育、医疗、商务、文化、娱乐等高品质公共服务资源，提升城市综合承载力，推进产城互动、产城融合，建设现代航空大都市。强化郑州航空港经济综合实验区与开封、许昌、郑州中心城区联动发展。

### 第二节　高水平建设河南自由贸易试验区2.0版

以制度创新为核心，对标国际公认最具竞争力的自由贸易园区，积极借鉴海南自由贸易港、上海临港新片区等改革经验，深化自由贸易试验区改革创新，加快完善自由贸易片区管理体制，打造新时代制度型开放新高地。推动各片区差异化特色化发展，郑州片区重点围绕物流集运、跨境电商、数字经济等领域，在促进交通物流融合发展和投资贸易便利化方面推进体制机制创新，打造多式联运国际性物流中心；开封片区以文化贸易、文化金融与数字文化为重点发展方向，培育引进一批具有全国影响力的外向型文化企业和文化品牌，打造国际文化贸易和人文旅游合作平台；洛阳片区围绕构建“一核一链一圈一区”国际智能制造合作创新生态体系，加强国际科技交流合作，率先推动产业链创新升级，打造国际智能制造合作示范区。强化自由贸易试验区产业支撑，培育特色主导产业，加快构建具有国际竞争力的现代产业体系。加强自由贸易试验区与航空港区及周边经开区、高新区等联动发展，探索建设河南自由贸易试验区开放创新联动区，释放自由贸易试验区改革红利。争取设立河南自由贸易试验区扩展区域。

### 第三节　加快开发区改革创新发展

加快开发区高质量发展，实施高能级战略平台创建行动计划，通过整合、扩区、调规、改制，打造一批产业发展优、要素支撑强、体制机制活、空间格局协调的千亿级开发区。持续提升开发区政务服务效率，对照省、省辖市赋权事项基本目录，推动向开发区依法授权到位。全面推行项目建设领办代办制，进一步简化优化审批程序，提高办事效率。持续深化开发区体制机制改革，实行领导班子任期制、员工全员聘任制、工资绩效薪酬制。进一步规范目标绩效管理，根据开发区考核结果，落实开发区管委会领导班子收入绩效管理办法，积极改进绩效管理，完善全员聘任制，激发干部职工干事创业活力。建设专业化、市场化、国际化管理团队，推动市场化选聘开发区高级管理人才和高层次专门人才。探索“工业邻里中心”模式，由开发区统一建设并向入驻企业提供配套服务，切实降低用地、用电、用水等要素成本。支持开发区与国内外发达地区、优势企业、高等院校合作共建产业合作园区，探索异地孵化、伙伴园区等合作机制。发挥重点开发区的外商投资环境优势，推动引进国际产业链关键节点企业和跨国公司地区总部、研发、财务、采购、销售、物流、结算等功能性机构，鼓励外商投资企业参与区中园、一区多园等建设运营。

**专栏 6　高能级战略平台创建工程**

产城融合类。以郑州航空港经济综合实验区等为主体，统筹产业与城市空间布局，促进生产、生活、生态融合发展，打造集高端技术服务、高品质生活服务、高标准公共服务于一体的配套体系，推动向功能多元的城市空间转变，打造“产、城、人、文”融合发展的现代化产业新城。

重大创新类。以郑开科创走廊、郑洛新国家自主创新示范区、国家级高新区等为主体，瞄准世界科技前沿领域，加速建成一批具有国际先进水平的科创中心和研发平台，加速催生新技术、新产品、新业态、新模式，优化创新发展生态体系，推动产业迈向全球价值链中高端。

重大开放类。以河南自由贸易试验区、国家级经开区、海关特殊监管区等为主体，激发对外经济活力，推动投资贸易便利化，集聚高质量外资，加强国际双向投资，发展更高层次开放型经济，加快形成国际竞争新优势。

生态农业类。以农业高新技术产业示范区、现代农业产业园、农业现代化示范区、农村产业融合示范园等为主体，着力打造农业创新驱动发展的先行区和农业供给侧结构性改革的试验区，提升农业产业发展质量、效益和综合竞争力。

## 第四节　推动口岸高质量发展

打造内陆口岸高地，探索设立口岸经济高质量发展示范区，实现航空口岸、铁路口岸、功能性口岸、综合保税区等功能竞合、联动发展。拓展口岸功能，强化口岸基础设施建设，做强肉类、药品、汽车整车、粮食、水果、活体动物等功能性口岸，建成植物种苗口岸。加强与上海、新疆、广西等地口岸合作，加快智慧口岸建设。促进口岸与产业互动发展，培育壮大口岸经济。加快综合保税区、保税监管场所创新升级，着力建设具有全球影响和竞争力的加工制造中心、研发设计中心、物流分拨中心、检测维修中心和销售服务中心。探索复制海南自由贸易港、洋山特殊综合保税区海关监管制度，推进海关监管制度集成创新。争取兼顾公平、相对优惠的税收政策。协同推进保税物流中心差异化、特色化发展，积极开展保税仓储、全球采购和国际分拨配送等业务。支持“两仓”进出口业务做大做强。统筹推进全省海关特殊监管区域（场所）布局优化，加快形成规模质量效益更高、贸易流通更便利、产业支撑更强劲、国际影响力更强的开放型经济功能区。加快发展“保税+”新兴贸易，实现开放平台联动发展。建立完善考核评估机制，推动综合保税区和保税物流中心高质量发展。到 2025 年，力争实现全省海关特殊监管区域（场所）全覆盖。

**专栏 7　数字智慧口岸建设工程**

加强与金融、信用、支付、航空、铁路、邮政等行业信息平台智享联通，打通海关特殊监管区域（场所）、口岸作业区相关监管信息节点，完善多式联运、物流协同、金融服务、信用评价、商品溯源等功能。完善大数据处理与分析系统，建设跨境贸易大数据资源目录，建立企业跨境贸易档案、产业辅助决策分析系统。建立特殊监管区域绩效评估监测系统、口岸绩效评估监测系统，对口岸、综合保税区、保税物流中心等绩效评估指标进行数据采集和处理、模型分析与结果展示。建设口岸信用体系，建立企业评信机制，形成跨部门的进出口企业综合资信库。建设智慧口岸、智慧综保区和智慧场站，建设监管场所集约化服务系统及场站智能监管系统，对物流运输环节开展实时智能跟踪与可视化监督，实现口岸场站无人化、智能化监管。

## 第八章　完善开放通道体系

全方位推进出省、出境、出海通道建设，加快完善航空、铁路、公路和水运立体发展的综合国际物流网络体系，探索建立开放通道可持续发展机制，大力发展通道经济、枢纽经济，打造具有国际影响力的枢纽经济先行区，构建内陆国际物流枢纽支撑。

### 第一节　打造空中经济廊道

以高质量推动“空中丝绸之路”建设为抓手，深化郑州—卢森堡航空“双枢纽”合作，加快推进郑州国际航空货运枢纽建设。谋划举办“空中丝绸之路”国际合作论坛，推进“空中丝绸之路南南合作伙伴联盟”建设，拓展“空中丝绸之路”覆盖范围和市场，探索推进“河南—柬埔寨—东盟”等交流合作。完善国际航线网络，加密增开至欧美、澳洲、非洲等地货运航线，推进郑州新郑国际机场海外货站、邮件处理中心、跨境电商分拨中心、国际冷链物流中心、邮政枢纽口岸综合基地建设。统筹推进至国内重点城市和全球主要经济体客货运航线网络建设，加快发展国际直航、空中支线、空中快线、空空中转和空陆联运。积极申请增加第五航权配额，争取第七航权。推动国内外大型物流集成商设立区域分拨中心和运营基地，做大做强本土基地货运航空公司，积极争取央企物流公司总部落户郑州。

### 第二节　贯通陆上经济走廊

推动郑州国际陆港园区扩容升级，高水平建设中欧班列郑州集结中心示范工程。强化中欧班列（郑州）国际战略通道作用，培育郑州中欧班列枢纽城市，加快境外枢纽和节点网络建设，拓展欧洲、中亚、东盟线路网络，开辟西亚线路，大力发展日韩等亚太中转线路，推进开行省际省内合作班列，提升沿线贸易和物流企业对中欧班列（郑州）使用的频率。拓展特种集装箱、冷链物流、跨境电商、商品展示体验等增值服务，提升班列运营质量。推动班列产业发展，打造中欧班列国际运邮基地和大数据处理中心、技术装备研发中心、集装箱共享调拨中心、应急物资保障中心、运贸交易集散中心，谋划举办中国（郑州）中欧班列国际物流博览会，构建更具竞争力、带动力、影响力的中欧班列体系。集中打造“郑欧”商品国际品牌，推进班列进口商品巡展省辖市、济源示范区、县（市）全覆盖。加快布局建设班列进口商品展示交易基地和营销网点，在沿线国家建设中国（河南）特色出口农副商品展示中心和境外集散中心、海外仓、创新产业园。

## 第三节 拓宽出海大通道

对接“海上丝绸之路”，加快铁海联运发展，整合全省资源，加密至天津、连云港、青岛、宁波线路，开辟至广州、海南、云南线路，形成辐射长三角、京津冀、珠三角经济带的通道网络，探索开行公铁联运“卡车班列”和铁路小编组、公交化列车，推动枢纽与网点联动发展。开展省域国际陆港示范工程建设，构建洛阳（东方红）生产型国际陆港、安阳万庄农资型国际陆港、三门峡矿产型国际陆港、濮阳石化型国际陆港等特色陆港体系。大力推进内河水运和河海联运建设，完善省内航道与港口布局，谋划建设郑州港，促进周口水陆集成国际陆港发展，支持周口港申请临时开放，布局建设信阳港、漯河港、平顶山港等地区性重要港口，打造我省通江达海新通道。

## 第四节 大力发展多式联运

持续优化国际多式联运通道网络，加快枢纽场站和集疏运体系建设，增强枢纽节点转运服务功能，实现点线运输能力匹配，强化多式联运综合运输服务保障。完善空陆联运基础设施，打造以郑州新郑国际机场为核心、公铁空有机衔接的综合交通体系，适时推进郑州新郑国际机场货运铁路规划建设，在机场南货运区设置空高联运货站，探索推进“航空+高铁”多式联运，打造国际空铁联运先行示范区。加快推进多式联运示范工程建设。研究制定河南省国际陆路多式联运规则，探索“一单到底”服务模式，提升多式联运效能。实施国际空港、国际陆港等物流骨干企业信息平台互联互通工程，探索推动跨部门、跨区域、跨运输方式间的信息对接和开放共享。

## 第五节 构建现代国际物流网络

依托郑州、洛阳、安阳、商丘、南阳、信阳等国家物流枢纽，加快完善国际中转、区域分拨、保税物流等设施，推动园区共建、信息共享，打造全国重要的物流设施群和物流活动组织中心。发展物流总部经济，打造万亿级物流服务全产业链，组建河南国际陆港集团，推动全省陆港业融合发展，构建“通道+枢纽+网络”的现代物流运行体系。加快物流企业“走出去”，鼓励有条件的物流企业通过收购兼并、合作共营等方式开展国际化经营，推进海外物流设施建设，构建服务全球贸易、跨境电商的物流支撑体系。推进具有跨境出口、全程追踪、金融融资等服务功能的跨境物流综合服务平台建设，提升国际货源和运力资源组织水平。

| 专栏 8 开放通道体系建设完善工程 |
| --- |
| 空中经济廊道。加密卢森堡、亚太地区货运航线，高频连通亚洲、欧洲、美洲、澳洲、非洲等全球前 30 位货运枢纽航点。加密覆盖日韩和东南亚热点城市客运航线，培育开辟北美、俄罗斯、欧洲、中东和北非、澳新“五个区域”各 2 个航点共 10 条航线。升级改造郑州新郑国际机场 T1 航站楼，推进第三、第四跑道和 T3 航站楼、交通换乘中心等主体工程，强化运力服务保障。推进东航郑州运营基地、中国邮政航空河南运营基地等项目建设。落地 144 小时过境免签功能，设立口岸进境免税店。推动洛阳航空口岸扩大开放，争取南阳、信阳机场航空口岸开放或临时开放。<br>中欧班列郑州集结中心。巩固拓展中欧班列（郑州）开行线路，推动铁路线束、场站和设施扩容升级，整合建设铁路口岸大监管区。建设郑州经开区国际陆港中欧班列综合服务基地、薛店空陆一体港产城融合基地、上街大宗货物集散基地。加快省内节点布局建设，支持洛阳、商丘、安阳、南阳、周口、新乡等地建设地区性国际陆港，支持有条件的地方有序开行班列，统一以“X 郑欧”命名，实现线路互补和协同发展，提升我省中欧班列的整体竞争力。 |

续表

| 对接融入“海上丝绸之路”。优化完善国际货运通道网络，推动郑州至青岛港、天津港、宁波舟山港、连云港港等铁海联运常态化开行。支持周口、信阳、漯河、南阳等港口持续扩大河海联运线路和集装箱班轮航线货运规模。力争到 2025 年开通 35 条以上多式联运示范线路，国际直达货运班列线路达到 16 条以上。<br>多式联运示范工程。推动中原铁道物流铁公空联运国家级多式联运示范项目顺利通过验收，建设济源至连云港铁海双向班列等 30 个以上省级多式联运示范工程。建设一批多式联运新装备研发、相关标准规则制定、信息开放共享等项目。力争到 2025 年建成 20 个以上多式联运型货运枢纽（物流园区），制定 50 项以上多式联运地方标准、团体标准（企业标准），争取部分标准上升为国家标准或行业标准。 |
| --- |

## 第九章　加强创新能力开放合作

紧密跟踪国际新产业、新技术和新业态发展前沿，加强创新人才资源和技术双向开放和流动，推动创新资源共享、创新优势互补，增强国际创新要素配置能力，从开放创新中积累产业创新优势，提升创新能力。

### 第一节　更大力度引育人才

深入实施“中原英才计划”，高质量办好中国・河南招才引智创新发展大会，健全重点领域、重点产业人才需求预测预警和引才目录定期发布机制，引育一批管理型、技术型、复合型海内外高端人才，建设具有全球战略眼光、市场开拓精神和熟悉国际经贸规则的开放型干部队伍。制定实施更加开放便利的人才政策，为引进的“高精尖缺”海外人才提供入出境和停居留便利。逐步放开专业领域境外人才从业限制，建立国际职业资格证书认可清单。培养一批具有国际化视野和较高研究水平的智库机构和研究团队，力争形成若干重大战略研究成果。实施企业家素质提升工程，形成百名领军企业家、千名骨干企业家和万名成长型企业家的优秀企业家雁阵，造就外向型、国际化企业家队伍。建设郑州国家产教融合型试点城市，构筑专业技能人才队伍发展体系，壮大应用型、技能型人才队伍，新培养 75 万人以上高技能人才和一批“中原大工匠”，为产业开放发展提供人力支撑保障。加大涉外高端法律人才培养力度，强化对外开放法律人才保障。

### 第二节　促进科技开放合作

加快建设郑洛新国家自主创新示范区，组织实施一批科技创新合作重点项目，探索先进技术联合孵化、跨境加速和产业化落地推动的新模式。持续完善“成果中关村、转化郑洛新”的常态化合作机制。以世界视野、开放姿态加快建设嵩山实验室、神农种业实验室、黄河实验室，集聚高端创新资源要素，打造科研“国家队”。高标准规划建设中原科技城、龙子湖智慧岛等一批开放式创新平台，加大国际研发机构、高校研究院、人才培养基地、技术研究中心等创新平台引进力度，加快建设欧洲农业物理（新乡）研究院、中乌（三门峡）科技创新研究院等国际合作项目。主动融入国家“一带一路”科技创新行动计划，鼓励我省有实力的研发机构积极参与国际科技合作，提高吸纳全球科技知识的能力。实施技术转移机构培育计划，加快建设专业化技术转移人才队伍。持续办好开放创新暨跨国技术转移大会，深化与国家部委、科研院所和知名高校的科技合作，积极推动高水平科技成果在我省转化。

### 第三节 加快教育对外开放

深度参与共建“一带一路”教育行动，深度拓展合作交流空间和内涵。实施中外合作办学提质增效工程，优化区域国别和学科专业布局，建设1所高水平中外合作大学、一批示范性中外合作办学机构和项目。实施高层次创新人才境外培养工程，培育高水平创新团队，培养学科领军人才和青年学术英才。打造“留学河南”品牌，推进来豫留学生教育规模质量双升级。支持特色学校、社会力量参与探索多种形式境外办学，打造“大禹学院”“仲景学院”等境外办学品牌。支持高校参与国际科技交流合作，实施高校学科创新引智计划，建设国际合作联合实验室，在基础学科、交叉学科等领域开展国际科研合作。改进国际合作与交流评价，实施国际化特色高校建设工程，定期开展高等教育国际化评价，建立国际化年度报告制度，推动高等教育对外开放治理体系和治理能力现代化。

### 第四节 推动文化旅游交流

以“少林”“太极”功夫为抓手，打造中国武术走出去“河南名片”，搭建对外文化交流、促进民心相通的桥梁纽带。举办年度世界功夫大会，推动我省优秀文化品牌积极参与“欢乐春节”、文化旅游年和建交庆祝等重大国家对外文化品牌活动。办好“世界古都论坛”“世界旅游城市市长论坛”“全球文旅创作者大会”等，争取“世界大河文明论坛”永久会址落户郑州。支持郑州、洛阳、开封申办国际性旅游主题活动和国际精品赛事。优化客源市场结构，大幅提升省外游、境外游比重。实施境外旅游营销计划，面向中东欧、中亚、日韩、东南亚等入境旅游市场，与海外知名旅行商开展多种形式合作，积极宣传展示我省文旅品牌形象，提升我省文化旅游国际知名度和影响力。

### 第五节 加强医疗卫生合作

加强与俄罗斯、以色列等国在中医、康复、医养结合、疫苗研发等方面的合作，推进援厄立特里亚中国中医中心项目建设。启动河南省人民医院、郑州大学第一附属医院和郑州大学第二附属医院分别与埃塞俄比亚、赞比亚和厄立特里亚受援医院开展对口合作，支持对口医院开展重点专科建设，提升非方医院综合能力。加强中非公共卫生和疫情防控合作，探索开展疟疾防治、新冠疫苗研发使用、新冠治疗药研发使用等国际合作。鼓励境外资本来豫投资设立国际医院、康复中心、养老院等机构。支持互联网医疗发展，探索检查结果、线上处方信息等互认制度，建立健全患者主导的医疗数据共享方式和制度。

## 第十章 保障措施

健全政策协调和工作协同机制，组织实施本规划，确保规划目标任务如期完成。

### 第一节 完善工作推进机制

省发展改革委、商务厅统筹协调规划实施的各项工作，根据本规划制定分年度实施计划，将规划目标任务分解到各地、各有关部门。健全工作统筹协调机制，推动各部门分工协作、信息共享、监测联动。完善与各地、各部门的政策协调和工作协同机制，形成规划实施合力。动态监测规划实施情况，对规划实施实行年度监测、中期评估和终期总结评估。根据国际环境和国内形势重大变化，在深入调研基础上，依照相关程序，对规划目标任务进行适时调整。

### 第二节　强化财税政策支持

积极主动对接国家有关部委，争取更多政策、资金、项目支持，充分发挥财政资金杠杆作用。完善外经贸发展专项资金等现有财政支持政策。争取各类对外投资基金支持共建“一带一路”高质量发展，争取国家服务贸易创新发展引导基金支持服务贸易创新发展，完善招商引资政策，支持外资投向战略性新兴产业、绿色能源产业。落实出口退税政策，推广出口退税无纸化申报。鼓励和引导企业投保出口信用保险，加强对贸易新业态新模式的支持，加大对产业链核心企业、高新技术、自主品牌、转型升级基地的支持力度，加强对我省“一带一路”重点合作项目、鼓励类境外投资项目的服务保障。落实国家有关进口降税政策。

### 第三节　健全监测考核体系

建立健全开放型经济运行监测体系，加强对外商投资、招商引资、对外贸易、境外投资的评估。做好项目数据库动态管理、外贸企业运营监测分析、外商投资与境外投资统计工作。利用大数据技术完善统计监测体系，加强市场运行监测分析和预测预警。加强对开放型经济统计业务的指导和培训，为开放型经济发展提供支持。构建开放型经济发展的综合性考核指标体系，全面评判各地和各级开发区的开放型经济发展总体水平。完善考核激励机制，及时发现工作亮点和薄弱环节，调动各地、各部门积极性，确保构建开放型经济新体制各项部署落到实处。

### 第四节　加大宣传推广力度

各级主管部门要采取多种形式加强规划宣传，动员全社会参与开放型经济新体制构建及开放强省建设，为规划实施营造良好社会氛围、舆论环境。充分利用招商引资、会展活动等契机，宣传推广相关政策制度、最佳实践和工作成果，用开放河南讲好河南故事。加强规划实施阶段性总结、经验复制和政策推广，及时总结提炼工作亮点，为形成“河南开放发展模式”提供素材。创新对内对外宣传推广方式方法，综合利用各种宣传媒介与平台，加大宣传推广力度，充分展示我省对外开放新形象。

# 湖北省

## 一、综述

2021 年，为认真落实湖北省委、省政府相关要求，湖北省商务厅加大工作力度，中国（湖北）国际贸易单一窗口（以下简称湖北“单一窗口”）建设推广工作取得了阶段性成果。

### （一）依托“单一窗口”打造信息追溯平台

建设湖北省高风险货物信息追溯平台，该平台实现了高风险货物流入湖北省的口岸提货、交通转运、贮存保管、销售自用相关环节的防疫信息备案追溯，实现了“人、物、地同防”目标，做到了高风险货物在湖北省流转的来源可查、去向可追。

### （二）升级拓展“单一窗口”特色应用功能

推动湖北“单一窗口”功能由口岸执法向贸易服务延伸。推出触发申报、保税展示交易、政企呼应、水运系统、“两随机一公开”等一批新的贸易服务功能。触发申报新模式将原有的录入环节从 5~8 次减少到 1 次，申报工作量平均降低约 85%，载货车辆停留时间减少 83%，提高了企业通关效率。

### （三）推进鄂沪电子口岸合作

2021 年 6 月，在湖北省政府副省长赵海山、省政府办公厅二级巡视员林竹青、湖北省口岸办副主任杨青松、上海市商务委一级巡视员申卫华等领导的见证下，《上海电子口岸、湖北电子口岸关于加强沪鄂深度合作　共建国际贸易“单一窗口”合作备忘录》在上海签署。

## 二、运行情况

### （一）运行数据

2021 年全年，湖北“单一窗口”货物申报 55.12 万票；舱单申报 47.02 万票；运输工具申报 3.54 万票；企业资质办理 2.85 万票；原产地证书申领 6.85 万票；税费支付 8.06 万票；加贸保税 44.98 万票；物品通关 117.62 万票；跨境电商 6287.25 万票；监管证件 2354 票；出口退税 1039 笔。

## （二）运行维护

### 1. 安全运行

一是部署云防护服务。“单一窗口”平台采用安全技术厂商的云防护服务，对网站漏洞和可用性进行实时监测并分析，拦截异常流量，对攻击频繁的流量进行屏蔽，有效降低被攻击的风险，并可实时查看网站运行状况。二是规范操作运行。操作人员必须熟悉操作规程，严格按照规程操作，严禁越权操作；对信息机房内设备的重要操作，必须通过信息化主管领导审批后才能执行；信息机房现场出现的异常，应严格按照现场处置预案处理，并上报和记录，坚决避免因操作不规范引起的系统故障、数据偏差等问题。三是强化安全管理。对信息化设备定期巡检，针对内网安全部署主机安全管理系统，针对互联网出口做好冗余的边界防护，调整内部网络结构，做好防火墙和防篡改设备的策略，严格控制系统内外数据访问，保护区域系统的网络安全。四是加强等级保护管理。执行国家网络安全的相关法规，制定安全管理制度，完成等级保护建设；根据《中华人民共和国网络安全法》及“单一窗口”相关管理办法要求，结合自身情况，制定计算机安全保密制度、网站安全管理制度、数据安全管理规范、数据安全应急预案、系统监控预案、系统运行应急响应预案等，并定期更新管理制度。五是保障平台设施安全。管理人员定期检查维护各类设备，确保无隐患问题，制作安全检查工作记录，确保工作落实，每周定期检查网站栏目功能，确保无木马病毒攻击，定期备份设备的配置信息和参数。

### 2. 优化服务

开通 95198 全国统一服务热线，7×24 小时响应企业需求，并通过 QQ、微信等即时通信服务处理企业反映的各类问题。主动搜集记录企业普遍存在的问题，针对问题编写相关文档供其参考，并且通过网络直播进行培训、答疑，同时联合相关单位组织多次现场培训，及时解决企业的各类问题。

### 3. 数据安全

充分利用湖北省电子口岸信息资源，成立数据安全管理机构，并制定数据安全管理制度，定期进行全员制度培训。数据中心部署了运维审计和日志审计系统，能够对运维人员的访问过程进行细粒度的授权、全过程的操作记录及控制、全方位的操作审计，并支持操作过程回放功能，实现运维过程的“事前预防、事中控制、事后审计”，提升安全运维管理水平。建立数据备份和恢复机制，通过部署备份一体机设备，对数据库做集中式数据保护、备份和恢复管理，可指定任意历史时间点进行数据恢复，日常也可进行容灾演练。

## （三）宣传推广

2021 年，湖北“单一窗口”采取线上和线下培训方式为外贸企业提供服务。全年开展培训 25 场，培训企业人员 2200 人。

## 三、 大事记

6 月 10 日

《上海电子口岸、湖北电子口岸关于加强沪鄂深度合作　共建国际贸易“单一窗口”合作备忘录》在上海签署。

# 湖南省

## 一、综述

2021年，为贯彻党中央、国务院关于推进贸易便利化的决策部署，在国家口岸管理办公室的指导下，湖南省全力推进中国（湖南）国际贸易单一窗口（以下简称湖南“单一窗口”）建设推广工作，持续推广标准版功能应用，将湖南“单一窗口”纳入自由贸易试验区改革创新工作加以推进，进一步完善联系服务企业机制，设立企业反馈机制。强化技术力量，加大安全检查力度，确保系统安全、稳定运行。有序开发地方特色应用，助力湖南口岸经济发展。截至2021年年底，已上线水运物流服务平台、湖南保税业务综合服务平台、空港信息平台等14项地方特色应用。湖南“单一窗口”成为湖南省重要的口岸通关平台，为全省各类外贸主体提供一站式通关服务。

## 二、运行情况

### （一）运行数据

2021年全年，湖南“单一窗口”货物申报23.13万票；舱单申报15.07万票；运输工具申报1.63万票；企业资质办理2.44万票；原产地证书申领4.27万票；税费支付4.74万票；加贸保税7.88万票；物品通关114.61万票；跨境电商9132.33万票；监管证件2673票；出口退税278笔。

### （二）运行维护

#### 1. 积极畅通运维机制

一是湖南省口岸相关部门建立了配合机制，及时沟通工作，迅速解决问题。二是建立湖南“单一窗口”企业联系服务机制，通过电话、邮件、QQ及微信等方式为企业用户提供7×24小时服务。三是编制机房紧急情况应急处理方案，确保故障在24小时内解决。

#### 2. 扎实做好运行维护

严格执行机房基础设备现场巡检制度，填写巡检记录表，确保机房基础设施设备稳定运行。

（1）硬件设备维护。对机房服务器、交换机、路由器、存储阵列、安全设备进行日常巡检，数据库定期备份，系统定期更新，并通过网络配置、防火墙配置、病毒漏洞定期扫描、存储管理分配、补丁更新等操作保障数据安全。全年共完成周巡检 52 次、月度巡检 12 次，数据定期备份及日志检查 12 次。

（2）软件系统维护。完成对外数据传输交换系统切换工作，并对防火墙策略进行升级。全年处理平台软件相关事件 593 次，其中水运物流服务平台处理事件 488 次、铁路物流服务平台处理事件 21 次、湖南“单一窗口”系统处理事件 17 次、湖南保税业务综合服务平台处理事件 67 次。

（3）信息安全等级保护。根据等级保护 2.0 标准要求，完成湖南“单一窗口”日志审计等安全整改，以良好成绩完成信息安全测评（二级）相关工作。

### 3. 规范开展联系服务

全年累计解答企业咨询 6832 次，提交至“单一窗口”运维服务管理平台解决问题 1673 个，提交至国家工程组解决问题 226 个。

## （三）宣传推广

2021 年，湖南“单一窗口”在《湖南日报》、新湖南、红网等多家省级媒体发表文章 20 篇，组织线上、线下培训 16 场，累计培训 2055 人次，培训内容涵盖许可证件、货物申报、金融服务、原产地证申领、税费支付等功能模块。

**2021 年湖南“单一窗口”宣讲会参训人员统计表**

| 序号 | 时间 | 地点 | 人数 |
|---|---|---|---|
| 1 | 1 月 5 日 | 湘西州 | 80 |
| 2 | 1 月 7 日 | 张家界 | 70 |
| 3 | 5 月 14 日 | 长沙 | 50 |
| 4 | 7 月 16 日 | 长沙 | 300 |
| 5 | 7 月 22 日 | 长沙 | 130 |
| 6 | 7 月 27 日 | 长沙 | 200 |
| 7 | 8 月 12 日 | 线上 | 260 |
| 8 | 9 月 13 日 | 长沙 | 150 |
| 9 | 9 月 15 日 | 长沙 | 220 |
| 10 | 11 月 16 日 | 线上 | 140 |
| 11 | 11 月 18 日 | 线上 | 104 |
| 12 | 11 月 23 日 | 线上 | 110 |
| 13 | 11 月 25 日 | 线上 | 74 |
| 14 | 11 月 30 日 | 线上 | 66 |
| 15 | 12 月 2 日 | 线上 | 51 |
| 16 | 12 月 23 日 | 线上 | 50 |
| 共计 16 场 | | 共计 2055 人次 | |

## 三、 特色应用

### （一）水运物流服务平台

水运物流服务平台主要为岳阳城陵矶、长沙霞凝港、常德盐关码头等水运口岸及监管场所进出口货物的进境到货、出境运抵以及入境提货等提供一站式办理便利。2021 年，该平台完成到货通知 6398 票，运抵报告 3.40 万票，使用企业 43 家。

### （二）空港信息平台

空港信息平台为长沙航空口岸、张家界航空口岸货物进出口业务提供便利，实现货物进出口信息动态监控等。2021 年，该平台完成核放单单量 8455 票，使用企业 29 家。

### （三）查验免收费服务平台

为有效落实《湖南省关于免除查验没有问题外贸企业吊装移位仓储费用全面试点工作方案》，查验免收费服务平台于 2020 年 9 月正式上线。通过各口岸及监管场所辅助系统与湖南“单一窗口”平台进行数据对接，实现查验计划的在线申请、在线受理、在线作业录入及在线审批等功能。截至 2021 年年底，该平台共计申报 1054 票、1340 个柜。

### （四）湖南保税业务综合服务平台

湖南保税业务综合服务平台实现了长沙黄花综合保税区、长沙金霞保税物流中心、湘潭综合保税区、衡阳综合保税区等海关特殊监管区的智能卡口验放、货物分类管理等。2021 年，该平台完成核放单单量 11.48 万票，使用企业 12 家。

## 四、 大事记

1 月 17 日

湖南“单一窗口”建设工作纳入《中国（湖南）自由贸易试验区建设实施方案》。

12 月 1 日

湖南“单一窗口”航空货运单量统计小程序试运行。

# 广东省

## 一、综述

2021年，在国家口岸管理办公室的指导及广东省直相关部门、中央驻粤口岸查验单位的支持下，广东省加快中国（广东）国际贸易单一窗口（以下简称广东“单一窗口”）建设推广工作，圆满完成标准版各项推广任务，全面拓展地方特色应用，全力服务粤港澳大湾区建设发展，有力推动优化广东省口岸营商环境，促进跨境贸易便利化。

### （一）按期完成标准版推广任务

按照国家口岸管理办公室有关“单一窗口”标准版各项功能推广要求，各地市“单一窗口”业务主管部门会同驻地口岸查验单位认真组织落实，制订适应疫情防控常态化要求的有效工作方案，采用线上视频培训为主、线下走访调研为辅的推广方式，推动口岸收费及服务信息发布系统、进出口监管证件、航空物流公共信息平台等功能推广应用。

一是广东省推广口岸收费及服务信息发布系统的经验做法得到国家口岸管理办公室通报表扬，基本实现全省所有水运口岸收费主体主动进行收费项目公示，推动口岸收费更加透明。二是海关查验通知信息推送功能于2021年第三季度如期完成在全省水运口岸全面推广的任务，推广范围覆盖全省14个地市70个水运口岸码头，实现海关查验信息精准推送，提高码头作业效率，有效压缩通关时效，降低企业成本。三是积极参与国家口岸管理办公室“十四五”期间“单一窗口”深化建设方案编制，为深化建设标准版提供广东经验。

### （二）推进粤港澳大湾区通关便利化项目落地应用

积极落实粤港澳大湾区发展战略，推进相关通关便利化项目建设推广，促进粤港澳大湾区人员、运输工具、货物等各类要素高效、便捷流动。

一是在省公安厅统筹协调，海关、边检、银保监等单位协同推动，以及澳门特别行政区相关单位积极对接下，按期完成“澳车北上”信息管理服务系统建设，并于2021年12月顺利通过澳门机动车跨境通关演练的实车检验，为“澳车北上”政策落地实施打下坚实基础。二是在广州、深圳、珠海边检总站的大力支持下，粤港澳大湾区跨界车辆信息管理综合服务平台打通了与国家移民局政务服务平台技术对接和双向数据传输的通道，会同海关、边检、交通运输等部门，开发上线新功能，初步实现粤港、粤澳两地牌车辆办理通关手续的统一申报入口，有效降低车主办事成本，截至12月30日，申报业务超6万票，惠及近3千家跨境运输企业、10万余辆跨境运输车辆。三是在澳门特别行政区相关单位的积极协作下，粤澳货物“一单两报”应用功能于7月15日上线试运行，服务粤澳企业货物便利化通关，达到首期预期目标。四是粤港澳航行船舶综合服务平台在前期试点的基础上，于12月底正式全面推广应用，实现舱单导入/导出、运抵/理货/装载舱单生成、运输工具动态申报、单证申报、电子围栏船舶动态提醒、移动端申报以及其他满足粤港澳大湾区船舶通关便利化需求的特色功能，并将应用成果复制推广到广西“单一窗口”，推进来往港澳小型船舶相关企业的数据共享与业务协同，实现来往港澳小型船舶一站式便捷申报。

### （三）地方特色应用建设助力广东省贸易高质量发展

认真开展党史学习教育和“我为群众办实事”实践活动，以企业需求为导向，推进广东“单一窗口”地方特色应用建设。

一是口岸物流协同平台建设应用取得阶段性进展，在汕头海关、汕头市商务局的大力推动下，开发港澳船舶进境信息互通应用，船代、码头、货主等用户可实时共享船舶进境数据信息，帮助企业节省成本和时间。二是在国家海事局的指导和广东海事局的大力推动下，中国—新加坡船舶、船员电子证书交换应用合作作为2021年12月29日国务院副总理韩正与新加坡副总理王瑞杰共同主持的中新双边合作机制会议成果发布。三是与中信保广东分公司加大小微在线投保系统推广力度，引导逾6000家小微企业在线投保，承保金额超50亿美元，实现全省小微企业100%通过“单一窗口”申报出口信用保险，支持小微企业发展。四是充分发挥广东省“加易贷”融资平台作用，5家承办银行累计发放贷款超2100亿元，惠及企业超960家，缓解加贸企业融资难、融资贵等问题。五是完善广东省跨境电商公共服务平台、市场采购贸易联网信息平台、二手车出口信息服务平台、综合保税区公共服务平台等试点建设，提供全省共性应用服务，满足企业特色应用需求，为广东省贸易高质量发展提供统一的信息化平台支撑。

### （四）“单一窗口”运维安全保障能力进一步强化

按照国家口岸管理办公室要求，全面应用全国运维服务管理平台，实行客服绩效考核，持续改进服务质量，提升客服水平。对省市电子口岸平台进行全面的安全检查，开展平台攻防演练，整体排查系统安全隐患并整改落实到位，强化内部数据安全意识培训，持续提升安全防护能力，确保“单一窗口”系统和数据安全。落实数字政府改革要求，加强与政务云平台运营商的协调沟通，协同推进“单一窗口”运维工作，平台全年总体运行安全、稳定、顺畅。

## 二、运行情况

### （一）运行数据

2021年全年，广东“单一窗口”货物申报938.01万票；舱单申报2737.64万票；运输工具申报126.00万票；企业资质办理19.02万票；原产地证书申领122.45万票；税费支付54.83万票；加贸保税432.65万票；物品通关3292.03万票；跨境电商86905.37万票；监管证件1.32万票；出口退税1440笔。

### （二）运行维护

完善省、市两级运维服务体系，组建客服运维团队，派员驻点业务量大的地市，通过广东电子口岸云客服平台，为广东省企业用户提供7×24小时客服保障，为用户提供广东“单一窗口”系统应用的操作指导、问题处理、需求收集、意见反馈等支持服务，响应用户提出的各种“单一窗口”业务服务请求，并对用户反馈的问题进行统计分析等。全年接听95198服务热线电话7328通（呼入接通率99.73%），及时响应云客服系统在线咨询接入会话2.59万个、回复消息20.95万条，远程协助306次。开展线上调研，每月走访调研各地市外贸企业，收集企业对于“单一窗口”应用功能、运维保障、服务质量等方面的意见建议，及时排查、解决问题并反馈，提升企业获得感。截至2021年12月31日，平台累计受理企业反馈的各类问题12.07万个，问题解决率达99.72%。

### （三）宣传推广

按照国家口岸管理办公室工作要求，组织标准版出口退税（金三版）功能全面推广、监管证件申领功能宣传推广、市场采购贸易数据校验功能系统对接工作等，编制各功能应用的推广方案和操作手册，及时建立微信推广工作群指导企业，做好各功能应用推广工作。按照各地“单一窗口”业务主管部门的培训安排，通过集中培训、深入企业开展一对一培训、远程培训指导等方式，推动促进企业尽快熟悉相关业务操作规程。在推广培训工作中，结合疫情防控形势，引入在线培训大讲堂、腾讯课堂、腾讯会议等远程培训方式，全年共组织举办51场线上培训直播课堂，累计培训1900人次，持续增强与企业的线上互动频率，尽力提高企业覆盖面。全年共组织开展3场线下培训，累计培训311人次。

## 三、特色应用

### （一）粤港澳大湾区跨界车辆信息管理综合服务平台

全面推广来往港澳货运车辆海关无纸化备案业务，全面覆盖粤港两地牌各类车辆和粤澳两地牌货车；推进边检备案业务建设，实现粤港澳两地牌车辆边检备案手续的“自动办、网上办、实时查”，为网上便捷办理边检备案手续、实时查询备案结果搭建信息共享安全通道；完善跨境运输车辆申报功能，开发上线直通港澳营业性车辆指标使用权申请、道路运输经营许可申请、道路运输证申请等应用，在疫情期间有效降低人群聚集风险，帮助车主提高申报效率、降低成本。截至2021年12月30日，来往港澳车辆企业和车主累计向主管海关（含深圳海关、拱北海关）成功申报海关业务超6万票，惠及近3千家跨境运输企业、10万余辆跨境运输车辆。

### （二）“澳车北上”信息管理服务系统

按照省政府关于加快推进“澳车北上”工作安排的部署要求，广东省口岸办会同省公安厅加快“澳车北上”信息管理服务系统建设。经过制订工作方案、加强与澳门特别行政区政府部门沟通、组织内地相关部门开展系统对接之后，该系统于2021年9月完成内地相关单位联调测试，10月完成粤澳跨境联调测试，12月7日通过澳门机动车跨境通关演练的实车检验，已具备上线运行的条件，后续将为澳门机动车所有人提供“澳车北上”业务受理、牌证发放、口岸通关备案、预约通行等一站式服务，以及粤澳相关管理部门之间跨境车辆和人员信息共享与协同管理。

### （三）粤澳货物“一单两报”综合服务平台

2021 年 7 月 15 日，粤澳货物“一单两报”服务功能正式上线试运行，基本达到首期预期目标，为粤澳货物往来相关企业提供一站式通关便利化申报公共服务，也为横琴口岸“一地两检”、实施货物“合作查验、一次放行”通关模式，推动粤澳在横琴的深度融合发展，进一步提升粤澳通关贸易便利化水平，提供重要的技术和平台支撑。截至 12 月 30 日，共计 13 家试点企业累计成功推送内地出口报文数据 246 票（单），其中企业实际通关数据 121 票、企业历史数据 101 票、系统存储数据 24 票。经核验，内地平台推送至澳门平台供澳门企业申报引用的进口申报数据准确率接近 100%。

### （四）广东口岸物流协同平台

平台已建成查验信息管理、放行信息管理、电子设备交接单、移箱费用统计、集装箱动态管理、通关物流全链条可视化、统计分析、港澳船舶进境信息互通等 8 大功能模块，并在汕头、中山、湛江等地市分别试点运行相关功能。其中，查验信息管理核心模块，截至 2021 年 12 月 30 日，已覆盖省内 11 个地市共 41 个码头，向码头下发海关查验通知信息约 24.6 万条，实现海关查验信息精准推送，减少码头翻箱次数，提高码头作业效率，实现码头查验作业环节信息的电子化流转和业务协同。

### （五）中新船舶电子证书先导合作项目

持续推进平台调用电子证书的验证及系统完善工作，截至 2021 年 12 月 30 日，惠及广州地区 3 家试点企业共 197 航次的船舶。增设船员证书选择功能，解决了手动上传船员证书的问题，将中新船舶电子证书先导合作项目的应用领域拓展到船员证书类别，提升企业申报效率。

## 四、大事记

2 月 10 日

广东“单一窗口”上线粤港跨境货车作业点信息登记系统。

3 月 8 日

广东省口岸办与澳门特别行政区政府在横琴口岸牵头召开粤澳货物“单一窗口”第二次工作对接会议。

3 月 23 日

汕头市宝奥国际玩具城市场采购贸易方式试点在北京顺利通过国家商务部等七部委联合验收，标志着汕头市场采购贸易联网信息平台转入正式运行阶段。

4 月 20 日

广东省口岸办与澳门特别行政区政府在横琴口岸牵头召开粤澳货物“单一窗口”第三次工作对接会议。

4 月 29 日

依托广东“单一窗口”和省跨境电商公共服务平台的基础设施及基本服务应用，湛江市跨境电商公共服务平台正式建设完成并启动上线试运行工作。

7 月 13 日

广东省口岸办与澳门特别行政区政府在横琴口岸牵头召开粤澳货物“单一窗口”第四次工作对接会议。

7 月 15 日

粤澳货物“一单两报”服务试运行工作正式启动，为粤澳货物往来相关企业提供一站式通关便利化申报公共服务。

7 月 29 日

广东“单一窗口”实现与边检梅沙系统的双向对接交换，跨境车辆边检业务办理结果查询功能正式上线。

9 月 5 日

全国首创的港澳船舶进境信息互通应用正式上线，并在汕头口岸顺利完成首票业务应用。

10 月 20 日

国家口岸管理办公室副主任王可调研广东“单一窗口”工作。

12 月 21 日

汕头市商务局联合汕头海关法综处、广东电子口岸举办广东“单一窗口”港澳船舶进境信息互通功能推介会。

12 月 29 日

广东省口岸办牵头，会同香港特别行政区政府商务及经济发展局，召开 2021 年度粤港“单一窗口”通关模式可行性研究专家小组视频会议。

12 月 31 日

广东“单一窗口”正式上线粤港澳航行船舶综合服务平台。

# 广西壮族自治区

## 一、 综述

2021年，广西壮族自治区按照党中央、国务院有关部署，深入推进中国（广西）国际贸易单一窗口（以下简称广西“单一窗口”）建设，全面拓展应用功能，推进区域“单一窗口”合作，强化运行管理，为优化口岸营商环境和提升跨境贸易便利化水平发挥了积极作用。

## 二、 运行情况

### （一）运行数据

2021年，广西“单一窗口”服务企业1.38万家，全年货物申报68.89万票；舱单申报155.17万票；运输工具申报17.34万票；企业资质办理3.38万票；原产地证书申领11.90万票；税费支付262票；加贸保税14.86万票；物品通关1192票；跨境电商15524.35万票；监管证件1512票；出口退税286笔。

2021年，企业通过广西“单一窗口”地方特色应用完成海运预配舱单5.43万票，原始舱单2.28万票，运抵报告13.64万票，理货报告7.32万票。

截至2021年12月31日，广西“单一窗口”累计业务总量24773.14万票。其中，货物申报200.16万票；运输工具申报47.09万票；舱单申报522.29万票；企业资质办理7.14万票；原产地证书（海关）申领16.05万票。

### （二）运行维护

一是按照自治区政务集中要求，于2021年年底前完成广西“单一窗口”政务云迁移工作。

二是启动广西“单一窗口”2.0版建设，为贯彻落实西部陆海新通道、中国（广西）自由贸易试验区建设对“单一窗口”提出的更高、更新建设要求，根据自治区党委的工作部署以及广西“单一窗口”2.0版建设方案，启动广西“单一窗口”2.0版建设。

三是通过QQ、95198热线、微信答疑，7×24小时服务企业，并通过微信公众号定期推送各类业务指南。全年受理企业各类电话咨询3999次，接通3787次，接通率95%；在线解决问题3587次，解决率94%。受理微信及QQ咨询1845次，其中微信867次、QQ978次。受理国际贸易“单一窗口”运维服务管理平台工单226个，解决率100%。

### （三）宣传推广

2021 年，通过微信公众号、门户网站、微信群、QQ 群等多种方式主动向企业推介最新的政策信息、系统升级优化等通知，使企业快速了解行业最新变化，其中微信公众号发布信息 38 次、门户网站发布信息 49 次、微信/QQ 群发布信息 38 次。全年共举办 6 场线上培训会，包括保税燃油供应无纸化协同系统、跨境电商公共服务平台、舱单无纸化协同系统等应用推广，累计培训企业超 700 家。

## 三、 特色应用

### （一）完成广西“单一窗口”升级项目

一是建设跨境电商公共服务平台，搭建标准化服务接口，统一数据交换和数据聚集，实现跨境电商业务“一次申报、一次查验、一次放行、一站办理”，优化跨境电商业务通关流程，提升通关效率，企业申报万条数据时间由 1 小时缩短至 10 分钟。截至 2021 年年底，凭祥综保区跨境电商企业通过平台累计申报“9610”“9710”“9810”业务 755 万余票，累计出口额达 9. 57 亿元。

二是建设保税燃油跨区直供协同系统，协同优化保税燃油供应申请、装卸审批和供船审核、核销等业务，实现保税燃油供应计划“一次申报、一口受理”，满足企业申报和海关、海事监管需求。该系统还实现了海关、海事燃油加注业务整合申报与监管协同，解决了多平台重复录入信息的问题，提高通关效率，帮助企业减少运营成本。截至 2021 年年底，通过该系统供油 66 个航次，受油船次 74 艘。

### （二）升级完善“智慧湾”项目

一是优化查验协同系统，上线应用查验排队叫号功能，促进查验业务公开化、透明化，提高企业办事效率。

二是向国际航行船舶代理企业开放对接舱单无纸化系统，企业只需要在 ERP 系统录入相关信息就能完成向海关申报并接收到海关审批回执，进一步降低录入差错率，节省人力成本，每艘船原始舱单录入时间可减少 1 小时。

三是推动广西“单一窗口”与北部湾国际港务集团建设的“北港网”系统深度融合。优化设备交接单无纸化协同系统，推动“北港网”车辆进出卡口数据、装卸船清单、查验边界合规时间数据共享至广西“单一窗口”。广西“单一窗口”新增运抵报告查询功能，并优化理货报告数据共享。

### （三）深化与重庆“单一窗口”合作

积极深化桂渝“单一窗口”合作。双方围绕西部陆海新通道通关、物流作业痛点和企业需求，讨论数据共享及业务协同方案，进一步优化流程，精简环节与纸质单证；推动制定西部陆海新通道“单一窗口”数据交换标准，加快推进“13+1”（省区市）信息共享合作平台建设。

截至 2021 年年底，在前期实现报关单、运抵报告等通关物流数据对接的基础上，进一步实现了桂渝“单一窗口”查验流程数据和查验费用数据共享，拓展了桂渝“单一窗口”数据共享范围。桂渝“单一窗口”对接合作实现货物查验物流状态信息共享，提高了通关时效的可预期性，便利企业合理安排生产经营活动。

## 四、大事记

2月19日

广西“单一窗口”北部湾港通关无纸化项目（“智慧湾”项目）入选自治区2020年度优秀改革案例。

4月17日

广西“单一窗口”建设完成跨境电商公共服务平台并在凭祥综保区试点运行。

8月19日

广西“单一窗口”北部湾港跨境贸易物流一体化改革（“智慧湾”项目）获评政务服务类最佳案例。

8月27日

广西“单一窗口”跨境电商公共服务平台、保税燃油供应协同系统完成项目验收。

10月22日

中国工商银行广西分行成功办理广西“单一窗口”出口信用证业务。

12月6日

广西“单一窗口”完成政务云迁移工作。

## 五、政策文件

### 广西壮族自治区人民政府关于印发广西经济体制改革“十四五”规划的通知

桂政发〔2021〕43号

各市、县人民政府，自治区人民政府各组成部门、各直属机构：

现将《广西经济体制改革“十四五”规划》印发给你们，请认真组织实施。

广西壮族自治区人民政府

2021年11月25日

（此件公开发布）

### 广西经济体制改革“十四五”规划

“十四五”时期是深入贯彻习近平总书记对广西工作系列重要指示精神，加快建设新时代中国特色社会主义壮美广西的关键期。必须准确把握新发展阶段，完整、准确、全面贯彻新发展理念，主动服务和融入新发展格局，坚定不移走解放思想、改革创新之路。经济体制改革是全面深化改革的重点，加快形成有利于引领经济高质量发展的体制机制，对加快建设新时代中国特色社会主义壮美广西意义重大。

本规划根据《广西壮族自治区国民经济和社会发展第十四个五年规划和2035年远景目标纲要》、《新时代广西加快完善社会主义市场经济体制实施方案》、《广西建设高标准市场体系行动实施方案》等制定，主要阐明“十四五”时期广西深化经济体制改革的总体要求、重点任务和保障措施，是未来5年指导和推进广西全面深化经济体制改革工作的行动指南，也是各级各部门制定改革政策和安排改革工作的重要依据。

## 第一章 规划背景

### 第一节 规划基础

“十三五”期间，广西坚持贯彻落实中央部署的改革任务与广西自主开展的特色改革任务相结合，坚持问题导向、目标导向、结果导向，坚持顶层设计与基层探索相结合，坚持以供给侧结构性改革为主线，推动有利于创造新供给、释放新需求的体制机制创新，出台了一批突破性、关键性、牵引性的重大改革举措，完成了75项经济体制领域重点改革任务，形成了一批制度成果和实践成果，改革红利持续释放，有力推动了经济持续健康发展，为“十四五”持续深化经济体制改革打下了良好基础。

供给侧结构性改革成效明显。围绕“三去一降一补”，积极推动有利于创造新供给、释放新需求的体制机制创新。积极稳妥去产能，出台化解钢铁、煤炭行业过剩产能的实施方案、工业产业转型升级专项行动方案、处置“僵尸企业”实施方案等文件，从制度上规范清理在建和严控新增过剩产能项目。综合施策去库存，出台支持农民工等新市民购房需求政策，积极推进棚户区改造货币化安置，建设棚户区改造自治区级融资平台。防范风险去杠杆，全区农合机构不良贷款余额、不良贷款率实现“双降”。多措并举降成本，5年新增减税降费超过1000亿元。协调发展补短板，出台在关键领域和薄弱环节加大补短板工作力度的实施方案，增加公共产品和服务供给，增强经济社会发展的平衡性和协调性。

营商环境持续改善。出台广西优化营商环境条例，部分指标接近国际国内先进水平。全面深化商事制度改革，推行政府权责清单制度，行政许可事项持续精简，跨境贸易便利度不断提高，“放管服”改革成效显著，98.8%的行政审批事项和公共服务事项实现“最多跑一次”。率先实现全区不动产登记“1个工作日办结”，在全国首创建设用地审批“三级联审”改革，在全国最早实现自治区、市、县三级社会保险“五险合一”经办及推行“一门式”改革、“一网式”服务。“双随机、一公开”跨部门联合监管实现全覆盖，涉企检查减少了95%。

投融资体制改革持续深化。落实深化投融资体制改革的指导意见，实现企业投资项目备案“零前置”和“随报随备”，约98%的项目下放市县审批、核准或备案。出台投资项目审批容缺后补十条措施，在14个产业园区试点推行区域评估制度和投资项目告知承诺制。推进自治区本级国有金融资本集中统一管理，推动组建广西融资担保集团，设立广西政府投资引导基金。在全国首创推出“复工贷”、“稳企贷”，2020年广西各项贷款增速排西部地区第1位。沿边金融综合改革试验区建设通过国家验收，形成12条可复制可推广的“广西经验”。面向东盟的金融开放门户建设全面推进，人民币成为广西与东盟国家第一大跨境支付货币，跨境人民币结算量在全国9个边境省（区）中持续排名第一。

财税体制改革扎实推进。推进预算管理、预算信息公开和盘活财政存量资金改革，出台财政管理工作绩效考核与激励办法，建立机关绩效和预算绩效联动机制，5 年累计盘活使用财政存量资金近 6000 亿元。出台基本公共服务领域自治区以下财政事权和支出责任划分改革实施方案，教育、医疗卫生、社会保障等领域八大类 18 项基本公共服务事项自治区与市县财政事权得到进一步明确。实现“营改增”对所有行业的全覆盖，顺利开征环境保护税，推动完成资源税、耕地占用税地方立法，顺利推动个人所得税制度改革。

国资国企改革取得新突破。出台国有企业改革“1+38”系列文件和三年行动实施方案，国有企业战略性重组取得重大突破，自治区国资委监管企业从 60 多户重组整合为 16 户，6 户企业进入中国企业 500 强，广西投资集团成为广西首家进入世界 500 强的地方企业。国有企业改革稳步推进，自治区国资委完成全部监管企业的分类，逐步探索开展分类考核、分类改革工作。全区国资系统企业公司制改制基本完成，广西建工集团、广西柳工集团完成集团层面混合所有制改革，自治区国资委监管的各级国有企业混改户数占比达 61. 1%。国有企业创新发展能力持续增强，2020 年自治区国资委监管企业研发投入 67. 6 亿元，新产品产值 227. 4 亿元，相比 2015 年分别增长 287. 4%和 473. 5%。国资监管体制改革取得重要进展，国有企业党的领导和党的建设全面加强，在全国率先将党建工作纳入企业负责人经营业绩考核，率先提出构建“1+7 监督工作闭环”体系，在全国首创国资委系统组织对企业党风廉政建设和反腐败工作开展巡察。

支持非公有制经济改革发展政策不断完善。出台广西营造更好发展环境支持民营企业改革发展实施方案等政策，激发非公有制经济活力和创造力。全面实施市场准入负面清单制度，推动“非禁即入”在各类市场主体中普遍落实。积极构建亲清新型政商关系，在全国首创“民营企业家日”，企业家政治待遇得到有效保障，先后有多名企业家在自治区群团组织兼任班子成员。开展涉政府产权纠纷问题专项治理行动，一批长期未解决的涉及民营企业利益的问题得到有效解决。探索开展“4321”风险分担机制，14 个市均设立了广西民营小微企业首贷续贷中心。积极创建广西民营经济示范市、示范县（市、区）、示范乡镇和示范园区，推动“民企入桂”为广西经济发展注入新动能。全区市场主体数量连续 5 年保持两位数高速增长，总量达到 402 万户，总体活跃度达到 73. 6%。

科技创新体制改革取得积极进展。深入实施创新驱动发展战略，出台“1+8”系列政策文件和 33 条科技创新政策。设立 50 亿元的创新驱动发展专项资金，实施“三百二千”科技创新工程，发行科技创新券，在全国率先推行首席技术官（CTO）培训计划。组建了产业技术研究院，推行科技项目“揭榜制”等新政。在广西大学和广西科学院开展了薪酬改革试点工作，完善以增加知识价值为导向的激励机制。2015—2020 年，广西科技进步贡献率增长了 7 个百分点，高新技术企业数量增长了 3 倍，每万人口发明专利拥有量增速位居全国前列。桂林市成为国家首批 3 个可持续发展议程创新示范区之一，全区高新区总数达到 14 家（其中国家级高新区 4 家），国家级农业科技园区达到 6 家。

新型城镇化改革取得积极进展。户籍制度改革逐步深化，基本实现城镇落户“零门槛”，全区常住人口城镇化率从 2015 年的 47. 06%提升到 2020 年的 54. 2%。全面实施居住证制度，推进城镇基本公共服务向常住人口全覆盖。建立财政转移支付同农业转移人口市民化挂钩机制、城镇建设用地增加规模同吸纳农业转移人口落户数量挂钩机制。加快实施强首府战略，创新推进北钦防一体化建设，推动北部湾城市群发展，实现广西北部湾经济区升级发展。南宁临空经济示范区获批设立。国家新型城镇化综合试点取得成效，柳州、北流、平果、荔浦等市试点经验获国家发展改革委推广。土地管理制度改革不断深化，在全国率先实施专项用地指标核销制度，率先推行自治区、市、县“三级联动”制度改革。

“十三五”时期全区经济体制改革工作持续深入推进，取得了明显成效，但也存在一些问题和不足。市场与政府的关系还有待进一步厘清，市场体系还不健全，市场规则还不统一，市场秩序还不规范，要素市场发育还不充分，生产要素流动不畅、资源配置效率不高、微观经济活力不强等问题依然存在；改革的重点还不够突出，改革对产业创新发展的支撑还不够强，科技创新支撑产业高质量发展的作用还不够明显，营商环境仍有较大提升空间；改革的系统性、整体性、协同性还不够；一些改革举措宣传推广不足，落地落实还有待加强，改革典型经验的示范带动作用尚未得到充分发挥。

## 第二节　面临形势

“十四五”时期，是我国全面建成小康社会、实现第一个百年奋斗目标之后，乘势而上开启全面建设社会主义现代化国家新征程、向第二个百年奋斗目标进军的第一个五年，是加快建设新时代中国特色社会主义壮美广西的关键期。当前和今后一个时期，广西发展仍然处于重要战略机遇期，但机遇和挑战都有新的发展变化，机遇大于挑战。

从机遇看，《区域全面经济伙伴关系协定》（RCEP）正式签署，中欧投资协定谈判如期完成，西部陆海新通道上升为国家战略，中国（广西）自由贸易试验区、面向东盟的金融开放门户等一批国家级重大开放平台推进建设，为广西加快经济体制改革深度融入国内国际双循环带来重大机遇；国家大力推进区域协调发展和新型城镇化，推动西部大开发形成新格局，全面推进乡村振兴，为广西推动城乡融合发展带来重大机遇；国家更加重视支持革命老区、民族地区、边疆地区发展，广西“一湾相挽十一国、良性互动东中西”的独特区位优势更加凸显，在国家构建新发展格局中的战略地位更加突出，为广西深入推进区域协调发展带来重大机遇。

从挑战看，在新发展阶段，新一轮科技革命和产业变革带来了生产方式的调整，新冠肺炎疫情加速了全球产业链重构，高质量发展要求推动经济发展质量变革、效率变革、动力变革，这对广西的产权制度改革、国资国企改革、科技创新体制改革、确立竞争政策基础地位和建设高标准市场体系提出了新要求；发展的不平衡不充分、后发展欠发达的区情，对完善促进更加平衡、充分发展的长效机制提出了新要求；我国承诺 2030 年碳达峰、2060 年碳中和，对广西通过体制机制改革推动经济社会发展全面绿色转型提出了新要求；人民对美好生活的向往以及人民群众对改革的新期待，对广西的制度供给保障提出了新要求；市场经济体制内在的系统性、整体性、协同性，对广西深化体制改革创新、制度供给、补齐制度短板提出了新要求。

适应新发展阶段要求，广西必须统筹各方力量和行动，充分调动一切积极因素，加快深层次经济体制改革，创造更加充满活力的经济体制，为经济发展提效赋能，使一切有利于社会生产力发展的创造力量充分涌流，奋力赶超，加速崛起，在全面建设社会主义现代化国家新征程中谱写广西发展新篇章。

## 第二章 总体要求

### 第一节 指导思想

坚持以习近平新时代中国特色社会主义思想为指导，全面贯彻党的十九大和十九届二中、三中、四中、五中、六中全会精神，深入贯彻习近平总书记对广西工作系列重要指示精神，准确把握新发展阶段，完整、准确、全面贯彻新发展理念，主动服务和融入新发展格局，坚持系统观念，以推动高质量发展为主题，以深化供给侧结构性改革为主线，解放思想、深化改革，充分发挥市场在资源配置中的决定性作用，更好发挥政府作用，推动有效市场和有为政府更好结合，聚焦重点领域，紧盯薄弱环节，以完善产权制度和要素市场化配置为重点，以扩大内需为战略基点，畅通市场循环，提高国内经济循环质量和效率，推动国内国际双循环相互促进，加强和改善制度供给，助力广西在推动边疆民族地区高质量发展上闯出新路子，在服务和融入新发展格局上展现新作为，在推动绿色发展上迈出新步伐，在巩固发展民族团结、社会稳定、边疆安宁上彰显新担当，为建设新时代中国特色社会主义壮美广西提供动力和保障。

### 第二节 基本原则

坚持深化改革与高质量发展相结合。把握好改革和发展的内在联系，紧扣完整、准确、全面贯彻新发展理念、推进高质量发展、服务和融入新发展格局，紧盯解决突出问题，提高改革的战略性、前瞻性、针对性，使改革更好对接发展所需、基层所盼、民心所向，推动改革和发展深度融合、高效联动。

坚持问题导向和目标导向相结合。立足广西实际，着眼于推动经济发展方式转变，在重点推进供给侧结构性改革的同时，注重需求侧管理，建立长效工作机制，针对突出问题精准施策，在重点领域和关键环节实现改革突破。

坚持整体推进和重点突破相结合。树立系统观念，注重改革系统集成、协同高效，增强改革的系统性、整体性、协同性，实现由局部探索、破冰突围到系统协调、全面深化的转变。以经济体制改革为重点，突破带动其他领域改革。

坚持顶层设计和基层探索相结合。在坚持法治原则的基础上，充分发挥市场主体创造性，鼓励试点改革，先行先试，发挥基层首创精神，及时总结方法规律，推动面上制度创新，上下联动，实现创新探索与于法有据的有机统一。

坚持积极推进与稳妥有序相结合。充分考虑改革的力度、发展的速度和社会可承受的程度，把握好改革的时机和节奏，赢得改革的最大公约数，凝聚最大范围的改革共识。

### 第三节 主要目标

通过深化经济体制改革，加强和改善制度供给，强力释放制度红利。到2025年，全区重点领域改革实现新突破，市场体系的基础制度不断夯实，高标准市场体系基本建成，要素市场化配置改革取得重大进展，市场主体更加富有活力，宏观经济治理更加完善，改革综合效能持续提升，基本实现产权有效激励、要素自由流动、价格反应灵活、竞争公平有序、企业优胜劣汰，营商环境达到全国一流水平，有力促进广西经济实现更高质量、更有效率、更加公平、更可持续的发展，为广西“十四五”加快发展、转型升级、全面提质和到2035年基本建成新时代中国特色社会主义壮美广西、与全国同步基本实现社会主义现代化的远景目标提供强力制度支撑。

——高标准市场体系基本建成。到2025年基本建成统一开放、竞争有序、制度完备、治理完善的高标准市场体系，实现平等准入、公正监管、开放有序、诚信守法，市场循环畅通，提质增效显著。

——要素市场化配置改革取得重大进展。影响要素自由流动体制机制障碍有效破除，要素市场化配置范围显著扩大，要素市场制度不断完善，实现要素价格市场决定、流动自主有序、配置高效公平。

——市场主体更加富有活力。市场在资源配置中的决定性作用更加凸显，市场配置资源能力显著增强；不同所有制经济健康发展，企业创新创造源泉充分涌流，活力充分迸发，发展质量和效益明显提高，各类市场主体蓬勃发展。

——宏观经济治理体系更加完善。政府经济调节职能不断完善，宏观经济治理能力进一步提高，实现经济增长、就业增加、物价稳定。

——营商环境不断优化。政府职能实现明显转变，政府对市场资源的直接配置和对微观经济活动的直接干预最大限度减少；“放管服”改革全面深化，初步形成贸易投资便利、行政效率高效、政务服务规范、法治体系完善的国内一流营商环境，为各类市场主体投资兴业营造稳定、公平、透明、可预期的发展环境。

## 第三章　建设高标准市场体系

健全市场体系基础制度，强化竞争政策基础地位，促进要素自主有序流动，持续打造市场化、法治化、国际化营商环境，充分调动各类市场主体的积极性、主动性和创造性，为经济高质量发展注入强劲的内生动力。

### 第一节　夯实市场体系基础制度

健全以公平为原则的产权保护制度，促进要素合理配置。实施市场准入负面清单制度，激发市场主体活力。全面完善公平竞争制度，促进市场有序竞争。健全产权司法保护制度。推进铁路、能源、公用事业等行业竞争性环节市场化改革。

| 专栏1　夯实市场体系基础制度、保障市场公平竞争重点改革任务 |
| --- |
| 1. 健全以公平为原则的产权保护制度，促进要素合理配置。健全知识产权及各种新型产权制度。建立跨区域知识产权保护协作机制。向全区推广中国（广西）自由贸易试验区知识产权快速维权机制。优化专利资助奖励政策和考核评价机制，更好保护和激励高价值专利，培育专利密集型产业。探索推进知识产权集成改革。完善无形资产评估制度，形成激励与监管相协调的管理机制。强化商标专用权保护，严厉打击侵犯驰名商标、地理标志、官方标志、特殊标志、商标专用权等违法行为。加大保护产权权利人合法权益的力度，加快技术创新和进步的进程。健全农村集体产权制度，拓展农民集体资产股份权能，落实农民集体收益分配权，加快推进全区农村集体“三资”（资金、资产、资源）监管平台试点，完善自治区、市、县统一的农村产权流转交易市场体系，保护农民的合法权益。推进自然资源资产产权制度建设，完善全民所有自然资源资产配置制度，推进自然资源统一确权登记，健全自然资源有偿使用制度。健全非公有制经济产权保护制度，畅通涉政府产权纠纷反映和处理渠道，研究建立常态化工作机制。 |

续表

| 2. 实施市场准入负面清单制度，促进有效市场与有为政府更好结合。全面落实“全国一张清单”管理模式，强化制度的权威性、严肃性。建立清单实施动态监测机制，持续跟踪和研究解决清单实施过程中出现的新情况、新问题。清理各类显性和隐性壁垒，畅通市场主体对隐性壁垒的意见反馈渠道和处理回应机制。厘清政府与企业之间边界，激发市场主体活力，激发经济发展势能。<br>3. 全面完善公平竞争制度，促进市场有序竞争。增强公平竞争审查制度刚性约束，加强和改进反垄断与反不正当竞争执法，破除区域分割和地方保护。探索建立中国（广西）自由贸易试验区强化竞争政策试点框架，构建覆盖事前、事中、事后全环节的竞争政策实施机制。建立健全公平竞争审查会审、抽查、考核、公示、评估、举报处理和回应等机制，研究制定广西公平竞争审查例外规定适用操作指引、行业性审查规则实施指导意见。<br>4. 健全产权司法保护制度，强化市场经济法治保障。完善涉企产权案件申诉、复核、再审等保护机制，强化对市场主体之间产权纠纷的公平裁判，推动健全涉企冤错案件依法甄别纠正常态化机制。建立健全涉及查封、扣押、冻结长效机制，规范处置可供执行财产，依法保障实现胜诉当事人的合法权益，最大限度降低对被执行企业和个人正常生产生活的不利影响。加强对查封、扣押、冻结和处置公民、企业财产行为的监督，严格规范公检法机关涉案财物处置程序，建立健全有效衔接的涉案财物处置制度体系。健全涉产权冤错案件有效防范和常态化纠错机制。<br>5. 推进铁路、能源、公用事业等行业竞争性环节市场化改革。深化铁路行业改革，推进广西境内合资铁路公司资产重组，优化西部陆海新通道海铁联运班列运营组织，进一步降低海铁联运铁路运价。适时放开天然气气源和销售价格，管住中间管网输配价格，建立用户自主选择气源和供气路径机制，推进油气管网对市场主体公平开放，推进管输和销售分离改革。推动形成上游油气资源多主体多渠道供应、中间统一管网高效集输、下游销售市场充分竞争的“X+1+X”油气市场体系。依托现有交易场所搭建广西天然气交易平台，积极推进广西天然气交易市场建设。 |
| --- |

## 第二节 提高要素配置效率

推进要素市场化配置，提升服务实体经济的能力，形成生产要素从低质低效领域向优质高效领域流动的机制，提高要素质量和配置效率。大幅减少政府对资源的直接配置，使市场在资源配置中起决定性作用。通过创新资源转让、交易等方式，大幅度降低要素的交易成本，促进存量资源有效流动。切实降低准入门槛，扩大市场规模，加大力度吸引外部资源特别是创新资源流入，更好支撑全区经济高质量发展。

## 第三节 改善提升市场环境和质量

全面提升产品和服务质量，构建公平有序、开放透明的市场环境，使消费者可以自由选择、放心消费。加强消费者权益保护，降低消费者权益受侵害后的维权难度和维权成本。开展对标达标质量提升专项行动，培育企业标准“领跑者”，鼓励企业标准“领跑者”积极参与制修订国家标准、国际标准。研究完善产品和服务对标达标质量提升的配套政策措施，以标准提升促进质量提升。实施提升广西商标品牌价值和影响力行动，引导和支持区内企业积极参加全国商标品牌评价活动，全面提升广西商标品牌价值和影响力。推动商品市场创新发展，培育一批商品经营特色突出、产业链供应链服务功能强大、线上线下融合发展的商品市场示范基地。

## 第四节 实施高水平市场开放

推动高水平市场开放，促进内外市场联通、要素资源共享。坚持深化市场化改革，有序扩大金融、社会服务业市场准入，完善外商投资准入负面清单。深化竞争规则领域开放合作，实现市场交易规则、交易方式、标准体系的国内外融通，推动制度型开放。加强国际合作协定涉及技术性贸易措施研究，建设广西技术性贸易措施信息平台，推进对外贸易高质量发展。深化与香港标准及检定中心（STC）的全方位合作，加快内地与香港、澳门关于建立更紧密经贸关系的安排（CEPA）先行先试示范基地建设。推动广西特色产品标准国际化，在食品、一般消费品、工业品领域全面实施出口企业内外销产品“同线同标同质”工程，积极推行高端品质认证。

### 第五节　完善现代化市场监管机制

完善市场监管机制，推进综合协同监管，加强重点领域监管，健全社会监督机制，加强对监管机构的监管，维护市场安全和稳定，提高市场监管的科学性和有效性。建立健全行业监管部门与综合监管部门协调配合机制，推进市场监管领域“双随机、一公开”部门联合监管常态化。将双随机抽查与企业信用风险分类结果有机结合，科学运用信用风险分类结果。加强政府部门间涉企信息共享，完善“互联网+监管”工作机制。对新技术、新产业、新业态、新模式等实行包容审慎监管，分类实行相应的监管规则和标准。加强对重要民生商品和资源性产品价格及数量监测。强化要素市场交易监管，完善市场主体信用承诺制度。大力推进信用分级分类监管，健全社会监督机制，充分发挥行业协会商会、市场专业化服务组织、公众和舆论的监督作用。

## 第四章　深化要素市场化配置改革

推进土地、劳动力、资本、电力、知识、技术、数据等要素市场制度建设，完善要素交易规则和服务体系，实现要素价格市场决定、流动自主有序、配置高效公平。

### 第一节　推进经营性土地要素市场化配置

完善土地管理体制。探索建立城乡建设用地空间弹性管控机制，建立健全建设用地复垦指标跨区域交易机制。健全重大项目用地保障机制和土地储备管理机制。创新产业用地市场化配置方式，探索开展工业项目“标准地”改革。建立城乡统一的建设用地市场，制定农村集体经营性建设用地入市相关政策，建立兼顾国家、集体和个人的土地增值收益分配机制。盘活存量建设用地，探索利用存量建设用地进行开发建设的市场化机制。

| 专栏 2　推动土地要素市场化配置重点改革任务 |
| --- |
| 1. 完善土地管理体制。在国土空间规划编制和实施过程中，探索建立城乡建设用地空间弹性管控机制，建立健全建设用地复垦指标跨区域交易机制，促进土地要素配置更加合理。健全重大项目用地保障机制，坚持“要素跟着项目走”，改革新增建设用地计划指标管理方式，实施“增存挂钩”。完善土地储备管理机制。建立健全城乡建设用地供应三年滚动计划，加强土地供应利用统计监测。在边境地区实行更加灵活的土地政策，建立全区用地审批“双随机、一公开”监管制度，形成自治区对授权和委托设区市人民政府审批用地工作的抽查评估机制。<br>2. 创新产业用地市场化配置方式。探索开展工业项目“标准地”改革，在工业用地出让时明确投资、建设、税收贡献、环境等标准。健全长期租赁、先租后让、弹性年期供应、作价出资（入股）等工业用地市场供应体系，降低工业企业用地综合成本。在符合国土空间规划和用途管制要求前提下，推动不同产业用地类型合理转换机制，探索增加混合产业用地供给。 |

续表

| |
|---|
| 3. 加快建设城乡统一的建设用地市场。制定农村集体经营性建设用地入市相关政策，允许集体经营性建设用地入市用于工业、仓储、商业、旅游等项目，探索拓宽住宅用地来源。统一交易规则和交易平台，完善城乡基准地价、标定地价的制定与发布制度，形成与市场价格挂钩的动态调整机制。建立兼顾国家、集体和个人的土地增值收益分配机制。探索农村宅基地所有权、资格权、使用权“三权分置”，深化农村宅基地改革试点，进一步拓展城乡资源要素流转途径。<br>4. 盘活存量建设用地。建立健全涉案土地信息通报机制。推进国有企业存量用地统筹管理和合理利用。依法清理和盘活闲置用地。完善市县两级低效用地再开发相关配套政策，明确土地规划调整、土地供应流程和产业用地监管方式等政策。 |

## 第二节　推动劳动力要素有序流动

健全统一规范的人力资源市场体系，破除劳动力和人才在城乡、区域和不同所有制单位间的流动障碍，促进劳动力和人才社会性流动，减少人事档案管理中的不合理限制。深入推进户籍制度改革，全面放开城镇落户条件。落实支持农业转移人口市民化的财政政策，推动公共资源由按城市行政等级配置向按实际服务管理人口规模配置转变。完善职业技术技能评价制度，推行企业职业技能等级认定。畅通外籍科研人员来桂工作通道，推进外国高端人才服务“一卡通”工作。

| 专栏3　推动劳动力要素有序流动重点改革任务 |
|---|
| 1. 深入推进户籍制度改革。全面实现无门槛落户，取消、禁止附加在户籍上的待遇限制。完善户口迁移政策，简化落户手续，放宽居住证申领条件。落实支持农业转移人口市民化的财政政策。试行以经常居住地登记户口制度，进一步简化落户手续，规范落户办理流程，有序引导人口落户城镇。完善自治区社会保险公共服务平台，推动社保转移接续与全国联网。加快建设全区医疗保障信息系统，实现与全国数据共享交换，促进跨区域、跨层级、跨部门业务协同办理。<br>2. 提升人力资源服务质量。加快推动自治区人力资源市场条例立法工作，简化优化人力资源服务许可流程，加强人力资源市场事中事后监管。鼓励有条件的市县建设人力资源服务产业园，加快推进人力资源服务业集聚发展。依托具备较强服务能力和水平的专业化人才服务机构、行业协会学会等社会组织，组建社会化评审机构，对专业性强、社会通用范围广、标准化程度高的职称系列，开展社会化职称评审。<br>3. 促进劳动力和人才社会性流动。健全统一规范的人力资源市场体系，全区县级以上人民政府要将人力资源市场建设纳入国民经济和社会发展规划。进一步畅通企业、社会组织人员进入党政机关、国有企事业单位渠道。加快完善国有企业市场化选人用人机制，深入推行国有企业分级分类公开招聘，积极推进国有企业实行职业经理人制度。推进人事档案管理制度改革，加快人事档案管理服务信息化建设，配合推进人事档案信息全国联通，逐步实现人事档案转递线上申请、异地通办。深化中越跨境劳务合作，推动延长外籍劳工入境务工临时居留签证时间。<br>4. 完善技术技能评价制度。以职业能力为核心制定职业标准，进一步打破户籍、地域、身份、档案、人事关系等制约。落实劳动者终身职业技能培训制度，完善技术工人评价选拔制度。推行企业职业技能等级认定，鼓励企业建立首席技师、特级技师和技能人才聘期制、积分晋级制等激励机制。<br>5. 畅通外籍科研人员来桂渠道。提高外籍科研人员出入境便利度，探索建立外籍科研人员职业资格认定认可机制。推进外国高端人才服务“一卡通”工作，提供安居住房、子女教育、医疗保障、金融服务等便利化公共服务。鼓励专业化市场化人才中介组织开展引才服务。 |

## 第三节 做强做优资本要素市场

大力发展直接融资。深入推进企业上市（挂牌）培育工程、攻坚工程、上市公司质量提升工程，加强上市（挂牌）后备企业资源库建设，建好企业上市孵化基地，加大股权融资工具应用，鼓励有条件的上市公司再融资和并购重组。研究打造首债续债金融服务平台，推动市县两级政府融资平台市场化转型，培育更多符合条件的发债主体。推动广西北部湾股权交易所和广西北部湾产权交易所集团规范健康发展。支持符合条件的地方法人银行机构设立银行理财子公司，支持符合条件的法人保险公司参股或发起设立保险资产管理公司，培育资本市场机构投资者。推进实物资产证券化。加快金融集聚区建设，提高金融综合服务能力。落实直接融资奖补政策，推进直接融资创新试点。

## 第四节 建设统一的电力要素市场

加快健全电力市场体系。参与全国统一电力市场体系建设，推进全面放开经营性电力用户发用电计划，进一步规范和完善电力中长期交易机制，丰富交易品种，提高交易灵活性。建立健全电力现货交易规则，推进电力现货市场交易。完善电力辅助服务补偿（市场）机制，推进储能设施、虚拟电厂、需求侧响应资源等参与提供电力辅助服务，推动建立电力用户参与辅助服务的费用分担共享机制。建立健全可再生能源发展机制。优化新能源消纳预警机制，科学引导全区可再生能源发展布局。完善可再生能源电力消纳保障长效机制，促进各类市场主体公平合理共担消纳责任。完善新能源市场化消纳机制，建立健全储能等各类调节性电源支持政策，推动电力源网荷储一体化和多能互补发展。不断优化行业管理机制。进一步理顺电网供电管理体制，推进全区城乡用电“一张网”建设，加快广西地方电网和主电网融合发展，推动独立供电区域体制改革。优化行业准入门槛，进一步放开电力行业竞争性业务，规范燃煤自备电厂管理，推动电力交易机构独立规范运行，持续推进增量配电改革，全面提升“获得电力”服务水平，持续优化用电营商环境。

## 第五节 加快发展知识和技术要素市场

完善科技治理体系，改革重大科研项目立项和组织管理方式，健全科技评价机制和科研诚信体系建设，健全奖补结合的资金支持机制。健全鼓励支持科技基础研究、原始创新的体制机制，健全职务科技成果产权制度。建立健全高等院校、科研机构、企业间创新资源自由有序流动机制。创新促进科技成果转化机制。促进技术要素与资本要素融合发展，创新“知识产权质押+”组合产品。加强科技创新开放合作，实施广西科技创新开放合作专项行动计划，布局建设一批双向离岸创新平台及“创新飞地”。

| 专栏4 加快发展知识和技术要素市场重点改革任务 |
| --- |
| 1. 完善科技治理体系。推动重点领域项目、基地、人才、资金、数据统筹规划和一体化配置，提升科技创新整体效能。编制广西科技中长期发展规划，完善科技人才发现、培养、激励机制，健全符合科研规律的科技管理体制和政策体系。改革重大科研项目立项和组织管理方式，推行“揭榜挂帅”、“研发外包”等新型项目组织方式。健全科技评价机制和科研诚信体系建设，完善自由探索型和任务导向型科技项目分类评价制度，建立非共识科技项目的评价机制，优化科技奖励项目，探索建立奖励工作后评估制度，健全奖补结合的资金支持机制。 |

续表

| 2. 健全鼓励支持科技基础研究、原始创新的体制机制。完善广西自然科学基金项目组织实施模式，培育建设基础学科研究平台。加快科研院所改革，建立健全科研机构现代院所制度，支持科研事业单位试行更灵活的编制、岗位、薪酬等管理制度。建立科技基础研究多元化投入机制。支持发展高水平应用型高校、新型研发机构等新型创新主体，集中力量建设自治区重点实验室，新建一批应用数学平台、技术创新平台和野外科学观测研究平台等创新平台，推动投入主体多元化、管理制度现代化、运行机制市场化、用人机制灵活化。推动经费管理权限下放。推动研究建立年度审议科技投入制度。用好自治区创新驱动发展专项资金，支撑产业高质量发展和相关产业人才培养。支持民营企业承担自治区本级财政科技计划项目，鼓励民营企业积极参与关键领域核心技术创新攻关。<br>3. 健全职务科技成果产权制度。开展赋予科研人员职务科技成果所有权或长期使用权试点，探索职务科技成果产权激励新模式。完善职务科技成果转化激励政策和科研人员职务发明成果权益分享机制，允许高校、科研院所科技人员在获得科技成果转化技术股权奖励的基础上以现金入股企业。加大对研究开发和科技成果转化中作出主要贡献人员的奖励力度，其获得奖励的总份额不低于奖励总额的60%。开展科技成果转化事前产权激励试点，允许最高可以将科技成果所有权或长期使用权全部赋予科技成果完成人（团队）。研究制定广西科技人员通过科研项目、成果转化等获得奖励纳入绩效工资总量管理的操作细则。推动国有企业对科研人员实行灵活多样的分配形式。<br>4. 完善财政科研经费管理。扩大科研项目经费管理自主权，完善科研项目经费拨付机制，加大科研人员激励力度，减轻科研人员事务性负担，创新财政科研经费投入与支持方式，改进科研绩效管理和监督检查，实施科研项目经费使用包干制。<br>5. 创新促进科技成果转化机制。促进新型产业技术研发机构发展，加强新型研发机构科技成果转化激励。加快建设一批科技成果转化中试基地。积极构建“外设人才飞地、内建转化基地”的创新创业平台，以人才支撑高质量发展。建立市场化社会化的科研成果评价制度，完善科技成果登记实施细则和评价管理办法，加强对技术合同和科技成果的规范管理，培育一批专业化科技成果评价机构，优化技术合同登记机构布局。加快完善广西科技成果转移转化服务体系建设，大力培育技术转移机构和技术经理人。<br>6. 促进技术要素与资本要素融合发展。强化科技金融服务，做大做强广西创新驱动发展基金，构建“拨投保贷贴”协同机制，推动科技成果转化应用。鼓励商业银行将不动产、票据等与知识产权质押挂钩，创新“知识产权质押+”组合产品。鼓励保险机构发展科技保险。搭建中国—东盟知识产权运营平台，支持知识产权市场化运营。完善科技创新券服务功能，支持科技型中小微企业和创新创业团队申领创新券用于科技金融贷款贴息。<br>7. 加强科技创新开放合作。实施广西科技创新开放合作专项行动计划，为落户广西的国内外重大科技创新平台提供基础设施配套和建设资金支持。布局建设一批双向离岸创新平台及“创新飞地”。建立科技资源开放合作制度，推动创新平台开展国际化合作。加快面向东盟科技创新合作区建设，集聚我国及东盟国家科技创新资源。加快防城港国际医学开放试验区建设，引入国内外医学创新资源。发展技术贸易，落实扩大技术进出口优惠政策。 |
|---|

## 第六节　加快培育数据要素市场

深入开展政务数据治理，建立健全数据资源标准规范，构建跨部门、跨云、跨库的大数据治理体系。推进数据开放共享，打造一批高质量的大数据应用示范。构建数据应用生态，培育数字新经济、新业态和新模式。加强数据资源安全保护，构建全区数据一体化安全保障体系。

| 专栏5　培育数据要素市场重点改革任务 |
| --- |
| 1. 深入开展数据治理。推动出台广西壮族自治区大数据发展条例，建立数据所有权、管理权和使用权的权属主体认定规章制度。加快完善覆盖全区的人口、法人、自然资源与空间地理、社会信用、宏观经济、电子证照等基础数据库，研究建设营商环境、疫情防控、能源资源、交通运输等主题数据库。建立健全数据资源标准规范，完善自治区、市两级数据资源目录，形成全区数据资源图谱，构建跨部门、跨云、跨库的大数据治理体系。<br>2. 推进数据开放共享。制定广西数据开放共享标准规范，加快公共数据开放平台、数据共享交换平台推广应用，扩大数据开放共享范围。鼓励对已开放数据的增值开发。推动数据要素与医疗健康、社会保障、城市服务、金融服务、教育文化、交通旅游等多领域深度融合，打造一批高质量的大数据应用示范项目。<br>3. 构建数据应用生态。立足中国—东盟信息港建设，探索政府数据交易模式，构建跨区域、跨境的数据交易体系。打造“数据+生态”开放应用生态圈，培育数字新经济、新业态和新模式。发挥行业协会作用，推动人工智能、可穿戴设备、车联网、互联网等领域数据规范采集。<br>4. 加强数据资源安全保护。推动开展数据权益保护、个人信息安全、数据安全等地方立法工作，制定广西政务数据安全保障条例。研究根据数据性质完善产权性质。构建全区数据一体化安全保障体系，建立全区统一的数据安全信息共享、安全监测预警与信息通报机制，制定数据安全分级分类标准规范，严格数据安全审查，统筹协调数据安全事件处置。 |

### 第七节　健全要素市场运行机制

健全要素市场化交易平台。深化公共资源交易平台整合共享，拓展公共资源交易平台功能，将技术、数据纳入全区公共资源交易目录。健全科技成果交易平台，充分发挥中国—东盟技术转移中心作用，为科研创新、技术转让和科技成果转化提供线上线下“一站式”服务。完善要素交易规则和服务。制定技术合同认定登记管理办法，建立健全数据产权交易机制。加快推进要素交易平台电子系统建设，实现各类交易数据实时共享和互联互通，降低交易成本，提高交易效率。

## 第五章　充分激发各类市场主体活力

进一步提升国有企业改革的综合效能，做强做优做大国有企业，增强国有经济竞争力、创新力、控制力、影响力、抗风险能力。进一步优化支持民营企业发展的制度环境，促进民营企业高质量发展，加速推进全区经济发展动能转换。

### 第一节　积极推进国有经济布局优化和结构调整

有效发挥国有经济在优化结构、畅通循环、稳定增长中的战略支撑作用，调整盘活存量资产，优化增量资本配置。巩固国有经济在关系国家安全、国民经济命脉的重要行业领域的控制地位，加强国有资本在创新型广西建设和前瞻性产业领域的投入布局，提升国有经济对公共服务体系的支持保障能力。促进充分竞争领域国有经济合理有序流动，优化国有经济区域布局和对外开放格局。健全国有经济布局优化和结构调整的长效机制与实现形式，健全国有资本合理流动机制，推动国有资产市场化、资本化、证券化，健全国有企业战略性重组和专业化整合机制。

### 第二节　稳妥推进国有企业混合所有制改革

按照完善治理、强化激励、突出主业、提高效率的要求，分层分类深化国有企业混合所有制改革，促进国有经济和其他所有制经济共同发展。着力推进广西汽车集团、广西玉柴机器集团等国有企业混合所有制改革，重点推进国有资本投资、运营公司出资企业和商业一类子企业混合所有制改革。合理设计和调整优化混合所有制企业股权结构。设立混合所有制改革基金。加快推进部分国有股权转化为优先股改革。支持符合条件的混合所有制企业建立骨干员工持股、上市公司股权激励、科技型企业股权和分红激励等中长期激励机制。加强股权管理，充分利用好股东会、监事会、派出董事三项制度，推动混合所有制企业深度转换经营机制。探索建立有别于国有独资和全资企业的治理机制、监管制度，合理制定混合所有制企业公司章程，规范企业“三重一大”等事项管理。强化国有控股混合所有制企业董事会建设，加强参股企业国有股东履责管理。对国有资本不再绝对控股的混合所有制企业，探索实施更加灵活高效的监管制度。加强对混合所有制改革全过程的监督。

### 第三节　推动国有企业完善中国特色现代企业制度

坚持党对国有企业的全面领导，把党的领导融入公司治理各环节，实现制度化、规范化、程序化。推进党建工作与生产经营深度融合，加强国有企业领导班子建设和人才队伍建设，激励企业领导人担当作为，持续深入推进全面从严治党。强化国有企业市场主体地位，加强董事会建设，使董事会成为企业经营决策主体。推进职业经理人制度改革，推行经理层成员任期制和契约化管理。大力推进管理体系和管理能力现代化，全面推进用工市场化，普遍实行全员绩效管理。完善市场化薪酬分配机制，灵活开展多种形式的中长期激励。实施国企改革三年行动，抓好国企改革专项工程，积极参与“百户科技型企业深化市场化改革提升自主创新能力专项行动”和国企改革“双百行动”，深化全国一流企业创建示范工程，实施大企业大集团提升行动，加快培育一批全国一流企业。

### 第四节　健全以管资本为主的国有资产监管体制

坚持授权与监管相结合、放活与管好相统一，大力推进国资监管职能、理念、重点、方式等多方位转变。突出国资监管重点任务，围绕管好资本布局、规范资本运作、提高资本回报、维护资本安全等重点工作，优化管理资本的方式手段，全面实行清单管理。优化出资人代表机构履职方式，强化通过法人治理结构履职，制定完善公司章程，强化公司章程约束。依法依规委派董事或提名董事人选，通过董事体现出资人意志。健全法人治理主体职责与议事规则，推动各治理主体严格依照公司章程行权履职。深化国有企业分类分阶段授权放权改革，深化国有资本投资、运营公司改革。完善差异化考核评价体系。健全协同高效的监管机制，推进国资监管信息化智能化。加快推进经营性国有资产集中统一监管。

### 第五节　进一步优化支持民营企业发展的制度环境

健全支持民营企业发展的法治环境、政策环境和市场环境，持续降低企业经营成本，依法平等保护民营企业产权和企业家权益。保障民营企业依法平等使用资源要素，公开公平公正参与竞争、同等受到法律保护。进一步放宽民营企业市场准入，支持民营企业参与重大项目、政府和社会资本合作（PPP）项目建设，拓展民营企业发展空间。创新金融支持民营企业发展政策工具，扩大支持民营企业发展的金融服务供给。对民营企业信用评级、发行债券等一视同仁。完善促进中小微企业和个体工商户发展的政策体系。持续构建亲清新型政商关系，建立规范化机制化政企沟通渠道。落实党政领导干部与民营经济人士联系交往正面和负面清单。健全涉企政策兑现落实长效机制和防范化解拖欠中小企业账款长效机制，依法严肃查处各类侵害民营企业合法权益的行为。推广使用广西促进非公有制经济健康发展和非公有制经济人士健康成长促进云，全面实现政策信息公开，建立完善政府部门在线受理及时协调解决民营经济人士各类投诉工作平台。引导行业协会商会积极发挥桥梁纽带作用，提供服务，反映诉求。

### 第六节　促进民营企业高质量发展

鼓励民营企业改革创新，提升经营能力和管理水平。引导有条件的民营企业建立现代企业制度。支持民营企业开展基础研究与科技创新、参与关键核心技术研发和国家及自治区重大科技项目攻关。落实建立健全企业家参与涉企政策制定机制实施办法。支持符合条件的民营企业投资项目列为自治区层面统筹推进重大项目。对符合条件的创新产业、传统产业二次创业等重点产业项目和产业园区项目，可通过安排自治区本级预算内项目前期工作经费等方式支持开展前期工作。支持民营资本按市场化方式参股或组建相关基金支持广西重点项目建设。推动民营企业筑牢守法合规经营底线，鼓励民营企业履行社会责任，积极参与社会公益、慈善事业。大力弘扬企业家精神，营造尊重企业家价值、鼓励企业家创新、发挥企业家作用的良好氛围。实施年轻一代民营企业家健康成长促进计划。

## 第六章　推进投融资体制改革

进一步深化改革，加快形成投资主体自主决策、政府调控有力有效、融资方式丰富多元、投资服务高质高效、市场环境公平开放的投融资体制机制。

### 第一节　改善企业和政府投资管理

改善企业投资管理，严格落实企业投资项目核准和备案管理办法，进一步调整政府投资核准范围，推行企业投资项目承诺制改革。进一步健全长效机制，鼓励民间资本参与基础设施补短板重点领域建设，规范有序推广 PPP 模式。落实《政府投资条例》，优化政府投资安排方式，完善政策措施，发挥政府投资基金的引导和带动作用，激发社会投资活力。优化政府债券投向和期限结构，稳步推进专项债券管理改革。加大广西投资项目在线审批监管平台应用力度，加强政府投资项目建设管理，健全概算审批和调整等管理制度，强化事中事后监管机制和能力，不断提高政府投资效益。推进基础设施领域房地产投资信托基金（REITs）试点。清理规范地方融资平台公司，剥离政府融资职能，引导市县政府融资平台公司向市场化、实体化、品牌化方向转型发展。支持有条件的政府融资平台公司推进混合所有制改革。

### 第二节　构建金融有效支持实体经济的体制机制

深化金融供给侧结构性改革，优化金融体系结构。推动金融产品创新，增强金融普惠性。加大对中小微企业信贷支持力度，降低实体经济融资成本。深化保险业改革，提高商业保险保障能力。加大外贸等重点领域的融资支持，完善国际贸易“单一窗口”功能。完善政府性融资担保体系，深入推进信用广西建设。

**专栏6　构建金融有效支持实体经济的体制机制重点改革任务**

1. 优化金融体系结构。深化金融供给侧结构性改革，深入实施“引金入桂”战略，鼓励更多银行、证券、保险、基金、期货等金融机构入驻广西。加快推进银行数字化转型，着力提升银行业国际化水平，稳慎推进零售转型，积极创新业务模式，大幅提升银行业服务科技创新能力，有效提升间接融资效率。加快推进社会资本设立民营银行、消费金融公司、汽车金融公司和融资租赁公司，规范发展非银行金融机构，不断提升地方金融供给能力。支持地方城商行多渠道补充资本，优化公司治理水平，加快地方城商行改制上市步伐。推动国有大型银行扩大县域覆盖范围，推动股份制商业银行扩大市县服务覆盖面，推进地方法人金融机构向县域下沉，设立机构网点。深化农村信用社改革改制，强化正向激励；加快农合机构、村镇银行向高质量发展转型，提高农村地区金融服务能力。

2. 推动金融产品创新，增强金融普惠性。建设完善广西综合金融服务平台，畅通政金企融资对接渠道。深入开展“桂惠贷”，围绕广西经济社会发展的重点领域和薄弱环节，统筹全区各级财政资金发放优惠利率贷款。扩大小微信贷奖补范围，增设信用贷款考核指标，引导银行提高信用贷款占比。

3. 加大对中小微企业信贷支持力度。促进银行对贷款市场报价利率（LPR）的运用，引导督促金融机构合理定价。加大“信易贷”模式推广力度，支持开展信用融资，拓展贷款抵押质押物范围。引导金融机构大幅增加小微企业首贷、信用贷款、无还本续贷。鼓励金融机构设立续贷服务中心。鼓励国有企业通过发行小微企业增信集合债券募集资金，转贷支持小微企业发展。

4. 深化保险业改革。提升保险保障措施的高度，增加保险保障措施的广度，拓展保险保障措施的深度，强化保险业支持口岸经济发展的金融创新，扩大保险资金支持实体经济发展规模，提高商业保险保障能力。

5. 加大外贸等重点领域的融资支持。深化“信保+担保+银行”融资模式，扩大保单融资覆盖范围。持续推进贸易外汇收支便利化试点，大力简化业务审核流程，鼓励重点外贸企业用好用足跨境资金池新政。完善国际贸易“单一窗口”功能，为企业提供优惠信贷、跨境汇款等绿色通道服务。

6. 完善政府性融资担保体系。增强政府性融资担保主体实力，提高担保增信水平，增强支持小微企业和“三农”融资担保能力，降低政府性融资担保费率。建立地方金融信用信息基础数据库，强化企业征信服务机构培育，改善小微企业征信服务。

### 第三节　深化区域金融改革

深入建设面向东盟的金融开放门户。积极开展保险创新综合试验区建设试点，优化保险创新空间布局。推进绿色金融改革创新试点，构建完善绿色金融体系，鼓励银行业金融机构通过设立绿色金融事业部、绿色分（支）行等方式，提升绿色金融专业服务能力和风险防控能力。大力推进农村金融改革，升级农村金融改革“田东模式”，争取创建金融服务乡村振兴试验区。健全政策性农业信贷担保体系，扩大农业保险、产业发展贷款贴息覆盖面，提高保障水平，扩大稻谷、玉米等粮食作物完全成本保险和收入保险试点范围。探索开展“农业保险+”，推进农业保险与信贷、担保、期货（权）等金融工具联动，不断实现“保险+期货”模式的创新升级。建立县域银行业金融机构服务“三农”的激励约束机制。加快开展财政支持深化民营和小微企业金融服务综合改革试点城市工作。深化跨境金融创新，规范跨境结算机制，提升银行渠道跨境结算比例，推进中马钦州产业园区金融创新试点。

### 第四节　完善地方金融监管机制

提高金融监管透明度和法治化水平，健全金融风险预防、预警、处置、问责制度体系，对违法违规行为实行零容忍。健全完善区域性股权市场监管规则，根据风险处置和维稳工作制度做好风险防范化解工作。督导区域性股权市场运营机构完善业务规则，规范开展企业挂牌、托管和展示以及发行股票、私募可转债等业务。加强地方金融组织和金融活动的风险防控，健全金融机构公司治理，强化股东股权和关联交易监管，健全风险评级，坚决遏制增量金融风险。建设完善金融监管服务平台，增强地方金融风险监测预警能力。完善打击辖区内各类非法金融活动联动工作机制，形成齐抓共管工作合力。加大防范、打击处置非法集资力度，引导群众树立理性投资理念。建立健全金融消费者保护基本制度，优化金融生态环境。建立完善地方金融部门统筹、行业主管部门监管的交易场所协同管理机制，推动各类交易场所平台规范发展。

## 第七章　深化财税体制改革

进一步深化财政、税收体制改革，更好发挥财政的基础和重要支柱作用。

### 第一节　优化政府间事权和财权划分

根据中央改革进程，加快推进相关领域自治区以下财政事权和支出责任划分改革，完善保障与激励并重的转移支付制度，加快建立权责清晰、财力协调、区域均衡的自治区和市县财政关系，形成科学合理的各级人民政府财政事权、支出责任和财力相适应的制度，增强基层公共服务保障能力。推动经济发达镇财政体制改革试点扩面，积极开展经济发达镇农村综合改革试点。健全常态化财政资金直达机制。推动落实促进“飞地经济”发展财政政策措施。

### 第二节　深化预算管理制度改革

优化财政支出结构，实现有限公共资源与政策目标相匹配，集中力量办大事，增强中央和自治区重大战略任务财力保障。加强四本预算统筹衔接。增强中期财政规划对年度预算编制的指导性和约束力。加强部门和单位对各类资金资产资源的统筹管理，依法依规将取得的各类收入纳入部门或单位预算。健全基本公共服务保障标准，探索基本公共服务项目清单化管理。加强基本支出定员定额管理，加快推进项目支出标准体系建设。建立支出标准动态调整机制，强化支出标准应用。扩展预算公开范围，规范预算公开内容。强化预算约束，严格规范预算调整和调剂事项，实施预算追加负面清单管理。全面实施预算绩效管理，推动预算和绩效管理一体化。强化绩效结果应用，大力削减或取消低效无效支出。加强预算管理各环节的系统集成、协同配合，加快推进预算管理一体化系统建设和推广运用，全面提高预算管理规范化、标准化和自动化水平。

### 第三节　健全政府债务管理制度

完善权责发生制政府综合财务报告制度，建立健全规范的政府举债融资机制，切实加强政府债务的“借用还”一体化管理。压实各级各部门债务管理责任，建立政府债务限额与偿债能力相匹配的制度机制。优化政府债券投向和期限结构，严格落实政府债券资金使用负面清单。用好政府专项债券资金，推进政府专项债券项目市场化配套融资工作。强化政府专项债券全生命周期管理，探索开展政府专项债券项目绩效评价，加强政府专项债券项目收益管理。强化政府债务风险管理，稳妥有序化解存量隐性债务。加大督查审计问责力度，建立政府举债终身问责制和债务问题倒查机制。

### 第四节 深化税收制度改革

按照中央统一部署，深化税制改革，完善现代税收制度，构建可持续且适应广西经济社会发展的地方税体系、直接税体系。根据国家税收法律授权，做好契税、城市维护建设税等税种配套制度建设，依法确定契税适用税率、减免税办法以及城市维护建设税纳税人所在地等事项。推进个人所得税和房地产税改革，健全以所得税和财产税为主体的直接税体系，逐步提高其占税收收入比重。深化水资源费改税改革，进一步理顺水资源税费关系。推进消费税改革，后移消费税征收环节。深化税收征管改革，全面推进税收征管数字化升级和智能化改造，基本建成功能强大的智慧税务，全方位提高税务执法、服务、监管能力，推动税收征管现代化。严格规范和落实税收优惠政策，完善税收属地征管、税种分成的配套政策措施。

## 第八章 完善宏观经济治理机制

完善政府经济调节职能，增强发展规划的宏观引导、统筹协调功能，健全经济政策制定和执行机制。

### 第一节 强化发展规划的统领和战略导向作用

贯彻落实中央宏观调控政策，更好发挥发展规划的战略导向作用，增强政策整体效能。完善自治区重大发展战略和中长期经济社会发展规划制度，建立以发展规划为统领，以国土空间规划为基础，以专项规划和区域规划为支撑，由自治区、市、县各级规划共同组成，定位准确、边界清晰、功能互补、统一衔接的规划体系。与国家同步推进规划审批体制改革，规范规划管理，形成科学、统一、高效、可操作的规划管理制度。加强财政预算与规划实施的衔接协调，引导金融要素资源配置方向和优化金融要素资源结构，支持发展规划确定的重大战略、重大工程项目和重大改革举措。完善宏观经济政策制定和执行机制，注重财政政策与金融政策协同精准发力，加强与就业、消费、投资、产业、区域政策协调配合，创新财政资金使用方式，切实发挥好政策的导向作用。

### 第二节 实施就业优先政策

大力开发更多优质就业岗位，通过发展经济扩大就业，通过挖掘内需增加就业，通过培育新经济拓展就业。加大促进高校毕业生就业力度，强化困难人员就业援助，扶持劳动者创新创业，支持灵活就业和新就业形态。深化职业技能提升行动，落实劳动者终身职业技能培训制度，扩大培训规模，完善培训补贴政策，加强职业能力建设。提升就业服务能力，强化企业用工服务，加强就业信息管理，推动就业服务提质增效。规范企业用工行为，强化劳动执法监察，切实保障劳动者合法权益。改革完善住房公积金缴存、使用、运行和管理制度，积极推进灵活就业人员参加住房公积金制度。扩大失业保险保障范围，保障参保失业人员生活，强化托底保基本民生。深化粤桂劳务协作，提高农村劳动力转移组织化程度，做好易地搬迁脱贫劳动力后续就业帮扶，持续巩固拓展脱贫攻坚成果，助力乡村振兴。

### 第三节 完善促进消费的政策措施

促进汽车消费优化升级，继续实施新能源汽车优惠政策。深化钦州综合保税区汽车平行进口试点，争取中规车进口取得突破，推动国外品牌汽车企业在中国（广西）自由贸易试验区钦州港片区设立汽车整车及零部件区域分拨中心、分销中心。全面取消二手车限迁政策。发展壮大绿色消费，支持绿色商场、绿色餐厅、绿色供应链等建设。引导传统销售大型市场向社交体验、家庭消费、旅游消费、时尚消费、文化消费中心转变，满足个性化消费需求。加强旅游基础设施建设，改善旅游消费环境，大力发展红色旅游、研学旅行等多种旅游新业态，促进旅游消费持续增长。围绕居民日常生活消费，打造“15 分钟便民生活服务圈”，推动建设一批集餐饮、家政、托幼、维修等基本生活服务于一体的“一站式”消费服务中心。支持具备条件的市县立足产业实际，加快推进商贸型特色小镇建设。挖掘乡村消费潜力，推动生活服务下乡，支持大型批发零售、住宿餐饮企业向农村延伸网点，推广“电商+乡镇自营店”发展模式。在南宁、柳州、桂林等重点消费城市建设城市商圈，推动商业零售创新升级、增加国际化消费品供给、扩大特色服务消费供给、丰富“广西造”精品供给。推动各市建设一批品牌集聚、业态互补、错位发展的高品位步行街，促进线上线下融合、商旅文协同、购物体验结合。引导商业特色街区与夜间经济发展相融合，打造品质夜市，发展“月光经济”。以专业市场和城市商圈促进现代服务业集聚区发展。大力培育促消费活动品牌。加快中国（南宁）跨境电子商务综合试验区、中国（崇左）跨境电子商务综合试验区建设，推进北海、钦州跨境电商零售进口试点城市建设。

## 第四节　完善产业政策体系

积极落实国家产业政策，推动产业政策向普惠化和功能性转型。强化竞争政策的基础性作用，对产业政策内容、实施方式进行动态调整。大幅减少现有产业补贴与扶持项目。强化产业政策对技术创新和结构升级的支持，聚焦前沿技术，着力打造有利于技术创新的生态，着力提高补贴资金的使用效率和透明度，最大程度发挥公共资金对提升创新能力和产业竞争力的效果。加强产业政策和竞争政策协同，新制定的产业政策以不妨碍公平竞争为基本原则。加强竞争环境的优化和创新动能的培育，促进各类企业主体提高产品与服务质量，推动技术创新和结构升级。健全推动发展先进制造业、振兴实体经济的体制机制和政策，建立健全支持平台经济有序发展的政策体系。

## 第五节　完善区域政策体系

构建区域协调发展新机制。以中心城市引领城市群发展，以城市群带动区域发展，形成主体功能明显、优势互补、高质量发展的区域经济布局。大力实施强首府战略，推动南宁市在要素市场化配置、营商环境优化、招商引资方式创新、城市空间统筹利用、农业农村改革等重点领域深化改革、先行先试。创新发展体制机制，加快破除制约北钦防协同发展的瓶颈，深入推进北钦防一体化。构建跨区域产业协作平台，探索建立利益分享和补偿机制，共建北部湾城市群。加强机制协调对接，强化政策支持，提升做实珠江—西江经济带，加快左右江革命老区振兴，推进新时代兴边富民，建设海洋强区。深化“飞地园区”管理和运营体制机制改革，完善区域合作与利益调节机制，打造区域经济合作新模式。进一步探索完善“两国双园”飞地合作新模式和新机制，探索建设“点对点”的跨国自由贸易试验区，构建高效便利的国际价值链、产业链和供应链。

完善新型城镇化推进机制。提升南宁核心城市综合功能，推进高端要素集聚，辐射引领带动周边城镇发展，构建南宁市至其他市“1 小时高铁经济圈”，打造引领广西、面向东盟的现代化南宁都市圈。加快柳州、桂林副中心城市建设，积极培育区域中心城市。加快县城城镇化补短板强弱项，实施县城综合服务能力提升工程。因地制宜发展小城镇，规范发展特色小镇。推进新型城市建设，提高城市治理水平，完善住房市场体系和住房保障体系，全面提升城市品质。健全农业转移人口市民化机制，加快推进农业转移人口市民化。

健全城乡融合发展体制机制。建立健全城乡要素资源合理配置、城乡基本公共服务普惠共享、城乡基础设施一体化发展、有利于乡村经济多元化发展、有利于农民收入持续增长的体制机制。搭建城乡产业协同发展平台。积极推进国家和自治区农村产业融合发展示范园建设，建立健全融合机制，促进农村一二三产业融合发展。谋划建设一批城乡融合示范项目，支持钦州市率先开展城乡融合试验区建设，探索城乡互动、工农互促的城乡融合发展模式。持续推进现代特色农业示范区建设增点扩面提质升级，依托“三区三园”打造一批带动作用大、辐射能力强的农产品加工集聚区。

## 第六节 完善价格机制

深入推进价格改革，完善价格调控机制，提升价格治理能力。到2025年，竞争性领域和环节价格主要由市场决定，网络型自然垄断环节科学定价机制全面确立，能源资源价格形成机制进一步完善，重要民生商品价格调控机制更加健全，公共服务价格政策基本完善，服务广西高质量发展的价格政策体系基本建立。

**专栏7 完善价格机制重点改革任务**

1. 加强和改进价格调控。健全监测预测预警体系，丰富和完善价格监测手段，完善价格监测制度，丰富监测品种和拓宽渠道，创新监测方式，建立覆盖全区重点商品生产、运输、销售、价格的监测体系。加强重要民生商品价格调控，发挥自治区、市两级政府储备调节作用，加强生猪等重要民生商品逆周期调节，有效保障粮油肉蛋奶菜果等供应，防止价格大起大落。落实好国家粮食价格支持政策，做好大宗商品价格异动应对。建立统一的重要民生商品信息发布平台，强化市场监管和负面舆情管控，合理引导市场预期。

2. 深入推进能源价格改革。持续深化电价改革，优化输配电价结构，落实深化燃煤发电、燃气发电、水电、核电等上网电价市场化改革措施，落实风电、光伏发电、抽水蓄能和新型储能价格机制，优化分时电价机制，完善小水电上网电价形成机制，平稳实施销售电价改革。完善“两高”行业差别电价、阶梯电价等绿色电价政策，将生态环境成本纳入价格形成机制。完善天然气短途管道运输价格形成机制，取消自治区天然气管道“背靠背”分输站供气环节，减少供气层级，降低企业用气费用。稳步实施油气价格机制改革。优化调整城镇管道燃气终端销售价格与采购成本上下游联动机制，合理设置联动机制启动程序和联动调整幅度，推动各地合理核定独立的管道燃气配气价格，将城镇管道燃气配气价格和销售价格授权市、县人民政府管理。落实按机制动态调整成品油价格。

3. 系统推进水资源价格改革。深入推进农业水价综合改革，进一步建立健全合理反映供水成本、有利于节水和农田水利体制机制创新、与投融资体制相适应的农业水价形成机制。完善水利工程供水价格形成机制，动态调整水利工程供水价格，鼓励有条件的地区实行供需双方协商定价，研究理顺广西农村安全饮水工程价格管理。持续深化城镇供水价格改革，建立健全激励提升供水质量、促进节约用水的价格形成和动态调整机制，将城镇供水价格授权市、县人民政府管理，完善居民阶梯水价制度和非居民用水超定额累进加价制度。进一步完善污水处理收费机制，推动市、县将收费标准提高至补偿污水处理和污泥无害化处置成本且合理盈利的水平，并建立动态调整机制，探索建立污水处理服务费奖惩机制和污水处理费农户付费制度。

4. 加快公共服务价格改革。健全公用事业价格机制。清理规范城镇供水供电供气行业收费，完善生活垃圾收费处理制度，推进市、县城镇生活垃圾处理收费方式改革，推行非居民餐厨垃圾计量收费，探索建全农村生活垃圾处理收费制度。完善危险废弃物处置收费机制。落实铁路货运与公路挂钩的价格动态调整机制，清理规范海运口岸收费，

续表

| 推动完善高速公路通行费差异化收费政策。完善公益性服务价格政策。巩固完善以政府投入为主、多渠道筹集教育经费的体制，制定公办幼儿园服务性收费和代收费政策，完善中小学服务性收费和代收费政策，科学制定学科类校外培训收费管理政策，探索制定高校校企合作收费管理政策，规范民办教育收费。建立健全养老服务价格机制，进一步完善殡葬服务收费政策。健全景区门票价格形成机制。完善公证、仲裁等公共法律服务价格形成机制，放开律师服务收费和基层法律服务收费。<br>5. 加快要素价格市场化改革。完善要素价格决定机制，引导市场主体依法合理行使要素定价自主权，推动政府定价机制由制定具体价格向制定定价规则转变。完善要素市场价格异常波动调节机制，进一步深化垄断行业价格市场化改革，加强要素领域价格反垄断工作。健全要素市场交易价格公示等监管机制，维护要素市场价格秩序。 |
| --- |

### 第七节　强化经济监测预测预警能力

加强经济运行分析和预判，积极防范市场异常波动和外部冲击风险。完善维护市场安全的体制机制，完善政策储备并动态更新政策工具箱。推进广西高质量发展综合绩效评价办法和指标体系深入实施，探索新型绩效评估制度，强化高质量发展目标引领。加快构建体现高质量发展要求的现代统计体系。

| 专栏 8　强化经济监测预测预警能力重点改革任务 |
| --- |
| 1. 加强经济运行分析和预判，积极防范市场异常波动和外部冲击风险。加强对大宗商品、资本、技术、数据等重点市场交易的监测预测预警，研究制定重大市场风险冲击应对预案。健全金融风险预防、预警、处置、问责制度体系。加快广西宏观经济大数据分析系统的开发和建设，做好宏观经济数据的采集、处理、共享和使用，加强对经济运行的预测和预警。提高通过大数据等方式认定竞争违法行为、预警识别市场运行风险的能力，强化市场预期管理。<br>2. 完善维护市场安全的体制机制。坚持总体国家安全观，密切跟踪国内外重要商品市场、服务市场和要素市场形势变化，完善政策储备并动态更新政策工具箱，维护市场安全和稳定。完善宏观经济管理部门与市场监督管理部门的工作联动和信息共享，强化对重点市场和市场基础设施的跨部门协同监管。<br>3. 强化高质量发展目标引领。建立广西高质量发展指标体系。探索新型绩效评估制度，完善政绩考核机制。对标高质量发展要求，建立分级分类绩效评价制度，探索实行差别化与综合性评价相结合、定量与定性评价相结合的绩效评价方式。进一步完善干部考核评价机制，支持各地结合实际适度容错，形成有效激励机制。<br>4. 加快构建体现高质量发展要求的现代统计体系。加快推进统计调查方法和制度改革，建立健全与现代化经济体系相匹配的现代统计体系，适应新产业、新业态、新模式发展趋势。 |

## 第九章　加快政府职能转变

深化“放管服”改革，创新政务服务方式，持续优化市场化、法治化、国际化营商环境。健全重大政策事前评估和事后评价制度，提高决策科学化、民主化、法治化水平。

### 第一节　深化“放管服”改革

深化简政放权、放管结合、优化服务改革。深入推进行政审批改革，进一步精简行政许可事项，减少归并资质资格许可，完善全区行政许可事项目录，推进依申请政务服务事项线下同城通办，加快推进政务服务事项“网上办”。取消不必要的备案登记和年检认定，规范涉企检查。推行“证照分离”改革全覆盖，实施涉企经营许可事项全覆盖清单管理，大力推动照后减证和简化审批。深化投资审批制度改革，全面推行投资项目审批、核准、备案网上办理。全面开展工程建设项目审批制度改革，实现工程建设项目审批“四统一”（统一审批流程，统一信息数据平台，统一审批管理体系，统一监管方式）。进一步改革生产许可制度，全面推动“一企一证”改革。提升创新创业、人力资源、基本公共服务配套等服务水平，降低企业合规成本。建立便利、高效、有序的市场主体退出制度，简化普通注销程序，推进企业注销便利化。对未开业以及无债权债务非上市企业、个体工商户实行简易注销程序。完善企业注销网上服务平台，优化注销办理流程。建立企业破产案件简化审理模式，对资产数额不大、经营地域不广的企业实行简易破产程序。开展个人破产制度改革试点。

## 第二节　创新政务服务方式

推进政务服务标准化、规范化、便利化。深入开展“互联网+政务服务”，推广应用广西数字政务一体化平台。全面推行“不见面”办事，更好实现一窗受理、限时办结、“最多跑一次”。建立健全运用互联网、大数据、人工智能等技术手段开展行政管理的制度规则，推行智能审批，拓展自助办理。推进政务服务“跨省通办”，实现高频事项全覆盖。全面推行“云长制”，推动形成“壮美广西·政务云”体系架构。开展全区政府门户网站集约化建设，对政务新媒体实行规范管理。加快推进广西“互联网+监管”系统建设，建设全区统一的智能化市场监管综合服务平台。深化国际贸易“单一窗口”建设，提高通关监管水平，提高口岸服务质量。

## 第三节　健全重大政策事前评估和事后评价制度

建立健全制度化、规范化的政策评估制度，以政策效果评估为重点，建立对重大政策事前评估、事后评价的长效机制，推进政策评估工作。将定量和定性分析相结合，把评估评价工作做深做细做实，提高重大政策事前评估和事后评价的质量。畅通社会公众参与政策制定的渠道，完善意见研究采纳反馈机制，提高决策科学化、民主化、法治化水平。

## 第四节　深化行业协会商会、中介机构和事业单位改革

推动行业协会商会建立健全行业经营自律规范、自律公约，规范会员行为。鼓励行业协会商会制定发布产品和服务标准，参与制定国家标准、行业标准、团体标准及有关政策法规。提升行业协会商会收费规范性和透明度，加强行业协会商会自身建设，促进行业协会商会健康有序发展。

加快培育第三方服务机构和市场中介组织，提升市场专业化服务能力。全面推行检验检测机构资质认定告知承诺制，促进第三方检验检测机构和认证机构发展。全面规范行政审批中介服务，建立全区统一规范、公开透明、开放竞争、便捷高效的投资项目审批中介服务市场。落实清单管理，无法律法规或国务院决定依据，不得设定行政审批中介服务事项。精简中介评估事项，推行区域评估。加强中介服务收费监管，破除中介垄断。强化中介机构信用管理，严肃查处违规收费、扰乱市场秩序等违法违规行为。

深化事业单位改革。优化事业单位布局结构，推进事业单位资源均衡配置，加快补齐基本公共服务短板。完善制度机制，理顺政事管办关系。探索允许一些规模较大、经营状况较好或市场竞争力强的事业单位，从公益一类性质自主选择变更为公益二类性质。探索推进公益一类事业单位进一步细分及实施差异化管理政策，完善改革配套措施，激发事业单位内生动力活力。强化事

业单位公益属性，破除逐利机制，提高公益服务供给能力和水平。完善章程管理等制度机制，完善体现岗位绩效和分级分类管理的事业单位薪酬制度。

## 第十章 协同推进其他重点领域改革

协同推进农业农村体制、民生保障体制、绿色低碳发展体制和开放型经济体制改革，牵引带动乡村振兴、共同富裕、生态文明建设和全面开放。

### 第一节 深化农业农村体制改革

持续推进农村集体产权制度改革，完善产权权能，推动资源变资产、资金变股金、农民变股东，发展壮大新型农村集体经济。持续深化林业、供销、水利改革。巩固完善农村基本经营制度，推动农村土地承包经营权有序流转，发展多种形式适度规模经营。培育壮大专业大户、家庭农林场、农民专业合作社等新型农业经营主体，培养现代农民。发展村级供销合作社，推进供销合作社升级发展。做实农村产权交易中心，健全农村产权流转交易市场体系。强化村庄规划约束性，严格落实农房建设风貌管控机制。建立统筹整合涉农资金和农村土地承包经营权、农民住房财产权抵押贷款机制。创新农业经营组织方式，探索发展生产、供销、信用“三位一体”综合合作的农民专业合作社，健全农业专业化社会化服务体系。探索开展新时代乡村集成改革，积极创建农村改革试验区。

### 第二节 健全民生保障体制

深化收入分配制度改革，分阶段促进共同富裕。落实初次分配、再分配、三次分配协调配套的基础性制度安排。健全劳动、资本、土地、知识、技术、管理、数据等生产要素由市场评价贡献、按贡献决定报酬的机制，鼓励勤劳创新致富，鼓励先富带后富、帮后富。不断完善再分配机制，加大税收、社会保障、转移支付等调节力度和精准性，落实机关事业单位收入分配政策，落实以增加知识价值为导向的分配政策。扩大中等收入群体比重，增加低收入群体收入，合理调节高收入，取缔非法收入，加快形成中间大、两头小的橄榄型分配结构。逐步提高最低生活保障、农村居民养老保险金、惠农补贴标准，提高财政保障、救助资金精准度和有效性。发挥第三次分配作用，发展慈善事业，改善收入和财富分配格局。健全多层次社会保障体系，完善多渠道灵活就业人员的社会保障制度，维护网约车司机、快递员、外卖配送员等新业态就业劳动者的劳动保障权益。健全多层次养老服务体系，发展普惠型养老服务和互助性养老。健全粮食安全储备体系、公共卫生应急管理体系、应急物资储备体系及高效调运机制。

### 第三节 完善绿色低碳发展体制

全面加强生态文明战略规划引领，把碳达峰、碳中和纳入广西“十四五”经济社会发展和生态文明建设整体布局，进一步完善规划政策体系，为碳达峰、碳中和各项工作提供政策保障。加快制定广西实施碳达峰行动方案，明确全区碳达峰路线图、时间表和具体措施。编制生态文明领域各项专项规划，深入推进生态文明体制改革。促进资源节约和高效利用，强化能源消费总量和强度“双控”，抓好重点用能单位节能管理，加强固定资产投资项目节能审查与节能监察，坚决遏制高耗能高排放项目盲目发展。构建现代环境治理体系，完善生态环境保护现代监管制度体系。

全面实施排污许可制，完善财政转移支付与生态环境保护成效挂钩制度，建立健全固定污染源监管制度体系、污染防治区域联动机制。完善生态环境监测和评价制度、生态环境保护立法执法司法联动机制、生态环境公益诉讼制度。实施生态环境准入制度，落实生态环境损害赔偿制度。建立健全生态产品价值实现和生态保护补偿机制。推动碳排放权配额管理，探索林业碳汇交易模式，在造纸、水泥等行业推行排污权有偿使用和交易试点，建立排污权交易体系。推行用能权交易制度，探索水权市场改革。探索建立多元化市场化的生态保护补偿制度，持续优化转移支付制度。深化自然资源资产产权制度、国土空间开发保护制度、空间规划体系等改革，积极推进“绿水青山”变为“金山银山”改革系统集成试点。

### 第四节　建设更高水平开放型经济新体制

积极对接 RCEP 规则，提升中国—东盟开放合作水平，构建全方位开放发展新格局。推进中国（广西）自由贸易试验区改革创新，推动设立中国（广西）自由贸易试验区协同发展区（点），利用中国—东盟经贸中心打造中国—东盟经贸合作“一站式”跨境服务平台。全力争取国家支持广西建设中国—东盟大宗商品交易中心，与上海期货交易所等加快探索启动期现联动业务试点。大力发展跨境产业链供应链，以电子信息、化工新材料、中药材加工、汽车、东盟特色农产品加工等产业为重点，加快构建若干面向东盟的标志性跨境产业链，努力建成具有国际竞争力的跨境供应链节点。推动国家将中国—东盟博览会升级为中国—东盟博览会暨 RCEP 博览会，加快建成面向东盟的金融开放门户，高水平建设防城港国际医学开放试验区，推进百色、东兴、凭祥重点开发开放试验区体制机制创新，增强开放合作平台引领带动作用。优化跨境贸易营商环境，清理与 RCEP 规则不相适应的管理措施，利用 RCEP 原产地区域累积规则，推动降低进出口环节的合规成本。加快广西国际贸易“单一窗口”2.0 版建设，推动“单一窗口”功能向跨境贸易全链条拓展，促进与西部陆海新通道沿线省份“单一窗口”互联互通。

## 第十一章　保障措施

发挥党总揽全局、协调各方的领导核心作用，健全改革推进机制，完善改革激励机制，强化改革落地见效，推动经济体制改革走深走实。

### 第一节　健全改革推进机制

坚持党对经济体制改革的统一领导。把党的领导贯穿于深化经济体制改革和加快完善社会主义市场经济体制全过程，贯穿于谋划改革思路、制定改革方案、推进改革实施等各环节，确保经济体制改革始终沿着正确方向前进。努力扩展社会各界参与改革方案的决策和评价的渠道，不断完善决策咨询机制，推进改革决策公开民主。增强改革的品牌意识，打造有广西特色和亮点的改革品牌。推动试点先行先试和复制推广。抓好面向东盟的金融开放门户、中国（广西）自由贸易试验区、防城港国际医学开放试验区、南宁临空经济示范区、百色重点开发开放试验区等国家部署广西开展的重大改革试点，加快推进广西“十四五”区域协调发展试点（来宾）、支持钦州市率先开展城乡融合试验区建设、龙港新区管理体制改革和“玉港合作园”管理体制改革。加强对改革试点的评估总结，加快推广和普及成熟改革经验。建立试点动态调整以及退出机制。强化改革的责任机制，落实改革的监督检查机制。

## 第二节　完善改革激励机制

健全改革的正向激励体系。鲜明树立讲担当重担当、重实干重实绩的用人导向，鼓励个人和单位“出彩冒尖”。建立完善领导班子和领导干部推动高质量发展科学考核评价机制，加大考核结果分析运用力度。健全改革容错纠错机制，推动容错纠错与问责处理有机衔接。加强改革评估，调整完善改革措施，巩固经济体制改革成果。加强改革宣传，讲好广西改革故事，为改革营造良好舆论环境和社会氛围。

## 第三节　强化权力制约和监督机制

全面建立行政权力制约和监督机制。健全重大行政决策程序制度，形成科学有效的权力制约和协调机制，加强对政府内部权力的制约。对公共资金、国有资产、国有资源和领导干部履行经济责任情况实行审计全覆盖。深化公共资源交易管理体制改革，推进公共资源交易服务、管理与监督职能相互分离。推动出台广西行政执法监督条例，深入推行行政执法公示、执法全过程记录、重大执法决定法制审核等制度。

完善发展市场经济监督制度机制。强化政治监督，严格约束公权力，持之以恒深入推进党风廉政建设和反腐败斗争，紧盯资源、土地、规划、建设、环保、安全生产、乡村振兴、金融等重点领域，坚决依规依纪依法查办腐败案件。加强对监管机构的监督，实现依法监管、公正监管、廉洁监管。

# 海南省

## 一、 综述

2021年，按照国家口岸管理办公室的统一部署和海南省委、省政府的相关要求，海南省商务厅积极推进海南自由贸易港国际贸易“单一窗口”（以下简称海南“单一窗口”）建设。截至2021年年底，标准版16项功能模块已在海南“单一窗口”上线，并拓展了18项海南特色应用，促进了跨境贸易便利化，保障了海南自由贸易港早期政策的落地实施。

## 二、 运行情况

### （一）运行数据

2021年全年，海南“单一窗口”货物申报8.38万票；舱单申报35.43万票；运输工具申报4.09万票；企业资质办理9.54万票；原产地证书申领1.21万票；税费支付8434票；加贸保税18.16万票；物品通关32.27万票；跨境电商297.95万票；监管证件1806票；出口退税618笔。

### （二）运行维护

#### 1. 日常维护

建立远程服务机制，通过微信群、热线电话和QQ群（包括QQ远程协助）等方式为企业解答“单一窗口”平台使用中遇到的问题。

#### 2. 编制“单一窗口” 提升计划

按照“逐步探索、稳步推进海南自由贸易港建设，分步骤、分阶段建立自由贸易港政策体系”的总体部署，海南省商务厅编制了《海南自由贸易港国际贸易“单一窗口”提升计划》，学习借鉴国际先进“单一窗口”的运营方式和管理方法，将海南“单一窗口”打造成为既“管得住”又“放得开”，“成本低”且“效率高”，具备智能化、集成化能力的信息化平台。支持“一线放开、二线管住、岛内自由”，满足分线管理、人货分离、通道式进出、岛内货物分类监管的需要。

### （三）宣传推广

按照“成熟一个功能，推广一项应用”的工作思路，海南省商务厅每年组织开展 2~3 次面向全省的“单一窗口”业务培训，截至 2021 年年底，累计完成培训 1184 人次。同时，结合疫情防控相关要求及企业需要，采取小范围和“一对一”专项培训等多种形式，不断提高“单一窗口”业务应用率。

## 三、特色应用

### （一）海南自由贸易港公共服务管理平台

项目一期为洋浦公共信息服务平台。实现“一线”进出境径予放行、“二线”进出区单侧申报、“区港联动”、加工增值企业资质备案等功能应用，支撑洋浦保税港区先行先试政策落地实施。

### （二）海南自由贸易港公共服务管理平台海口综合保税区特色应用

支撑洋浦保税港区先行先试的“一线放开、二线管住”进出口管理制度在海口综保区试点，并且成功实现加工增值内销免征关税以及“一线”径予放行业务首单落地。

### （三）“零关税”清单配套公共服务系统

系统先后上线“零关税”原辅料申报、“零关税”进口交通工具及游艇企业资格申报以及“零关税”自用生产设备企业资格申报等功能。累计完成 1881 家企业的“零关税”进口交通工具及游艇资格申报，131 家企业的“零关税”自用生产设备资格申报，支撑“零关税”清单政策和首单业务顺利落地。海口海关统计数据显示，三项已出台的“零关税”政策，累计实现进口约 50.5 亿元，减免税款约 11.59 亿元。

## 四、大事记

1 月 12 日

海南“单一窗口”正式上线“零关税”进口交通工具及游艇企业资格申报功能应用。

3 月 22 日

海南“单一窗口”正式上线“零关税”自用生产设备企业资格申报功能应用。

9 月 23 日—24 日

海南省口岸办与北京市口岸办开展国际贸易“单一窗口”建设座谈交流。

# 重庆市

## 一、综述

2021年，按照党中央、国务院关于国际贸易“单一窗口”建设的相关要求，在国家口岸管理办公室的指导和口岸物流相关部门、企业的支持下，重庆市口岸物流办扎实推进中国（重庆）国际贸易单一窗口（以下简称重庆“单一窗口”）建设，不断丰富完善系统功能，在智能通关、智慧物流、金融服务、区域互通和国际合作5个方面取得创新成果。截至2021年年底，重庆“单一窗口”建设了50项功能（包括17项标准版应用和优化整合的33项地方特色功能），累计申报业务量9700万余票，进出口整体通关时间均压缩60%以上，圆满完成了国务院确定的目标任务，推动重庆市优化口岸营商环境工作取得阶段性成效。

## 二、运行情况

### （一）运行数据

2021年全年，重庆“单一窗口”货物申报90.54万票；舱单申报121.53万票；运输工具申报4.12万票；企业资质办理1.17万票；原产地证书申领3.44万票；税费支付3.86万票；加贸保税40.19万票；物品通关200.00万票；跨境电商3744.01万票；监管证件1168票；出口退税132笔。

### （二）运行维护

在“单一窗口”“两级三线”的运维服务框架下，重庆市口岸物流办会同相关单位为企业提供7×24小时客户服务，及时反馈和解决企业问题。全年共接收问题咨询近2万个，其中023-95198热线电话接听量0.76万个，微信、QQ等网上咨询问题1.1万个，智能客服应答0.13万个。

#### 1. 组建专业运维团队

招聘专人负责解答企业日常咨询；采购软、硬件运维服务，确保系统稳定运行；成立多部门应急联动小组，解决系统突发故障。

#### 2. 完善运维管理制度

完善《重庆国际贸易“单一窗口”信息数据管理办法实施细则（试行）》，确保数据使用规范安全；出台《重庆电子口岸中心机房硬件资源管理实施细则（试行）》，细化物理安全管理措施；落实机房安全管理制度，加强云机房巡检力度；开展重庆“单一窗口”等级保护测评工作，定期组织安全运维团队开展渗透测试；加强安全教育培训及应急演练，提高应急处置能力。

#### 3. 实施联动应急管理

编制多部门业务应急联动预案，成立联动应急保障小组，确保“单一窗口”共建共管各方信息顺畅、处置措施协调联动，最大限度减少平台运行故障对业务的影响。

#### 4. 拓展企业咨询渠道

上线智能客服系统，梳理汇总常见问题，形成智能客服知识库，累计服务 1352 人次，智能应答占比 73%、转接人工占比 27%。

### （三）宣传推广

#### 1. 企业培训

2021 年，受新冠肺炎疫情影响，结合重庆实际，重庆“单一窗口”通过线上线下相结合的方式，积极开展企业培训。线下培训方面，联合重庆海关召开重庆“单一窗口”预约查验及查免（免除查验没有问题外贸企业吊装移位仓储费用）系统宣讲会，服务重庆港务物流集团、相关支线船公司、报关行等 40 多家单位。线上培训方面，通过微信公众号，不定期发布“单一窗口”功能上线、培训会议、操作流程等各类相关资讯动态 89 条。

#### 2. 新闻报道

2021 年 4 月 21 日，《国际商报》第 9696 期第 06 版“区域商情”以“重庆深入推进‘单一窗口’建设”为题，报道了重庆“单一窗口”建设情况；5 月 31 日，新华财经以“重庆三峡银行首笔‘融 e 贷’单一窗口场景融资产品落地”为题，报道了重庆三峡银行在“单一窗口”场景金融服务领域进行的大胆创新和有益探索，通过企业外部大数据以及“单一窗口”贸易通关等信息，为客户提供便捷的线上融资服务；12 月 3 日，重庆商机以“全国首创！重庆创新服务贸易国际结算‘贸易+金融’模式”为题，报道了重庆“单一窗口”利用人工智能技术，实现为服务贸易和资本金融项下国际结算提供票据验核服务，创新“贸易+金融”服务模式，在全国首创服务贸易国际结算便利化。

## 三、 特色应用

### （一）上线国际贸易“单一窗口”西部陆海新通道平台

在国家口岸管理办公室的指导及相关省（区、市）口岸单位的大力支持配合下，重庆市口岸物流办规划建设了国际贸易“单一窗口”西部陆海新通道平台。截至 2021 年年底，平台上线了智能通关、业务协同、数据应用和国际合作 4 大板块，共计 11 项功能。

智能通关方面，实现了智能报关、智能运抵、智能转关等多类通关单证的智能制单和申报。

据统计，该功能将单证成本降低50%以上，单证耗时降低80%以上，单证准确率提高到99.99%以上，截至2021年年底，系统累计智能生成并申报7.9万余票单证。业务协同方面，为实现中欧班列、西部陆海新通道通关物流作业全程动态可查、去向可溯、成本可控，推动跨区域通关、物流作业协同和有序调度，建设了查验通知、通关信息、船舶动态共享等3项功能，截至2021年年底，累计实现信息共享协同超1.2万票，降低人工成本50%以上。数据应用方面，通过对接中国国家铁路集团有限公司95306系统，实现了企业在线请车订舱、铁路物流状态全流程跟踪等2项功能，将铁路物流操作和“单一窗口”报关操作紧密结合在一起，实现一套数据、多次复用，请车环节每天可节约2小时以上，准确率提高到100%，截至2021年年底，累计在线请车达7600余票。国际合作方面，一是依托国际贸易“单一窗口”，与新加坡港务集团在西部陆海新通道物流信息便利化方面开展集装箱、船舶动态数据对接共享合作，实现了货物的全流程状态实时追踪，为企业通关和合理安排运输、生产提供了便利；二是结合区块链技术，与新加坡资讯通信媒体发展局开展中新铁海联运“一单制”数字提单项目试点首票测试，实现提单的签发、核验、查询、流转、创建授权等功能。

### （二）上线重庆国际物流多式联运信息服务及铁路营商环境系统

重庆“单一窗口”首创与铁路货运系统互联互通，打破信息系统壁垒，促进口岸通关和物流操作无缝衔接，上线重庆国际物流多式联运信息服务及铁路营商环境系统，实现请车订舱智能化、物流跟踪动态化、预约查验便利化。同时，将查验通知推送、预约查验与免除查验没有问题外贸企业吊装移位仓储费用改革相衔接，为监管服务创新创造条件，进一步促进口岸物流降本增效。全年实现在线订舱9100余箱次，获取铁路箱动态信息共23万余条，铁路口岸预约查验报关单2100余票。

### （三）上线重庆国际物流链业务协同系统

积极推进“单一窗口”功能由口岸通关执法向口岸物流、贸易服务等全链条拓展，上线重庆国际物流链业务协同系统，将生产企业、报关行、仓储企业、物流企业、货代等物流链有效贯通，实现物流链高效协同，推动物流、贸易、产业、金融融合发展，为重庆市支柱产业提供信息服务支撑。截至2021年年底，实现协同传输生产企业业务订单7000余条，协同传输仓储企业业务订单1500余条。

### （四）上线国际贸易“单一窗口”跨境贸易大数据平台——结汇便利化平台

重庆“单一窗口”与国家外汇管理局跨境金融区块链服务平台合作对接，采用人工智能技术，为服务贸易和资本金融项下国际结算提供票据验核服务，首次将“单一窗口”服务延伸到服务贸易领域，将银行办理时间从2天缩短至2分钟以内，提高贸易企业结算效率50%以上。上线包含支付管理、票据验核管理、报关单验核管理、智能报告中心、机器人管理中心等功能。截至2021年年底，通过该平台实现服务贸易结算超过34亿元，融资金额11.98亿元。

### （五）上线重庆冷链物流信息监控系统

依托重庆“单一窗口”，建设重庆冷链物流信息监控系统，上线新购置车辆、冷藏车信息化改造、一级二级冷链物流节点信息化改造、三级冷链物流节点全程追溯改造、冷藏车辆绿色通行证申报功能。同时，与多个三级冷链物流销售节点、冷藏车辆、冷库、溯源企业等实现同步对接，实现冷链物流全程可追溯和冷藏车辆信息可视化。截至2021年年底，已有571个三级冷链物流销售节点接入冷链溯源体系，421辆冷藏车辆、25个冷库接入平台，每天8000余条溯源信息在平台滚动展示；办理（换发）冷藏车绿色通行证705张。

### （六）上线非冷链进口集装箱消毒检测系统

重庆“单一窗口”新增非冷链进口集装箱消毒检测系统，向各开发平台和区县（自治县）精准推送每日进口非冷链集装箱底账信息，由各责任主体闭环反馈检测消杀情况，实时台账管理支持精准督导，确保应检尽检、应消尽消，最大限度阻断疫情输入风险。全年向各区县累计推送22.54万票，反馈检测1.64万票、预防性消毒11.24万票。

## 四、大事记

3月1日

重庆市口岸物流办联合重庆海关召开重庆“单一窗口”预约查验及查免（免除查验没有问题外贸企业吊装移位仓储费用）系统宣讲会。

4月6日

乌鲁木齐海关关长沈扬一行来渝考察调研，与重庆市口岸物流办副主任肖文军、重庆海关副关长王忠文进行了工作座谈，就重庆“单一窗口”、中欧班列建设发展等内容交换了意见。

4月8日

中国印钞造币总公司党委书记、董事长杨立杰一行来重庆市口岸物流办调研跨境金融区块链平台与“单一窗口”合作情况，重庆市口岸物流办副主任肖文军、国家外汇管理局重庆外汇管理部副主任吴豪声参加调研座谈。

4月29日

国家口岸管理办公室副主任王可及铁路总公司一行调研重庆“单一窗口”工作。

4月30日

重庆“单一窗口”采用人工智能技术智能生成第一份报关单并申报成功。

5月26日—27日

广西壮族自治区口岸办、南宁海关一行与重庆市口岸物流办就深化落地桂渝两地数据共享合作、推动“单一窗口”西部陆海新通道平台建设等内容进行深入交流。

6月1日

重庆公路运输集团集装箱联运有限公司（渝甬班列）成功通过重庆“单一窗口”铁路营商环境系统向95306系统在线请车。

6月15日

新加坡资讯通信媒体发展局中国区司长庄庆维、重庆市大数据应用发展管理局一行与重庆市口岸物流办商讨中新贸易通商互信铁海联运“电子提单互联互认”合作。

6月30日

重庆“单一窗口”跨境贸易大数据平台——结汇便利化平台上线试运行。

7月1日

“单一窗口”西部陆海新通道跨区域智能单证系统及跨区域数据共享系统正式上线试运行。

7月9日

重庆市口岸物流办与四川省口岸物流办在重庆签署《成渝地区双城经济圈口岸和物流合作备忘录》《川渝国际贸易“单一窗口”合作协议》。

8月23日

在2021中国国际智能产业博览会上，线上发布重庆“单一窗口”人工智能报关系统。

10月21日

重庆市口岸物流办与四川省口岸物流办签署《川渝国际贸易“单一窗口”数据互联互通及应用合作推进方案》。

## 五、政策文件

### 重庆市人民政府办公厅关于印发《重庆市现代物流业发展“十四五”规划（2021—2025年）》和《重庆市口岸发展“十四五”规划（2021—2025年）》的通知

渝府办发〔2021〕157号

各区县（自治县）人民政府，市政府各部门，有关单位：

《重庆市现代物流业发展“十四五”规划（2021—2025年）》和《重庆市口岸发展“十四五”规划（2021—2025年）》已经市政府同意，现印发给你们，请认真贯彻执行。

重庆市人民政府办公厅

2021年12月31日

（此件公开发布）

### 重庆市现代物流业发展“十四五”规划（2021—2025年）

（略）

### 重庆市口岸发展“十四五”规划

（2021—2025年）

为加快建设内陆国际物流枢纽和口岸高地，强化重庆口岸的门户枢纽功能，推动口岸高水平开放和高质量发展，提升重庆对外开放水平，助力更高水平开放型经济新体制建设，促进中西部地区人流、物流、资金流、信息流要素集聚辐射和对外交流交往，根据《国家“十四五”口岸发展规划》和《重庆市国民经济和社会发展第十四个五年规划和二〇三五年远景目标纲要》等文件精神，特制定本规划。规划期为2021—2025年。

# 第一章 发展环境

## 第一节 发展基础

“十三五”时期，全市上下坚持以习近平新时代中国特色社会主义思想为指导，加速建设内陆国际物流枢纽和口岸高地，口岸工作取得了明显成效。从口岸和功能数量来看，全市开放口岸数量达到4个，其中重庆江北国际机场航空口岸、重庆港口岸为正式开放，重庆铁路口岸和重庆万州机场为临时开放；口岸功能达到9类，主要涵盖进口汽车整车、进口药品及进境肉类、粮食、水果、冰鲜水产品、食用水生动物、植物种苗等。从口岸客货运量来看，重庆江北国际机场航空口岸累计开通国际（地区）航线101条，累计运送国际（地区）出入境旅客1223.41万人次、国际货邮量72.86万吨，分别较“十二五”时期同比增长80.62%、20.51%；重庆港口岸累计完成外贸集装箱运输153.40万标箱；重庆铁路口岸累计完成外贸集装箱运输38.07万标箱、较“十二五”时期增长了12倍。

口岸管理体制更加健全。在2018年机构改革中，市委、市政府组建了正局级口岸物流管理单位——市政府口岸和物流办公室，理顺了口岸开放和物流发展的关系，拓展了口岸服务工作的抓手和空间，提升了口岸开放发展的能级和水平，为在省级层面探索口岸物流融合发展提供了示范。同时，依托重庆市作为直辖市的扁平化管理架构，各区县进一步加强对口岸物流工作的领导，万州、涪陵、沙坪坝、黔江、丰都等区县设置了口岸物流管理或服务机构。

口岸开放发展亮点纷呈。重庆果园港口岸开放成功获批，是“十三五”时期长江上游唯一获批正式开放的水运口岸。果园港获批建设港口型国家物流枢纽，为长江上游航运中心建设奠定了坚实基础。重庆铁路口岸所在园区获批陆港型国家物流枢纽，为推动中欧班列（成渝）高质量发展、西部陆海新通道上升为国家战略提供了重要支撑。建成国内首个铁路口岸国际邮件处理中心。重庆万州机场多次获批对外临时开放，正式对外开放现已进入国家审理程序。重庆在全国自贸试验区中率先获批设立首次进口药品和生物制品口岸。口岸功能不断完善，集聚辐射作用进一步增强，重庆江北国际机场航空口岸获批设立进境肉类、冰鲜水产品、水果、食用水生动物、植物种苗综合性指定监管场地，果园港口岸获批设立进境肉类、粮食、水果综合性指定监管场地，重庆铁路口岸获批设立进境肉类指定监管场地。

口岸营商环境持续优化。深化口岸“放管服”改革，大力“减单证、优流程、提时效、降成本”。积极推广应用“提前申报”模式，持续推进“两步申报”“两段准入”改革试点。“7×24小时”通关保障服务实现重庆所有口岸和监管场所全覆盖。在全国首次推行水运进口转关“离港确认”试点，提升江海联运时效。沪渝两地创新开行“沪渝直达快线”，运行时效提升40%以上。建设重庆水运口岸营商环境优化系统，为企业提供“通关+物流”等服务。重庆口岸进出口整体通关时间较2017年均压缩60%以上，单个集装箱进出口环节常规收费压减至400美元以内。

口岸经济效应不断凸显。以口岸为载体，大力发展临空、临港经济，推动高端制造业、高新技术产业、现代服务业集聚发展。依托重庆口岸强有力的集聚辐射带动、良好的口岸功能引领、便捷高效的通关服务保障，推动了两路寸滩综合保税区、西永综合保税区、重庆国际物流枢纽园区高质量发展，为全市开放型经济发展增添了动力和活力，培育了经济发展新引擎。“十三五”期间，重庆外贸进出口年均增长7.0%，2020年进出口总值6513.4亿元，其中出口4187.5亿元、同比增长 12.8%，进口 2325.9 亿元、同比增长 11.9%。

电子口岸作用有效发挥。搭建全市电子口岸统一数据交换、统一应用接口等基础平台，建成中国（重庆）国际贸易“单一窗口”、重庆跨境贸易电子商务公共服务平台等 20 多个应用系统，构建起我市外贸进出口领域的信息化基础设施。重庆国际贸易“单一窗口”建设了 50 项功能，实现了“四通”目标（申报直通、系统联通、信息互通、业务畅通），形成了“六个一”特色（一次提交、一口申报、一次查验、一次放行、一键跟踪、一网服务），取得“七个全国第一”（全国第一票货物申报、第一票原产地证、第一笔在线收付汇、第一票空运运输工具申报、第一个单一窗口国际合作项目、第一笔服务贸易结算业务、第一个单一窗口跨区域合作项目），累计申报量超过 5500 万票，主要申报业务应用率达 100%，报关单量位居中西部第一。重庆跨境贸易电子商务公共服务平台已实现跨境电商零售进口网购保税、海外直购、跨境电商零售出口、出口至境外企业、出口至海外仓等 5 种业务模式全覆盖。截至 2020 年底，全市跨境电商累计交易量成功突破 1 亿单，交易额 230.8 亿元，征收税金 21.4 亿元。

## 第二节　发展形势

近年来，以习近平同志为核心的党中央高度重视重庆经济社会发展，对重庆对外开放发展和口岸工作作出了一系列重要指示，要求重庆“建设内陆国际物流枢纽和口岸高地、建设内陆开放高地”“努力在推进新时代西部大开发中发挥支撑作用、在推进共建‘一带一路’中发挥带动作用、在推进长江经济带绿色发展中发挥示范作用”“推动成渝地区双城经济圈建设，在西部形成高质量发展的重要增长极，打造内陆开放战略高地”。新时代赋予新使命、新使命需要新作为，重庆在西部地区带头开放、带动开放，更加需要大力推进口岸开放、完善口岸布局、拓展口岸功能、优化口岸营商环境，推动更高水平对外开放和高质量发展。

重庆开放实践为口岸高质量发展提供强有力的支撑。重庆拥有中新（重庆）战略性互联互通示范项目、中国（重庆）自由贸易试验区、两江新区以及众多的综合保税区、保税物流中心等开放平台，形成以电子信息为开放产业龙头、多产业齐头并进发展新局面。同时，汽车、摩托车、通机、手机、装备、医药等重庆传统优势产业加快拓展国际市场，智能制造等新兴产品成为重庆外贸中的新亮点。外贸市场主体规模持续壮大，“十三五”时期全市每年新增外贸经营备案主体超过 1500 家，外贸经营备案主体累计超过 20000 家，全市有进出口实绩的外贸企业数量较“十二五”末增长 31.8%。全市良好的开放发展基础，为重庆口岸发展提供了支撑，强有力地推动重庆口岸高质量发展。

与此同时，重庆口岸发展还面临一些困难和问题。口岸开放体系仍不完善，区域分布集中在主城都市区，而渝东北三峡库区城镇群、渝东南武陵山区城镇群口岸分布不均衡。口岸功能未能充分发挥，虽然已经具备进境肉类、粮食、水果等口岸功能，但各类功能发挥整体不佳，还需要进一步打造运营主体、培育消费市场。口岸经济有待创新发展，重庆口岸尚停留在满足进出口货物通关、查验等基础功能的层面上，还需不断培育科技金融、生物医药、数字经济等新兴产业。口岸联动合作有待加强，还需加强构建与沿海、沿边口岸合作机制，在更深层次推进实现制度创新、信息共享、部门协作。

## 第二章 总体要求

### 第一节 指导思想

以习近平新时代中国特色社会主义思想为指导，全面贯彻党的十九大和十九届历次全会精神，深化落实习近平总书记对重庆提出的营造良好政治生态，坚持“两点”定位、“两地”“两高”目标，发挥“三个作用”和推动成渝地区双城经济圈建设等重要指示要求，积极融入服务新发展格局，全面融入共建“一带一路”和长江经济带发展，在西部地区带头开放、带动开放，推进口岸治理能力和治理体系现代化，为建设内陆国际物流枢纽和口岸高地，加快形成陆海内外联动、东西双向互济开放格局作出新贡献。

### 第二节 基本原则

战略引领，统筹布局。以新时代西部大开发、成渝地区双城经济圈建设、西部陆海新通道建设等国家战略为引领，按照科学规划、统筹布局、协同开放的要求，整合口岸发展要素，合理配置口岸资源，强化口岸对产业集聚及带动作用，构建服务国家战略和重庆发展的良好口岸体系。

集约高效，智慧平安。优化口岸场站资源，推行“大围网”模式，加强 5G（第五代移动通信技术）、区块链、人工智能等先进技术应用，完善口岸智能化设施设备建设，提高投入产出比例。优化创新通关作业流程，提升管理运营水平。完善口岸安全联合防控及应急预案，强化法治及自身建设，创建平安、效能、智慧、法治、绿色“五型”口岸。

改革创新，激发活力。加大改革力度，探索推动内陆口岸创新发展。加大政策创新力度，持续优化口岸营商环境，提升跨境贸易便利化水平，助推外贸企业健康发展。推进体制创新，提升口岸管理、服务能力，全面提升口岸治理能力和治理体系现代化水平。

融合发展，协同联动。围绕重庆各类开放平台、国际贸易通道发展需求，实现口岸与物流、制造、商贸、文化旅游等产业深度融合。构建“口岸+通道+产业”点、线、面三位一体发展模式。加强与沿海、沿边及内陆口岸协调联动。积极探索推动口岸经济发展的路径与模式，推动重庆口岸经济高质量发展。

### 第三节 发展目标

到 2025 年，重庆口岸开放发展水平进一步提升，口岸功能更加完善，口岸物流发展高效协同，政策体系和服务体系更加健全，实现口岸布局科学合理、口岸设施完善集约、口岸通行安全便利、口岸治理规范高效，基本建成“口岸体系全、功能配套齐、通关效率高、服务环境优、集聚辐射强”的内陆口岸高地，形成服务内陆、联结全国、通达全球的国际枢纽口岸。

口岸体系全。开放口岸体系更为完备，口岸区域布局更加合理，口岸及监管场所覆盖水运、铁路、航空、公路等重要节点，口岸对内陆开放的支撑作用进一步增强，力争“十四五”期间新增 2 个正式开放口岸。

功能配套齐。口岸基础设施和国际物流通道更加健全，指定监管场地布局更加优化，口岸功能发挥更加完善，对进出口贸易发展的贡献度明显提升。到 2025 年，力争更多开放口岸具备进境肉类、粮食、水果等口岸功能。

通关效率高。口岸通关流程进一步优化，整体通关时间压缩成效稳定在合理区间。口岸智能化水平大幅提升，国际贸易“单一窗口”功能更加健全。通关服务保障水平不断提升，旅客出入境体验进一步改善。

服务环境优。当好优化口岸营商环境的“先行官”“排头兵”，口岸物流协同更加高效，口岸收费结构更加合理，企业获得感、幸福感显著增强，跨境贸易便利化水平处于中西部前列，基本建成全国优化口岸营商环境示范高地。

集聚辐射强。口岸经济高质量发展的动能加速集聚，口岸对开放型经济发展的引领作用持续发挥。全市各类开放型市场主体蓬勃发展，对人流、物流、信息流和资金流的吸引能力显著提升，重庆口岸高地的辐射力、凝聚力和带动力进一步增强。

**专栏1　“十四五”时期口岸发展主要指标**

| 序号 | 口岸名称 | 指标名称 | 单位 | 2020年 | 2025年 | 指标属性 |
|---|---|---|---|---|---|---|
| 1 | 重庆江北国际机场航空口岸 | 出入境人员数量 | 万人次 | 341* | 400 | 预期性 |
| 2 | | 旅客吞吐量 | 万人次 | 4478* | 6550 | 预期性 |
| 3 | | 国际货邮吞吐量 | 万吨 | 15.9* | 25 | 预期性 |
| 4 | | 货邮吞吐量 | 万吨 | 41.1 | 60 | 预期性 |
| 5 | | 国际（地区）航线数量 | 条 | 101 | 115 | 预期性 |
| 6 | 重庆港口岸 | 外贸集装箱量 | 万标箱 | 39.6 | 65 | 预期性 |
| 7 | 重庆铁路口岸 | 外贸集装箱量 | 万标箱 | 24.4 | 30 | 预期性 |
| 8 | 重庆万州机场 | 出入境人员数量 | 万人次 | 5* | 15 | 预期性 |
| 9 | | 旅客吞吐量 | 万人次 | 115* | 200 | 预期性 |
| 10 | | 国际（地区）航线数量 | 条 | 4 | 10 | 预期性 |

注：*为2019年数据。

## 第三章　主要任务

### 第一节　拓展完善开放口岸体系

构建良好的口岸空间体系。按照全市“一区两群”协调发展部署，结合全市口岸优势、通道优势、产业优势，合理布局全市开放口岸和开放节点，打造“一枢纽、两中心、多节点”的开放口岸体系，全力推动全市开放型经济高质量发展。

一枢纽：实现主城都市区的重庆江北国际机场航空口岸、重庆港口岸、重庆铁路口岸及重庆公路物流基地组团发展，提升重庆口岸开放发展能级，优化口岸及区域间联运方式，通过功能层级划分，形成各具特色、错位发展的良好口岸生态，打造重庆口岸枢纽。

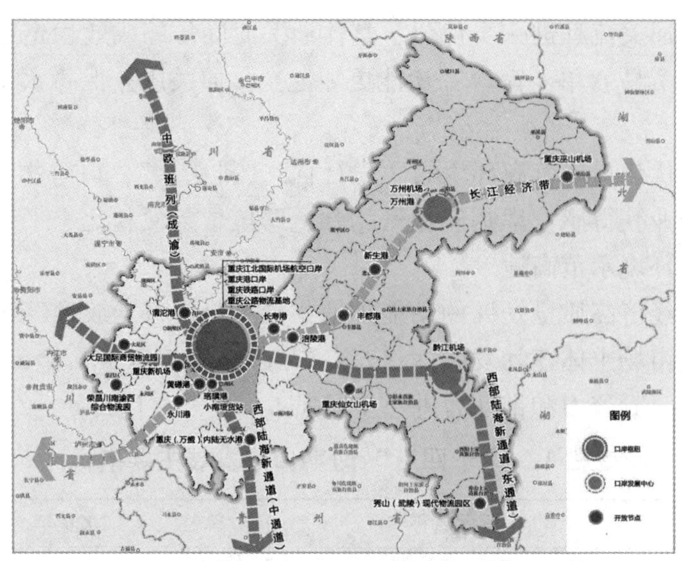


图 1　重庆口岸发展空间布局图

两中心：根据国家口岸开放有关政策，有序推进渝东北三峡库区城镇群、渝东南武陵山区城镇群口岸开放，建设以万州机场、万州港为引领的渝东北口岸发展中心；积极支持黔江机场以适当形式开放发展，构建以黔江机场为支撑的渝东南口岸发展中心，有效衔接渝东南、渝东北地区开放平台协同发展。

多节点：在全市布局建设若干开放节点，有序推动地理位置优、集聚辐射强、进出口需求大、产业优势明显、项目成熟度高的港口、机场、铁路场站开放发展，对于符合条件的支持以适当方式实现临时开放或建设无水港、保税仓、监管作业场所（地），满足各区县个性化、差异化开放需求。在全市范围内构建以口岸为支撑、联动多个节点的开放网络，探索以“分段集货”模式推动各区县和周边地区货物向枢纽口岸集聚，进一步提升口岸枢纽能级。

**专栏 2　重庆开放口岸体系发展重点**

| 功能层级 | 发展重点 | 发展方向 |
|---|---|---|
| 一枢纽（口岸枢纽） | 重庆港口岸 | 大力发展国际多式联运业务，重点依托鱼嘴货运站和果园港铁路专用线优势，探索铁水联运试点。推进长江上游航运中心建设，发挥重庆港口型国家物流枢纽优势，推动口岸与保税功能融合发展，把果园港建设成为内陆开放口岸、国际港航物流枢纽和大宗商品交易中心“三合一”的现代化港口。 |
| | 重庆江北国际机场航空口岸 | 重点与欧洲及“一带一路”沿线国家和地区开展机械设备、零部件、智能设备、科技产品、新材料等产品的双向交流；与东盟各国开展农产品、食品、冰鲜水产品等进口产品展示交易；发挥枢纽口岸优势，在临空片区开展高端进口商品保税展示交易、免税消费、国内商品展示推广等，成为国际食材集采、国际旅游消费、高端制造业、跨境电商的重要依托。 |
| | 重庆铁路口岸 | 推动中欧班列（成渝）和西部陆海新通道高质量发展，建设集国际物流、特色物流、多式联运等于一体的陆港型国家物流枢纽，服务西部（重庆）科学城高端智能制造产业集群，重点发展国际商贸、整车进口、二手车出口、医药、冷链、跨境电商等产业。 |

续表1

| 功能层级 | 发展重点 | 发展方向 |
| --- | --- | --- |
| 一枢纽（口岸枢纽） | 重庆公路物流基地 | 依托重庆国际分拨（公路）海关监管中心，强化公路枢纽中转、集散功能，打造面向东盟的国际公路分拨枢纽。积极融入澜湄合作机制，发挥GMS（大湄公河次区域）行车许可证作用，参与TIR（国际公路跨境运输），重点发展国际物流、保税仓储、跨境电商等业态，形成面向东盟、区域联动、功能完备的贸易物流枢纽。 |
| 两中心（渝东北口岸发展中心、渝东南口岸发展中心） | 万州机场万州港 | 加快万州机场正式开放进度，依托三峡库区及周边地区丰富的旅游资源优势，形成三峡库区国际旅游门户。<br>争取重庆港口岸扩大开放新田港区，形成联动主城都市区、服务渝东北三峡库区城镇群和渝东南武陵山区城镇群的口岸发展中心。 |
|  | 黔江机场 | 争取推动黔江机场以适当方式实现对外开放，助力渝东南武陵山区城镇群巩固拓展脱贫攻坚成果同乡村振兴有效衔接，推动旅游业等特色产业发展。联动重庆仙女山机场、湖北恩施机场、湖南张家界机场、贵州铜仁机场，形成国际旅游通道。 |
| 多节点（若干开放节点） | 涪陵龙头港 | 争取重庆港口岸扩大开放龙头港区，支持设立铁水混合型海关监管作业场所，推动龙头港区与涪陵综合保税区联动发展。 |
|  | 江津珞璜港 | 争取重庆港口岸扩大开放珞璜港区，推进江津珞璜港海关监管作业场所建设，依托珞璜港铁路专用线和港区作业线，大力发展国际多式联运业务，推动珞璜港与玖龙纸业码头联动发展。 |
|  | 长寿港 | 争取重庆港口岸扩大开放长寿港区，支持设立海关监管作业场所、保税仓，推动化工材料、危险化学品、矿石等大宗物资在渝清关。 |
|  | 黄磏港 | 加快推进黄磏港基础设施建设，发挥水运物流优势，满足区域市场个性化、差异化开放需求，服务重庆高新区及周边西彭、双福、德感、璧山工业园区经济社会发展。 |
|  | 永川港 | 进一步发挥永川港海关监管场所作用，加强对渝西、川东南、黔西北等地区的辐射吸纳能力，推动降低永川及周边区域外贸物流成本。 |
|  | 合川渭沱港 | 加快合川渭沱港建设，加强与果园港口岸联动发展，探索“分段集货”模式，发挥对嘉陵江及渠江支流航运的带动作用。 |
|  | 丰都港 | 争取丰都港以适当方式实现对外开放，培育壮大肉类进口业务规模，加快肉类分拨中心建设，构建辐射川湘鄂渝黔区域的进出口贸易和水上物流基地。 |
|  | 忠县新生港 | 争取忠县新生港以适当方式实现对外开放，依托广（安）忠（县）黔（江）铁路建设，形成万吨货轮江海直达、川黔渝铁水联运出海新格局。 |
|  | 重庆新机场 | 积极发挥重庆新机场在成渝地区双城经济圈的辐射带动作用，提前谋划与成渝地区双城经济圈各城市的交通连接，形成多方式多方向的对外交通网络，助力全市构建现代化航空枢纽交通体系。 |

续表2

| 功能层级 | 发展重点 | 发展方向 |
|---|---|---|
| 多节点（若干开放节点） | 重庆仙女山机场 | 依托武隆仙女山旅游资源及“音乐节”“啤酒节”等节会，加强国际旅游市场合作，在条件成熟时开展国际包机业务。 |
| | 重庆巫山机场 | 强化重庆巫山机场与重庆江北国际机场、重庆万州机场联动，形成三峡库区、渝—鄂国际旅游环线。 |
| | 江津小南垭货站 | 加快江津小南垭货站海关监管作业场所建设，依托西部陆海新通道冷链快线开行，持续做大进口水果、肉类市场规模，打造西部国际冷链分拨中心。 |
| | 重庆（万盛）内陆无水港 | 依托重庆江南机场和西部陆海新通道渝黔综合服务区建设重庆（万盛）内陆无水港，研究设立海关监管作业场所，大力发展“公铁空”多式联运。 |
| | 大足国际商贸物流园 | 积极争取市场采购贸易方式试点，研究设立海关监管作业场所，大力发展“公转铁”多式联运，推动五金、汽摩、机电等进出口贸易高质量发展。 |
| | 荣昌川南渝西综合物流园 | 依托重庆永荣矿业铁路专用线及站点等设施设备，新建改造城乡共同配送中心、铁路场站及大宗物资仓储中心等项目，研究设立海关监管作业场所，打造川南渝西铁路物流枢纽。 |
| | 秀山（武陵）现代物流园区 | 充分发挥秀山农村电商、国家电子商务示范基地、国家示范物流园区优势，助力武陵山片区跨境电商、冷链物流、保税物流等特色产业发展，发挥好渝东南桥头堡城市作用。 |

注：鉴于口岸开放审批是国家事权，以上口岸开放项目和储备项目将是重点争取的开放项目，能否实现口岸开放具体要以国家批复为准。

叠加口岸枢纽、中心和节点优势，有效发挥整体协同效应，实现开放平台优势互补，提升重庆口岸集聚辐射作用。以口岸枢纽、区域中心、开放节点等要素为依托，推动西部陆海新通道、中欧班列（成渝）、长江黄金水道及国际航空枢纽之间无缝衔接，进一步织密开放通道网络，形成引领重庆口岸开放发展的新局面。

持续争取实现更多口岸开放。积极争取国家支持，科学规划、合理布局、协同开放，实现重庆万州机场早日正式开放，力争重庆港口岸有序扩大开放新田港区、龙头港区、珞璜港区、长寿港区。加快推进黔江机场、江津小南垭铁路场站、丰都港、忠县新生港、大足国际商贸物流园、荣昌川南渝西综合物流园和秀山（武陵）现代物流园区等开放节点基础设施建设，根据相关项目建设进展情况以适当方式实现开放功能，推动与周边开放口岸联动发展、协同发展。结合重庆有关区域开放发展实际需求，积极做好口岸开放或扩大开放项目储备，按照“成熟一个推动一个”的具体思路，切实发挥口岸开放或扩大开放政策效用。

构建完善的口岸功能体系。统筹做好指定监管场地申报建设工作，支持具备条件的口岸申报指定监管场地。加快推进重庆江北国际机场航空口岸、果园港口岸综合性指定监管场地和铁路口岸进境肉类指定监管场地建设。在重庆万州机场正式开放后，申报设立进境肉类、水果等指定监管场地，研究支持设立进境免税店。在相关条件成熟后，支持万州港、涪陵港设立进境粮食、肉类、水果等指定监管场地。做大粮食、肉类、冰鲜水产品、水果等产品进口规模，支持建设若干专业化进口商品分拨中心。进一步做大汽车整车进口口岸规模，重点建设 VPC（整车装备中心）和 PDI（整车售前检测中心），加快培育汽车后市场，做强汽车整车产业链、价值链、服务链。加快首次进口药品和生物制品口岸功能发挥，逐步扩大进口药品等相关产业规模。充分发挥重庆铁路口岸国际运邮功能，促进国际运邮产业向重庆铁路口岸聚集。

**专栏 3　口岸功能体系建设工程**

| 口岸功能提升工程：完成重庆江北国际机场航空口岸、果园港口岸综合性指定监管场地和重庆铁路口岸进境肉类指定监管场地建设。在重庆万州机场正式开放后，有序申报建设进境肉类、水果等指定监管场地。 |
| --- |

加强口岸基础设施建设。加大资金投入和保障力度，持续推动开放口岸基础设施升级改造，完善口岸周边区域道路交通、货物存储、换装联运等配套设施，满足口岸开放发展对基础设施建设的基本需求。以共享共用为目标，进一步整合口岸监管设施资源和查验场地。在口岸项目建设或改扩建过程中同步推进联检查验场地、设施规划建设。针对航空口岸项目，统筹推进国际出发流程改造，做好边防检查、监管、查验场地及设施设备建设，满足安检前置要求。加快重庆江北国际机场航空口岸国际货站扩能改造进度，建设国际商业快件互换中心。统筹推进重庆万州机场 T1 国际航站楼改建工作，加快推进口岸查验基础设施、相关技术用房及附属设施建设。针对水运口岸项目，充分考虑海事安全监管艇趸配备及办公场所建设需求，统筹谋划码头配套锚地、岸上接收处置、污水管网连接等配套设施建设。加快推进重庆果园港口岸查验基础设施建设。统筹推进拟申报临时开放、正式开放或扩大开放的水运口岸项目基础设施建设。针对铁路口岸项目，推进重庆铁路口岸基础设施提档升级，提升中铁联集重庆中心站场站接卸能力，满足中欧班列（成渝）、西部陆海新通道班列开行量增长需要。

**专栏 4　口岸基础设施升级工程**

| 1. 重庆果园港口岸扩能工程：建设果园港三平台堆场工程和鱼嘴铁路货运站南场站项目。<br>2. 重庆铁路口岸扩能升级：中铁联集重庆中心站扩能至 3 条线束、中铁联集重庆中心站南侧上跨铁路通道、重庆铁路口岸快速分拨通道（物流园沿山货运中段）、西部陆海新通道（重庆）无水港项目建设工作。<br>3. 重庆江北国际机场航空口岸：建设国际商业快件互换中心、国际货站二期。<br>4. 重庆万州机场航空口岸：完成重庆万州机场 T1 国际航站楼改造、国际货站建设。 |
| --- |

## 第二节　提升旅客出入境体验

推动国际客运航线航班量质提升。根据全球新冠疫情防控情况，积极推动恢复重庆至国际重要城市的客运航线。积极争取第五航权，推动第三方国家航班在重庆过境中转，全力打造内陆国际航空枢纽。优化航线航班运行品质，对重点航线运营公司、飞行班期实施结构提升、质量优化。加密联通欧美等全球主要经济体的战略性航线，完善面向东南亚、日韩等周边热点地区的重要商务航线，培育面向东盟、南亚、非洲等的潜力性航线，构建辐射亚洲、通达全球的国际航线网络。稳步提升重庆万州机场国际（地区）航线品质，提高对渝东北及周边区域的出入境旅客服务水平。

推进出入境旅客通关模式改革。优化出入境旅客、行李物品通关流程，按照国家移民局有关规定推动航空口岸国际出港安检前置。积极推行“海关+安检、边检+安检、一次过检”监管模式改革，有效缩短出入境旅客值机、安检、通关时间。积极争取开展进境旅客行李先期机检试点，在航空口岸旅检现场实施非侵入顺势监管作业。加快旅检设施设备智慧化改造，减少旅客出入境处置环节和动作，让守法旅客享受“零打扰”通关体验。

持续提升旅客通关保障能力。对标国际航空枢纽建设要求，超前谋划、大力推进重庆江北国际机场和重庆万州机场国际厅改扩建改造，实现出入境人员持续增加与通关环境提升优化相适应。结合重庆新机场建设前期工作，积极借鉴国际国内一流建设管理运营经验，将世界前沿技术贯穿规划设计施工全过程。统筹推进航空口岸出入境旅客服务提升工作，努力打造成为功能齐全、流程完善、中转便利的航空枢纽、开放门户。

提升国际通程航班开行品质。进一步增强重庆江北国际机场中转功能，实现国际国内中转航班通程联运，提升重庆国际航空枢纽服务能力。在保证安全和疫情可控的情况下，大幅提高重庆江北国际机场航空口岸国际通程航班普及率，为国内外旅客提供更加便捷、高效、人性化的中转服务。在业务办理、健康申报和管理、通关流程、机场和航空企业管理等方面探索建立国际通程航班业务规范和服务标准，争取形成可复制可推广的国际通程航班发展模式。

用好外籍人士过境免签政策。充分发挥重庆航空口岸外籍人士 144 小时过境免签证政策，提升市内交通、酒店、景区、商场等服务品质，为外籍人士在重庆停留进行商务或旅游提供便利。积极争取国家移民管理局支持，将外籍人士 144 小时过境免签证政策覆盖面扩大至成渝地区双城经济圈。结合重庆国际航班开行情况，在全球主要城市开展重庆入境旅游推广活动，有针对性地吸引境外城市旅行社、代理人、媒体等来渝考察，开发针对外籍人士短期停留的系列商务、旅游定制化特色化服务产品。

**专栏 5　旅客出入境服务提升工程**

1. 重庆江北国际机场智能通关服务项目：建设航空口岸旅客综合信息平台，推动海关与安检实施“一次过检”模式，争取在海关、安检和登机等环节实现旅客“刷脸通关”、随身行李一次过检和全流程追踪，提升航空口岸联合防控能力和旅客出入境体验。

2. 重庆万州机场智能通关服务项目：在重庆万州机场 T1 国际航站楼改造过程中，充分借鉴北京大兴国际机场、成都天府国际机场、重庆江北国际机场等模式，推进国内外先进技术设备应用，积极探索支线机场智能通关模式，提升出入境旅客通关体验。

## 第三节　持续优化口岸营商环境

提升通关便利化水平。探索完善“离港确认”模式，实现通关物流并联操作。尊重企业意愿，在有条件的港区推行进口货物“船边直提”和出口货物“抵港直装”，减少集装箱在码头内操作次数，有效降低口岸物流成本。进一步优化口岸通关流程，全面深化“两步申报、两段准入”改革。在海关总署统一部署下，积极参与“安智贸”、中哈“关铁通”等国际合作项目。

加强通道集疏运能力建设。推广“沪渝直达快线”模式，力争全面实现江船长江运输“中途不停、互换舱位、滚动发班”、“提前申报”、港口“限时作业”。加快推进智慧长江物流工程，推广应用 130 米标准型船舶，进一步释放长江黄金水道发展动能。加快完善货运铁路体系与多式联运体系建设。推进中欧班列集结中心建设，提升中欧班列（成渝）集聚辐射能力。加强与成都、西安、郑州等中欧班列区域合作，构建覆盖“一带一路”沿线国家和地区重点区域的国际物流分拨网络体系。提升跨境公路班车综合服务能力，推进跨境公路班车集散中心建设，形成跨境公路连接铁水联运的网络。

提升口岸综合服务效能。降低进出口环节合规成本，通过行业规范、市场引导等方式，推动口岸经营单位、报关、货代、船公司等收费主体降低口岸收费标准。加强口岸收费管理，督促各收费主体通过国际贸易“单一窗口”动态调整口岸收费目录清单。细化公布重庆口岸作业时限标准。巩固提升重庆口岸“7×24 小时”通关服务保障水平，确保进出口货物快速通关、快速提离。研究出台口岸方面支持新业态、自贸区发展的措施，研究制定具有内陆地区特色的可复制可推广的跨境贸易便利化政策，努力打造市场化法治化国际化口岸营商环境。

加强口岸治理体系建设。落实口岸综合绩效评估要求，定期对口岸建设、口岸运行、营商环境、安全防控等方面开展评价。提升口岸管理能力，健全完善口岸开放、建设、运行等方面的规章制度，加强口岸安全联合防控，持续营造公平的市场环境和完善的市场机制。充分发挥口岸、报关、货代等行业协会作用，引导口岸相关行业规范秩序、优化服务。

**专栏 6　口岸营商环境优化工程**

| 1. 智慧长江物流工程：在重庆水运口岸营商环境优化系统基础上，开发智慧长江辅助调度大数据管理系统、船舶调度辅助算法管理系统、海事安检辅助管理系统、船舶航行辅助管理系统、码头货物辅助管理系统、船舶装载辅助管理系统、危化品管理系统及川渝水运物流合作辅助系统等模块，实现所有船舶“定时过闸”“快速安检”，保障船舶高效运输。<br>2. “三峡船型”示范船建设项目：建设 130 米标准型船舶 50 艘，提升标准船型在过闸船型中的占比，进一步提升三峡船闸单闸过货量，有效提高三峡船闸过货量。<br>3. 中欧班列集结中心示范工程：加快中铁联集重庆中心站扩能改造，全面推广应用国际贸易“单一窗口”，优化口岸监管、执法、通关流程，建设中欧班列集结中心。 |
|---|

## 第四节　加强口岸信息化智能化建设

持续提升口岸信息化智能化水平。打造重庆智慧口岸 2.0 版，通过深度应用 5G、区块链、人工智能等新技术，实现口岸各方信息互联互通互享和口岸设施设备智能化、作业便捷化、管理智慧化，便利人员和货物快速通关。不断提升重庆航空口岸智能化水平，持续优化旅客出入境体验。推动集装箱设备交接单、装箱单、提货单等港航物流类单证无纸化，提升全流程电子化程度。支持有条件的口岸建设全自动化无人码头、铁路场站，提升口岸作业能力。

**专栏 7　口岸信息化智能化提升工程**

| 1. 重庆果园港口岸信息化工程：构建果园港智能堆场信息化系统，完善智能化设备；优化场站管理系统，实现与“单一窗口”等系统对接。丰富果园港无纸化平台功能，提升港务操作无纸化水平；建设果园港远程桥控作业平台。<br>2. 重庆铁路口岸信息化工程：完成重庆铁路口岸信息系统建设；进一步推动铁路口岸区域信息共享共用，实现与“单一窗口”“重庆物流信息平台”及铁路等系统互联；积极应用自动化、智能化设施设备；搭建跨境电商、整车等产业服务平台。 |
|---|

充分发挥电子口岸支撑作用。紧扣制约电子口岸发展的突出问题，以问题为导向，以业务为驱动，持续丰富和完善服务功能，推动电子口岸提档升级。进一步完善电子口岸公共服务平台，协同推进跨部门、跨行业进出口业务信息流、资金流、货物流电子数据集中交换、充分共享、联

网核查，有序推进口岸通关作业单证电子化、全程无纸化。强化数据治理和应用，突出风险分析预警，为联检部门监管提供参考。进一步强化网络和数据安全及应急联动，提升电子口岸安全防控和应急管理水平。

深化国际贸易“单一窗口”建设。按照国际贸易“单一窗口”朝着便利化、智能化、国际化方向发展的要求，加快“单一窗口”功能由口岸通关执法向口岸物流、贸易服务等全链条拓展。加强大数据、云计算等信息技术运用，充分发挥现有数据价值，积极支持标准版功能落实落地，丰富完善地方特色功能。加强与沿边沿海口岸、海关等对接合作，通过整合优化进出口流程，汇聚通关、物流全程信息数据，实现进出口全流程可视化运行。推动西部陆海新通道“单一窗口”跨区域合作，建设跨区域合作平台，实现西部陆海新通道“13+1”省区市数据共享和业务协同。持续推动国际贸易“单一窗口”国际合作。共建涵盖查验设施规模和技术等级、物流装备技术性能、跨国物流运行规程、国际规则标准等进出口查验技术体系，探索数据信息共享、监管结果互认，实现国际物流一体化运作、国际中转快速通关，推动更大范围、更深层次的经贸流通和人文交往。

**专栏 8　国际贸易“单一窗口”深化工程**

1. 西部陆海新通道平台：建设国际贸易“单一窗口”西部陆海新通道共享、协作、开放的跨区城合作平台。
2. 标准体系平台：建设国际贸易“单一窗口”标准体系平台，对接水运、航空、铁路、公路等经营单位，对接海关、海事、边检、税务、外汇等管理部门，对接贸易企业、仓储物流、关务货代、金融保险等企业。
3. 金融服务平台：对接海关、税务、银行、外汇等，通过数据共享、业务协同，为外贸企业提供更优质的金融服务。
4. 跨境贸易大数据平台：建立跨境贸易数据采集共享和服务开放机制、建设大数据处理与分析系统、建立大数据治理体系。
5. 智能单证平台：采用人工智能技术，企业只需要上传装箱单、合同、发票、舱单等基础的贸易、物流单证，平台能自动识别内容，自动比对单证间逻辑关系，按海关监管要求生成需要申报的各类单证。
6. 综合协同服务系统项目：包括国际物流链业务协同系统、国际物流多式联运信息服务及铁路营商环境系统等。
7. 模拟申报学习平台：基于宣传和培训，以企业申报员为单位，建设学习型业务数据库需求分析及税目分析大数据平台，包括海关原产地证模拟申报及学习等相关业务。

## 第五节　增强口岸经济发展活力

培育壮大口岸经济发展平台。加快建设对外开放平台，积极争取在渝开展口岸经济高质量发展示范区建设试点，切实提升全市开放型经济发展水平。鼓励口岸与保税区域协同联动发展，促进货物在口岸区域快速集拼、快速流动、快速集运。搭建国际化展销平台，支持建设进出口商品展示交易中心 B2B 项目，构建进口汽车、消费品、食品等特色优势商品的 B2C 线下体验销售中心。推动跨国公司在渝设立区域国际物流运营中心，建设一批进口货物专业市场和内陆国际物流集散分拨中心，做大做强进出口货物国际采购、分拨和国际中转业务。围绕成渝地区双城经济圈建设，打造具有全国影响力的“一带一路”进出口商品集散中心，构建辐射广泛的“一带一路”进出口集散网络新格局。

大力发展口岸特色产业。依托口岸支持临空产业、临港产业联动发展，推动形成“口岸+开放平台”“口岸+产业发展”“口岸+特色服务”的多元发展格局。规划建设分拣仓、转运仓、配送仓等完备的仓储物流体系，形成区域分拨及配送、国际物流服务、国际快件集散、供应链服务等物流产业体系。鼓励支持发展进口整车分拨、二手车出口、医药进口、国际运邮、冷链产业，形成若干新零售线上线下进口分拨中心、出口集散中心。

促进口岸经济新业态发展。依托各开放口岸、综合保税区、保税物流中心、保税仓库，大力发展总部贸易、转口贸易、保税贸易、服务贸易、跨境电商等商贸服务产业。重点破解制约口岸功能有效发挥的瓶颈问题，引导金融服务、健康医疗、文化旅游等新兴业态向口岸聚集，围绕物流、贸易、制造等口岸产业创新发展融资租赁、医疗设备保税体验、文化会展等服务。

加快口岸经济主体培育。提升口岸经营主体发展能级，支持水运、铁路、航空口岸经营主体拓展经营服务范围。打造形成集“口岸运营+通道运营+市场运营+服务管理”综合性口岸运营主体。加强口岸配套产业园区建设，制定完善招商引资政策措施，引导生产资料和生活资料商贸市场向口岸及周边布局，促进电子信息、装备、药品、农副食品、纺织服装、国际商贸等外贸主体向口岸聚集。

**专栏9　口岸经济发展促进工程**

1. 国际商品中转中心：依托陆海国际联运优势，打造融通“一带一路”的铁海联运国际中转中心，重点推动东南亚与俄罗斯、中亚、中东等区域的咖啡、橡胶、粮食、水果等商品通过铁路、水运口岸或综合保税区进行国际中转。

2. 果园港大宗物资交易中心：依托长江黄金水道物资大进大出优势，结合果园港周边钢铁市场及果园港综合性指定监管场地功能，建设集粮食、肉类、钢铁、装备、机械、矿石、整车等于一体的大宗物资交易中心。

3. 重庆铁路口岸进出口商品展示交易中心：以重庆铁路口岸进口的整车、母婴用品、日用品、肉类、水果等特色商品为基础，嫁接新零售发展理念，建设进口商品国别馆及线下体验中心（B2C）、“一带一路”商品进出口双向采购展销平台（B2B）等，服务于重庆及西南区域消费升级。

4. 重庆公路物流基地“东盟集采城”：充分发挥《区域全面经济伙伴关系协定》（RCEP）对经贸发展的引领作用，依托重庆国际分拨（公路）海关监管中心，提升重庆与东盟贸易水平，逐步扩大东盟进口商品经重庆集散分拨规模。

提升金融服务口岸经济能力。充分发挥跨境人民币贸易投资便利化试点作用，支持金融机构为更多优质企业简化申报资料，提高业务办理便利化程度。支持企业在大宗商品交易、跨境电子商务等领域更多使用人民币跨境结算，并通过跨境直贷、跨境发行人民币债券、设立跨境人民币资金池等方式，充分利用国内国际两个市场、两种资源，降低融资成本和资金运营成本。引导金融机构积极探索陆上贸易新规则，丰富提升铁路提单功能内涵，稳步扩大铁路提单国际信用证结算规模、数量。积极开展押汇等融资模式创新，扩大铁路提单在托收、押汇、国内信用证等贸易结算融资业务的运用。

## 第六节　强化区域口岸协调联动

加强川渝地区口岸联动发展。推动建立川渝口岸大通关合作联席机制，增强口岸联动开放发展合力，切实服务成渝地区双城经济圈建设。优化两地口岸物流联动和进出口通关模式，持续壮大成渝地区口岸体量，做大做强川渝口岸群规模，提升影响力。争取口岸领域改革创新举措先行先试，推动川渝口岸惠企便民政策协同，提升川渝跨境贸易便利化水平。

加强与沿海沿边重点口岸合作。建立健全西部陆海新通道、中欧班列（成渝）、长江黄金水道沿线口岸合作机制，共同争取跨区域、跨部门、跨领域的口岸创新政策，更高水平更深层次推动“智慧口岸、智能边境、智享联通”。持续拓展重庆与新疆、广西、云南、上海、江苏以及深圳、宁波、湛江、满洲里等口岸合作领域，及时协调解决重庆进出口货物在沿海沿边口岸通关作业中的困难和问题。积极探索口岸通关模式创新，在符合相关监管政策和有效管控风险的前提下，探索特定货物进出口口岸直通。

提高口岸和通道协同发展水平。充分发挥西部陆海新通道物流和运营组织中心作用，推动西部陆海新通道沿线地区口岸合作交流。以西部陆海新通道和中欧班列（成渝）为重点，结合主导运输方式及腹地市场布局建设一批通道重要节点，有效促进口岸和通道融合发展。以泛亚铁路中线中老铁路建成投用为契机，提高重庆—老挝国际物流通道运行水平。深入推进国际多式联运“一单制”试点，完善多式联运体系。持续挖掘国际贸易通道资源，强化口岸属地与通道沿线国际市场产能合作，实现通道带物流、物流带经贸、经贸带产业。

## 第四章　环境影响评价

### 第一节　规划实施的环境影响分析

本规划符合生态环境保护相关法律法规，作为指导“十四五”时期重庆口岸发展的宏观发展规划，主要涉及完善开放口岸体系、提升出入境旅客通关体验、优化口岸营商环境、口岸信息化智慧化建设以及促进口岸经济发展等内容。实施本规划对环境的影响主要体现在口岸开放项目建设和运营中将占用一定土地资源，并对周边的声环境、水环境、大气环境等产生不利影响。初步判断规划项目基本符合城市国土空间规划，在后续项目前期研究及建设阶段，应按照相关法规制度，严格实施噪声控制、节能减排、环境影响评价、节地评价等工作，践行绿色发展理念，实现开放口岸建设与环境保护协调发展。

### 第二节　预防和减缓环境不良影响的措施

按照绿色口岸建设要求，深入贯彻碳达峰碳中和工作部署，规划项目选址尽量避让环境敏感区、生态保护红线等，少占或不占基本农田，统筹保护好水陆域自然生态空间。统筹做好大气环境、地表水环境、地下水环境、土壤污染防治、固体废物污染防治、噪声污染治理、生态环境保护工作，处理好规划实施与资源节约、环境保护之间的关系，加大相关法律法规执行力度。各项目建设前期工作应充分论证项目可行性，结合项目所在地的特点开展水土保持报告、环境影响报告书的编制工作。积极倡导绿色生产方式，树立节约集约循环利用的资源观，大力推广新技术、新材料、新能源的应用，有效降低口岸项目能源消耗，促进口岸领域节能、节水、节地和资源综合利用。

## 第五章　保障措施

### 第一节　加强口岸发展组织领导

充分发挥重庆市口岸物流发展工作联席会议制度作用，建立健全推进口岸开放发展的领导体制和工作机制，加强口岸工作会商沟通和信息共享，定期研究解决口岸建设发展过程中的重大问题，协调推进实施口岸重大改革方案和政策措施。市政府口岸物流办要加强对规划实施的指导与监督。各区县政府要加强对本地区口岸工作的领导，结合各地实际配齐配强口岸工作力量，统筹本地口岸发展和管理，提升口岸服务本地区经济社会发展的能力。

### 第二节 全面提升口岸治理能力

积极适应口岸发展需要，持续推动口岸管理相关部门“放管服”改革，营造良好的口岸发展环境。依法公开口岸管理的依据、流程和结果，提高口岸执法透明度和公信力，确保口岸运行安全、稳定。科学制定规划目标任务的年度分解计划，确保各项目标任务落到实处。口岸所在地区县政府要强化工作落实、细化工作方案，逐项抓好落实。

### 第三节 加强口岸安全联合防控

强化口岸所在地区县政府属地责任，加强属地口岸综合治理，切实完善口岸应急处置工作预案，提升应对口岸突发事件的预防及反应能力。口岸相关部门要结合自身职能职责，推进口岸安全联合防控，提高风险联合研判和预警水平，落实各项联合防控措施，提升联合应急处置能力，构建保障有力的口岸安全联合防控体系。强化口岸常态化疫情防控，坚持“人、物、环境”同防，筑牢“外防输入、内防反弹”防控网。增强生物安全防控能力，防范化解口岸生物安全风险。

### 第四节 提高口岸法治建设水平

严格执行国家口岸工作的相关法律法规，积极开展口岸相关法律法规知识的宣传普及，借鉴国内外口岸先进治理经验，提高运用法治思维和法治方式解决问题的能力。完善民主决策机制，依法向社会公开重大行政决策事项。落实规范性文件和重大决策合法性审查工作机制，保证规范性文件和重大决策合法有效。

### 第五节 加强口岸领域资金保障

充分运用市场化方式，引导社会资金加大对口岸基础设施和查验配套设施建设、口岸信息化建设、通关改革、服务保障的投入，规范口岸查验基础设施建设、改造、运行维护等资金管理。探索建立口岸领域多元投入机制，引导多种所有制企业有序参与口岸基础设施建设，促进口岸企业、口岸设施和口岸配套服务业发展。

### 第六节 深化口岸人才交流培养

建立口岸领域咨询专家库，开展口岸领域重大课题研究。鼓励与高等院校开展口岸通关、国际物流、交通运输等学科合作，培育高素质口岸管理、国际物流服务人才。健全口岸领域人才引进机制，加强与国内外口岸物流人才的交流与合作，积极引进高层次、复合型和紧缺型急需人才，为重庆口岸发展提供智力和技术支撑。

# 重庆市人民政府口岸和物流办公室　中华人民共和国重庆海关关于印发 2021 年重庆市促进跨境贸易便利化工作方案的通知

渝口岸物流发〔2021〕6 号

各区县（自治县）人民政府，市政府有关部门，有关单位：

现将《2021 年重庆市促进跨境贸易便利化工作方案》印发给你们，请结合实际认真组织实施。

重庆市人民政府口岸和物流办公室
中华人民共和国重庆海关
2021 年 3 月 16 日

（此件公开发布）

## 2021 年重庆市促进跨境贸易便利化工作方案

为深入贯彻落实《优化营商环境条例》，根据《国务院关于优化口岸营商环境促进跨境贸易便利化工作方案的通知》（国发〔2018〕37 号）精神，按照 2021 年海关总署促进跨境贸易便利化专项行动要求，进一步优化重庆口岸营商环境，加快提升跨境贸易便利化水平，制定本方案。

### 一、总体要求

以习近平新时代中国特色社会主义思想为指导，全面贯彻党的十九大和十九届二中、三中、四中、五中全会精神，深入落实习近平总书记对重庆提出的“两点”定位、“两地”“两高”目标和发挥“三个作用”的重要指示要求，立足新发展阶段、贯彻新发展理念、构建新发展格局，紧扣重庆实际，对标国际国内先进，持续深化改革创新，进一步优流程、压时间、降成本、提质效，推动成渝地区双城经济圈建设和创建国家营商环境创新试点城市，打造市场化法治化国际化的口岸营商环境，助推内陆国际物流枢纽和口岸高地建设。

### 二、主要措施

#### （一）持续推进口岸通关和物流模式改革

1. 深入推进通关模式改革。巩固拓展通关模式改革成效，深化应用“提前申报”“两步申报”“两段准入”等改革模式；尊重企业意愿，持续试点推广进口货物“船边直提”和出口货物“抵港直装”。借鉴长三角港口群一体化“联动接卸”监管创新做法，探索优化“离港确认”模式。创新果园港口岸通关作业模式，试点推行“抵港确认”。（重庆海关、市政府口岸物流办、重庆港务物流集团负责，排名第一的单位为牵头单位，下同）

2. 优化海关查验作业模式。提高非侵入式检查比例，扩大“智能审图”等覆盖范围。推动查验模式改革，实施预约查验、货主可不到场查验，收发货人可以委托监管作业场所经营人、运输

工具负责人等到场。（重庆海关负责）

3. 持续推行检验检疫便利措施。做好对免予办理强制性产品认证的进口汽车零部件实施“先声明、后验证”的便利化措施，完善重点商品第三方检验结果采信工作。（重庆海关负责）

4. 开展智慧长江物流工程建设。以重庆水运口岸营商环境优化系统为基础，依托大数据、云计算、人工智能和区块链技术建设智慧长江物流工程，实现所有船舶快速有序过闸，增强企业获得感。（市政府口岸物流办、市交通局、重庆港务物流集团负责）

5. 优化“沪渝直达快线”运营模式。稳定高效开行“沪渝直达快线”，充分实现江船长江运输中途不停、互换舱位、滚动发班、港口限时作业和三峡船闸定时过闸、快速安检。（市政府口岸物流办、重庆海关、市交通局、重庆港务物流集团负责）

**（二）持续优化进出口环节证件流转方式**

6. 进一步简化进出口环节监管证件。继续落实简化随附单证改革措施，进口申报环节企业无需提交合同、装箱清单，出口申报环节企业无需提交合同、发票、装箱清单。（重庆海关负责）

7. 优化单证办理提交方式。按照有关要求，除涉密等特殊情况外，落实好进出口环节监管证件通过国际贸易“单一窗口”一口受理和自主打印。推进提升电子版《入境货物检验检疫证明》申领比例。在果园港口岸试点推进集装箱设备交接单、装箱单、提货单等单证电子化，推动单证办理提交方式向“线上”转变。（市政府口岸物流办、重庆海关、重庆港务物流集团负责）

**（三）持续引导和规范口岸收费行为**

8. 调整优化口岸收费项目。指导口岸收费主体及时通过重庆国际贸易“单一窗口”自主动态维护和公示进出口收费目录清单，完善和公开收费标准、服务项目等收费信息，清单之外一律不得收费。引导各收费主体进一步优化收费结构，归并精简收费项目。持续加强口岸收费监管，依法查处口岸违法违规收费行为。（市政府口岸物流办、市发展改革委、市财政局、市交通局、市市场监管局负责）

**（四）持续提升口岸智能化信息化水平**

9. 提升果园港口岸智能化水平。加快果园港口岸查验基础设施建设，推广应用智能卡口、无人集卡、智能理货，力争实现果园港口岸作业自动化、管理智能化、通关无纸化。（两江新区管委会、市政府口岸物流办、重庆港务物流集团负责）

10. 提升铁路口岸信息化水平。争取国家有关部委和单位支持，力争相关信息系统通过重庆国际贸易“单一窗口”与铁路口岸各主体系统对接，实现互联互通、数据共享。（市政府口岸物流办、重庆海关、重庆铁路口岸公司、中铁联集重庆分公司负责）

11. 不断完善重庆国际贸易“单一窗口”功能。深化重庆国际贸易“单一窗口”特色功能应用，打造集查验预约、缴费、时效监控等多功能一站式综合服务平台，推动“单一窗口”朝着更加便利化、智能化、国际化方向发展。（市政府口岸物流办、重庆海关、各口岸经营单位负责）

**（五）持续增强口岸综合服务质效**

12. 落实口岸单位公布作业时限制度。持续细化完善并及时公开场内转运、移箱、提箱等作业时限标准和重庆口岸作业流程，将整体通关时间压缩成效稳固在合理区间，稳定企业生产和物流预期。（市政府口岸物流办、各口岸经营单位负责）

13. 加强跨境贸易便利化政策宣讲。深化落实“企业协调员”制度，海关为高级认证企业配备专职协调员，专人负责协调、跟进和解决企业通关问题，进一步关注企业合理诉求。通过线上、线下等多种形式、多渠道开展涉企政策法规宣讲解读，确保企业广泛知晓、合理应用有关改革举措，切实为广大进出口企业减负增效。（市政府口岸物流办、重庆海关负责）

14. 保障三峡船闸检修期间长江黄金水道畅通。引导企业错峰安排生产计划，在三峡船闸检修期间合理开展进出口业务。积极寻找替代运输方式，加密开行渝甬班列，提升班列开行频次和品质，保障企业正常生产需求。（市交通局、市政府口岸物流办、市经济信息委、重庆铁路办事处负责）

### （六）持续推进区域跨境贸易便利化协作

15. 加强川渝口岸通关合作。健全川渝大通关合作机制，协同召开川渝沪口岸大通关合作机制联席会议。巩固“离港确认”模式成效，进一步增强口岸集疏运效能，促进川渝港口联动发展。（市政府口岸物流办、重庆海关负责）

16. 加强川渝水运物流合作。充分发挥长江黄金水道作用，联合开行“沪渝川直达快线”，在确保航行安全的前提下，提升川渝水运物流效率，降低进出口企业负担。（市政府口岸物流办、市交通局负责）

17. 加强西部陆海新通道合作共建。按照“共商、共建、共享”理念，依托西部陆海新通道省际协商合作机制，共同推动西部地区国际贸易“单一窗口”实现联动发展，进一步探索与新加坡开展中国—东盟国际贸易“单一窗口”互联互通试点。推进跨境运输便利化，共同加强与周边国家在国际道路运输、国际铁路联运、国际航空航线等方面对接。（市政府口岸物流办、重庆海关负责）

## 三、工作要求

（一）提高政治站位。深刻认识做好口岸营商环境工作是贯彻党中央、国务院优化营商环境决策部署的重要体现，要进一步增强做好促进跨境贸易便利化工作的责任感、使命感，对标先进查找差距和不足，立足实际推改革、补短板、强弱项，全面提升跨境贸易便利化水平。

（二）加强组织领导。各相关部门和单位要齐抓共管、协同推进，增强工作合力。要按照方案要求，细化落实责任，加强协作配合，确保各项任务落实、落地。要主动对标国际先进水平，大胆探索、先行先试，在实践中形成更多可复制推广的经验，力争打造优化口岸营商环境的示范高地。

（三）强化沟通交流。市政府口岸物流办牵头，适时对优化口岸营商环境促进跨境贸易便利化工作情况进行梳理分析，各有关部门、单位要及时向市政府口岸物流办报送措施落实、工作成效等有关情况，确保各项措施顺利推进。

# 四川省

## 一、综述

2021年，中国（四川）国际贸易单一窗口（以下简称四川“单一窗口”）深入贯彻落实《四川省优化营商环境条例》相关要求，坚持以“围绕企业提升服务，围绕服务完善建设，围绕建设强化能力”为主线，持续为外贸企业提供进出口货物申报、运输工具申报、税费支付、贸易许可和原产地证书申领等全流程电子化服务，上线跨境电商企业对接无纸化申请系统、中欧e单通2.0、智能客服等地方特色应用，加强四川“单一窗口”区域合作，实现跨区域信息互联互通，进一步便利跨境贸易企业开展业务，成为四川外贸巩固量稳质升基础的重要贸易基础设施。

## 二、运行情况

### （一）运行数据

截至2021年年底，四川“单一窗口”注册企业用户8790家，较2020年增加3574家，同比增长68.52%。全年货物申报116.73万票；舱单申报145.77万票；运输工具申报4.32万票；企业资质办理2.81万票；原产地证书申领2.39万票；税费支付5.37票；加贸保税123.49万票；物品通关52.79万票；跨境电商1773.71万票；监管证件6060票；出口退税311笔。

### （二）运行维护

2021年，四川“单一窗口”累计接入542项标准版新增服务功能，建成跨境电商企业对接无纸化申请系统、中欧e单通2.0、智能客服、川渝口岸物流联动信息平台等7项地方特色应用功能，并通过95198客服热线、在线答疑、企业座谈会、7×24小时智能客服等方式对外服务达1.02万次，问题及时解决率99.5%。围绕数据的产生、留存、取用等环节，通过系统性、持续性的安全运维，优化15项安全措施，确保平台全年无重大安全责任事故发生。

### （三）宣传推广

坚持“走出去，引进来”的工作思路，先后赴重庆、河南等地学习调研，了解兄弟省市“单一窗口”发展动态，学习借鉴先进工作经验；坚持开展“单一窗口”宣讲推广，为银行、保险、信保等机构从业人员讲解四川“单一窗口”功能及服务12次；前往眉山、内江、泸州、宜宾等市开展四川“单一窗口”功能培训推广 11 次，覆盖 2200 余家企业、7300 余人次。

通过网站、微信公众号、报刊等多渠道宣传四川“单一窗口”建设发展情况，全年共发布各类业务信息 476 条，受到四川在线、人民网、《四川日报》等 8 家媒体转载宣传。

## 三、特色应用

根据四川省外贸发展的需求，四川“单一窗口”上线跨境电商通关服务平台、跨境电商企业对接无纸化申请系统、关银一 KEY 通系统等 22 个地方特色应用系统，便利企业开展跨境贸易业务。

### （一）跨境电商企业对接无纸化申请系统

联合中国电子口岸数据中心成都分中心建成全国首个跨境电商企业在线业务申办系统，提供跨境电商企业资质申请、跨境电商申报传输 ID 申请等服务功能，实现跨境电商企业线下纸质申请转至在线可视化办理。截至 2021 年年底，四川省 321 家跨境电商企业通过该系统备案，业务平均办理时间从原来的 24 小时压缩到 5 分钟内，企业办事效率大幅提升。

### （二）中欧 e 单通 2.0

联合工商银行四川省分行上线全国自贸区首个基于多式联运“一单制”的跨境区块链贸易金融平台——中欧 e 单通 2.0，新增多式联运“一单制”线上签发和“外贸 e 贷”两大功能，实现跨境贸易企业在线实时查询授信和线上提款。截至 2021 年年底，平台为跨境贸易企业跨境融资 4000 余万美元，涉及货值 4 亿余元。

### （三）智能客服系统

上线智能客服系统，提供机器人自动应答、问题人工流转等服务功能，实现 7×24 小时客服响应，帮助跨境贸易企业进出口货物快速通关。

### （四）海关特殊监管区域综合服务系统

建成海关特殊监管区域综合服务系统，提供业务分类管理、报核辅助分析等功能，实现海关特殊监管区域内企业高效率作业。截至 2021 年年底，戴尔、宇芯等四川海关特殊监管区域内生产物流企业通过该系统高效完成业务分类管理。

### （五）川渝口岸物流联动信息平台

2021 年 10 月，四川省口岸物流办与重庆市口岸物流办签署《川渝国际贸易“单一窗口”数据互联互通及应用合作推进方案》。2021 年 12 月，四川“单一窗口”联合重庆“单一窗口”上线川渝口岸物流联动信息平台，提供川渝两地舱单、铁路运踪、外贸往来汇总等查询服务功能，实现川渝两地通关物流信息协同，有效提高成渝双城经济圈内跨境贸易货物流转效率。

### （六）四川省进口高风险非冷链集装箱货物追溯信息管理和公共服务平台

2021 年 12 月，根据《四川省应对新型冠状病毒肺炎疫情应急指挥部关于印发〈四川省进口高风险非冷链集装箱货物新冠肺炎疫情防控工作方案〉的通知》（川疫指发〔2021〕72号）要求，四川“单一窗口”为便利四川进口高风险非冷链集装箱货物新冠肺炎疫情防控管理，建成四川省进口高风险非冷链集装箱货物追溯信息管理和公共服务平台，全程记录进入四川省非冷链集装箱货物来源、流向、消毒、贮存、运输车辆等溯源数据和人员管理情况，实现全链条信息化追溯。

## 四、大事记

1月30日

四川省代省长黄强在《2021年四川省人民政府工作报告》中提出推进四川“单一窗口”建设。

2月2日

四川省第十三届人民代表大会第四次会议批准《四川省国民经济和社会发展第十四个五年规划和二〇三五年远景目标纲要》，明确加快四川“单一窗口”建设。

2月8日

四川省口岸物流办在四川“单一窗口”推出“组合拳”助力企业复工复产，入选2020年四川省深化“放管服”改革优化营商环境工作典型做法。

3月30日

四川省政府办公厅印发《四川省深化“放管服”改革优化营商环境2021年工作要点》（川办发〔2021〕17号），明确拓展国际贸易“单一窗口”功能。

4月16日

四川“单一窗口”上线运行跨境电商企业对接无纸化申请功能应用。

4月25日

国家口岸管理办公室副主任王可调研四川“单一窗口”工作。

4月29日

四川“单一窗口”上线运行中欧e单通2.0。

10月12日

四川省口岸物流办与重庆市口岸物流办签署《川渝国际贸易“单一窗口”数据互联互通及应用合作推进方案》。

11月10日

四川“单一窗口”上线川渝口岸物流联动信息平台。

11月11日

四川省应对新型冠状病毒肺炎疫情应急指挥部印发《四川省进口高风险非冷链集装箱货物新冠肺炎疫情防控工作方案》（川疫指发〔2021〕72号），提出在四川“单一窗口”建设全省非冷链集装箱货物追溯信息管理和公共服务平台，并根据疫情防控需要及时升级完善。

## 五、政策文件

# 四川省优化营商环境条例

（2021 年 3 月 26 日四川省第十三届人民代表大会常务委员会第二十六次会议通过）

## 第一章　总　则

**第一条**　为了持续优化营商环境，激发市场主体活力，维护市场主体合法权益，推进政府治理体系和治理能力现代化建设，推动成渝地区双城经济圈建设，形成西部高质量发展的重要增长极，根据国务院《优化营商环境条例》和有关法律、行政法规，结合四川省实际，制定本条例。

**第二条**　四川省行政区域内优化营商环境工作适用本条例。

**第三条**　优化营商环境应当坚持市场化、法治化、国际化原则，转变政府职能、强化协同联动、创新体制机制、完善法治保障，充分发挥市场在资源配置中的决定性作用，为各类市场主体投资兴业营造稳定、公平、透明、可预期的良好环境。

**第四条**　县级以上地方人民政府应当加强对本行政区域内优化营商环境工作的组织领导，建立健全统筹推进、督促落实优化营商环境工作的相关机制，及时协调、解决优化营商环境工作中的重大问题。政府主要负责人是优化营商环境的第一责任人。

县级以上地方人民政府应当明确优化营商环境工作的主管部门，由其负责组织、指导、协调本行政区域的优化营商环境日常工作。

县级以上地方人民政府有关部门按照各自职责做好优化营商环境相关工作。

**第五条**　市场主体在市场经济活动中权利平等、机会平等、规则平等。市场主体的财产权利以及其他合法权益和企业经营者的人身权利、财产权利以及其他合法权益受法律保护，任何组织或者个人不得侵犯。

**第六条**　加强与其他省、自治区、直辖市交流合作，加强省内毗邻地区交流合作，形成要素自由流动的统一开放市场，持续优化区域整体营商环境。

按照成渝地区双城经济圈建设国家战略，与重庆市协同推进以下优化营商环境工作：

（一）加强毗邻地区合作，支持共建区域发展功能平台，探索经济区与行政区适度分离，促进要素自由流动，提高资源配置效率；

（二）推进政务服务标准统一、跨省通办、监管联合、数据共享、证照互认；

（三）加强公共法律服务、多元化纠纷解决机制协作；

（四）完善执法联动响应和协作机制，实现违法线索互联、处理结果互认；

（五）完善司法协作机制，推进高水平司法服务和保障；

（六）其他协商确定的合作事项。

**第七条**　省人民政府发展改革部门应当按照国家营商环境评价体系要求，建立营商环境评价制度，运用第三方评估等方式开展评价工作并公布评价结果，发挥营商环境评价制度对优化营商环境的引领和督促作用。

县级以上地方人民政府及其有关部门应当根据营商环境评价结果，及时调整完善优化营商环境的政策措施，加强政策解读与宣传。

**第八条** 新闻媒体应当及时、准确宣传优化营商环境的措施和成效，推广典型经验，营造开放包容、互利合作、诚实守信、重商护商的社会氛围。

鼓励新闻媒体及时曝光损害营商环境的行为和典型案件，发挥舆论监督作用。

**第九条** 县级以上地方人民政府及其有关部门应当结合实际，探索具体可行的优化营商环境新经验、新做法，并复制推广行之有效的改革措施。

在探索创新中出现偏差失误或者未能实现预期目标，但未违反法律、法规的强制性规定，符合国家和本省确定的发展改革方向，且勤勉尽责、未谋取私利的，可以予以免除责任或者减轻责任。

**第十条** 县级以上地方人民政府应当建立优化营商环境工作考核和激励机制，对做出显著成绩的单位和个人按规定给予表彰奖励；对考核结果不达标的单位的主要负责人实行约谈，并责令单位限期整改。

## 第二章 市场环境

**第十一条** 市场主体依法享有经营自主权。对依法应当由市场主体自主决策的各类事项，任何单位和个人不得干预。

禁止在法律、法规规定之外要求市场主体提供财力、物力或者人力的摊派行为。

**第十二条** 市场准入负面清单以外的领域，各类市场主体均可以依法平等进入。外商投资准入负面清单以外的领域，按照内外资一致的原则实施管理。

县级以上地方人民政府根据发展定位、功能布局以及环保安全等相关规定，按照有关产业规划制定产业引导政策，并向社会公开。

**第十三条** 对标国际高标准投资贸易规则，推进贸易便利化，鼓励和促进外商投资。平等对待外商投资企业，完善外商投资投诉协调工作机制，保护外商投资合法权益。

支持各类企业在四川设立总部机构、研发中心、结算中心、永久会址等。

**第十四条** 县级以上地方人民政府及其有关部门依法保障各类市场主体获得平等待遇，保障市场主体公平参与市场竞争，不得制定或者实施歧视性政策。

各类市场主体依法平等适用国家和本省支持发展的各项政策和措施，享有公平使用资金、技术、人力资源、数据资源、土地使用权及其他自然资源等各类生产要素和用水用电用气等公共服务资源的权利。

**第十五条** 县级以上地方人民政府及其有关部门应当建立公共资源交易制度，加快推进公共资源电子化交易。

县级以上地方人民政府及其有关部门应当将工程招标投标、土地使用权和矿业权出让、国有产权交易、政府采购等纳入公共资源交易平台体系，依法公开交易目录、公告、程序、结果等信息，保障各类市场主体及时获取有关信息并平等参与交易活动。

**第十六条** 县级以上地方人民政府应当合理利用土地资源，向市场主体供应国有建设用地应当符合下列要求：

（一）征收（拆迁）安置补偿落实到位；

（二）没有法律、经济纠纷；

（三）土地权利清晰并已注销原土地使用证；

（四）规划条件明确；

（五）具备动工开发基本条件。

未按照国有建设用地使用权有偿使用合同或者划拨决定书确定的期限、条件将土地交付给国有建设用地使用权人，致使项目不具备动工开发条件的，应当依法承担相应法律责任。

**第十七条** 公用企事业单位应当公开服务范围、标准、收费、流程、完成时限等信息，简化报装程序、压缩报装时间、降低报装成本。依托全省统一的工程建设项目审批相关信息平台实现工程建设项目审批供水、供电、供气和通信报装全程网办。

公用企事业单位应当推行接入和服务的标准化，确保接入标准、服务标准公开透明，并提供相关延伸服务和一站式服务。公用企事业单位应当对收费项目明码标价，并按照规定履行成本信息报送和公开义务。

**第十八条** 县级以上地方人民政府及其有关部门应当制定鼓励措施，引导金融机构为市场主体提供优质金融服务。

金融机构应当执行国家支持市场主体发展的各项政策措施，平等对待各类市场主体，创新金融产品和服务，降低融资成本，提高融资效率。

**第十九条** 有条件的县级以上地方人民政府可以探索建立健全融资担保风险分担补偿机制，推动政府性融资担保机构增加注册资本，扩大业务规模。

政府性融资担保机构应当重点为符合产业政策、有市场发展潜力的民营企业、中小企业提供融资担保，降低融资成本。政府性融资担保机构的担保费率以及各类政府性投融资平台收取的费用不得高于国家和本省的有关规定。

**第二十条** 税务部门应当公布税收优惠项目清单，确保市场主体及时享受减税、免税、出口退税等有关税收优惠。

税务部门按规定精简税费办理资料和流程，简并申报缴纳税费次数，缩短税费办理时间，提升电子税务和智慧办税服务能力，推广使用电子发票。

**第二十一条** 营造民营企业、中小企业健康发展环境，支持创业创新、公平参与市场竞争。

县级以上地方人民政府应当从财政扶持、金融支持、公共服务等方面支持中小企业发展，并根据实际情况在本级预算中安排中小企业发展专项资金。

**第二十二条** 积极推广“证照分离”改革成果，通过直接取消审批、审批改为备案、实行告知承诺、优化审批服务等方式，分类推进改革。

深化“多证合一”改革，将“证照分离”后属于信息采集、记载公示、管理备查类的备案事项整合到营业执照，相关主管部门不再要求市场主体提供备案材料，市场主体获取营业执照后即可开展有关生产经营活动。

市场监管部门应当根据企业自主申报的经营范围，明确告知企业需要办理的许可事项，并将市场主体注册登记信息推送相关主管部门。相关主管部门应当依企业申请及时办理涉企经营许可事项，并将办理结果即时反馈市场监管部门，市场监管部门将许可信息记载于企业名下并在国家企业信用信息公示系统（四川）中公示。

**第二十三条** 执行国家统一的市场主体登记制度，市场监管部门应当会同公安、住房城乡建设、税务、人力资源社会保障、政务服务中心等部门持续完善企业开办“一窗通”平台服务功能，全面推进全程电子化登记。

申请人可以通过“一窗通”平台一次性办理营业执照、印章、发票、就业社保登记等业务。材料齐全、符合法定形式的，有关部门应当当场办结；不能当场办结的，待申请人提交全部补正申请文件、材料后，应当在一日内办结。

企业可以在政务服务大厅开办企业综合窗口一次性领取营业执照、印章、发票和税控设备等。

**第二十四条** 县级以上地方人民政府应当建立健全企业迁移综合服务协调机制，对企业跨区域变更住所提供便利。任何组织和个人不得强制要求市场主体在本地设立分支机构，不得干扰和阻碍市场主体依法办理注销登记或者退出本地市场，不得限制企业自由迁移。

除法律、法规另有规定外，市场主体迁移后其持有的有效许可证件不再重复办理。

**第二十五条** 企业可以通过“一窗通”平台申请注销，由市场监管、税务、人力资源社会保障等部门分类处置、同步办理、一次办结相关事项。

对设立后未开展生产经营活动或者申请注销登记时无债权债务的市场主体，可以按照简易程序快速办理注销。

**第二十六条** 鼓励各类市场主体建立健全合规管理制度和风险识别预警机制，对经营行为进行全流程、全方位合规管理，推动合规管理与法律、审计、内控等风险管理工作相衔接。

**第二十七条** 县级以上地方人民政府有关部门应当加大反垄断和反不正当竞争执法力度，有效预防和制止市场经济活动中的垄断行为、不正当竞争行为以及滥用行政权力排除、限制竞争的行为。

**第二十八条** 政府投资项目所需资金应当按照国家有关规定确保落实到位。国家机关、事业单位不得违约拖欠货物、工程、服务等账款，不得变相延长付款期限。

县级以上地方人民政府及其有关部门应当探索建立拖欠账款行为约束惩戒机制，通过预算管理、绩效考核、审计监督等，防止和纠正行政机关、事业单位拖欠市场主体账款。

**第二十九条** 县级以上地方人民政府及其有关部门应当完善政策措施、强化创新服务，鼓励和支持市场主体拓展创新空间，持续推进产品、技术、商业模式、管理等创新。

持续推动科技创新，鼓励和支持创办科技企业孵化器、大学科技园、众创空间和技术转移机构、科技金融服务等机构，为初创期科技企业和科技成果转化项目提供孵化场地、创业辅导、投融资对接、技术对接、研究开发与管理咨询等服务，促进科技成果转化。协同推进成渝科技创新中心建设。

支持举办各类创新创业赛事活动、创建创新创业活动品牌。

**第三十条** 省人民政府财政、经信、发展改革等部门应当按照职责分工编制涉企行政事业性收费、政府性基金、涉企保证金、实行政府定价或者政府指导价的经营服务性收费目录清单，清单之外的前述收费和保证金一律不得执行。

推广以金融机构保函替代现金缴纳涉企保证金。不得限制企业按照规定自主选择缴纳涉企保证金方式。

**第三十一条** 按照国家促进贸易便利化的有关要求，完善跨境贸易便利化措施，优化口岸作业和物流组织模式，推进口岸物流单证无纸化，提升全流程电子化程度，压缩口岸整体通关时间，通过市场引导、行业规范等方式，降低进出口环节的合规成本，实现口岸收费合理稳定。

口岸管理部门应当组织口岸经营服务企业编制口岸收费目录清单。口岸经营服务企业应当对服务项目明码标价，注明服务的项目、收费标准等有关情况，并在国际贸易“单一窗口”等平台公布，清单之外不得收费。

海关等有关单位按照国家促进跨境贸易便利化的有关要求，落实“放管服”要求，优化简化通关流程，提高通关效率。对符合条件的企业，实行先放后检、担保放行等管理措施。口岸物流部门和海关应当公布四川省进出口货物整体通关时间。

**第三十二条** 通过国际贸易“单一窗口”，为申报人提供进出口货物申报、运输工具申报、税费支付、贸易许可和原产地证书申领等全流程电子化服务，为进出境人员提供便利化服务，完善在线收付汇、出口退税申报、商品溯源等功能，共享国际贸易链条信息，支持扩大跨部门联网核查监管证件范围。

依托国际贸易“单一窗口”，推动跨境跨区域合作，推进全链条信息共享和业务协同，促进信息互联互通，便利企业开展跨境业务。

**第三十三条** 地方各级人民政府及其有关部门向市场主体作出政策承诺应当严格依法依规，不得违法违规承诺优惠条件。

地方各级人民政府及其有关部门应当强化法治意识，履行依法依规作出的政策承诺和签订的合同，不得以行政区划调整、政府换届、部门或者人员更替、政策调整等为由违约。确因国家利益、公共利益或者其他法定事由需要改变政策承诺和合同约定的，应当按照法定权限和程序进行，并依法对市场主体因此受到的损失予以补偿。

**第三十四条** 加强和完善社会信用体系建设，进一步强化政务诚信，持续提升商务诚信、社会诚信、司法公信，提高全社会诚信意识和信用水平，营造诚实、自律、守信、互信的社会信用环境。

完善信用监管体系，建立健全信用信息披露制度和失信联合惩戒、信用修复机制。

**第三十五条** 地方各级人民政府及其有关部门应当构建亲清新型政商关系，建立政企沟通机制，及时倾听和回应市场主体的合理建议与诉求，依法解决市场主体生产经营中遇到的困难和问题。

**第三十六条** 县级以上地方人民政府应当定期编制并向社会公布行政审批中介服务事项清单，明确中介服务事项及其法律、法规或者国务院决定依据。未纳入清单的中介服务事项，不得作为行政审批受理条件。

**第三十七条** 依托全省一体化政务服务平台搭建行政审批中介服务网上平台。中介服务机构按照自愿原则申请入驻平台规范运行。有关部门应当按照法定职责加强中介服务机构监管，引导行业规范发展。

中介服务机构应当明确办理法定行政审批中介服务的条件、流程、时限、收费标准，并向社会公开。

市场主体有权自主选择具有合法资质的中介服务机构。行政机关不得为市场主体指定或者变相指定中介服务机构。

加快推进中介服务机构与行政机关脱钩。行政机关在行政审批过程中委托开展技术性服务的，应当通过竞争性方式选择中介服务机构并支付中介服务费。

**第三十八条** 县级以上地方人民政府及其有关部门应当培育和发展各类行业协会商会，依法规范和监督行业协会商会的收费、评比、认证等行为，支持成渝地区行业协会商会沟通交流互认。

行业协会商会应当加强行业自律，及时反映行业诉求，为市场主体提供信息咨询、宣传培训、市场拓展、权益保护、纠纷协调等服务。

行业协会商会及其工作人员不得对已取消的资格资质变相进行认定，不得违法开展评比表彰、强制培训，不得擅自设立收费项目、提高收费标准，不得干扰市场主体正常生产经营活动或者损害市场主体权益，不得强制或者变相强制市场主体入会或者退会。

**第三十九条** 市场主体因自然灾害、事故灾难或者公共卫生事件等突发事件造成生产经营困难的，县级以上地方人民政府及其有关部门应当根据市场主体损失情况及时制定救助、安置及推动经济社会稳定持续发展的相关措施并组织实施。

## 第三章 政务服务

**第四十条** 县级以上地方人民政府及其有关部门应当统一政务服务标准，创新政务服务方式，推动区块链、人工智能、大数据、物联网等新一代信息技术在政务服务领域的应用，不断提高政务服务质量，为市场主体提供规范、便利、高效的政务服务。

**第四十一条** 省人民政府应当按照减环节、减材料、减时限要求和国家标准规范，组织编制全省统一的政务服务事项清单，逐项明确事项名称、设定依据、实施机关、实施范围、申请材料、办理程序、办理时限、有效期等并向社会公开。因承接、下放、取消、调整等事由变动政务服务事项清单的，应当及时更新清单。

没有法律、法规、规章依据，不得增设政务服务事项的办理条件和环节。

**第四十二条** 行政许可事项实行清单管理制度，及时向社会公布并实行动态调整。

清单之外，不得违法设定或者以备案、登记、注册、目录、规划、年检、年报、监制、认定、认证、审定以及其他任何形式变相设定或者实施行政许可。对国家和省已经取消的行政许可事项，不得继续实施、变相恢复实施或者转由行业协会商会以及其他组织实施。

**第四十三条** 县级以上地方人民政府应当强化跨地区、跨部门、跨层级协同审批和并联审批，提高涉企事项办理效率。

县级以上地方人民政府应当建立重大项目联系制度和协调处理机制，为企业提供全流程服务保障。

**第四十四条** 县级以上地方各级人民政府政务服务大厅实行政务服务事项集中受理办理、限时办结，为市场主体提供便利。建立健全乡镇（街道）便民服务中心。村（社区）便民服务站点提供延伸服务。

优化提升政务服务一站式功能，除因特殊原因外，原则上不再保留各部门单独设立的政务服务大厅，实现政务服务事项进驻综合性实体政务服务大厅“应进必进”。鼓励中央垂直管理部门将其实施的政务服务事项纳入所在地方政务服务大厅集中办理。

政务服务实行“一窗分类办理”，推行“前台综合受理、后台分类审批、综合窗口出件”工作模式，实行一个窗口受理、后台集成服务。

推进高频事项全域通办和就近可办，省、市（州）、县（市、区）人民政府应当分别制定并发布全省通办、全市（州）通办和全县（市、区）通办清单。依法有序推动一批高频事项下沉至乡镇（街道）办理。

县级以上地方人民政府及其有关部门应当根据需要在产业园区设立政务服务窗口。鼓励各类产业园区设立一站式企业服务受理点，提供企业开办、项目建设、人才服务等政策咨询和代办服务。

**第四十五条** 不动产登记机构应当按照国家有关规定，加强与住房城乡建设、税务等部门的协作，为市场主体转让不动产提供登记、交易和缴税一窗受理、并行办理。

实行统一的动产担保登记制度，推动市场主体通过中国人民银行征信中心的动产融资统一登记公示系统办理动产担保登记，为市场主体提供统一、便捷、高效的登记、变更、查询、注销等服务。航空器、船舶、知识产权、机动车等担保登记除外。

**第四十六条** 依托全国一体化在线政务服务平台建设全省一体化政务服务平台和统一兼容的身份认证体系，推行“一网通办”，全面联通、整合各地各部门网上政务服务系统。

除法律、法规另有规定或涉及国家安全、国家秘密等特殊情形外，所有政务服务事项纳入全省一体化政务服务平台办理，按照全国一体化在线政务服务平台相关标准规范，实行网上咨询、网上申报、网上受理、网上审查、网上办结、网上反馈。

各级政务服务事项办理部门应当通过全国一体化在线政务服务平台查询、校验市场主体信息，对平台已经采集的信息，不得要求申请人重复提交。

推进政务服务大厅与全省一体化政务服务平台深度对接融合。市场主体有权自主选择政务服务办理渠道，各部门不得限定办理渠道。

**第四十七条** 按照国家政务服务平台移动端建设要求，创立统一的四川政务服务掌上办事总门户，逐步实现民生领域服务事项掌上可办。

**第四十八条** 省人民政府依托“12345”政务服务热线电话，整合各类政务服务、便民服务电话，对市场主体有关营商环境的咨询和投诉举报实行一号响应，提升市场主体问政咨询服务效率，推进建立成渝地区“12345”政务服务热线联动机制。

**第四十九条** 县级以上地方人民政府应当深化投资审批制度改革，分类精简审批要件，优化技术审查，规范投资审批程序，协同项目决策与用地、规划等建设条件的落实，实行相关审批在线并联办理。

**第五十条** 省、市（州）人民政府应当按照国家有关规定，依托全省统一的工程建设项目审批相关信息平台，开展工程建设项目分阶段审批，推行并联审批、数字审图、方案联审、联合测绘、联合验收等方式，提高审批效能，特殊工程除外。

加强对重大工程建设项目跨前服务，对不影响安全和公共利益的非关键要件在审批流程中探索试点“容缺后补”机制，允许市场主体在竣工验收备案前补齐相关材料。

对社会投资小型低风险建设项目，建设工程规划许可和施工许可可以合并办理，建设单位一次性获取建设工程规划许可证、工程施工许可证等审批证照。

**第五十一条** 在依法设立的自由贸易试验区、经济开发区、新区、产业园区、特色小镇和其他有条件的区域，按照国家有关规定推行区域评估，由市（州）以上地方人民政府对压覆重要矿产资源、环境影响评价、节能评价、地质灾害危险性评估、地震安全性评价、水资源论证等事项组织区域综合评估评审。除特殊工程和交通、水利、能源等领域的重大工程外，区域内工程建设项目共享区域综合评估评审结果，市场主体不再单独开展评估评审。区域评估的费用不得由市场主体承担。

**第五十二条** 按照国家规定推行政务服务事项办理告知承诺清单化管理，涉及国家安全、公共安全和人民群众生命健康等的行业、领域除外。

申请人承诺符合办理条件的，有关审批机关应当直接作出行政审批决定；未履行承诺的，由审批机关责令其限期整改，整改后仍未达到条件的，撤销决定，并将有关情况纳入信用信息平台；作出虚假承诺的，由审批机关直接撤销决定，按照未取得决定擅自从事相关活动追究相应责任，并将有关情况纳入信用信息平台、记入诚信档案。

对实行告知承诺制的事项，有关部门应当以书面（含电子文本）形式将办理规定、监管规则、违反承诺的法律责任等一次性告知申请人，并提供告知承诺示范文本。

**第五十三条** 县级以上地方人民政府应当公布依法保留的证明事项清单，逐项列明设定依据、开具单位、办事指南等。

列入证明事项告知承诺制清单的，申请人可以自主选择提供证明材料或者采用告知承诺制办理。承诺情况记入申请人信用信息，作为差异化分类监管的重要依据。

**第五十四条** 地方各级人民政府及其有关部门在政务服务中推广使用电子证照、电子印章、电子证明、电子签名。符合法律规定的电子证照、电子证明、电子签名、企业电子登记档案与纸质版本具有同等法律效力。除法律、法规另有规定外，县级以上地方人民政府及其有关部门签发的电子证照应当实时归集到省电子证照库，确保数据完整、安全、准确。

电子证照、电子证明和加盖电子印章或者使用符合《中华人民共和国电子签名法》要求的电子签名进行确认的电子材料，可以作为办理政务服务事项的依据，有关单位不得拒绝办理或者要求申请人提供实体材料，但是依法依规必须核验或者收回证照原件的除外。

**第五十五条** 建立全省统一的电子印章系统，推进电子印章在政务服务、社区事务受理等领域的应用，鼓励市场主体和社会组织在经济和社会活动中使用电子印章。各部门已经建立电子印章系统的，应当实现互认互通。企业电子印章与企业电子营业执照同步免费发放。

**第五十六条** 县级以上地方人民政府及其有关部门应当推行政策兑现事项集成服务模式，全面梳理需要使用财政资金支付的行政奖励、资助、补贴等各项惠企政策，编制政策兑现事项清单，并完善政府网站、政务新媒体的惠企政策集中发布、归类展示、查询搜索等功能，为市场主体提供统一便捷的获取渠道，提高市场主体对惠企政策的知晓度。

**第五十七条** 县级以上地方人民政府及其有关部门应当创新制度机制，完善人才引进、培养、激励、保障等政策措施，为优化营商环境提供人力资源支撑。

**第五十八条** 建立以市场主体需求为导向的政务服务“好差评”制度，市场主体可以通过线上线下渠道评价服务绩效，评价结果纳入对有关行政机关的绩效考核。

对“不满意”或者“非常不满意”的评价事项，经查证属实的，应当限期整改；整改结果通过网上政务服务平台、移动端、短信等方式向评价人反馈。

## 第四章　法治保障

**第五十九条** 制定与市场主体生产经营活动密切相关的地方性法规、政府规章及其他规范性文件，应当充分听取市场主体、行业协会商会的意见，按照规定遵循公众参与、专家论证、风险评估、集体讨论决定等程序，并为市场主体留出必要的适应调整期。

涉及市场主体权利义务的地方性法规、政府规章及其他规范性文件，应当通过便于公众知晓的方式及时公布，并通过多种途径和方式同步进行宣传解读。

各级人民政府及其有关部门应当按照职责及时清理不符合优化营商环境要求的有关地方性法规、政府规章及其他规范性文件，并提出修改、废止或者暂时调整适用的建议，制定机关应当按照法定程序及时处理。

**第六十条** 制定涉及市场主体权利义务的规范性文件、政策措施，应当进行合法性审查，并由制定机关集体讨论决定。

政策制定机关应当落实公平竞争审查制度。制定与市场主体生产经营活动密切相关的规章、规范性文件和其他政策措施，应当进行公平竞争审查。未经审查或者经审查具有排除、限制竞争效果的，不得出台或者提交决策机关审议。

**第六十一条** 县级以上地方人民政府及其有关部门应当按照鼓励创新的原则，对新技术、新产业、新业态、新模式等实行包容审慎监管，针对其性质、特点分类制定和实行相应的监管规则和标准，不得简单化予以禁止或者不予监管。

**第六十二条** 除直接涉及公共安全和人民群众生命健康等特殊行业、重点领域外，市场监管领域的行政检查实行“双随机一公开”监管全覆盖。推进检查结果共享共用和公开公示。

同一部门对市场主体实施的多项检查，应当尽可能合并进行。多个部门对同一市场主体实施的多项检查，由本级人民政府协调，明确由一个部门牵头实行联合检查。

县级以上地方人民政府有关部门应当依托国家在线监管系统，加强监管信息归集共享和关联整合，推行以远程监管、移动监管、预警防控为特征的非现场监管，提升监管的精准化、智能化水平。

**第六十三条** 统筹配置行政执法职能和执法资源，在相关领域推行综合行政执法，整合精简执法队伍，减少执法主体和层级，提高基层执法能力。

行政机关开展行政执法，应当严格执行执法公示制度、执法全过程记录制度、重大执法决定法制审核制度。严格禁止无法定依据或者未经法定程序，影响、阻碍市场主体正常生产经营活动的执法行为。

**第六十四条** 各行政执法部门实施行政强制，应当遵循合法、适当、教育与强制相结合的原则，对采用非强制性手段能够达到行政管理目的的，不得实施行政强制；对违法行为情节显著轻微或者没有明显社会危害的，可以不实施行政强制；确需实施行政强制的，应当限定在所必需的范围内，尽可能减少对市场主体正常生产经营活动的影响。

**第六十五条** 除涉及人民群众生命安全、发生重特大事故或者举办国家重大活动，并报经有权机关批准外，县级以上地方人民政府及其有关部门不得在相关区域采取要求相关行业、领域的市场主体普遍停产停业等措施。

确需采取普遍停产停业等措施的，应当提前书面通知企业或者向社会公告，法律、法规另有规定的除外。

**第六十六条** 完善知识产权保护体系，加强新业态、新产业创新成果的知识产权保护，建立知识产权保护的举报、投诉、维权、援助平台以及有关案件行政处理的快速通道，完善行政执法与刑事司法衔接机制，依法实施知识产权侵权惩罚性赔偿制度，加强市场主体知识产权的维权援助。

**第六十七条** 加快推进公共法律服务体系建设，构建公共法律服务平台，实现省、市（州）、县（市、区）、乡（镇、街道）、村（社区）全覆盖。整合律师、公证、司法鉴定、仲裁、人民调解、法律咨询、法治宣传、法律援助等法律服务资源，以公共法律服务中心、“12348”热线等公共法律服务平台为载体，提升公共法律服务质量和水平。推进川渝两地法律服务资源共建、共享。

鼓励通过专业化的法律服务，帮助民营企业、中小企业防范法律风险，及时高效解决各类纠纷。

**第六十八条** 推进矛盾纠纷源头治理，完善调解、仲裁、行政裁决、行政复议、诉讼等有机衔接、相互协调的多元化纠纷解决机制，多元联动源头化解矛盾纠纷；加强程序对接、平台融合、工作联动，支持专业领域建立纠纷解决机制，为市场主体提供高效、便捷的纠纷解决途径。

**第六十九条** 建立人民政府与人民法院企业破产工作协调机制，统筹推进企业破产过程中信息共享、信用修复、财产处置、企业注销、风险防范等事项。建立重整识别、预重整等破产拯救机制，促进困境企业及时获得救助。

**第七十条** 省人民政府有关部门应当按照职责分工加强对司法鉴定、资产评估等专业机构的监督、指导，督促专业机构优化工作流程、压缩工作时限，提高鉴定评估质量。

**第七十一条** 县级以上地方人民政府及其有关部门应当与同级监察委员会、人民法院、人民检察院建立联络沟通机制，对监察委员会、人民法院、人民检察院提出的优化营商环境建议，应当及时处理、回复。

**第七十二条** 探索创建适合市场主体的法治宣传新模式，采取以案释法、场景互动等方式提升法治宣传效能。

遵循“谁执法谁普法”“谁主管谁普法”“谁服务谁普法”的要求，将优化营商环境法治宣传工作纳入普法责任制考核。

**第七十三条** 县级以上地方人民代表大会常务委员会通过听取专项工作报告、开展执法检查等方式，加强本行政区域内优化营商环境工作监督。

县级以上地方人民代表大会常务委员会充分发挥代表作用，组织代表围绕优化营商环境开展专题调研和视察等活动，汇集、反映各类市场主体的意见和建议，督促有关方面落实优化营商环境的各项工作。

**第七十四条** 县级以上地方人民政府建立优化营商环境监督员制度，邀请企业家、人大代表、政协委员、专家学者等作为监督员，对营商环境进行社会监督。政府及其有关部门应当接受监督员的监督，及时整改查实的问题。

**第七十五条** 地方各级人民政府及其有关部门违反本条例规定，不履行优化营商环境工作职责或者损害营商环境，有下列情形之一的，由其上级机关责令改正或者通报批评；造成不良后果或者影响的，对负有责任的领导人员和直接责任人员依法给予处分，构成犯罪的依法追究刑事责任：

（一）拒绝、推诿、拖延履行法定职责的；

（二）违反规定限制市场主体准入或者退出的；

（三）违反规定干涉市场主体自主开展生产经营活动的；

（四）违反规定侵害市场主体财产权、其他合法权益的；

（五）违反规定设置收费项目、提高收费标准、扩大收费范围或者额外收费，向市场主体强制或者变相收取不合理费用的；

（六）违反规定设定行政审批中介服务事项，强制市场主体接受中介服务，强制指定或者变相指定中介服务机构的；

（七）实施行政审批、行政检查时，索取或者收受财物、谋取非法利益的；

（八）对市场主体作出违背有关法律、法规或者超出自身法定权限的政策承诺，或者未经法定程序改变承诺事项的；

（九）不履行、不完全履行或者单方面强制要求以特定方式履行与市场主体签订的有关合同、协议的；

（十）未按照规定及时处理投诉、举报事项，违规泄露投诉人、举报人信息，以及对投诉人、举报人打击报复的；

（十一）其他不履行优化营商环境工作职责或者损害营商环境的。

**第七十六条** 公用企事业单位、中介服务机构、行业协会商会违反本条例相关规定，损害营商环境的，由有关部门责令改正，依法追究法律责任。

### 第五章 附 则

**第七十七条** 本条例自2021年7月1日起施行。

## 四川省人民政府办公厅关于印发《四川省深化“放管服”改革优化营商环境2021年工作要点》的通知

川办发〔2021〕17号

各市（州）人民政府，省政府各部门、各直属机构，有关单位：

《四川省深化“放管服”改革优化营商环境2021年工作要点》已经省政府同意，现印发给你们，请结合实际认真组织实施。

四川省人民政府办公厅

2021年3月30日

## 四川省深化“放管服”改革优化营商环境2021年工作要点

2021年，全省深化“放管服”改革优化营商环境工作要坚持以习近平新时代中国特色社会主义思想为指导，全面贯彻党的十九大和十九届二中、三中、四中、五中全会精神，认真落实党中央国务院和省委省政府决策部署，坚定不移贯彻新发展理念，坚持以人民为中心的发展思想，聚焦破除影响个人就业生活的不合理限制、破除阻碍市场主体发展的显性和隐形壁垒“两大目标”，突出“一网通办”前提下“最多跑一次”改革、成渝地区双城经济圈“放管服”改革、科技领域“放管服”改革“三项重点”，进一步抓好简政放权、放管结合、优化服务各项工作，积极助力抓“六稳”促“六保”，不断激发市场主体活力和发展内生动力，加快打造与高质量发展相适应的一流营商环境。重点做好以下工作：

### 一、深入开展“三项重点改革”

（一）纵深推进“一网通办”前提下“最多跑一次”改革。推进政务服务事项标准化，9月底前完成梳理规范政务服务事项目录清单和实施清单，统一设定依据、法定时限、申请材料、服务对象等要素。优化再造业务流程，推出200项全省统一的“一件事一次办”事项。开展系统对接攻坚，3月底前省一体化政务服务平台与省直各部门（单位）自建业务系统全部实现接口方式对接，12月底前与国家垂管系统“能接尽接”，实现“单点登录”和“数据回传”。加快线上线下深度融合，统一业务标准、办理平台，实现政务服务大厅“综合窗口”改革全覆盖。加强电子证照和电子印章的汇聚、管理和应用，推进全省政府机关签发的证件、执（牌）照、证明文件、批文、鉴定报告等电子化，10月底前凡已在省一体化政务服务平台汇聚的电子证照，不再要求申请人提供实体证照，12月底前推出200项“一证（照）通办”事项。

（二）持续深化成渝地区双城经济圈“放管服”改革。持续深化“川渝通办”，聚焦企业群众需求，10月底前实现第二批川渝通办事项异地可办，推动更多电子证照跨地区共享应用。建立健全两地“12345”热线互转机制，12月底前实现“一号响应”。积极推进两地公共服务和公共资源交易一体化，推进公交、社保、医保、文化等领域“一卡通”，全面启动户口迁移迁入地“一站式”办理，12月底前实现川渝两地远程异地评标。持续优化异地住院直接结算，推进医院检查检验结果互认。探索在企业登记、招商引资等领域制定统一协同的市场准入规则。在投资贸易、生态环境、客货运输、食品药品、质量安全、文化执法、劳动监察等领域探索建立跨区域协同监管机制，规范统一监管标准。加强区域信用建设合作，联合开展守信激励和失信惩戒。协同开展知识产权保护，落实知识产权重点保护名录，完善知识产权跨区域和远程维权服务机制。

（三）创新开展科技领域“放管服”改革。深化职务科技成果权属混合所有制改革，赋予科研人员职务科技成果所有权或长期使用权，探索职务科技成果产权激励新模式。研究制定绵阳科技城科技领域“放管服”改革实施方案，梳理需要国家层面支持的改革政策事项清单，争取综合授权。推进科研项目经费使用包干制试点，确定一批试点单位和试点项目，进一步破除对科研人员的束缚，激发创新创造活力。创新科技项目组织管理模式，开展重大科研项目“揭榜制”试点。积极推进“减负行动2.0”，简化科研项目管理流程，减少不必要的申报材料和各类过程性评估、检查、抽查、审计等。加强科研诚信建设，全面实施科研诚信承诺制，建立健全科研守信联合激励和失信联合约束机制。

## 二、加快推进简政放权

（四）持续规范审批服务。将一批省级行政职权下放或委托成都及七个区域中心城市实施，促进省会城市和区域中心城市加快发展、发挥引领作用。编制公布地方层面设定的行政备案事项清单和公共服务事项清单。11月底前，完成梳理我省自行设定以及由国家部委设定在我省实施的各类审批事项和各种具有审批性质的管理措施，清理借疫情防控、信息化平台建设之名新增的审批事项及环节，整合和取消重复审批，统一有冲突的审批条件，严防变相审批和乱设审批。全面推行证明事项告知承诺制，根据国家安排部署，动态调整证明事项告知承诺制实施范围，优化工作流程。

（五）优化投资和工程项目审批。推广企业投资项目承诺制，实现投资项目“全程网办”。简化项目报建手续，以办成项目前期“一件事”为目标，对项目用地预审、规划选址、可行性研究、环境影响评价、安全评价、水土保持方案审批、压覆重要矿产资源评估等事项，在成都市等有条件的地方探索实行项目单位编报一套材料，政务服务网（大厅）统一受理、统一反馈，审批部门同步评估、同步审批。进一步压减工程建设项目审批事项、条件和流程，深入推进“多规合一”“多测合一”，精简规范项目全流程涉及的技术审查、中介服务事项。加强投资项目在线审批监管平台、工程建设项目审批管理系统、全国公共资源交易平台（四川省）等的互联互通，提高审批效率。全面推行分级分类管理，在确保安全前提下，对社会投资的小型低风险仓库、厂房等工业类建筑工程项目，由政府部门发布统一的企业开工条件，企业取得用地、满足开工条件后作出相关承诺，政府部门发放相关证书，项目即可开工，审批压减至 50 个工作日、18 个环节以内。

（六）提升不动产登记效率。推动不动产登记全流程信息共享集成，10 月底前实现不动产登记、交易、缴税信息互联互通，12 月底前商品房预售和抵押涉及的不动产预告登记、不动产登记资料查询、不动产抵押登记和存量房买卖电子完税证明全程网上办理。开展企业不动产（土地、存量房）转移涉及税收缴纳（包括契税、土地增值税等）与不动产转移登记的“一件事”改革，12 月底前实现“一窗办、一日办、一网办”。企业间不动产转移登记业务推行以“原件核验”方式进行网上办理。推广使用不动产登记电子证照，推动不动产登记与水、电、气、有线电视等市政公用企业信息共享，实现同步过户。鼓励有条件的地方对低风险产业项目探索实施“一站式”办理综合竣工验收和不动产登记，实现“验登联动”。

（七）深入推进商事制度改革。在企业开办“一日办结”基础上，拓展“营商通”掌上服务平台功能，提升企业名称自主申报系统智能化水平，鼓励有条件的地方通过免费刻章、免费寄递等举措实现企业开办“零见面”“零成本”。推动企业注销登记全程在线办理，推出“套餐式”注销事项清单，12 月底前实现营业执照与有关许可证同步注销。进一步扩大简易注销试点范围，对未开业以及无债权债务非上市企业实行简易注销程序。制定关联企业实质合并破产规则，建立企业破产案件简化审理模式，对资产数额不大、经营地域不广的企业实行简易破产程序，降低破产企业处置成本。在全省范围内推进“证照分离”改革全覆盖，实行涉企经营许可告知承诺制。在四川自贸试验区天府新区开展“一业一证”改革试点，逐步在四川自贸试验区推开，实现“一证准营”。在四川自贸试验区及有条件的地区开展住所与经营场所分离登记试点，统筹推进“一照多址”改革试点。

## 三、强化事中事后监管

（八）构建新型监管模式。将“双随机、一公开”监管与企业信用风险分类管理等结合起来，按照不同风险级别开展差异化监管。拓展部门联合“双随机、一公开”监管覆盖范围，将更多事项纳入联合抽查范围。提升重点监管能力水平，制定四川省重点监管事项清单，对疫苗、药品、食品等直接涉及国家安全、公共安全和人民群众生命健康的行业、领域，研究制定全主体、全品种、全链条监管标准和流程，规范执法标准和行为。全面推行信用监管，12 月底前建成省社会信用信息平台（二期），逐步实现各行业信用数据汇聚共享。在教育、科技、住建、公共资源交易等领域出台信用评价办法，加强信用数据应用，健全分级分类监管体系。持续推进“互联网+监管”，加强重点领域数据汇集，建立完善相关风险预警模型，强化风险跟踪预警、分析研判、评估处置。

（九）实施包容审慎监管。根据国家安排部署，出台新产业新行业统一的认定和分类标准，研究制定新产业新业态包容审慎监管实施办法。针对金融科技、网约车、在线诊疗、在线旅游等领域性质和特点，探索开展“沙盒监管”，制定约谈、整改、处罚标准。在全省范围内复制推广成都市包容审慎监管经验做法。出台跨境电商综试区企业应税所得率申报细则，创新工作方式，对跨境电商零售进口实行包容审慎监管。实施企业标准自我声明公开制度，鼓励企业通过标准信息公共服务平台向社会公开标准，加大监督检查力度，对标准的合规性、科学性和完整性进行评价，培育企业标准“领跑者”，推动企业标准水平持续提升。

（十）营造公平公正的市场环境。落实公平竞争审查制度，全面清理工程建设、市场准入、资质标准、产业补贴、招商引资、招标投标、政府采购等领域涉及市场主体经济活动的政策文件，废止违反公平竞争审查标准的文件或条款，纠正采取变相、隐形手段干预市场主体自主经营的错误做法。加强审管衔接，理顺行政审批局、行业主管部门、综合行政执法局三者“审批、监管、执法”关系，建立权责明晰、运行高效的监管体系。落实四川省 2021 年度涉企现场检查事项清单，推行远程监管、移动监管、预警防控等非现场监管，进一步整合、取消现场检查事项。规范行使行政处罚自由裁量权，严格按照违法行为危害性和具体情节实施定档分阶裁量。深化民事诉讼繁简分流改革试点，力争简易程序及小额诉讼程序适用率达到 80%。

## 四、提升政务服务质效

（十一）做好疫情防控常态化政务服务工作。严格按照疫情分区分级分类防控要求，全面推行“四川天府健康通”，实行一人一码、一码通行、实名认证，并为老年人、儿童等群体提供“离线码”“无码通道”等便捷服务。将前一阶段疫情防控中形成的“容缺受理”“告知承诺”“帮办代办”“网络视频会审”等经验做法制度化。持续推动更多政务服务事项实现“全程网办”，对法律法规规定确需现场办理的事项，采取预约排队、网上预审、邮寄送达等方式，缩短现场办理时间，加强自助办事终端应用，实现“不见面”审批。

（十二）加快推进“省内通办”“跨省通办”。梳理公布“省内通办”清单，不断推进更多政务服务事项“省内通办”。开展政务服务流程再造“百日冲刺”行动，规范“异地代收代办”“多地联办”事项的业务规则和操作规程，推动各级政务服务机构均可异地受理不同层级行使的事项。推动政务服务“跨省通办”，在国家“跨省通办”事项清单基础上，聚焦我省外出务工人员居住、就业、婚姻、生育、子女入学、社保、养老等高频办事需求，主动对接有关省（市），梳理公布外出务工人员“跨省通办”事项清单并推动落地。

（十三）提升民生服务水平。建立困难群众主动发现机制，加强社会救助相关部门间数据共享，对低保对象、特困人员、临时救助对象、残疾人、教育救助对象、住房救助对象、医疗救助对象等信息进行大数据分析，变“人找政策”为“政策找人”。大力推行医保电子凭证应用，推进居民健康档案及身份识别、电子病历、诊疗信息、报告单结果等信息在不同医院互通互认，减少群众重复办卡和不必要的重复检查。推进教育服务便利化改革，梳理个人从托儿所到大学所涉服务事项，推动实现全流程网上办理。优化水电气等公用事业服务，清理报装过程中的附加审批要件和手续，推进并联审批，加快实现报装、查询、缴费等业务“全程网办”。优化公证服务，加快推进高频公证服务事项申请受理、身份认证、材料提交和缴费等各环节“全程网办”。

（十四）优化政务服务咨询投诉机制。全面落实政务服务“好差评”国家标准，升级“好差评”系统，强化数据汇聚，推行“一事一评”“一次一评”。加强“好差评”宣传推广，提升主动评价率，加大差评整改力度，提高企业群众满意度。加强 12345 政务服务便民热线建设，加快清理除 110、119、120、122 等紧急热线外的政务服务便民热线，10 月底前有序归并至 12345 热线，提供“7×24 小时”全天候人工服务，建立热线服务能力评估机制，定期开展评估。全面清理规范各级政务服务机构（含大厅、中心、站点、窗口等）公布的业务咨询电话，加强运维保障，建立与 12345 热线互通互转机制。

### 五、持续激发市场活力和社会创造力

（十五）精准落实国家政策。实施好财政资金直达机制，推动规模性纾困政策迅速落地。加强省民营经济综合服务平台建设，统一发布涉企政策，实现涉企政策精准推送、一网可查。利用大数据等技术甄别符合条件的市场主体，精准推送税费优惠等政策信息，实时跟踪税收优惠政策、减免涉企收费等惠企政策落实情况，在 2021 年度税收执法监督中重点对政策落实不及时、减税降费红利被截留等问题开展检查。持续开展营商环境指标提升行动。11 月底前完成对滞后于“放管服”改革要求的地方性法规、政府规章、规范性文件的清理，并推动修改完善。

（十六）助力稳定和扩大就业。清理影响就业特别是新就业形态的各种限制，调整完善准入标准、社会保障、人事管理等政策。建立教育、人力资源社会保障、公安等部门业务协同和信息共享机制，通过取消应届高校毕业生报到证、非公单位接收应届高校毕业生需公共就业人才服务机构在就业协议书上签章等措施，简化就业手续。促进人才流动和灵活就业，实现流动人员人事档案信息互联，加快推进“一点存档、多点服务”，完善灵活就业人员参保相关政策。建立市场化服务平台，引导有需求的企业在合法用工的前提下开展灵活用工，提高人力资源配置效率。深化职称制度改革，推动职称信息化建设，12 月底前实现职称和职业资格证书在线查询、核验及电子证书打印。加快推进高层次人才“一站式”服务，简化外籍高端人才引进手续，并为其提供出入境、停居留和永久居留申请便利。

（十七）降低企业生产经营成本。持续改善中小微企业融资环境，清理规范中小企业融资中不合理附加费用，深入开展“信易贷”“银税合作”“银商合作”等，实施“金融顾问”服务，为企业提供综合金融咨询服务，创新中小微企业的信贷服务模式，继续加大对小微企业信用贷款、续贷、首贷投放力度。推广电子保函、电子担保和电子保证保险，加大“政采贷”信用融资工作力度，扩大“投标贷”等金融服务范围。出台四川省清理规范城镇供水供电供气行业收费和促进行业高质量发展的实施方案，对全省供水供电供气行业不合理收费进行全面清理规范。

（十八）深化公共资源交易平台整合共享。实行公共资源交易事项和平台目录化管理，推进目录内平台与全国公共资源交易平台（四川省）对接，实现目录内事项纳入统一平台进行交易。深化公共资源交易全流程电子化，实现不同电子认证服务机构发放的数字证书省内兼容互认“一证通用”，实施在线投标和“不见面开标”，制定全省远程异地评标规则，实现跨区域、跨层级远程异地评标常态化。强化交易监管，制定公共资源交易监管权力和责任清单并向社会公布，加强协同监管、智慧监管和信用监管，深化工程招投标领域突出问题系统治理。持续推进“示范交易中心”创建活动。

（十九）加大知识产权保护力度。深入开展职务发明知识产权归属和利益分享制度改革，强化中国（四川）知识产权保护中心等支撑平台建设。开展知识产权专项执法行动，加大侵犯知识产权等违法犯罪行为的发现和惩处力度。健全知识产权纠纷多元化解决机制，强化知识产权行政与司法保护衔接，提供专利快速预审、快速确权、快速维权等服务。加强电子商务领域知识产权

保护，建立侵权线索判断鉴定机制。深入实施商标地标品牌经济、上市公司知识产权培育等专项行动，推进地理标志产品保护示范区建设。

（二十）提升外资外贸便利化水平。探索建立外商投资“一站式”服务体系，实现外资企业一次登录、一次认证、一次提交材料，即可办理企业注册、预约开户、外汇登记等高频事项。优化通关作业流程，提高口岸通关效率，推动“提前申报”常态化运行，推广“两步申报”模式，拓展国际贸易“单一窗口”功能。落实强制性产品认证制度改革要求，对我国已加入并能够承认相关检测、检查、认证结果的国际多边、双边合格评定互认体系，督促强制性产品认证指定机构对出口转内销企业和产品相关检测、检查、认证结果予以承认或接受。支持跨境电商发展，完善跨境电商进出口退换货便利化管理措施，鼓励引导跨境电商企业积极利用海外仓，拓宽国际营销渠道。建立涉外商事纠纷“一站式”诉讼、仲裁、调解多元化解决机制，提升涉外商事案件公证、调解、仲裁服务水平。持续推进外商投资企业投诉处理机制建设，保护外商投资合法权益。

## 六、加强组织保障

（二十一）完善工作推进机制。建立省政府深化“放管服”改革优化营商环境例会制度，研究解决改革推进中的突出问题。充分发挥省推进政府职能转变和“放管服”改革暨政务公开协调小组各专题组、保障组的牵头推进、统筹协调、督促落实、咨询指导等职能。推进各地各部门（单位）建立主要负责人直接抓改革机制，落实“清单制+责任制”，配齐配强工作力量，强化经费保障，加强上下联动、协同配合，推动各项改革任务落地落实。

（二十二）加大监督检查力度。建立全省年度重点改革任务和省直部门牵头任务“两本台账”，细化考评指标，实时监测、汇总掌握各地各部门（单位）年度任务推进情况，实行“两书一函”制度（约谈通知书、整改通知书、提醒敦促函），推动责任落实。对标国家网上政务服务能力评估指标，梳理短板弱项，逐一整改提升。持续完善营商环境评价指标，定期开展评价工作。坚持用数据说话，根据两项评估指标亮成绩单、晒排名表，排名靠后、问题整改不及时不彻底的地方和部门（单位）向省政府作整改汇报。加大明察暗访力度，对破坏营商环境的行为进行公开曝光、追责问责。

（二十三）广泛开展宣传培训。充分运用报刊、广播、电视、网络等媒介，主动发布和解读改革政策，及时回应公众关切，营造良好的社会氛围。组织政务服务能力提升、营商环境指标优化等专题培训，开展全省标准化、规范化、便利化“示范政务服务中心”创建活动，加强工作交流，及时总结推广各行业各领域先进做法和有效经验，促进各项改革任务扎实有序推进。

# 四川省应对新型冠状病毒肺炎疫情应急指挥部关于印发《四川省进口高风险非冷链集装箱货物新冠肺炎疫情防控工作方案》的通知

川疫指发〔2021〕72号

各市（州）应对新型冠状病毒肺炎疫情应急指挥部，省应对新型冠状病毒肺炎疫情应急指挥部各成员单位，有关单位：

现将《四川省进口高风险非冷链集装箱货物新冠肺炎疫情防控工作方案》印发给你们，请认真抓好贯彻落实。

四川省应对新型冠状病毒
肺炎疫情应急指挥部
2021年11月11日

## 四川省进口高风险非冷链集装箱货物新冠肺炎疫情防控工作方案

为进一步扎实做好我省进口高风险非冷链集装箱货物新冠肺炎疫情防控工作，根据国务院应对新型冠状病毒肺炎疫情联防联控机制综合组《关于印发进口高风险非冷链集装箱货物检测和预防性消毒工作方案的通知》（联防联控机制综发〔2020〕277号）等文件精神，结合我省实际，制定本工作方案。

### 一、工作目标

按照“人物同防，科学防控，精准防控，闭环防控”策略，坚持“政府牵头、部门协作，依法依规、各司其职，科学规范、安全有效，节约成本、快速经济”原则，进一步加强进口非冷链集装箱货物的新冠病毒检测工作，充分发挥消毒对新冠病毒的杀灭作用，有效防范新冠肺炎疫情通过进口高风险非冷链集装箱（含集装器）及其装载货物（含跨境电商货物）外包装（以下简称集装箱货物）输入风险，实现“安全、有效、快速、经济”目标，在确保进口非冷链集装箱货物安全的同时，提升口岸通关效率，避免口岸货物积压，保障产业链、供应链稳定。

### 二、实施范围

本方案适用于来自高风险国家（地区）的进口高风险非冷链集装箱内的货物外包装、集装箱内壁、门把手等高频接触部位的检测和预防性消毒等相关疫情防控工作。

危险化学品、粮食、饲料及饲料添加剂等不适宜实施消毒的商品以及无外包装或外包装易造成消毒液体渗透污染的商品（简称“不适宜消毒商品”），不实施集装箱货物预防性消毒。

### 三、工作措施

#### （一）口岸环节

1. 口岸海关查验。经四川口岸或海关监管作业场所进口且被海关新冠病毒相关布控指令命中的集装箱货物，在口岸查验环节由成都海关负责抽样检测，并指导查验场地经营者或进口企业做好预防性消毒。

2. 口岸径行放行。经四川口岸或海关监管作业场所进口，但未被海关新冠病毒相关布控指令命中的集装箱货物，由进口企业或货主负责在首次掏箱卸货地点进行预防性消毒。

3. 进口空集装箱。进口高风险非冷链空集装箱，在抵达四川口岸或海关监管作业场所后，按照“谁进口谁消毒”的原则对其实施预防性消毒。

4. 口岸入库提离。企业申请在口岸区域开展进口集装箱拆箱入库或提离货物手续的，由货主或委托卸货作业单位组织对集装箱货物实施预防性消毒。

5. 空运进口货物。空运非冷链集装箱及其装载货物外包装的检测、消毒，按照成都双流国际机场和成都天府国际机场新冠肺炎疫情防控相关要求执行。机场货运区域的各货站、转运中心相关企业根据实际操作规程、岗位要素和风险等级，实施差异化防控，切实做到人员、货物、环境、设备、车辆等同步防控。

6. 异地口岸进口货物。非四川口岸或海关监管作业场所进口且在第一进境口岸已被抽中查验的集装箱货物，在能够提供合规消毒处理证明情况下，可不重复进行预防性消毒。非四川口岸或海关监管作业场所进口，但未在第一进境口岸检测和消毒，且第一掏箱卸货地点在四川的集装箱货物，由进口企业或货主负责在首次掏箱卸货时进行预防性消毒。

**（二）运输环节**

7. 国内运输段装运前后的进口集装箱货物装载运输工具，由承运单位负责实施预防性消毒工作。进口高风险非冷链货物在从集装箱卸货换装至国内运输工具时，货主或委托卸货作业单位组织对进口集装箱货物实施预防性消毒。进口集装箱货物运输过程中，承运单位不得开箱。

**（三）属地（仓配）环节**

8. 各市（州）按照“谁主管谁负责”的原则组织落实本地区进口非冷链集装箱货物疫情防控工作。组织督促进口企业、货主、跨境电商平台对口岸径行放行的进口高风险非冷链集装箱货物在首次掏箱卸货地点、首次拆箱（分装）配送点进行预防性消毒，根据需要可进行核酸抽检。

**（四）人员防护**

9. 重点从业人员。进口高风险非冷链集装箱货物掏箱、装卸、运输及空箱清理维修等相关作业人员及随行人员应切实做好个人防护，正确穿戴口罩、手套、工作服等个人防护用品，可视情况增加佩戴护目镜、实行人员闭环管理等，定期按规定进行核酸检测。

**（五）运行机制**

10. 货品信息溯源。开发建设全省非冷链集装箱货物追溯信息管理和公共服务平台，全程记录入川非冷链集装箱货物来源、流向、消毒、贮存、运输车辆等溯源数据和人员管理情况，实现全链条信息化追溯。

11. 应急处置机制。发现进口高风险非冷链集装箱货物新冠病毒核酸检测呈阳性时，各相关单位立即停止生产经营活动，第一时间上报省、市（州）、县（区、市）疫情防控应急指挥部，按规定启动应急响应机制。卫生健康、商务、市场监管、海关、交通运输、公安等部门及各市县政府指定部门依职责开展调查处理，新闻宣传部门及时监测舆情信息，正确引导社会舆论。各级各类责任主体加强信息报送，相关部门和企业切实落实各项疫情防控措施，做好善后处理。

对检测结果为阳性的食品（含食用农产品）按规定妥善处理；其他货物经消毒处理后可以使用的，在当地疾病预防控制机构的指导下进行消毒处理后方可使用、出售和运输。对外省（市、区）通报涉及我省的进口非冷链集装箱货物的核酸检测阳性事件，按上述要求第一时间做好应急处置。机场地区进口高风险非冷链集装箱货物的追溯及应急处置，按机场疫情防控要求处理。海关采样检测结果为阳性的，由海关指导进口企业等相关单位按海关总署要求处理。其他属地环节，由各地会同相关行业管理部门按规定处理。

## 四、职责分工

由商务厅、省政府口岸物流办负责统筹协调、督促落实全省进口高风险非冷链集装箱货物疫情防控工作。

（一）商务厅。负责牵头组织督查全省进口高风险非冷链集装箱货物疫情防控工作落实情况。做好全省进口高风险非冷链集装箱货物疫情防控工作情况汇总，并向省应对新型冠状病毒肺炎疫情应急指挥部报告。负责落实进口企业行业主管责任；督促全省进口企业如实申报进口高风险非冷链集装箱货物相关信息，完善相关疫情防控措施办法，按规定做好疫情防控工作。

（二）省政府口岸物流办。负责按照国家和省疫情防控要求建立完善我省进口高风险非冷链集装箱货物疫情防控协调机制，会同商务厅等有关部门督促各流程、各环节牵头单位严格落实相关高风险岗位工作人员健康监测、核酸检测、闭环管理等规定。牵头组织协调解决进口高风险非冷链集装箱货物疫情防控工作中遇到的重大问题。

负责按照需求在四川国际贸易“单一窗口”上建设全省非冷链集装箱货物追溯信息管理和公共服务平台，并根据疫情防控需要及时升级完善。全面汇聚、及时发布、实时推送入川非冷链集装箱货物来源、流向、消毒、贮存、运输车辆等溯源数据和人员管理情况信息。

（三）省卫生健康委。负责指导各地各部门（单位）按照国务院应对新型冠状病毒肺炎疫情联防联控机制和省应急指挥部制定出台的最新版疫情防控指南及相关政策规定组织开展国内进口集装箱货物新冠病毒检测工作，完善检测和预防性消毒技术规范和操作指南，开展对预防性消毒措施的指导评价，会同相关部门对全省进口高风险非冷链集装箱货物风险进行研判。

（四）成都海关。负责按规定开展进口非冷链集装箱货物新冠病毒监测检测，指导集装箱货物进口企业、海关查验场所经营单位做好口岸环节被布控指令命中的进口非冷链集装箱货物的疫情防控工作。配合相关部门督促海关监管作业场所经营单位、进口企业及时准确按要求填报（推送）进口高风险非冷链集装箱货物相关信息（货物来源、货主信息、消毒情况、货物流向、集装箱等）。

（五）交通运输厅。负责督促指导公路、水路进口高风险非冷链集装箱货物承运单位落实运输环节的疫情防控主体责任并实施相应的消毒处理措施；在国内运输段落实进口集装箱货物运输工具消毒、一线工作人员个人防护等措施，配合检查进口集装箱货物倒箱过车（从进口集装箱换装至国内运输车辆）过程中的消毒处理措施的落实情况。

（六）省市场监管局。负责抽查在全省范围内使用进口高风险非冷链集装箱货物的生产经营单位的消毒处理证明或记录，对抽查中发现的问题及时通报给属地应急指挥部。

（七）民航西南地区管理局。负责督促民用运输机场和航空公司落实企业主体责任，指导机场和航空公司做好机场货运仓库内开箱的进口高风险非冷链集装箱货物的预防性消毒工作并留存消毒处理记录。

（八）中国铁路成都局集团公司。负责督促指导铁路进口高风险非冷链集装箱货物运输环节的疫情防控工作。

（九）省大数据中心。负责为全省非冷链集装箱货物追溯信息管理和公共服务平台提供省级政务云和电子政务外网的支撑。

（十）公安厅。负责配合做好新冠病毒核酸检测阳性人员的流向调查、应急处置等工作。

（十一）市（州）人民政府。根据本地区实际情况，加强组织领导，加强督促检查，落实经费保障；明确牵头单位和相关部门职责分工，组织相关部门做好进口高风险非冷链集装箱货物新冠肺炎疫情的防控工作，组织企业采取切实有效措施做好预防性消毒工作、核酸抽检和从业人员管理等工作，确保进口集装箱货物疫情防控工作责任及措施落实到位。

（十二）相关生产经营单位。负责按照“谁的货物谁负责，谁作业谁组织消毒”的原则落实主体责任。货主或受其委托的装卸货作业单位负责组织或委托消毒单位实施预防性消毒。承运单位负责组织或委托消毒单位对国内运输段装运前后的进口集装箱货物装载运输工具实施消毒。消毒实施单位按照有关消毒技术规范开展具体的消毒作业，确保消毒效果，出具消毒处理证明。进口企业应当如实申报进口产品信息，建立货物入库、出库、消毒等台账制度，配合生产经营、作业单位开展预防性消毒工作。口岸或海关监管作业场所经营管理单位负责按照规定落实进口高风险非冷链集装箱货物疫情防控工作。

## 五、工作要求

（一）强化部门职责。建立省级进口高风险非冷链集装箱货物疫情防控协调机制，省政府口岸物流办会同商务厅负责综合协调，省委宣传部、公安厅、交通运输厅、商务厅、省卫生健康委、省市场监管局、省大数据中心、省政府口岸物流办、成都海关、民航西南地区管理局、中国铁路成都局集团公司、省机场集团等部门（单位）各司其职，督促指导各地各相关部门（单位）及市场主体落实进口高风险非冷链集装箱货物疫情防控工作。

（二）强化协调联动。各地各部门（单位）要坚持全省“一盘棋”，密切配合协作，加强协同联动，信息互享互通，形成工作合力。要压实属地和部门“两个责任”，明确专门部门和工作人员做好进口高风险非冷链集装箱货物疫情防控工作。

（三）依规做好消毒。货主和消毒实施单位要按照国务院联防联控机制有关规定及我省进口高风险非冷链集装箱货物预防性消毒技术指南等开展消毒作业，确保消毒效果。消毒实施单位详细记录消毒工作情况，包括消毒日期、人员、地点、消毒对象、消毒剂名称、浓度及作用时间等内容，相关资料和记录至少留存2年。

（四）规范信息发布。各地各部门（单位）要严格按照规定发布相关信息，进口集装箱货物检测和预防性消毒信息按程序报审后对外发布。相关职能部门要加强舆情监测，及时回应社会关切，避免出现舆情事件。

（五）强化督导问责。加强对全省进口高风险非冷链集装箱货物疫情防控工作落实情况的督促指导。各地各部门要按职责进行督查指导，及时通报发现的问题，督促相关主体按要求整改，将企业主体的疫情防控落实情况纳入诚信记录。对违反疫情防控相关规定的组织、个人以及工作中存在失职渎职行为的干部职工，有关部门要依法依规依纪进行处理追责。

# 贵州省

## 一、 综述

2021 年，贵州省认真贯彻党的十九大精神和习近平总书记对贵州工作的系列重要指示批示精神，按照国家口岸管理办公室部署，结合贵州省实际情况，持续深化中国（贵州）国际贸易单一窗口（以下简称贵州“单一窗口”）建设，完成新增功能的接入部署，定期制订宣传推广计划，确保企业用好各项功能。持续做好运维保障，提高 95198 服务热线知晓率，及时完成国家运维和服务请求两项管理规程。全年组织开展 2 次全省规模的线上线下培训，累计 180 余家省内进出口企业、报关行参加。完成跨境电商公共服务平台升级改造，累计 40 家跨境电商企业入驻平台，完成 4.66 万票跨境保税业务，累计货值 3046 万元。

## 二、 运行情况

### （一）运行数据

2021 年全年，贵州“单一窗口”货物申报 1.14 万票；舱单申报 583 票；运输工具申报 311 票；企业资质办理 4297 票；原产地证书申领 6313 票；税费支付 2288 票；加贸保税 3.50 万票；物品通关 132 票；跨境电商 1.45 万票；监管证件 349 票；出口退税 142 笔。

### （二）运行维护

成立运维管理专项工作组，认真落实两级运维保障，建立运维管理台账，定期对各类问题进行归纳整理，形成“单一窗口”常见问题和运维知识库，并定期向有关企业发送意见征求调查问卷，保持 95198 全国统一运维服务热线畅通。此外，还完成了贵州省现有跨境电商公共服务平台的改造升级工作。

### （三）宣传推广

1 月 18 日，贵州省口岸办举办“单一窗口”线上专题培训，推广全国口岸收费及服务信息发布系统等功能应用，针对系统使用流程及相关操作进行讲解，包括降低进出口环节合规成本、清理口岸收费、实行口岸收费目录清单制度等内容，对提高口岸收费公开透明水平、优化营商环境具有积极作用。

5 月 24 日，贵州省口岸办举办“单一窗口”线下专题培训，持续推广货物申报、加工贸易、跨境电商等功能应用，重点针对加工贸易及跨境电商业务进行专项讲解。

## 三、大事记

5 月 26 日

国家口岸管理办公室副主任王可出席 2021 中国国际大数据产业博览会，调研贵州“单一窗口”工作。

10 月 15 日

贵州“单一窗口”跨境电商公共服务平台上线运行，满足跨境电商贸易“9610”“9710”“9810”“1210”“1239”模式下的申报服务需求。

## 四、政策文件

### 贵州省人民政府关于推动开放型经济高质量发展的实施意见

黔府发〔2021〕12 号

各市、自治州人民政府，各县（市、区、特区）人民政府，省政府各部门、各直属机构：

为深入贯彻习近平总书记视察贵州重要讲话精神和对贵州工作的系列重要指示精神，推动开放型经济高质量发展，制定本实施意见。

#### 一、指导思想

以习近平新时代中国特色社会主义思想为指导，全面贯彻党的十九大和十九届二中、三中、四中、五中、六中全会精神，深入贯彻习近平总书记视察贵州重要讲话精神和对贵州工作的系列重要指示精神，按照“一二三四”工作思路，围绕“四新”主攻“四化”，抢抓国家推动形成陆海内外联动、东西双向互济全面开放新格局的历史机遇，服务构建新发展格局，深入推进内陆开放型经济试验区建设，在开放产业、通道、平台、环境、人才上实现新突破，为开创百姓富、生态美的多彩贵州新未来作出更大贡献。

#### 二、发展目标

到 2025 年，开放型经济实现“一达到、三翻番”，即：净出口占 GDP 比重达到全国平均水平；外贸进出口确保 1600 亿元、力争 2000 亿元，实际使用外资超过 8 亿美元，跨境电商超过 10 亿美元，实现三个翻番，开发区开放水平明显提升，开放型经济市场主体实力明显增强，开放环境明显优化，高水平开放型经济新体制基本形成。

#### 三、主要举措

**（一）推动产业基础实现新突破**

1. 着力完善开放产业规划布局。各市（州）根据各自资源禀赋和发展现状开发适合自身的开放型经济主导产业，全面提升产业开放水平。支持轮胎等“优势型”企业通过走出去、引进来、股权并购等形式，打造高水平跨国企业。支持茶叶、吉他、打火机、工程机械等“成长型”企业持续扩大出口，全力打造“隐形冠军”。支持辣椒、刺梨、薏仁米、酱香型白酒等“潜力型”企业，加强出口自营能力建设，打造一批出口新生力量。推动信息技术、生物医药、新能源等战略性新兴产业持续提高外向度。

2. 全力实施外贸倍增行动计划

（1）全面推动内外贸一体化。实施“内转外”行动，推动内外销并举、内外贸互转。鼓励进口先进技术设备和关键零部件，扩大肉类、高端消费品等进口，打造区域国际消费中心城市，争创国家进口贸易促进创新示范区。简化出口转内销强制性认证程序，支持企业发展内外贸“同线同标同质”产品。搭建出口转内销服务平台，支持外贸企业与国内大型连锁商超、零售批发商、优质品牌商对接。

（2）全力发展贸易新业态。完善中国（贵阳、遵义）跨境电子商务综合试验区“六体系、两平台”建设。推动商务、海关、税务、外汇管理、邮政等部门间数据共享。多种形式在境外主要市场布局贵州商品海外仓。开展飞机融资租赁业务，建立航空器材保税维修中心，发展飞机拆解以及航材贸易、航材租赁等业务。加快培育公用型保税仓、专用保税仓。

（3）创新发展服务贸易。开展“数化实”行动，发展数字贸易。建设国家数据流通交易平台，打造数字经济国际合作示范区。加快推进国家级服务外包示范城市建设，建立知识产权、数字内容展示和销售中心、离岸呼叫中心。推广复制贵安新区绿色金融改革创新试验区成功经验。

3. 培育壮大市场主体

（1）开展“贸企”精准招商。实施“外入内”行动，依托磷矿、锰等资源优势和电子信息产业、新能源、新材料、航空制造业等产业基础，开展全产业链招商，引进 30 家外贸龙头企业。依托劳动力优势，大力引进中东部纺织服装企业。积极创建国家加工贸易产业园区，大力引进加工贸易企业。

（2）多渠道做好外资招引工作。在各类招商活动中增加外资招引份量。进一步借助香港在外资招引中的平台作用，强化与欧美日等合作，重点引进发达国家先进制造业和创新项目。进一步用好各类国际合作资源。

（3）培育“走出去”主体。支持企业开展境外投资、承接对外承包工程及国际技术服务外包业务。鼓励企业到海外建设研发机构和离岸孵化创新基地。引导企业“抱团出海”。

**（二）推动开放通道实现新突破**

1. 瞄准珠三角、长三角打造开放通道。深入推进东西部对口协作，用好泛珠三角区域合作机制，积极融入粤港澳大湾区建设。积极参与长江上游四省市基础设施互联互通、产业创新协同发展、公共服务共建共享。推动广东（贵州）产业园、毕节·广州产业园建设，力争在大数据、先进装备制造、现代物流等产业合作上取得突破。巩固与香港经贸关系，举办香港（贵州）经贸交流活动周，提升贵州香港（独山）合作园区建设水平。深化与澳门合作关系，更好开发葡语国家市场。与长三角区域共建产业园区，加快推进铜仁与上海空间技术军民融合产业培育。用好北上长江、南下珠江的陆水通道，构建“一主两翼多辅”开放通道体系。

2. 畅通黔粤主通道。构建黔粤之间铁路、公路、航空、水运立体交通网络。开通贵阳改貌至深圳、广州、湛江港口的双向图定货运班列。支持广东港口在贵州建设陆港，实现港口功能“内移”。与广东研究出台贵州进出口货物专属堆存地、贵州平台组织出港货物订舱用箱便利化政策。引导外贸企业更多选择黔粤主通道。将贵州打造成广东产品西南地区首要集散中心。

3. 完善“南翼”西部陆海新通道。推动贵望铁路、黄百铁路建设。科学规划并持续建设对西部陆海新通道形成支撑的交通物流网络。推动西部陆海新通道班列实现常态化运行。积极争取国家支持，批准红水河龙滩电站通航建筑物由通航 500 吨级船舶调整为 1000 吨级项目建设。

4. 用足“北翼”中欧班列、乌江航运大通道。增强集货能力，推动中欧班列常态化运行。推进乌江（乌江渡—龚滩）航道扩能工程前期工作，完善航道和通航（过船）设施，利用好乌江既有通航能力。推进遵义黔北现代物流新城建设。

5. 加快现代物流体系建设。加快都拉营国际陆海通物流港、双龙航空港经济区、贵州现代物流（黔东）产业园建设，打造贸易物流枢纽网络。建设统一的集装箱管理中心及提还箱点。加强货运及集疏运体系建设，发展“集拼集运”模式。全力争取铁路运价下浮等优惠政策。加大对集装箱、集装罐等标准化运输的支持力度。推广多式联运。建立省物流工作联席会议制度，统筹全省物流发展工作。组建贵州物流联盟，引进培育一批物流龙头企业。到 2025 年，物流总费用占 GDP 比重降到全国平均水平。

6. 完善陆水空口岸体系。开通到相关港口的货运专线，为申建陆路口岸创造条件。加快贵阳改貌铁路海关监管作业场所建设。布局建设一批海关保税监管场所。建设贵阳港开阳港区、望谟蔗香港等，为申建水路口岸创造条件。建成双龙航空港经济区“一局四中心”。根据需求每年新开通 1 条以上国际全货机航线。申请第五航权，发展国际转运物流和转口贸易。争取实施 144 小时过境免签政策。推动遵义新舟机场和铜仁凤凰机场正式开放。到 2025 年，年出入境保障能力突破 170 万人次。

### （三）推动开放平台实现新突破

1. 打造层次分明、分工明确的开放平台体系。积极申建自由贸易试验区。贵安新区重点发展以大数据为引领的电子信息产业，打造数据中心、智能终端、数据应用“三个千亿级主导产业集群”。创新发展双龙航空港经济区口岸经济。推进开发区制度性改革，实现错位发展，增强承接产业转移能力和创新能力。到 2025 年，培育 10 个国家级经济技术开发区，建成 5 个 1000 亿级、10 个 500 亿级、40 个 100 亿级开发区，开发区“三外”总量在全省占比超过 50%。

2. 进一步组织好国际交流活动平台。持续办好生态文明贵阳国际论坛、数博会、中国—东盟教育交流周、酒博会、贵洽会、国际山地旅游暨户外运动大会、中国—东盟合作妥乐论坛，用好中国进出口商品交易会、中国国际进口博览会、中国国际服务贸易交易会，扩大国际经贸合作。构建梯度明晰的会展场馆体系，建设以贵阳“中国夏季会展名城”为中心的国际性夏季会展中心和四季会展大省。

3. 积极参与共建“一带一路”。完善“一带一路”重大项目库、重点企业库、重要产品库，深化与重点央企合作，实现“搭船出海”。发挥我省在大数据方面的优势，深入参与数字丝绸之路建设。全面参与绿色丝绸之路建设，积极发展绿色贸易和绿色合作，全力打造绿色经济国际合作示范区。

4. 深入开展 RCEP 区域合作。持续提升与东盟互联互通水平，加大与东盟商协会及企业对接力度，扩大双方合作领域。鼓励水利、电力、桥梁、磷化工等企业到东盟投资或承揽工程。扩大我省特色优势产品出口澳大利亚、新西兰、日本、韩国，进口我省所需矿产资源、先进技术设备、关键零部件。

**（四）推动开放营商环境实现新突破**

1. 提升营商环境市场化水平。全面落实外资准入前国民待遇加负面清单管理制度。外商投资准入负面清单以外的领域，按照内外资一致的原则实施管理。设立国际投资“单一窗口”，持续深化国际贸易“单一窗口”建设，优化国际物流监管模式，进一步提高通关效率，提升投资贸易便利化水平。引进、培育一批外贸综合服务龙头企业。

2. 提升营商环境法治化水平。清理与外商投资法不符的地方行政法规和规章、规范性文件。推进“双随机、一公开”监管、重点监管、信用监管等深度融合。持续推动公平竞争审查制度实施。认真落实《贵州省优化营商环境条例》，全力打造“贵人服务”品牌。

3. 提升营商环境国际化水平。推动设立贵州发展高端国际咨询委员会。推动友城扩容提质，到2025年新建友好省（市、州）40对以上。争取外交部、中联部、国务院港澳办在贵州开展重大外交外事活动。进一步发挥中国贸促会自由贸易协定（贵州）服务中心能效。

**（五）推动人才资源实现新突破**

1. 着力引进重点人才。加大力度招引沿海地区和国内外知名高校国际贸易、国际商法、金融等领域人才和创新团队。推动与国家部委和对口协作城市开放型人才双向挂职锻炼。将开放型经济急需人才列为“贵州省高层次人才引进计划”重点招引对象。

2. 创新引进境外人才。探索开展自然人流动试点，为外国人在黔工作生活提供便利条件。支持具备条件的医院与国内外保险公司合作，发展与国际接轨的医疗保险服务和医疗保障服务。落实好“高层次人才服务绿卡”制度，向经认定的高层次创新创业人才和急需紧缺开放型经济人才发放绿卡，吸引留学回国人员来黔创新创业。

3. 完善自主培养机制。加快省内高校“双一流”建设，重点加强国际经济与贸易、涉外法律、金融等专业建设，建立产学研相互融合、相互促进的合作机制，加快培育一批开放型经济青年人才。加强国内外教育交流合作，鼓励开展中外合作办学，支持开放型经济管理人才出国（境）交流培训。

**四、保障措施**

（一）强化组织保障。成立推进开放型经济工作领导小组，与内陆开放型经济试验区建设领导小组合并运行，由省政府主要领导担任组长，相关副省长担任副组长，省直部门和部分中央在黔机构、市（州）政府主要负责人为成员，统筹全省开放型经济发展工作，领导小组办公室设在省商务厅，保障相关人员和经费。领导小组下设口岸、物流两个专项组，分别由省政府分管副省长担任组长。各市（州）、县（市、区、特区）比照成立开放型经济工作领导小组，配齐配强商务工作队伍。将外资、外贸指标纳入全省高质量发展考核体系，增加权重，政策、项目和资金向考核优秀的地区倾斜，对年度考核较差的地区予以通报批评。

（二）强化财金保障。招引外资银行来黔设立分支机构或办事处。创新建立“资金池+基金”

模式，按照“零基预算”原则，加大财政支持力度。在现有省级政府投资基金下，探索设立开放型经济发展基金。优化做大“黔贸贷”。推动企业赴境外交易所上市。推动中信保在贵州设立分公司。加大出口信用保险、关税保证保险等产品支持力度。出台重点企业外汇结算、银行信贷、出口退税等“绿色通道”政策。简化跨境人民币结算流程，优化跨境人民币投融资管理。

（三）强化要素保障。加大开放型经济项目用地支持，鼓励以租赁等灵活方式供应用地。鼓励企业盘活存量土地，更加集约节约利用土地。支持依法使用农村集体建设用地发展开放型经济。适当降低开放型经济项目用地投资强度要求。鼓励利用旧厂房、闲置仓库等建设流通设施。深化电价等要素市场化配置改革。支持外出务工人员返乡就近就业。

贵州省人民政府

2021 年 11 月 27 日

（此件公开发布）

# 云南省

## 一、综述

2021 年，为贯彻落实党中央、国务院有关决策部署，在云南省委、省政府的领导和国家口岸管理办公室的指导下，云南省积极推进中国（云南）国际贸易单一窗口（以下简称云南“单一窗口”）建设推广工作。标准版功能应用进一步推广，边民互市管理系统、口岸突发事件应急协调处置中心等云南特色应用进一步升级改善，助力服务边民脱贫和边疆繁荣稳定。

## 二、运行情况

### （一）运行数据

截至 2021 年年底，云南“单一窗口”注册企业 7579 家，较 2020 年增加 1381 家；注册用户 1.11 万个，较 2020 年增加 1767 个。全年货物申报 32.29 万票；舱单申报 106.55 万票；运输工具申报 23.97 万票；企业资质办理 1.70 万票；原产地证书申领 7.81 万票；税费支付 2549 票；加贸保税 4.18 万票；物品通关 67.13 万票；跨境电商 1465.36 万票；监管证件 3291 票；出口退税 101 笔。

截至 2021 年 12 月 31 日，云南省边民互市进出口申报票数 1086.58 万票，申报车次 306.72 万辆，申报金额 928.04 亿元，申报重量 3528.32 万吨。

### （二）运行维护

#### 1. 客户服务

2021 年，云南“单一窗口”共受理用户问题 7816 个。独立指导企业解决问题 7642 个，其中 95198 热线解决问题 2351 个、QQ 群解决问题 1069 个、微信群解决问题 4222 个；请求海关端解决问题 124 个；上报国家项目组解决问题 50 个。针对受理问题建立问题台账，将具有代表性的问题整理成为知识库，知识库累计问题总数 2376 条。

#### 2. 网站运维管理

完成门户网站数字安全证书安装、密码应用测评等工作。

### （三）宣传推广

全年在门户网站发布新闻资讯、通知公告 1185 条，组织 4 次在线“单一窗口”功能操作培训，培训人员 1070 人次。

## 三、大事记

5 月 20 日

云南“单一窗口”配合省公安厅组织云南网络安全攻防演练。

8 月 28 日

云南“单一窗口”运维组配合完成 2021 年南博会组展工作。

10 月 11 日

完成 2021 年 COP15 大会期间云南“单一窗口”安全服务保障工作。

11 月 13 日

云南“单一窗口”完成渗透测试工作并输出测试报告。

# 西藏自治区

## 一、综述

2021年，西藏自治区积极落实党中央、国务院关于优化营商环境、促进跨境贸易便利化有关决策部署，按照国家口岸管理办公室相关要求，积极推进中国（西藏）国际贸易单一窗口（以下简称西藏“单一窗口”）建设工作，推进标准版在西藏全面运用，助力边贸发展和口岸营商环境改善。

## 二、运行情况

### （一）运行数据

2021年全年，西藏“单一窗口”货物申报7232票；舱单申报6386票；企业资质办理1110票；原产地证书申领8票；税费支付1429票；加贸保税1票；物品通关10票；监管证件106票；出口退税1笔。

### （二）运行维护

2021年，西藏口岸办通过95198热线、微信群和线下指导等方式共受理企业咨询问题27次。

# 陕西省

## 一、综述

2021年，陕西省口岸办在国家口岸管理办公室的指导下，依据全国口岸办主任电视电话会议精神和《国家口岸管理办公室2021年工作要点》有关要求，结合本省贸易情况，不断加大中国(陕西)国际贸易单一窗口（以下简称陕西“单一窗口”）推广力度，积极拓展建设地方特色应用，推出陕西省进口物品口岸流转信息管理平台、金融服务平台（一期）、大数据分析和全景数据展示平台、智慧云报关服务平台等功能应用，并完成了陕西“单一窗口”与陕西省政务服务平台的统一身份认证。建立了陕西省电子口岸建设工作专家库，编制了运维管理规程、服务请求管理规程、保密工作制度和数据安全管理实施细则，进一步规范了陕西“单一窗口”的运维管理工作和数据安全保密工作，为“十四五”期间陕西“单一窗口”健康发展奠定了坚实基础。

## 二、运行情况

### （一）运行数据

截至2021年年底，陕西“单一窗口”累计注册用户8876家，较2020年增加692家。全年货物申报47.49万票；舱单申报34.55万票；运输工具申报2.34万票；企业资质办理1.07万票；原产地证书申领1.92万票；税费支付2220票；加贸保税44.80万票；物品通关431.09万票；跨境电商861.00万票；监管证件1814票；出口退税1408笔。

### （二）运行维护

1. 运营17个外贸企业微信群，结合95198服务热线，及时解答企业使用陕西“单一窗口”时遇到的系统问题及业务咨询，保障陕西外贸业务正常运转，收集企业意见，发布系统升级维护通知。截至2021年12月31日，95198热线接听来电1.44万通。全年累计发布“单一窗口”问题整理26期，发布服务月报12期。

2. 通过线上和线下两种方式对陕西外贸企业进行技术支持和服务，走访调研并派驻业务人员定点服务西安咸阳国际机场、西安国际港务区等地区外贸企业，了解外贸业务环节及企业信息化需求。

### （三）宣传推广

#### 1. 加强组织培训

全年累计组织业务培训 6 次，培训企业 640 余家。1 月 28 日，举办陕西“单一窗口”全国口岸收费及服务信息发布系统线上培训。2 月 28 日，举办陕西省进口物品口岸流转信息管理平台线上培训。3 月 12 日，举办陕西“单一窗口”监管证件申领功能宣传推广线上培训（一期）。6 月 25 日，举办陕西“单一窗口”原产地证及许可证件申领功能培训。8 月 27 日，举办陕西“单一窗口”监管证件申领功能宣传推广线上培训（二期）。9 月 8 日，举办陕西“单一窗口”提升综合服务能力试点工作线下培训。

#### 2. 扩大宣传推广力度

通过门户网站、运维群、微信公众号、陕西电子口岸综合服务平台等多种形式，积极推进陕西“单一窗口”的推广与应用。截至 2021 年 12 月 31 日，门户网站发布通知公告 27 条，微信公众号发布信息 1249 条，陕西电子口岸综合服务平台发布信息 615 条。

## 三、 特色应用

### （一）陕西省进口物品口岸流转信息管理平台

为贯彻落实陕西省应对新冠肺炎疫情工作领导小组会议和省委、省政府工作要求，确保非冷链进口物品入关、入库、入市、入户的信息可查、可追溯，陕西省进口物品口岸流转信息管理平台于 2021 年 1 月 27 日正式上线运行。截至 2021 年 12 月 31 日，平台共申报数据 51617 条，有力保障了陕西省进口非冷链物品的安全。

### （二）大数据分析和全景数据展示平台

2021 年 9 月 24 日，大数据分析和全景数据展示平台正式上线运行。平台构建了陕西“单一窗口”底层多源数据的清洗、处理、分析、展示能力，为政府部门、外贸企业和第三方相关机构提供国际贸易、跨境物流等数据分析统计、可视化展示、自动化报表、辅助决策支撑等服务。截至 12 月 31 日，支撑平台的底层数据库数据量超过 500 万条。

### （三）智慧云报关平台

2021 年 12 月 16 日，智慧云报关平台正式上线运行。平台为企业提供云报关、关务管理及 AEO 管家等服务，进一步提升陕西外贸企业报关便利化水平，提升企业关务分析、决策能力，降低企业 AEO 管理费用，增强企业数字化运营能力，助推陕西国际贸易企业转型升级。

### （四）陕西政务服务平台特色创新模块（热门专区）

2021 年 11 月 10 日，陕西“单一窗口”专区上线陕西政务服务平台特色创新模块（热门专区），实现了陕西政务平台用户与陕西“单一窗口”用户身份互认和一键登录。

## 四、大事记

1月26日

陕西省口岸办印发陕西“单一窗口”运维和服务请求两项管理规程。

1月27日

陕西“单一窗口”进口物品口岸流转信息管理平台上线运行。

3月29日

陕西“单一窗口”金融服务平台（一期）正式上线。

4月29日

陕西省口岸办印发《陕西电子口岸专家库管理办法（暂行）》，建立陕西电子口岸专家库，充实陕西电子口岸智库力量。

7月30日

印发关于陕西“单一窗口”保密工作的通知，进一步加强陕西“单一窗口”数据安全保密工作。

8月31日

开展国际贸易“单一窗口”航空物流公共信息平台首批试点建设工作。

9月22日

陕西“单一窗口”建设推广工作纳入《陕西省口岸发展“十四五”规划》。

9月24日

陕西“单一窗口”大数据分析和全景数据展示平台上线。

9月27日

印发陕西“单一窗口”数据安全管理实施细则。

11月10日

陕西“单一窗口”专区上线陕西政务服务平台特色创新模块（热门专区）。

12月16日

陕西“单一窗口”智慧云报关平台正式上线。

## 五、政策文件

### 陕西省商务厅 陕西省发展和改革委员会<br>关于印发《陕西省口岸发展“十四五”规划》的通知

陕商发〔2021〕28号

省口岸和海关特殊监管区联席会议各成员单位，各设区市（杨凌示范区、韩城市）商务招商主管部门、发展和改革委（局）、口岸办，各设区市（区）综合保税区管委会：

《陕西省口岸发展“十四五”规划》已经省政府同意，现印发给你们，请结合实际认真贯彻实施。

陕西省商务厅　陕西省发展和改革委员会
2021 年 9 月 22 日

根据《国家“十四五”口岸发展规划》和《陕西省国民经济和社会发展第十四个五年规划和二〇三五年远景目标纲要》，紧密结合我省口岸改革发展实际，特编制本规划。

## 一、“十三五”口岸发展成就

“十三五”时期在国务院口岸管理部门的关心指导下，在省委、省政府的正确领导下，在各地和口岸各有关部门的共同努力下，我省口岸建设取得了跨越发展，全面完成了预期目标任务，较“十二五”时期，进出口货物量增长 246. 4%，进出口货值增长 100. 4%，出入境人员增长 105. 9%，出入境交通运输工具增长 107. 9%，综合保税区由 2 个增加到 7 个，增加隶属海关 5 个。口岸功能平台不断完善，助推全省开放型经济发展进入了新阶段。

### （一）口岸开放体系更加完善

“十三五”时期，坚持统筹推进航空口岸、铁路口岸、指定口岸和电子口岸的改革和发展，口岸建设步伐加速，口岸功能不断丰富，支撑开放型经济发展的口岸体系日臻完善。

航空口岸持续发展。西安咸阳国际机场口岸国际航线增至 92 条，国际全货运航线增至 15 条，开通保税航油业务，成功开通第五航权货运航线，获准执行 144 小时过境免签政策，口岸经济健康快速发展。2019 年西安咸阳国际机场口岸出入境旅客较“十二五”末增长 1. 75 倍；2020 年进出口货运量较“十二五”末增长 2. 6 倍。“十三五”时期，榆林榆阳机场口岸 2 次获准临时对外开放，延安南泥湾机场国际厅建成。

铁路口岸异军突起。中欧班列“长安号”高质量发展。“长安号”向西开行了中亚、中欧 15 条干线通道，开通了铁海联运线路和中欧班列公共班列，已覆盖“一带一路”沿线 45 个国家和地区，中亚方向班列在全国率先实现市场化运营，核心指标稳居全国前列。“十三五”时期，“长安号”开行数量较“十二五”时期增长约 50 倍，运输货物总量增长约 27 倍，西部国际贸易大通道作用日益凸显。西安国际港务区创新发展。首创“港口内移、就地办单、多式联运、无缝对接”的内陆港模式，形成了“长安号”、西安港、开放口岸、多式联运监管中心和跨境电商综试区一体化发展格局。西安集结中心加速建设。2020 年 7 月，西安获批为国家中欧班列集结中心示范工程，推动了中转集拼场站、智慧物流平台等基础设施项目建设，创建了“+西欧”集结模式，相继开行了“襄西欧”“徐西欧”等 12 条国内集结线路；集结中心辐射和承载能级快速提升，全国首个铁路自动化无人码头、西安港综合口岸建成完工。

指定口岸功能丰富。“十三五”时期，西安咸阳国际机场口岸建成运行进境食用水生动物、进境水果、进口肉类、进境植物种苗指定口岸。西安铁路口岸建成运行进境粮食、进口肉类和汽车整车进口等指定口岸。2020 年，西安铁路口岸进口粮食 23893. 2 吨，进口肉类 1748. 2 吨；汽车整车进出口 35727 辆，位居全国内陆口岸前列。

### （二）口岸通关监管更加完备

口岸监管机构加强。全面落实国务院海关机构改革方案，西安海关新设立车站、邮局、关中、汉中、商洛5个隶属海关，在我省优化口岸营商环境、强化口岸疫情防控、支持外贸健康发展方面发挥了骨干作用。原武警陕西省边防总队转改成立陕西出入境边防检查总站，在维护口岸稳定、保护口岸安全、强化口岸管控、提高通关效率发挥了重要作用。

口岸监管流程再造。关检业务全面融合，通关流程更加优化，口岸监管环节减少，口岸监管资源集约，实现了全国口岸通关一体化。按照“打造中国最佳中转机场”目标，设置并优化国际航班边检“国内转国际”流程。

口岸监管制度创新。海关机构实行24小时预约通关查验，推行“提前申报”“两步申报”“两段准入”改革，首创进口“舱单归并、合并申报”模式、加工贸易在线“云核销”监管等便利化举措。边检坚持“7×24小时”全时段通关保障，设置“一带一路”专用通道。

### （三）口岸营商环境持续优化

深化口岸“放管服”改革。按照“减单证、优流程、提时效、降成本”的工作要求，改善口岸通关环境，强化监管优化服务，促进外贸量稳质升。

持续压缩通关时间。制定口岸作业时限标准，促进口岸场站作业规范化，2020年，提前一年完成国务院提出的较2017年压缩整体通关时间1/2的目标任务。

大幅减少通关单证。将口岸通关环节需海关查验的监管证件由86种精简到41种，除安全保密等要求不能联网之外，进出口监管证件全部实现了联网核查、自动比对。

积极实施降费增效。建立口岸收费目录清单管理和动态公开公示制度，将口岸收费目录清单在口岸现场、收费单位公示，陕西“单一窗口”网站动态更新。实施政府购买航空口岸、铁路口岸公共服务政策，每年投入6900万元财政资金，降低外贸企业口岸通关成本。

电子口岸加速发展。2017年，我省被列为国家“单一窗口”首批试点。2019年，完成了“单一窗口”运维主体改组改造工作，国际贸易“单一窗口”主要功能覆盖率达到100%。2020年，编制并实施了《中国（陕西）国际贸易“单一窗口”建设总体方案》，与22家金融机构联手共建陕西“单一窗口”金融服务平台，电子口岸建设进入快车道。

### （四）自贸试验区与综合保税区相互促进融合发展

自贸试验区为综合保税区高水平开放高质量发展提供环境保障。陕西自贸试验区成立四年来，累计形成创新案例463个，21项改革试点经验在全国复制推广，83项制度创新成果在全省复制推广，其中53项已全面落地实施；累计新增企业52380家（含外资企业579家），注册资本8923.38亿元，创造了全省73%的货物进出口值。自贸试验区的改革创新成果和经验为综合保税区的高水平开放和高质量发展提供了发展动力和环境保障。

综合保税区为自贸试验区创新发展和突破发展提供了重要平台。“十三五”时期，新获批设立5个综合保税区，我省综合保税区数量（7个）居全国第6位，为自贸试验区创新发展突破发展提供了重要平台。2020年，我省综合保税区累计实现进出口值2613.1亿元，占同期全省进出口总值的69.3%，综合保税区进出口贡献率是全国最高的省份之一。

统筹推进口岸与综合保税区协同发展。建立了省口岸和海关特殊监管区工作联席会议制度，制定出台了《进一步加强陕西省综合保税区工作的意见》和《陕西省综合保税区“一区一案”工作意见》，将综合保税区工作纳入全省大口岸建设统筹推进。

## 二、“十四五”口岸发展面临的形势

### （一）发展机遇

新时代奋力追赶超越为口岸改革发展提供了新机遇。“十四五”时期是我省奋力谱写新时代追赶超越新篇章，加快建设内陆改革开放高地，打造效率高、成本低、服务优国际贸易大通道的攻坚期，也是口岸建设和口岸经济发展的黄金机遇期。在抢抓发展机遇的同时，必须清醒的认识口岸建设中存在的突出短板和突出矛盾，审时度势，努力作为，为口岸发展创造良好环境。

“一带一路”大格局为口岸开放发展创造了新优势。随着“一带一路”建设的深入推进，陕西丝绸之路起点，亚欧大陆桥区位中心优势更加突显，特别是习近平总书记明确指出，要加快建设中欧班列西安集结中心，打造效率高、成本低、服务优的国际贸易通道，为陕西补齐开放不足短板，打造内陆改革开放高地指明了方向，为我省“十四五”时期加快开放型经济高质量发展，大力推进口岸功能平台建设等创造了新优势。

国内国际双循环新格局为口岸经济发展提供了新动力。作为不沿边不沿海的内陆省份，开放型经济发展不足是长期存在的结构性短板。构建以国内大循环为主体，国内国际双循环相互促进的新发展格局，为我省统筹国内国际两个市场、两种资源和推进国际化产能合作等提供了新动力。

基础设施建设现代化为口岸扩能升级增添了新活力。陕西与全国 8 个省会城市形成了两小时航空经济圈和一日铁路经济圈。在《国家综合立体交通网规划纲要》中，西安和延安列入 6 条主轴中的“京津冀—成渝主轴”，西安列入 7 条走廊中的“大陆桥走廊”，西安和延安纳入 8 条通道中的“福银通道”。2019 年西安陆港型国家物流枢纽被列入国家首批重点建设的 23 个枢纽名单，陕西国际航空物流港列为国家级物流示范园区。2019 年 5 月，重庆、广西、贵州、甘肃、青海、新疆、云南、宁夏、陕西 9 个西部省份签署合作共建“陆海新通道”协议；西部陆海新通道加速建设，进一步强化了陕西联通欧亚、承东启西、连接南北的交通枢纽和物流枢纽地位。

政策机遇叠加为口岸高质量发展聚集了新动能。“十四五”时期我省面临着构建新发展格局、共建“一带一路”、新时代推进西部大开发等一系列重大战略机遇，承担着自贸试验区、创新城市发展、“一带一路”综合试验区建设等多项国家级创新改革试点任务，关中平原城市群建设、西咸一体化建设，西安国家中心城市建设、大西安都市圈建设，自贸试验区和综合保税区融合发展，区域经济和口岸经济加速发展，为我省口岸高质量发展聚集了新的动能。更加凸显出陕西对外开放的区位优势。特别是《国家“十四五”口岸发展规划》提出“支持内陆地区口岸创新发展”，为我省加快形成以关中平原城市群为主体，陕南、陕北“一核两翼”口岸经济群催生了新的动力。

### （二）主要问题

口岸开放不足且布局不完善。我省现有 1 个正式对外开放口岸（西安咸阳国际机场），2 个临时对外开放口岸（西安铁路车站和榆林榆阳机场），口岸开放数量不足，口岸开放功能发挥不充分。现有 7 个综合保税区全部集中在关中地区，陕北陕南空白，发展不平衡、不充分问题并存。

“十四五”时期我省进出口总值、外贸企业数将实现“双倍增”，口岸开放不足、空间布局不完善问题日益凸显。（参见表 1）

**表 1　陕西与比邻省份开放口岸数量比较（截至 2020 年底）**

| 全国 | 陕西 | 河南 | 湖北 | 重庆 | 山西 | 甘肃 |
|---|---|---|---|---|---|---|
| 313 | 1 | 3 | 4 | 2 | 3 | 3 |

口岸枢纽通道作用亟待加强。《国家综合立体交通网规划纲要》将西安定位为国际性综合交通枢纽城市，要求强化西安铁路口岸国际物流枢纽功能，巩固西安航空口岸国际航运枢纽地位。我省口岸物流基础设施建设投入与构建航空口岸、铁路口岸国际枢纽地位的要求存在差距。

口岸综合治理能力有待提升。口岸风险防控和应急处置能力亟需加强，防疫检疫力量有待充实；口岸基础设施建设薄弱，对开放型经济发展的牵引、支撑和保障能力不足；口岸单位信息互联互通程度不高，口岸通关便利化水平仍有提升空间。

## 三、总体思路

### （一）指导思想

坚持以习近平新时代中国特色社会主义思想为指导，全面贯彻党的十九大和十九届二中、三中、四中、五中全会精神，深入学习贯彻习近平总书记“七一”重要讲话和来陕考察重要讲话精神，坚持稳中求进工作总基调，立足新发展阶段，贯彻新发展理念，构建新发展格局，以高质量发展为主线，以改革创新为动力，以打造内陆改革开放高地为目标，强化口岸国内国际双循环交汇点定位，充分发挥口岸在我省扩大开放中的先行军作用，统筹推进口岸和自贸试验区、综合保税区、国际贸易大通道建设发展，加快形成“一核两翼多点支撑”的口岸发展新格局，推动全省开放型经济健康发展。按照建设平安、效能、智慧、法治、绿色“五型”口岸标准，全面提升口岸治理能力和治理体系现代化水平，全力打造一流内陆现代化口岸，为陕西打造改革开放高地做出新贡献。

### （二）基本原则

坚持扩大开放。持续完善航空口岸布局，积极拓展国际航线，提升西安航空口岸国际枢纽功能。加快建设铁路口岸，促进中欧班列“长安号”高质量发展，支持中欧班列西安集结中心建设。引导综合保税区优势互补、错位发展、特色发展。

坚持改革创新。深化“放管服”改革，创新口岸管理服务理念，探索培育新模式、新业态和新动能，推动加工贸易转型升级、服务贸易提质增量、跨境电商跃升发展，推进口岸管理职能转变和通关监管创新，强化口岸设施设备和数据共享共用，促进口岸经济由“通道经济”向“贸易经济”“产业经济”转型。

坚持效益优先。持续推进我省口岸治理体系和治理能力现代化建设，以口岸综合绩效评估、综合保税区发展绩效评估为抓手，找准定位、理出差距，明确目标，实施分类分级管理，提高口岸开放和综合保税区运行整体效益。

坚持协同治理。强化口岸管理相关部门协同配合工作机制，加强政策协调和规划衔接，强化口岸管理横向纵向协同。充分发挥开放平台引领作用，推动口岸与自贸试验区、综合保税区等开放平台联动发展，促进政策叠加、功能互补。

坚持底线思维。紧盯国际疫情和世界经济形势，落实总体国家安全观，统筹口岸发展和安全，统筹传统安全和非传统安全，强化口岸安全联防联控。建立精确预警、精准监管、精细管理的口岸安全风险防控体系，筑牢国门安全防线。

### （三）发展目标

总体目标。围绕省委、省政府谱写新时代追赶超越新篇章的总体要求，以打造内陆改革开放新引擎为重点，以口岸综合绩效评估和综合保税区发展绩效评估为抓手，统筹推进“五型”口岸建设，聚力打造西安国际航空枢纽、中欧班列西安集结中心和布局合理的海关特殊监管区域体系，加快形成促进和支撑全省开放型经济发展的口岸发展格局。到 2035 年，建成与基本实现社会主义现代化远景目标相适应的现代化一流口岸，实现空间布局协调互补，资源配置集约高效，服务功能全面配套，高质量完成“五型”口岸建设。

到 2025 年，西安咸阳国际机场口岸国际（地区）航线累计达到 100 条，通达全球 120 个主要枢纽和城市，国际（地区）客运吞吐量达到 450 万人次，国际（地区）全货运航线累计达到 40 条，国际货邮较“十三五”末翻一番，国际货量达到 11.6 万吨以上。中欧班列“长安号”开行量、货运量居全国前列；综合保税区的进出口值达到 4200 亿元，占全省同期进出口总值的 60%。

中期目标（2021—2023 年）。西安咸阳国际机场口岸引领发展，榆林榆阳机场口岸正式对外开放；中欧班列“长安号”运行质量和规模“双提升”，中欧班列西安集结中心枢纽集散功能进一步完善，基本形成干支结合、枢纽集散的高效集疏运体系，“+西欧”持续发展，全省铁路口岸发展形成多点支撑；海关指定监管场地布局更加合理，综合保税区特色发展，对全省进出口贡献率持续提升；口岸提效降费成效明显，口岸营商环境进一步优化；陕西“单一窗口”地方特色应用服务达到 15 个以上，服务效能大幅提升；绩效评估工作推动口岸和综合保税区健康快速发展。

后期目标（2024—2025 年）。全面建成内陆地区“五型”口岸。延安南泥湾机场口岸正式对外开放，全省航空口岸发展形成多点布局。全省形成航空、铁路口岸相互促进，自贸试验区、综合保税区、经济技术开发区、高新技术产业开发区融合发展新格局。国际航线网络完善、中欧班列“长安号”和西安集结中心的枢纽通道作用增强，口岸综合治理能力提升，口岸营商环境显著改善。到“十四五”末，促进全省进出口总值、外贸市场主体较“十三五”末实现“双倍增”。

### （四）空间布局

“十四五”时期，全省口岸和综合保税区空间布局为“一核两翼、三区联动”。（参见图 1）

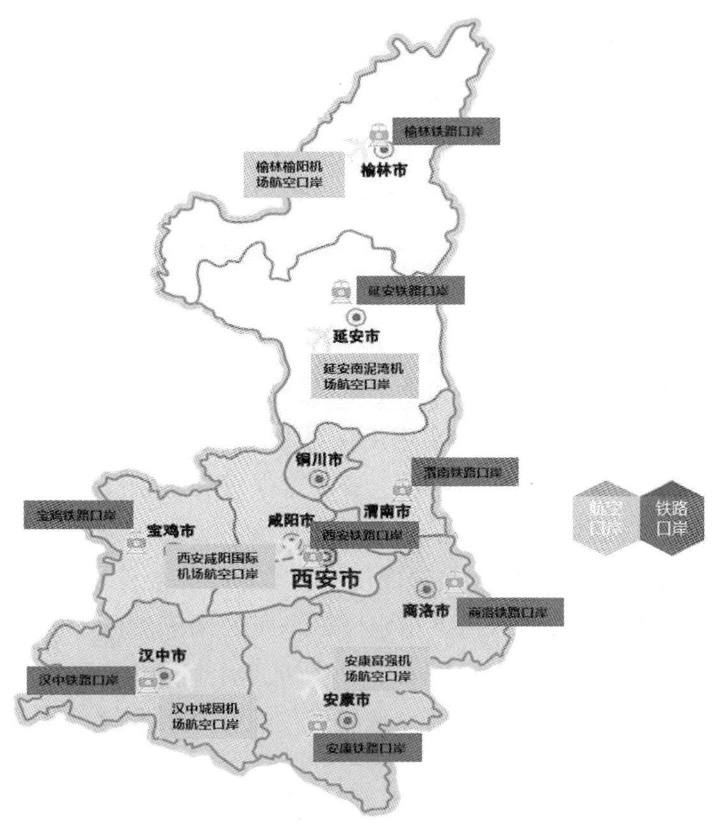


图 1 “十四五”陕西口岸空间布局

“一核”，以关中城市群口岸建设为核心。重点加强西安航空口岸和铁路口岸建设，支持宝鸡、渭南加强铁路口岸功能建设，依托国家航空、铁路两大枢纽中心优势，发挥口岸对全省开放型经济发展的辐射带动作用；加快推进西安高新综合保税区高水平发展，西安综合保税区、关中综合保税区、西咸空港综合保税区突出发展，西安航空基地综合保税区、宝鸡综合保税区、杨凌综合保税区特色发展，大力发展通道经济、口岸经济、枢纽经济，承载全省开放型经济的主要责任。

“两翼”，以陕北陕南口岸发展为两翼。实现延安南泥湾机场、榆林榆阳机场口岸正式对外开放，支持延安、榆林加强铁路口岸功能建设；支持汉中、安康加强航空口岸基础设施建设，支持汉中、安康、商洛加强铁路口岸功能建设。申请设立海关特殊监管区域和海关监管作业场所，全面提升陕北陕南开放型经济发展水平。

“三区联动”。推动综合保税区、自贸试验区、经济技术开发区/高新技术产业开发区间的政策叠加、功能互补，促进口岸开放平台互联互通，实现区域间联动、协同和融合发展。

## 四、主要任务

### （一）加快口岸体系建设

#### 1. 高标准建设航空口岸

大力推进西安航空口岸国际枢纽机场建设。加快推进西安咸阳国际机场三期扩建工程枢纽口岸基础设施建设，加强航空口岸场站货站和海关监管作业场所建设，健全多式联运体系，扩大空铁公联运规模，增强进出口货物集疏运能力。建设国际航空枢纽，积极争取第七航权和“一带一路”国家航权自由化试点，扩大国际航权使用范围，加密中亚、西亚、东南亚、东北亚、欧洲航线网络，拓展美洲、澳洲航线。支持西北货航、圆通、顺丰、大韩航空合作开通比什凯克、列日等国际货运航线。加快开辟全货机跨境物流专线。加强与国际枢纽机场建立货运联盟。构建集干线航空、支线航空、廉价航空为一体的综合航空客货运体系，加快形成“丝路贯通、欧美直达、五洲相连”的国际航空网络格局。加快打造全球性国际邮政快递枢纽集群，紧密对接中国邮政集团，建成中国邮政西北速递物流中心。支持西安咸阳国际机场创建国际卫生机场，建立完善航空口岸应对口岸突发公共卫生事件处置工作机制。

加快构建多点支撑的航空口岸格局。力争 2022 年榆林榆阳机场口岸正式对外开放；2023 年延安南泥湾机场实现临时对外开放，2024 年实现正式对外开放；到 2025 年初步形成全省直航、联航互补的国际航线网络。支持汉中城固柳林机场、安康富强机场航空口岸功能建设。

全面优化口岸监管通关机制。优化旅客出入境通关流程，减少通关环节，推行“海关+安检、边检+安检、一次过检”监管模式改革。完善保税航油监管，拓展保税航油服务。加快推进西安咸阳国际机场口岸、西咸空港综合保税区海关指定监管场所的优化整合。

积极推进临空经济集聚发展。积极拓展加工、仓储、物流、贸易、租赁、维修、检测、培训、研发、展示等保税业务，支持发展跨境电商。依托西安咸阳国际机场，大力发展临空经济，积极培育空港产业，支持发展航空租赁、跨境结算为代表的临空服务贸易。依托西安临空经济示范区，大力发展航空、空港产业集群。

### 2. 高起点建设铁路口岸

加快推进中欧班列西安集结中心建设。支持中欧班列西安集结中心示范工程建设，全力拓展中欧班列运输网络和覆盖范围，优化中欧班列运营组织和服务保障，促进公、铁、空、海运输方式协调衔接和高效运转。推动西安铁路集装箱中心站、西安港综合物流基地建设，推进西安铁路口岸开展区域合作和跨境合作，开展多式联运和内外贸货物混载运输。对接西部陆海新通道，拓展“长安号”国际直达线路，提升西安集结中心物理承载、引流聚焦和投资贸易便利水平，促进“长安号”运贸结合并实现高质量发展。

提升中欧班列“长安号”全程通关便利化水平。推动海关、铁路部门通过陕西“单一窗口”实现“关铁通”，争取 TIR 运输与中欧班列联动，加快与中欧班列沿线国家“单一窗口”及口岸监管部门的信息互换和监管互认。争取海关总署“安智贸”项目在西安航空口岸、铁路口岸落地。推动与共建“一带一路”国家间的信息互换、监管互认和服务共享，提升联运货物物流监控信息化管理水平，推动联运全程“一次申报、一次查验、一单到底”。

推进西安铁路口岸港区一体化建设。推动西安铁路口岸和西安综合保税区一体化建设，发挥好“口岸+保税+班列+集结中心”区位优势和政策优势，大力发展口岸经济，聚焦外向型产业集群。支持发展保税加工、保税物流、跨境电商等贸易新业态与粮食、肉类、整车进出口等口岸产业，增强“长安号”的辐射带动和产业集聚作用。

构建全省铁路口岸新发展格局。依托中欧班列“长安号”高质量发展和中欧班列西安集结中心建设，构建以西安铁路口岸为主枢纽，以宝鸡、安康、榆林为辅枢纽，以渭南、延安、汉中、商洛、杨凌为重要节点的“一主三辅多节点”全省铁路口岸网络体系。

### 3. 高水平建设海关指定监管场地

统筹推进海关指定监管场地建设。按照各地各类口岸业务与口岸经济产业发展需求，有序做好指定监管场地规划申报建设，推动在有条件的口岸设立综合性指定监管场地。推进进口冰鲜水产品指定监管场地的申请设立和建设验收工作。支持宝鸡、杨凌申建进口粮食、进境肉类等海关指定监管场地，推进杨凌进境动物指定隔离检疫场的申请设立工作。提升进口汽车整车口岸产业规模，培育和延伸汽车后市场产业链、价值链。

优化整合海关指定监管场地布局。推动西安咸阳国际机场海关指定监管场地布局优化整合。提高我省已建成海关指定监管场地业务量，支持有条件的市区等申请设立海关指定监管场地，提高贸易便利化水平。

### 4. 高质量推进口岸基础设施建设

加快口岸场站基础设施设备升级改造。统筹用好口岸查验设施建设、改造、运维等资金。提升口岸设施设备保障能力，完善口岸区域配套设施建设，加快西安咸阳国际机场国际货站扩能改造，提升西安铁路口岸中心站场站接卸能力。

提升口岸查验设施设备智能化水平。升级检验检疫设备、实验室和样本库，实现口岸各类设施设备共建共享共用。加快推动铁路口岸场站设施、装卸设备、物流仓储设备等智能化升级改造，推广新兴技术和智能化设备应用。提升口岸安全检查监测设施设备水平，提高监测感知设备覆盖范围，完善口岸安全监测网，推广先进技术和设备应用。

### 5. 高效能拓展口岸通道功能应用

打造空港和陆港口岸“双枢纽”。以西安航空口岸、铁路口岸为枢纽，加强国际航线、中欧班列等国际干线通道建设，加快推进东向贸易新通道建设，加快构建航空高端带动、公铁无缝衔接、水陆协同发展的现代化物流体系，形成航空口岸和铁路口岸双轮驱动、物流与产业互相融合的新发展格局，有效贯通内外贸，构建国内国际双循环战略通道，打造空港和陆港口岸“双枢纽”，推动形成陆空内外联动、东西双向互济的新开放格局。

加强口岸集疏运能力建设。统筹协调口岸多种运输方式的物流组织、调度、运营、管理和信息化水平，推动水运、公路、铁路和空运等联运建设，打造一批具有多式联运能力的大型物流基地，提升口岸物流运输效率整体水平。谋划和推动一批大型枢纽站点集结中心、铁路专用线等项目建设，保障中欧班列“长安号”安全、高效、稳定运行。

## （二）推动综合保税区高水平开放高质量发展

### 1. 统筹筹划、合理布局

加快推进西安高新综合保税区与西安关中综合保税区（区块二）资源整合和优化升级。支持杨凌综合保税区建设、验收和封关运行。统筹谋划海关特殊监管区域功能布局，支持汉中、榆林等确有需要、条件具备的市（区）申报设立综合保税区，促进全省综合保税区均衡布局，支持申建保税物流中心、公用型保税仓库。

### 2. 精准定位、特色发展

贯彻落实《国务院关于促进综合保税区高水平开放高质量发展的若干意见》，聚焦打造加工制造、研发设计、物流分拨、检测维修、销售服务“五大中心”，统筹产业规划，培育特色产业，实现错位发展。支持综合保税区企业拓展新型保税业务，加快产品创新，推动产业升级，促进集群发展。开展综合保税区发展绩效评估，组织专家巡诊。不断完善综合保税区“一区一案”工作机制，依据区域产业定位和特色，持续推进各综合保税区开展专业招商、精准招商和产业链招商，重点招引体量大、质量高、产业带动强、绿色环保的大型项目入区落户，促进我省综合保税区特色发展。

### 3. 提升服务、鼓励创新

支持开展“内销选择性征收关税”“跨境电商保税进出口”“全球维修及再制造”“融资租赁”等保税业务。推动“货物按仓储状态分类监管”“四自一简”等贸易便利化举措落地。培育发展外贸综合服务、检测维修、期货保税交割、研发设计等新业态。探索“保税+N”的发展模式，将综合保税区打造成为发展新产业、培育新业态、释放新动能的重要载体。推动口岸、综合保税区与物流、生产等对接，形成安全、顺畅、便利的贸易、运输、生产链条。

### 4. 搭建新平台、发展新业态

依托我省口岸资源，支持发展加工贸易、服务贸易，加速承接国际国内产业转移，带动发展保税维修、再制造、保税检测研发等贸易新业态。培育外贸新业态新模式，在境外重点区域建立“海外仓”和陕西商品展示中心。推进西安、延安跨境电子商务综合试验区建设，探索“中欧班列+跨境电商 B2B+海外仓”业务模式，集聚一批跨境电商平台企业，促进中小微跨境电商企业发展。推动服务贸易、数字贸易发展。

### 5. 对标国际规则、争取创新试点

对标 CPTPP、RCEP 等国际贸易投资新规则，争取两步准入、检验检疫第三方采信等贸易便利制度在陕西自贸试验区试点，协调推进贸易类企业货物状态分类监管业务申请常态化，支持仓储物流类试点企业拓展涉贸业务。

## （三）全面打造一流口岸营商环境

### 1. 开展口岸营商环境评价

借鉴国际国内先进经验，制定口岸营商环境评价办法，建立科学评价指标体系，为优化口岸营商环境和提升跨境贸易便利化水平提供遵循。深入推进口岸领域“放管服”改革，定期开展提升跨境贸易便利化专项行动，巩固优化口岸营商环境工作成效。做好国家营商环境评价中的跨境贸易指标评价工作。

### 2. 优化口岸通关作业流程

积极探索监管改革创新，合理压缩整体通关时间，重点压缩非海关口岸通关时间，公布口岸

服务企业通关时间，提升进出口企业政策红利的获得感，切实激发市场主体活力。持续深化行政审批制度改革，推动精简进出口环节监管手续，提升监管智能化、规范化和可预期性。完善容错机制，全面推广进出口货物“提前申报”“两步申报”“直提直装”等通关模式。深化税收征管改革。继续推广关税保证保险、自报自缴、汇总征税和电子支付，增加企业便利缴税渠道，降低企业税收担保成本。

3. 提升口岸通关数字化水平

依托“单一窗口”扩大口岸单位信息共享、系统对接、数据交换，推进口岸信息数字化、全流程运转。落实简化进出口环节监管证件和随附单证措施，公告我省航空口岸和铁路口岸验核单证正面清单。推行通关作业无纸化，减少进出口环节验核的监管证件。实现原产地证网上申报、自助打印，持续推进税单无纸化改革，促进通关无纸化向口岸大数据智能化方向发展。

4. 降低进出口环节合规成本

规范和降低进出口环节合规成本，落实口岸收费目录清单公示制度并动态更新，公开各类口岸经营服务主体收费目录清单，提升口岸收费透明度，建立市场化价格收敛机制。建立发展改革、市场监管、商务、交通等部门参加的收费监督机制，加强检查，依法查处各类违法违规收费行为，推动降低跨境贸易合规成本。

5. 完善口岸大通关合作机制

在西安咸阳国际机场开展国际中转旅客及行李免检试点，扩大“通程联运、行李直挂”航班覆盖范围。强化口岸各相关单位沟通协调机制，加强政策协同创新，促进口岸高效运行。加强口岸区域合作和跨境合作，积极与境内外开展口岸通关协作，促进我省口岸通道互联互通、高效运转。推动黄河流域生态保护和高质量发展区域建立口岸通关合作机制，推动实现通关物流和监管等信息互联互通与数据共享，创新通关模式。推动与共建“一带一路”国家开展口岸监管合作，促进跨境通关便利化。

6. 提升口岸创新服务能力

积极发展口岸外贸综合服务，引入第三方中介服务平台，提供口岸货代、报关、物流、金融等领域的个性化监管和定制化服务。针对多层次差异化的物流需求，创新物流组织新模式，通过开行定制班列，完善拼箱、包舱等方式，提供针对性强的供应链物流方案，延伸邮包、冷链、商品预包装、运贸一体化等增值业务功能。结合中欧班列运输物流和商品交易的特点，积极探索铁路运单提单化、物权化，进一步加强在商品交割、贸易结算、融资担保、运输保险等方面的服务创新。

**（四）深化陕西“单一窗口”建设**

1. 高标准拓展“单一窗口” 应用

全面落实《中国（陕西）国际贸易“单一窗口”建设总体方案》。推动口岸各相关部门数据共享，加强通关物流追溯，促进跨境贸易数字化，实现“单一窗口”功能覆盖国际贸易全链条。加快开展陕西“单一窗口”政务服务、物流服务、数据服务和特色应用服务。建设陕西“单一窗口”国际贸易大数据分析平台、外贸预警预测分析平台、全景数据展示平台、智能云报关平台、智能单证识别机器人、法律服务平台、供应链服务平台。将服务贸易纳入“单一窗口”服务管理。

依托陕西“单一窗口”建设口岸物流服务平台。为外贸企业提供综合性国际物流解决方案服务，提高航空口岸及中欧班列“长安号”运行效率。建立外贸发展决策支持平台和国际贸易企业信息与信用服务平台，推进数字化外贸发展。开发建设检验检疫检测服务平台、进出口税务服务平台、线上展会等服务贸易平台等，赋能外贸企业，提升竞争能力。

推动“单一窗口”与“陕西政务服务网”对接。积极承接贸易监管制度和协同应用，推进地方特色功能先行先试，为外贸企业提供“标准功能-特色服务-第三方应用”三位一体的“一站式”服务。建立全省综合保税区综合服务平台，提升综合保税区建设、运营和管理效能。

加强陕西“单一窗口”与银行、保险、民航、铁路、港口等相关行业机构合作对接。拓展“通关+金融”“通关+物流”“通关+供应链”等新型贸易服务，实现口岸物流作业全程留痕、全链追溯、全网监管、全环协同，推动产业、贸易、物流、金融等全链条智能化协同。

加强与跨区域口岸和海关对接合作。汇聚通关、物流全程信息数据，实现进出口全流程可视化运行。积极探索与共建“一带一路”国家“单一窗口”信息互换和数据互通。结合西部陆海新通道建设，推进区域“单一窗口”协同发展。

#### 2. 高效益发挥电子口岸效能

推动电子口岸提档升级，积极探索和推动新技术在口岸管理中的应用，带动口岸物流创新发展。充分发挥电子口岸平台公益属性优势，以跨境贸易数据治理和合理应用为核心，以区块链等确权数据交换体系为依托，推进跨部门、跨行业进出口业务信息流、资金流、货物流电子数据集中交换、充分共享、联网核查。强化网络和数据安全及应急联动，突出风险分析预警，提升电子口岸安全防控和应急管理水平，完善口岸数据安全与共享机制。

#### 3. 高起点推进智慧口岸建设

支持口岸各相关单位信息化系统功能升级。积极引入自助通关、先期机检、智能识别、集中审像、风险预警等高科技应用，整合口岸信息化建设，运用大数据技术，打造数据资源共享、通关服务良好、查验监管有效的智慧口岸综合平台，实现隐形监管、顺势监管和无感通关。

支持航空口岸、铁路口岸和综合保税区开展新基建。深度应用物联网、5G、区块链、北斗卫星导航等新技术，实现口岸各方信息互联互通和口岸设施设备智能化、通关作业便捷化、口岸管理智慧化。

### （五）创新口岸管理体制机制

#### 1. 健全完善口岸管理体制机制

完善省口岸和海关特殊监管区工作联席会议制度。省级口岸管理部门负责联席会议的日常工作，承担对全省口岸、综合保税区工作的统筹协调、综合管理和服务保障，负责对市（区）口岸管理部门的业务指导、绩效考核、督促检查。

强化地方政府属地管理责任。进一步规范各市（区）口岸管理机构的设置、编制和权责。建立健全市级口岸管理工作机制，落实口岸管理责任。对重大工作事项及时会商通报。

#### 2. 加强地方口岸治理体系建设

建立健全口岸开放、建设、运行等方面的规章制度和管理办法。构建科学合理、运行高效的地方口岸治理法规与管理体系，充分调动各级政府、不同职能部门和市场社会主体的积极性，营造高效便捷的口岸营商环境，打造共建共享共治格局。引入外部监督机制，完善社会监督员制度，强化口岸执法监督。

按照“按需配备、动态调整”原则，健全口岸查验机构设置、人员编制的调配机制，建立口岸“协检员”工作机制，配齐配强海关、边检等部门辅助执法力量，研究探索行政权相对集中行使和跨部门联合执法机制，推动口岸查验部门联合执法。

#### 3. 组织开展口岸综合绩效评估

以推进平安、效能、智慧、法治、绿色口岸建设为目标，以促进口岸高质量发展和治理能力现代化为导向，落实国家口岸综合绩效评估工作要求，合理引导要素、资源、政策、产业向运行好、潜力大、辐射广的枢纽口岸集聚。坚持“标杆管理、过程控制、结果导向、持续改进、用户满意”的理念，建立健全口岸综合绩效评估管理办法，指导将各类口岸、综合保税区、特殊监管场所、指定监管场所纳入评估范畴，全面评价口岸基础设施建设、运转成效、服务水平等方面的绩效，以评促建，实现口岸开放平台高质量发展。

#### 4. 完善口岸安全联防联控机制

制定完善口岸安全联防联控制度规范，建立口岸管理部门常态化联系机制，着力提高口岸安全风险预警、防控能力和应急处置能力。坚持预防为主、防控结合。明确各方安全责任与职责分工，建立横向协同、纵向连通的协调运行模式，推动口岸安全联防联控和资源共享。组织开展口岸安全防控专项培训和口岸突发事件应急处置演练。

### （六）扎实推进绿色口岸建设

#### 1. 大力加强口岸资源的节约循环利用

以生态优先、绿色发展为理念，坚持从“发展”和“保护”两端发力，口岸开放所涉用地必须符合国家环境保护政策和要求，新建口岸同步推进环保设施的规划建设和综合利用，已建口岸实现高效、低碳、绿色，推进口岸绿色环保和可持续发展。

#### 2. 积极构建清洁低碳的口岸用能体系

积极推广应用节能及低碳技术设备，鼓励新增和更换口岸作业机械等优先使用新能源和清洁能源，有效促进口岸节能减排。落实口岸环保标准要求，强化散货作业防尘抑尘措施。扎实推进钢铁煤炭电力去产能口岸相关工作。

### 3. 严厉打击“洋垃圾”和濒危物种及其制品走私

将禁止“洋垃圾”入境作为生态文明建设的标志举措，严厉打击“洋垃圾”走私。全面落实象牙禁令，主动做好濒危野生动植物及其制品进出口监管工作，维护生物物种多样性。

## 五、重点工程和项目

### （一）口岸基础设施提升工程

优化航空口岸吞吐能力。提升西安航空口岸运转效率、运行效能和辐射带动能力，支持西安咸阳国际机场国际货运站实施完善和改扩建工程，满足国际航空货邮吞吐量增长需要。支持延安南泥湾机场、榆林榆阳机场等具备开放条件的航空口岸的查验场地、旅检区域、货运仓库实施完善改扩建工程。

强化铁路口岸通行能力。支持中欧班列西安集结中心示范工程建设。加强西安铁路口岸国际集装箱场站、查验场地、海关监管仓库和检疫处理区，以及智能化围网、卡口、H986 集装箱检查系统等配套设施设备建设。支持宝鸡阳平、延安枣园、安康东站区域铁路中心站升级改造项目。

| 专栏 1　口岸基础设施升级改造工程 |
| --- |
| 航空口岸客货运通关效能提升项目：西安航空口岸国际枢纽建设项目，加快机场三期扩建工程建设，加快开通直达丝绸之路经济带沿线枢纽城市客货运航线，积极拓展中亚、西亚客货运市场，强化既有中东欧、西欧、澳洲航线网络，扩大东南亚、中亚经由西安前往日韩、北美的第五航权航线，加快西安蓝田通航机场及起降点建设，打造无人机货运等新型航空运输体系。榆林榆阳机场通关能力提升改造项目、延安南泥湾机场通关能力提升改造项目。<br>铁路口岸（包括铁路场站）通行能力建设项目：全力打造中欧班列西安集结中心，建设西安国际港站、宝鸡阳平、延安北、汉中褒河铁路物流货运中心等 6 个货运物流中心枢纽。集装箱办理站点 100 个，具备冷链功能站点 10 个，办理商品汽车业务站点 6 个。 |

### （二）口岸开放平台申报工程

按照深度融入共建“一带一路”、打造内陆改革开放高地的要求，以航空口岸为主导，以铁路口岸为延伸，以综合保税区等口岸功能区为补充，有序推进口岸开放申报工作，构建多层次开放平台，补齐陕西对外开放的口岸“短板”。

| 专栏 2　口岸开放平台申报培育工程 |
| --- |
| 航空口岸申报培育项目：申报榆林榆阳机场航空口岸、延安南泥湾机场航空口岸，提升支线机场功能，培育安康富强机场、汉中城固柳林机场对外开放。<br>铁路口岸申报培育项目：申报西安铁路口岸，支持宝鸡、榆林、汉中、安康铁路口岸功能建设。<br>海关监管场所申报培育项目：支持各市（区）申请建设公共保税仓库、保税物流中心（B 型），培育外向型产业。支持条件成熟的市（区）申请设立综合保税区。 |

推动国际产业合作园区建设。持续推进国际合作产业园区建设。在共建“一带一路”国家新增 3~5 个海外仓或陕西商品展示中心。

**专栏3　深度融入共建“一带一路”重点工程**

“一带一路”国际物流枢纽建设项目：开展西安港建设“一带一路”内陆中转枢纽陆海空多式联运项目和中铁联集“陆海联动、多点协同”的集装箱多式联运智能骨干网建设全国示范工程。加快西安空港和西安陆港建设，突破发展航空物流和国际多式联运，打造国际货运集散中转枢纽；重点发展跨境电商和保税物流，加快建设中西部地区国际国内商贸物流分拨基地。

国际产业合作园区特色发展项目：支持我省各级开发区建设国际产业合作园区，持续推进中欧国际合作产业园、中韩产业园、中哈苹果友谊园、中俄丝路创新园、中吉宝鸡工业园、中哈农业创新园等国际合作产业园区建设。加快欧亚经济综合园、中俄丝路创新园、“一带一路”临空经济国际合作园、中欧合作园建设。

### （三）口岸物流体系建设工程

完善多式联运体系，提升口岸集疏运能力。加快构建陆空海铁一体、联通全国、辐射全球的现代化综合立体交通网络，打造新一代信息中心和智慧枢纽。加快完善货运铁路体系与多式联运体系建设，加速推进中欧班列西安集结中心建设，支持西安多式联运监管中心先行先试，开展进口拼箱、整进分出、过境中转集拼等业务，推动空、铁、陆、海等多种运输方式高效衔接，形成航空口岸、铁路口岸、西安临空经济示范区与西安国际陆港联动发展格局，将陕西打造成“一带一路”的连接枢纽和重要战略支点。

**专栏4　口岸集疏运体系建设工程**

铁路口岸集疏运体系建设项目：完善多式联运模式，支持中欧班列西安集结中心开展以铁路运输为纽带的海铁、公铁、空铁多式联运业务；推进中欧班列西安集结中心铁路口岸场站基础设施改造升级，提高货物换装和集拼效率。支持安康东站、宝鸡阳平铁路物流基地加快形成与中欧班列西安集结中心相配套的铁路物流运输网，拓展内贸货物跨境运输航线范围。

国家级多式联运示范工程：争取获批空港型国家物流枢纽，探索开展空铁、空陆多式联运。积极引进一批具有先进水准、先进理念的国际物流集成商，扶持培育本土多式联运经营主体。积极发展卡车航班，打造航空货物“门到门”快速运输系统。深化“空港+陆港”的联运合作模式，畅通空港连接高铁新城到国际港务区的国际物流大通道，依托高铁货站、西安铁路集装箱中心站等通达国内和国际的铁路物流网络，利用“长安号”欧洲国际货运班列，积极从欧洲、中亚等区域进口优质饲料、粮油、肉类、羊毛制品等大宗货物，通过航空运输实现面向全球高效分拨。

### （四）口岸特色经济培育工程

按照“顶层设计、规划引领，整体推进、重点突破，精准定位、特色发展”的思路，积极构建全省区域特色鲜明、产业布局合理、贸易便利高效的开放平台，推动口岸、综合保税区、国际产业合作园区高水平开放高质量发展。不断创新招商引资工作方式，以“园区管委会+产业主管部门+基金和平台公司”模式组织招商，重点解决项目落地、资金到位以及生产经营中遇到的难点堵点；以“专业化+市场化+精准化”模式开展招商，促进招商主体多元化，招商对象精准化；开展互联网招商，组织专项招商推介等，重点招引体量大、质量高、产业带动强、绿色环保的大型项目落户，形成产业链招商、以商招商的良好氛围。

完善跨境贸易综合服务。建立和完善临空、临港产业体系，提升跨境贸易综合服务水平。支持西安航空口岸、铁路口岸港区一体化建设，实现口岸与综合保税区政策叠加、优势互补，推动国际中转、配送、采购及转口贸易发展；加强综合保税区与口岸间物流通道建设，提升包装配送等综合配套服务水平。

推动口岸特色产业发展。注重培育发展特色鲜明的优势主导产业，支持企业向研发、维修、再制造、服务贸易、跨境电商、文化产业等产业链高端发展。以中欧班列西安集结中心建设为契机，积极探索和发展“班列+口岸”“班列+园区”“班列+金融”等模式和业务，发挥中欧班列的牵引作用，促进区域经济融合发展。

| 专栏 5　口岸特色经济培育工程 |
| --- |
| 航空口岸特色经济培育项目：用好用足食用水生动物、冰鲜水产品、药品、肉类、水果、种苗等 6 类指定口岸功能，谋划建设中西部进口水果、进口食用水生动物、进口肉类等交易中心。依托航空货运网络，积极引进发展航空设备制造及维修、电子信息等高端制造业，发展壮大航空物流、专业会展、电子商务等现代服务业，促进专业化分工和社会化协作，打造各具特色的产业集群，形成以航空运输为基础、航空关联产业为支撑的高端产业体系。<br>国家临空经济示范区建设项目：加快空港综合保税区、临空会展综合体、飞机维修基地等承载园区建设，建成空港国际商务中心、航企总部基地，加快建设空港国际免税城、临空共享制造基地等特色功能平台，建立临空经济示范区与全市重点产业板块联动发展机制，推进引导飞机维修、航材、航食、培训等临空特色产业和电子信息、生物医药、高端制造等时效敏感型产业集聚发展，培育发展保税维修、飞机融资租赁、临空智慧工厂展贸、临空试制生产等创新业务。<br>综合保税区特色产业发展示范工程：支持西安综合保税区建成以铁路口岸为依托，以指定口岸和国际物流为特色，以多式联运为优势，以加工贸易、保税物流、跨境电商为骨干产业的大型综合保税区。支持西安高新综合保税区建设以三星、美光、应用材料等企业为核心的世界级电子信息产业研发制造、加工贸易基地，加速发展高端国际物流、商贸、金融和服务贸易产业。支持西安航空基地综合保税区建成全国一流、世界知名的航空产业全链条保税产业园区，推动区内外产业配套、联动发展。支持西咸空港综合保税区建成以临空经济为特色，以航空物流、飞机维修、高端服务业为骨干的临空保税产业园区。支持宝鸡综合保税区立足城市产业优势和资源禀赋，积极承接加工贸易转移，建成以加工贸易、仓储物流、检测维修、跨境电商为特色的保税产业园区。支持西安关中综合保税区建成以高端航空制造为骨干产业，以新能源、珠宝加工、服务贸易为特色产业的保税服务园区。按照“四园区、一中心、三平台”产业布局，支持杨凌综合保税区建设全国首家以农业产业为特色的保税园区，成为现代农业国际合作的重要平台。 |

### （五）口岸营商环境优化工程

开展促进跨境贸易便利化专项行动，深入推进“放管服”改革，进一步规范和降低进出口环节合规成本，深入开展信用监管，落实“多证合一”“双随机一公开”扩大范围举措，推动口岸营商环境更优、开放通道运行更畅、外资外贸发展更稳。巩固压缩整体通关时间成效，全力支持跨境电商、市场采购等新贸易业态发展。

| 专栏6　口岸营商环境优化专项工程 |
|---|
| 跨境贸易便利化专项行动：建立口岸通关时效评估机制，实行分类管理时效，加强对口岸整体通关时间和通关效率的统计分析与评估，并适时公布评估结果，增强口岸作业透明度。推动口岸查验单位深化业务改革，提升口岸通关效率。优化口岸作业流程，服务特定企业及产品的差异化通关需求。加强与境外口岸查验管理部门合作交流，推动实施通关便利化措施。推广应用“作业前置”。持续推广进出口货物“提前申报”，全面推广进出口货物“两步申报”。<br>口岸配套服务能力提升工程：支持开展外汇收支便利化试点、跨境资金集中运营管理、扩大人民币跨境使用、完善出口退税计划管理、提升商事法律服务多元化专业化、促进文化投资贸易、引进外资车企进陕、促进金融开放创新等。 |

### （六）智慧口岸建设推进工程

加大对信息化设备等基础设施的投入，完善智慧口岸设施建设；积极谋划建立以新科技为手段的“智慧海关”网络，基于地理信息、智能识别、溯源信息、机器人、无人机等新技术，配齐配强相关软硬件基础设施。推动口岸监管基础设施及软件应用系统的共建共享共维，推动实现口岸业务集中、智能、标准化管理。探索大数据、人工智能、区块链、5G、物联网等新技术在智慧口岸的应用，整合各口岸查验单位的监管资源，构建“智能、高效、安全、便利”的口岸监管机制。在中欧班列“长安号”运输过程中引入北斗卫星定位技术实施全程定位，提高班列运行全程的监控能力，保障货物运输安全。

| 专栏7　智慧口岸建设推进工程 |
|---|
| 口岸新技术应用项目：在西安航空口岸和铁路口岸，推广物联网、5G、人工智能、无人机、北斗卫星导航、智能感知等新兴技术和智能化设备应用。<br>口岸安全防控设施设备升级项目：推动实现危化品、特殊物品等智能化快速检测，高危作业场所、环节全程自动化操作，以及危险品实时监测、智能感知和风险预警。推进处突机器人、应急无人机、移动处置平台、远程指挥系统等先进技术和设备应用。<br>“单一窗口”地方特色建设项目：打造陕西“单一窗口”1套规范、1个中心、4个服务。建立一套管理与技术规划。建立口岸大数据互联互通中心，联通海关、民航、铁路、综合保税区、进出口企业及第三方贸易服务机构等，构建陕西“单一窗口”数据库，依托全省统一身份认证体系和区块链公共服务平台，实现加密、确权的信息共享与数据交换。充分运用人工智能、云计算、大数据、物联网等新技术，加快建立口岸政务服务、口岸物流服务、口岸数据服务和口岸特色应用服务；建立综合保税区智慧服务平台；建立跨境电子商务融合服务平台。 |

## 六、保障措施

### （一）加强组织实施

充分发挥省口岸和海关特殊监管区工作联席会议制度的作用，明确各项任务的实施步骤和完成时限，统筹推进落实，协调解决推进过程中的重大问题。

各级各有关部门要按照职能分工，加强对《规划》实施的指导，在政策实施、项目建设、资金投入、体制创新等方面给予积极支持，帮助解决《规划》实施过程中遇到的问题。充分发挥省口岸和海关特殊监管区工作联席会议办公室（省商务厅）的综合协调、沟通衔接、督查调度作用，列出责任清单、健全管理体制、夯实工作体系。

各市要依据本规划，抓紧编制本地区口岸发展规划和具体实施方案，分阶段落实各项任务，确保规划的主要目标和重点任务落实到位。

**（二）完善工作机制**

省政府每年召开口岸发展工作推进会。省商务厅制定若干配套方案和年度口岸工作要点，细化分解《规划》中涉及的重大改革措施、重大政策和重点任务，定任务、定责任、定时限，将其进行项目化、定量化落实。

建立健全各级口岸协作机制，加强政策协调和规划衔接。省商务厅定期召开专题会议，研究部署重大工作，协调解决有关重大问题，有序推进口岸工作。加强向国家口岸办以及相关部门的汇报沟通，积极争取国家的指导和支持。

口岸所在县级以上地方人民政府要强化工作落实，加强对本地区口岸工作的组织领导和服务保障，建立健全口岸工作综合协调机制。

**（三）加大政策支持**

坚持问题导向，在口岸项目审批、建设运营、资金保障等方面加强政策支持。积极支持口岸基础设施建设和口岸联检设施设备建设，确保口岸设施“统一规划、统一设计、统一投资、统一建设”。

大力支持口岸建设项目申报政府专项债券，引导和鼓励民间企业和外商投资企业等社会资本参与口岸建设投资合作。对重点项目和重点任务实施分类扶持引导，实行滚动管理，强化跟踪服务。

**（四）落实资金保障**

由省商务厅统筹管理省级内外贸发展专项资金，主要用于中国（陕西）国际贸易“单一窗口”开发建设和运行维护、中欧班列西安集结中心扩能改造、建立海外仓、海外物流园区和跨境物流企业市场开拓等。省级有关部门指导和支持重点工程和重大项目的申报及立项等工作，建立健全监督评估机制，对资金使用效益、规划实施符合度、资源共享度、用户满意度等进行监督测评，对重点工程和重大项目建设、运营绩效进行评估。资金来源主要采取财政支持，PPP、BOT、BT 等项目融资，企业入股，社会融资等方式。

加大与市县和企业的口岸建设股份制合作，做大口岸规模和出口产品规模，为口岸发展和大通关建设提供硬件保障。创新发展模式，撬动社会资本、民间资本支持新开口岸基础设施建设、原有口岸扩能改造、电子口岸功能延伸，支持口岸产业发展等重点口岸项目建设。

全面落实出口退税和高新技术企业出口、科技创新首台（套）设备税收减免和补贴政策，提升口岸经济内生动力。

**（五）强化人才队伍**

优化口岸查验单位人力资源配置，积极探索实施查验机构人员编制的动态调配机制，促进系统内编制的挖潜调剂与优化配置。

强化人才队伍建设，建立全方位协同合作组织培训机制，加强口岸管理人才的培育工作，争取国家口岸办、中国口岸协会等机构支持我省有效开展口岸管理人才专题培训，增强各级口岸管理干部组织推进口岸工作的能力。

建设专家服务基地，探索双向挂职、短期工作、项目合作、交流讲学等柔性人才引进机制。积极联系有关熟悉口岸发展的专家型领导人才，与有关院校联合组建“陕西口岸经济与管理研究院”，聚焦国际国内口岸发展和陕西口岸建设的重点领域，破解制约口岸经济发展的瓶颈问题，建设支撑口岸发展的专家智库。支持有基础、有实力的高等院校建设培育口岸人才培训基地，有针对性地培养口岸专业人才。

**（六）加强过程评估**

加强对《规划》实施情况的跟踪分析和督促检查，会同有关部门和地区协调推进重点任务落实，定期对重大任务和重点工程进行动态跟踪，对规划目标落实情况进行监测分析，适时对规划实施情况进行评估，注意研究新情况、解决新问题，积极总结可复制可推广的有益经验，必要时提出规划调整意见建议。

2023 年对口岸发展进行中期评估，跟踪实施规划分析，调整优化规划任务，推进规划科学实施。2025 年对规划实施进行全程评估，紧密结合国家口岸办阶段性任务要求，精准总结我省“十四五”时期口岸建设发展情况，明晰深化下一个五年规划的目标任务。

# 甘肃省

## 一、综述

为贯彻落实国务院关于国际贸易“单一窗口”工作的有关部署，甘肃省委、省政府高度重视中国（甘肃）国际贸易单一窗口（以下简称甘肃“单一窗口”）建设和推广工作，成立了以分管副秘书长和商务厅厅长为组长、口岸各相关单位分管领导为成员的省国际贸易“单一窗口”建设协调推进领导小组，研究推动甘肃“单一窗口”建设推广工作。甘肃省口岸办牵头推动甘肃“单一窗口”工作，统筹协调省市两级政府及各相关查验单位，健全“单一窗口”工作机制与建设运营体制，开通 95198 本地呼叫中心，建立“甘肃省单一窗口申报”工作群、“甘肃单一窗口操作咨询”客服群等微信和 QQ 群，上线运行“单一窗口”运维服务管理平台，多次组织召开专题工作会议，开展专题调研，积极推广应用“单一窗口”，加快推进甘肃“单一窗口”项目建设。

## 二、运行情况

### （一）运行数据

2021 年全年，甘肃“单一窗口”货物申报 6467 票；舱单申报 1432 票；运输工具申报 664 票；企业资质办理 3297 票；原产地证书申领 4904 万票；税费支付 3080 票；加贸保税 5.81 万票；物品通关 124 票；跨境电商 29.90 万票；监管证件 250 票；出口退税 109 笔。

### （二）运行维护

#### 1. 政务云平台安全机制

甘肃“单一窗口”依托甘肃省电子政务云公共平台建设，实现信息资源集中管理，为提升甘肃“单一窗口”一站式服务能力提供支撑。甘肃省电子政务云公共平台实施包括安全主体责任落实、账号口令管理、日常安全检测、安全问题预警在内的一系列安全技术及管理手段，满足信息安全等级保护三级要求。建成平台专用办公场所，完成操作人员重新授权审查，规范操作审批授权流程，采取技术手段加强账户管理，定期对应用系统进行漏洞扫描，完成商品溯源系统升级改造，保障系统安全平稳运行。

#### 2. 客户服务机制

开通 95198 本地呼叫中心，7×24 小时响应企业需求。通过电话、QQ、微信等服务方式搜集企业反映的各类问题，协调相关单位帮助解决，并及时反馈给企业。全年累计解决企业问题 2318 件。

### （三）宣传推广

#### 1. 开展点对点服务

持续派遣技术人员深入业务现场，与企业“面对面”沟通，制作“单一窗口”企业资质、许可证、原产地证及自助打印、货物申报、税费支付、出口退税业务等操作培训课件及视频，保障系统使用过程中出现的问题快速响应、及时解决。全年累计帮助企业排解问题约 2318 例（含企业操作性问题），累计整理企业常见问题约 200 例。

#### 2. 开展培训

2021 年，因新冠肺炎疫情原因，重点采取线上方式指导外贸企业进行甘肃“单一窗口”的注册及使用。下半年开展线上培训 2 次，累计培训企业 100 余家、培训人员 224 人次。

## 三、 特色应用

### （一）多式联运口岸综合服务系统

为满足企业用户对物流信息服务的需求，依托甘肃“单一窗口”平台开发建设多式联运口岸综合服务系统，消除信息孤岛现象，实现物流、信息流的融合互通，提高企业用户管理效率，提升信息化水平，推动传统物流企业向现代物流企业的转型升级。

#### 1. 主要做法

（1）全程电子信息化管理。充分发挥互联网高效便捷的优势，将传统物流业务中货主单位和货运代理使用的纸质单据文件，转变为通过甘肃“单一窗口”电子化交互，提升沟通效率，减少线下业务模式带来的损耗。

（2）班列信息透明化。通过甘肃“单一窗口”发布班列和贸易信息，吸引更多企业参与实际业务，充分发掘市场潜力，激发潜在业务。

（3）物流信息全程可视化。通过综合货运代理发布的最新物流节点信息和 95306 铁路货运信息，保证各环节数据实现共享互通，为货主企业提供更加精准的实时数据支撑。

#### 2. 创新点

在实际业务处理过程中，充分发挥互联网高效便捷的优势，减少业务双方线下沟通成本，基本实现全程无纸化；物流信息全程可视化将原本在货运代理、进出口报关报检等涉及国际贸易环节的复杂业务流程整理为简洁明了的顺序时间节点，各个环节完成时间以及消耗时间清晰可见，满足客户企业对物流信息的了解需求。

3. 实践成效

减少沟通成本，缩短办理时间。以往货主企业和货运代理企业初步确定完成一票业务需经过货主企业问询、货运代理企业确认、电话沟通初步达成业务意向、递送纸质证明资料确认协议内容等多个步骤，历时 2~3 天。通过多式联运口岸综合服务系统办理相关业务，货主企业问询、货运代理企业确认可直接通过互联网表单完成，同时减少了纸质证明的递送，在 1 天内就可以达成合作，减少了办事环节，减少了企业制度性交易成本。

**（二）商品溯源系统**

为解决企业难于自证的问题，同时帮助树立企业品牌形象、建立投诉反馈通道、保障消费者权益，依托甘肃“单一窗口”平台开发建设商品溯源系统。通过系统可实现商品信息、企业信息、检验检测信息、物流信息等自动关联整合，并通过一物一码技术实现精准定位匹配。同时，系统融合软硬多种安全防伪手段，有效保证商品货物信息安全。

1. 主要做法

（1）信息透明化。系统采用信息电子化，将商品货物所有信息公布在二维码上，以便消费者使用时随时随地追溯查看商品相关信息。

（2）全程可视化。通过技术方式叠加有效事前、事中、事后的监管功能模块，实现对货物和企业的有效监管，维护消费市场秩序。

2. 创新点

为进出口货物提供全面可视化的电子信息追溯，为消费者提供关于商品货物的更多信息。同时，也为国内特色产品提升国际认知度从而实现外销提供有力保障。

3. 实践成效

商品溯源系统在监管部门、生产销售企业和消费者之间建立信息共享沟通渠道，有助于增强监管力度，提升企业的信誉度和消费者对商品的信心，维护消费市场秩序，促进贸易流通。

**（三）拼箱出口交易撮合系统**

为解决中小企业对拼箱业务的需求，依托甘肃“单一窗口”平台开发建设拼箱出口交易撮合系统。通过系统可实现多方信息共享，减少资源浪费，降低物流成本。

1. 主要做法

为相关企业搭建公共信息平台，物流部门及代理企业可通过系统实时发布箱源信息和各节点的物流报价，货源企业可通过系统了解箱源信息和物流价格，通过电子化交互提升工作效率，降低物流成本。

2. 创新点

建立公共信息发布平台，打破区域限制，充分释放物流运力，满足贸易企业多元化需求，降低企业运营成本。

3. 实践成效

有业务需求的企业可通过系统随时随地发布和查看相关业务信息，实现箱源信息匹配、订舱询价、报价等全程电子化交互。同时，也便于物流部门和代理企业实时掌握区域内拼箱业务需求，及时调整业务进程和动向。

## 四、大事记

6月8日

开展甘肃“单一窗口”2021年度安全检查。

9月17日

举办甘肃“单一窗口”企业资质、货物申报、加工贸易、原产地证、自助打印、税费支付及金融服务功能培训。

9月29日

举办甘肃“单一窗口”出口退税（金三版）操作培训。

## 五、政策文件

### 甘肃省商务厅等9部门关于印发《甘肃省进一步深化跨境贸易便利化改革优化口岸营商环境措施》的通知

甘商务口岸发〔2021〕345号

各市、自治州人民政府，兰州新区管委会，省政府有关部门，中央在甘有关单位，有关企业：

《甘肃省进一步深化跨境贸易便利化改革优化口岸营商环境措施》已经省政府同意，现印发给你们，请结合实际，认真贯彻执行。

省商务厅　省发展改革委　省财政厅

省交通运输厅　省卫生健康委　省市场监管局

省税务局　兰州海关　民航甘肃监管局

2021年10月21日

### 甘肃省进一步深化跨境贸易便利化改革优化口岸营商环境措施

为深入贯彻落实海关总署等10部门《关于进一步深化跨境贸易便利化改革优化口岸营商环境的通知》（署岸发〔2021〕85号）精神，聚焦市场主体关切，进一步深化跨境贸易便利化改革、优化口岸营商环境，提升跨境贸易便利化水平，实现更高水平对外开放，促进外贸高质量发展，结合我省实际，特制定以下措施。

## 一、加快进出口监管创新

（一）优化货物通关模式。加强进出口申报业务培训，进一步推广进出口货物“提前申报”“两步申报”通关模式，支持企业自主选择进出口申报模式。优化原产地证书自助打印功能。推进通关环节实现一次录入、一次申报，生成一个报关单，强化属地查验，优化通关申报前监管和目的地查验模式，提高通关便利化水平。（责任单位：兰州海关）

（二）加快海外仓建设。鼓励外贸企业、跨境电商和物流企业等各类主体，综合运用建设—运营—移交（BOT）、结构化融资等多种投融资方式，参与海外仓建设。加强与驻外使领馆、经商机构、商务代表处、国际友好城市对接，发挥对外友协和民间组织国际交流促进会等机制作用，服务支持企业“走出去”建立海外仓。支持海外仓企业围绕中欧班列沿线国家优化海外仓布局，建立完善的物流体系，延伸服务。鼓励海外仓企业对接跨境电商综试区线上综合服务平台、国内外电商平台等，匹配供需两个方面的信息，提升海外仓的数字化、智能化水平。鼓励外贸企业利用海外仓开拓市场，提高海外仓利用率和企业防范风险能力。（责任单位：省商务厅、兰州海关）

（三）便利跨境电商发展。推广跨境电商企业对企业（B2B）直接出口、跨境电商出口海外仓监管模式。加强跨境电商零售出口增值税、消费税税收政策和所得税核定征收办法培训。强化跨境电商出口溯源体系建设，完善跨境电商进出口退货政策。落实跨境电商进出口商品退货监管措施，建立高效、安全、快捷的跨境电商进出口退货渠道，助力企业完善售后服务体系，支持符合条件的跨境电商海外仓商品出得去、退得回。（责任单位：兰州海关、省商务厅、省税务局、省财政厅）

（四）创新海关监管服务。及时了解企业进出口需求，加大涉企政策宣传和解读，鼓励企业开展自查自纠，便利企业利用“主动披露”制度和容错机制，对于及时向海关主动披露违法违规情事的企业视情况可减免滞纳金、从轻、减轻处罚或依法免予处罚。提供多元化税收担保方式，积极推进关税保证保险、汇总征税等税收征管改革，扩大企业集团财务公司海关税收担保改革试点范围。进一步推广自报自缴、预裁定等便利措施。及时跟进高级认证企业免担保模式具体实施要求，对符合条件的企业做好“一对一”政策宣讲。（责任单位：兰州海关）

（五）提升出口退税效率。强化部门协作配合，建立机制，加强跨部门报关单申报及退税数据信息共享，为企业做好报关单规范申报指引，提供归类及价格预裁定服务。帮助外贸企业加快全环节各事项办理速度、压缩单证收集整理时间，熟悉通过税务系统或国际贸易“单一窗口”申报出口退税业务操作，持续加快出口退税进度。2021 年底前税务部门办理正常出口退税的平均时间压缩至 7 个工作日以内，2022 年底前进一步压缩至 6 个工作日以内，并进一步压缩符合条件的纳税人办理时限。（责任单位：省税务局、兰州海关、省商务厅）

## 二、规范进出口环节收费

（六）健全清理口岸收费工作机制。进一步发挥全省清理口岸收费工作小组作用，研究细化措施，明确责任分工，分析和协调解决口岸清费降费工作中的实际问题，协作推进规范口岸收费。口岸所在地县级以上人民政府要建立口岸管理部门牵头，发改、市场监管、商务、交通、查验等单位共同参加的口岸收费监督管理协作机制，负责口岸收费清理和规范工作。（责任单位：省商务厅、省财政厅、兰州海关、省发展改革委、省交通运输厅、省市场监管局，兰州、酒泉、武威市

政府，兰州新区管委会）

（七）强化口岸收费清单动态管理。进一步核查和清理口岸收费目录清单，并在口岸现场及口岸主管部门网站公布口岸收费目录清单，清单之外一律不得收费。对清单实行动态管理，清单内容需调整时，口岸收费监督管理协作机制要按相关要求对清单进行审核把关，并报全省清理口岸收费工作小组备案，相应口岸要及时对审定后的清单进行公示。加快推进口岸收费主体通过“单一窗口”公开收费标准、服务项目等信息，增强口岸收费透明监督、可比性。支持具备条件的口岸提供“一站式”收缴费服务，复制推广“一站式阳光价格”服务模式。（责任单位：省商务厅、省财政厅、兰州海关、省发展改革委、省交通运输厅、省市场监管局，兰州、酒泉、武威市政府，兰州新区管委会）

（八）开展口岸收费日常监督检查。加强口岸收费的日常监管、重点检查和反垄断检查工作。对各口岸公示的收费目录清单中明显超出服务成本、价格偏高的口岸服务企业收费项目进行全面清理，督促口岸经营单位进一步清理精简收费项目，切实把收费降到合理范围。依法查处口岸不按规定明码标价、未落实优惠减免政策等各种违法违规收费行为，并及时向社会公布。依法依规调查处理口岸经营活动中的涉嫌垄断行为。（责任单位：省市场监管局、省商务厅、省财政厅、兰州海关、省交通运输厅，兰州、酒泉、武威市政府，兰州新区管委会）

## 三、提升口岸综合服务能力

（九）深化国际贸易“单一窗口”应用。加快推广新上线功能，分类开展业务培训，推动口岸和跨境贸易领域相关业务统一通过“单一窗口”办理。落实安全运行相关制度，执行“单一窗口”运维和服务两项规程，加强服务绩效考核。开展企业应用调查，优化功能服务，持续提升用户体验。加强系统运行维护，提高平台稳定性。（责任单位：省商务厅、兰州海关、省税务局、省发展改革委）

（十）提升口岸基础设施和监管智能化水平。结合兰州中川国际机场三期扩建工程等具备条件的基础设施建设工程，加强信息化顶层设计，深入推进口岸智慧化建设。积极推广应用全国海关“智能审图信息化平台”，提升旅检口岸 CT 机智能审图效能。通过“先期机检”等航空口岸监管模式改革，提高航空口岸海关通关放行效率。（责任单位：省交通运输厅、兰州海关，省民航机场集团公司，兰州、酒泉、武威市政府，兰州新区管委会）

（十一）促进航空物流通关便利化。全面推广使用空运电子运单，推进空运提货单无纸化。争取国际贸易“单一窗口”航空物流公共信息平台上线应用，推动航空物流全链条信息互联互通，加快实现运单申报、运输鉴定报告、货物跟踪、航线网络可视化等“一站式”服务。积极争取在航空口岸开展航空安检、打板等前置的物流模式，推动场外货站与航空口岸无缝对接，探索在航空口岸建立国际邮件和快件空侧交付模式，提升航空口岸分拨时效。（责任单位：省商务厅、民航甘肃监管局、省交通运输厅、兰州海关，省民航机场集团公司，各市州政府、兰州新区管委会）

（十二）加快发展多式联运。推动各口岸进一步深化与边境口岸及沿海港口合作，大力发展集装箱多式联运物流体系。加快国家多式联运示范工程项目建设，推进兰州南亚国际班列公铁联运示范工程、兰州新区空铁海公多式联运示范工程建设。加强多式联运企业联盟建设，创新多式联运组织模式，拓展甩挂运输、驮背运输等运输组织方式应用范围。鼓励企业创新“一单制”业务模式。（责任单位：省交通运输厅、省发展改革委、省商务厅、兰州海关，中国铁路兰州局集团

有限公司、省民航机场集团公司，兰州、酒泉、武威市政府，兰州新区管委会）

（十三）提升口岸物流作业综合效率。落实属地管理责任，配备数量充足、相对固定的口岸作业人员，严格落实疫苗接种、核酸检测、人员管理等各项疫情防控措施，从严做好人员安全防护，统筹做好进出口冷链商品消杀等工作，严防疫情通过商品传入。加大口岸物流管理力度，简化提箱、操作等业务手续，提升作业效率。（责任单位：省商务厅、省交通运输厅、省卫生健康委、兰州海关、省市场监管局，中国铁路兰州局集团有限公司、省民航机场集团公司，兰州、酒泉、武威市政府，兰州新区管委会）

## 四、改善跨境贸易服务环境

（十四）全力营造透明的口岸服务环境。按照部委层面统一部署，明确并全面公开机场、陆港、铁路场站调货、移位、装卸等物流作业时限及流程。（省商务厅、兰州海关、民航甘肃监管局、省交通运输厅，中国铁路兰州局集团有限公司、省民航机场集团公司，各市州政府、兰州新区管委会）

（十五）加快实现通关全流程可视化查询。按照海关总署统一部署，加强海关通关状态信息推送功能应用，及时向进出口企业、口岸场站推送各环节信息，实现海关部门口岸通关状态查询和通关流程全程可视化。支持口岸场站升级现有信息系统，向企业推送运抵、调箱、装载等作业信息功能，实现作业系统可视化查询。（责任单位：兰州海关、省交通运输厅、省商务厅，中国铁路兰州局集团有限公司、省民航机场集团公司，各市州政府、兰州新区管委会）

（十六）为海关认证企业提供更多便利化措施。加大高级认证企业培育力度，提高企业协调员服务质量，推动减少监管频次、降低通关成本、缩短通关时间、优化服务、AEO 互认便利、联合激励等通关便利化措施落实落地。（责任单位：兰州海关）

（十七）加强知识产权海关保护。依法加强知识产权海关保护，持续开展“龙腾行动”等专项执法行动，加大对进出口侵权违法行为的打击和处罚力度。对国际货运班列进出口服装、鞋帽、箱包等易侵权商品加大查缉力度。加强部门协作配合，开展政策和法律宣贯指导，提升企业守法经营和尊重知识产权意识。优化措施，为企业创新和维权提供便捷服务，提升执法效能，进一步降低维权成本，助力企业提升创新能力。（责任单位：兰州海关、省市场监管局）

（十八）加强技术性贸易措施企业咨询服务。开展贸易国家和地区技术性贸易措施研究和应对工作，做好技术性贸易措施年度问卷调查工作。支持有需求地方创建技术性贸易措施研究评议基地，引导企业参与国外重大技术性贸易措施应对工作。发挥兰州海关种子种苗检验检疫人才、技术优势，协同做好出口种子种苗国外通报评议和特别贸易关注，助力我省对外制种企业“走出去”。（责任单位：兰州海关，各市州政府、兰州新区管委会）

（十九）建立企业意见反馈和协调解决机制。线上线下相结合，及时推动解决企业反馈的问题。在口岸现场设立通关疑难问题处理专窗，协调解决疑难问题。通过国际贸易“单一窗口”等渠道，推送政策措施及监管要求。提升国际贸易“单一窗口”服务水平，实现用户咨询问题线上受理和应答。统筹做好改革问题收集、稳外贸稳外资协调等机制下“问题清零”工作。（责任单位：兰州海关、省商务厅，各市州政府、兰州新区管委会）

## 五、切实推进相关改革举措

（二十）加快推进海关相关业务改革。按照海关总署统一部署，积极参与全业务领域跨关区协同治理与发展，以黄河流域生态保护和高质量发展、西部陆海新通道建设为契机，加快推动区域海关在全业务领域互联、互通、互助、互认。推动检验检疫监管改革落地实施，落实进口食品化妆品样品检验监管新模式，稳妥推进商品检验第三方检验结果采信。在确保安全的基础上，根据企业需求，争取开展进口巴氏杀菌乳检验监管模式改革试点。积极向海关总署建言献策，合理调整和精简海关特殊监管区域进出口环节的监管证件，对区内企业承接境内区外的委托加工业务进出区环节免予提交进出口监管证件，便利区内企业扩大生产规模，推进综合保税区高质量发展。（责任单位：兰州海关）

（二十一）积极推进口岸政务服务改革。加快推动口岸环节政务服务网上办理。深入推进行政许可制度改革，加强行政审批业务系统整合和优化，加大制度、模式、系统等支持力度，实现进出口环节行政审批线上办理和窗口递交纸本、后台流转作实体验核的一体“通办”。开展口岸行政审批时效监督，努力实现口岸政务服务事项办理“零延时”“零投诉”。（责任单位：兰州海关、省交通运输厅、省商务厅、省市场监管局）

（二十二）探索推进参与跨境通关合作。按照海关总署统一部署，开展基于《国际公路运输公约》（TIR 公约）的国际道路运输业务和“关铁通”合作项目、“安智贸”项目政策辅导，加强与有关省份对接协作，支持有意愿企业开展相关业务和参与相关合作。主动参与铁海联运“一单制”、国际铁路联运运单电子化试点工作，支持有关企业先行先试。加强 RCEP 等自贸协定便利化措施分析研究，精准开展关税减让政策推介和原产地技术服务，降低企业进口成本、提高出口产品竞争力。（责任单位：兰州海关、省交通运输厅、省商务厅，中国铁路兰州局集团有限公司）

# 宁夏回族自治区

## 一、综述

2021年，宁夏回族自治区认真贯彻落实党中央、国务院有关决策部署，按照国家口岸管理办公室有关工作要求，深入推进中国（宁夏）国际贸易单一窗口（以下简称宁夏“单一窗口”）建设和推广工作，落地标准版功能，助力地方经济建设。上线两用物项和技术进/出口许可证、技术出口许可证、技术出口合同登记证、进口许可证等证件申领功能，完成国际贸易“单一窗口”出口退税模块与税务局金税三期系统对接、功能切换等工作。

## 二、运行情况

### （一）运行数据

截至2021年年底，宁夏“单一窗口”累计注册用户已超1100家。全年货物申报7848票；运输工具申报14票；企业资质办理3997票；原产地证书申领6139票；税费支付818票；加贸保税1.28万票；物品通关5.32万票；跨境电商5342票；监管证件1142票；出口退税69笔。

### （二）运行维护

全面提升宁夏95198服务热线服务质量，提供7×24小时咨询服务，常见问题回复时限在5分钟以内；开通宁夏95198服务热线公众号，组建微信、钉钉等服务保障群，构建常见问题库，大幅提升问题解答能力。全年宁夏95198服务热线共为全区400余家外贸企业解决各类问题590余个，其中微信群解决问题302个、钉钉群解决问题5个、热线电话解决问题283个。

### （三）宣传推广

#### 1. 举办业务培训班

2021年6月9日—10日，宁夏回族自治区口岸办联合相关单位在银川举办国际贸易“单一窗口”出口退税业务上机实操培训班，全区120余家外贸出口企业参加培训。培训内容涵盖出口退税业务办理流程、退税贷办理流程、出口贷办理流程、税费支付、关税保证保险以及小微企业信保投保等业务，加深企业对“单一窗口”业务的理解，提高企业“单一窗口”应用水平。

### 2. 开展线下服务

先后赴相关企业开展“一对一”上门服务60余次，提供在线远程指导80余次，帮助企业提升“单一窗口”应用水平，提高通关效率。

### 3. 开展宣传推广活动

开通宁夏95198服务热线公众号，发布各类系统更新通知78条，推送国际贸易“单一窗口”相关文章、资讯148篇，整理汇总各类常见问题250余条，录制“单一窗口”操作视频课程6节，整理常用功能操作手册7篇，汇总常见问题知识库。

## 三、大事记

1月26日

宁夏“单一窗口”关银一KEY通业务正式落地实施。

5月6日

宁夏“单一窗口”上线标准版出口退税（金三版）功能。

6月9日—10日

自治区商务厅（口岸办）联合相关部门举办国际贸易“单一窗口”出口退税业务实操培训班。

7月23日

自治区商务厅联合中卫市商务局在中卫市开展国际贸易“单一窗口”许可证件申领功能企业宣讲会。

# 新疆维吾尔自治区

## 一、综述

按照党中央、国务院优化营商环境决策部署，新疆维吾尔自治区始终把国际贸易“单一窗口”建设推广与运营服务工作作为促进跨境贸易便利化、改善口岸营商环境的重要举措。截至2021年年底，中国（新疆）国际贸易单一窗口（以下简称新疆“单一窗口”）已上线标准版15类功能，并持续建设推广地方特色应用。完成互联网道路运输便民政务服务系统建设，实现部区（省）间道路运输数据交互和业务员协作，普通货运车辆、道路运输从业资格等高频事项可跨区（省）通办、全程网办，全区累计办件量2100余件，办结率96%。积极推进国际道路货物运输经营备案电子证照应用，至2021年年底，累计向70余家国际道路货运企业、近3000辆货运车辆核发电子备案证明。

## 二、运行情况

### （一）运行数据

2021年全年，新疆“单一窗口”货物申报27.03万票；舱单申报110.68万票；运输工具申报2.57万票；企业资质办理1.05万票；原产地证书申领6111票；税费支付2.35万票；加贸保税7.73万票；物品通关58票；跨境电商3857.22万票；监管证件113票；出口退税26笔。

### （二）运行维护

实行7×24小时微信在线运维、5×8小时本地客服热线电话服务、重点企业上门走访等工作机制，及时处理企业使用“单一窗口”过程中出现的问题。建立10个微信联系群，入群企业达2000余家，累计处理企业问题4392个。95198热线电话处理企业问题4425次。向国家项目组提交反馈问题及处理建议，为“单一窗口”各业务系统稳定运行及良好应用提供有力支持。新增“单一窗口”运维服务管理平台，提交100条工单。优化电子钥匙申领和更新流程，鼓励企业在线申请和更新电子钥匙，全年共审核发放非机电产品自动进口许可证电子证4390份、发放办理电子钥匙68个。

### （三）宣传推广

2021年，自治区“单一窗口”建设领导小组各成员单位根据国家口岸管理办公室关于标准版新功能上线的相关要求，通过视频培训的方式，面向外贸企业、货运代理企业、物流企业开展应用宣传推广工作，在门户网站、企业微信群上传应用推广手册。新疆口岸办会同乌鲁木齐海关和新疆税务局，及时组织原产地证书打印、检验检疫电子证书系统运用等培训，并在乌鲁木齐海关网站以及报关查验过程中进行宣传推介。中国银行新疆分行通过微信公众号等新媒体和自媒体渠道，全面宣传推广“单一窗口”金融服务，积极推广关银一KEY通项目，在全疆开通19个合作制卡代理点，实现全疆全覆盖，全年累计为2400余家外贸企业提供电子口岸入网服务，努力让广大企业少跑路。

## 三、特色应用

### 新疆跨境电商综合服务平台

新疆跨境电商综合服务平台作为自治区与海关实现数据对接的服务平台，可直连地州城市跨境电商综合服务平台，也可直接对接电商平台企业。电商企业的三单（订单、运单、支付单）信息经地州城市跨境电商综合服务平台或自行向新疆跨境寄递物品综合服务平台进行数据申报，由新疆跨境寄递物品综合服务平台与海关对接，下达海关监管和查验指令。该平台是自治区电子口岸联合乌鲁木齐海关搭建的区（省）级跨境个人寄递物品综合服务平台。

## 四、大事记

4月8日

上线运行国家移民管理机构12367服务平台新疆分中心。

12月1日

线上召开全区外贸企业国际贸易“单一窗口”常见问题会议。

## 五、政策文件

# 关于印发《关于进一步深化跨境贸易便利化改革优化口岸营商环境的工作措施》的通知

新政外发〔2021〕20号

伊犁哈萨克自治州，博尔塔拉蒙古自治州、昌吉回族自治州、乌鲁木齐市、哈密市、克孜勒苏柯尔克孜自治州人民政府，塔城地区、阿勒泰地区、喀什地区行政公署，自治区口岸工作领导小组各成员单位：

《关于进一步深化跨境贸易便利化改革优化口岸营商环境的工作措施》已经自治区第十三届人民政府第140次常务会议研究审议通过。现印发给你们，请认真抓好贯彻落实。

自治区人民政府外事办公室　自治区发展和改革委员会
自治区财政厅　自治区交通运输
自治区商务厅　自治区卫生健康委员会
自治区市场监督管理局　中华人民共和国乌鲁木齐海关
国家税务总局新疆维吾尔　自治区税务局　中国民用航空新疆管理局
中国铁路乌鲁木齐局集团有限公司
2021年10月30日

## 关于进一步深化跨境贸易便利化改革优化口岸营商环境的工作措施

为落实海关总署、国家发展改革委、财政部、交通运输部、商务部等10部委印发的《关于进一步深化跨境贸易便利化改革优化口岸营商环境的通知》（署岸发〔2021〕85号）精神，持续深入推进自治区“放管服”改革，进一步深化跨境贸易便利化措施，优化口岸营商环境，促进我区外贸高质量发展，制定如下措施。

### 一、总体要求

以习近平新时代中国特色社会主义思想为指导，全面贯彻党的十九大和十九届二中、三中、四中、五中全会精神，深入贯彻第三次中央新疆工作座谈会精神，完整准确贯彻新时代党的治疆方略，牢牢扭住社会稳定和长治久安总目标，立足新发展阶段、贯彻新发展理念、构建新发展格局，落实自治区党委各项决策部署，统筹推进疫情防控和经济社会发展，聚焦市场主体关切，对标国内先进水平，坚持尊重市场、高效便利、遵循法治、协同治理、主动作为、改革创新的原则，坚持系统观念，加强内外统筹，充分发挥口岸在国内国际双循环中的开放平台作用，进一步优化通关流程、创新监管方式、提升通关效率、降低通关成本，提升高质量监管、高品质服务水平，持续优化市场化、法治化、国际化口岸营商环境，更大激发市场主体活力和综合竞争力，保持外贸进出口稳定增长。

### 二、工作措施

#### （一）深化改革创新，进一步优化通关全链条全流程

1. 进一步优化进出口货物通关模式。整合简化报关单申报项目。支持企业自主选择进出口申报模式，进一步完善进出口货物“提前申报”“两步申报”通关模式。提高出口便利化水平，优化出口环节服务。持续优化出口退税流程，大力推进出口退税无纸化申报，鼓励支持出口企业完善内控机制，加强信用建设，发挥信用的导向作用，不断优化出口退税服务。（乌鲁木齐海关，自治区发改委、财政厅、商务厅，新疆税务局按职责分工落实）

2. 深入推进“主动披露”制度和容错机制实施。在开展企业稽核查和贸易调查工作期间，了

解企业进出口情况及存在的问题，积极推进“主动披露”制度的实施。(责任单位：乌鲁木齐海关)

3. 分区域分步骤分目标持续推进税收征管改革。运用自报自缴正向激励与申报纠错逆向管控手段，分析企业自报自缴差错，引导企业合规申报。积极落实属地纳税人管理工作，大力推广归类、价格预裁定工作。落实海关担保“一保多用”模式，实现一份税款担保保函可用于多项海关税款类担保事务。(乌鲁木齐海关，新疆税务局按职责分工落实)

4. 进一步提升出口退税便利度。加强海关、外汇管理、税务等部门信息共享和数据交换，进一步提升出口退税申报便利水平。实现企业通过税务系统或国际贸易“单一窗口”申报出口退税时，自动调用出口报关单信息和购进出口货物发票信息，加快企业出口退税事项全环节办理速度。全面落实 2021 年底前将办理正常出口退税的平均时间压缩至 7 个工作日、2022 年底前将办理正常出口退税的平均时间压缩至 6 个工作日以内的工作要求，对高信用级别企业进一步压缩办理时间。(乌鲁木齐海关、新疆税务局、国家外汇管理局新疆分局按职责分工落实)

5. 进一步合理调整和精简进出口环节监管证件。根据《出口许可证申请签发使用工作规范》、《进口许可证申请签发使用工作规范》，做好进出口许可证的受理、核验、签发工作。严格落实精简进出口环节监督证件和随附单证要求，加强监管证件联网核查监控。做好“单一窗口”进出口环节监管证件功能落地实施工作。(乌鲁木齐海关，自治区商务厅、外办、市场监管局按职责分工落实)

6. 推进检验检疫监管模式改革。按照海关总署对商品检验结果采信工作的部署安排，严格落实各项制度和工作要求，稳步推动商品检验结果采信工作。(责任单位：乌鲁木齐海关)

7. 优化进口食品化妆品样品检验监管。制定用于展览展示的预包装进口食品样品以及非试用、非销售用的展览展示化妆品的检验监管制度。(责任单位：乌鲁木齐海关)

**（二）清理规范收费，进一步降低进出口环节费用**

8. 进一步规范口岸收费。贯彻落实国家、自治区有关决策部署，加强口岸收费长效管理，畅通降费传导机制，督促口岸经营单位进一步清理精简收费项目，明确收费名称和服务内容，持续规范口岸收费行为。着力强化公平竞争审查刚性约束，抓好《公平竞争审查制度实施细则》的贯彻执行，严厉打击不正当竞争行为，促进形成公平竞争的市场环境，维护良好的市场秩序。[自治区发改委、财政厅、外办、交通厅、商务厅、市场监督管理局，乌鲁木齐海关及口岸所在地（州、市）人民政府按职责分工落实]

9. 优化收费公示制度和收费服务模式。认真落实口岸收费目录清单公示制度并强化动态更新。有序推进口岸收费主体通过“单一窗口”公开收费标准、服务项目等信息，增强口岸收费透明度、可比性。支持具备条件的口岸提供“一站式”收缴费服务，复制推广“一站式阳光价格”服务模式。[自治区外办，发改委、财政厅、交通厅、商务厅、市场监督管理局，乌鲁木齐海关及口岸所在地（州、市）人民政府按职责分工落实]

10. 加大进出口环节收费监督检查力度。各地各部门形成工作合力，加强联合监督检查，依法查处口岸不执行政府定价和指导价、不按公示收费目录清单收费、不按规定明码标价、未落实优惠减免政策等违法违规行为并及时向社会公布，进一步规范进出口环节收费行为。依法依规调查处理口岸经营活动中的涉嫌垄断行为。[自治区市场监督管理局，交通厅、外办、商务厅，乌鲁

木齐海关及口岸所在地（州、市）人民政府按职责分工落实］

**（三）强化科技赋能，进一步提升口岸综合服务能力**

11. 深化国际贸易“单一窗口”服务功能，支持外贸新兴业态发展。根据国际贸易“单一窗口”标准版建设进度和要求，完善“单一窗口”政务服务功能，推动口岸和国际贸易领域相关业务统一通过“单一窗口”办理，丰富跨境电商模式，促进跨境电商稳健发展。加大财政对中国（新疆）国际贸易“单一窗口”建设的支持。［自治区外办、发改委、财政厅、商务厅，乌鲁木齐海关等单位及口岸所在地（州、市）人民政府按职责分工落实］

12. 推进口岸物流单证全流程无纸化。实施铁路进出境快速通关业务模式，稳步推进中哈“关铁通”项目。加快航空物流信息化建设，实现航空物流集中控制。实施航空货运中性电子运单工程，加快中性电子运单覆盖率。推进乌鲁木齐国际机场航空货运控制中心 COC 建设运营，将航空公司、货运代理公司、快递企业和货运资源进行整合，实现信息共享、集中管理、统一指挥、及时协调。按照国铁集团推进中哈电子信息交换工作的进度，加强与哈铁沟通合作，完善和优化中哈铁路电子信息交换质量和功能，提高电子信息交换的准确性和及时性。（自治区交通厅，乌鲁木齐海关、新疆机场集团、中国铁路乌鲁木齐局集团有限公司按职责分工落实）

13. 提升口岸基础设施和监管智能化水平。持续推进智能审图及信息化平台等项目的推广应用，优化乌鲁木齐关区物流监控（卡口）系统。配合交通运输部在我区加快推广应用基于北斗的国际道路运输管理与服务信息系统，推进国际道路运输车辆预申报出入境网上申请工作。（自治区交通厅，乌鲁木齐海关按职责分工落实）

14. 促进航空物流通关便利化。在乌鲁木齐航空口岸推进出口货物预申报业务，实现货物运抵前经提前申报出口货物信息，基于系统数据的关联性，实时查询货物预申报情况并及时掌握出口货物交运计划信息，实现货包机货物整票批次收运，提高货物的保障时效及出口货物的通关效率。积极参与航空物流公共信息平台相关工作。（新疆机场集团、乌鲁木齐海关、自治区外办按职责分工落实）

15. 积极探索多式联运。加快推动中欧班列（乌鲁木齐）集结中心枢纽综合信息服务平台功能拓展、多式联运集货区项目建设。积极对接进出口运输企业的需求，相关部门加强协作，创新国际货物联运运输组织模式，探索口岸通关方式，推动发展中欧班列公铁联运和在集结中心开展以铁路运输为纽带的海铁、公铁、空铁多式联运业务。［自治区交通厅、发改委，乌鲁木齐海关、新疆机场集团、中国铁路乌鲁木齐局集团有限公司和口岸所在地（州、市）人民政府按职责分工落实］

16. 提升口岸物流作业综合效率。落实属地管理责任，配备充足口岸作业人员，严格落实疫苗接种、核酸检测、人员管理、应急处置等各项疫情防控措施，从严做好人员安全防护，统筹做好进出口冷链商品消杀等工作，严防疫情通过商品传入。鼓励各口岸在做好防疫的前提下，积极开展“甩挂”“吊装”“界桥交接”等通关模式，不断优化流程，提升口岸物流作业效率。［自治区交通厅、卫生健康委、外办，乌鲁木齐海关、新疆机场集团、中国铁路乌鲁木齐局集团有限公司和口岸所在地（州、市）人民政府按职责分工落实］

**（四）高效利企便民，进一步改善跨境贸易整体服务环境**

17. 推进政务服务事项一体化办理。持续推进口岸环节政务服务网上办理。实现行政审批业务系统整合优化，加强政策宣传力度，实现进出口环节行政审批线上办理和窗口递交纸本、后台流转作实体验核的一体化“通办”。（自治区政务服务和公共资源交易中心、财政厅、交通厅、商务厅、市场监督管理局、乌鲁木齐海关按职责分工落实）

18. 建设稳定透明的口岸服务环境。公开并向社会公布铁路、航空、公路国际物流各个环节的业务流程、作业时限与收费标准。推进南航物流全流程跟踪展示平台建设，持续扩大覆盖范围，实现物流信息对社会公众可查、可跟踪的承诺。［自治区交通厅，乌鲁木齐海关、南航新疆分公司、中国铁路乌鲁木齐局集团有限公司和口岸所在地（州、市）人民政府按职责分工落实］

19. 为海关认证企业提供更多便利化措施。加强企业认证培育工作，加大企业认证工作力度，以自治区和兵团重点扶持企业、与“一带一路”沿线国家有贸易往来企业、海关特殊监管区域内企业、制造业民营企业、产业链供应链中龙头企业等为重点，逐步增加区内海关 AEO 认证企业数量。（责任单位：乌鲁木齐海关）

20. 加强知识产权海关保护。积极开展“龙腾行动”等专项执法行动。建立协作配合机制，推动联合打击、协同执法，形成联合行动共同打击的工作合力。（乌鲁木齐海关，自治区公安厅、市场监督管理局按职责分工落实）

21. 加强技术性贸易措施企业咨询服务。加强技贸措施信息收集工作，加大对企业的技术性贸易措施宣传，做好技术性贸易措施咨询服务工作，开展辖区进出口贸易影响调查。积极推进关区技术性贸易措施研究评议基地申建工作，帮助新疆企业走出去。（责任单位：乌鲁木齐海关）

22. 完善企业意见反馈和协调解决机制。拓宽企业诉求的收集渠道，多渠道收集企业的诉求。充分发挥自治区稳外贸稳外资工作协调机制作用，通过口岸现场、“单一窗口”等多种渠道，各部门形成合力，实现用户咨询问题线上线下受理，及时协调解决企业困难、诉求。（自治区商务厅，乌鲁木齐海关等单位及各地（州、市）人民政府按职责分工落实）

23. 提升国际物流供给能力。推进 TIR 业务在各口岸稳步开展，支持鼓励我区国际道路运输企业申报 TIR 持证人资格，推动运输便利化水平不断提升。（自治区交通厅，乌鲁木齐海关按职责分工落实）

24. 加大跨境通关合作力度。围绕“智慧海关、智能边境、智享联通”建设，积极推进我区与“一带一路”沿线国家（地区）通关监管合作和信息互换，重点加强跨境班列双边铁路部门运营数据预先交换、集装箱检验监管信息互换、压缩班列在口岸场站停留时间等跨境通关对接合作。推动检验检疫证书跨境电子传输。（中国铁路乌鲁木齐局集团有限公司、乌鲁木齐海关按职责分工落实）

## 三、实施保障

（一）加强组织领导。各地、各相关部门要高度重视，在自治区人民政府的组织领导和统筹协调下，明确细化任务分解，依法履职尽责，加强跨部门跨地区协调联动，形成整体合力，抓实抓细各项工作措施，认真落实各项工作任务，加大督促检查力度，明确各项措施落地生效。

（二）严格疫情防控。各地、各有关部门要进一步加强新冠肺炎等境外传染病疫情的防控工作，口岸所在地要落实属地管理责任，强化边境口岸全流程闭环管理，坚持“人”“物”同防，压实四方责任，加强对口岸重点人群的疫情防控，按要求落实进口冷链食品和高风险非冷链集装箱货物的监测检测和预防性消毒措施，毫不放松抓好“外防输入、内防反弹”各项工作。

（三）加强宣传引导。各地、各相关部门要通过多种形式、多种渠道，加强政策解读，引导企业用好用足各项利企便民政策措施，对企业反映的问题要及时回应，积极推动研究解决，更好服务市场主体，要充分利用各种媒体和载体宣传报道在优化口岸营商环境，促进跨境贸易便利化工作方面的新进展、新成效，营造良好的社会舆论氛围。

# 宁波市

## 一、综述

2021年，为贯彻落实《国务院办公厅关于进一步优化营商环境更好服务市场主体的实施意见》（国办发〔2020〕24号）及浙江省数字化改革总体部署要求，加快“单一窗口”功能由口岸通关执法向口岸物流、贸易服务等全链条拓展，推进中国（宁波）国际贸易单一窗口（以下简称宁波“单一窗口”）数字化改革，在宁波市口岸协调委员会成员单位的领导和支持下，宁波“单一窗口”加快自贸板块建设，深化与长三角地区“单一窗口”合作共建，持续推广标准版功能应用。以宁波“单一窗口”建设驱动口岸领域数字化改革，谋划多跨场景应用，探索构建有宁波辨识度的标志性工程，培育数字生态体系，以数字化推动宁波外贸高质量发展，促进跨境贸易整体数字化改革，服务宁波建设世界一流口岸。

2021年，宁波“单一窗口”完成标准版各项试点任务，口岸营商环境得到进一步优化，在中国报关协会、北京睿库贸易安全及便利化研究中心共同发布的“十大海运集装箱口岸营商环境测评”结果中，宁波口岸获得四星好评。据海关总署统计，2021年12月，宁波海运口岸进、出口整体通关时间全面领跑长三角，在全国沿海主要口岸中位列第二，较2017年基数分别压缩84.95%和97.13%。

## 二、运行情况

### （一）运行数据

截至2021年年底，宁波地区累计申报单量达5.37亿票。全年货物申报582.95万票；舱单申报5181.08万票；运输工具申报16.25万票；企业资质办理4.02万票；原产地证书申领48.80万票；税费支付6.02万票；加贸保税124.42万票；物品通关396.09万票；跨境电商13739.99万票；监管证件1.09万票；出口退税146笔。全年新增地方政务项目10个，累计共建地方政务项目74个，提供服务功能347项；累计注册企业达1.84万家，新增592家，同比增长3.32%；处理核心报文量达到3082.95万票，新增269.55万票，同比增长9.60%；独立IP点击量为298.82万次，同比增长7.35%。

### （二）运行维护

#### 1. 优化运维模式

为实现浙江省数字口岸一体化建设、促进宁波“单一窗口”功能提升、打通港口物流信息节点、高水平建设世界一流强港，按照宁波港城融合发展联席会议精神及市领导指示要求，宁波“单一窗口”遵循政府主导、部门共建、实体化运作的原则，优化了平台运维模式。

一是根据《宁波电子口岸公司改革方案》完成宁波电子口岸公司改革，由宁波海关、宁波舟山港集团、宁波国际物流公司三家单位共同组建新的宁波电子口岸公司。二是由新成立的宁波电子口岸公司作为宁波“单一窗口”实体运维单位。

#### 2. 强化数据安全

（1）组织专题会议，强化安全意识。组织召开宁波“单一窗口”数据安全专题会议，传达上级指示要求，明确数据安全的重要性，强化数据安全意识和责任意识。按照相关安全检查要求，明确任务分工、部署自检内容、排出时间节点，按照“零信任、零风险、零泄漏”的标准开展安全检查工作。2021 年 9 月 8 日，专门对宁波“单一窗口”相关网络及主机进行安全扫描，无重大安全隐患及漏洞，未发生信息安全及网络安全事件。

（2）开展安全教育，组织应急演练。专门邀请宁波市鄞州区网络安全部门针对系统运维和数据安全管理相关人员进行网络安全教育培训。结合 ISO 20000 体系、信息安全等级保护制度，以及内控管理流程，制定信息系统运维服务保障等级定级规范并修订完善。2021 年 9 月 13 日，专门组织开展宁波“单一窗口”网络安全攻防演练，落实网络攻击监测与防范技术措施，完善应急处置预案，组织应急处置专家队伍，开展相关应急处置工作。

（3）扩大排查范围，落实整改措施。全面梳理“单一窗口”相关应用部署情况，将排查范围由数据传输、保管扩大到用户管理和身份认证、账号密码、门户网站安全、基础设施等方面，对安全防护、运维管理、边界访问策略等进行全面梳理检查，切实找出、找准风险点和薄弱环节，进而进行全面整改。一是加强平台用户账号和弱口令检查，修改长期默认账号，清理和关停无用账号，针对弱口令进行强制提示。二是针对密码存在的明文存储问题，在后台对数据库进行加密存储。三是购买安装 SSL 证书，升级 HTTPS 加密协议，提升网站数据安全保护能力。四是梳理应用系统清单和资产，对于无活跃度的系统进行停用处理，排查系统漏洞并及时安装补丁等，做到无盲区、无遗漏、无死角。

#### 3. 强化服务管理，不断提升运维服务质量

（1）推广应用国际贸易“单一窗口”运行服务平台。该平台的应用，不仅为企业解决各种系统问题提供了新的途径，而且大幅缩短了响应时间，以前一个问题需要 24 小时才能解决，通过该平台 1 小时内就能得到响应，而且能够查到流程各环节的受理人、处理时间、实时状态，大多数问题都能在当天解决，提升了问题解决效率，企业满意度大幅提高。

（2）根据《国际贸易“单一窗口”运维管理规程》《国际贸易“单一窗口”服务请求管理规程》要求，规范宁波“单一窗口”热线服务标准，按照规程统一受理 95198 服务请求，7×24 小时

响应企业需求，做好服务请求的及时受理、登记和提交，做到问题有追踪、解决有落实。

截至 2021 年 11 月 15 日，宁波地区 95198 热线电话共接听 3657 个，通过 QQ 及微信群解答企业问题 6017 个，向标准版工程组提交系统功能需求及服务响应 30 条。微信公众号推送“单一窗口”相关政策、通知、功能操作指南 50 次，门户网站发布新闻动态约 1300 条。

### （三）宣传推广

为了提升宁波“单一窗口”应用率，按照年度工作计划制订培训方案，采用市内培训及跨地区交流、线上与线下相结合等方式，举办多场次业务培训。

#### 1. 创新线上培训模式

一是完成宁波“单一窗口”宣传手册的设计更新及微信公众号图标的更换。二是对于新上线功能，通过腾讯会议在线直播等方式组织企业培训，如出口退税（金三版）、口岸收费公示系统上线培训等，线上受众达到 1000 多人次。三是通过微信公众号、QQ/微信群发布“单一窗口”操作指南，解读标准版相关政策，通过门户网站提供相关功能操作手册下载，通过录制视频、直播等重复轮播形式讲解具体操作。

#### 2. 有序组织现场培训

为做好新上线功能的推广，克服疫情影响，会同商务、海关等有关部门，发挥行业协会的作用，共同举办线下培训 15 场，培训对象覆盖全市进出口、跨境电商、船舶代理、报关行等企业。截至 2021 年 12 月，共有 503 家企业、718 人次参加线下培训。

## 三、 特色应用

宁波“单一窗口”始终按照“标准版+地方特色应用”建设思路，加强地方资源整合，推进地方政务项目建设，为企业提供“通关+物流+金融”跨境贸易全链条综合服务。

### （一）主要做法

1. 开展课题研究。为加快推进宁波数字化改革，积极谋划多跨场景应用建设，依托宁波“单一窗口”良好的数字基础，与研究机构、高校合作，共同研究服务政府国际贸易领域整体智治、服务企业“国际贸易一件事”一站式办理，编写《宁波国际贸易一站式服务场景建设研究》报告，以课题研究成果为指导，探索谋划跨业务、跨部门、跨层级、跨区域、跨系统的多跨场景应用。

2. 紧抓项目建设。通过两年的建设，宁波“单一窗口”功能提升项目顺利建成并上线运行。加快项目建设进度，规范项目建设流程，引入第三方监理，加强对项目管理，建立双周报制度，对项目进度、周期进行把控。如期上线口岸收费公示查询、重庆互联互通、海关空箱检查辅助系统等 10 个应用项目，进一步将宁波“单一窗口”功能由通关执法向贸易服务、口岸物流拓展延伸。

3. 健全运维机制。一是成立“单一窗口”日常管理工作组。市口岸办牵头宁波海关、宁波舟山港集团、宁波国际物流公司相关业务负责人组成宁波“单一窗口”日常管理工作组，负责宁波“单一窗口”的规划、建设、日常管理、工作协调、数据安全管理、运行绩效考核等工作。二是依据《国际贸易“单一窗口”运行管理办法（暂行）》（署岸发〔2017〕259 号）和《国家口岸管理办公室关于国际贸易“单一窗口”建设的框架意见》，优化完善《宁波国际贸易“单一窗口”运维管理办法（暂行）》《宁波国际贸易“单一窗口”运维考核暂行办法（修订版）》。

### （二）实践成效

1. 数字赋能，促进宁波“单一窗口”改革创新。根据省市数字化改革的总体部署，加快推进宁波数字经济建设，依托宁波“单一窗口”良好基础，谋划国际贸易多跨应用场景建设，打造具有宁波辨识度的标志性工程。通过开展课题研究、企业调研、组建工作专班等多种形式探索“国际贸易一件事”服务多跨场景应用，运用“V 字模型”，分析当前“国际贸易一件事”中存在的堵点难点，按照畅通、便利、高效、降本的工作要求，遵循“流程再造、制度重塑、监管创新”的原则编写《宁波国际贸易“一站式”服务体系改革实施方案》，为宁波“单一窗口”数字化改革创新指明方向。

2. 开拓创新，促进宁波“单一窗口”服务功能提升。根据《中国（浙江）自由贸易试验区宁波片区建设方案》中提到的建设具有国际先进水平的国际贸易“单一窗口”、加快“单一窗口”功能由口岸通关执法向口岸物流、贸易服务等全链条拓展、逐步将服务贸易管理事项纳入国际贸易“单一窗口”等要求，通过复制浙江自贸区经验，实地调研、需求征集，以及系统集成等方式，完成宁波“单一窗口”自贸服务板块上线运行，主要包括走进自贸区、新闻资讯、办事服务、信息公开和互动交流五大模块，提供出口退税、金融服务、通关物流可视化、电子地图、收费公示及运价指数查询等六大功能。同时，积极拓展宁波“单一窗口”地方特色功能，完成 10 个地方应用项目建设上线，对接“浙里办”App，上线移动端应用，实现移动端通关辅助查询；开展通关物流全程评估系统试点；以数字化改革为牵引，对接宁波城市大脑，上线宁波“单一窗口”大屏展示项目，实现口岸领域数据汇聚“一张图”，辅助政府部门决策分析，提升口岸治理能力，进而扩大宁波城市大脑服务覆盖范围。

3. 合作共建，促进宁波“单一窗口”互联互通。落实《长三角国际贸易“单一窗口”合作共建协议》，深化与长三角地区国际贸易“单一窗口”合作共建。召开多次业务、技术研讨会，积极保持与浙江省、上海市等地的沟通与交流，共同细化框架、标准和技术规范，起草《长三角国际贸易“单一窗口”合作共建技术方案》，成立长三角“单一窗口”专区项目工作小组，统筹推进长三角国际贸易“单一窗口”专区建设。一是完成了长三角国际贸易“单一窗口”专区上线，主要包括查询、业务办理、数据看板和新闻资讯等功能；二是实现与浙江、上海通关物流节点状态查询接口的开发、联调和数据的授权共享，截至 2021 年 12 月底，上海市、浙江省共同调用宁波“单一窗口”通关物流数据接口 1956 次。

## 四、大事记

4 月 26 日

上海、浙江、宁波共同在杭州召开“单一窗口”长三角合作共建研讨会。

5月18日

宁波市副市长李关定专题听取宁波国际贸易一站式服务场景应用数字化改革推进情况。

7月14日

宁波“单一窗口”开展查验信息推送试点工作。

7月22日

宁波“单一窗口”上线金融服务进口信用证国际结算功能。

10月20日

宁波“单一窗口”通关物流查询功能在“浙里办”App上线。

11月15日

宁波“单一窗口”上线地方特色功能长三角专区。

11月24日

宁波“单一窗口”上线自贸服务板块。

## 五、政策文件

### 宁波市人民政府关于印发中国（浙江）自由贸易试验区宁波片区建设方案的通知

（甬政发〔2021〕20号）

各区县（市）人民政府，市直及部省属驻甬各单位：

现将《中国（浙江）自由贸易试验区宁波片区建设方案》印发给你们，请认真贯彻落实。

宁波市人民政府

2021年5月18日

### 中国（浙江）自由贸易试验区宁波片区建设方案

为贯彻落实《国务院关于印发北京、湖南、安徽自由贸易试验区总体方案及浙江自由贸易试验区扩展区域方案的通知》（国发〔2020〕10号）精神，加快推动中国（浙江）自由贸易试验区宁波片区（以下简称宁波片区）改革开放创新发展，依据《中国（浙江）自由贸易试验区深化改革开放实施方案》（浙政发〔2020〕32号）的总体要求，结合我市实际，特制定本方案。

#### 一、总体要求

#### （一）指导思想

坚持以习近平新时代中国特色社会主义思想为指导，全面贯彻落实党的十九大和十九届二中、三中、四中、五中全会精神，主动融入“一带一路”倡议、长三角一体化发展等国家重大战略，深入落实“八八战略”，对标国际一流的自由贸易园区，以推动高质量发展为主题，以深化供给侧结构性改革为主线，以改革创新为根本动力，加快构建以国内大循环为主体、国内国际双循环相互促进的新发展格局。以数字化改革为牵引，将政策优势、创新优势与产业优势相结合，打造更高水平的现代化开放型经济新体系，形成宁波市域发展新动能，为宁波锻造硬核力量、唱好“双城记”、建好示范区、当好模范生、加快建设现代化滨海大都市作出引领性贡献。

### （二）功能定位

立足全省自贸试验区“一区多片”总体布局，坚持优势互补、错位发展、整体联动，宁波片区承担“一枢纽、三中心、一示范区”的战略功能定位。

1. 国际航运和物流枢纽。发挥宁波舟山港“硬核”作用，加强海港、空港、陆港、信息港“四港”联动，提升智慧港口基础设施建设水平，巩固全球最大港口生产、保障能力的规模优势，发展航运高端服务，集聚知名航运企业区域总部，建设具备强大辐射和服务功能的世界一流强港和国家综合运输体系重要枢纽。

2. 国际油气资源配置中心。推进以生产、储运、贸易、服务为一体的油气全产业链发展，建设新型国际能源贸易中心，做大做强绿色石化产业，扩大油气储运规模，增强油气战略资源的话语权和定价权，打造以保障国家能源安全为目标，与舟山一体化协同发展的具有国际影响力的油气资源配置中心。

3. 国际供应链创新中心。推进供应链创新与应用试点，强化业务协同和数据共享，重点发展进口贸易、服务贸易、数字贸易、跨境电商、转口贸易，推动以优进优出为核心的贸易转型升级，形成立足长三角、服务全国、面向全球的国际贸易战略枢纽，打造创新引领、智能高效、辐射力强的国际供应链创新中心。

4. 全球新材料科创中心。依托高能级平台载体，推进化工新材料、电子信息材料、磁性材料等全球协同研发和开放创新，强化创新资源集聚，加快科技成果转化，建成全球新材料科创中心，推动新材料产业发展迈向全球价值链高端。

5. 全球智能制造高质量发展示范区。深入实施制造强国战略和浙江数字经济“一号工程”，加快实施数字化赋能、数字产业化培育工程，重点推动高端装备、电子信息、工业互联网、“5G+”等产业集群发展，努力打造成为先进制造业与数字经济、信息技术深度融合的全球智能制造产业高质量发展示范区。

### （三）建设目标

到 2025 年，形成与功能定位相适应的开放制度体系和国内一流的营商环境。构建国际航运和物流枢纽、国际油气资源配置中心、国际供应链创新中心、全球新材料科创中心、全球智能制造高质量发展示范区一体化发展的新格局，对国家油气资源储备和配置形成重要战略支撑。宁波片区所在行政区域地区生产总值（GDP）增速和规上工业企业研发经费支出增速均高于全省平均 2 个百分点、外贸进出口增速和实际利用外资增速均高于全省平均 3 个百分点；全市跨境人民币结算量达到 2000 亿元；在海运方面力争宁波港域集装箱泊位总长度达到 9300 米、集装箱吞吐量达到 3270 万标准箱，在空运方面全市航空货运量达到 25 万吨；全市油品储备能力达到 2516 万吨，炼油能力达到 5000 万吨/年，油气贸易额达到 4310 亿元，液化天然气（LNG）接收规模达到 1200 万吨/年；全市进出口贸易总额达到 2 万亿元，其中跨境电商、优质商品进口、数字贸易、服务贸易分别达到 2000 亿元；全市新材料产业产值达 5000 亿元；全市先进制造业产业集群达到 3 个，规上制造业工业增加值增速超过6%。

到2035年，形成与国际全面接轨、具有中国特色的高度开放的制度体系、监管模式和营商环境，实现更高水平的投资贸易自由化，成为新时代改革开放的新高地。

## 二、空间布局

根据宁波片区总体要求和功能定位，强化产业集聚和辐射带动，注重资源共享和统筹布局，形成“核心区+联动区+辐射区”一体化发展格局。

（一）核心区。核心区为国家批复的浙江自贸试验区宁波片区，面积46平方公里，包括大榭片（20.4平方公里，其中大榭岛区块14.2平方公里、穿山北区块3.5平方公里、协和区块2.7平方公里）、梅山片（7.8平方公里）、综保片（17.8平方公里，其中保税区区块7.2平方公里、郧隘区块8.8平方公里、凤凰城区块1.8平方公里）。

大榭片为油气全产业链、新材料创新和国际航运枢纽功能区。其中大榭岛区块重点发展油气全产业链、化工新材料，打造新型国际能源贸易中心和具有国际竞争力的化工新材料创新发展示范区。协和区块重点发展电子信息新材料、化工新材料，打造国内领先的半导体研发、制造基地和国际知名的电子化工材料供应链中心。穿山北区块重点发展LNG登陆中心、港航物流，打造航运、物流、贸易、服务并重的综合性现代化枢纽港。

梅山片为国际供应链创新功能区。重点发展现代物流、国际贸易、供应链金融，健全国际中转集拼、跨境前置仓、海外仓等物流配套体系和跨境结算、融资撮合、商事服务等国际供应链综合服务体系，打造具有全球影响力的国际供应链创新中心。

综保片为新型国际贸易和智能制造产业高质量发展示范区。其中保税区区块重点发展跨境电商、进口保税贸易和转口贸易，打造新型国际贸易发展示范区和中国—中东欧国家贸易合作的重要平台。郧隘区块重点发展智能装备、“5G+”、数字经济，打造全国智能制造产业高质量发展样板。凤凰城区块重点发展总部经济，打造新型国际贸易总部基地和创业创新平台。

（二）联动区。联动区为省政府批复的浙江自贸试验区宁波联动创新区，面积119.87平方公里，包括临港片（70.56平方公里，涵盖镇海、北仑、梅山、大榭和保税区相关区域）、临空片（8.71平方公里，涵盖海曙区相关区域）、甬江片（15平方公里，涵盖镇海、鄞州、高新区相关区域）、前湾片（25.6平方公里，涵盖前湾新区相关区域），通过率先复制推广核心区政策制度，优先布局重大产业项目和公共服务平台，形成与核心区优势互补、资源共享、政策互通、布局统筹的协同格局。

临港片重点发展新型国际贸易、化工新材料、高端装备制造、油气全产业链，打造油品化工品储运中心和贸易交易中心及新兴产业培育基地。临空片重点发展航空服务、航空物流、跨境贸易、临空制造，打造区域性综合交通枢纽、临空产业集聚区。甬江片重点发展新材料研发、智能制造、数字经济，打造长三角科技服务创新高地。前湾片重点发展数字经济、通用航空、新材料、生命健康等产业，加强与中东欧国家产业合作对接，打造先进制造业基地和高质量外资集聚区。

（三）辐射区。辐射区为宁波片区功能拓展、项目落地、产业辐射的区域，包括江北、奉化、余姚、慈溪、宁海、象山等区县（市）全域以及宁波行政区域内其他核心区和联动区外的相关区域。主要通过构建与核心区、联动区协同发展机制，充分吸纳改革创新与制度开放的溢出效应，加强创新政策和改革成果的复制推广，进一步提升投资贸易便利化水平，全面优化国际营商环境，做好开放压力测试与改革试点经验总结，扩大宁波片区辐射半径和影响范围，构筑全市一体化开放发展体系。

## 三、主要任务

### （一）建立自由便利的开放制度体系

1. 建立高度开放的贸易自由制度。建设具有国际先进水平的国际贸易“单一窗口”，加快“单一窗口”功能由口岸通关执法向口岸物流、贸易服务等全链条拓展，实现港口、船代、理货等收费标准线上公开、在线查询，逐步将服务贸易管理事项纳入国际贸易“单一窗口”。推动跨部门联合查验，建立口岸通关作业“日清”工作机制，提升口岸通过效率，确保口岸进出口通关效率在全国主要沿海口岸处于领先水平。争取宁波栎社保税物流中心（B 型）和宁波镇海保税物流中心（B 型）整合升级为综合保税区。扩大第三方检验结果采信商品和机构范围。探索推动综合保税区增值税一般纳税人资格试点，将试点从生产加工企业扩大到贸易、物流仓储企业，争取完善试点企业准入退出机制及对试点企业进口设备和保税料件监管政策。

2. 建立公平高效的投资自由制度。全面实行外商投资准入前国民待遇加负面清单管理制度，建立与负面清单管理方式相适应的事中事后监管制度。探索建立国际投资“单一窗口”。减少或取消外商投资准入限制，进一步放宽油气产业、数字经济、生命健康、汽车等领域的投资和经营限制，推动教育、医疗、旅游、法律等服务领域开放。

3. 建立资金收付便利的金融管理制度。开展本外币合一银行结算账户试点，提升跨境贸易、投融资结算便利化水平。推进大宗商品贸易人民币结算，支持优质可信企业探索开展转口贸易跨境人民币结算。允许宁波片区银行为境外机构办理其境内外汇账户（NRA）结汇业务，支持宁波片区银行向境外机构提供人民币与外汇衍生产品服务。探索开展境内贸易融资资产转让业务和不良资产对外转让业务。宁波片区企业开展跨国公司外汇资金集中运营管理业务，其上年度本外币国际收支规模由超过 1 亿美元调整为超过 5000 万美元。支持宁波区域内有相关资质的法人非银行支付机构为宁波片区企业提供互联网支付服务。鼓励创新型、专业型、特色型保险法人机构落户宁波片区，探索保险资金运用属地监管，鼓励保险资金参与宁波片区重大项目建设和产业基金设立。支持在宁波片区开展合格境外有限合伙人（QFLP）试点。

4. 建立跨境便捷的人员管理制度。建立海外高层次人才在宁波片区办理外国人工作证、工作类居留许可、人才签证、长期或永久居留“绿色通道”。建立和完善重大活动、重要展会的通关服务机制，为重要宾客提供便利通关服务。允许具有境外职业资格的金融、建筑、规划、设计等领域符合条件的专业人才经备案后在宁波片区提供服务，其境外从业经历可以视同国内从业经历。

5. 实施便利有序的信息管理制度。加快 5G、云计算、物联网、区块链等新一代信息基础设施建设。提升宁波片区宽带接入能力、网络服务质量和应用水平，构建安全便利的国际互联网数据专用通道。试点放开对符合条件的外商投资企业的增值电信业务许可。在确保数据流动安全可控前提下，探索扩大数据领域开放，创新安全制度设计，实现数据充分汇聚，培育发展数字经济。

### （二）打造国际航运和物流枢纽

1. 推动综合运输体系立体发展。建立以海港为龙头、空港为特色、陆港为基础、信息港为纽带的“四港”联动机制，形成以海港为核心的大宗货物和集装箱多式联运信息枢纽。支持“义甬舟”开放大通道建设，开展甬金铁路“双高”集装箱运输试点，加快推进甬金铁路按双高集装箱标准建设。大力发展海铁联运，拓展中西部内陆市场。率先探索集装箱多式联运运单及电子运单标准应用。推动航运大数据中心建设，优化海上丝绸之路指数。探索宁波舟山港“一证通”制度和共享锚地举措，扩大船舶预检比例，为加注保税燃油船舶开通绿色通道。深化港口型国家物流枢纽创建，打造智能物流示范园区。

2. 推动航运管理制度开放发展。在有效监管、风险可控的前提下，争取以宁波舟山港为离境港，金华、义乌等海铁联运场站为启运港的启运港退税政策。探索将在境内制造且在宁波舟山港登记从事国际运输的船舶视同出口货物，给予出口退税。推进中资非五星旗船开展以宁波舟山港为国际中转港的外贸集装箱沿海捎带业务。争取国际登记船舶开放入级检验，逐步放开中国籍国际航行船舶入级检验业务。

3. 推动航空运输业务创新发展。力争将宁波栎社国际机场纳入国家第五航权开放试点，优先支持航空公司开辟至共建“一带一路”航权开放国家国际航线的经营许可审批。做大做强航空中转集拼业务，开展国际旅客行李通程联运业务，提升国际旅客、货物中转比例。争取境外旅客购物离境退税试点。推动国际快递业务经营许可审批权下放至市邮政管理局。

4. 推动航运服务产业集聚发展。力争国际航行船舶保税油加注许可权同步下放至宁波片区管理机构，赋予符合条件的企业国际航行船舶保税燃料油加注经营资质，探索开展码头岸基和内锚地加注业务。力争将船用液化天然气（LNG）作为船舶燃料纳入国际航行船舶燃料加注资质管理并享受保税政策，试点开展船用 LNG 加注业务。探索建立国际海事服务中心，前移相关海事服务端口，实现海事金融、保险、咨询、仲裁、司法等一站式办理。

**（三）打造国际油气资源配置中心**

1. 建设新型国际能源贸易中心。争取非国营贸易经营企业原油进口和成品油出口资质及配额。推动国际能源贸易总部基地建设，做大做强以原油、成品油、天然气、液化石油气为主导的能源进口、转口、离岸和国内贸易。推动建设数字能源及油气等大宗商品产业生态园。加强与国内外现货交易中心、期货交易所合作，推动金融机构开展油气、化工品期货保税交割、仓单交易、异地流转、期现仓单互认互换、仓单质押融资等业务，共同建设能源贸易新平台。引入国际能源产业投资基金，集聚各类功能性金融机构，创新丰富能源产业特色金融产品与保险服务，推动能源贸易高端服务基地建设。

2. 建设国家级油气储运基地。推动油气储备库扩容提速，支持国内外油气公司、能源巨头及其他社会主体投资建设油气储备设施。积极发挥市场作用，探索国储与商储相结合的储油机制。鼓励发起设立宁波片区油气储备产业基金。探索集体土地地下空间利用的创新举措，完善国土空间规划分层管控要求，分层出具规划条件，分层出让，分层办理规划许可、施工许可、安全许可、环保许可和确权登记等手续，利用地下空间建设油气仓储设施。加快建设宁波 LNG 登陆中心，支持开展 LNG 安全通行业务试点，研究优化大型 LNG 船舶进出港管制模式、流程和条件，研究推动 LNG 内贸转运船舶、港内加注船舶在宁波、舟山等特定区域自由通行，提升 LNG 登陆中心分拨功能。在安全论证基础上，支持并积极开展 LNG 罐箱多式联运工作。探索利用大型油轮建设离岸型浮动式储备库。在安全监管的前提下，对油气类化工品探索实施保税仓库和出口监管仓库“两仓合一”，支持宁波片区企业设立出口监管仓开展国产低硫燃料油出口直供业务，允许保税物流中心（B 型）和保税仓库（出口监管仓库）对保税和非保税油气产品和液体化工品“同罐共储”。

3. 建设绿色石化产业基地。加快推进大型石化项目建设，支持企业利用资源优势建设低硫燃料油产供一体化基地。促进炼化提质增效，聚焦化工新材料领域，加强自主创新和新产品研发，提高高端产品比重。

**（四）打造国际供应链创新中心**

1. 打造国际供应链策源中心。加快汽车、农林产品、冷冻品等国际供应链产业发展，吸引总部型机构集聚，构建新型国际供应链体系。探索建设中国林产品交易所，统筹全球林产品品牌资源，探索制定林产品交易标准，建立林产品价格指数发布平台，形成全球林产品交易中心，获得全球林产品定价权。开展二手车出口试点，创新出口许可证自动申领、汽车检测整备、登记核销、出口退税等管理举措，打造全国重要的商品车中转枢纽。推动出口前置仓和海外仓功能联动，实现货物跨境双向自由互通。构建国际中转集拼、国际分拨、过境转运等辐射全球的综合物流体系。

2. 打造进口商品集散中心。深化国家进口贸易促进创新示范区建设，推进进口贸易监管创新。推动汽车平行进口试点高质量发展，探索在海关特殊监管区内开展整车组装加工业务，争取在海关特殊监管区内组装加工的整车内销可享受汽车平行进口政策。创新关税担保方式，支持宁波片区企业在海关特殊监管区外开展保税展示交易业务。支持符合条件企业申报国家免税品经营资质，设立市内免税店和口岸免税店，经营免税品零售业务。

3. 打造跨境电商创新示范区。深化跨境电商综合试验区建设，完善适应跨境电商贸易特点的海关、税务、外汇等监管体系和跨境支付、物流、公证区块链商品溯源等支撑体系。试点全球库存同仓存储、自由调配，完善跨境电商零售进口超期退货处理机制，开展海关监管特殊区域跨境电商出口商品退货试点。争取跨境电商零售进口正面清单扩增，拓展宠物食品、家用医疗器械等品类进口。扩大跨境电商进口新零售业务，允许符合条件的参展商品按网购保税进口办理进境及出区展示。支持跨境电商平台企业跨关区建设云仓平台和分拨中心、配货中心。支持跨境电商企业在宁波片区建设国际配送平台和国际转口基地。扩大“跨境电商 B2B 出口”业务，支持跨境电商海外仓业务创新发展。探索“跨境电商+保税加工”试点，允许进口商品在综合保税区内组装、组合后，按跨境电商网购保税进口“1210”模式线上销售。

4. 打造新型贸易发展引领区。与“一带一路”沿线国家和地区开展以人民币计价的跨境易货贸易试点，创新海关、外汇、税务等监管政策，搭建易货贸易综合服务平台，扩大试点企业和产品范围，拓展跨境人民币结算通道。争取国家数字服务出口政策优先落地，创建国家数字服务出口基地。争取服务贸易创新发展试点，发展信息服务、文化贸易、技术贸易等新兴服务贸易。创建对外文化贸易基地和国家文化出口基地，深化文化艺术品交易市场功能，依法合规开展文化艺术品贸易和知识产权专业服务贸易。支持企业按规定开展具有真实贸易背景的新型国际贸易，支持银行业机构按照“展业三原则”为企业提供优质的金融服务。

5. 建设中国—中东欧国家经贸合作示范区。高质量谋划中国—中东欧国家博览会提升工程，进一步拓展博览会参展国家范围和参展商品种类，逐步实现与中国国际进口博览会资源互动、需求对接和政策相通。推进宁波国际博览中心项目建设，发展数字化会展，举办全球展览论坛。加快中东欧国际产业合作园建设，推动园区合作从联合招商、合作开发逐步向离岸研发、金融开放、服务贸易等领域拓展，打造面向中东欧、链接全欧洲的一流产业园。加大对中东欧国家外资机构的招引力度，鼓励企业在中东欧国家设立境外经贸合作区，打造国内企业对欧洲开展跨国投资的“跳板”。建立与中东欧院校的教育合作机制，创建一批教育合作平台，引导社会团体、民间组织开展对中东欧国家的友好交往活动，打造人文交流特色品牌。

**（五）打造全球新材料科创中心**

1. 聚力发展新材料产业。聚焦发展高分子材料、电子信息材料、高性能磁性材料、新型膜材料、先进碳材料等优势产业，前瞻布局智能复合材料、海洋新材料、汽车轻量化材料、5G 通讯材料等新兴领域。按照自主掌握、有望实现进口替代、存在断供断链风险等技术分类，建立关键核心技术攻关清单滚动排摸机制。建立关键零部件国际国内双回路供应政策体系，加快新材料关键核心技术攻关，推进新材料技术（产品）国产替代。

2. 培育高能级新材料科创平台。全面推进国家自主创新示范区建设，争创国家产业创新中心、工程研究中心、企业技术中心等产学研平台。加快建设石墨烯、磁性材料等创新中心和国家新材料测试评价平台区域中心，加快宁波新材料联合研究院建设，高层次搭建政府、高校院所、科研机构、企业多方合作的创新平台。依托甬江科创大走廊，加快甬江实验室建设，谋划建设极端环境材料大科学装置、微纳加工平台等，支持甬江实验室争创省级实验室和国家级重大科创平台。加强与中石化的深度战略合作，共同谋划建设化工新材料研发平台。

3. 培育国际性新材料科创主体。支持设立新材料研发中心、开放式实验室、产业研究院、成果转移中心等跨区域科创合作平台。引进国内外顶尖的孵化器、加速器企业，创新“科技资本+技术交易+离岸外包”的新型孵化和加速模式。

**（六）打造全球智能制造高质量发展示范区**

1. 实施数字化智能化提升工程。推进工业互联网创新发展，打造以工业操作系统为基础、以功能性平台为支撑的工业互联网平台体系，加快建设宁波产业大脑。强化数字赋能，分层级推进企业智能化改造和行业智能化改造升级，打造以智能工厂、数字化车间为主体的新智造群体。大力发展智能制造装备及关键基础件，打造国内重要的智能装备制造产业基地。推进 5G 网络等新型基础设施建设，培育壮大深耕垂直领域的智能制造工程服务商。创新海关监管模式，争取宁波片区企业在海关特殊监管区域外开展保税研发业务。

2. 实施产业补链强链工程。实施产业基础高级化和产业链现代化工程，建立产业链“链长制”责任体系，加快培育特色工艺集成电路、智能成型装备、高端模具、节能与新能源汽车等产业链。实施产业链协同创新计划，加强关键核心技术攻关，推进创新产品产业化及应用。

3. 实施新兴产业培育工程。加快发展生物医药产业，谋划布局一批生物制药、海洋生物医药、医疗器械等产业项目，加快重大疾病疫苗研发生产，推动重大疾病快速检测体外诊断试剂产业做大做强，推进基因库和干细胞制备中心建设。加快发展集成电路、光学电子、汽车电子、软件与信息服务等数字经济核心产业，培育发展“5G+”、工业互联网、区块链、新一代人工智能等前沿产业。加快应用场景建设，以市场应用带动集成创新，积极培育新业态。通过政府购买服务、联合攻关、基金支持、财政贴息等方式，加大对新兴产业支持。

### （七）打造国际一流标准的营商环境

1. 深化行政审批制度改革。推进数字政府建设，提升在线政务服务能力和水平，实现跨部门、跨层级一体化网上政务服务。试点建设新型行政服务中心，完善“好差评”制度。推进一般企业投资项目审批“最多80天”、低风险小型项目“最多20个工作日”试点。推进审批权力事项标准化，构建企业登记智能化审批平台，推动企业首次公章刻制、税控设备免单。取消施工图审查（或缩小审查范围）、实施告知承诺制和设计人员终身负责制等工程建设领域审批制度改革。

2. 建立健全信用监管体系。完善社会信用体系，推进宁波片区企业信用信息纳入全市公共信用信息平台。探索信用园区建设，构建“事前告知承诺、事中分级分类监管、事后联合奖惩”信用监管模式。实现市场监管相关部门“双随机、一公开”监管全覆盖。落实企业行政处罚、司法惩戒等信息公开制度，健全守信激励、失信惩戒机制。完善信用修复制度，注重源头管理，探索“沙盒”监管模式，建立全链条信用监管机制，探索信用评估和信用修复制度，鼓励失信主体通过主动纠正失信行为修复信用。

3. 提升知识产权保护水平。推进中国（宁波）知识产权保护中心建设，探索知识产权“快保护”机制，建立知识产权失信违法重点监管名单和联合惩戒制度。建设国家海外知识产权纠纷应对指导中心宁波分中心，支持企业开展海外专利布局。推动设立宁波知识产权法院，落实惩罚性赔偿制度。

4. 全面优化税收环境。在不导致税基侵蚀和利润转移前提下，探索有利于发展转口贸易和离岸贸易的税收政策。建立符合大宗商品贸易特性的税务管理体系，保障企业真实、合规贸易业务的开票需求。积极推动将宁波片区符合条件的从事新材料、新一代电子信息、高端装备、人工智能、生物医药等关键领域生产研发企业，认定为高新技术企业。

5. 建立安全高效的风险防控体系。建立与宁波片区建设相适应的跨境资金流动风险、国际经贸预警监测机制，深入开展跨行业、跨市场的金融风险预警和国际经贸预警与监测评估。加强危化品安全生产风险隐患的防范化解工作，建立风险精准监测机制，严格危化企业准入机制，对油气化工等高风险行业和领域实行重点监管。建立口岸风险防控体系，防范打击锚地非法出入境、涉恐涉暴涉政等违法犯罪行为，完善多部门协同配合机制。支持最高人民法院国际海事司法浙江基地建设，打造具有国际影响力的国际商事、海事仲裁平台，探索诉讼、仲裁、调解等有机衔接、相互协调的多元化纠纷解决新模式。发挥宁波海事法院在片区建设中的服务和保障作用，探索利用“互联网+审判”构建国际商事、海事纠纷网上处理机制。

## 四、工作要求

（一）加强组织领导。中国（浙江）自由贸易试验区宁波片区建设领导小组负责统筹协调宁波片区建设发展工作，研究决定宁波片区改革发展的重大事项和重要规划。领导小组办公室负责协调、督查宁波片区改革试点任务，组织实施宁波片区创新经验成果复制推广工作。宁波片区管委会主要负责宁波片区建设、管理等工作。联动区和辐射区所在区县（市）或开发园区指定相关部门设立办公室，统筹开展相关工作。

（二）加强责任落实。强化属地政府主体作用，将宁波片区建设纳入市政府重点工作考核体系，建立有效激励机制，推进制度创新任务和重大项目加快落实。各有关单位要建立工作台账，对各项工作进展情况进行动态监控，并定期向市建设领导小组报送工作进展情况。市建设领导小组办公室要配合市委市政府督查部门加大督导力度，定期组织开展工作督促检查，确保各项工作落实到位。

（三）加强政策支持。宁波片区工作机构和相关部门要加快研究出台宁波片区高质量发展的政策意见。市级有关部门进一步清理各项权利事项，进一步下放市级备案、审批等权限至宁波片区，引导全市优质产业平台和公共服务资源向片区集聚。建立宁波片区专项发展基金，统筹用于宁波片区产业扶持、人才引进等。

## 宁波市人民政府关于印发宁波市口岸管理和服务实施细则的通知

甬政发〔2021〕21号

各区县（市）人民政府，市直及部省属驻甬各单位：

现将《宁波市口岸管理和服务实施细则》印发给你们，请结合实际，认真贯彻执行。

宁波市人民政府

2021年5月19日

### 宁波市口岸管理和服务实施细则

**第一条** 为深入贯彻习近平总书记考察浙江重要讲话精神，锻造港口硬核力量，扩大高水平对外开放，加快建设现代化滨海大都市，进一步规范我市口岸管理，优化口岸服务，根据《浙江省口岸管理和服务办法》和有关法律、法规、规章，结合本市实际，制定本细则。

**第二条** 本市行政区域内口岸开放管理、口岸信息化建设、口岸营商环境优化、口岸综合服务、口岸高质量发展促进保障机制建立等工作，适用本细则。

**第三条** 市人民政府按照国家、浙江省口岸管理要求，统筹推进本市口岸建设和发展。市人民政府设立市口岸协调委员会（以下简称市口岸委），履行全市口岸工作协调机构职责，重点协调、解决口岸重大、突发事项。

**第四条** 市口岸主管部门贯彻落实上级关于口岸工作的方针政策和决策部署要求，组织协调全市口岸管理和服务工作，指导下级人民政府口岸管理和服务工作。

**第五条** 市发改、经信、公安、财政、自然资源和规划、生态环境、住建、交通运输、商务、卫生健康、应急管理、外事、市场监管、大数据管理等部门应当根据法定职责，协同落实全市口岸管理和服务工作。

**第六条** 国家设在宁波的海关、海事、边检等口岸查验机构（以下统称驻甬口岸查验机构）依法做好检查、检验、检疫和监督管理等工作，协同落实口岸管理和服务工作。

**第七条** 口岸所在地区县（市）人民政府（开发园区管委会）应当明确口岸主管部门，负责协调落实本区域内的口岸管理和服务工作。

**第八条** 市口岸主管部门应当会同市级有关部门、驻甬口岸查验机构编报口岸开放规划，期限与本市国民经济和社会发展规划相一致。对于列入本市口岸开放规划的项目，根据项目成熟度，由市口岸主管部门编报口岸开放年度计划。

凡未列入口岸开放规划的，原则上不予列入口岸开放年度计划；凡未列入口岸开放年度计划的，原则上不予受理当年口岸开放申请。

**第九条** 口岸开放规划应当与本市港口、机场、铁路等专项规划相衔接，市级有关部门在编制上述专项规划时，应当征求市口岸主管部门和驻甬口岸查验机构的意见。

口岸现场查验设施应当与主体工程统一规划、统一设计、统一投资和统一建设。对于列入本市口岸开放规划的港口、机场、铁路等建设工程，市口岸主管部门应当会同市级有关部门、驻甬口岸查验机构、工程所在地区县（市）人民政府（开发园区管委会）和建设单位按照国家有关规定，结合实际情况，协调落实口岸现场查验设施和非现场配套设施的建设要求。

前款规定的建设项目涉及口岸开放的，市级有关部门在办理核准、备案手续时，应当征求市口岸主管部门、驻甬口岸查验机构的意见。其中，政府投资项目在项目建议书审批前征求意见，企业投资项目在初步设计审查阶段征求意见。

**第十条** 口岸的开放管理由市口岸主管部门和口岸所在地区县（市）人民政府（开发园区管委会）按照口岸开放规划、口岸开放年度计划，以及其他有关规定组织实施。

**第十一条** 水运、空运口岸开放涉及前置程序的，依据相关规定办理。水运口岸的开放申请应当事先获得水陆域、航道、锚地使用许可。空运口岸的开放申请应当事先获得空域使用许可。

**第十二条** 需要正常开放的口岸，应当依据相关规定办理口岸开放（扩大开放）手续，并在获批后 3 年内完成口岸的验收。口岸开放范围内的码头、车站、机场通道等作业区需要正式启用的，参照执行。

**第十三条** 需要临时开放的口岸，应当办理口岸临时开放手续，口岸临时开放原则上不超过 6 个月。口岸临时开放应当具备基本查验设施和查验人员，满足安全生产要求。

**第十四条** 在口岸开放范围内，未对外开通启用的作业区因口岸建设、应急保障、科研考察等特殊情形，确需临时启用的，应当办理口岸临时对外启用手续。口岸临时对外启用，应当具备市级有关部门认可的生产运行条件和基本的查验监管条件。

**第十五条** 市口岸主管部门应当会同市级有关部门、驻甬口岸查验机构、口岸运营单位加强口岸信息化建设，利用移动互联网、物联网、人工智能、大数据等技术，简化单证格式和数据标准，优化口岸业务流程，提高口岸管理和服务的信息化水平。

**第十六条** 市口岸主管部门应当完善口岸数据共享机制，推进口岸数据无偿共享。除法律、法规和规章另有规定外，市级有关部门、驻甬口岸查验机构、口岸运营单位之间实现公共数据共享。不予提供的，应依法依规说明具体理由。

**第十七条** 市口岸主管部门应当会同市级有关部门、驻甬口岸查验机构、口岸运营单位按照共建、共管、共享的原则参与中国（宁波）国际贸易“单一窗口”建设，支持本部门业务在中国（宁波）国际贸易“单一窗口”的开展，推进本部门业务系统与中国（宁波）国际贸易“单一窗口”对接融合，解决中国（宁波）国际贸易“单一窗口”运行中产生的相关问题。

中国（宁波）国际贸易“单一窗口”数据采集、保存、使用、共享、传输和清理等应当遵守国家有关法律法规和制度规范，不得利用数据从事危害国家安全、社会公共利益和他人合法利益的活动。

**第十八条** 市口岸主管部门应当统筹推进中国（宁波）国际贸易“单一窗口”建设协调和运

维保障机制建设，整合资源，明确职责，规范服务标准，完善功能设置，对中国（宁波）国际贸易“单一窗口”运维情况和项目建设情况进行绩效评估，根据评估情况做好优化整改、资金安排和资金拨付。

市口岸主管部门应当牵头推进中国（宁波）国际贸易“单一窗口”与其他区域性国际贸易“单一窗口”的对接合作，推动数据的互联互通和共享。

**第十九条** 市口岸主管部门应当牵头健全口岸大通关协作机制，推进驻甬口岸查验机构整合监管资源，推动信息互换、监管互认、执法互助，及时协调处理影响口岸通关运行的各类问题。

对影响通关效率和涉及通关模式创新的重大问题，市口岸主管部门应当会同相关单位提出建议，报市口岸委或市人民政府协调推进。

**第二十条** 驻甬口岸查验机构应当深入推进“放管服”和“最多跑一次”改革，对标国际先进水平，创新监管方式，强化科技应用，优化通关流程，提高通关效率，降低通关成本，营造稳定、公平、透明、可预期的口岸营商环境。

**第二十一条** 市住建、交通运输等部门应当加强对口岸及其周边交通、仓储、堆场等基础设施的建设和管理，完善口岸集疏运体系，实现多种运输方式统筹协调发展。

市交通运输、口岸等部门应当与其他省、市有关部门加强口岸物流协作，推进多式联运发展，支持口岸运营单位、航运企业跨区域合作。

市口岸主管部门应当协调口岸运营单位、进出口企业、口岸中介机构等共同做好口岸物流工作，区县（市）人民政府（开发园区管委会）口岸主管部门应当协助市口岸主管部门做好相应工作，保证口岸畅通。

**第二十二条** 市口岸主管部门应当牵头推进口岸通关作业一站式平台建设，充分发挥宁波国际航运服务中心、海空港通关中心、国际邮件互换中心等线下平台和国际贸易“单一窗口”等线上平台的作用，强化线上线下平台数据互联互通，提供便捷高效的口岸通关服务。

**第二十三条** 市口岸主管部门应当会同市发改、财政、交通运输、商务等部门建立口岸收费目录清单公布制度，明确收费项目、标准和服务内容，在口岸现场和国际贸易“单一窗口”公布。

市市场监管主管部门应当督促收费企业依法做好明码标价工作，不得收取标价外费用，并加强监督检查，依法查处各类违法违规收费行为。

实行政府定价的港口收费必须按照《港口收费计费办法》等规定的收费标准计收，相关代理企业代收代付的，不得加价收费。

**第二十四条** 市口岸主管部门应当牵头推动口岸诚信体系建设，联合市发改、市场监管等部门和驻甬口岸查检机构，以及行业协会、第三方机构建立口岸诚信企业评价机制，协同优化以企业诚信评价结果为基础的口岸通关分类管理和服务。

**第二十五条** 市交通运输、商务、市场监管、口岸等部门和驻甬口岸查验机构应当支持口岸中介机构发展，加强对口岸中介机构的监管。

口岸中介机构相应的行业协会应当健全行业管理规范，履行行业服务、自律管理等职责，促进会员诚信经营、公平竞争，督促会员执行口岸收费目录清单公布制度，接受社会监督。

**第二十六条** 市口岸主管部门应当会同市发改、交通运输、商务等部门和驻甬口岸查检机构，完善以市场主体和社会公众满意度为导向的口岸营商环境评价体系，对标国际、国内先进，常态化监测评价口岸营商环境总体情况。

**第二十七条** 市口岸主管部门应当协同驻甬口岸查验机构、口岸运营单位加强口岸政策、文化和知识的宣传普及，提高社会各界对口岸工作的认知度、参与度。

市口岸主管部门应当协同驻甬口岸查验机构、口岸运营单位健全口岸腹地联合宣传推介机制，优化口岸服务。

**第二十八条** 市口岸主管部门应当与其他省、市健全口岸区域合作机制，强化通关协作，提升口岸服务“一带一路”倡议，服务长江经济带、长三角区域一体化等国家战略和中国（浙江）自由贸易试验区建设的功能。

市口岸主管部门应当牵头加强口岸领域国际交流合作，遵循国际贸易通行规则，扩大与世界各个口岸的经贸往来，促进双（多）方长期合作互利。

**第二十九条** 针对在本市举办的重要国际会议、重大国际赛事、大型国际展览等重大活动的特点和通关需求，市口岸主管部门应当会同市公安、交通运输、外事等部门，以及驻甬口岸查验机构、口岸运营单位共同制定专项方案，明确职责，开展口岸通关服务保障。

**第三十条** 对于需要给予礼遇的国内外重要出入境人员，由市外事主管部门通报市公安、口岸等部门，协调驻甬口岸查验机构、口岸运营单位按照有关礼遇规定办理。口岸运营单位、驻甬口岸查验机构应当通过设置引导提醒标识、设置专属通道等举措，落实礼遇规定。

**第三十一条** 市口岸主管部门应当协同市公安、生态环境、交通运输、卫生健康、应急管理、外事等部门，以及驻甬口岸查验机构、口岸运营单位共同建立口岸突发事件应急处置机制，组织应急演练，加强风险预警防范，保障口岸安全稳定运行及人员生命安全。

口岸所在地区县（市）人民政府（开发园区管委会）和口岸运营单位应当结合实际，健全口岸突发事件应急处置机制，遇有旅客滞留、交通堵塞等情况时，及时采取措施疏导旅客和车辆。

对于发生在口岸的突发事件及处置情况，口岸所在地区县（市）人民政府（开发园区管委会）口岸主管部门以及口岸运营单位应当按照要求及时逐级上报。

**第三十二条** 市级有关部门、驻甬口岸查验机构、口岸运营单位，以及口岸所在地区县（市）人民政府（开发园区管委会）应当坚持依法依规、科学合理、密切合作、各负其责，强化信息共享，严格落实口岸卫生防控措施要求，提升口岸卫生防控能力。

市口岸主管部门应当牵头加强口岸公共卫生核心能力建设和国际卫生港建设，提升国际通航港口安全及卫生控制能力。

市卫生健康主管部门应当牵头做好口岸公共卫生事件的监测预警、风险评估、事件报告、信息发布、医疗救治、防控指导等监督管理工作。

出入境的人员、交通工具、运输设备以及可能传播检疫传染病的行李、货物、邮包等物品，应当接受海关检疫，经海关许可，方准入境或出境。

**第三十三条** 市口岸主管部门应当定期会同市发改、交通运输、商务、统计等部门，以及驻甬口岸查验机构汇总口岸业务发展相关数据，定期分析监测和公布。

市发改、商务等部门应当加强与市口岸主管部门的沟通，及时掌握口岸运行情况，强化进出口贸易统计监测。

市口岸主管部门应当牵头加强“海上丝路”等系列指数的研发及应用，准确衡量国际航运和贸易市场整体发展水平，及时反映口岸内外部形势变化趋势。

**第三十四条** 市口岸主管部门应当会同市级有关部门、驻甬口岸查验机构对口岸现场查验设施条件、通关业务量、通关效率、服务水平等情况进行综合评估，协调落实相应的管理措施。根据评估情况，口岸需要整改或退出的，按照国家规定办理。

**第三十五条** 建立口岸环境优化激励机制，推动驻甬口岸查验机构等口岸有关部门形成工作合力。口岸环境优化激励考核由市口岸主管部门组织实施，采取考评组考评、相关企业评议、各被考评单位自评相结合的方法进行，结果依据考核情况及相关单位业务量确定。

**第三十六条** 口岸建设和日常维护、查验保障等经费按照规定由市本级财政、口岸所在地区县（市）人民政府（开发园区管委会）负担的，应当纳入同级人民政府财政预算。

口岸临时开放所需的查验保障经费，由市人民政府和口岸所在地区县（市）人民政府（开发园区管委会）统筹。

口岸基础设施建设资金原则上由市本级财政，口岸所在地区县（市）人民政府（开发园区管委会），以及驻甬口岸查验机构、口岸运营单位共同承担，分担比例按项目情况另行商定。

口岸现场查验设施由口岸运营单位负责建设，驻甬口岸查验机构因自身履职所需的相关设备和工具，原则上由驻甬口岸查验机构自行解决。

**第三十七条** 对于同一口岸范围内涉及两个以上驻甬口岸查验机构派驻在本地的分支机构、办事部门管理职能并影响口岸正常运行的争议事项，由口岸所在地区县（市）人民政府（开发园区管委会）口岸主管部门进行协调，或根据需要报请口岸所在地区县（市）人民政府（开发园区管委会）协调。

驻甬口岸查验机构在正常履职过程中出现的可能影响口岸正常运行的争议事项，由市口岸主管部门进行协调，不能解决的，提请市口岸委或市人民政府协调。

本细则自 2021 年 6 月 20 日起施行。

# 厦门市

## 一、综述

2021年，中国（厦门）国际贸易单一窗口（以下简称厦门“单一窗口”）积极融入数字经济建设，发挥改革创新优势，持续打造数字服务生态圈。厦门航空物流公共信息平台验证工作获国家口岸管理办公室肯定，厦门被列为航空物流公共信息平台试点城市。截至2021年年底，共上线各类应用系统和功能模块84项，形成九大功能板块，实现口岸业务办理“一个窗口、一次申报、一次办结”，是厦门市营造国际一流营商环境的重要抓手。

## 二、运行情况

### （一）运行数据

截至2021年年底，厦门“单一窗口”累计注册用户9264家，较2020年增加1119家。全年货物申报277.27万票；舱单申报1474.39万票；运输工具申报19.04万票；企业资质办理4.62万票；原产地证书申领25.37万票；税费支付8.39万票；加贸保税52.66万票；物品通关318.46万票；跨境电商3849.51万票；监管证件1218票；出口退税674笔。

### （二）运行维护

全年共受理服务热线电话咨询4.93万个，受理线上业务咨询5.11万条，累计抵御网络攻击11万余次。新立项项目6个，分别是单一窗口大数据基础平台、保税油供综合监管平台、企业供应链融资和银行贷款用途跟踪五场景开发、海关检疫E码通功能、《中国（厦门）国际贸易单一窗口数据开放服务标准》课题、厦门“单一窗口”平台安全保障服务项目，均已启动。

### （三）宣传推广

全年共编发工作简报15期，涵盖工作动态、项目推进、调研学习等内容。微信公众号推送信息47期合计229条，较2020年增加61条，关注用户数6.7万余人，其中2021年新增2万余人，宣传内容涵盖行业政策、最新公告、新上线系统亮点与功能、日常操作问题答疑等。针对航运公司综合服务平台、航空电子货运等项目开展业务推广培训共计14场，近300人参加，培训对象包括海关及金融、物流、贸易、通关等多业务类型领域的企业。媒体报道13类（累计54篇），相关政府部门简讯共计 38 条。

## 三、 特色应用

### （一）航运公司综合服务平台（海事业务）

该项目由厦门海事局提出需求，实现了海事局、港口局和船级社三部门办证信息共享，船舶证书全流程办理周期由原来的平均 40 天左右缩短至平均 20 天左右，办结效率提升 50%。

### （二）商品归类管理系统（厦门海关）属地纳税人管理应用

该项目主要为属地纳税人企业、厦门海关提供服务，通过系统应用推进属地纳税人企业和厦门海关管理数据、信息数据的互联互通，有效提高属地纳税人管理信息化和智能化水平。

### （三）“先进区后报关”管理模块升级改造

该项目实现了海关特殊监管区域辅助管理系统与口岸监管作业场所之间的互联互通，支持海关特殊监管区内企业凭进境货物的舱单等信息先向海关简要申报，并办理口岸提货和货物进区手续，在规定时限内向海关办理进境货物正式申报手续，简化企业的提离手续，提高通关效率。

## 四、 大事记

1 月 18 日

厦门“单一窗口”上线建设银行“全球撮合家”智能撮合平台。

4 月 20 日

国家口岸管理办公室副主任王可到福建自贸区厦门片区调研厦门“单一窗口”建设情况。

4 月 21 日

国家口岸管理办公室在厦门召开“单一窗口”航空物流公共信息平台工作现场会。

7 月 20 日

《中国（厦门）国际贸易单一窗口项目建设提升营商环境》入选 2020 年度电子政务典型案例。

7 月 26 日

《厦门国际贸易单一窗口“十四五”发展规划》课题通过验收。

8 月 4 日

“先进区后报关”管理模块完成试运行首票货物申报。

8 月 11 日

厦门“单一窗口”Smart FTAX 智能优惠关税系统开放免注册查询功能。

9 月 15 日

国际贸易口岸物流公共服务平台、航空物流电子货运信息一点登录查询、航运公司综合服务平台、跨境电商汇总报关清单银行结算等 4 项举措，入选福建自贸试验区第 18 批 35 项创新举措，均评估为全国首创。

11 月 25 日—26 日

厦门自贸委常务副主任、厦门“单一窗口”建设工作领导小组常务副组长熊衍良一行赴宁波考察学习宁波“单一窗口”、海关智慧物流监管平台建设情况。

12 月 23 日

厦门“单一窗口”集成创新平台入选厦门市 40 个全面深化改革案例。

12 月 24 日

国家口岸管理办公室副主任党英杰调研厦门“单一窗口”建设情况，并召开厦门市跨境贸易便利化座谈会。

# 深圳市

## 一、 综述

2021年是国际贸易“单一窗口”纳入《深圳经济特区优化营商环境条例》并正式实施的开局之年，中国（深圳）国际贸易单一窗口（以下简称深圳“单一窗口”）围绕国家口岸管理办公室总体部署及优化营商环境相关工作要求，在做好标准版功能推广应用的基础上，大力推进地方特色服务功能建设。截至2021年年底，深圳“单一窗口”共上线标准版应用及地方特色应用129个，涉及30类业务领域，为进出口企业提供网上服务事项超900项。

## 二、 运行情况

### （一）运行数据

截至2021年年底，深圳“单一窗口”注册企业数11.42万家，较2020年增加2.46万家。全年货物申报1424.30万票；舱单申报4153.65万票；运输工具申报79.28万票；企业资质办理11.79万票；原产地证书申领68.43万票；税费支付148.16万票；加贸保税479.26万票；物品通关3373.52万票；跨境电商124285.20万票；监管证件4.20万票；出口退税2368笔。

### （二）运行维护

#### 1. 客户服务方面

为企业提供客户咨询、操作指导、问题处理、需求收集、意见反馈等支持服务，响应企业提出的业务服务请求。全年累计受理企业反馈问题6.2万个，提供答疑服务约12.5万次，问题处理率达96%。

#### 2. 应用保障方面

全年无故障运行时间为99.98%，维护业务应用服务器170台，在线运行应用程序207个，为客户提供技术支持348次，应用系统更新190次。

3. 系统保障方面

与政府部门、口岸监管及企事业单位对接专线 37 条，数据维护总量约 21.5TB，全年完成系统和网络维护 9 次、硬件和系统巡检 24 次。

### （三）宣传推广

深圳“单一窗口”高度重视平台业务宣传推广工作，通过培训宣讲、信息发布、走访调研等形式，全面拓宽深圳“单一窗口”宣传覆盖面。培训推广方面，采用现场宣讲、线上培训、联合培训等方式，全年组织各类业务培训35场次，培训人数5000多人次，受理企业问题6.2万件，提供答疑服务12.5万次。信息发布方面，充分利用门户网站、服务群、微信公众号等渠道，全年发布或转发公告信息800多次。企业调研方面，全年开展家电企业困难及帮扶建议、纺织企业经营策略调整、加工贸易企业政策诉求等各类企业调研工作20余次。

## 三、 特色应用

深圳“单一窗口”在全力做好标准版建设推广的基础上，结合本地口岸建设及进出口企业业务需求，在口岸政务、物流、数据、金融等领域积极探索拓展地方特色应用，拓宽服务边界。

### （一）通关协同服务—国际集拼业务系统

1. 主要做法

在通关协同服务的基础上，以提升深圳港口国际集拼通关全流程便利化为出发点，围绕国际集拼业务深入开展通关物流协同创新研究，结合深圳国际集拼业务实际运作特点，与开展该业务的主要企业深入沟通，纵向挖掘国际集拼业务各主体深度需求和操作习惯，建立并推广国际集拼业务系统，提供国际集拼业务协同服务，帮助企业降本增效，助力通关便利化。

2. 创新点

一是提升集装箱的利用率。企业通过使用该系统，与前往同一目的地的其他企业共享一个集装箱，大大提升单个集装箱的利用率，有效节省运输开支。二是大幅简化报关手续。该系统上线前，必须对集装箱内的所有货物进行报关，报关内容需包含物品的型号、颜色等各类细节；该系统上线后，货物运抵海关监管仓内就可以集中报关，全部放行后再装箱，确保正常船期货物100%按期发运，节省近一半时间。

3. 实践成效

该系统上线后，国际转运货物所需流程从原来的 8 个环节减少到 6 个环节，数据操作减少 60%，效率提升 40%，出入区时长从 3 天压缩至 1.5 天。

### （二）深港无缝清关服务功能

深港跨境陆路运输是深港贸易合作的重要环节，深港陆路运输的通畅、便捷和高效，对两地深化贸易合作、增强区域国际贸易活力和竞争力具有重要意义。

1. 主要做法

该功能上线前，企业开展深港陆路运输业务需在两地海关不同平台系统录入数据进行业务申报，以货物从内地运往香港为例，企业需要先在深圳“单一窗口”进行公路舱单、出口报关单、车辆确报等业务申报，然后在香港道路货物资料系统申报同类相关单证。

该功能上线后，企业只需进行一次申报，还可以享受委托线下服务，通过深港两地各类业务单证在深圳“单一窗口”的采集和共享，减少用户跨平台操作和重复数据录入，大幅提升操作效率，降低业务门槛和业务成本。

2. 创新点

基于深圳“单一窗口”向企业提供一次申报及委托线下服务，实现“一次录入、两地申报、无缝清关”。

3. 实践成效

通过该功能，企业可减少50%的数据录入量，每票单据通关服务成本平均可降低100元，操作人员平均可由3人减少至1~2人。该功能还将大幅提升企业操作效率，减少出错率，有效降低成本，对进一步提升深港跨境运输效率和贸易便利化水平、助力深化深港合作发挥积极作用。

**（三）AI智能报关功能**

依托深圳“单一窗口”整合上线AI智能报关功能，提供报关单智能导入、智能制单、智慧税则等便利化服务，帮助企业在录单环节提质增效。

1. 主要做法

企业报关原始资料种类多、格式多，而且绝大多数企业缺乏商品归类经验，需要专业报关人员协助报关，一般报关员录入单证耗时、费力，核对单证时间长。

深圳“单一窗口”通过对接第三方服务平台，集成AI智能报关服务功能，帮助企业快速录单，在线分析商品归类，迅速查询计算目的国（地区）税费、税则，降低业务门槛，提高企业报关效率。

2. 创新点

一是实现报关单智能导入，通过OCR图文转换技术实现PDF转换、语义分析、单据分拣等功能。二是提供智能制单服务，助力企业智能校验，开展商品库管理和法规管理。三是集成智慧税则功能，完成商品在线自助归类，提供归类先例查询、HS编码查询和国家关税查询。

3. 实践成效

AI智能报关功能上线后，服务企业超100家，企业在录单环节效率明显提升。

## 四、大事记

1 月 1 日

《深圳经济特区优化营商环境条例》正式实施。

1 月 22 日

深圳“单一窗口”联合中国信保深圳分公司共同搭建线上服务体系，联合推出全流程线上化资信服务。

3 月 15 日

商务部对外贸易司调研深圳“单一窗口”建设情况

6 月 4 日

深圳“单一窗口”注册企业总数突破 10 万家。

9 月 23 日

深圳“单一窗口”上线智能报关、智慧税则功能应用。

12 月 7 日

深圳“单一窗口”与招商银行举办退税快贷、线上购付汇等外贸金融产品发布会。

12 月 16 日

深圳“单一窗口”上线深港无缝清关服务功能。

## 五、政策文件

### 深圳海关 2021 年促进跨境贸易便利化二十八条措施

#### 一、压缩进出口环节单证合规时间

1. 加强关区各口岸通关时效监控，及时跟进处置监控有关问题，稳定进出口企业通关预期，便利企业提前做好生产经营安排。

2. 提升入境检验检疫证书等拟证出证效能，动态调整现场综合部门签证岗人力，依企业申请尽快完成出证。

3. 对出入境特殊物品卫生检疫审批承诺审批时限再压缩 50%，提高工作效率。

4. 压缩进口水果许可证办理时间，按规定在 5 个工作日内办结，平均办理时间压缩到 2 个工作日以内。

#### 二、压缩进出口环节边境合规时间

5. 优化风险布控规则，推动降低守法企业和低风险商品查验率，对于有特殊运输要求的出入境货物，采取预约查验、下厂查验、入库查验等灵活方式，减少货物搬倒和企业查验时间。

6. 推动扩大“智能审图”可识别商品清单，扩充标准图像库，提升口岸通关信息化智能化水平。

7. 完善各隶属海关企业整体通关时间的监控指标，按月公布整体通关时间末位企业名单，加

强与企业的协同，共同推进压缩整体通关时间。

8. 在充分尊重企业意愿的基础上，进一步推广“提前申报”、“两步申报”，加强对提前申报、两步申报、整体通关时间等核心指标的日常提醒、阶段评估。

9. 不断扩大“两段准入”信息化监管试点范围。

10. 在深圳关区全部海运口岸实施进口货物“船边直提”和出口货物“抵港直装”，企业可通过海关“直提直装”系统便利在线提交业务办理申请，实现“企业少跑腿”。

11. 扩大 AEO 覆盖面，加大信用培育力度，给予 AEO 企业更多通关便利，减少布控频次、实施优先查验等。

12. 优化公路一车多单布控模式，降低该类车辆口岸查车率。

13. 持续做好对免予办理强制性产品认证的进口汽车零部件实施“先声明、后验证”的便利化措施。

14. 支持妈湾智慧港项目建设，尽快在妈湾集装箱码头开展出口集装箱查验运抵分流模式试点。

15. 在“盐田港-惠州港”、“蛇口港-顺德新港”“盐田港-赣州国际陆港”线路实施“湾区组合港”业务模式。

16. 开展关检业务全面融合改革，优化进出口监管模式，结构化调整监管资源，率先打造横向协调、纵向协同、精准高效的关检业务全面融合监管体制机制。

17. 优化出入境特殊物品卫生检疫监管，实施分级分类分节点多元化精准监管新模式，提升监管服务效能。

### 三、降低进出口环节合规成本

18. 进一步强化收费目录清单制度，对现有清单全面梳理规范、动态调整，做到清单与实际相符，清单外无收费。

19. 建立收费公示制度，在深圳海关门户网站、国际贸易“单一窗口”对收费内容、标准及相关政策依据、监督投诉电话等集中公示，主动接受社会监督。

20. 推动技贸措施研究评议基地建设，充分运用 WTO 国际贸易规则，加强 5G 相关设备、新能源汽车等高新产业技术性贸易措施通报评议、特别贸易关注征集，及时通过海关总署国际交流合作机制推动企业高度关注问题向好发展，帮助企业降低出口技术性贸易措施阻碍和检测认证成本。

21. 对高新技术企业进口自用设备及料件按照“合格保证+符合性验证”实施检验，助力企业加快研发生产。

### 四、进一步提升企业获得感

22. 进一步优化主动披露办理流程，提升作业时效，扩大涉检主动披露业务试点范围。

23. 支持地方政府推进跨境贸易大数据平台建设，完善单一窗口信息查询功能，打通海关、码头、船代、理货等不同主体数据，推出覆盖贸易全流程的实时查询服务。

24. 配合口岸管理部门加快推动深圳口岸免除查验费用单证无纸化。

25. 升级行政案件智能办理系统，大力推行互联网+移动办案新模式，进一步压缩办案环节，提高办案效率。

26. 优化企业服务，运用海关 12360 服务热线、“中国海关信用管理”微信平台、海关统计调查调研系统、电子口岸服务热线 95198，多渠道了解企业遇到的新困难、新情况，加强监控预警，及时帮助企业解决通关中遇到的异常和难点问题。

27. 建立“问题清零机制”，发挥深圳市优化营商环境领导小组特邀顾问作用，联合地方政府部门每季度通过面对面座谈会、实地调研、调查问卷等形式，收集、分析、研究企业遇到的问题和的建议意见，形成工作台账，逐一解决销账，实现“问题清零”并向企业反馈。

28. 加强涉企政策措施宣传、解读和操作指导，利用各种媒体等渠道和在线课堂、专题培训等形式，及时发布政策措施公告，推行“一企一策”“一品一策”精准帮扶，让企业听得懂政策、感受得到改革红利。

## 国家税务总局深圳市税务局等十六部门关于贯彻落实纳税缴费便利化改革优化税收营商环境若干措施的通知

各区人民政府（新区管委会、合作区管委会）、市有关单位：

为贯彻党中央、国务院决策部署，落实《税务总局等十三部门关于推进纳税缴费便利化改革优化税收营商环境若干措施的通知》（税总发〔2020〕48 号）要求，经市人民政府同意，现将有关事项通知如下：

### 一、持续推进减税降费政策直达快享

（一）落实落细减税降费政策。贯彻落实党中央、国务院出台的各项减税降费政策，聚焦稳企扩岗保就业，聚焦兜底线保民生，聚焦激发活力稳外贸，稳步推进改革优化营商环境举措落到实处，确保政策红利直达市场主体、直接惠企利民。（市财政局、市人力资源保障局、市商务局、市医保局、深圳海关、市税务局、人民银行深圳市中心支行按职责分工负责）

（二）优化政策落实工作机制。融合运用网络、热线、政务服务场所等线上线下渠道，综合采取“云讲堂”、在线答疑、现场培训、编发指引、定点推送等方式，坚持“点对点精准推送”和“百分百覆盖”相结合，及时发布税费优惠政策指引和解读材料，加大辅导解读力度，确保政策广为周知、易懂能会。着力打造“网上有专栏、线上有专席、场点有专窗、事项有专办、全程有专督”的政策落实保障体系，推进问需问计于企常态化，确保纳税人缴费人全面知晓政策、充分享受红利。（市人力资源保障局、市医保局、市税务局按职责分工负责）

（三）充分发挥大数据作用确保政策应享尽享。深化大数据分析和应用，主动甄别符合享受优惠政策条件的纳税人缴费人，精准推送税费政策信息，帮助纳税人缴费人充分适用优惠政策。加强减税降费管理服务信息系统建设，运用税费大数据监测减税降费政策落实情况，构建减税降费可视化分析平台，精准分析减税降费政策实施效应，及时扫描分析应享未享和违规享受的疑点信息，让符合条件的纳税人缴费人应享尽享，对违规享受的及时提示纠正和处理。（市人力资源保障局、市医保局、市税务局按职责分工负责）

（四）压缩优惠办理手续确保流程简明易行好操作。优化纳税人缴费人享受税费优惠方式，强化部门协同和信息共享，除依法需要核准或办理备案的事项外，推行“自行判别、申报享受、

资料留存备查”的办理方式，对享受阶段性减免社保费政策的企业提供“免填单、免申请，自动享受减免优惠”的服务，进一步提升纳税人缴费人享受政策红利和服务便利的获得感。(市人力资源保障局、市医保局、市税务局按职责分工负责)

(五) 提高增值税留抵退税政策落实效率。依托电子税务局，拓展纳税人网上申请和办理增值税留抵退税业务渠道，提高退税效率。加强增值税留抵退税信息系统建设，交互比对企业信息和申报数据，对符合留抵退税条件的企业智能提醒。财政部门加强统筹，及时保障退库资金到位。财政、税务和国库部门密切合作，建立和畅通电子化和无纸化退税渠道，确保符合条件的纳税人及时获得退税款。(市财政局、人民银行深圳市中心支行、市税务局按职责分工负责)

(六) 加快出口业务各环节事项办理速度。丰富出口退（免）税申报途径，提供离线申报工具、电子税务局和标准版国际贸易“单一窗口”出口退税平台等多渠道申报途径。推行无纸化单证备案。进一步简化结关、收汇手续。商务、人民银行、海关、税务等部门强化协作配合，扩大数据共享范围，加大宣传辅导力度，帮助出口企业加快全环节各事项办理进度、压缩单证收集整理时间，提升出口退税整体效率。加强跨部门数据综合运用，以征管数据、发票数据、出口退税数据、财税库银数据等为基础，预测税源动态、防控征管风险，提高管理效率。将全市符合条件的出口退税业务平均办理时间提速至 7 个工作日内。调增外贸企业每月申报次数，加快退税进度。(市商务局、深圳海关、市税务局、人民银行深圳市中心支行按职责分工负责)

## 二、不断提升纳税缴费事项办理便利度

(七) 拓展税费综合申报范围。在完善城镇土地使用税、房产税合并申报，增值税、消费税同城市维护建设税等附加税费合并申报的基础上，加快推进财产行为税一体化纳税申报，进一步简并申报次数，减轻纳税缴费负担。整合优化非税收入申报表，纳税人可选择通过电子税务局进行税费种综合申报，实现“一张报表、一次填写、合并申报”。推行车辆购置税纳税申报表免填写服务。(市税务局负责)

(八) 压减纳税缴费时间和纳税次数。深入贯彻落实《优化营商环境条例》《深圳经济特区优化营商环境条例》，对照世界银行营商环境纳税评价指标，集中力量减少纳税次数、压缩办税时间。进一步简化办税流程和表证单书，提高发票业务办理效率、优化税后流程，丰富个人所得税、社会保险费和住房公积金缴纳形式。试行税务证明事项告知承诺制，进一步减少证明材料。推进部分税费“一次报”、纳税申报“一键办”、企业开办“一网通”、不动产登记“一网办”、网上更正申报全覆盖。推动我市财税衔接建设。持续丰富多元化缴款方式，为纳税人提供多种缴款渠道。推进智能大厅管理，实行精准预约、智能填单、智能预审核等服务，打造“进门零等待、时间零耽误、服务零间断”的“安静工程”。2022 年年底前，纳税缴费时间压减至 80 小时以内，纳税次数进一步压减。(市税务局牵头，市人力资源保障局、市规划和自然资源局、市住房建设局、市市场监督局、市政务服务数据管理局按职责分工负责)

(九) 大力推进税费事项网上办掌上办。进一步巩固拓展“非接触式”办税缴费服务，拓展完善电子税务局功能，实现纳税人 90%以上主要涉税服务事项网上办理。推行税务文书电子送达。宣传推广“@深税”移动办税平台，实现 2021 年年底前覆盖 90 万户纳税人和 50 万名实名办税人员，丰富拓展特色税收智能应用场景，强化税企沟通，打造全天候、全方位、全覆盖、全流程、全联通的智慧税务生态环境。加强与公安、住建、人社、医保、政务服务数据管理等部门合作，

推动实现个人户籍、房屋网签合同备案、社保和医保登记缴费等信息实时共享，便利办税缴费。严格落实“一次不用跑”“最多跑一次”等制度措施，提高涉税专业服务质量，提升办税便利化水平。（市公安局、市人力资源保障局、市住房建设局、市医保局、市政务服务数据管理局、市税务局按职责分工负责）

（十）推进纳税缴费便利化创新试点。充分发挥税收服务作用，在支持粤港澳大湾区建设、支持深圳建设中国特色社会主义先行示范区中，积极推进纳税缴费便利化改革创新试点，探索可复制、可推广经验，完善税费服务体系。落实《港澳涉税专业人士在中国（广东）自由贸易试验区深圳前海蛇口片区执业管理暂行办法》（国家税务总局深圳市税务局公告 2021 年第 1 号），进一步放宽港澳涉税专业人士跨境从事税务服务限制，促进深圳与香港、澳门建立更紧密的涉税专业服务贸易。与广东省税务局共同研究推出简化审批程序、优化流程、推行网上办理、部门联办等措施，梳理发布“涉税事项最多跑一次清单”，实现全省涉税事项办理标准的统一。（市税务局牵头，市人力资源保障局、市医保局按职责分工负责）

（十一）拓展区块链政务服务场景。发挥区块链在促进数据共享、优化业务流程、降低运营成本、提升协同效率、建设可信体系等方面的优势作用，持续拓展区块链技术在电子发票、缴费凭证、优惠事项办理、跨部门信息共享等方面的应用场景，探索利用区块链、联邦计算等技术解决金融、税务征收、社保费征收、房地产交易和不动产登记等领域的信息共享问题，构建政务、金融、产业多方协同的区块链生态体系，提高服务质效。（市政务服务数据管理局、市人力资源保障局、市规划和自然资源局、市住房建设局、市市场监督局、市医保局、人民银行深圳市中心支行、市密码管理局、市税务局按职责分工负责）

## 三、稳步推进发票电子化改革促进办税提速增效降负

（十二）有序推进实施发票电子化改革。按照税务总局部署推进增值税发票电子化试点，在 2021 年年中基本实现新办纳税人增值税专用发票电子化。根据全国统一的电子发票服务平台和税务网络可信身份系统建设要求，加强部门合作，建立与发票电子化相匹配的管理服务模式，增进市场主体发票使用便利，进一步降低制度性交易成本，推进智慧税务建设。进一步推广区块链电子发票，持续增加行业覆盖范围，拓展应用场景，普及区块链电子发票极速版，实现“开业即开票”。（市税务局牵头，市发展改革委、市公安局、市财政局、市密码管理局按职责分工负责）

（十三）推进电子发票应用的社会化协同。根据税务总局公开的电子发票数据规范和技术标准，协助做好国家标准制定工作。财政、档案等部门加强宣传、积极推进会计凭证电子化的审核、报账、记账、核算、归档等工作，公开共享电子发票数据服务接口，推动电子发票与财政支付、单位支付、单位财务核算等系统衔接，引导市场主体和社会中介服务机构提升财务管理、财务核算和会计档案管理电子化水平。积极开展《中华人民共和国发票管理办法》等法规制度宣传工作，加强电子发票推行应用。（市税务局、市司法局、市财政局、市档案局、市密码管理局按职责分工负责）

## 四、优化税务执法方式维护市场主体合法权益

（十四）规范税务执法行为。坚持依法依规征收税费，坚决防止和制止收过头税费。全面推行行政执法“三项制度”，贯彻落实税务总局优化税务执法方式若干措施的要求，坚决防止粗放式、

选择性、一刀切的随意执法。健全完善税务机关权责清单，持续规范行政处罚裁量基准。加快推进简易处罚事项网上办理。强化税务执法内部控制和监督，全面推进内控机制信息化建设，规范执法行为，减少执法风险，持续打造公正公平的法治化税收营商环境。（市税务局负责）

（十五）强化分类精准管理。不断完善税收大数据和风险管理机制，健全税务管理体系。加强事中事后监管，实施分级分类管理，完善常态化“信用+风险”监管方式，坚持“无风险不检查、无审批不进户、无违法不停票”，对于正常生产经营的企业，不搞大面积、撒网式、全行业风险管理推送和检查。深化“双随机、一公开”监管、“互联网+监管”等，健全涉税争议多元化解决机制，保护纳税人缴费人权益。加强税务、公安、市场监管、海关、人民银行等部门的密切协作，严厉打击涉税违法犯罪活动，持续开展打虚打骗专项行动，对虚开发票的“假企业”、骗取退税的“假出口”、骗取税收优惠的“假申报”紧盯不放，全力净化税收经济环境。（市税务局牵头，市公安局、市市场监督局、深圳海关、人民银行深圳市中心支行按职责分工负责）

（十六）健全完善纳税信用管理制度。依法依规深化守信激励和失信惩戒，促进社会信用体系建设，深化“银税互动”，拓展“银税互动”贷款受惠企业数量和信用等级范围，引导银行业金融机构创新信贷产品，积极推进银税数据直连，助力解决民营企业和小微企业融资难题。坚持依法依规和包容审慎监管原则，进一步落实好纳税信用评价级别动态提醒和修复相关规定，引导纳税人及时、主动纠正失信行为，提高诚信纳税意识。加强重大税收违法失信案件信息和当事人名单动态管理，为当事人提供提前撤出名单的信用修复途径，引导市场主体规范健康发展。（市市场监督局、市税务局、人民银行深圳市中心支行按职责分工负责）

## 五、强化跟踪问效确保各项措施落实落细

（十七）加强评价考核、健全监管体系。坚持以纳税人缴费人感受为导向，评价和改进纳税缴费便利化各项工作。认真开展政务服务“好差评”，实现政务服务事项、评价对象、服务渠道全覆盖，确保每项差评反映的问题能够及时整改，全面提升政务服务能力和水平，不断增强市场主体的获得感、满意度。做好12366热线与12345政务服务便民热线的归并工作，完善归并后双方的电话转接、工单派发、知识库更新维护等工作机制。聚焦信访、舆情、12366热线、12345热线等渠道收到的问题和建议，做好梳理分类和对症下药，从源头破解困扰纳税缴费便利化的制度性问题。（市发展改革委、市人力资源保障局、市住房建设局、市医保局、市政务服务数据管理局、市税务局按职责分工负责）

各区、各有关单位要加强统筹协调、凝聚工作合力，围绕纳税人缴费人需求，持续推进纳税缴费便利化改革优化税收营商环境，持续提升服务市场主体水平，持续提高服务“六稳”“六保”工作质效。

国家税务总局深圳市税务局　深圳市发展和改革委员会　深圳市公安局
深圳市司法局　深圳市财政局　深圳市人力资源和社会保障局
深圳市规划和自然资源局　深圳市住房和建设局　深圳市商务局
深圳市市场监督管理局　深圳市医疗保障局　深圳市政务服务数据管理局
中华人民共和国深圳海关　中国人民银行深圳市中心支行
深圳市档案局　深圳市密码管理局

2021年3月5日

中国国际贸易
单一窗口
年鉴

# 法规文件篇

FAGUI WENJIAN PIAN

2022

# “十四五” 海关发展规划

根据《中共中央关于制定国民经济和社会发展第十四个五年规划和二〇三五年远景目标的建议》（以下简称《建议》）和《中华人民共和国国民经济和社会发展第十四个五年规划和2035年远景目标纲要》（以下简称《规划纲要》），结合海关实际，特制定“十四五”海关发展规划。

## 一、开启社会主义现代化海关建设新征程

### （一）“十三五”海关发展取得重大成就

“十三五”时期，在以习近平同志为核心的党中央坚强领导、关心关怀下，海关事业实现跨越式发展，各项工作取得长足进步。5年来，口岸管理体制实现革命性变革，机构改革任务圆满完成，关检全面深度融合，口岸管理更加集约高效。全面深化改革纵深推进，围绕全国通关一体化改革推出一系列改革举措，重点领域和关键环节改革取得重大突破；监管主要业务指标大幅增长，执法效能稳步提升；通关管理系统实现整合优化、迭代升级，科技创新应用水平大幅提升；坚持全面从严治党，实施“强基提质工程”，清廉海关建设深入推进，“政治坚定、业务精通、令行禁止、担当奉献”的准军事化海关纪律部队建设卓有成效。特别是2020年，面对口岸新冠肺炎疫情防控和外贸下行压力双重考验，全国海关以最坚决的态度、最迅速的行动、最有力的举措，全面履职尽责，海关队伍得到历练，关检深度融合成效经受住实战检验，交出了一份保安全促发展的满意答卷。

### （二）海关发展新方位

“十四五”时期是我国全面建成小康社会、实现第一个百年奋斗目标之后，乘势而上开启全面建设社会主义现代化国家新征程、向第二个百年奋斗目标进军的第一个五年。当今世界正经历百年未有之大变局，新一轮科技革命和产业变革深入发展，国际环境日趋复杂，新冠肺炎疫情影响广泛深远，经济全球化遭遇逆流，贸易和投资持续低迷。我国进入新发展阶段，继续发展具有多方面优势和条件，同时发展不平衡不充分问题仍然突出。面对机遇与挑战，全国海关必须在新发展阶段的大背景下谋划未来发展，完整准确全面贯彻创新、协调、绿色、开放、共享的新发展理念，主动服务构建以国内大循环为主体、国内国际双循环相互促进的新发展格局，发挥自身职能优势，促进内需和外需、进口和出口协调发展，以国际循环提升国内大循环的效率和水平，推动形成我国参与国际经济合作和竞争新优势，展现海关新的使命担当。

### （三）2035 年海关发展远景目标

展望 2035 年，社会主义现代化海关基本建成。党的政治建设统领作用全面发挥，全国海关一盘棋的垂直管理优势充分彰显，服务大局能力显著增强；海关改革的系统性整体性协同性全面提升，建成与全面建设社会主义现代化国家相适应的海关监管体制机制，改革创新能力显著增强；法治海关建设全面推进，制度创新和治理能力建设现代化水平显著提高，开放监管能力显著增强；科技支撑现代化水平全面提升，建成更高水平的智慧海关，研发应用能力显著增强；准军事化海关纪律部队建设全面加强，把关服务水平进入世界海关前列，干部队伍建设能力显著增强。

## 二、“十四五”海关发展指导方针和主要目标

### （四）指导思想

高举中国特色社会主义伟大旗帜，深入贯彻党的十九大和十九届二中、三中、四中、五中全会精神，坚持以马克思列宁主义、毛泽东思想、邓小平理论、“三个代表”重要思想、科学发展观、习近平新时代中国特色社会主义思想为指导，全面贯彻党的基本理论、基本路线、基本方略，深入贯彻习近平总书记对海关工作的重要指示批示精神，统筹推进经济建设、政治建设、文化建设、社会建设、生态文明建设的总体布局，协调推进全面建设社会主义现代化国家、全面深化改革、全面依法治国、全面从严治党的战略布局，坚持稳中求进工作总基调，以推动高质量发展为主题，以深化供给侧结构性改革为主线，以改革创新为根本动力，以满足人民日益增长的美好生活需要为根本目的，统筹发展和安全，把握新发展阶段，贯彻新发展理念，构建新发展格局，聚焦服务高质量发展、推动高水平开放、保障高标准安全、提升高效能治理，以社会主义现代化海关建设为战略牵引，锲而不舍、一以贯之推进政治建关、改革强关、依法把关、科技兴关、从严治关，强化监管优化服务，全面提升海关制度创新和治理能力建设水平，加快形成与全面建设社会主义现代化国家相适应的海关监管体制机制，为全面建设社会主义现代化国家贡献海关力量。

### （五）遵循原则

——坚持党的全面领导。切实增强“四个意识”，坚定“四个自信”，做到“两个维护”，坚决在思想上政治上行动上同以习近平同志为核心的党中央保持高度一致。以政治建设为统领，把加强党的全面领导贯穿海关工作全领域全过程，在推进海关改革发展中充分体现党的政治优势和制度优势。

——坚持以人民为中心。坚持人民海关为人民，把满足人民对美好生活的向往作为海关一切工作的根本价值追求。密切关注群众需求，公正执法，精准履职，高效服务，积极回应社会期盼，努力让人民群众的获得感成色更足、幸福感更可持续、安全感更有保障，依靠人民创造海关发展新成就。

——坚持新发展理念。把新发展理念作为海关工作的指挥棒，使创新、协调、绿色、开放、共享融入海关改革发展，做到一体把握、全局统筹、协同推进、联动发展，不断开拓海关发展新境界，为构建新发展格局，实现更高质量、更有效率、更加公平、更可持续、更为安全的发展作出海关积极贡献。

——坚持深化改革开放。坚持有利于维护国家安全、有利于增添经济发展动力、有利于促进

社会公平正义、有利于增强人民群众获得感、有利于调动广大干部群众积极性的改革取向，坚定不移推进海关改革，积极融入国家对外开放战略，持续增强海关发展动力和活力。

——坚持系统观念。加强前瞻性思考、全局性谋划、战略性布局、整体性推进，统筹处理好当前与长远、顶层设计与基层创新、一般性举措与关键性部署、先行先试与全面复制推广等各方面关系，着力固根基、扬优势、补短板、强弱项，实现海关全面协调可持续发展。

**（六）主要目标**

锚定2035年海关发展远景目标，持续深化“五关”建设，不断丰富“五关”建设新内涵，全面发挥海关在安全、贸易、税收等方面的职能作用，积极探索具有中国特色社会主义制度优势的新时代海关改革与发展之路，全面推进社会主义现代化海关建设，今后五年要努力实现以下主要目标。

——政治建关全面强化，政治建设水平大幅提升。政治信仰更加坚定，政治领导坚强有力，政治判断力、政治领悟力、政治执行力显著提高，政治生态风清气正，维护国家安全和发展利益更加坚决有力，服务国家重大发展战略更加积极有为，永葆政治机关鲜明本色，坚定走好“两个维护”第一方阵，让党中央放心、让人民群众满意的模范机关建设成效显著。

——改革强关纵深推进，制度创新和治理能力大幅提升。改革创新更加系统集成、协同高效，更宽领域、更高水平的机构改革“化学反应”全面实现，全国通关一体化改革更高层次推进，国门安全防线更加牢固，口岸营商环境更加优化，海关监管体制机制更加完善。

——依法把关全面加强，法治建设水平大幅提升。海关法律法规制度体系更加科学完备，法治实施体系更加全面高效，行政权力监督制约机制更加严密有效，法治实施保障更加协同有力，法治海关建设取得重大进展。

——科技兴关动力强劲，创新应用能力大幅提升。创新驱动导向作用更加明显，科技研发和应用工作机制更加健全，业务科技一体化有力推进，大数据、人工智能等新技术应用更加广泛深入，实验室规划布局更加合理、技术体系更加完善，检验检测能力明显提升，口岸监管装备研发与应用成果丰硕，智慧海关全面建成。

——从严治关成效显著，干部队伍素质大幅提升。全面加强党的建设，清廉海关建设成效明显，上下贯通、执行有力的组织体系更加科学，与准军事化海关纪律部队要求相匹配的海关文化体系基本形成，德才兼备的高素质专业化人才不断涌现，各级领导班子不断优化强化，队伍积极性、主动性和创造性充分激发，忠诚干净担当的高素质专业化干部队伍面貌焕然一新。

**专栏1　“十四五”海关发展主要指标**

| 指标 | 2020年 | 2025年 | 年均 | 属性 |
|---|---|---|---|---|
| 1.“一带一路”海关国际合作机制（个） | 53 | >90 | — | 预期性 |
| 2. 与境外“单一窗口”互联互通国家（地区）数量（个） | 1 | 15 | — | 预期性 |
| 3. 进口食品监督抽检合格率（%） | 98 | >99 | — | 预期性 |
| 4. 国际卫生港口岸创建数量（个） | — | 35 | 7 | 预期性 |
| 5. 口岸海关动植物检疫标准化建设覆盖率（%） | 75 | 100 | — | 约束性 |
| 6. AEO 互认国家（地区）数量（个） | 42 | ≥60 | — | 预期性 |
| 7. 海关业务信息化应用覆盖率（%） | — | 100 | — | 约束性 |

## 三、坚决维护国家安全

全面落实总体国家安全观，坚持底线思维，构建以风险管理为主线的国门安全防控体系，全面履行监管职责，坚决维护国家安全和人民群众利益。

### （七）加强进出境环节实货监管

完善联防联控机制，优化口岸监管作业机制和流程，加强口岸监管能力建设，提高进出境货物查检作业的规范性和科学性。强化口岸监管和物流监控，加强口岸监管环节的反恐、防扩散和出口管制等工作，构建完善口岸核生化爆监测和枪支弹药的查发反恐体系。认真履行蒙特利尔议定书等国际公约，对进出境禁限管制物项实施有效监管。完善加工贸易海关监管制度体系，创新边境贸易监管方式。推进行李物品、免税品、邮递物品监管智能化、规范化建设，提升通关体验。探索应用区块链、大数据等加强联网监管，应用智能审图等新技术强化实货监管快速监测探测，提升监管的精准性和威慑力。

### （八）确保税收安全

完善海关税收征管流程，优化税收征管模式，提高税收征管质量。打击价格低报瞒报、不实贸易等各类逃税涉税违法活动，维护安全公平有序的贸易环境。深入开展税政调研，积极参与进出口税收政策调整。优化非贸渠道税收征管机制，依托大数据等新技术促进征管智能化、作业信息化、缴税便利化。深入落实各项进口税收优惠政策，加强原产地管理，引导企业用好用足保税、减免税等政策，支持补齐产业链供应链短板，保障和促进产业安全。

**专栏 2　税收风险防控能力提升工程**

（一）完善税收风险协同防控体系。

建立并完善产业、行业、企业和商品“四维”管理模式，聚焦“大税源、高风险”商品和企业以及税收政策执行风险防控，持续优化研判机制，防范化解整体性、全局性重大风险，规范排查处置税收风险，统一税收征管执法，推进税收风险源头治理。构建税管局与直属海关互为优势，关税部门与风控、稽查、缉私、监管、企管部门“六方”协同治理的综合治税新机制。

（二）深化属地纳税人管理。

推动构建新型关企征纳关系。坚持源头规范、分类管理、协同治理，建立属地纳税企业底账和“双特”台账管理、纳税遵从度评估、涉税化验争议解决等机制，统筹运用正向激励和逆向管控手段，实施差别化纳税信用管理，引导企业守法自律，源头防控税收风险。

（三）发挥科技引领支撑作用。

强化科技创新应用，持续提升关税大数据研发与应用能力，建立大数据应用安全体系下的、符合税收征管特点的数据驱动式征税大数据应用研发工作机制。持续优化完善税管作业平台功能，建设 H2018 税收征管平台和属地纳税管理平台，提升税收风险智能化防控水平。

### （九）维护口岸公共卫生安全

构建完善口岸公共卫生体系，建立健全多渠道疫情监测和多点触发的预警机制，推动实施智慧口岸精准检疫，筑牢“境外、口岸、境内”三道检疫防线。完善口岸公共卫生治理体系，创新口岸公共卫生制度，优化口岸卫生监督工作模式，加强口岸卫生检疫设施设备建设，推动制定口岸核心能力建设强制性国家标准，开展国际卫生机场（海港、陆港）建设，探索建立重大疫情指定口岸和分级建设模式。强化口岸卫生应急建设，完善应急响应指挥体系、工作机制和应对预案，建立现代化口岸突发公共卫生事件应急处置指挥体系，实施应急队伍“在岗—预备—储备”三级管理模式，完善应急物资储备制度。深化联防联控常态化运作机制，推动实现联合调查、联合预警、联合管理、信息共享。积极参与全球公共卫生治理，加强境外疫情监测，探索建立国际旅行卫生安全保障机制和标准。

| 专栏 3　口岸公共卫生防控体系建设工程 |
| --- |
| （一）全球传染病疫情监测系统建设。<br>建立全球传染病疫情 3D 可视化展示平台，建立指标型、事件型传染病风险评估模型。<br>（二）口岸检疫查验和应急处置能力建设。<br>完善新冠肺炎疫情防控制度，形成长效机制。充分利用信息化、智能化、自动化手段，完善口岸查验和检疫保障体系，加快构建现代化口岸突发公共卫生事件实时监控和桌面指挥系统。<br>（三）强化国境病媒生物监测。<br>建成病媒生物实时监测、远程智能鉴定系统，建立病媒生物标本库和生物信息库，推进病媒生物监测处置平台建设，建成“一系统、两库、一平台”智慧病媒生物监测体系。<br>（四）建立特殊物品国家准入评估制度。<br>建立高风险特殊物品国家准入评估制度，推动建立出入境特殊物品联合风险研判机制。<br>（五）口岸公共卫生核心能力建设。<br>推动创建国际卫生港。建设“国际旅行健康服务网”，推动国际旅行医学人才建设。 |

### （十）严格进出境动植物检疫监管和外来入侵物种口岸防控

健全动植检法规技术标准体系，强化动植物疫情和外来入侵物种监测和预警，创新动植物检疫监管制度，建立健全便利可控集约高效的检疫监管机制、快速有效的重大动植物疫情和外来入侵物种应急处置机制。优化动植物检疫作业监管模式，实施更加安全便捷的动植物检疫措施。完善风险评估、检疫准入、境外预检、现场检疫、实验室检测、检疫处理等管理制度和技术标准，动态调整进境动物检疫疫病名录、进境植物检疫性有害生物名录、动植物产品检疫准入清单，及时收集发布国外检验检疫法律法规标准。建成主要贸易国家和地区动植物检疫要求数据库，构建全球动植物疫情和外来入侵物种信息平台，推动开展国际动植物疫情和外来入侵物种联合监测。

| 专栏 4　动植物检疫和外来入侵物种口岸防控能力提升工程 |
| --- |
| （一）动植物疫情和外来入侵物种监测与预警能力建设。<br>构建动植物疫情和外来入侵物种监测体系，加强信息搜集与整理，完善风险监测预警制度。建立监测数据库，构建动植物疫情和外来入侵物种风险级别判定指标体系及风险预警智能化判定模型。动植物疫情和外来入侵物种监测点数量不少于 2 万个。<br>（二）动植物检疫监管能力建设。<br>建成外来物种信息和口岸截获数据库，建立科学的口岸查验比例和项目动态调整机制。完善检疫处理、进境活动物、粮食、种苗等高风险业务监管系统，推进口岸初筛鉴定室建设，实现口岸初筛检查鉴定覆盖率和远程鉴定系统覆盖率达到 70%。加强旅客携带物、寄递物等非贸渠道监管，防范外来物种入侵。 |

续表

| （三）支持优势农产品扩大出口。<br>加强对主要贸易国家和共建“一带一路”国家动植物检疫法规标准的系统收集和研究，建成主要贸易国家和地区检疫要求数据库和我国优势农产品资源数据库。推动建立出口农产品风险分级指标体系。支持水果蔬菜、种苗花卉、水生动物等优势农产品扩大出口。<br>（四）跨境动植物疫情疫病防控全球共治。<br>共建“一带一路”国家动植物疫情疫病防控多双边合作覆盖率达到80%。世界动物卫生组织（OIE）和国际植物保护公约（IPPC）等国际组织活动参与率不低于60%。完成发展中国家动植物检疫人员技术交流培训项目3~5个。 |
| --- |

## （十一）强化进出口食品安全监管

落实食品安全“四个最严”要求，优化进出口食品源头治理、口岸监管和后续监管等制度设计，构建进出口食品安全现代化治理制度体系。健全输华食品准入管理体系，优化境外生产企业注册管理，完善进境动植物源性食品检疫审批管理，从源头上保障进口食品安全。优化进出口食品监督抽检和风险监测机制，提升口岸快速反应能力，更加有效处置进出口食品安全风险事件。完善输华食品国家或地区食品安全管理体系回顾性审查机制，建立健全不合格食品信息通报制度，强化与国内相关监管部门的合作。推动出口食品安全监管制度与国内监管制度有效衔接，完善风险分级分类管理制度，全面推行出口食品直通放行。

| 专栏5　进出口食品安全监管能力提升工程 |
| --- |
| （一）健全进出口食品安全制度规范。<br>修订进出口食品安全管理办法、进口食品境外生产企业注册管理规定。优化和规范进出口食品安全多双边协议，完善签订机制。<br>（二）优化进出口食品安全监管机制。<br>全面实施输华食品国家食品安全监管体系评估和产品准入管理制度、进口食品境外生产企业注册制度。对大宗、重点输华食品主要来源国家或地区管理体系回顾性检查实现全覆盖。建立与共建“一带一路”国家食品安全合作机制。完善出口食品境外通报问题处置协调机制。<br>（三）加强进出口食品安全风险监测与预警。<br>构建进出口食品安全数据库，开展进出口食品安全年度监督抽检和风险监测计划，优化风险预警机制，提升应急指挥和决策处置能力。<br>（四）构建进出口食品安全国际共治格局。<br>有效参与联合国粮农组织（FAO）、世界贸易组织（WTO）、国际食品法典委员会（CAC）、世界动物卫生组织（OIE）、亚太经合组织（APEC）等国际组织活动并发挥积极作用，深化进出口食品安全跨境检查执法协作和官方监管结果互认。 |

## （十二）保障进出口商品质量安全

完善进出口商品质量安全风险预警和快速反应监管体系，充分发挥风险监测点、风险评估中心、风险验证评价实验室作用，科学开展风险评估，精准确定风险类型，及时采取风险预警措施和快速反应措施。建立健全进出口商品质量安全监管制度规范。完善法检目录和检测项目动态调整机制。采取多样化、差异化的合格评定方式，有序推进检验结果采信，建立采信机构目录管理制度。加强进口能源、再生资源等大宗商品以及重点敏感消费品、危险化学品及其包装等安全监管。持续开展“清风行动”，推动建立跨国境打假执法协作和海外维权援助机制。

| 专栏 6　进出口商品质量安全检验监管能力提升工程 |
| --- |
| （一）完善进出口商品质量安全风险预警和快速反应监管体系。<br>充分发挥进出口商品质量安全风险监测点和风险评估中心作用，完善风险监测工作机制，提升风险监测精准度和有效性，科学评估商品质量安全风险等级，完善分级分类预警制度和一体化快速反应措施。<br>（二）优化进口商品检验监管模式。<br>建立基于进口商品质量安全风险等级、科学运用多种合格评定模式的进口商品检验监管工作机制。动态调整法检目录。深化进口大宗商品、危险化学品、机电产品检验监管模式改革，强化进口再生资源等重点敏感商品检验监管。对已取得质量安全准入资质的进口医疗器械、特种设备、强制性认证产品（CCC）等实施“大验证”监管制度。建立跨境电商等新兴业态进口商品质量安全监管制度。<br>（三）提升进出口商品检验监管基础能力。<br>优化商品质量安全风险管理信息化系统功能，全面汇聚商品质量安全检验监管信息，建成覆盖“安全、卫生、健康、环保”要素的国家技术规范强制性要求项目数据库。强化危险货物及其包装检验监管岗位资质管理，提升危险货物及其包装检验监管能力。 |

### （十三）强化风险整体管控

建立适应国家战略的供应链风险防控机制、区域风险防控协作机制和进出境管控机制，构建科学高效的风险监测预警体系、风险分析研判体系和风险处置体系。强化风险情报驱动，构建海关风险情报网络，探索建立海关风险情报国际对接机制。巩固海关内外部风险联合防控机制，深化风险研判、稽核查、打击走私的协同联动，优化重大查发现场快速响应机制。推动建立口岸安全风险布控中心，建立省（自治区、直辖市）级口岸安全风险联合防控机制，构建多元共治格局。落实安全生产责任制，持续深入推进重点领域安全生产专项整治。

| 专栏 7　风险管控能力提升工程 |
| --- |
| （一）强化一体化风险防控。<br>整合公共卫生、生物安全、进出口食品安全、进出口商品质量安全等领域的风险防控，形成海关统一的风险防控规则体系，促进全领域风险防控深度融合。推进货物、寄递、旅检、边民互市、特殊监管区域等风险防控全覆盖。加强进口目的地检验、出口前监管等风险防控，促进风险防控在海关监管事前、事中、事后全链条有效贯通。<br>（二）开展以供应链为单元的风险防控。<br>延伸风险防控链条，将风险信息情报收集向境内外源头、途中运输、港口码头等全供应链拓展，建立供应链风险分析评价标准，综合运用事前、事中、事后手段，制定科学风险防控策略。<br>（三）推进风险防控区域协作。<br>推动建立京津冀、长三角、长江经济带、粤港澳大湾区、西部陆海新通道等区域协作机制，强化与国家区域发展战略对接，对区域重大风险进行整体测量、精准评估和统筹处置。<br>（四）建立风险情报信息网。<br>选择条件成熟、人才富集、具备区位优势的海关，探索建设若干跨区域专项情报信息工作站，分领域、分渠道有针对性开展情报收集。 |

续表

| （五）强化系统集成保障。<br>建立健全风险作业、风险预警、风险管理、风控作战指挥、大数据管理监控等系统，实现与各业务系统的高效对接，提升风险自动甄别与预警能力，搭建跨关区、跨领域风险一体管控信息化平台。 |
|---|

### （十四）严厉打击走私违法行为

坚定维护国家政治安全，坚决防范和打击各种渗透颠覆破坏、暴力恐怖、民族分裂、宗教极端等活动，严防各类违禁品进境。围绕中央关注、社会关切、群众关心的突出走私问题，加强走私态势掌控，持续深化打击“水客”走私等专项工作，坚决打击“洋垃圾”和象牙等濒危动植物及其制品走私行为，严厉打击重点涉税商品、农产品、毒品等走私。强化打私专业能力建设，探索建立“全域动态感知、智能精准研判、高效监测预警”的情报工作体系和“事前预警、主动查发、精准打击、有效管控”的专业打击方式，优化“智慧缉私”建设，深化执法规范化建设，加强国际执法合作。提升综合保障水平。加强打击走私法制建设，探索建立联合打私机制，深化反走私综合治理，推动地方政府落实主体责任。

## 四、服务国内国际双循环相互促进

立足国内大循环，服务协同推进强大国内市场和贸易强国建设，充分发挥海关国内国际双循环相互促进重要交汇节点作用，推进更大范围、更宽领域、更深层次对外开放，促进国内国际双循环顺畅联通。

### （十五）推动共建“一带一路”高质量发展

落实共建“一带一路”倡议，促进政策、规则、标准联通，提升沿线贸易安全与便利化水平。加快推广“经认证的经营者”（AEO）国际互认合作，支持亚欧货运大通道建设，加快国际贸易“单一窗口”建设与对接，拓展中欧“安智贸”合作，加大“关铁通”、海关信息交换共享平台等项目推广力度，优化中欧班列和多式联运监管，支持中欧班列国内外集结中心从“点到点”向“枢纽到枢纽”升级。研究编制“一带一路”货物贸易指数，强化共建“一带一路”国家技术性贸易措施影响研究与应用，推进技术法规、标准和合格评定互认，定期开展我国与共建“一带一路”国家货物贸易评估。加强与沿线国家技术交流和能力建设合作，推动边境口岸基础设施建设，扩大食品农产品等重点商品快速通关“绿色通道”范围，促进优进优出。优化中东欧国家食品农产品输华准入评估程序，推动加快准入进程。

### （十六）推动产业链供应链优化升级

探索建立高端制造全产业链保税模式，以信用管理为基础，以信息监管为手段，通过政策叠加、制度创新、机制优化，对高端制造产业链上中下游企业实施整体监管、全程保税、便利流转，提升高端制造全球竞争力。拓宽保税政策范围，支持企业开展保税研发、保税检测，支持扩大保税维修、再制造业务领域。创新保税监管模式，促进产业链内保税料件自由流转，促进区内区外联动。发挥保税政策优势，支持在海南自由贸易港、自由贸易试验区、综合保税区设立全球供应仓与枢纽。支持动植物种质资源引进，服务国家种业发展。在确保风险可控的前提下创新特殊物品进出境监管机制，助力生物医药产业健康发展。完善法律法规，强化信息共享，建立与国际接轨的监管标准和规范制度，加强知识产权海关保护，维护各类企业合法权益。

**专栏8　知识产权海关保护能力提升工程**

（一）开展知识产权保护专项行动。

加强对国际贸易中侵权违法态势的综合研判，根据不同运输渠道、不同贸易形态下侵权违法特征，组织开展靶向性执法行动。加大行政执法力度，对群众反映强烈、社会舆论关注、侵权假冒多发的重点领域和区域开展集中整治，有效遏制进出口环节侵权高发态势。

（二）加强知识产权保护信息化、智能化建设。

完善知识产权海关保护备案和执法子系统。加强大数据、云计算等新技术运用，增强对侵权线索的发现、收集、甄别能力，开展风险联合研判与风险布控，通过制定不同的数据分析模型，实现对侵权货物的精准打击。

（三）推动构建大保护工作格局。

加强内外协同，强化知识产权全链条保护。加强知识产权海关保护措施宣传引导，积极培育企业维权意识，提升企业维权能力，促进企业便利维权。加强与行业协会合作，促进行业健康发展。利用国际海关合作机制，为企业开展知识产权海外保护提供支持。加大培训宣传力度，加强社会公众的知识产权意识培育。推动知识产权保护线上线下融合发展，充分发挥中国海关博物馆以及青岛、义乌、厦门海关知识产权保护展厅的作用。

（四）知识产权海关保护国际合作机制建设。

全面参与国际规则制定，推动形成知识产权全球治理体系。积极参与世界知识产权组织（WIPO）、亚太经合组织（APEC）等国际组织的知识产权国际事务，扎实推进多双边国际协议落实。加强知识产权边境保护合作交流，不断拓展合作领域，深化共建“一带一路”国家知识产权合作，与主要贸易国家或地区开展数据交换、案件信息共享、立法及执法实践交流等合作，完善打击跨境侵权违法活动的国际网络。

**（十七）推动外贸创新发展**

服务贸易强国战略，支持做强做大一般贸易，提升加工贸易，引导企业提升产业附加值，增强谈判、议价能力。加大对加工贸易转型升级示范区、试点城市、梯度转移重点承接地的支持力度，推动企业提升加工贸易技术含量和附加值，促进产业链由加工组装向技术、品牌、营销等环节延伸。落实促进边境贸易创新发展政策措施，完善边民互市贸易监管，支持培育发展边境贸易商品市场和商贸中心。促进新型国际贸易发展，落实外贸新业态领域支持政策。按照包容审慎原则，创新适应跨境电子商务、市场采购贸易方式、外贸综合服务企业、海外仓等新业态发展的通关便利化措施，推动跨境电商零售进口试点开展。推动货物贸易和服务贸易协调发展，支持北京打造国家服务业扩大开放综合示范区。

**（十八）促进内外贸一体化**

支持优质产品进口，加强对外农业产业链供应链建设，增加国内紧缺和满足消费升级需求的重点农产品进口，促进供给多元化。支持能源资源性产品进口，对国家战略性重点产业链实施专项扶持，落实相关减免税政策，支持扩大重点产业的原材料、生产设备、关键零部件进口。鼓励优质消费品进口，积极吸引海外中高端消费回流。支持办好中国国际进口博览会等展会，推动进口贸易促进创新示范区建设。完善技术性贸易措施工作机制，提升技术性贸易措施研究、应用、服务能力与效能。完善与国际海关间行政互助协查机制。促进内外销产品同线同标同质，更好满足国内市场消费升级需求。对海关特殊监管区域内生产的内销商品，探索实施特殊质量安全检验监管便利化措施。

| 专栏 9　技术性贸易措施研究与服务能力提升工程 |
| --- |
| （一）技术性贸易措施规则研究与应用。<br>加强对世界贸易组织（WTO）及自由贸易协定等多双边框架下技术性贸易措施规则的研究应用，以及国际标准化组织（ISO）、国际电工委员会（IEC）、国际电信联盟（ITU）、世界动物卫生组织（OIE）、国际植物保护公约（IPPC）、国际食品法典委员会（CAC）等组织的国际标准研究，深度参与国际规则和国际标准制修订。加强技术性贸易措施影响评估、趋势预判、监测预警、通报评议、交涉应对等相关基础支撑技术研究，提升运用规则维护国家安全和发展利益的能力。<br>（二）技术性贸易措施服务平台建设。<br>完善技术性贸易措施工作机制。建设技术性贸易措施研究评议基地集群，强化政企联合应对。建立涵盖世界贸易组织（WTO）成员技术性贸易措施通报，以及主要贸易伙伴、重点敏感产业、关键准入要求的技术性贸易措施数据库，打造国家级技术性贸易措施公共信息平台。<br>（三）技术性贸易措施精准服务能力建设。<br>建立面向政府和企业的技术性贸易措施精准服务体系，提高技术性贸易措施影响调查评估精准度。加强对主要贸易伙伴、共建“一带一路”国家重要敏感技术法规标准的跟踪、研究、评议和预警，建立多维度多层级培训和宣传机制。建立国外技术壁垒交涉应对重点企业数据库，增强企业运用规则维护自身合法权益的能力，引导企业吸收国外技术性贸易措施所包含的先进技术，提升合规意识和技术创新能力。深化国际交流合作，推动与贸易伙伴在技术性贸易措施上的协调与互认，合作化解技术壁垒。建立一支涵盖多语言、多业务领域、多层次的技术性贸易措施骨干队伍，重点培养主任骨干 50 名左右。 |

### （十九）支持区域协调发展

深化与地方政府的合作，推进通关制度合作与创新，推动口岸集群一体化融合发展，服务京津冀协同发展、长江经济带发展、粤港澳大湾区建设、长三角一体化发展、黄河流域生态保护和高质量发展等区域重大战略，以及西部大开发、东北全面振兴、中部地区崛起、东部率先发展、特殊类型地区加快发展等区域协调发展战略，畅通国内大循环。发挥综合保税区开放型经济平台作用，支持确有发展需要且符合条件的地区设立综合保税区。加强沿海沿边地区口岸与内陆口岸通关制度衔接，支持西部陆海新通道建设，持续推动通道沿线通关便利化。支持建设沿边重点开发开放试验区、边境经济合作区、跨境经济合作区等开发开放平台，加强边境重点战略通道口岸建设。通过优化口岸开放布局、支持优势食品农产品出口等，推动实现巩固拓展脱贫攻坚成果同乡村振兴有效衔接。

### （二十）促进跨境贸易便利化

依法削减进出口环节审批事项，精简进出口环节单证及证明材料，简化企业注册备案流程，取消不必要的监管要求。优化通关流程，推动进出口环节监管证件和通关物流类单据单证电子化无纸化。提高通关效率，稳固整体通关时间压缩成效在合理区间。降低企业税收担保成本，完善多元化税收征管改革措施，增加企业便利缴税渠道。清理规范口岸收费，完善口岸收费目录清单公示制度，放开口岸服务准入，引入竞争机制，降低通关成本。加强与境外口岸查验管理部门合作，推动联合实施对等通关便利化措施。

### （二十一）加快口岸现代化建设

推进平安、效能、智慧、法治、绿色“五型”口岸建设，基本建成具有中国特色的国际一流现代化口岸。建设平安口岸，完善口岸安全联合防控工作机制，提升口岸风险预警、防控和应急处置能力。建设效能口岸，促进人流、物流、资金流、信息流高效便捷流动，持续优化口岸营商环境。建设智慧口岸，围绕国际贸易“单一窗口”建设，推动口岸数字化转型，推进国际间互联互通。建设法治口岸，健全完善口岸管理制度，提升口岸管理法治化水平。建设绿色口岸，推动口岸高效可持续运行，实现口岸资源集约利用、投入产出最优、设施共享共用。

**专栏 10　深化国际贸易“单一窗口”建设工程**

（一）深化“单一窗口”政务服务功能。

推动口岸和国际贸易领域相关业务统一通过“单一窗口”办理，除涉密等特殊情况外，进出口环节涉及的监管证件和检验检疫证书原则上都通过“单一窗口”一口受理，推动实现企业在线缴费、自主打印证件等，其他国际贸易领域相关业务办理事项实现“应上尽上”。

（二）拓展“单一窗口”覆盖面。

依托“单一窗口”基础架构，将“单一窗口”功能逐步覆盖国际贸易管理全链条，打造“一站式”贸易服务平台和跨境贸易大数据平台，推动形成良好贸易服务生态。

（三）推进“单一窗口”国际联通。

拓宽联接共享，推进与主要贸易伙伴国“单一窗口”的互联互通和数据交换，成为我国与世界贸易联通的数字门户，联接贸易、物流、金融和基础设施等，驱动贸易链和供应链的数字化转型。

（四）夯实“单一窗口”信息化基础。

推进数据协调、简化和标准化工作，充分运用区块链等技术，实现“单一窗口”性能优越、信息安全可信、流程公开透明。加强电子口岸基础设施建设，完善运维服务体系，提高平台稳定性，全年系统整体可用性达 99.9%以上。基于电子口岸、“单一窗口”数据交换体系和统一标准规范，持续推进跨部门、跨地区、跨行业数据交换共享。建设全国口岸综合管理平台，提升全国口岸数字化、精细化管理水平。

## 五、持续深化海关改革

以系统集成、协同高效为着力点，通过“巩固、完善、深化、提高”关联耦合、压茬推进海关各领域改革，建立完善改革评估反馈机制，推进海关监管体制机制现代化。

### （二十二）深化“放管服”改革

持续推进简政放权，建立健全海关权责清单制度，准确界定海关法定职责，厘清权力边界，规范权力运行。精简行政许可事项，拓展“多证合一”“双随机、一公开”等改革，创新监管模式，努力做到监管效能最大化、监管成本最优化、对市场主体干扰最小化。推进海关行政相对人统一管理平台建设，整合行政相对人管理系统，建立统一的行政相对人数据库，推动数据共用共享，实现一个平台统一办理。推进海关行政审批制度改革，落实“谁审批谁负责”工作机制。推动部门间联合检查，鼓励各地海关加强探索创新，形成更多可复制推广的“放管服”改革经验做法。

### （二十三）深化全国通关一体化改革

围绕“拓围、提质、增效”目标，更高质量、更大范围、更深层次地推进通关一体化改革。巩固“中心-现场式”管理架构，加强“两中心”核心能力建设，健全作业现场与“两中心”之间的执行反馈机制，全面提升风险防控、税收征管的科学化、精准化、协同化水平。强化业务运行监控，加强报关单运行监控系统建设，推动实现全链条实时监控和有效预警，统筹风险整体防控和业务运行管控。完善与改革相适应的组织管理体系，以条块结合和专业化原则科学调整职能部门管理范围，优化人、物、事、职、权相宜的监管资源配置。深化关检业务全面融合，按照市场化要求，聚焦“合格入市”环节监管效能提升，重点厘清各类管理行为法律属性和不同现场海关功能定位。推进属地查检业务改革，优化属地查检作业流程，科学设定查检抽样检测比例，提升属地查检专业技术水平和业务能力。强化改革系统集成，以“两步申报”改革为引领，以“两轮驱动”为枢纽，以制度、系统、举措的配套衔接为重点，加强各项改革举措关联耦合，拓展通关环节与流程的全国一体化到海关全业务领域一体化。

### （二十四）创新事中事后监管

完善海关信用管理制度体系，将信用管理嵌入海关监管全过程，强化结果应用，优化系统建设，构建以信用管理为基础的新型海关监管机制。创新稽核查工作模式，推行“互联网+稽核查”。统筹开展涉税、涉检领域稽查，加强对检验检疫违法违规问题的贸易调查和风险研判，开展检验检疫领域专项稽查，拓展稽查广度深度。优化海关核查管理制度，完善第三方协助核查工作机制，建立第三方结果采信制度、守法优质企业自查结果认可制度。探索包容审慎监管，健全支持服务贸易和数字贸易发展管理机制，完善跨境电商监管模式，规范外贸综合服务和市场采购监管，促进新业态健康有序发展。推行和完善主动披露制度，促进企业规范经营、守法自律。

| 专栏 11　海关稽查核查能力提升工程 |
| --- |
| （一）创新稽核查工作模式。<br>加强“互联网+稽核查”系统应用，扩大企业资源计划（ERP）系统或仓储管理系统（WMS）联网应用企业数量，健全智能监控分析模型，强化对企业后续监控分析，积极开展网上稽查。将第三方协助稽查拓展至检验检疫领域，提升稽查整体效能。<br>（二）深入开展专项稽查行动。<br>强化对“洋垃圾”、濒危动植物、野生动物等非法入境行为的稽查，加大涉税、涉检领域专项稽查力度。<br>（三）建立健全海关核查工作体系。<br>健全海关核查管理制度，推进分类核查改革，完善标准化作业内容，健全联系配合机制，构建权责明晰、统一规范、协同高效的海关核查工作体系。<br>（四）推行主动披露制度。<br>优化主动披露制度规范，引导企业主动如实向海关报告发现问题，探索将主动披露适用范围扩大到检验检疫领域，促进企业规范经营、守法自律。 |

### （二十五）推动自由贸易试验区和特殊监管区域发展

更好发挥自由贸易试验区先行先试试验田作用，优先在海关管理机制、管理方式、监管模式和科技手段上改革创新，并做好成熟经验的复制推广。支持海南自由贸易港早期收获项目建设，探索海关监管模式集成创新。科学规划综合保税区布局，完善管理制度，推动综合保税区高水平开放高质量发展。发挥海关特殊监管区域政策功能优势和自由贸易试验区改革创新、扩大开放、先行先试的体制机制优势，推动海关特殊监管区域与自由贸易试验区统筹发展。

| 专栏 12　推动自由贸易试验区和海关特殊监管区域发展工程 |
|---|
| （一）支持海南自由贸易港建设。<br>推进海南自由贸易港早期收获项目落地，做好全岛封关运作海关相关工作。建设海南自由贸易港海关智慧监管平台。探索实施“一企一账”“一人一码”管理，创新与高水平自由贸易港相适应的安全准入、税收征管风险防控等体制机制。推动二级监控指挥中心实体化运作。建设一流国际旅行保健中心。<br>（二）促进上海自由贸易试验区临港新片区发展。<br>支持洋山特殊综合保税区建设最具国际竞争力的自由贸易园区，支持临港新片区重点产业发展，打造更具国际市场影响力和竞争力的特殊经济功能区。<br>（三）充分发挥自由贸易试验区改革创新“试验田”作用。<br>将海关改革项目优先在自由贸易试验区先行先试。服务国家战略，支持各自由贸易试验区开展差异化创新。推动跨部门联合创新，积极开展系统集成制度创新，加大复制推广力度。<br>（四）推动综合保税区高水平开放高质量发展。<br>支持综合保税区不断完善政策，拓展功能，科学合理布局，强化综合保税区事中事后监督。推动综合保税区发展成为具有全球影响力和竞争力的加工制造中心、研发设计中心、物流分拨中心、检测维修中心、销售服务中心。<br>（五）推动海关特殊监管区域与自由贸易试验区统筹发展。<br>新设综合保税区或自由贸易试验区相互依托开展规划选址。发挥政策比较优势，合理安排区内外产业布局。大力开展集成创新，进一步延伸产业链，提升价值链，做强创新链。 |

### （二十六）全面提升服务决策能力

强化全局视野和系统观念，进一步加强调查分析研究，以高质量的分析研究服务党中央决策。依托真实、客观、准确的数据，开展有立场、有方向、有质量的研究，为国家宏观经济治理提供高质量决策建议。做好前瞻性、战略性、基础性政策研究，形成上下联动、内外协调、整体运行的政策研究合力。加强与外部智库合作、国际交流合作，形成常态化的政策研究合作机制。深入挖掘数据价值，深化贸易数据、业务数据和其他数据的综合分析研究，完善全球贸易监测分析中心工作机制，健全宏观经济分析研究、业务分析研究、统计新闻发布等工作机制。推进统计现代化改革，坚持依法统计、科学统计，加快推进统计作业流程再造，不断完善统计制度方法。探索构建具有中国海关特色、准确反映国际国内经贸发展趋势的指数体系，建设覆盖海关业务全链条的业务统计系统。提升统计调查能力，推动行政记录统计与抽样调查、重点调查的有效衔接，拓宽统计数据源。加强统计数据质量管理，加快推进数据安全分类分级，建立全国海关统计数据质量控制中心，构建业务数据安全与管理体系，规范数据对外交换，确保数据安全可控。

**专栏 13　海关特色高端智库建设工程**

（一）统筹推进智库建设。

科学界定各类智库功能定位，以战略问题和公共政策为主要研究对象，突出优势和特色，调整优化智库布局，到 2025 年重点建成 2~3 个具有较强影响力和知名度的海关特色高端智库实体。对标国家高端智库入选条件，推荐符合条件的海关单位申报国家高端智库建设培育单位。

（二）优化智库运行机制。

加强对海关特色高端智库建设组织领导，推进组织管理体制改革，建立和完善符合智库运行特点的经费保障和管理制度，优化完善重大决策意见征集制度和海关政策评估制度，实施研究课题项目化管理，创新成果评价和应用转化机制。建设专业数据库、案例库和信息系统平台，为决策咨询研究提供信息和技术保障。建立与外部智库交流合作机制。

（三）提升智库研究力量。

加强海关特色高端智库人才培养，培育若干名具有较大影响力和知名度的领军人才。探索构建智库“旋转门”机制，推动行政机关和智库之间、海关内部与外部智库之间人才有序流动，吸纳一批在国内外具有较大影响力的外部专家学者。按照国家规定，深化智库人才岗位聘任、职称评定、薪酬分配等人事管理制度改革，完善以品德、能力和贡献为导向的人才评价机制和激励政策。

### （二十七）完善海关技术规范和业务规范体系

建立全国海关统一的业务指标体系，实施目录管理，统一发布。完善统一的数据规范体系，实现数据规范化、标准化。优化支撑性业务规范，统一各业务现场执法尺度、技术规范。遵循国家和国际有关标准规范，构建适用于全链条监管的统一技术规范，提升信息数据交换水平。加强国内外技术规范跟踪比对研究，不断完善海关技术规范体系。

### （二十八）深化财务管理改革

健全海关预算保障机制，加强中期财政规划管理，深入推进预算和绩效一体化，建立过“紧日子”长效机制，全面提升预算执行效能。加强财务制度标准体系建设，完善海关涉案财物管理制度，健全与国家政府采购法律制度相衔接、适应海关发展要求的现代海关政府采购制度，建立具有海关特色的业务技术用房建设标准。完善符合国家政策导向、适应海关系统特色的海关事业单位财务保障机制，提升海关技术支撑和后勤服务的保障能力。科学管理海关资产，以闲置房地产处置为突破口，提升海关资产使用效益。完善应急物资保障机制，优化应急物资储备结构和空间布局。提升海关财务管理信息化、智能化水平，全面完成智慧财务建设。进一步加大对艰苦地区边关的支持保障力度。

## 六、全面推进法治海关建设

学习贯彻习近平法治思想，强化法治意识，弘扬法治精神，完善海关法律制度体系，坚持依法行政，全面加强依法把关，营造更加规范有序、公平高效的执法环境，为社会主义现代化海关建设提供有力法治保障。

### （二十九）完善海关法律制度体系

以海关法修订为牵引，推动国境卫生检疫法、进出境动植物检疫法、关税法等法律以及配套行政法规、规章制修订，积极参与传染病防治法、野生动物保护法等海关执法密切相关领域立法，逐步形成以海关法为核心的系统完备、科学规范、运行有效的海关法律制度体系。全面优化现行海关规章结构布局，统筹推进海关法律配套制度的“立改废释”工作。着力加强科学立法、民主立法，科学确立立法项目，提高立法计划执行率，完善立法程序，深入开展立法后评估，提升海关立法质量和效率。

**（三十）严格规范公正文明执法**

坚持权责法定、依法行政，落实落细行政执法公示、执法全过程记录、重大执法决定法制审核等制度，进一步规范行政执法统计年报。健全完善海关行政执法裁量基准制度，规范行政执法自由裁量权，从源头上规范权力行使。主动纠正违法或不当执法行为，提高行政复议能力和行政诉讼应诉水平。完善重大行政诉讼案件挂牌督办制度，强化制度执行力。坚持和发展新时代“枫桥经验”，探索建立多元行政争议化解机制，努力实现执法效果最大化。深入推行行政执法案例指导制度，建设智慧海关法律服务数据库。

**（三十一）强化法治保障作用**

健全对重大业务改革方案、配套制度文件的合法性审查机制，重点开展对涉及公民、法人和其他组织权利义务规范性文件的合法性审查，对审查内容实行目录管理，完善跟踪反馈和评估制度。运用法治思维和法治方式推动海关业务改革，做好相关改革方案的法律论证，确保重大改革于法有据，及时将成熟的海关业务改革经验和举措固化为制度规范。深化涉外法律制度研究，做好我国缔结或参加的国际条约项下海关相关配套规章制定和相关文件的合法性审查，提升跨境贸易透明度和便利化。

**（三十二）营造良好法治环境**

强化主要负责人履行推进法治建设第一责任人职责，落实党委中心组集体学法制度和领导干部任前考法制度，推动领导干部做尊法学法守法用法的模范。科学布局法治人才梯队建设，加强涉外法治人才培养，开展分层级分岗位多方式的培训轮训，推进法律专家制度，充分发挥公职律师在推进依法行政中的积极作用。进一步加强法律顾问工作，从海关公职律师和其他具有法律职业资格并专门从事法律事务的公职人员中择优选任内部法律顾问，建立以内部法律顾问为主体、外聘法律顾问为补充的法律顾问队伍。全面落实“谁执法谁普法”普法责任制，大力实施“八五”普法规划，利用国家宪法日、全民国家安全教育日、海关法治宣传日等重要节点，扩大海关法治文化的覆盖面和影响力。

## 七、全面提升科技创新应用水平

强化科技支撑引领，紧扣全面建成智慧海关，夯实海关科技创新基础，构建“大平台、微服务、小终端、富生态”的科技创新生态体系，加快海关数字化转型，统筹运用数字化思维和数字化技术提升海关整体智治水平。

**（三十三）强化国门安全科技保障**

面向重点应用需求，突破基础研究瓶颈，加大共性技术与装备研发应用，推动集成示范全链条设计，按照一体化思路组织实施，攻克关键难题，建设国门安全现代化科技创新体系，提升国门安全总体防控科研能力和水平。围绕国门生物安全，加强新发和烈性传染病国境阻断技术研究与储备，完善早期预警、实时监测、远程鉴定、快速检测、应急处置技术研发与应用。针对输入或潜在重大动物疫病、植物疫情、外来入侵物种等，开展综合防控关键技术的研发与应用。开展进口食品安全风险因子关键性检测、预警和监控追踪技术研究。加强商品质量检验检测技术研究，优化现场快速检测技术手段。以“境外、口岸、后监管”环节为场景，开展技术平台构建、境外风险监测、口岸风险监测以及进出口企业管理与稽核查等领域关键技术研究。优化海关查验作业，升级单兵查验系统和设备，实现海关监管更加智能、精准、高效。

**专栏 14　单兵查验优化升级工程**

（一）更新换代单兵查验设备。

升级单兵查验设备，统筹检验检疫业务对现场查验设备需求，以便捷实用管用为原则升级换代现有单兵设备，拓展单兵查验设备应用领域，为现场查验关员减负。

（二）研发应用新型单兵查验设备。

落实《国务院关于加强和规范事中事后监管的指导意见》“推行以远程监管、移动监管、预警防控为特征的非现场监管”要求，研发应用 AR 智能眼镜等装备，推广非接触式查验。丰富设备功能，加快实现专家远程指导，不断提高查验效能。

（三）优化移动查验作业应用。

将重点检疫人员信息、有害生物和外来入侵物种图谱等实时植入单兵作业应用，实现移动查验作业系统对检验检疫业务现场查验的全覆盖。加强 5G、物联网等新技术应用，探索新智能化手段在监管点的应用。深化“互联网+单兵作业”在查验流程中的应用，服务现场查验去繁就简。探索完善既符合法律法规又与移动查验作业实际相适应的新型查验制度机制。

### （三十四）增强海关信息化支撑能力

着力做好海南自由贸易港、粤港澳大湾区、上海自由贸易试验区临港新片区等海关信息化建设。全面推广应用 H2018 新一代通关管理系统，加快各类信息系统整合优化，加强智能审图、智能化卡口、区块链等技术应用，提升智能监管水平。优化完善电子政务内网基础设施，升级完善政务办公、党建队伍、财务管理、廉政监督等信息化应用，实现统一规范的智慧管理。完善海关安全技术体系，强化安全管理制度规范，以“零风险、零泄漏”为目标，全面落实网络安全等级、海关大数据安全、关键信息基础设施安全等保护要求，建设网络安全态势感知、网络安全保护业务、数据安全保护等平台，提高海关网络安全感知、监测、防护、响应、恢复水平，保障海关业务运行安全。加强信息系统准入准出管理，建立健全海关信息化质量安全保障与评价体系，推动实现海关数字化、智能化运维。加快国产软硬件推广应用，构建国产应用支撑生态，提升自主可控能力。加速基础设施云化进程，建设支撑新一代智慧海关的技术平台。

### （三十五）深化海关大数据应用

完善大数据基础设施，汇聚多形态数据资源，形成海关大数据湖，为海关数据治理提供基础支撑。构筑集专家经验与业务知识为一体的知识计算新引擎，建设海关特色知识图谱，打通从数据到知识再到智慧的能力提升通道。探索构建与业务实体运行良性互动的数字镜像，以大数据驱动风险防控、通关监管、税收征管、检验检疫等海关主要业务运行，建设大数据安全体系，形成大数据智能应用生态，提升大数据辅助治理能力。

**专栏15　大数据海关应用提升工程**

（一）完善大数据基础设施。

以海关大数据平台为核心，构建新一代海关云计算平台、海关网络体系、边缘计算和移动终端数据接口设备、大数据共性应用基础支撑平台等大数据基础设施，建设物理环境独立云平台生产环境、仿真环境、开发环境，扩大图形处理器（GPU）计算资源。

（二）加强海关大数据管理。

梳理汇聚海关内外部数据，提供多类型的实时智能数据服务。建设企业、人员、货物、物品、行为、运输工具、案件、事件等模型主题库。整合数据开发和治理流程，推进共性数据融合加工。在实施数据分层管理的基础上，实现海关数据全域融合。

（三）完善海关大数据应用。

建立知识库、模型库、智能标签库和知识图谱，建设海关特色知识图谱，提升大数据海关应用智能化水平。构建外贸形势评估、宏观战略决策、全球突发性事件决策等模型，实现全景可视化、智能化、智慧化作业。采用“基础平台+应用场景”模式，建设主题库和大数据应用模型矩阵。建立海关大数据模型管控体系。

（四）建设大数据安全体系。

以海关数据为核心资产，围绕数据生命周期各阶段，按照数据分类分级要求，制定数据唯一标识、数据动态维护、数据责任确权、数据授权审批、数据安全共享、数据安全销毁等管理规范，通过敏感数据识别、数据加密和脱敏、数字水印、数据血缘追踪等技术，实现对数据使用和共享的安全状况可视、可知、可管、可溯和可预警。

### （三十六）加强海关实验室整体规划和协同建设

优化调整海关实验室规划布局。依托国家检测重点实验室，按专业领域遴选推进署级中心实验室建设，引领海关各专业领域实验室发展。加强海关实验室分级建设与管理，结合口岸业务分布情况，加强动态调整，推动区域优化，持续完善海关实验室技术体系。建设推广海关实验室管理系统，提高海关实验室信息化管理水平。积极发挥实验室对海关直属院校人才培养的支持作用。加强海关科学技术研究中心基础设施和能力建设，按专业领域推进海关基准实验室建设，发挥其科研带头作用。

**专栏16　海关实验室技术支撑工程**

（一）加强国门生物安全实验室建设。

聚焦国门生物安全执法把关技术保障需要，加强生物安全实验室规划建设。加强生物安全实验室能力建设，满足实验室环境要求。加强传染病防控、动植物检疫、外来入侵物种鉴定、物种资源保护、食品安全等专业领域实验室建设，进一步建设和完善实验室环境设施，加强仪器设备配置，提高实验室技术保障水平。

（二）完善实验室规划布局。

优化海关实验室规划布局，重点推进署级中心实验室建设，引领本专业领域海关实验室发展。推进风险验证评价实验室、生物安全三级实验室等专项实验室建设。充分发挥实验室技术联盟作用，加强协同创新、资源共享。

（三）加强实验室管理制度体系建设。

落实生物安全法等国家法律法规关于实验室建设有关要求，制定出台相关管理规定，加强实验室建设与管理。明确海关实验室分级管理要求，提高实验室技术能力。

续表

| (四) 加快海关科学技术研究中心建设。<br>完善海关科学技术研究中心基础设施，整合集中实验室和科学技术研究基础资源，建设境外传染病样本库和生物信息库，初步建立种质、菌（毒）种等资源的收集、保护和利用体系，为技术研究攻坚和基础资源储备利用打下坚实基础。 |
|---|

### (三十七) 强化口岸监管装备研发与应用

开展货物监管物联网装备、大宗散货在线监测等口岸监管装备的智慧远程监管技术研究。开展入境固体废物快速鉴别、危化品现场快速筛查、走私物品快速查验、智能查验机器人、新一代口岸集装箱核生化爆监测、检疫生物雷达、车辆底盘查验等具有自主知识产权的现场监管装备研发。拓展人工智能、5G、物联网等新技术在智慧海关建设中的应用途径，强化实用性关键核心技术研究和设备研发，实现科技装备小型化、便携化、智能化。加快先进技术和装备的引进吸收、推广运用，实现口岸监管装备的联网集成、数据共享和综合应用，持续优化机检设备智能审图。

| 专栏 17 强化前沿技术和关键核心技术研发应用工程 |
|---|
| (一) 推广人工智能（AI）等信息技术应用。<br>加大人工智能（AI）、大数据、云计算、区块链等尖端技术在相关领域的研究应用，推进全链条商品管控，保障源头可溯、去向可循、状态可控，实现无人式、智能化、泛在化、实时化远程管理，探索新智能化手段在监管点的应用。<br>(二) 加大 5G 等网络技术应用。<br>利用 5G“超高速、多点同时连接、超低延迟”技术特性，实现超高分辨率影像发送等大量数据同时多方交换，快捷、便利、准确、实时地在多个地点间进行通信。<br>(三) 扩大射频识别技术（RFID）等感知技术使用。<br>整合影像识别、辐射检测、智能感知、智慧视频等技术应用，推进监管前置管理。将无人机等技术装备或新技术手段应用于进出口监管查验、打击走私等工作，加大机器人对核物资、危化品、放射性超标等有害物品监管查验，建立覆盖口岸的智能监测系统。<br>(四) 加强生物识别技术研究应用。<br>推进生物识别技术创新应用，提高旅客出入境信息匹配的准确性。扩大生物识别技术应用范围，全面提升对出入境人员以及进出海关监管场所人员的识别能力。<br>(五) 突破关键核心技术。<br>强化人工智能（AI）、5G、物联网等新技术在智慧海关建设中的应用，加强海关监管智能化技术研发，构建国门生物安全技术体系，推进口岸传染病防控技术、食品安全关键技术、口岸动植物检疫技术研发应用，开展国际贸易保障技术研究。 |

## 八、构建海关大外事工作格局

以“智慧海关、智能边境、智享联通”建设和国际合作为抓手，以共建“一带一路”国家为重点，全方位推动机制性海关检验检疫合作，逐步构建海关大外事工作格局，积极参与全球经济治理，在推动构建新型国际关系和人类命运共同体中体现中国海关责任担当。

**（三十八）推进“智慧海关、智能边境、智享联通”合作**

提升科技创新应用水平，推进基础设施、海关管理、海关监管的智能化，以数字化处理、网络化传输、智能化判别为主要手段，深化“智慧海关”建设。丰富国际贸易“单一窗口”功能，优化口岸营商环境，提高边境监管手段、各边境部门协同监管、跨境合作的智能化水平，实现信息互通共享、风险联防联控，推动“智能边境”建设。利用新签或修订合作文件推介“三智”理念，重点推动与共建“一带一路”国家的机制性海关检验检疫合作，提倡海关网络的智能互联、海关治理的智能对接、全球供应链的智能合作，推动“智享联通”建设。加快推动与中东欧国家海关开展“三智”合作试点，积极推动建设中国—中东欧国家海关信息中心、中欧陆海快线沿线国家通关协调咨询点。

| 专栏 18　全面推进“三智”建设和合作工程 |
|---|
| （一）加强“三智”理念的深入研究。<br>深刻理解习近平总书记提出的“三智”及“海关贸易安全”理念丰富内涵，坚决贯彻习近平总书记重要指示精神，深化海关贸易安全和通关便利化合作，率先探索同中东欧国家海关开展“三智”合作试点。<br>（二）加强“智慧海关”建设。<br>依托与 170 个国家和地区海关检验检疫合作关系，将智能卡口、智慧旅检、智能审图、产品信息溯源平台、人脸识别、智能单兵、无人机、机器人等我国海关先进经验融入合作项目，推进“智慧海关”经验交流与合作。<br>（三）加强“智能边境”建设。<br>深化国门安全合作。推动“点对点”“点对网”“网对网”等互联互通，建立风险信息特别是重点商品信息互换机制和合作防控机制。建立电子证书联网核查机制，对进口产品检验检疫证书实现电子数据实时查询和真伪比对。<br>（四）加强“智享联通”建设。<br>结合世界海关组织（WCO）执法等有关网络建设以及新技术应用等，推动建立国际供应链预警体系。深化与重点国家海关在保障供应链安全与便利领域的合作，商签合作文件，贡献海关合作成果。依托国际贸易“单一窗口”和海关“一带一路”信息交换共享平台建设，推进中国海关多双边信息交换。<br>（五）推动“三智”上升为国际海关最佳实践。<br>围绕货物快速通关、边境监管结果互认、贸易统计数据比对分析等共同需求推进边境“智能化”合作，同时固化双边和区域“三智”合作成果。推进“三智”与世界海关组织（WCO）战略对接，合作设立示范落地项目。在国际海关界积极分享中国经验和中国方案，提升“三智”国际影响力。 |

**（三十九）深化对外合作伙伴关系**

以服务国家重大主场外交为重点，积极参与国家间高层对话机制，形成更多有影响力的海关国际合作成果。全方位加强海关检验检疫国际合作，推进与周边国家和地区的务实合作，深化与共建“一带一路”国家的机制化合作，积极探索检验结果互认。

推动与更多国家开展供应链互联互通合作，持续深化中欧陆海快线、国际陆海贸易新通道沿线以及中欧班列沿线海关合作，积极推进“经认证的经营者”（AEO）、“安智贸”、海关信息交换平台、“关铁通”、国际贸易“单一窗口”、风险管理等合作项目。促进贸易安全与便利，持续深化打击走私等国际执法合作，加强政策沟通和技术交流。巩固和发展现有中俄、中哈、中蒙、中越等双边口岸合作机制。

### （四十）积极参与国际贸易规则制定

深入参与世界海关组织（WCO）、世界贸易组织（WTO）、亚太经合组织（APEC）、世界动物卫生组织（OIE）、国际植物保护公约（IPPC）、国际原子能机构（IAEA）等国际组织事务并发挥建设性作用，积极参与世界贸易组织（WTO）改革领域相关工作，深入研究有关国家（地区）自由区法律法规、监管制度等，推动多边框架下涉及海关议题的谈判磋商，积极参与数字领域国际规则和标准制定，提升运用规则维护国家安全和发展利益的能力。深度参与制定贸易便利与安全领域国际规则和标准，推动在华举办全球“经认证的经营者”（AEO）大会等有影响力的国际会议。积极竞选（聘）国际组织重要职务，资助和承办国际海关能力建设项目，培养和扩大海关国际“朋友圈”。深度参与防范核及其他放射性物质非法贩运国际合作。积极参加与货物贸易相关的气候变化国际合作，主动参与碳边境调节机制相关谈判。

### （四十一）推动自由贸易协定谈判和落地见效

服务自由贸易区提升战略，立足中国海关实践和改革发展方向打造中方提案，推进中日韩等自由贸易协定涉及海关议题谈判进程。提升自由贸易协定规则运用能力，牵头做好原产地规则、海关程序、检验检疫等议题谈判，切实维护国家利益。做好新签和升级自由贸易协定的对接，加强与相关部门政策协调，推动关税减让、原产地规则、海关程序、检验检疫、技术标准等规则的落地实施。提高自由贸易协定利用率，提升自由贸易协定项下享惠便利化水平，完善我国原产地规则制度体系。加强与自由贸易协定伙伴的机制化合作，高质量实施《区域全面经济伙伴关系协定》（RCEP）、《亚洲及太平洋跨境无纸贸易便利化框架协定》等涉及海关工作，提升跨境贸易便利化水平。

### （四十二）深化与港澳台地区海关检验检疫交流合作

建设性开展内地与港澳地区海关检验检疫合作，推进卫生检疫、动植物检疫、食品安全、商品检验、经贸协定、知识产权保护、口岸通关、打击走私等领域规则衔接、制度对接和数据共享互通。服务高质量建设粤港澳大湾区，推动河套深港科技创新合作区、横琴粤澳深度合作区建设，积极创新大湾区口岸监管模式，加强执法合作，促进人员、货物等要素高效便捷流动，支持香港、澳门更好融入国家发展大局。稳步推进海峡两岸海关在通关模式、“经认证的经营者”（AEO）互认、知识产权保护、打击走私等方面交流合作，推动两岸食品、农产品、消费品监管合作。支持对台小额贸易持续健康发展，深度参与闽台合作，服务两岸融合发展示范区、平潭综合实验区开放开发，全力推动两岸“应通尽通”。

## 九、持续推进准军事化海关纪律部队建设

持续加强政治机关建设，坚定走好“两个维护”第一方阵，深化全面从严治党，“政治坚定、业务精通、令行禁止、担当奉献”的准军事化海关纪律部队建设取得更大成效。

### （四十三）加强党的建设

深入学习贯彻习近平新时代中国特色社会主义思想，切实在学懂弄通做实上下功夫，确保习

近平总书记重要指示批示精神和党中央重大决策部署落实到位。健全体现三级党委体制更高要求的党建工作机制，完善上下贯通、执行有力的组织体系。推进党建工作高质量发展，巩固拓展“强基提质工程”成果，突出机关带系统，深化“四强”支部建设，挖掘基层热源，打造示范样板，做实做亮党建品牌，推动基层党组织全面进步、全面过硬。深入挖掘和传承海关红色基因，建设红色海关课堂、教育基地，教育广大党员干部坚定理想信念，做对党绝对忠诚的国门卫士。落实信息化精准化规范化要求，用心用情做好离退休干部工作。加强工会、共青团、妇女组织建设。

**（四十四）加强领导班子建设**

加强政治思想建设，坚决落实讲政治要求，补足精神之“钙”、筑牢思想之“魂”，全面提高政治能力。选优配强领导班子，形成年龄梯次配备、专业优势互补、来源渠道广泛的合理结构，增强班子整体功能。落实“信念坚定、为民服务、勤政务实、敢于担当、清正廉洁”好干部标准，健全选育管用环环相扣又统筹推进的全链条机制。强化思想淬炼、政治历练、实践锻炼、专业训练，大力培养选拔优秀年轻干部。注重加强企事业单位和隶属海关领导班子建设，统筹使用行政机关和企事业单位领导干部，畅通公务员与企事业单位人员交流渠道。充分发挥政绩考核指挥棒作用，科学制定政绩考核评价指标体系，实行分级分类考核。综合运用多种方式考准考实领导干部，强化考核评价结果运用。

**（四十五）加强人才队伍建设**

大力实施人才强关，以优化人才结构为重点，以培养高端人才为关键，以创新人才发展机制为保障，切实推动人才工作高质量发展，培养造就一支数量充足、结构合理、素质优良、充满活力的人才队伍。着力培养引进高层次人才，改进完善海关专家制度，重点培育海关特色智库人才、创新型科技领军人才。大力开发急需紧缺人才，补充引进国门安全监管领域专业执法人才，扩大国际合作人才队伍储备，科学布局法治人才梯队。统筹培养重点领域人才，大力推进综合管理人才、行政执法人才和专业技术人才队伍建设。健全完善人才培养、使用、评价、流动、激励机制，强化人才在科技创新中的主体地位，持续优化人才发展环境和成长路径。

| 专栏 19　海关人才发展工程 |
|---|
| （一）着力培养引进高层次人才。实施海关专家人才培养工程，分 专业领域培养首席专家 30 名、一级专家 150 名，建立 10000 人以上的专家人才库；实施特色智库人才开发工程，培养储备各类智库人才约 200 名；实施科技领军人才提升工程，引进工程院院士 1 名、长江学者 1~2 名，培养具备冲击两院院士条件的科技领军人才 2~3 名，建好建强 8~10 个博士后科研工作站，培养引进 50 名以上博士后人员。<br>（二）大力开发急需紧缺人才。实施专业岗位执法人才补充工程，培养或引进具有专业背景、专业技能的急需紧缺人才 3000 人；实施国际合作人才储备工程，完善覆盖各语种、海关各专业的海关外事工作 骨干库，入库人才达到 1000 名；实施法治人才梯队建设工程，培养 150 名左右应用型复合型创新型法治人才队伍。<br>（三）统筹培养重点领域人才。实施党政人才培养工程，持续加强 各级领导班子建设，优化班子结构、增强整体功能；实施青年英才培养选拔工程，既考虑今后 5 年需要，又着眼今后 10 年乃至更长远发展，建立数量充足、质量优良、结构合理的青年英才队伍；实施边关人才支持保障工程，选派干部援藏援疆不少于 30 人，推荐博士服务团成员不少于 10 人，选派干部参与“西革老”项目、乡村振兴项目不少于 200 人，组织东西部互派业务骨干交流锻炼不少于 300 人。 |

**（四十六）加强干部教育培训**

把学习贯彻习近平新时代中国特色社会主义思想作为首课、主课贯穿始终、覆盖全面，充分发挥干部教育培训在海关业务改革和队伍建设中的先导性、基础性、战略性作用，以素质培养为中心，完善全面系统的培训内容体系，建立分级分类的培训对象体系，构建务实高效的培训方式方法体系，健全科学规范的培训制度体系，建设坚强有力的培训保障体系，着力构筑、完善、提升海关干部教育培训体系，提高干部教育培训的针对性、精准性、有效性。

| 专栏 20　教育培训体系建设工程 |
| --- |
| （一）全面深入开展习近平新时代中国特色社会主义思想教育培训。处级以上领导班子成员每 2 至 3 年到党校、干部学院和经干部教育培训主管部门认可的培训机构至少接受 1 次系统理论教育，5 年内累计不少于 2 个月。<br>（二）完善全面系统的培训内容体系。大力开展政治训练、专业训练和执法训练，建立完善基于岗位职责的培训内容体系，评选署级“好课程”50 个、“好教材”50 套。<br>（三）建立分级分类的培训对象体系。分类分级开展党的理论教 育、专业能力培训，每年组织党政主要负责人、各级领导干部、职级公务员、新考录公务员、专业技术岗位人员参加专题培训。<br>（四）构建务实高效的培训方式方法体系。根据业务发展和干部队伍需求制定年度培训方案，统筹运用集中调训、网络培训、实操培训等多种方式有针对性开展培训，丰富拓展其他形式培训，创新培训方法。<br>（五）健全科学规范的培训制度体系。健全完善需求调研、培训管 理、评价评估、理论研究等培训工作制度，推进一批重点课题研究，提升培训工作制度化、规范化水平。<br>（六）建设坚强有力的培训保障体系。建设一批署级实训基地和党 性教育现场教学点，培养 500 名署级兼职教师，深化师资、教材、需求、评估等信息化管理，加强干部教育培训经费的管理保障。 |

**（四十七）加强海关文化建设**

大力加强海关职业道德教育，发挥文化思想保证、精神激励、道德滋养的独特作用，增强海关干部职工自豪感、荣誉感、使命感，提升队伍凝聚力和战斗力。大力培育和践行社会主义核心价值观，持续抓好精神文明建设，实施海关品牌建设工程，创作海关精品力作，丰富群众性文化体育活动，打造一批具有行业特色的品牌项目，推进建设具有鲜明海关特色的文化体系。实施媒体融合发展工程，构建网上网下一体、内宣外宣联动、全员参与的海关新闻舆论工作大格局，探索建立“新闻+政务服务”的运营模式，提升海关新闻舆论工作的传播力、引导力、影响力、公信力。做好重大活动、重大事件和重大项目的专项档案工作。

**（四十八）加强党风廉政建设**

坚持严的主基调，严格落实全面从严治党主体责任、监督责任，健全完善与主体责任清单配套的检查考核机制，突出政治监督、做深日常监督，充分发挥全面从严治党引领保障作用。不断深化落实中央八项规定及其实施细则精神，建立完善“四风”问题常态化收集核查机制，持续纠治形式主义、官僚主义，健全基层减负常态化机制。强化“制度+科技”成果运用，推进廉政风险源头防控，严厉查处“效率寻租”、吃拿卡要等侵害群众利益问题。聚焦重大决策部署、重大改革举措落实情况等开展督察，全面推行督察项目清单管理，依托信息化强化督察数据分析，加强联合督察。落实审计全覆盖要求，有序推进领导干部经济责任审计，有重点地开展专项审计，推广“集中分析、分散核实”联网审计，提升审计监督质效。深化内控机制建设，完善以岗位为单元的内控节点清单管理制度，实现海关风险预警处置和审计监督平台覆盖行政执法全领域及非执法主要领域。完善海关执法评估体系，客观、量化评估海关政策措施落实成效。创新巡视工作方式方法，完善巡视巡察上下联动工作机制，实现巡视工作全覆盖。坚持无禁区、全覆盖、零容忍，坚持重遏制、强高压、长震慑，推动纪律监督、监察监督、派驻监督、巡视监督统筹衔接，一体推进不敢腐、不能腐、不想腐。继续从严规范领导干部配偶、子女及其配偶从业行为，深化以案促改，加强廉政警示教育和廉政文化创建，深入推进清廉海关建设。

## 十、实施保障

在总署党委的领导下，最大程度激发各级海关和广大干部职工的积极性、主动性、创造性，盘活资源，有序推进，形成强大合力，保障“十四五”海关发展规划有效实施。

### （四十九）加强组织部署

深入贯彻党中央重大决策部署，把加强党的全面领导落到实处。总署党委加强对“十四五”规划实施的统一领导，全国海关各单位、各部门均要建立健全规划实施工作机制，按照各自职责，细化发展目标，落实工作任务。加大发展规划的专题宣贯，营造规划实施的良好氛围。

### （五十）全面统筹推进

加强行政运转综合保障，推动内外协同，以规划统领全面深化改革、有效履行职责等各方面工作。加强规划衔接，专项规划要以本规划为基本依据，互相兼容，形成完整的海关规划体系。加强与国家相关部委、地方政府等沟通协作，发挥社会组织作用，深化政务公开，畅通公众参与渠道，共同推动规划组织实施。

### （五十一）强化支持保障

加强组织人事与规划实施的协调，强化重大规划项目实施管理。强化财务保障与规划实施的衔接，科学编制预算，提高资金使用效益。积极争取国家主管部门的政策和资金支持，做好“十四五”时期海关重点建设项目的落实。

### （五十二）狠抓督导落实

制定规划任务分工方案，把规划落实情况纳入政绩考核体系，加强跟踪问效。开展规划实施情况中期评估和总结评估，推动规划全面落实。紧紧围绕规划贯彻落实情况加强巡视、巡察等，以强有力的政治监督保障“十四五”规划顺利实施。各单位、各部门要加强对规划实施工作的督导，确保各项任务落地见效。

# 国家“十四五”口岸发展规划

口岸是国家对外开放的门户，是对外交往和经贸合作的桥梁，也是国家安全的重要屏障。根据《中华人民共和国国民经济和社会发展第十四个五年规划和 2035 年远景目标纲要》，结合口岸改革发展实际，编制本规划。

## 一、“十三五”口岸发展成就

“十三五”时期是全面建成小康社会的决胜阶段。面对错综复杂的国际形势、艰巨繁重的国内改革发展稳定任务，特别是新冠肺炎疫情的严重冲击，口岸有关部门和地方人民政府不忘初心、牢记使命，认真贯彻落实党中央、国务院的决策部署，坚持服务国家重大战略和对外开放总体布局开展口岸工作。在国家经济由高速增长转向高质量发展阶段，口岸工作发挥了重要作用，口岸进出口货运量 221. 9 亿吨，进出口货值 146. 37 万亿元人民币，出入境人员 26. 27 亿人次，出入境交通运输工具 1. 47 亿辆（架、列、艘）次。

**口岸布局进一步优化。**沿海地区基本形成环渤海、长三角、东南沿海、珠三角以及西南沿海规模化、专业化、现代化口岸聚集区。沿边地区基本形成面向东北亚、中亚和东南亚开放的口岸聚集带。内陆地区口岸枢纽作用日趋明显，成为连接内陆与沿海、沿边国际贸易通道的重要节点。“十三五”期间全国新增开放口岸 28 个，扩大开放口岸 38 个。截至 2020 年底，全国经国务院批准的对外开放口岸共 313 个。

**口岸管理体制实现重构性改革。**出入境检验检疫管理职责和队伍划入海关总署，实现原海关职责和原出入境检验检疫职责的有机融合。公安边防部队不再列武警部队序列，退出现役。整合公安部出入境管理、边防检查职责组建国家移民管理局。相关改革为进一步提升人员出入境和贸易便利化水平，推动实现更高水平开放奠定了体制基础。

**口岸基础设施进一步完善。**出台实施《国家口岸查验基础设施建设标准》和《国家一类口岸查验设施建设专项管理暂行办法》。推进口岸查验设施设备统筹共建和共享共用。改扩建和新建多个口岸铁路物流基地专用线。加快推进中欧班列主要枢纽节点铁路场站建设。开展 13 个智慧港口示范工程项目建设，试点建设无人码头，初步实现港口智能化、无人化作业。口岸查验、检验检疫、自助通关等领域智能装备设备应用更加广泛。口岸建设发展资金投入稳步增长，“十三五”时期，国家发展改革委安排中央预算内投资 9. 5 亿元支持 55 个国家正式开放口岸查验基础设施建设，2020 年紧急下达中央预算内投资 5 亿元，专项支持 49 个口岸进行新冠肺炎疫情防控。

**口岸数字化信息化水平进一步提升。**国际贸易“单一窗口”全面启动实施并取得阶段性成果，与 25 个部委单位实现“总对总”系统对接和信息共享，对外提供 16 大类、700 余项服务，基本实现口岸执法服务功能全覆盖。完成海关“金关二期”、新一代海关通关管理系统（H2018）工程建设，推进人工智能（AI）应用，开发智能审图等新技术，扩大单兵作业装备、执法记录仪、非侵入式检查设备、无人机等新装备应用范围。建成并启用国际航班载运人员预报预检系统（iA-PI）、港口边检综合管理信息系统，人员上下外轮、船舶搭靠外轮等边检行政许可实现网上申请、审批、签发。中国铁路 95306 数字口岸系统全面上线运行。道路、水路运输系统以及中航信、中外运等系统接入国家交通运输物流公共信息平台，航空电子货运标准体系加快完善，航空物流公共信息平台建设稳步推进，物流信息共享共用进一步加强。

**口岸安全防控水平进一步提升。**各地结合实际制定和完善口岸安全防控制度规范，组织开展口岸安全防控专项培训和突发事件应急处置实战演练。围绕“洋垃圾”、濒危动植物及其制品、毒品等重点敏感商品开展跨部门风险联合研判，实现重大系统性风险联合甄别处置。275 个开放口岸达到《国际卫生条例（2005）》口岸公共卫生核心能力建设标准。新冠肺炎疫情期间，卫生健康委、公安部、工业和信息化部、海关总署、移民局、民航局等部门深度合作，直属查验机构联合地方政府部门建立省级层面口岸安全风险联合防控工作机制，口岸安全协同治理局面初步形成。

**口岸营商环境进一步优化。**国务院优化口岸营商环境促进跨境贸易便利化工作方案全面落实，减单证、优流程、提时效、降成本等改革措施落地见效。截至 2020 年底，进出口环节监管证件从 86 种精简至 41 种，进出口货物整体通关时间较 2017 年压缩一半以上。推行出口退税无纸化申报等便利化措施，全国正常出口退税平均办理时间压缩至 8 个工作日以内。建立全国统一的跨境电商监管信息化平台，开展跨境电商企业对企业出口监管试点。印发《清理规范海运口岸收费行动方案》，修订《港口收费计费办法》，落实口岸收费清单公示制度，清理和规范口岸收费成效明显。世界银行发布的《营商环境报告》显示，我国跨境贸易指标排名从 2017 年的全球第 97 位大幅提升至 2019 年的第 56 位。

**出入境人员通关体验持续改善。**实施中国公民出入境通关候检不超过 30 分钟举措，同时提高外国人出入境通关效率。实施共建“一带一路”国家（地区）人员出入境便利安排，在北京等 18 个口岸设置 89 条“一带一路”通道，在 120 余个口岸累计建设边检自助通道 2500 余条。优化过境免签政策，在 18 个省（区、市）23 个城市 31 个口岸对 53 个国家人员实施 144 小时或 72 小时过境免办签证政策。北京、上海、广州等枢纽航空口岸推行直接过境旅客及当日直接往返机组免办边防检查手续等便利措施。

**口岸治理能力进一步提升。**充分发挥国务院口岸工作部际联席会议制度作用，口岸工作统筹协调机制进一步完善。印发实施《口岸准入退出管理办法（暂行）》《口岸验收管理办法（暂行）》《非口岸区域和限制性口岸临时开放管理办法（暂行）》，稳步推动长期运量不达标口岸有序退出，“十三五”期间关闭口岸 7 个，优化整合口岸 4 个，首次实现口岸有进有退的动态管理。积极推进口岸查验机制创新，广深港高铁西九龙站“一地两检”、港珠澳大桥珠海口岸“合作查验、一次放行”及客货车“一站式”通关、北京大兴国际机场海关与机场安检部门安全检查合作等通关模式相继实施。交通运输、进出口企业失信联合惩戒和守信联合激励措施稳步实施，口岸通关诚信体系初步建立。

**口岸国际合作取得新进展。**建立并巩固与俄罗斯、哈萨克斯坦、蒙古、越南等国家口岸管理部门之间的口岸合作长效机制，推进修订中俄、中哈、中蒙等两国政府间边境口岸管理协定。发起设立“一带一路”海关信息交换和共享平台，与智利、巴基斯坦等国家共建原产地证书电子联网。与俄罗斯、德国等6国铁路部门共同签署《中欧班列运输联合工作组议事规则》。中欧安全智能贸易航线试点计划航线达到176条。在确有需要且具备条件的边境口岸积极增设农副产品快速通关“绿色通道”。与俄罗斯、哈萨克斯坦、蒙古铁路公司建立铁路国际联运数据交换平台，开展进出境货物及运输工具信息预报。

## 二、“十四五”口岸发展面临的形势

“十四五”时期是我国全面建成小康社会、实现第一个百年奋斗目标之后，乘势而上开启全面建设社会主义现代化国家新征程、向第二个百年奋斗目标进军的第一个五年。

我国发展仍然处于重要战略机遇期，但机遇和挑战都有新的发展变化。当今世界正经历百年未有之大变局，新一轮科技革命和产业变革深入发展，国际力量对比深刻调整。国际环境日趋复杂，不稳定性不确定性明显增加，新冠肺炎疫情影响广泛深远，经济全球化遭遇逆流，世界进入动荡变革期，单边主义、保护主义、霸权主义对世界和平与发展构成威胁。我国已转向高质量发展阶段，制度优势显著，治理效能提升，但发展不平衡不充分问题仍然突出，重点领域关键环节改革任务仍然艰巨，创新能力不适应高质量发展要求，城乡区域发展差距较大，生态环保任重道远。

进入新阶段，口岸发展面临新的机遇和挑战。一方面，建设更高水平开放型经济新体制，实施更大范围、更宽领域、更深层次的对外开放，构建以国内大循环为主体、国内国际双循环相互促进的新发展格局，推动共建“一带一路”高质量发展，实施自由贸易区提升战略，构建面向全球的高标准自由贸易区网，积极参与全球经济治理体系改革，为口岸发挥更大作用提供了广阔空间。另一方面，面对日趋复杂的国际环境，维护口岸安全责任更加突出。深入实施创新驱动发展战略，全面深化改革，激发市场主体活力，全面塑造发展新优势，对口岸更好地服务创新发展提出了新的更高要求。

进入新阶段，口岸工作存在以下短板与不足：口岸安全风险防控和应急处置能力亟需加强；口岸通行便利化水平仍有提升空间；口岸建设和运行效能有待进一步提升；口岸管理有进有退的动态机制需加快推进；口岸经济辐射带动作用需进一步培育。

进入新阶段，口岸工作必须增强机遇意识和风险意识，以新发展理念构建新发展格局，立足社会主义初级阶段基本国情，认识和把握口岸工作发展规律，树立底线思维，更好地发挥市场在资源配置中的决定性作用，在构建以国内大循环为主体、国内国际双循环相互促进的新发展格局，统筹发展和安全、有效防范化解各类风险挑战，实行高水平对外开放、参与全球治理体系改革中作出贡献。

## 三、总体思路

### （一）指导思想

坚持以马克思列宁主义、毛泽东思想、邓小平理论、“三个代表”重要思想、科学发展观、习近平新时代中国特色社会主义思想为指导，深入贯彻党的十九大和十九届二中、三中、四中、五中全会精神，统筹推进“五位一体”总体布局，协调推进“四个全面”战略布局，坚定不移贯彻创新、协调、绿色、开放、共享的新发展理念，以推动高质量发展为主题，以深化供给侧结构性改革为主线，以改革创新为根本动力，以满足人民日益增长的美好生活需要为根本目的，找准口岸是国内国际双循环交汇点的定位，充分发挥口岸在推动新发展格局中的作用，主动担当口岸新职责新使命，服务高质量发展，推动高水平开放，保障高标准安全，加快推进口岸全面深化改革，建设符合中国国情的现代化口岸，推动口岸治理体系和治理能力现代化。

### （二）基本原则

**坚持人民至上，服务大局。**贯彻落实国家发展战略要求，推进构建开放型经济新体制，服务更高水平对外开放。有效履行国门卫士职责，坚决维护国家主权、安全和发展利益，在防范和阻断安全风险、守边固边、促进产业升级中发挥口岸作用。

**坚持统筹推进，效益优先。**强化国家对口岸资源的整体规划和统一管理。注重发挥市场在资源配置中的决定性作用，更好发挥政府作用，统筹推进实施口岸分类分级管理，实现口岸优势互补、错位发展，提高口岸开放整体效益。

**坚持改革创新，协同发展。**贯彻创新驱动发展战略，主动对标国际、赶超先进，创新口岸管理理念、通关制度和管理手段，探索培育新模式、新业态和新动能。注重改革系统性、整体性、协调性，加强政策协同，强化口岸设施设备和数据共享共用，推动口岸工作从“重开放”向“重管理”转变，促进口岸经济由“通道经济”向“产业经济”转型。

**坚持法治先行，规范管理。**明确口岸管理相关部门责任边界，强化责任落实。坚持立改废释并举，加快建立和完善口岸一线亟需的规章制度，构建符合中国国情的口岸法治体系，增强口岸法律法规的系统性、针对性、有效性，提高口岸执法制度化、规范化、程序化水平，营造规范有序高效的口岸环境。

### （三）发展目标

全面落实新时代口岸高质量发展要求，以口岸综合绩效评估为抓手，统筹推进平安、效能、智慧、法治、绿色“五型”口岸建设。到2025年，基本建成口岸布局合理、设施设备先进、建设集约高效、运行安全便利、服务完备优质、管理规范协调、危机应对快速有效、口岸经济协调发展的中国特色国际一流现代化口岸。到2035年，建成与基本实现社会主义现代化相适应的现代化口岸，高质量完成“五型口岸”建设。

**——平安口岸。**全面落实总体国家安全观，统筹发展和安全，着力提高风险预警能力、防控能力和应急处置能力，有效防范化解重大风险，切实保障进出境人员安全、运输工具安全和货物安全，确保军事设施安全保密，坚决维护国家主权、安全和发展利益。

**——效能口岸。**深入推进口岸“放管服”改革，优化通关流程、提高效率、降低合规成本、改善通关服务，提高通关便利化整体水平，实现口岸“人流、物流、资金流、信息流——效能口岸。深入推进口岸“放管服”改革，优化通关流程、提高效率、降低合规成本、改善通关服务，提高通关便利化整体水平，实现口岸“人流、物流、资金流、信息流+通关+服务”一体化联动。

**——智慧口岸。**发挥科技先导和创新驱动作用，推进全国口岸综合管理信息化建设，构建全流程、智慧化的口岸运行体系，促进口岸数字化转型。深化国际贸易“单一窗口”服务功能，构建覆盖跨境贸易全链条的“一站式”贸易服务平台，支持新兴业态发展，推进国际间互联互通。

**——法治口岸。**加快构建新时代口岸法治体系，优化完善依法行政制度体系，不断提高运用法治思维和法治方式推动口岸工作的能力，营造公开、透明、廉洁、高效的口岸执法环境，提高口岸行政决策科学化、法治化、规范化水平。

**——绿色口岸。**牢固树立绿色发展理念，践行习近平生态文明思想，将高效利用、低碳环保理念贯穿口岸开放、建设和

运行管理全过程，实现口岸资源集约利用、投入产出最优、设施共享共用，推动口岸高效可持续运行。

## 四、主要任务

### （一）全面开展口岸综合绩效评估

以推进平安、效能、智慧、法治、绿色口岸建设为目标，以促进口岸高质量发展和治理能力现代化为导向，从口岸硬件设施、通行能力、投入产出、运行安全、口岸通关便利化、智慧智能、管理服务、带动能力、绿色环保和社会效益等方面科学设立全面衡量口岸自身建设、运转成效、服务水平的发展指标，按年度开展评估工作。评估结果适时向口岸相关部门、有关地方人民政府通报。推动将评估结果作为口岸准入退出、示范口岸建设等相关政策措施的重要依据，引导口岸高质量发展。

| 专栏 1　口岸综合绩效评估指标体系 |
| --- |
| 1. **硬件设施指标**。反映口岸的硬件基础设施情况，考虑口岸基础设 施、场所场地及相关设备的数量、面积及可用性以及通道布局等要素。<br>2. **通行能力指标**。反映口岸的通关能力，考虑口岸人员、货物和运输工具通关量、吞吐量、价值的绝对值及相对值等要素。<br>3. **投入产出指标**。反映口岸实际产出与投入之间的关系，考虑口岸 基本运营数据与投入的人、财、基础设施之间的比值关系等要素。<br>4. **运行安全指标**。反映口岸安全状况及安全防控情况，考虑相关制 度机制建设情况、具体措施落实情况，以及是否出现安全事件和风险隐患，是否存在重大疫情跨境传播漏洞等要素。<br>5. **口岸通关便利化指标**。反映口岸营商环境和跨境贸易便利化水平，考虑口岸整体通关时间、进出口环节合规成本、通关便利度等要素。<br>6. **智慧智能指标**。反映口岸新技术应用水平及对提升服务效率的影响，考虑口岸查验设施设备共享程度，新技术的运用及带来的效率提高、服务质量提升等要素。<br>7. **管理服务指标**。反映口岸管理和提供服务的水平及效率，考虑口岸的制度完善程度，制度制定情况，依法依规履职情况，社会满意度等要素。<br>8. **带动能力指标**。反映口岸对毗邻经济区和辐射经济带发展、区域协调发展和守边固边等方面的带动能力，考虑口岸主要功能及相应的带动要素。<br>9. **绿色环保指标**。反映口岸在节能减排方面的成效，考虑口岸单位人员、货物和运输工具通关能耗、水耗、污染物排放量、废物再生利用等要素。<br>10. **社会效益指标**。反映口岸带来的社会效益，考虑口岸对社会安全和稳定的促进、口岸带来的就业机会、与当地民生的互适性、合理利用资源、对生态环境的影响等要素。 |

### （二）围绕枢纽口岸优化口岸布局

统筹考虑国家综合交通运输网络发展布局，国家区域发展总体战略，国家口岸查验机构编制配置以及地方开放型经济发展的实际需要，着眼全面提升枢纽口岸功能，坚定不移推进口岸布局优化。

**巩固沿海地区口岸在构建新发展格局中的主力军地位。**落实国家重大区域发展战略，进一步优化整合口岸资源，深入推进环渤海、长三角、东南沿海、粤港澳大湾区、西南沿海五大口岸集群一体化融合发展，加快大通关一体化建设，进一步提升我国重点枢纽海运口岸参与国际竞争和服务腹地经济社会发展能力。在具备条件的地区，积极支持邮轮游艇码头以适当方式有序对外开放。

**专栏2　海运口岸布局**

| 区域 | 定位 | 主要口岸 | 区域性口岸 |
|---|---|---|---|
| 环渤海 | 主要服务于我国北方沿海和内陆地区经济社会发展。 | 大连、天津、秦皇岛、青岛 | 营口、唐山、烟台、日照 |
| 长三角 | 主要服务于长三角以及长江沿线地区经济社会发展。 | 上海、宁波、舟山、连云港 | 温州、南京、镇江、南通、苏州（张家港、常熟、太仓） |
| 东南沿海 | 主要服务于福建和江西等内陆省份部分地区的经济社会发展及对台人员和经贸往来需要。 | 福州、厦门 | 泉州、莆田、漳州 |
| 粤港澳大湾区 | 主要服务于华南、西南部分地区，加强广东省和内陆地区与港澳地区交流。 | 广州、深圳、珠海、汕头 | 汕尾、惠州、虎门、茂名 |
| 西南沿海 | 主要服务于西部地区开发，为海南扩大与岛外人员和经贸往来提供保障。 | 湛江、钦州、防城港、海口、洋浦 | 北海、八所、三亚 |

**全面加快边境地区口岸发展。**对接我边境省区既有重要公路、铁路、水运和民航运输枢纽，推动形成重点枢纽口岸、物流节点口岸、便捷运输通道为一体的边境口岸开放体系。加快推动解决长期制约我重要边境口岸发展的瓶颈和短板问题。积极推动毗邻国家加强对应口岸建设和发展。

**专栏3　边境口岸布局**

| 区域 | 主要口岸 |
|---|---|
| 东北 | 中俄：满洲里、绥芬河、珲春、同江铁路口岸，满洲里、绥芬河、东宁、珲春、黑河、黑瞎子岛公路口岸。<br>中朝：丹东、图们、集安、（南坪）铁路口岸；丹东、南坪、圈河、长白、图们、临江、集安公路口岸。 |
| 北部 | 中蒙：二连浩特、（策克）、（甘其毛都）、（珠恩嘎达布其）铁路口岸，二连浩特、策克、甘其毛都、珠恩嘎达布其、阿尔山、满都拉、塔克什肯公路口岸。 |
| 西北 | 中哈：霍尔果斯、阿拉山口铁路口岸，霍尔果斯、阿拉山口、巴克图、吉木乃、都拉塔公路口岸。<br>中吉：伊尔克什坦、吐尔尕特公路口岸，（中吉乌铁路口岸）。<br>中巴：红其拉甫公路口岸。<br>中塔：卡拉苏公路口岸。 |
| 西南 | 中越：凭祥、河口铁路口岸，河口、友谊关、东兴、水口、龙邦、天保公路口岸。<br>中缅：（瑞丽铁路口岸），瑞丽、畹町、腾冲猴桥、孟定清水河、打洛公路口岸。<br>中老：磨憨铁路口岸，磨憨、勐康公路口岸。<br>中尼：吉隆、樟木、普兰、里孜公路口岸。 |
| 备注 | 括号内为国家规划要建设但目前尚未启动建设的项目。 |

**支持内陆地区口岸创新发展**。支持具备条件的内陆地区既有口岸增开国际客货运航线航班班列，根据需要增设汽车整车、药品等进口口岸和海关指定监管场地，进一步提升口岸运行效益。支持沿海沿边地区口岸与内陆地区口岸加强通关制度衔接，推动沿海沿边地区口岸给予内陆地区货物通关同等待遇。

**统筹推进航空口岸高质量发展**。打造与全国民用机场布局规划相匹配的布局合理、功能互补、协调高效的航空口岸体系，构建更加符合新发展格局、“一带一路”建设需要的国际航线网络布局。支持国际枢纽口岸和区域枢纽口岸做大做强，推动关闭客运量长期不达标航空口岸，鼓励非枢纽口岸优化整合航线。严格控制非枢纽机场和军民合用机场开放，鼓励和推动其他城市向枢纽口岸集聚实现进出境功能，根据实际需要在具备条件的航空口岸实施 7×24 小时通关，提高国际航空枢纽航空口岸的国际通程航班业务普及率。

**专栏 4　航空口岸布局**

| 类型 | 名称 |
|---|---|
| 国际枢纽（10 个） | 北京、上海、广州、昆明、重庆、成都、深圳、乌鲁木齐、西安、哈尔滨。 |
| 区域枢纽（29 个） | 天津、石家庄、太原、呼和浩特、大连、沈阳、长春、杭州、厦门、南京、青岛、福州、济南、南昌、温州、宁波、合肥、南宁、桂林、海口、三亚、郑州、武汉、长沙、贵阳、拉萨、兰州、西宁、银川。 |

### （三）探索实施口岸分级分类动态管理

坚持全国“一盘棋”，根据口岸所处区域、类型、功能定位等方面的差异性探索实施分级分类管理。将战略地位重要、口岸经济社会效益强和辐射带动作用大的口岸作为国际枢纽口岸，战略地位比较重要、口岸经济社会效益较强和辐射带动作用较大的口岸作为国家重要口岸，其他口岸作为地区普通口岸。针对不同等级不同类型口岸，在口岸准入、退出、建设、运行等方面制定不同的条件和标准，给予差别化政策。落实《口岸准入退出管理办法（暂行）》，稳妥有序推进口岸退出实施。加快清理整顿原二类口岸，“十四五”时期完成清理整顿工作。

**专栏 5　口岸开放准入标准**

原则上省级行政区域内有已列入《国家口岸发展“十三五”规划》项目，但“十三五”时期省级人民政府没有根据国家口岸管理有关规定按程序向国务院提出申请（因毗邻国家或国家口岸定义修改原因除外）且不能说明合理理由的，“十四五”时期从严控制口岸开放。

**航空口岸**：对于省级行政区域内有根据国家口岸管理有关规定应予退出的，或者有国务院批准开放已满 3 年仍未通过验收的，或者有 1 个以上航空口岸未达到客货运量考核标准的，原则上“十四五”时期从严控制机场开放。从严控制军民合用机场开放。机场距已开放航空口岸 200 公里或 2 小时车程以上且内陆和沿边地区机场固定直达航线（不包括中转经停航线，下同）达 10 条以上、年度旅客吞吐量峰值达 150 万人次以上，沿海地区机场国内固定直达航线 20 条以上、年度旅客吞吐量峰值达 300 万人次以上。支持货运枢纽型机场有序开放。对于个别确有需要开放的非枢纽机场，在遵循市场规律前提下经充分论证后予以必要支持。对于已经列入《国家“十四五”口岸发展规划》的机场开放项目，结合新冠肺炎疫情防控要求和既有航空口岸运行情况进行系统评估后再启动审理。

续表

| |
|---|
| **边境口岸**：原则上应已纳入两国边境口岸协定且两国已通过外交渠 道就具体口岸项目开放、同步履行国内相关手续和开展基础设施建设形成共识。对开放后能够显著促进当地经济社会发展，在稳边固边、兴边富民等方面可以发挥重要作用，属于共建“一带一路”或国家区域发展战略明确提出建设的重大项目、重大工程，直接服务沿边重点开发开放试验区、边境经济合作区、跨境经济合作区发展的项目予以优先安排。对尚无边境口岸的边境地、市、县申请项目予以积极推动。<br>**水运口岸**：加快推进向以地级市为单元“一城一口岸”方向整合。 |

**专栏 6　口岸年客货运量指标**

| | 单位 | 海运 | 内河 | 界河 | 铁路 | 公路 | 沿海航空 | 其他航空 |
|---|---|---|---|---|---|---|---|---|
| 货物 | 万吨 | 1000 | 20 | 5 | 10 | 5 | 3 | 3 |
| 人员 | 万人次 | 1 | 1 | 1 | 10 | 5 | 10 | 5 |
| 备注 | 口岸通过验收之日满 3 年后执行（边境口岸除外）。 | | | | | | | |

**（四）整体推进重点突破加强口岸基础设施建设**

原则上新开口岸与口岸主体工程统一规划、统一设计、统一投资、统一建设。严格按照《国家口岸查验基础设施建设标准》开展查验基础设施建设。口岸公共卫生核心能力建设、动植物检疫能力建设中基础设施建设要求与《国家口岸查验基础设施建设标准》接轨，实现同标统建。

口岸场地布局根据口岸通关流程统筹规范设置，优先保障查验现场检查检验执法需要。推进以口岸为单元统一配备共用的监管查验设备。在满足海关监管要求前提下，探索研究电子化监管，取消内外贸物理隔离设施，促进内外贸码头、堆场等口岸资源共享。鼓励具备条件的区域探索建立智慧监管平台，提升堆场、仓库等口岸资源利用率。

根据口岸实际和查验监管需要，加快改造和完善已开放口岸查验基础设施，优先补齐出入境卫生检疫、动植物检疫和安全防控领域短板。根据封闭管理、卫生检疫、货车甩挂、货物倒装、分段运输等新冠肺炎疫情常态化防疫要求，进一步完善边境口岸货场、道路等基础设施。加快推动解决影响重点枢纽边境口岸效能的瓶颈问题，完善影响边境陆路口岸效能的场站及后方通道等相关基础设施建设。推动毗邻国家加强对应口岸基础设施和配套设施建设。

**（五）深入推进口岸智慧化建设**

加强口岸信息化顶层设计。树立“智慧口岸、智能边境、智享联通”理念，按照集约、高效、安全原则，以电子口岸公共平台及国际贸易“单一窗口”应用建设为抓手，推进口岸信息化服务整合，推动各部门、各地方信息互联互通。加快国际贸易“单一窗口”与国家有关政务平台对接。规范口岸信息化建设管理，强化安全运行和服务保障，在确保数据安全的前提下加快推进口岸数据资源的综合利用，提升安全运行和服务保障能力。进一步理顺政府与市场、政务与商务的关系，构建中央和地方合理分工，各相关方优势互补、合作共赢、良性共生的生态体系，最大限度统筹社会资源，共同提升口岸智慧化水平。加强与“智慧边海防”建设对接，为合力强边固防提供技术支撑。

推进部门信息化升级和口岸数字化转型。充分利用云计算、大数据、人工智能、区块链、物联网、北斗、智能审图、第五代移动通信（5G）及超痕量检测等先进技术进一步优化口岸服务、提升口岸效能。全面推进口岸相关部门单位信息化、无纸化、智能化建设。支持长三角、粤港澳大湾区、西部陆海新通道等区域跨境贸易和口岸信息化平台建设，推进区域一体化通关管理。支持海南自由贸易港建设“海南智慧监管平台”。依托电子口岸建设全国口岸综合管理系统，数字化采集、展示全国口岸运行状况，发布全国口岸运行绩效评估结果。进一步完善中央、地方口岸主管部门协同办公系统。推进各口岸间、口岸与场所间信息共享，促进多式联运、口岸联动和各种区域协作。探索实施跨境全程物流可视化，促进实体口岸与数字口岸有机融合。

深化国际贸易“单一窗口”建设。推动口岸和国际贸易领域相关业务统一通过“单一窗口”办理，除保密等特殊情况外，进出口环节监管证件及检验检疫证书等原则上通过“单一窗口”一口受理、一窗通办，推动实现企业在线缴费、自主打印证件。对接银行、保险、征信、支付等机构，推行“外贸+金融”服务模式，提供更加便利的融资担保、保险理赔、支付结算等服务。鼓励多元参与，依托国际贸易“单一窗口”打通航空、铁路、港航、公路、邮政等各类口岸通关物流节点，实现多种交通工具相互衔接、转运，多个口岸业务联动，各相关主体之间信息互通和协同作业，为企业提供全程“一站式”通关物流信息服务。发挥“单一窗口”数据汇聚优势，构建基于大数据的开放式创新服务平台，提供跨境贸易大数据服务，支持国际贸易全链条相关产业发展。加强标准化建设，主动对接国际标准，开展与境外“单一窗口”互联互通，实现报关单等通关数据、进出境检疫证书等监管证件跨境联网核查和进出境相关商业票据数据交换。

### （六）构建市场化法治化国际化的口岸营商环境

**进一步优化口岸通关流程。**推动口岸查验单位深化改革，优化通关作业流程，探索建立不同类型口岸通关规范指引。加快推广“经认证经营者”国际互认合作。加强与境外口岸查验管理部门合作，推动联合实施对等通关便利化措施，进一步提升边境口岸通关效率。探索实施枢纽集装箱港国际集装箱中转和集拼试点，扩大海运外贸集装箱沿海捎带政策的成效。研究优化自贸区、自贸港人员、货物和交通运输工具监管措施。实施铁路进出境快速通关模式，提高境内段铁路进出口货物转关运 输通行效率和便利化水平。研究完善“船边直提”和“抵港直装”模式，在具备条件的口岸逐步扩大试点。研究探索在具备条件的口岸实施危险化学品海关产地检验和出口直装。试点推进口岸作业时间精细化分段管理，研究制定通关流程作业时间规范。利用信息化手段加强口岸整体作业时间监测，及时分析处置异动情况。

**进一步提升进出口环节监管证件和通关物流类单据单证电子化无纸化水平。**在确保进出口环节监管到位前提下，坚持依法合规进一步推动优化进出口环节监管证件和需要企业提交的通关物流类单据，着力协调推动进出口环节监管证件和单据单证的无纸化、电子化，提升电子化流转水平。

**进一步降低进出口环节合规成本。**按照国务院关于减税降费的决策部署，严格落实《清理规范海运口岸收费行动方案》。巩固完善口岸收费目录清单公示制度，实行动态管理，推广“一站式”阳光收费。支持引入市场化竞争机制，推动口岸经营服务性收费更趋合理。加强口岸收费督查。

**提升口岸服务跨境贸易发展能力。**提高中国籍船舶内外贸经营转换办理效率。推进内外贸集装箱同船运输便利化。加快口岸外贸综合服务体系建设。创新金融服务方式，研究深化跨境贸易链金融合作，提供跨境贸易全方位融资和国际结算服务。鼓励在口岸作业环节引入第三方服务平台，依法合规拓展口岸通关、物流、金融等领域的个性化服务。探索研究口岸支持服务贸易和数字贸易发展的措施和办法。

**推进国家重大区域战略通关制度协同。**在京津冀协同发展、长三角一体化发展、粤港澳大湾区建设、长江经济带、黄河流域生态保护和高质量发展等国家重大区域战略和成渝地区双城经济圈、西部陆海新通道等重点区域内，加快建立口岸通关合作机制，推动实现通关物流和监管等信息互联互通与数据共享，创新通关模式。深入推进往来港澳人员边防检查查验模式创新。

### （七）积极推动口岸经济发展

推进口岸经济发展平台建设。推动优化口岸与综合保税区、边境经济合作区、跨境经济合作区、跨境旅游合作区等各类开发开放平台布局，促进协同发展，支持列入《国家物流枢纽布局和建设规划》且有条件的口岸建设国家物流枢纽，探索开展口岸经济高质量发展示范区建设试点。鼓励口岸与物流、生产等对接，形成安全、顺畅、便利的贸易、运输、生产链条，服务当地经济发展。支持边境贸易企业参与大宗资源能源产品经营，规范边民互市贸易发展，探索开展边民互市贸易进口商品落地加工试点，全面开展试点评估、验收、总结，推动边境贸易与产业相互促进共同发展。鼓励内陆与沿海沿边口岸深化物流合作和产业协同发展。

推动口岸特色优势产业发展。支持产业基础好、市场需求明显的口岸按程序申请建设指定监管场地，加快建设一批进口食用水生动物、冰鲜水产品、水果、植物种苗等集散分拨中心。鼓励汽车整车进口口岸做大做强，充分发挥药品进口口岸功能作用，优化口岸免税店空间布局。支持发展保税航油业务。鼓励在重点国别、重点市场建设出口产品公共海外仓和海外运营中心。

### （八）深入推进口岸法治化建设

**高起点培塑法治理念。**将全面依法治国理念融入口岸工作全领域全过程，坚持学法常态化、系统化、制度化。正确处理法治与改革的关系，妥善协调法治稳定性、普遍性与改革渐进性、局部探索性之间的矛盾，坚持运用法治思维和法治方式解决改革局部环节或部分措施存在与法律规定不一致的问题。

**加强口岸法治体系建设。**系统梳理口岸查验主管部门法律规范和执法依据，根据形势发展要求和执法实践需要，适时开展立改废释，推动构建系统完备、科学规范、运行有效的口岸法律制度体系。加快口岸管理有关法律法规立法进程，修订《口岸验收管理办法（暂行）》《非口岸区域和限制性口岸临时开放管理办法（暂行）》《口岸准入退出管理办法（暂行）》《国家口岸查验基础设施建设标准》等口岸管理规范性文件。

**深入推进口岸规范执法。**推动完善口岸查验部门联合执法机制，规范行政执法程序，细化执法裁量标准，加强行政执法监督和行政规范性文件备案审查制度建设。积极构建公众参与、专家论证、风险评估、合法性审查的口岸管理决策机制。支持引入外部监督机制，完善社会监督员制度，强化口岸执法监督。推动将口岸通关违法违规记录纳入国家整体信用评估体系，根据守信激励、失信惩戒原则实行差别化通关管理，引导企业、个人遵规守法。

### （九）加强港澳和国际口岸交流与合作

**深化与港澳地区口岸交流与合作。**落实《粤港澳大湾区发展规划纲要》，统筹谋划粤港澳大湾区口岸布局、功能定位。支持深港科技创新合作区、横琴粤澳深度合作区建设，积极开展深港科技创新合作区跨境专用口岸和新横琴口岸建设和通关制度创新。加强内地与港澳口岸部门协作，进一步完善和扩展口岸功能，探索开展直升机跨境运输和多式联运保障措施，推进粤港澳口岸监管部门间“信息互换、监管互认、执法互助”，推动在粤港粤澳口岸实施更加便利的通关模式。推动研究制定港澳与内地车辆通行政策和配套交通管理措施，完善粤港、粤澳两地牌机动车管理政策措施，研究允许两地牌机动车通过多个口岸出入境。

**全面推进口岸国际合作。**巩固和发展现有双边口岸合作机制，积极推动与老挝、尼泊尔、巴基斯坦、塔吉克斯坦等毗邻国家建立口岸合作机制。规范和完善常态化口岸合作机制，务实推进口岸对等设立、基础设施同步建设、通关制度创新、工作制度协同、应急处置协调等领域合作。积极研究推进与邻国开展“一地两检”等通关模式创新，围绕重点口岸务实推进示范口岸建设。积极参与多边口岸国际合作事务，积极推动实施大湄公河次区域（GMS）便利运输协定，深度参与上海合作组织、澜湄合作、大图们倡议（GTI）等多边、区域口岸合作。

**探索实施“智慧口岸、智能边境、智享联通”。**积极参与口岸相关领域国际标准制定。探索与共建“一带一路”国家口岸物流信息化系统同步规划建设，研究建立信息共享机制。推动“一带一路”口岸信息通道建设，加强对高危安全准入领域的信息交换和风险联合布控。深化“安智贸”、检验检疫证书国际互换等合作，推进“关铁通”合作，推动多式联运便利化合作。

**积极开展口岸领域对外援助。**配合“一带一路”沿线重大港口、公路、铁路等交通基础设施建设，积极推进对我具有重要战略意义的毗邻国家一侧口岸基础设施和信息化建设。支持东道国政府在我国境外经济贸易合作区开展口岸基础设施建设。面向共建“一带一路”国家积极开展口岸管理、技术、标准等领域的人力资源培训。

### （十）推进绿色口岸建设

**严厉打击“洋垃圾”和濒危物种及其制品走私。**将禁止“洋垃圾”入境作为生态文明建设的标志性举措，严厉打击“洋垃圾”走私。海关、公安、市场监管、生态环境等部门加强合作，深入清查整治非法进口和利用处置“洋垃圾”行为，地方政府切实承担综合治理主体责任。主动做好濒危野生动植物及其制品进出口监管工作，维护生物物种多样性。

**加强口岸资源节约循环利用和生态保护。**口岸开放所涉用海用地必须符合国家环境保护政策和要求。严格落实围填海管控政策，严格管控、合理利用深水岸线，提倡建设公用码头，鼓励现有货主自用码头提供公共服务。新建口岸同步推进环保设施的规划建设和综合利用。

**构建清洁低碳的口岸用能体系。**积极推广应用节能及低碳技术设备，鼓励新增和更换口岸作业机械等优先使用新能源和清洁能源，有效促进口岸节能减排。落实口岸环保标准要求，强化散货作业防尘抑尘措施。扎实推进钢铁煤炭煤电去产能口岸相关工作。

## 五、重点工程

### （一）重点枢纽口岸示范工程

1. **水运口岸项目。**重点打造上海、天津、深圳、广州水运口岸，支持津冀、长三角、粤港澳大湾区世界级港口群建设。推进大连、青岛、厦门、钦州、北海等水运口岸建设，支持辽宁沿海、山东沿海、东南沿海和西南沿海港口群建设。推进舟山、宁波水运口岸建设，构建舟山江海联运中心、宁波舟山沿海转运中心。建设以武汉、重庆为核心的长江流域航运中心。支持海南自由贸易港建设。

2. **航空口岸项目**。大幅提升北京、上海、广州航空口岸国际枢纽竞争力，推动与周边航空口岸优势互补、协同发展。有序提升成都、昆明、深圳、重庆、西安、乌鲁木齐、哈尔滨等航空口岸国际枢纽功能。建设与京津冀、长三角、珠三角、成渝城市群相适应的航空口岸群。推进河南郑州综合性货运枢纽、湖北鄂州专业性货运枢纽等航空口岸建设。

3. **公路口岸项目**。扎实推进与有关毗邻国家各建设1—2个示范口岸工程，完善集疏运体系，推进跨境电商、进出口加工等产业集聚发展，建设一批集产品加工、包装、集散、仓储、运输、报关、报检、代理等功能于一体的国际道路运输枢纽和物流园区，更好地发挥示范口岸的集聚效应和带动作用，促进沿边地区开发开放。

4. **铁路口岸项目**。根据口岸能力利用情况，加强对重点边境铁路口岸进行扩能改造和配套设施设备建设，强化安全管理，提高集装箱列车的接发、换装能力，结合实际需要优化和完善汽车等指定口岸功能。实施通关便利化措施，创新货物查验、换装等作业模式，打造丝路数字班列，提升口岸通行效率。推进中欧班列边境口岸及后方通道扩能改造工程，提升霍尔果斯、阿拉山口、满洲里、二连浩特铁路口岸列车接发、换装能力。

| **专栏7　重点枢纽口岸示范工程** |
| --- |
| **水运口岸项目**：上海、广州、深圳、天津、厦门、钦州、北海、宁波、舟山、青岛、连云港。<br>**航空口岸项目**：北京、上海、广州、深圳、成都、重庆、昆明、西安、乌鲁木齐、哈尔滨；郑州、鄂州（货运）。<br>**公路口岸项目**：绥芬河、满洲里、珲春，丹东、圈河，二连浩特、塔克什肯，霍尔果斯、阿拉山口，伊尔克什坦、吐尔尕特，卡拉苏，红其拉甫，吉隆、樟木口岸，友谊关、河口，磨憨，瑞丽。粤港深港科技创新合作区跨境专用口岸，粤澳新横琴口岸。<br>**铁路口岸项目**：霍尔果斯、阿拉山口，绥芬河、满洲里、珲春，二连浩特，凭祥、河口，磨憨。广深港高铁西九龙站。 |

### （二）以补短板为主的口岸设施升级改造工程

**口岸疫情防控能力提升工程**。总结新冠肺炎疫情防控经验，结合口岸公共卫生核心能力建设等要求，全面排查口岸现场疫情防控弱项和短板，制定整改措施并稳步推进实施。

**口岸安全能力提升工程**。围绕维护国门安全和保障出入境人员、货物、物品、运输工具安全顺畅通行，全面防控口岸区域发生突发公共安全事件，确保口岸场所场地及保障设施安全。进一步加强口岸安全设施设备投入，明确任务分工，完善工作机制，强化协作配合，注重平战结合。

**重要边境口岸“卡脖子”事项解决工程**。结合国家外交大局和周边互联互通战略需要，优先推动解决长期影响我重要边境口岸效能发挥的“卡脖子”事项。

**长距离孔道边境口岸“关口前移”工程**。原则上边境口岸应抵边建设。对于因特殊原因而后置的长距离孔道边境口岸，根据边境口岸实际积极稳妥有序推进“关口前移”，确保边境地区经济社会安全。

| 专栏 8　口岸补短板工程 |
| --- |
| **口岸疫情防控能力提升工程**：全面排查所有对外开放口岸。<br>**口岸安全能力提升工程**：全面排查所有对外开放口岸。<br>**重要边境口岸“卡脖子”事项解决工程**：（公路口岸）友谊关、河口、磨憨、瑞丽、吉隆、樟木、霍尔果斯、满洲里、绥芬河、红其拉甫、卡拉苏、伊尔克什坦、吐尔尕特等口岸集疏运能力补短板项目；（铁路口岸）霍尔果斯、阿拉山口、满洲里、绥芬河、二连浩特口岸站及后方通道扩能改造。<br>**长距离孔道边境口岸“关口前移”工程**：伊尔克什坦口岸、吐尔尕特口岸、红其拉甫口岸、卡拉苏口岸、老爷庙口岸。 |

### （三）口岸智慧创新工程

**口岸设施设备升级工程**。应用大数据、物联网、人工智能、卫星导航等新技术提升口岸设施设备信息化、智能化水平和集成化、移动化、国产化程度。加大智能化审图技术和设备应用。改造和升级检验检疫设备、快筛实验室、排查室、隔离留验室和样本库。加大实验室环境设施建设和仪器设备、国家标准样品配置力度，加强国门生物安全实验室与国门安全实物资源库建设。优先支持枢纽口岸海关监管、边防检查、海事监管等查验设施以及配套交通基础设施升级改造。推进重点口岸和场站设施、装卸设备、物流仓储等设备的自动化、智能化升级改造。支持在重点口岸建立高分卫星、无人机、近中远程高清摄像头相结合的全天候口岸监测体系。

**口岸监管信息系统升级工程**。积极推进海关、边检、海事等口岸查验部门，以及与进出境监管密切相关的税务、外汇等部门业务管理系统优化升级。推动“智慧海关、智能边境、智享联通”倡议落地。推进口岸查验监管信息系统与国际道路运输管理与服务信息系统等业务管理系统数据交换。

**口岸综合管理能力建设工程**。对进出境人员、运输工具、货物等信息数据进行实时监测分析和全景展示，对口岸综合绩效评估指标进行数据采集和处理、模型分析与结果展示。加强中央、省级口岸主管部门之间日常通报交流与业务协同协作。

**国际贸易“单一窗口”深化建设工程**。完善“单一窗口”政务服务功能，推进进出口环节监管证件及检验检疫证书等一口受理。对接银行、保险、征信、支付等行业机构，全面推行“外贸+金融”服务模式，提供“一站式”贸易金融服务。有序推进“单一窗口”与民航、铁路、港口、公路、邮政等行业机构合作，依托“单一窗口”建设综合物流协同平台、航空物流公共信息平台，为企业提供全程“一站式”通关物流信息服务。对接国家政务服务平台，加快建设跨境贸易大数据平台，开展跨境贸易数据跟踪分析，推进跨境物流的全程可视化建设，实现进出口商品全程可追溯。拓展移动服务功能，建设智能客服系统。支持区域“单一窗口”建设。推进国际“单一窗口”信息互联互通。

**专栏9 口岸智慧创新工程**

**口岸基础设施设备升级**：在具备条件的口岸推广应用5G通信、物联网、智能审图、智能感知、远程高清监控、无人机、遥感、通信、导航等新技术，根据需要装备应用智能化的查验、监控、检验检疫等设备。

**口岸安全防控体系建设**：推进应急管理信息互通和应急处置先进技术设备应用。推动实现危化品、特殊物品等实时监测、快速检测、风险预警，以及各作业环节全程自动化操作，完善口岸安全防控信息化支撑体系，提升口岸突发公共安全事件应急处置能力。

**口岸查验监管系统升级**：推进口岸查验监管信息系统整合优化，建设“智慧海关”“智慧边检”。推广基于区块链的电子提单和集装箱电子放货，加快进口电商货港航区块链全程畅行电子化。

**口岸综合管理能力提升**：开展全国口岸基础信息、运行数据、卫星地理信息和实时影像分析，实现与各监管部门、各地口岸安全联合防控平台的系统对接和信息共享，辅助口岸管理决策。

**国际贸易“单一窗口”深化建设**：推动进出口环节监管证件及检验检疫证书等通过“单一窗口”一窗通办。持续创新“外贸+金融”“通关+物流”服务。在“单一窗口”提供跨境综合物流协同和航空物流公共信息服务。推动实现区块链物流跟踪与进出口商品追溯。推动实现与境外“单一窗口”互联互通。

### （四）口岸国际合作工程

**统筹使用优惠性融资、投资基金、援外资金**。加快推进国际运输大通道涉及的毗邻国家口岸查验设施、口岸基础设施以及配套交通设施建设。积极发挥丝路基金投融资作用，推动亚洲基础设施投资银行为口岸以及跨境基础设施互联互通提供支持。鼓励国内物流企业、生产企业参与边境口岸境外段基础设施改扩建。

**跨境基础设施互联互通工程**。积极推动涉及我重要邻国、重要贸易伙伴且双方已经或正在商签有关协议的跨境基础设施建设，同步建设配套口岸基础设施。

**毗邻国家边境口岸补短板工程**。全面了解我重要边境口岸毗邻国家一侧口岸及其集疏运体系建设情况，推动解决毗邻国家一侧口岸及其集疏运体系与我严重不匹配、经常造成我口岸拥堵的事项。积极发挥对外援助作用，支持共建“一带一路”支点国家相关口岸境外段建设。

**口岸信息化交流合作工程**。探索推进“单一窗口”标准和技术走出去，推动与境外“单一窗口”互联互通合作。提升中欧班列信息化水平，为保障运输安全提供数字化解决方案。重点围绕国际贸易“单一窗口”、跨境贸易、国际航空、海运服务等领域积极参与相关国际组织标准制定。

**专栏10 口岸国际合作工程**

**跨境基础设施互联互通工程**：中俄同江铁路大桥、黑河公路大桥、黑河索道，中缅铁路，中老铁路，中尼普兰斜尔瓦桥，中越水口二桥、天保跨界公路桥建设，同步建设配套口岸基础设施。

**毗邻国家口岸补短板工程**：中尼吉隆、樟木口岸，中缅瑞丽、畹町口岸，中老磨憨口岸，中越友谊关、河口口岸，中巴红其拉甫口岸，中塔卡拉苏口岸，中哈霍尔果斯、阿拉山口口岸，中吉伊尔克什坦、吐尔尕特口岸，中蒙红山嘴、二连浩特、甘其毛都口岸，中俄满洲里、绥芬河、珲春、虎林、密山口岸毗邻国家对应口岸查验基础设施、配套设施以及通往口岸道路建设。绥芬河、二连浩特、阿拉山口等边境铁路口岸毗邻国家对应口岸配套设施适应性改造。援尼泊尔（吉隆）梯姆雷边检站、沙拉公路，（普兰）斜尔瓦界河公路桥（境外段工程），（樟木）阿尼哥公路三期；援蒙古（二连浩特）扎门乌德、（甘其毛都）嘎舒苏海图口岸基础设施；援缅甸滚弄大桥项目；援哈萨克斯坦海关技术装备现代化项目。

续表

| 口岸信息化交流合作工程：加强与共建“一带一路”国家海关合作，提升国际海关监管单据传输信息化水平。推动实现与新加坡、俄罗斯、格鲁吉亚、哈萨克斯坦等国家“单一窗口”互联互通，试点推进国际贸易“单一窗口”对外建设。提升中欧班列信息化水平，推动中欧班列信息平台建设，为保障中欧班列安全稳定高质量运行提供数字化解决方案，加快实施“关铁通”项目，进一步优化海关通关手续，提高中欧班列通关运行效率。促进中外铁路信息互联互通和跨境电子签名互认，推进铁路国际联运无纸化，争取与俄罗斯之间实现中欧班列全程无纸化。重点围绕国际贸易“单一窗口”、跨境贸易、国际航空、海运服务等领域，积极参与世界贸易组织（WTO）、世界海关组织（WCO）、国际航空运输协会（IATA）、国际海事组织（IMO）、铁路合作组织（OSJD）等相关国际组织标准制定。 |
| --- |

## 六、重大举措

### （一）建立口岸综合绩效评估管理制度

以定量评估为主，定量与定性相结合，研究确定口岸综合绩效评估各类指标涵盖的具体要素，制定口岸综合绩效评估管理办法以及相关配套制度，明确开展综合绩效评估的对象、指标体系、实施主体、评估程序、结果发布及应用等。国家口岸管理部门联合相关部门、口岸所在地方政府共同开展，统筹推进评估工作。

### （二）开展口岸标准化体系建设

加快制订口岸基础设施、口岸现场标识标牌、口岸查验设备配备以及口岸通关环节和流程、口岸通关时间等建设指引。制定口岸公共卫生核心能力建设国家标准，巩固和提升口岸公共卫生核心能力建设水平。以推动实现国际贸易供应链全流程无纸化为目标，积极探索研究统一不同口岸查验部门、运输部门等针对口岸的不同代码，推动建立、应用和维护统一的口岸标准代码。推广应用统一的集装箱电子数据交换标准，研究制定基于区块链的运输和贸易数据标准。加快推进口岸物流相关单证标准统一和全程无纸化作业，制定和应用统一的数据交换标准。

### （三）建立持续优化口岸营商环境的长效机制

借鉴世界银行营商环境跨境贸易指标评估等国际经验，对标国际先进水平，探索优化符合中国国情的口岸营商环境评估工作。坚持以评促改，聚焦解决市场主体关切的“堵点”“痛点”“难点”问题，建立快速反应、协同处置、高效应对的跨部门多层级优化口岸营商环境推进机制，增强改革措施的针对性、有效性。

### （四）进一步完善口岸数据安全与共享机制

全面落实网络安全等级保护、关键信息基础设施安全保护、数据安全保护等要求，保障口岸业务运行安全。进一步完善口岸数据安全管理机制及相关管理办法，明确数据安全责任，强化数据安全防护，加强数据操作审计，实现数据流向可追溯、可审查。加强信息资源、应用系统、基础设施以及网络通信等领域的安全防护措施，建立数据安全评估体系，做好平台安全评测、监控预警和风险评估，提高大数据环境下防攻击、防泄漏、防窃取等安全防控与处置能力。

### （五）进一步完善适应口岸发展的投入保障制度

“十四五”时期构建多渠道投融资的口岸发展保障模式。各地各部门要按政策规定积极推进《国家“十四五”口岸发展规划》主要任务和重点工程。按照《国家口岸查验基础设施建设标准》（建标 185—2017）建设国家对外开放口岸查验设施。根据国家有关规定和建设标准，积极支持直接服务于“一带一路”建设，沿边开放以及“京津冀协同发展”“长三角一体化发展”“推动长江经济带高质量发展”等战略重要节点项目建设。边境省（区）要加强边境口岸查验基础设施建设经费保障。推进建立查验设备多元投入机制，对于多部门共享共用的查验设备，相关费用原则上由口岸建设主体或地方政府承担。口岸管理相关部门、各级地方人民政府要积极支持口岸特别是重点枢纽口岸和存在明显短板口岸建设。鼓励社会资本在政策允许范围内以适当方式参与口岸建设。

## 七、实施保障

坚持中央统筹、省（区、市）强化主体责任、市县抓落实的工作机制。

国务院口岸工作部际联席会议统筹研究推进规划实施工作，充分发挥联席会议办公室作用，进一步增强服务意识，提升综合管理水平；国务院有关部门按照职责分工，在政策制定实施、重点项目安排和改革创新试点等方面给予指导和支持。

各省、自治区、直辖市人民政府要履行主体责任，建立健全地方层级口岸工作联席会议制度，完善口岸工作协调推进机制，加强组织动员和推进实施。要根据规划要求，结合当地实际，将规划确定的主要目标、重点任务与国家有关专项规划以及本地区经济社会发展“十四五”规划衔接好，制定本省级行政区内落实国家口岸发展规划的配套措施。口岸所在县级以上地方人民政府要强化工作落实，细化工作方案，逐项抓好落实。要充分发挥行业协会在制定标准、规范行业秩序、开拓国际市场等方面的积极作用。

国家口岸管理部门负责本规划解释说明，加强对规划实施的督促落实，协调推动解决有关地方和部门在推进规划实施中的重大问题，重大情况及时向国务院报告，确保规划确定的目标任务落到实处。

# 国务院关于开展营商环境创新试点工作的意见

国发〔2021〕24 号

各省、自治区、直辖市人民政府，国务院各部委、各直属机构：

党中央、国务院高度重视优化营商环境工作。近年来，我国营商环境持续改善，特别是部分地方主动对标国际先进率先加大营商环境改革力度，取得明显成效，对推动全国营商环境整体优化、培育和激发市场主体活力发挥了较好的示范带动作用。为鼓励有条件的地方进一步瞄准最高标准、最高水平开展先行先试，加快构建与国际通行规则相衔接的营商环境制度体系，持续优化市场化法治化国际化营商环境，现提出以下意见。

## 一、总体要求

（一）指导思想。以习近平新时代中国特色社会主义思想为指导，全面贯彻党的十九大和十九届二中、三中、四中、五中全会精神，立足新发展阶段，完整、准确、全面贯彻新发展理念，构建新发展格局，以推动高质量发展为主题，统筹发展和安全，以制度创新为核心，赋予有条件的地方更大改革自主权，对标国际一流水平，聚焦市场主体关切，进一步转变政府职能，一体推进简政放权、放管结合、优化服务改革，推进全链条优化审批、全过程公正监管、全周期提升服务，推动有效市场和有为政府更好结合，促进营商环境迈向更高水平，更大激发市场活力和社会创造力，更好稳定市场预期，保持经济平稳运行。

（二）试点范围。综合考虑经济体量、市场主体数量、改革基础条件等，选择部分城市开展营商环境创新试点工作。首批试点城市为北京、上海、重庆、杭州、广州、深圳 6 个城市。强化创新试点同全国优化营商环境工作的联动，具备条件的创新试点举措经主管部门和单位同意后在全国范围推开。

（三）主要目标。经过三至五年的创新试点，试点城市营商环境国际竞争力跃居全球前列，政府治理效能全面提升，在全球范围内集聚和配置各类资源要素能力明显增强，市场主体活跃度和发展质量显著提高，率先建成市场化法治化国际化的一流营商环境，形成一系列可复制可推广的制度创新成果，为全国营商环境建设作出重要示范。

## 二、重点任务

（四）进一步破除区域分割和地方保护等不合理限制。加快破除妨碍生产要素市场化配置和商品服务流通的体制机制障碍。在不直接涉及公共安全和人民群众生命健康的领域，推进“一照多址”、“一证多址”等改革，便利企业扩大经营规模。清理对企业跨区域经营、迁移设置的不合理条件，全面取消没有法律法规依据的要求企业在特定区域注册的规定。着力破除招投标、政府采购等领域对外地企业设置的隐性门槛和壁垒。探索企业生产经营高频办理的许可证件、资质资格等跨区域互认通用。

（五）健全更加开放透明、规范高效的市场主体准入和退出机制。进一步提升市场主体名称登记、信息变更、银行开户等便利度。建立健全市场准入评估制度，定期排查和清理在市场准入方面对市场主体资质、资金、股比、人员、场所等设置的不合理条件。推行企业年报“多报合一”改革。完善市场主体退出机制，全面实施简易注销，建立市场主体强制退出制度。推行破产预重整制度，建立健全企业破产重整信用修复机制，允许债权人等推荐选任破产管理人。建立健全司法重整的府院联动机制，提高市场重组、出清的质量和效率。

（六）持续提升投资和建设便利度。深化投资审批制度改革。推进社会投资项目“用地清单制”改革，在土地供应前开展相关评估工作和现状普查，形成评估结果和普查意见清单，在土地供应时一并交付用地单位。推进产业园区规划环评与项目环评联动，避免重复评价。在确保工程质量安全的前提下，持续推进工程建设项目审批制度改革，清理审批中存在的“体外循环”、“隐性审批”等行为。推动分阶段整合规划、土地、房产、交通、绿化、人防等测绘测量事项，优化联合验收实施方式。建立健全市政接入工程信息共享机制。探索在民用建筑工程领域推进和完善建筑师负责制。

（七）更好支持市场主体创新发展。完善创新资源配置方式和管理机制，探索适应新业态新模式发展需要的准入准营标准，提升市场主体创新力。在确保安全的前提下，探索高精度地图面向智能网联汽车开放使用。推进区块链技术在政务服务、民生服务、物流、会计等领域探索应用。探索对食品自动制售设备等新业态发放经营许可。完善知识产权市场化定价和交易机制，开展知识产权证券化试点。深化科技成果使用权、处置权和收益权改革，赋予科研人员职务科技成果所有权或长期使用权，探索完善科研人员职务发明成果权益分享机制。

（八）持续提升跨境贸易便利化水平。高标准建设国际贸易“单一窗口”，加快推动“单一窗口”服务功能由口岸通关向口岸物流、贸易服务等全链条拓展，推进全流程作业无纸化。在确保数据安全的前提下，推动与东亚地区主要贸易伙伴口岸间相关单证联网核查。推进区域通关便利化协作，探索开展粤港澳大湾区“组合港”、“一港通”等改革。推进铁路、公路、水路、航空等运输环节信息对接共享，实现运力信息可查、货物全程实时追踪，提升多式联运便利化水平。在有条件的港口推进进口货物“船边直提”和出口货物“抵港直装”。探索开展科研设备、耗材跨境自由流动，简化研发用途设备和样本样品进出口手续。

（九）优化外商投资和国际人才服务管理。加强涉外商事法律服务，建设涉外商事一站式多元解纷中心，为国际商事纠纷提供多元、高效、便捷解纷渠道。探索制定外籍“高精尖缺”人才地方认定标准。在不直接涉及公共安全和人民群众生命健康、风险可控的领域，探索建立国际职业资格证书认可清单制度，对部分需持证上岗的职业，允许取得境外相应职业资格或公认的国际专业组织认证的国际人才，经能力水平认定或有关部门备案后上岗，并加强执业行为监管。研究建立与国际接轨的人才评价体系。持续提升政府门户网站国际版服务水平，方便外籍人员及时准确了解投资、工作、生活等政策信息，将更多涉外审批服务事项纳入“一网通办”。

（十）维护公平竞争秩序。坚持对各类市场主体一视同仁、同等对待，稳定市场主体预期。强化公平竞争审查刚性约束，建立举报处理和回应机制，定期公布审查结果。着力清理取消企业在资质资格获取、招投标、政府采购、权益保护等方面存在的差别化待遇，防止滥用行政权力通过划分企业等级、增设证明事项、设立项目库、注册、认证、认定等形式排除和限制竞争的行为。建立招标计划提前发布制度，推进招投标全流程电子化改革。加强和改进反垄断与反不正当竞争执法。清理规范涉企收费，健全遏制乱收费、乱摊派的长效机制，着力纠正各类中介垄断经营、强制服务等行为。

（十一）进一步加强和创新监管。坚持放管结合、并重，夯实监管责任，健全事前事中事后全链条全流程的监管机制。完善公开透明、简明易行的监管规则和标准，加强政策解读。在直接涉及公共安全和人民群众生命财产安全的领域，探索实行惩罚性赔偿等制度。深化“互联网+监管”，加快构建全国一体化在线监管平台，积极运用大数据、物联网、人工智能等技术为监管赋能，探索形成市场主体全生命周期监管链。推动“双随机、一公开”监管和信用监管深度融合，完善按风险分级分类管理模式。在医疗、教育、工程建设等领域探索建立完善执业诚信体系。对新产业新业态实行包容审慎监管，建立健全平台经济治理体系。推动行业协会商会等建立健全行业经营自律规范，更好发挥社会监督作用。

（十二）依法保护各类市场主体产权和合法权益。构建亲清政商关系，健全政府守信践诺机制，建立政府承诺合法性审查制度和政府失信补偿、赔偿与追究制度，重点治理债务融资、政府采购、招投标、招商引资等领域的政府失信行为，畅通政府失信投诉举报渠道，健全治理“新官不理旧账”的长效机制。完善产权保护制度，强化知识产权保护，开展商标专利巡回评审和远程评审，完善对商标恶意注册和非正常专利申请的快速处置联动机制，加强海外知识产权维权协作。规范罚款行为，全面清理取消违反法定权限和程序设定的罚款事项，从源头上杜绝乱罚款。严格落实重大行政决策程序，增强公众参与实效。全面建立重大政策事前评估和事后评价制度，推进评估评价标准化、制度化、规范化。

（十三）优化经常性涉企服务。加快建立健全高效便捷、优质普惠的市场主体全生命周期服务体系，健全常态化政企沟通机制和营商环境投诉处理机制。完善动产和权利担保统一登记制度，有针对性地逐步整合各类动产和权利担保登记系统，提升企业动产和权利融资便利度。持续优化企业办税服务，深化“多税合一”申报改革，试行代征税款电子缴税并开具电子完税证明。进一步提升不动产登记涉税、继承等业务办理便利度。推进水电气暖等“一站式”便捷服务，加快实现报装、查询、缴费等业务全程网办。推进电子证照、电子签章在银行开户、贷款、货物报关、项目申报、招投标等领域全面应用和互通互认。推进公安服务“一窗通办”。推行涉企事项“一网通办”、“一照通办”，全面实行惠企政策“免申即享”、快速兑现。

## 三、组织保障

（十四）加强组织领导和统筹协调。国务院办公厅要统筹推进营商环境创新试点工作，牵头制定改革事项清单，做好协调督促、总结评估、复制推广等工作。司法部要做好改革的法治保障工作。国务院有关部门要结合自身职责，协调指导试点城市推进相关改革，为试点城市先行先试创造良好条件。有关省份人民政府要加大对试点城市的支持力度，加强政策措施衔接配套，依法依规赋予试点城市相关权限。各试点城市人民政府要制定本地区试点实施方案，坚持稳步实施，在风险总体可控前提下，科学把握改革的时序、节奏和步骤，推动创新试点工作走深走实，实施方案应报国务院办公厅备案并向社会公布。试点城市辖区内开发区具备较好改革基础的，可研究进一步加大改革力度，为创新试点工作探索更多有益经验。

（十五）强化法治保障。按照重大改革于法有据的要求，依照法定程序开展营商环境创新试点工作。国务院决定，根据《全国人民代表大会常务委员会关于授权国务院在营商环境创新试点城市暂时调整适用〈中华人民共和国计量法〉有关规定的决定》，3 年内在营商环境创新试点城市暂时调整适用《中华人民共和国计量法》有关规定；同时，在营商环境创新试点城市暂时调整适用《植物检疫条例》等 7 部行政法规有关规定。国务院有关部门和有关地方人民政府要根据法律、行政法规的调整情况，及时对本部门和本地区制定的规章、规范性文件作相应调整，建立与试点要求相适应的管理制度。对试点成效明显的改革举措，要及时推动有关法律、法规、规章的立改废释，固化改革成果。

（十六）加强数据共享和电子证照应用支撑。加快打破信息孤岛，扩大部门和地方间系统互联互通和数据共享范围。优化数据资源授权模式，探索实施政务数据、电子证照地域授权和场景授权，将产生于地方但目前由国家统一管理的相关领域数据和电子证照回流试点城市；对试点城市需使用的中央部门和单位、外地的数据和电子证照，由主管部门和单位通过数据落地或数据核验等方式统一提供给试点城市使用。优化全国一体化政务服务平台功能，推动更多数据资源依托平台实现安全高效优质的互通共享。

（十七）做好滚动试点和评估推广。国务院办公厅会同有关方面根据试点情况，结合改革需要，适时扩大试点城市范围。同时，建立改革事项动态更新机制，分批次研究制定改革事项清单，按照批量授权方式，按程序报批后推进实施，定期对营商环境创新试点工作进行评估，对实践证明行之有效、市场主体欢迎的改革措施要及时在更大范围复制推广，对出现问题和风险的要及时调整或停止实施。试点中的重要情况，有关地方和部门要及时向国务院请示报告。

附件：1. 首批营商环境创新试点改革事项清单（略）

2. 国务院决定在营商环境创新试点城市暂时调整适用有关行政法规规定目录（略）

国务院

2021 年 10 月 31 日

（本文有删减）

# 国务院办公厅关于服务“六稳”“六保”进一步做好“放管服”改革有关工作的意见

国办发〔2021〕10号

各省、自治区、直辖市人民政府，国务院各部委、各直属机构：

深化“放管服”改革，打造市场化法治化国际化营商环境，是做好“六稳”工作、落实“六保”任务的重要抓手。近年来，“放管服”改革深入推进，有效激发了市场主体活力和社会创造力，但仍然存在一些企业和群众关注度高、反映强烈的突出问题亟待解决。为进一步深化“放管服”改革，切实做好“六稳”、“六保”工作，推动高质量发展，经国务院同意，现提出以下意见。

## 一、总体要求

（一）指导思想。以习近平新时代中国特色社会主义思想为指导，全面贯彻党的十九大和十九届二中、三中、四中、五中全会精神，认真落实党中央、国务院决策部署，立足新发展阶段、贯彻新发展理念、构建新发展格局，围绕“六稳”、“六保”，加快转变政府职能，深化“放管服”改革，促进要素资源高效配置，切实维护公平竞争，建设国际一流营商环境，推进政府治理体系和治理能力现代化，推动经济社会持续健康发展。

（二）基本原则。

坚持目标导向、综合施策。围绕稳定和扩大就业、培育市场主体、扩大有效投资、促进消费、稳外贸稳外资、保障基本民生等重点领域，以务实管用的政策和改革举措，增强企业和群众获得感。

坚持问题导向、务求实效。聚焦企业和群众办事创业的难点堵点继续“啃硬骨头”，坚持放管结合、并重，着力清理对市场主体的不合理限制，实施更加有效监管，持续优化政务服务，不断提高改革含金量。

坚持系统集成、协同推进。坚持系统观念，加强各领域“放管服”改革有机衔接、统筹推进，促进中央和地方上下联动，强化部门之间协作配合，立足全生命周期、全产业链条推进改革，完善配套政策，放大综合效应，增强发展内生动力。

## 二、进一步推动优化就业环境

（三）推动降低就业门槛。进一步梳理压减准入类职业资格数量，取消乡村兽医、勘察设计注册石油天然气工程师等职业资格，推进社会化职业技能等级认定，持续动态优化国家职业资格目录。合理降低或取消部分准入类职业资格考试工作年限要求。进一步规范小微电商准入，科学界定《中华人民共和国电子商务法》中“便民劳务活动”、“零星小额交易活动”标准。（人力资源社会保障部、住房城乡建设部、农业农村部、市场监管总局等国务院相关部门及各地区按职责分工负责）

（四）支持提升职业技能。建立职业技能培训补贴标准动态调整机制，科学合理确定培训补贴标准。拓宽职业技能培训资金使用范围。延长以工代训政策实施期限，简化企业申请以工代训补贴材料。加强对家政、养老等行业从业人员职业技能培训，全面提升就业能力。创新开展“行校合作”，鼓励行业协会、跨企业培训中心等组织中小微企业开展学徒制培训，鼓励各地区探索开展项目制培训等多种形式培训。采取优化审批服务、探索实行告知承诺制等方式，便利各类职业培训机构设立。（人力资源社会保障部、民政部、财政部等国务院相关部门及各地区按职责分工负责）

（五）支持和规范新就业形态发展。着力推动消除制约新产业新业态发展的隐性壁垒，不断拓宽就业领域和渠道。加强对平台企业的监管和引导，促进公平有序竞争，推动平台企业依法依规完善服务协议和交易规则，合理确定收费标准，改进管理服务，支持新就业形态健康发展。落实和完善财税、金融等支持政策，发挥双创示范基地带动作用，支持高校毕业生、退役军人、返乡农民工等重点群体创业就业。完善适应灵活就业人员的社保政策措施，推动放开在就业地参加社会保险的户籍限制，加快推进职业伤害保障试点，扩大工伤保险覆盖面，维护灵活就业人员合法权益。（国家发展改革委、教育部、财政部、人力资源社会保障部、农业农村部、退役军人部、人民银行、税务总局、市场监管总局、国家医保局、银保监会等国务院相关部门及各地区按职责分工负责）

## 三、进一步推动减轻市场主体负担

（六）健全惠企服务机制。推广财政资金直达机制的有效做法，研究将具备条件的惠企资金纳入直达机制。优化国库退税审核程序，逐步实现智能化、自动化处理。推动实现非税收入全领域“跨省通缴”。精简享受税费优惠政策的办理流程和手续，持续扩大“自行判别、自行申报、事后监管”范围。整合财产和行为税10税纳税申报表，整合增值税、消费税及城市维护建设税等附加税费申报表。大力发展市场化征信机构，建设和完善“信易贷”平台，推动水电气、纳税、社保等信用信息归集共享，依托大数据等现代信息技术为企业精准“画像”、有效增信，提升金融、社保等惠企政策覆盖度、精准性和有效性。持续规范水电气暖等行业收费，确保政策红利传导到终端用户。推动企业建立健全合规经营制度，依法查处垄断行为，严厉打击价格串通、哄抬价格等价格违法行为。（国家发展改革委、财政部、人力资源社会保障部、国家医保局、人民银行、税务总局、市场监管总局、银保监会等国务院相关部门及各地区按职责分工负责）

（七）规范提升中介服务。从严查处行政机关为特定中介机构垄断服务设定隐性壁垒或将自身应承担的行政审批中介服务费用转嫁给企业承担等违规行为。严格规范国务院部门和地方政府设定的中介服务事项。依法降低中介服务准入门槛，破除行业壁垒，打破地方保护，引入竞争机制，促进提升中介服务质量，建立合理定价机制。加强对中介机构的监管，推动中介机构公开服务条件、流程、时限和收费标准，坚决查处乱收费、变相涨价等行为。（国务院办公厅、市场监管总局、国家发展改革委等国务院相关部门及各地区按职责分工负责）

（八）规范改进认证服务。推动认证机构转企改制、与政府部门脱钩，提高市场开放度，促进公平有序竞争。加强对认证机构的监管，督促认证机构公开收费标准，及时公布认证信息，提高服务质量。清理规范涉及认证的评价制度，推动向国家统一的认证制度转变。健全政府、行业、社会等多层面的认证采信机制，推动认证结果在不同部门、层级和地区间互认通用。（市场监管总局等国务院相关部门及各地区按职责分工负责）

（九）优化涉企审批服务。分行业分领域清理规范行政审批前置条件和审批标准，明确行政备案材料、程序，依托全国一体化政务服务平台，推动更多涉企事项网上办理，简化优化商事服务流程，大力推进减环节、减材料、减时限、减费用，降低制度性交易成本。精简优化涉及电子电器产品的管理措施，探索推行企业自检自证和产品系族管理。加快商标专利注册申请全流程电子化，分类压减商标异议、变更、转让、续展周期和专利授权公告周期，建立健全重大不良影响商标快速驳回机制，严厉打击商标恶意注册、非正常专利申请等行为。（国务院办公厅、工业和信息化部、市场监管总局、国家知识产权局等国务院相关部门及各地区按职责分工负责）

## 四、进一步推动扩大有效投资

（十）持续提高投资审批效率。进一步深化投资审批制度改革，简化、整合投资项目报建手续，推进实施企业投资项目承诺制，优化交通、水利、能源等领域重大投资项目审批流程。鼓励各地区推进“标准地”出让改革，科学构建“标准地”出让指标体系，简化优化工业项目供地流程，压缩供地时间，降低投资项目运行成本。推动投资项目在线审批监管平台和各相关审批系统互联互通和数据共享，避免企业重复填报、部门重复核验。（国家发展改革委、自然资源部、住房城乡建设部、交通运输部、水利部、国家能源局等国务院相关部门及各地区按职责分工负责）

（十一）优化工程建设项目审批。持续深化工程建设项目审批制度改革，完善全国统一的工程建设项目审批和管理体系。进一步精简整合工程建设项目全流程涉及的行政许可、技术审查、中介服务、市政公用服务等事项。支持各地区结合实际提高工程建设项目建筑工程施工许可证办理限额，对简易低风险工程建设项目实行“清单制+告知承诺制”审批。研究制定工程建设项目全过程审批管理制度性文件，建立健全工程建设项目审批监督管理机制，加强全过程审批行为和时间管理，规范预先审查、施工图审查等环节，防止体外循环。（住房城乡建设部、国家发展改革委等国务院相关部门及各地区按职责分工负责）

## 五、进一步推动激发消费潜力

（十二）清除消费隐性壁垒。着力打破行业垄断和地方保护，打通经济循环堵点，推动形成高效规范、公平竞争的国内统一市场。有序取消一些行政性限制消费购买的规定，释放消费潜力。加快修订《二手车流通管理办法》，推动各地区彻底清理违规设置的二手车迁入限制，放宽二手车经营条件。规范报废机动车回收拆解企业资质认定，支持具备条件的企业进入回收拆解市场，依法查处非法拆解行为。鼓励各地区适当放宽旅游民宿市场准入，推进实施旅游民宿行业标准。制定跨地区巡回演出审批程序指南，优化审批流程，为演出经营单位跨地区开展业务提供便利。（国家发展改革委、公安部、生态环境部、商务部、文化和旅游部等国务院相关部门及各地区按职责分工负责）

（十三）便利新产品市场准入。针对市场急需、消费需求大的新技术新产品，优先适用国家标准制定快速程序，简化标准制修订流程，缩短发布周期。在相关国家标准出台前，鼓励先由社会团体制定发布满足市场和创新需要的团体标准，鼓励企业制定有竞争力的企业标准并自我声明公开，推动新技术新产品快速进入市场。加快统一出口商品和内贸商品在工艺流程、流通规则等方面的规定，推进内外贸产品“同线同标同质”，破除制约出口商品转内销的系统性障碍。继续扩大跨境电商零售进口试点城市范围，调整扩大跨境电商零售进口商品清单。（市场监管总局、商务部、海关总署、财政部等国务院相关部门及各地区按职责分工负责）

## 六、进一步推动稳外贸稳外资

（十四）持续优化外商投资环境。完善外商投资准入前国民待遇加负面清单管理制度，确保外资企业平等享受各项支持政策。支持外资企业更好参与国家和行业标准制定。优化外商投资信息报告制度，完善企业登记系统和企业信用信息公示系统功能，加强填报指导，减轻企业报送负担。（国家发展改革委、商务部、市场监管总局等国务院相关部门及各地区按职责分工负责）

（十五）持续推进通关便利化。推动国际贸易“单一窗口”同港口、铁路、民航等信息平台及银行、保险等机构对接。优化海关风险布控规则，推广科学随机布控，提高人工分析布控精准度，降低守法合规企业和低风险商品查验率。深入推进进出口商品检验监管模式改革，积极推进第三方检验结果采信制度化建设。鼓励理货、拖轮、委托检验等经营主体进入市场，促进公平竞争。（海关总署、交通运输部、银保监会、国家铁路局、中国民航局等国务院相关部门及各地区按职责分工负责）

（十六）清理规范口岸收费。加快修订《港口收费计费办法》，进一步完善港口收费政策，减并港口收费项目。定向降低沿海港口引航费标准，进一步扩大船方自主决定是否使用拖轮的船舶范围。完善洗修箱服务规则，清理规范港外堆场洗修箱费、铁路运输关门费等收费。实行口岸收费项目目录清单制度，做到清单外无收费。对政府依成本定价的收费项目，开展成本监审或成本调查，及时调整收费标准；对实行市场调节价的收费项目及对应的收费主体，开展典型成本调查，为合理规范收费提供依据。（国家发展改革委、财政部、交通运输部、国务院国资委、海关总署、市场监管总局等国务院相关部门及各地区按职责分工负责）

## 七、进一步推动优化民生服务

（十七）创新养老和医疗服务供给。推进公办养老机构公建民营改革，引入社会资本和专业管理服务机构，盘活闲置床位资源，在满足失能、半失能特困人员集中供养基础上，向其他失能、失智、高龄老年人开放。推动取消诊所设置审批，推动诊所执业登记由审批改为备案。推动取消职业卫生技术服务机构资质等级划分，便利市场准入。在确保电子处方来源真实可靠的前提下，允许网络销售除国家实行特殊管理的药品以外的处方药。（民政部、国家卫生健康委、国家药监局等国务院相关部门及各地区按职责分工负责）

（十八）提高社会救助精准性。支持各地区推动民政、人力资源社会保障、残联、医保、乡村振兴等部门和单位相关数据共享，运用大数据等现代信息技术建立困难群众主动发现机制和动态调整机制，优化服务流程，缩短办理时限，实现民生保障领域问题早发现、早干预，确保符合条件的困难群众及时得到救助，防止产生违规冒领和设租寻租等问题。（民政部、人力资源社会保障部、国家医保局、国家乡村振兴局、中国残联等相关部门和单位及各地区按职责分工负责）

（十九）提升便民服务水平。建立健全政务数据共享协调机制，加强信息共享和证明互认，通过完善信用监管、全面推行告知承诺制等方式，推动减少各类证明事项。实施证明事项清单管理制度，清单之外不得向企业和群众索要证明。确需提供证明的，应告知证明事项名称、用途、依据、索要单位、开具单位等信息。围绕保障改善民生，推动更多服务事项“跨省通办”。坚持传统服务方式与智能化服务创新并行，切实解决老年人等特殊群体在运用智能技术方面遇到的突出困难。（国务院办公厅、司法部等国务院相关部门及各地区按职责分工负责）

## 八、进一步加强事中事后监管

（二十）加强取消和下放事项监管。坚持放管结合、并重，把有效监管作为简政放权的必要保障，推动政府管理从事前审批更多转向事中事后监管，对取消和下放的行政许可事项，由主管部门会同相关部门逐项制定事中事后监管措施，明确监管层级、监管部门、监管方式，完善监管规则和标准。进一步梳理监管部门监管职责，强化与地方监管执法的衔接，建立相互协作、齐抓共管的高效监管机制，确保责任清晰、监管到位。（国务院办公厅牵头，国务院相关部门及各地区按职责分工负责）

（二十一）提升事中事后监管效能。各地区各部门要完善“双随机、一公开”监管、信用监管、“互联网+监管”等方式，实施更加精准更加有效的监管。梳理职责范围内的重点监管事项，聚焦管好“一件事”实施综合监管。加强对日常监管事项的风险评估，实施分级分类监管，强化高风险环节监管。对涉及人民群众生命健康和公共安全的要严格监管，坚决守住安全底线。对新产业新业态实行包容审慎监管，引导和规范其健康发展。完善全国一体化在线监管平台，推动监管信息共享，加快形成统一的监管大数据，强化监管信息综合运用，提升监管质量和效率。（国务院办公厅牵头，国务院相关部门及各地区按职责分工负责）

（二十二）严格规范行政执法。制定出台进一步规范行政裁量权基准制度的指导意见，推动各地区各部门明确行政裁量种类、幅度，规范适用程序，纠正处罚畸轻畸重等不规范行政执法行为。鼓励各地区依法依规建立柔性执法清单管理制度，对轻微违法行为，慎用少用行政强制措施，防止一关了之、以罚代管。（司法部牵头，国务院相关部门及各地区按职责分工负责）

## 九、保障措施

（二十三）完善企业和群众评价机制。坚持以企业和群众获得感和满意度作为评判改革成效的标准，依托全国一体化政务服务平台、中国政府网建立企业和群众评价国家层面改革举措的常态化机制。及时公开评价结果，强化差评整改，形成评价、反馈、整改有机衔接的工作闭环，做到群众参与、社会评判、市场认可。各地区要建立地方层面改革举措社会评价机制。

（二十四）加强组织实施。各地区各部门要高度重视，及时研究解决“放管服”改革中出现的新情况、新问题，切实做到放出活力、管出公平、服出效率。要结合实际情况，依法依规制定实施方案，出台具体政策措施，逐项抓好落实。国务院办公厅要加强督促指导，确保改革举措落实到位。

国务院办公厅
2021 年 4 月 7 日

（此件公开发布）

# 国务院办公厅关于印发全国深化“放管服”改革着力培育和激发市场主体活力电视电话会议重点任务分工方案的通知

国办发〔2021〕25号

各省、自治区、直辖市人民政府，国务院各部委、各直属机构：

《全国深化“放管服”改革着力培育和激发市场主体活力电视电话会议重点任务分工方案》已经国务院同意，现印发给你们，请结合实际认真贯彻落实。

国务院办公厅
2021年7月11日

（此件公开发布）

## 全国深化“放管服”改革着力培育和激发市场主体活力电视电话会议重点任务分工方案

党中央、国务院高度重视深化“放管服”改革优化营商环境工作。2021年6月2日，李克强总理在全国深化“放管服”改革着力培育和激发市场主体活力电视电话会议上发表重要讲话，部署持续一体推进“放管服”改革，打造市场化法治化国际化营商环境，培育壮大市场主体，更大激发市场活力和社会创造力。为确保会议确定的重点任务落到实处，现制定如下分工方案。

### 一、直面市场主体需求，创新实施宏观政策和深化“放管服”改革

（一）继续围绕市场主体关切，科学精准实施宏观政策，落实好常态化财政资金直达机制和货币政策直达工具，并强化全链条监控。（财政部、人民银行、审计署、税务总局等国务院相关部门及各地区按职责分工负责）

**具体措施：**

1. 完善常态化财政资金直达机制，强化对资金分配、使用的跟踪监控，确保基层合规、高效使用直达资金。（财政部牵头，审计署等国务院相关部门及各地区按职责分工负责）

2. 建立税费优惠政策与征管操作办法同步发布、同步解读工作机制，及时调整优化征管信息系统功能，确保政策红利惠及市场主体。（税务总局负责）

3. 督促指导银行机构按照市场化原则与企业自主协商延期还本付息，加大普惠小微企业信用贷款发放力度，监测延期贷款到期偿还情况，加强风险防范。（人民银行、银保监会牵头，国务院

相关部门及各地区按职责分工负责）

（二）充分调动企事业单位和社会力量的积极性，在水、电、气、热、交通、电信等基础设施方面增加供给，提升服务质量和水平，为市场主体经营发展创造好的条件。（国家发展改革委、工业和信息化部、住房城乡建设部、交通运输部、市场监管总局、国家能源局等国务院相关部门及各地区按职责分工负责）

**具体措施：**

1. 明确水、电、气、热、通信、有线电视等接入标准，简化接入审批流程，公开服务内容、资费标准等信息，加快推进报装、查询、缴费等业务全程网办。2021 年 11 月底前组织开展相关公用事业行业收费专项检查，规范收费行为。（工业和信息化部、住房城乡建设部、市场监管总局、国家能源局等国务院相关部门及各地区按职责分工负责）

2. 优化办电服务，2021 年底前实现城市地区用电报装容量 160 千瓦及以下、农村地区 100 千瓦及以下的小微企业用电报装“零投资”，将实行“零上门、零审批、零投资”服务的低压非居民用户全过程办电时间压减至 20 个工作日以内。修订《供电营业规则》，研究取消电费保证金，减轻企业用电负担。（国家能源局、财政部、国家发展改革委等国务院相关部门及各地区按职责分工负责）

3. 优化宽带接入和安装服务，对物业指定代理商、限制用户选择运营商等违法违规行为进行专项整治。重点整治基础电信企业通过擅自添加业务限制用户携号转网等违规行为，推动实现携号转网异地办、网上办。（工业和信息化部、公安部、住房城乡建设部、国务院国资委、市场监管总局等国务院相关部门及各地区按职责分工负责）

（三）保障好基本民生，尽力而为、量力而行，重点加强义务教育、基本医疗、基本住房等保障，完善失业保障、灵活就业人员基本权益保障等制度，逐步提高保障水平，织密织牢社会保障“安全网”。（教育部、民政部、财政部、人力资源社会保障部、住房城乡建设部、国家卫生健康委、国家医保局等国务院相关部门及各地区按职责分工负责）

**具体措施：**

1. 建立健全低收入人口动态监测和常态化救助帮扶机制，及时发现需要救助的低收入人口并纳入救助帮扶范围。优化最低生活保障审核流程，完善特困人员认定条件，简化认定程序，确保相关人员及时获得救助，同时加强规范化管理。进一步完善困难残疾人生活补贴和重度残疾人护理补贴制度，提高管理和服务质量。（民政部牵头，中国残联等相关单位及各地区按职责分工负责）

2. 2021 年底前制定出台维护新就业形态劳动者劳动保障权益的有关意见，并开展平台灵活就业人员职业伤害保障试点。制定出台失业保险关系转移办法，优化失业保险待遇申领程序。（人力资源社会保障部等国务院相关部门按职责分工负责）

3. 增加保障性租赁住房和共有产权住房供给，规范发展长租房市场，降低租赁住房税费负担，尽最大努力帮助新市民、青年人等缓解住房困难。（住房城乡建设部牵头，国务院相关部门及各地区按职责分工负责）

（四）重视企业合理诉求，加强帮扶支持，让市场主体安心发展、更好发展。进一步增强服务意识，加大政策宣介力度，优化政策落地机制，用好现代信息技术，努力使“人找政策”变为“政策找人”，推动惠企政策应享尽享、快速兑现。（各地区、各相关部门负责）

**具体措施：**

1. 运用大数据手段，主动甄别符合享受税费优惠政策条件的纳税人缴费人，精准推送税费政策信息，编制发布税费优惠政策指引，便利纳税人缴费人申请。（税务总局负责）

2. 健全企业合理诉求解决机制，完善问题受理、协同办理、结果反馈等流程，杜绝投诉无门、推诿扯皮现象，有效解决企业面临的实际困难问题。（各地区负责）

## 二、着力打造市场化营商环境

（五）持续深化行政审批制度改革，着力推进涉企审批减环节、减材料、减时限、减费用，抓紧编制公布行政许可事项清单。深化“证照分离”改革，着力推进照后减证并证，让市场主体尤其是制造业、一般服务业市场主体准入更便捷。动态优化国家职业资格目录，进一步降低就业创业门槛。（国务院办公厅、国家发展改革委、司法部、人力资源社会保障部、商务部、市场监管总局等国务院相关部门及各地区按职责分工负责）

**具体措施：**

1. 建立健全行政许可设定审查机制，完善行政许可设定标准和论证程序，对新设许可等行政管理措施从严审查把关，创新完善行政审批制度改革方式，并加强对行政许可实施情况的监督。（国务院办公厅负责）

2. 编制公布中央层面设定的行政许可事项清单，组织编制县级以上地方行政许可事项清单，将全部行政许可事项纳入清单管理，逐项明确设定依据、实施机关、许可条件、办理程序、办理时限、申请材料、有效期限、收费等要素。制定全面实行行政许可事项清单管理有关办法，明确清单编制、管理、实施和监督的基本规则，严肃清理清单之外违规实施的变相许可。（国务院办公厅牵头，国务院相关部门及各地区按职责分工负责）

3. 在全国范围内深化“证照分离”改革，实施涉企经营许可事项全覆盖清单管理，并在自由贸易试验区进一步加大改革试点力度。（国务院办公厅、市场监管总局、司法部牵头，国务院相关部门及各地区按职责分工负责）

4. 2021 年底前修订出台《市场准入负面清单（2021 年版）》，选择符合条件的地区开展放宽市场准入试点，研究市场准入效能评估标准并探索开展综合评估，进一步畅通市场主体对隐性壁垒的投诉渠道和处理回应机制。（国家发展改革委、商务部负责）

5. 2021 年 9 月底前修订公布新版国家职业资格目录。针对部分风险可控的准入类职业资格，降低或取消考试工作年限要求。深化职业技能人才评价制度改革，健全完善职业技能等级制度。（人力资源社会保障部牵头，国务院相关部门及各地区按职责分工负责）

（六）加强部门衔接，扩大简易注销范围，使市场主体退出更顺畅，促进市场新陈代谢。（市场监管总局牵头，人民银行、海关总署、税务总局等国务院相关部门及各地区按职责分工负责）

**具体措施：**

1. 将简易注销登记适用范围拓展至未发生债权债务或已将债权债务清偿完结的各类市场主体（上市股份有限公司除外），将公示时间由 45 天压减为 20 天。建立简易注销登记容错机制，优化注销平台功能，对部分存在轻微异常状态的市场主体，待其异常状态消失后允许再次申请简易注销登记。完善《企业注销指引》，解决企业注销过程中遇到的问题和困难，为企业提供更加规范的行政指导。（市场监管总局牵头，国务院相关部门及各地区按职责分工负责）

2. 扩大跨省税务迁移改革试点，对符合条件的企业，由迁出地税务机关将企业相关信息推送至迁入地税务机关，企业可继承原有的纳税信用级别等资质信息、增值税期末留抵税额等权益信息，进一步提升跨省税务迁移便利化水平。（税务总局及相关地区按职责分工负责）

（七）深化投资建设领域审批制度改革，精简整合审批流程，推行多规合一、多图联审、联合验收等做法，在确保安全的前提下推行告知承诺制，让项目早落地、早投产。（国家发展改革委、自然资源部、住房城乡建设部等国务院相关部门及各地区按职责分工负责）

**具体措施：**

1. 2021 年底前研究制定工程建设项目全过程审批管理制度性文件，建立健全工程建设项目审批监督管理机制，提升审批服务效能。（住房城乡建设部牵头，国务院相关部门及各地区按职责分工负责）

2. 2021 年 10 月底前开展工程建设项目审批“体外循环”、“隐性审批”专项治理，在确保工程质量和安全前提下，进一步清理规范工程建设项目全流程涉及的行政许可、技术审查、中介服务、市政公用服务等事项，以及不必要的专家审查、会议审查、征求意见、现场踏勘等环节。（住房城乡建设部等国务院相关部门及各地区按职责分工负责）

3. 推动投资项目在线审批监管平台和各相关审批系统互联互通和数据共享，避免企业重复填报、部门重复核验。（国家发展改革委、自然资源部、住房城乡建设部、交通运输部、水利部等国务院相关部门及各地区按职责分工负责）

（八）着力完善政策、消除障碍、搭建平台，强化企业创新主体地位，注重运用税收优惠等普惠性政策激励企业研发创新。加大对“双创”的支持力度，促进大中小企业融通创新，聚众智汇众力，提高创新效率。（国家发展改革委、科技部、工业和信息化部、财政部、国务院国资委、税务总局、国家知识产权局等国务院相关部门及各地区按职责分工负责）

**具体措施：**

1. 进一步简化研发支出辅助账，优化技术合同认定登记等程序和手续，便利符合条件的企业享受研发费用加计扣除政策。（税务总局、科技部牵头，国务院相关部门及各地区按职责分工负责）

2. 建立完善众创空间、孵化器、加速器等科技型中小企业孵化链条，构建从孵化培育、成长扶持到壮大的全生命周期服务体系。引导金融机构创新符合中小企业轻资产、重智力等特征的金融产品，并完善相应信贷管理机制。（国家发展改革委、科技部、银保监会等国务院相关部门及各地区按职责分工负责）

3. 运用大数据等技术手段筛选高校院所质量较高、具备市场前景的专利，发现潜在许可实施对象，利用专利开放许可等机制，提高专利转移转化效率，助力中小企业创新发展。（国家知识产权局负责）

4. 加快出台《中华人民共和国人类遗传资源管理条例》实施细则及配套规定，制定公布人类遗传资源行政许可和备案的范围、标准、条件、程序等，在确保有效监管前提下，提升人类遗传资源领域政务服务质量和效率，推行网上申报和备案服务，对需要补正的材料一次性告知，便利企业查询审批进度及结果，为企业开展研发创新提供有利条件。（科技部等国务院相关部门按职责分工负责）

（九）切实维护公平竞争的市场秩序，对包括国企、民企、外企在内的各类市场主体一视同仁。对垄断和不正当竞争进行规范治理，清理纠正地方保护、行业垄断、市场分割等不公平做法。（市场监管总局、国家发展改革委、工业和信息化部、财政部、商务部、国务院国资委等国务院相关部门及各地区按职责分工负责）

**具体措施：**

1. 推进公平竞争审查全覆盖，强化制度刚性约束，查处限制交易、阻碍商品和要素在地区间自由流通等滥用行政权力排除、限制竞争行为。依法查处企业低价倾销、价格欺诈等违法行为，加大对仿冒混淆、虚假宣传、商业诋毁等不正当竞争行为的监管执法力度。依法查处平台企业垄断案件，围绕医药、公用事业、建材、教育培训等重点民生领域开展反垄断执法，切实维护市场公平竞争秩序。（市场监管总局牵头，国务院相关部门及各地区按职责分工负责）

2. 纵深推进招标投标全流程电子化，完善电子招标投标制度规则、技术标准和数据规范，推进各地区、各部门评标专家资源共享，推动数字证书（CA）全国互认，提升招标投标透明度和规范性。畅通招标投标异议、投诉渠道，清理招标人在招标投标活动中设置的注册资本金、设立分支机构、特定行政区域、行业奖项等不合理投标条件。（国家发展改革委牵头，国务院相关部门及各地区按职责分工负责）

（十）坚持把“放”和“管”统一起来，把有效监管作为简政放权的必要保障。健全监管规则，创新监管方式，完善事中事后监管，深入推进“双随机、一公开”监管、跨部门综合监管、“互联网+监管”和信用风险分类监管，提高监管的精准性有效性。（国务院办公厅、国家发展改革委、人民银行、市场监管总局等国务院相关部门及各地区按职责分工负责）

**具体措施：**

1. 研究制定关于进一步加强事中事后监管的指导意见，推动全面落实监管责任，建立健全监管协调机制，改进完善监管方式，切实提高监管效能。（国务院办公厅牵头，国务院相关部门及各地区按职责分工负责）

2. 组织对取消和下放行政许可事项的事中事后监管情况进行“回头看”，分析查找存在的风险隐患和监管漏洞，完善加强事中事后监管措施。（国务院办公厅牵头，国务院相关部门及各地区按职责分工负责）

3. 2021 年底前制定出台在市场监管领域推进企业信用风险分类管理的有关意见，推进“双随机、一公开”监管与信用风险分类管理等结合，进一步提升监管精准性。（市场监管总局等国务院相关部门及各地区按职责分工负责）

4. 健全跨部门综合监管制度，明确相关部门监管责任，完善监管机制和方式，打破部门界限，形成监管合力。（国务院办公厅牵头，国务院相关部门及各地区按职责分工负责）

5. 完善国家“互联网+监管”系统功能，健全工作机制，加强监管数据归集与治理，强化监管事项目录清单动态管理，明确风险预警协同处置工作流程，研究制定关于加快构建全国一体化在线监管平台的文件。（国务院办公厅牵头，国务院相关部门及各地区按职责分工负责）

6. 依法依规推进社会信用体系建设，制定发布全国公共信用信息基础目录、全国失信惩戒措施基础清单，根据失信行为的性质和严重程度，采取轻重适度的惩戒措施，确保过惩相当。（国家发展改革委、人民银行牵头，市场监管总局等国务院相关部门及各地区按职责分工负责）

7. 修订《互联网广告管理暂行办法》，进一步加大对违法互联网广告的惩治力度。研究制定平台交易规则、直播电子商务标准等，促进电子商务规范健康发展。（市场监管总局、商务部及各

地区按职责分工负责）

（十一）对涉及安全生产、人民身体健康和生命安全等领域和事项，切实把好每一道关口，确保质量和安全。（国务院相关部门及各地区按职责分工负责）

**具体措施：**

1. 加大强制性产品认证监管力度，对指定认证机构开展全覆盖检查，对儿童用品、家电、电子电器等重点领域的获证产品开展认证有效性抽查，确保产品质量安全。（市场监管总局牵头，国务院相关部门及各地区按职责分工负责）

2. 加强全国特种设备安全状况分析，开展安全生产专项整治行动，督促各地做好隐患排查及整改。加大对持证特种设备生产单位和检验检测机构的监督抽查力度，查处违法违规行为并向社会公开。（市场监管总局牵头，国务院相关部门及各地区按职责分工负责）

3. 加快制定药品经营、药品网络销售以及化妆品生产经营等监督管理办法，强化质量监管，提升监管效能。推进医疗器械唯一标识在医疗器械生产、经营、使用中的全链条应用，加强用于新冠肺炎疫情防控的医疗器械质量安全监管，严厉查处医疗器械网络销售违法违规行为。（国家药监局、市场监管总局负责）

4. 组织开展安全评价执业行为专项整治，坚决打击安全评价机构、从业人员、评审人员和生产经营单位违法违规行为，坚守安全生产底线。依法督促消防技术服务机构落实主体责任，规范执业行为，提高服务质量，严厉打击消防技术服务弄虚作假行为。（应急部及各地区按职责分工负责）

5. 制定出台《医疗保障基金使用监督管理条例》配套实施文件和相关规范标准，采取日常检查、现场检查、飞行检查、联合检查等多种手段，加强医保基金监管。（国家医保局及各地区按职责分工负责）

（十二）继续推进省内通办、跨省通办，推进政务服务标准化规范化便利化，用好政务服务平台，推动电子证照扩大应用和全国互通互认，实现更多政务服务网上办、掌上办、一次办。（国务院办公厅牵头，各地区、各部门负责）

**具体措施：**

1. 2021 年底前研究制定关于加快推进政务服务标准化规范化便利化的指导意见，进一步推进政务服务运行标准化、服务供给规范化、企业和群众办事便利化。（国务院办公厅牵头，国务院相关部门及各地区按职责分工负责）

2. 2021 年底前实现工业产品生产许可证办理、异地就医登记备案和结算、社保卡申领、户口迁移等 74 项政务服务事项“跨省通办”，完善全国一体化政务服务平台“跨省通办”服务专区，规范省际“点对点”跨省通办。（国务院办公厅牵头，公安部、人力资源社会保障部、市场监管总局、国家医保局等国务院相关部门及各地区按职责分工负责）

3. 2021 年底前研究制定关于加快推进政务服务事项集成改革的政策文件，推动实现套餐式、主题式集成服务事项同标准、无差别办理。2022 年底前研究制定政务服务事项集成服务相关标准。（国务院办公厅牵头，国务院相关部门及各地区按职责分工负责）

4. 2021 年 11 月底前制定出台关于依托全国一体化政务服务平台推动电子证照扩大应用领域和全国互通互认的文件。（国务院办公厅牵头，各地区、各部门负责）

5. 优化部分高频事项服务，在全国范围内开展增值税、消费税分别与城市维护建设税、教育费附加、地方教育附加合并申报，2021 年底前基本实现企业办税缴费事项网上办理、个人办税缴费事项掌上办理。在试点基础上，2022 年底前在全国全面推行机动车驾驶证电子化。（公安部、税务总局及各地区按职责分工负责）

（十三）把企业和群众的“关键小事”当作政府的“心头大事”来办，着力破解异地就医报销难、车检难、公证难等问题，实现企业常规信息“最多报一次”，分类完成地方政务服务便民热线的归并，用制度和技术的办法，让市场主体和群众依规办事不求人。（国务院办公厅、公安部、司法部、生态环境部、交通运输部、市场监管总局、国家医保局等国务院相关部门及各地区按职责分工负责）

**具体措施：**

1. 加快推进地方政务服务便民热线优化，2021 年底前按要求分级分类完成热线归并。（国务院办公厅牵头，国务院相关部门及各地区按职责分工负责）

2. 制定出台关于优化车辆检测的政策文件，规范提升车辆检测站服务，优化检测流程和材料，减少群众车检排队等候时间。增加车检服务供给，探索允许具备资质、信用良好的汽车品牌服务企业提供非营运小型车辆维修、保养、检测“一站式”服务，加强对伪造检测结果等违法违规行为的监管和查处。推动检测机构公示服务项目、内容和价格，加大对检测机构相互串通、操纵市场价格等行为的监管和查处力度。（公安部、生态环境部、交通运输部、市场监管总局等国务院相关部门及各地区按职责分工负责）

3. 优化公证服务，规范和精简公证证明材料，全面推行公证证明材料清单管理，落实一次性告知制度，推进人口基本信息、婚姻、收养、不动产登记等办理公证所需数据共享和在线查询核验，实现更多高频公证服务事项“一网通办”。推动降低偏高的公证事项收费标准。（司法部牵头，国务院相关部门及各地区按职责分工负责）

4. 着力缓解异地就医报销难问题，2021 年底前实现各省份 60%以上的县至少有 1 家普通门诊费用跨省联网医疗机构，各统筹地区基本实现普通门诊费用跨省直接结算；对于高血压、糖尿病、恶性肿瘤门诊放化疗、尿毒症透析、器官移植术后抗排异治疗等 5 个群众需求大、各地普遍开展的门诊慢特病，每个省份至少有 1 个统筹地区实现相关治疗费用跨省直接结算。（国家医保局及各地区按职责分工负责）

5. 对部门规章、规范性文件设定的证明事项进行审核，梳理发布中央层面确需保留的证明事项清单，督促指导各地抓紧发布本地区确需保留的证明事项清单，行政机关办理依申请的行政事项不得索要清单之外的证明。（司法部牵头，国务院相关部门及各地区按职责分工负责）

## 三、着力打造法治化营商环境

（十四）建立健全营商环境法规体系，推进《优化营商环境条例》等进一步落实到位，推动做好营商环境方面法律法规立改废释工作，将行之有效的做法上升为制度规范，当前要重点抓好行政审批、行政收费、政务服务、数据安全共享等领域法规建设。（国务院办公厅、国家发展改革委、司法部、财政部等国务院相关部门及各地区按职责分工负责）

**具体措施：**

1. 持续抓好《优化营商环境条例》贯彻落实，抓紧制定完善配套措施，确保各项规定落到实处、取得实效。（各地区、各部门负责）

2. 研究制定优化政务服务方面的行政法规，为推进政务服务持续优化提供法治保障。（国务院办公厅、司法部等国务院相关部门按职责分工负责）

（十五）依法保护各类市场主体产权和合法权益。完善产权保护制度，依法全面保护各类产权，严格执行知识产权侵权惩罚性赔偿制度，着力解决侵权成本低、维权成本高等问题。（国家发展改革委、司法部、国家知识产权局等国务院相关部门及各地区按职责分工负责）

**具体措施：**

1. 2021 年底前推动健全涉产权冤错案件依法甄别纠正常态化机制、涉政府产权纠纷问题治理长效机制，持续加强产权执法司法平等保护。（国家发展改革委等国务院相关部门及各地区按职责分工负责）

2. 建立知识产权代理行业监管长效机制，加大对无资质开展专利代理行为的打击力度。制定商标一般违法判断标准，统一行政执法标准。推进商标信息与企业名称信息联通，打击恶意将企业名称或字号抢注为商标、囤积商标和不以保护创新为目的的非正常专利申请等行为。（国家知识产权局、市场监管总局等国务院相关部门及各地区按职责分工负责）

3. 修订企业知识产权管理规范，发布企业知识产权保护指南，引导和支持企业完善知识产权管理体系，提升知识产权保护能力。（国家知识产权局负责）

（十六）政府要带头守信践诺，梳理政府对企业依法依规作出的承诺事项，未如期履行承诺的要限期解决，因政府失信导致企业合法权益受损的要依法赔偿，绝不能“新官不理旧账”。（国务院办公厅、国家发展改革委、司法部、工业和信息化部、财政部、国务院国资委等国务院相关部门及各地区按职责分工负责）

**具体措施：**

1. 研究进一步健全政务诚信长效机制，督促地方各级政府严格履行依法依规作出的承诺事项，重点治理政府失信行为。（国务院办公厅、国家发展改革委负责）

2. 健全防范和化解拖欠中小企业账款长效机制，制定出台保障中小企业款项支付投诉处理办法，完善违约拖欠中小企业款项登记（投诉）平台功能，健全企业投诉受理、办理和反馈机制。（工业和信息化部牵头，财政部、国务院国资委等国务院相关部门及各地区按职责分工负责）

（十七）严格规范公正文明执法，抓紧研究规范行政裁量权，纠正执法不严、简单粗暴、畸轻畸重等行为，提高执法水平。从源头上清理乱收费、乱罚款、乱摊派，凡违反法定权限和程序设定的罚款事项，一律取消。（司法部、财政部等国务院相关部门及各地区按职责分工负责）

**具体措施：**

1. 全面梳理现行行政法规、部门规章设定的罚款事项，取消或调整不合理罚款事项。各地区要组织清理地方政府规章设定的不合理罚款事项。（司法部等国务院相关部门及各地区按职责分工负责）

2. 开展涉企违规收费专项检查，严肃查处擅自设立收费项目、提高征收标准、扩大征收范围、乱摊派等问题。（财政部牵头，国务院相关部门及各地区按职责分工负责）

3. 研究起草行政执法监督条例，加强执法监督，规范行政执法行为。2021 年底前制定出台关于进一步规范行政裁量权基准制定和管理工作的意见，推动各地区、各相关部门加快明确执法裁量基准。（司法部牵头，国务院相关部门及各地区按职责分工负责）

4. 2021 年底前制定出台关于加强生态环境监督执法正面清单管理推动差异化执法监管的意

见，进一步优化执法方式，督促指导地方通过实行分类监管、差异化监管，科学配置执法资源，提高执法效能。（生态环境部及各地区按职责分工负责）

5. 进一步畅通企业依法申请行政复议渠道，提高审查涉企行政复议案件的规范性和透明度，严格依法纠正侵犯企业合法权益的违法或不当行政行为。（司法部等国务院相关部门及各地区按职责分工负责）

## 四、着力打造国际化营商环境

（十八）加强与相关国际通行规则对接，以签署加入《区域全面经济伙伴关系协定》（RCEP）为契机，在贸易投资自由化便利化、知识产权保护、电子商务、政府采购等方面实行更高标准规则。更好发挥自由贸易试验区创新引领作用，在制度型开放上迈出更大步伐。维护好产业链供应链稳定，切实维护国家安全。（商务部、国家发展改革委、司法部、财政部、海关总署、国家知识产权局等国务院相关部门及各地区按职责分工负责）

**具体措施：**

1. 2021 年底前研究制定建设更高水平开放型经济新体制有关文件，推动投资、贸易、金融、创新等领域与国际规则更加深入对接。（国家发展改革委牵头，国务院相关部门按职责分工负责）

2. 2021 年底前研究制定自由贸易试验区试点对接国际高标准推进制度型开放有关文件。（商务部牵头，相关单位及地区按职责分工负责）

3. 更大范围开展“经认证的经营者”（AEO）国际互认，推进与“一带一路”沿线国家、重要贸易国家、RCEP 成员国及中东欧国家的 AEO 互认。加强与 RCEP 成员国的动植物疫情信息共享，探索认可 RCEP 成员国间动植物检疫措施的等效性。（海关总署牵头，农业农村部、国家林草局等国务院相关部门及各地区按职责分工负责）

（十九）健全外商投资促进和服务体系，全面落实外商投资法和相关配套法规，完善外商投资准入前国民待遇加负面清单管理制度，保障外资企业依法平等进入已经开放的领域。建立具有国际竞争力的引才用才制度，为高层次外国人才来华创业创新提供便利。（国家发展改革委、商务部、外交部、科技部、司法部、人力资源社会保障部、国家移民局等国务院相关部门及各地区按职责分工负责）

**具体措施：**

1. 严格执行外商投资法及配套法规，继续清理与外商投资法不符的法规、规章和规范性文件。（商务部、国家发展改革委、司法部牵头，国务院相关部门及各地区按职责分工负责）

2. 进一步缩减和完善外商投资准入负面清单，清单之外不得设限，便利外资企业准入。（国家发展改革委、商务部牵头，国务院相关部门及各地区按职责分工负责）

（二十）进一步优化外贸发展环境，继续推动降低外贸企业营商成本，清理规范口岸收费，深化国际贸易“单一窗口”建设，推动国际物流畅通。（商务部、海关总署、国家发展改革委、交通运输部、市场监管总局等国务院相关部门及各地区按职责分工负责）

**具体措施：**

1. 深化国际贸易“单一窗口”建设，2021 年底前，除涉密等特殊情况外，进出口环节监管证件统一通过“单一窗口”受理，逐步实现监管证件电子签发、自助打印。推行“互联网+稽核查”，2021 年底前实现网上送达法律文书、提交资料、视频磋商及在线核验等，提高稽核查工作

效率。(海关总署牵头，国务院相关部门及各地区按职责分工负责)

2. 复制推广“一站式阳光价格”服务模式，推动船公司、口岸经营单位等规范简化收费项目，明确收费项目名称和服务内容，提高海运口岸收费透明度。推动建立海运口岸收费成本调查和监审制度。进一步加快出口退税进度，2021 年底前将正常出口退税业务平均办理时间压减至 7 个工作日以内。(国家发展改革委、交通运输部、市场监管总局、海关总署、税务总局等国务院相关部门及各地区按职责分工负责)

3. 推广企业集团加工贸易监管模式，实现集团内企业间保税料件及设备自由流转，简化业务办理手续，减少企业资金占用，提高企业运营效率。(海关总署牵头，国务院相关部门及各地区按职责分工负责)

(二十一) 加强对中小外贸企业的信贷、保险等支持。推动发展海外仓，加快相关标准与国际先进对标，助力企业更好开拓国际市场。(商务部、国家发展改革委、人民银行、市场监管总局、银保监会等国务院相关部门及各地区按职责分工负责)

**具体措施：**

1. 督促引导金融机构完善内部激励约束机制，强化技术手段运用，加大对小微外贸企业等无还本续贷、信用贷款、首贷等支持力度，推广随借随还贷款。(人民银行、银保监会等国务院相关部门及各地区按职责分工负责)

2. 鼓励银行保险机构深化合作，有序开展出口信用保险保单融资。支持银行机构在依法依规获取企业进出口通关、外汇收支、税款缴纳等信息基础上，运用大数据等技术手段，对中小外贸企业历史贸易记录和应收账款的真实性等进行评估，在有效管控风险前提下创新产品服务，更好满足企业融资需求。(银保监会、海关总署、税务总局、国家外汇局等国务院相关部门及各地区按职责分工负责)

3. 支持企业新建一批海外仓，研究制定海外仓建设、运营等方面标准，更好服务外贸企业经营发展。(商务部负责)

## 五、进一步增强责任感，攻坚克难，推动改革举措落地见效

(二十二) 强化改革担当，从党和国家事业大局和人民群众根本利益出发，勇于破除局部利益、部门利益，敢于“啃硬骨头”，为市场主体和人民群众办实事解难题。(各地区、各部门负责)

(二十三) 加强改革统筹谋划，持续一体推进“放管服”改革，放掉该放的，管好该管的，切实履行好政府服务职能，提升改革综合效能。(各地区、各部门负责)

(二十四) 发挥中央和地方两个积极性，相关部门要加强对地方深化“放管服”改革的指导和督促，及时总结推广好的做法，对锐意改革的地区和单位表扬激励，对改革推进迟缓、政策不落实的及时督促整改；地方和基层要继续结合实际主动探索，自主地改，种好改革“试验田”。(国务院办公厅牵头，各地区、各部门负责)

**具体措施：**

鼓励支持地方结合实际开展差异化探索，在深化“放管服”改革优化营商环境方面先行先试，打造更多营商环境“单项冠军”。加快设立营商环境创新试点城市，形成更多可在全国复制推广的制度创新成果，带动全国营商环境不断优化。(国务院办公厅牵头，国务院相关部门及各地区

按职责分工负责）

（二十五）规范营商环境评价，以市场主体和群众的实际感受作为主要评价依据，力戒形式主义，防止增加地方和市场主体负担。（相关单位及各地区按职责分工负责）

各地区要高度重视，将优化营商环境作为转变政府职能的一项重要任务，明确统筹推进“放管服”改革和优化营商环境工作的牵头部门，强化队伍建设，抓好各项改革任务落地。各部门要根据职责分工，抓实抓细相关改革，加强对地方的指导支持，形成改革合力。国务院办公厅要牵头推进“放管服”改革和优化营商环境工作，加强督促协调和业务指导，及时将行之有效的经验做法上升为制度规范，推动改革取得更大实效。各地区、各部门的贯彻落实情况，年底前书面报国务院。

# 国务院办公厅关于印发“十四五”冷链物流发展规划的通知

国办发〔2021〕46 号

各省、自治区、直辖市人民政府，国务院各部委、各直属机构：

《“十四五”冷链物流发展规划》已经国务院同意，现印发给你们，请认真贯彻执行。

国务院办公厅
2021 年 11 月 26 日

（此件公开发布）

## “十四五”冷链物流发展规划

冷链物流是利用温控、保鲜等技术工艺和冷库、冷藏车、冷藏箱等设施设备，确保冷链产品在初加工、储存、运输、流通加工、销售、配送等全过程始终处于规定温度环境下的专业物流。推动冷链物流高质量发展，是减少农产品产后损失和食品流通浪费，扩大高品质市场供给，更好满足人民日益增长美好生活需要的重要手段；是支撑农业规模化产业化发展，促进农业转型和农民增收，助力乡村振兴的重要基础；是满足城乡居民个性化、品质化、差异化消费需求，推动消费升级和培育新增长点，深入实施扩大内需战略和促进形成强大国内市场的重要途径；是健全“从农田到餐桌、从枝头到舌尖”的生鲜农产品质量安全体系，提高医药产品物流全过程品质管控能力，支撑实施食品安全战略和建设健康中国的重要保障。按照党中央、国务院决策部署，根据《中华人民共和国国民经济和社会发展第十四个五年规划和 2035 年远景目标纲要》，制定本规划。

### 一、现状形势

近年来，我国肉类、水果、蔬菜、水产品、乳品、速冻食品以及疫苗、生物制剂、药品等冷链产品市场需求快速增长，营商环境持续改善，推动冷链物流较快发展，但仍面临不少突出瓶颈和痛点难点卡点问题，难以有效满足市场需求。我国进入新发展阶段，人民群众对高品质消费品和市场主体对高质量物流服务的需求快速增长，新冠肺炎疫情防控常态化对冷链物流提出新的更高要求，冷链物流发展面临新的机遇和挑战。

### （一）发展基础

行业规模显著扩大。近年来，我国冷链物流市场规模快速增长，国家骨干冷链物流基地、产地销地冷链设施建设稳步推进，冷链装备水平显著提升。2020 年，冷链物流市场规模超过 3800 亿元，冷库库容近 1.8 亿立方米，冷藏车保有量约 28.7 万辆，分别是“十二五”期末的 2.4 倍、2 倍和 2.6 倍左右。

发展质量不断提升。初步形成产地与销地衔接、运输与仓配一体、物流与产业融合的冷链物流服务体系。冷链物流设施服务功能不断拓展，全链条温控、全流程追溯能力持续提升。冷链甩挂运输、多式联运加快发展。冷链物流口岸通关效率大幅提高，国际冷链物流组织能力显著增强。

创新步伐明显加快。数字化、标准化、绿色化冷链物流设施装备研发应用加快推进，新型保鲜制冷、节能环保等技术加速应用。冷链物流追溯监管平台功能持续完善。冷链快递、冷链共同配送、“生鲜电商+冷链宅配”、“中央厨房+食材冷链配送”等新业态新模式日益普及，冷链物流跨界融合、集成创新能力显著提升。

市场主体不断壮大。冷链物流企业加速成长，网络化发展趋势明显，行业发展生态不断完善。市场集中度日益提高，冷链仓储、运输、配送、装备制造等领域形成一批龙头企业，不断延伸采购、分销、信息等供应链服务功能，资源整合能力和市场竞争力显著提升。

基础作用日益凸显。冷链物流衔接生产消费、服务社会民生、保障消费安全能力不断增强，在调节农产品跨季节供需、稳定市场供应、平抑价格波动、减少流通损耗中发挥了重要作用。特别是在抗击新冠肺炎疫情中，冷链物流对保障疫苗等医药产品运输、储存、配送全过程安全作出重要贡献。

但同时，我国冷链物流发展不平衡不充分问题突出，跨季节、跨区域调节农产品供需的能力不足，农产品产后损失和食品流通浪费较多，与发达国家相比还有较大差距。从政策环境看，缺少统筹规划，东中西部、南北方和城乡间冷链物流基础设施分布不均，存在结构性失衡矛盾；冷链物流企业用地难、融资难、车辆通行难问题较为突出；冷链物流监管制度不全、有效监管不足，全链条监管体系有待完善。从行业链条看，产地预冷、冷藏和配套分拣加工等设施建设滞后；冷链运输设施设备和作业专业化水平有待提升，新能源冷藏车发展相对滞后；大中城市冷链物流体系不健全，传统农产品批发市场冷链设施短板突出。从运行体系看，缺少集约化、规模化运作的冷链物流枢纽设施，存量资源整合和综合利用率不高，行业运行网络化、组织化程度不够，覆盖全国的骨干冷链物流网络尚未形成，与“通道+枢纽+网络”的现代物流运行体系融合不足。从发展基础看，冷链物流企业专业化、规模化、网络化发展程度不高，国际竞争力不强；信息化、自动化技术应用不够广泛；冷链物流标准体系有待完善，强制性标准少，推荐性标准多，标准间衔接不够紧密，部分领域标准缺失，标准统筹协调和实施力度有待加强；冷链专业人才培养不足，制约行业发展。

### （二）面临形势

产业升级和扩大内需开拓冷链物流发展新空间。我国已转向高质量发展阶段，产业加快迈向全球价值链中高端，现代农业、食品工业、医药产业、服务业全面升级，对高品质、精细化、个性化的冷链物流服务需求日益增长。“十四五”时期随着城乡居民消费结构不断升级，超大规模市场潜力将加速释放，为冷链物流提高供给水平、适配新型消费、加快规模扩张奠定坚实基础，创造广阔空间。

冷链产品安全和疫情防控强化冷链物流新要求。冷链产品安全关系人民群众身体健康和生命安全。当前，我国冷链物流“断链”、“伪冷链”等问题突出，与此相关的产品质量安全隐患较多，特别是新冠肺炎疫情发生以来，冷链物流承担着保障疫苗安全配送和食品稳定供应的艰巨任务，要求提高冷链物流专业服务和应急处置能力，规范市场运行秩序，完善全程追溯体系，更好满足城乡居民消费安全需要。

科技创新和数字转型激发冷链物流发展新动力。伴随新一轮科技革命和产业变革，大数据、物联网、第五代移动通信（5G）、云计算等新技术快速推广，有效赋能冷链物流各领域、各环节，加快设施装备数字化转型和智慧化升级步伐，提高信息实时采集、动态监测效率，为实现冷链物流全链条温度可控、过程可视、源头可溯，提升仓储、运输、配送等环节一体化运作和精准管控能力提供了有力支撑，有效促进冷链物流业态模式创新和行业治理能力现代化。

实行高水平对外开放创造冷链物流发展新机遇。坚持实施更大范围、更宽领域、更深层次对外开放，特别是深入推进共建“一带一路”和推动构建面向全球的高标准自由贸易区网络将进一步优化区域供应链环境，有效发挥我国超大规模市场优势，深化与相关国家贸易往来，扩大食品进出口规模，推动国内国际冷链物流标准接轨，借鉴推广先进冷链物流技术和管理经验，促进冷链物流高质量发展。

碳达峰碳中和对冷链物流低碳化发展提出新任务。冷链物流仓储、运输等环节能耗水平较高，在实现碳达峰、碳中和目标背景下，面临规模扩张和碳排放控制的突出矛盾，迫切需要优化用能结构，加强绿色节能设施设备、技术工艺研发和推广应用，推动包装减量化和循环使用，提高运行组织效率和集约化发展水平，加快减排降耗和低碳转型步伐，推进冷链物流运输结构调整，实现健康可持续发展。

## 二、总体要求

### （一）指导思想

以习近平新时代中国特色社会主义思想为指导，深入贯彻党的十九大和十九届二中、三中、四中、五中、六中全会精神，增强“四个意识”、坚定“四个自信”、做到“两个维护”，立足新发展阶段，完整、准确、全面贯彻新发展理念，以推动高质量发展为主题，以深化供给侧结构性改革为主线，以改革创新为根本动力，以满足人民日益增长的美好生活需要为根本目的，统筹发展和安全，结合我国国情和冷链产品生产、流通、消费实际，聚焦制约冷链物流发展的突出瓶颈和痛点难点卡点，补齐基础设施短板，畅通通道运行网络，提升技术装备水平，健全监管保障机制，加快建立畅通高效、安全绿色、智慧便捷、保障有力的现代冷链物流体系，提高冷链物流服务质量效率，有效减少农产品产后损失和食品流通浪费，扩大高品质市场供给，保障食品和医药产品安全，改善城乡居民生活质量，为构建以国内大循环为主体、国内国际双循环相互促进的新发展格局提供有力支撑。

### （二）基本原则

市场驱动，政府引导。充分发挥市场在资源配置中的决定性作用，强化企业的市场主体地位，激发市场竞争活力；更好发挥政府作用，到位不缺位，有为不越位，在规范行业运行秩序、营造良好营商环境等方面重点发力。引导资金、人才、技术等要素更多向冷链物流基础薄弱环节配置，集中力量补短板、强弱项，夯实行业发展基础。

统筹推进，分类指导。坚持系统观念，加强前瞻性思考、全局性谋划、战略性布局、整体性推进，统筹冷链物流运行、服务、监管、支撑体系建设，优化冷链物流设施布局与运行网络结构。针对产运销各主要环节、冷链产品重点品类冷链物流运作特点，因势利导，精准施策，系统推动不同地区、不同品类冷链物流高质量发展。

创新引领，提质增效。坚持创新发展，注重科技赋能，促进各类创新要素向企业集聚，着力推动冷链物流系统优化与集成创新，激发内生发展动力。推进冷链物流技术工艺、业态模式、经营管理、监管方式创新，提高服务品质和价值创造能力，提升行业运行效率和发展效能。

区域协同，联动融合。统筹东中西部、南北方和城乡协调发展，密切农产品优势产区和大中消费市场联系，促进城市群、都市圈冷链物流资源优化整合和一体化运作。加强冷链物流与现代农业、冷链产品加工、商贸流通等产业融合发展，有效扩大中高端冷链物流服务供给，支撑带动相关产业做大做强做优。

绿色智慧，安全可靠。顺应绿色生产生活方式发展趋势和推进碳达峰、碳中和需要，把绿色发展理念贯穿到冷链物流全链条、各领域，以数字化转型整体驱动冷链物流运行管理和治理方式变革，提升行业绿色智慧发展水平。坚守安全底线，压实各方责任，强化行业监管，加强冷链风险预警防控机制和应急处置能力建设，提高冷链产品安全保障水平。

**（三）发展目标**

到 2025 年，初步形成衔接产地销地、覆盖城市乡村、联通国内国际的冷链物流网络，基本建成符合我国国情和产业结构特点、适应经济社会发展需要的冷链物流体系，调节农产品跨季节供需、支撑冷链产品跨区域流通的能力和效率显著提高，对国民经济和社会发展的支撑保障作用显著增强。

——基础设施更加完善。依托农产品优势产区、重要集散地和主销区，布局建设 100 个左右国家骨干冷链物流基地；围绕服务农产品产地集散、优化冷链产品销地网络，建设一批产销冷链集配中心；聚焦产地“最先一公里”和城市“最后一公里”，补齐两端冷链物流设施短板，基本建成以国家骨干冷链物流基地为核心、产销冷链集配中心和两端冷链物流设施为支撑的三级冷链物流节点设施网络，支撑冷链物流深度融入“通道+枢纽+网络”现代物流运行体系，与国家物流网络实现协同建设、融合发展。

——发展质量显著提高。冷链物流规模化组织效率大幅提升，成本水平显著降低。精细化、多元化、品质化冷链物流服务能力显著增强，形成一批具有较强国际竞争力的综合性龙头企业。冷链物流技术装备水平显著提升，冷库、冷藏车总量保持合理稳定增长，区域分布更加优化、功能类型更加完善。冷链物流标准化、智慧化、绿色化水平明显提高。冷链物流温度达标率全面提高，国家骨干冷链物流基地冷库设施温度达标率达到国际一流水平。肉类、果蔬、水产品产地低温处理率分别达到 85%、30%、85%，农产品产后损失和食品流通浪费显著减少。

——监管水平明显提升。冷链物流监管法律法规进一步完善，“政府监管、企业自管、行业自律、社会监督”的监管机制基本建立，贯穿冷链物流全流程的监测监管体系初步形成。冷藏车、冷藏箱、重点冷链产品全程监控基本实现全覆盖。医药产品冷链追溯体系进一步完善，广覆盖、高效率、低成本、安全可靠的医药产品冷链物流网络基本形成。

展望2035年，全面建成现代冷链物流体系，设施网络、技术装备、服务质量达到世界先进水平，行业监管和治理能力基本实现现代化，有力支撑现代化经济体系建设，有效满足人民日益增长的美好生活需要。

## 三、现代冷链物流体系总体布局

### （一）打造“321”冷链物流运行体系

完善国家骨干冷链物流基地布局，加强产销冷链集配中心建设，补齐两端冷链物流设施短板，夯实冷链物流运行体系基础，加快形成高效衔接的三级冷链物流节点；依托国家综合立体交通网，结合冷链产品国内国际流向流量，构建服务国内产销、国际进出口的两大冷链物流系统；推进干支线物流和两端配送协同运作，建设设施集约、运输高效、服务优质、安全可靠的国内国际一体化冷链物流网络。“三级节点、两大系统、一体化网络”融合联动，形成“321”冷链物流运行体系。

| 专栏1　三级冷链物流节点建设工程 |
| --- |
| 国家骨干冷链物流基地建设工程。综合考虑冷链产品生产、流通、消费空间格局，稳步推进国家骨干冷链物流基地建设，加强与国家物流枢纽联动对接，串联整合存量冷链物流设施资源，加强功能性设施建设，突出产业引领、产地服务、城市服务、中转集散、生产加工、口岸贸易等需求特点，打造冷链物流集群。引导国家骨干冷链物流基地间、国家骨干冷链物流基地与产销冷链集配中心间加强功能与业务对接，支撑构建冷链物流骨干通道。<br>产销冷链集配中心建设工程。建设一批集集货、预冷、分选、加工、冷藏、发货、检测、收储、信息等功能于一体的产地冷链集配中心，提高农产品产后集散和商品化处理效率。建设一批集仓储、分拣、包装、配送、半成品加工等功能于一体的销地冷链集配中心，完善销地城市冷链物流系统，提高区域分拨配送效率。<br>两端冷链物流设施补短板工程。聚焦农产品产地“最先一公里”冷链物流设施短板，结合实际需要在田间地头建设一批具备保鲜、预冷等功能的小型、移动仓储设施。面向城市“最后一公里”消费需求，引导农贸市场、商超、便利店、药店、生鲜电商、快递企业等完善城市末端冷链物流设施。 |

### （二）构建冷链物流骨干通道

结合我国冷链产品流通和进出口主方向，串接京津冀、长三角、珠三角、成渝、长江中游等城市群与西北、西南、东南沿海、中部、华东、华北、东北等农产品主产区，建设北部、鲁陕藏、长江、南部等“四横”冷链物流大通道，以及西部、二广、京鄂闽、东部沿海等“四纵”冷链物流大通道，形成内外联通的“四横四纵”国家冷链物流骨干通道网络（见附件），发挥通道沿线国家骨干冷链物流基地、产销冷链集配中心基础支撑作用，提升相关口岸国内外冷链通道衔接和组织能力。提高国家骨干冷链物流基地间供应链协同运行水平，推动基地间冷链物流规模化、通道化、网络化运行。引导冷链物流要素和上下游产业沿通道集聚发展，加强设施联动、信息联通、标准衔接，推动形成冷链物流产业走廊。

### （三）健全冷链物流服务体系

聚焦“6+1”重点品类（肉类、水果、蔬菜、水产品、乳品、速冻食品等主要生鲜食品以及疫苗等医药产品），分类优化冷链服务流程与规范，提升专业化冷链物流服务能力。完善仓储、运输、流通加工、分拨配送、寄递、信息等冷链服务功能，强化一体化服务能力，打造运转顺畅的供应链，支撑冷链产品产销精准高效对接。丰富数字化、智慧化技术应用场景，深化冷链物流与相关产业融合发展，推动冷链物流业态、模式、组织与技术创新，提升协同化、平台化服务水平，拓展上下游产业价值空间。

### （四）完善冷链物流监管体系

加快建设全国性冷链物流追溯监管平台，完善全链条监管机制，针对冷链物流环境、主要作业环节、设施设备管理等重点，规范实时监测、及时处置、评估反馈等监管过程，逐步分类实现全程可视可控、可溯源、可追查。创新监管手段，加大现代信息技术和设施设备应用力度，强化现场和非现场监管方式有机结合。借鉴新冠肺炎疫情防控期间进口冷链食品检验检测检疫经验做法，优化完善工作机制，建立科学、可靠、高效的冷链物流检验检测检疫体系。

### （五）强化冷链物流支撑体系

推动第三方冷链物流企业专业化发展、规模化经营和数字化转型，着力培育具有较强国际竞争力的龙头企业。加大冷链物流关键技术和先进装备研发力度，鼓励节能环保技术应用。推动建立冷链物流统计评价体系，准确掌握冷链物流基础要素底数，及时客观反映行业发展情况。完善冷链物流标准体系，强化国内国际标准对接。加大复合型冷链物流专业人才培养力度，壮大多层次冷链物流人才队伍。

## 四、夯实农产品产地冷链物流基础

### （一）完善产地冷链物流设施布局

完善冷链源头基点网络。适应不同农产品冷链物流要求，引导家庭农场、农民合作社、农村集体经济组织等在重点镇和中心村，结合实际需要分区分片合理集中建设产地冷藏保鲜设施。发展产地冷链物流设施设备租赁等社会化服务，探索发展共享式“田头小站”等移动冷库，提高产地源头冷链物流设施综合利用效率。

建设产地冷链集配中心。结合新型城镇化建设，依托县城、重点镇布局建设一批产地冷链集配中心，改善产地公共冷库设施条件，强化产地预冷、仓储保鲜、分级分拣、初加工、产地直销等能力，提高农产品商品化处理水平，减少产后损失，实现优质优价。服务本地消费市场，拓展产地冷链集配中心中转集散、分拨配送功能，优化完善县乡村冷链物流服务。

### （二）构建产地冷链物流服务网络

优化农产品田头集货组织。鼓励各类农业经营主体和冷链物流企业加强合作，提高“最先一公里”冷链物流服务能力，满足源头基点网络储运需求。培育一批产地移动冷库和冷藏车社会化服务主体，发展设施巡回租赁、“移动冷库+集配中心（物流园区）”等模式，构建产地移动冷链物流设施运营网络，提高从田间地头向产地冷藏保鲜设施、移动冷库等的集货效率，缩短农产品采后进入冷链物流环节的时间。

提高农产品出村进城效率。引导专业冷链物流企业适应农产品产地多点布局和小批量、多批次运输需求特点，开展从冷链源头基点到冷链集配中心、国家骨干冷链物流基地的干支衔接运输组织，构建稳定、高效、低成本运行的农产品出村进城冷链物流网络。鼓励电商、快递企业利用既有物流网络，整合产地冷链物流资源，拓展农产品出村进城冷链物流服务渠道，提高网络利用效率。

### （三）创新产地冷链物流组织模式

促进农产品产地直供发展。加强产地到销地直达冷链物流服务能力建设，支撑农产品流通模式创新，推动新型农业经营主体发展农超对接、农批对接、农企对接、农社对接等农产品流通模式。鼓励产地冷链集配中心开展净菜、半成品加工，为餐饮企业、学校、机关团体等终端大客户提供直供直配服务。

助力打造产地农产品品牌。围绕特色农产品优势产区，拓展产地冷链集配中心、国家骨干冷链物流基地的交易展示、安全检测、溯源查询、统仓统配等功能，增强农产品品控能力，完善绿色食品、有机农产品、地理标志农产品等认证配套，着力打造特色鲜明、品质一流的农产品品牌。

| 专栏 2　农产品产地冷链物流设施补短板工程 |
| --- |
| 产地保鲜设施建设工程。支持各类农业生产经营主体和企业结合实际需要，在农产品主产区和特色农产品优势产区建设田头小型冷藏保鲜设施，健全农产品主产区村级物流（寄递）服务点、农村电商服务站点、益农信息社配套冷链物流设施。<br>移动冷库推广应用工程。研究制定移动冷库建设标准。选择部分农产品主产区开展试点示范，推广一批适应产地需求、通用性强、标准化程度高的移动冷库。 |

## 五、提高冷链运输服务质量

### （一）强化冷链运输一体化运作

推动干线运输规模化发展。充分发挥国家骨干冷链物流基地等大型冷链物流设施资源集聚优势，开展规模化冷链物流干线运输，提高冷链物流去程回程均衡发展水平。大力发展公路冷链专线、铁路冷链班列等干线运输模式，进一步提高铁路、水运、航空在中长距离冷链物流干线运输中的比重。规范平台型企业发展，提高冷链物流信息共享水平，集聚整合货源、运力、仓储等冷链资源，提高冷链物流干线运输组织化、规模化水平。

促进干线支线有机衔接。完善国家骨干冷链物流基地等的集疏运体系，发展中转换装、区域分拨，推动冷链物流干线运输与区域分拨配送业务高效协同。以产销冷链集配中心为支撑，高效衔接国家骨干冷链物流基地和两端冷链物流设施，构建干支线运输和两端集配一体化运作的区域冷链物流服务网络。鼓励物流企业延伸业务链条，强化综合服务能力，提供“干线运输+区域分拨+城市配送”冷链物流服务。

## （二）推动冷链运输设施设备升级

提高冷藏车发展水平。严格冷藏车市场准入条件，加大标准化车型推广力度，统一车辆等级标识、配置要求，推动在车辆出厂前安装符合标准要求的温度监测设备等，加快形成适应干线运输、支线转运、城市配送等不同需求的冷藏车车型和规格体系。研究制定标准化冷藏车配置方案，引导和规范不同容积车辆选型。有计划、分步骤淘汰非标准化冷藏车。加强冷藏车生产、改装监管，严厉打击非法改装。加快推进轻型、微型新能源冷藏车和冷藏箱研发制造，积极推广新型冷藏车、铁路冷藏车、冷藏集装箱。

促进运输载器具单元化。鼓励批发、零售、电商等企业将标准化托盘、周转箱（筐）作为采购订货、收验货的计量单元，引导冷链运输企业使用标准化托盘、周转箱（筐）、笼车等运载单元以及蓄冷箱、保温箱等单元化冷链载器具，提高带板运输比例。加强标准化冷链载器具循环共用体系建设，完善载器具租赁、维修、保养、调度等公共运营服务。鼓励企业研发应用适合果蔬等农产品的单元化包装，推动冷链运输全程“不倒托”、“不倒箱”，减少流通环节损耗。

## （三）发展冷链多式联运

完善冷链多式联运设施。鼓励国家骨干冷链物流基地等完善吊装、平移等换装转运专用设施设备，加强自动化、专业化、智慧化冷链多式联运设施建设。因地制宜增强国家物流枢纽、综合货运枢纽冷链物流服务功能，推进港口、铁路场站冷藏集装箱堆场建设和升级改造，配套完善充电桩等设施设备。

优化冷链多式联运组织。培育冷链多式联运经营人，统筹公路、铁路、水运、航空等多种运输方式和邮政快递，开展全程冷链运输组织，积极发展全程冷链集装箱运输。依托具备条件的国家骨干冷链物流基地等开展中长距离铁路冷链运输，串接主要冷链产品产地和销地，发展集装箱公铁水联运。依托主要航空枢纽、港口，加强冷链卡车航班、专线网络建设，提高多式联运一体化组织能力。大力发展冷链甩挂运输，鼓励企业建立“冷藏挂车池”，有机融入公路甩挂运输体系，完善冷藏车和冷链设施设备共享共用机制，提高冷链甩挂运输网络化发展水平。鼓励现有多式联运公共信息平台集聚整合运输企业、中介等的冷链物流相关信息，拓展完善冷链物流服务功能，提高货源、运力、仓储等冷链资源供需匹配效率。

增强冷链国际联运能力。提升中欧班列冷链物流服务水平，强化多式联运组织能力，畅通亚欧陆路冷链物流通道。依托中国—东盟多式联运联盟基地，拓展西部陆海新通道海铁联运、国际铁路联运、跨境公路班车国际冷链物流业务。鼓励具备实力的企业布局建设冷链海外仓，提升跨境冷链物流全程组织能力。大力发展面向高端生鲜食品、医药产品的航空冷链物流，提高公空、空空联运效率。鼓励主要农产品进出口口岸城市积极发展国际冷链物流多式联运，打造一批国际冷链物流门户枢纽。

**专栏 3　冷链运输提质增效降本工程**

冷链干线运输规模提升工程。在具备条件的国家骨干冷链物流基地间试点开行小编组直达冷链班列和公路冷链专线。在高附加值特色农产品集中上市季节，开通连接优势产区与主要消费市场的冷链航空货运临时加班绿色通道和铁路冷链快运。

冷链物流多式联运示范工程。以西部陆海新通道海铁联运班列等为重点，在冷链物流领域积极探索建设多式联运示范工程，打造精品联运线路，开展品牌化运营，加强不同运输方式规则、单据对接，探索应用“一单制”。

冷链标准化载器具推广应用工程。依托国家骨干冷链物流基地、产销冷链集配中心等，围绕产地集货、干线运输、城市配送等冷链物流重点环节，扩大标准化托盘、周转箱（筐）、周转袋、冷藏集装箱等应用范围。依托各类物流标准化冷链载器具循环共用平台，引导冷链物流、设备生产、设备租赁等企业加强协作，提高标准化冷链载器具共享利用水平。

## 六、完善销地冷链物流网络

### （一）加快城市冷链物流设施建设

推进销地冷链集配中心建设。在消费规模和物流中转规模较大的城市新建和改扩建一批销地冷链集配中心，集成整合流通加工、区域分拨、城市配送等功能。在符合规划的前提下，研究利用绕城高速公路沿线可开发地块等建设“近城而不进城”的销地冷链集配中心，提高冷链干线与支线衔接效率。密切销地冷链集配中心与存量冷链设施业务联系，引导冷库等设施向销地冷链集配中心集中，推进城市冷链设施布局优化。

加快商贸冷链设施改造升级。推动农产品批发市场冷库改造，配套建设封闭式装卸站台等设施，完善流通加工、分拨配送、质量安全控制等功能。鼓励商超、生鲜连锁店加大零售端冷链设施改造升级力度，提高冷链物流服务能力。引导城市商业街区、商圈、农贸市场共建共享小型公共冷库。淘汰关停不合规不合法冷库。

完善末端冷链设施功能。加大城市冷链前置仓等“最后一公里”设施建设力度。鼓励移动冷库、智慧冷链自动售卖机、冷链自提柜等在城市末端配送领域广泛应用。推动末端冷链配送服务站点建设改造，完善新能源冷藏车充电设施布局，扩大城市冷链网络覆盖范围。

### （二）健全销地冷链分拨配送体系

强化区域分拨功能。扩大国家骨干冷链物流基地分拨服务范围，重点完善面向区域内销地冷链集配中心、冷链配送网点的区域分拨服务网络，以及销地冷链集配中心面向大型商超、农贸市场等的分拨服务网络。推动城市群、都市圈销地冷链集配中心共用共营，构建高效分拨服务圈。

提升末端配送效能。鼓励销地冷链集配中心、中央厨房等整合“最后一公里”配送资源，面向商超、生鲜连锁店、酒店餐饮、学校、机关团体等开展农产品集中采购、流通加工、多温共配。鼓励城市群、都市圈建立统一规划、统一平台、统一标准、统一管理的同城化冷链配送体系，补齐停靠接卸设施短板，加强城市通行政策协同，便利冷藏车装卸通行。

### （三）创新面向消费的冷链物流模式

培育冷链物流配送新方式。依托国家骨干冷链物流基地和销地冷链集配中心搭建城市冷链智慧公共配送平台，整合冷链运力资源，动态优化城市配送路径，提升城市冷链配送效率。鼓励物流企业规模化集并城市冷链和常温货物配送，加大多温区配送车、蓄冷保温箱和保温柜等推广应用力度，推动多种形式多温共配发展。积极推广“分时段配送”、“无接触配送”、“夜间配送”，发展与新消费方式融合的冷链配送新业态、新模式。鼓励物业服务企业开展冷链末端配送业务。深化城乡冷链配送网络协同发展，共享共用末端设施网点和配送冷藏车，提高存量网络资源利用率。

鼓励发展生鲜农产品新零售。支持快递企业加强冷链物流服务能力建设，支持农产品流通企业、连锁商业、电商企业等拓展生鲜农产品销售渠道，扩大辐射范围和消费规模。加强城市冷链即时配送体系建设，支持生鲜零售、餐饮、体验式消费融合创新发展，满足城市居民个性化、品质化消费需求。

| 专栏4　销地冷链物流提升工程 |
| --- |
| 城市冷链物流设施升级工程。支持农产品批发市场老旧冷库改造升级，使用环境友好型制冷剂，降低能耗水平，减少温室气体排放，鼓励建设公共冷库、净菜加工车间等设施。支持国家骨干冷链物流基地和销地冷链集配中心建设流通型冷库、中央厨房等设施。<br>城市冷链末端配送提效工程。引导冷链物流企业建立城市群、都市圈共同配送联盟，组建冷链运输车队，搭建公共配送平台，开展多温共配，培育一批冷链配送品牌。鼓励冷链物流企业以人口规模较大和密度较高的大型社区为重点，与商超、社区菜店等合作开展“一周一配”、“一周多配”、“一日一配”、“一日多配”等定时冷链配送服务，实现冷链到家。 |

## 七、优化冷链物流全品类服务

### （一）肉类冷链物流

加快建立冷鲜肉物流体系。顺应畜禽屠宰加工向养殖集中区域转移需要，适应消费升级新趋势，加快构建“集中屠宰、品牌经营、冷链流通、冷鲜上市”的肉类供应链体系。完善规模屠宰、预冷排酸、低温分割、保鲜包装、冷链储运链条，加强全程温控和监管追溯。鼓励冷鲜肉生产、流通企业对接农贸市场、连锁超市、社区生鲜店铺、生鲜电商等流通渠道，拓展直营零售网点，健全冷鲜肉生产、流通和配送体系，提高冷鲜肉在肉类消费中的比重。促进肉类冷链物流与上下游深度融合创新，推动发展“牧场+超市”、“养殖基地+肉制品精深加工+超市”等新模式。

升级肉类冷链物流设施。加强生猪、肉羊、肉牛、肉禽优势产区冷链物流设施建设，构建畜禽主产区和主销区有效对接的冷链物流基础设施网络。鼓励屠宰企业建设标准化预冷和低温分割加工车间、配套冷库等设施。支持肉类公共冷库改扩建、智慧化改造及配套设施建设。适应减少畜禽活体跨区域运输要求，积极推广应用挂肉冷藏车等专用设施设备。

### （二）果蔬冷链物流

完善果蔬冷链物流设施设备配套条件。结合我国果蔬优势产区分布以及南菜北运、西果东输、果蔬进出口等流向特征，因地制宜建设经济适用、节能环保、绿色高效的仓储保鲜设施，延长销售周期，提高反季节销售水平。加强配套冷链设施建设，推动构建反季节蔬菜、高原夏菜、热带水果等从优势产区到主销区的全流程果蔬冷链物流体系。推广移动冷库、预冷设施应用，合理配套布局插电装置，加强移动冷链设施设备与产地冷链集配中心高效联动，合理设置田头停车、换装场地，完善果蔬“最先一公里”冷链配套设施。支持适合果蔬特点的可循环利用包装、载器具以及零售末端保鲜柜等设备使用。

提升农产品产地商品化处理水平。新建或改造产地预冷设施，配备果蔬清洗、分级、分拣、切割、包装等设施设备。鼓励广泛使用冷链设施开展果蔬保鲜，大幅减少保鲜药物使用。推进商品化包装与冷链包装一体化，完善脱水干制、称量包装、检验检测、低损输送、质量管控等配套功能，提高果蔬产地商品化处理能力，减少流通损耗。

### （三）水产品冷链物流

强化水产品产地保鲜加工设施建设。完善鱼塘、渔船、渔港预冷保鲜设施装备，建设速冻、冷藏、低温暂养等配套设施。推动建设一批冷藏加工一体化的水产品产地冷链集配中心，引导水产品就近加工。完善覆盖养殖捕捞、到岸装卸、加工包装、仓储运输、质量管控等环节的冷链物流设施装备，支持冷链全链条无缝对接和安全温控数据共享。

健全支撑水产品消费的冷链物流体系。加强水产品产地销地冷链物流对接，加快提升销地冷链分拨配送能力，推动沿海、重要江河流域等优势产区构建辐射全国的冷链物流网络。鼓励活鱼纯氧高密度冷链等鲜活水产品冷链配送技术创新，适应和满足持续扩大的高品质水产品消费需求。完善水产品进口相关冷链配套设施，提高进口水产品冷链物流服务与快速检验检测检疫能力。支持口岸机场建设具有国际货运、冷链仓储、报关、检验检测检疫等功能的水产品航空货运冷链物流服务通道。

### （四）乳品冷链物流

推进奶业主产区冷链物流设施建设。重点支持东北、华北、中原、西北等奶业主产区冷链物流设施建设。鼓励规模化奶业企业升级冷链物流设备，支持牧场、奶农合作社、养殖小区、生鲜乳收购站等建设生乳冷却设施，配备生乳专用恒温运输槽车，提高生乳冷却、储存、运输一体化运作效率和温度质量管控水平。

加强低温液态奶冷链配送体系建设。发挥龙头乳品企业以及电商、连锁超市等流通渠道作用，完善从生产厂商至消费者的低温液态奶全程冷链物流系统，规范销售终端温度控制管理。推动传统奶站改造升级，加强服务社区的低温液态奶宅配仓建设，推广新型末端配送冷藏车等设施设备，发展网格化、高频率配送到家服务，提高低温液态奶末端配送时效性。

### （五）速冻食品冷链物流

推动冷链物流与速冻食品产业联动发展。在吉林、黑龙江、河南、山东等速冻食品生产大省，引导速冻食品产业集聚区、龙头生产企业对接国家骨干冷链物流基地和产销冷链集配中心，打通原材料采购、产品销售的全流程冷链服务链条，促进速冻食品产业规模化、集约化发展。构建速冻食品冷链过程质量快速检测体系，完善冷链物流服务追溯体系。

提升冷链物流对速冻食品消费保障能力。顺应城市快节奏生活方式和城乡居民对速冻食品日益增长的消费需求，加强冷链物流服务保障，提升末端配送服务品质，支撑速冻食品流通渠道由线下为主向线上线下多渠道拓展。适应连锁餐饮、团餐等标准化、流程化经营要求，依托产销冷链集配中心、中央厨房等设施，加快发展速冻类标准食材、食材半成品供应链，提高品控能力。

### （六）医药产品冷链物流

完善医药产品冷链物流设施网络。鼓励医药流通企业、药品现代物流企业建设医药物流中心，完善医药冷库网络化布局及配套冷链设施设备功能，提升医药产品冷链全程无缝衔接的信息化管理水平。推动医药流通企业按《药品经营质量管理规范》要求配备冷藏冷冻设施设备，支持疾控中心、医院、乡镇卫生院（室）等医疗网点提高医药产品冷链物流和使用环节的质量保障水平。加强医药物流中心与冷链末端的无缝衔接，鼓励发展多温共配、接力配送等模式，探索发展超低温配送，构建广覆盖、高效率、低成本、安全可靠的医药产品冷链物流网络。

提升医药产品冷链物流应急保障水平。研究将医药产品冷链物流纳入国家应急物资保障平台，整合行业医药冷库、车辆、标准化载器具等资源，健全应急联动服务及统一调度机制，提高医药产品冷链应急保障能力。完善全国统一的医药产品冷链物流特别管理机制，保障紧急状态下疫苗及其他医药产品冷链运输畅通和物流过程质量安全。

| 专栏5　医药产品冷链物流提质工程 |
|---|
| 医药产品冷链物流集配中心建设工程。依托医药物流中心建设集约化医药产品冷链物流集配中心，集聚疫苗、生物制剂等医药产品生产企业、药品现代物流企业等冷链物流资源，整合疾控中心、医院、血站、药店等的冷链物流需求，提升医药产品冷链物流供需精准对接水平和规模化发展能力。<br>医药产品冷链物流追溯体系建设工程。加强疫苗、生物制剂等医药产品生产企业、医药产品批发零售企业、药品现代物流企业、医药物流中心及疾控中心、医院、乡镇卫生院（室）冷链物流追溯管理系统建设和应用，配套完善设施设备。规范医药产品生产、运输、分销、终端使用各环节温湿度等监控信息上传管理，加强部门协同，建立健全医药产品冷链物流追溯体系。 |

## 八、推进冷链物流全流程创新

### （一）加快数字化发展步伐

推进冷链设施数字化改造。推动冷链物流全流程、全要素数字化，鼓励冷链物流企业加大温度传感器、温度记录仪、无线射频识别（RFID）电子标签及自动识别终端、监控设备、电子围栏等设备的安装与应用力度，推动冷链货物、场站设施、载运装备等要素数据化、信息化、可视化，实现对到货检验、入库、出库、调拨、移库移位、库存盘点等各作业环节数据自动化采集与传输。构建全国性、多层级数字冷链仓库网络。开展数字化冷库试点工作，推动形成一批可复制可推广的经验。

完善专业冷链物流信息平台。支持国家骨干冷链物流基地建设运营主体搭建专业冷链物流信息平台，广泛集成区域冷链货源、运力、库存等市场信息，通过数字化方式强化信息采集、交互服务功能，为冷链干线运输、分拨配送、仓储服务、冷藏加工等业务一体化运作提供平台组织支撑。鼓励商会协会、骨干企业等搭建市场化运作的冷链物流信息交易平台，整合市场供需信息，提供冷链车货匹配、仓货匹配等信息撮合服务，提高物流资源配置效率。推动专业冷链物流信息平台间数据互联共享，打通各类平台间数据交换渠道，更大范围提高冷链物流信息对接效率。

### （二）提高智能化发展水平

推动冷链基础设施智慧化升级。围绕国家骨干冷链物流基地、产销冷链集配中心等建设，加快停车、调度、装卸、保鲜催熟、质量管控等设施设备智慧化改造升级。鼓励企业加快传统冷库等设施智慧化改造升级，推广自动立体货架、智能分拣、物流机器人、温度监控等设备应用，打造自动化无人冷链仓。

加强冷链智能技术装备应用。推动大数据、物联网、5G、区块链、人工智能等技术在冷链物流领域广泛应用。鼓励冷链物流企业加快运输装备更新换代，加强车载智能温控、监控技术装备应用。推动冷库"上云用数赋智"，加强冷链智慧仓储管理、运输调度管理等信息系统开发应用，优化冷链运输配送路径，提高冷库、冷藏车利用效率。推动自动消杀、蓄冷周转箱、末端冷链无人配送装备等研发应用。

### （三）加速绿色化发展进程

提高冷链物流设施节能水平。鼓励企业对在用冷库以及冻结间、速冻装备、冷却设备等低温加工装备设施开展节能改造，推广合同能源管理、节能诊断等模式。研究制定冷库、冷藏车等能效标准，完善绿色冷链物流技术装备认证及标识体系，逐步淘汰老旧高能耗冷库和制冷设施设备。支持国家骨干冷链物流基地、产销冷链集配中心等加强公共充电桩、加气站建设。新建冷库等设施严格执行国家节能标准要求，鼓励利用自然冷能、太阳能等清洁能源。提高冷库、冷藏车等的保温材料保温和阻燃性能。

加大绿色冷链装备研发应用。研究制定绿色冷链技术及节能设施设备推广目录，鼓励使用绿色、安全、节能、环保冷藏车及配套装备设施。加快淘汰高排放冷藏车，适应城市绿色配送发展需要，鼓励新增或更新的冷藏车采用新能源车型。研发应用符合冷链物流特点的蓄冷周转箱、保温包装、保温罩等。研究加强冷链物流全流程、全生命周期碳排放管理，加强低温加工、冷冻冷藏、冷藏销售等环节绿色冷链装备研究应用，鼓励使用绿色低碳高效制冷剂和保温耗材，提高制冷设备规范安装操作和检修水平，最大限度减少制冷剂泄漏，推动制冷剂、保温耗材等回收和无害化处理。

| 专栏 6　冷链物流创新低碳发展工程 |
| --- |
| 冷链物流数字化发展工程。支持具备条件的物流企业开展数字化改造建设试点，推进数字化技术装备应用、数字化管理模式创新、数字化网络协同。建立深度感知智能仓储系统，实现冷库存、取、管全程智慧化，提高作业效率和仓储管理水平。<br>冷链物流设施绿色改造工程。支持冷链物流企业、农产品批发市场、生产加工企业等对冷库、中央厨房、低温车间等建筑物围护结构、制冷系统、照明设备等实施节能改造，支持具备条件的建筑物屋顶安装太阳能光伏发电设施，推动新型节电、节水设施设备应用。<br>新能源城市配送冷藏车更新工程。结合城市绿色货运配送示范工程，完善城市配送车辆选型指南，加强城市配送冷藏车车型、安全、环保等方面技术管理，健全完善相关配套设施，大力推广应用新能源冷藏车。 |

### （四）提升技术装备创新水平

加强冷链物流技术基础研究和装备研发。聚焦冷链物流相关领域关键和共性技术问题，部署国家级技术攻关，加强冷链产品品质劣变腐损的生物学原理及其与物流环境之间耦合效应、高品质低温加工、高效节能与可再生能源利用、环保制冷剂及安全应用、冷链安全消杀等基础性研究，夯实冷链物流发展基础。在“十四五”国家重点研发计划中支持冷链物流相关技术研发，从源头提升我国冷链技术装备现代化水平。

完善冷链技术创新应用机制。强化企业创新主体地位，打造以企业为主体、市场为导向、产学研用深度融合的冷链物流技术装备创新应用体系。支持企业与高等院校、科研机构、行业协会等共建冷链技术装备创新应用平台，结合市场需求，聚焦果蔬预冷、速冻、冷冻冷藏、冷藏运输与宅配、冷链信息化智慧化等应用场景，集中优势力量，开展冷链装备研发和产业化应用。

| 专栏 7　冷链物流设备更新工程 |
| --- |
| 引导国家骨干冷链物流基地、产销冷链集配中心等优先推广应用新型分级预冷装置、大容量冷却冷冻机械。鼓励冷链物流企业使用节能环保多温区冷藏车，推广新型保鲜减震包装材料、多温区陈列销售设备，提高冷链物流技术装备现代化水平。 |

### （五）打造消费品双向冷链物流新通道

畅通高品质农产品上行通道。在现有农产品出村进城通道基础上，适应现代农业规模化、产业化发展趋势，发挥冷链物流对高品质农产品生产、流通、减损的支撑保障作用，按照“一村一品”、“一县一品”、“多品聚集”，发展“平台企业+农业基地”、“生鲜电商+产地直发”等新业态新模式，推动形成产销密切衔接、成本低、效率高的农产品出村进城新通道，促进冷链惠农、品牌兴农、特色富农。

完善高品质生鲜消费品下行通道。结合新型城镇化建设，促进消费品下乡进村通道升级，推动冷链物流服务网络向中小城镇和具备条件的农村地区下沉，加快推进“快递进村”工程，鼓励供销、邮政快递、交通运输、电商等企业共建共用冷链物流设施，打通高品质生鲜消费品下乡进村新通道，扩大生鲜等高品质消费品供给。

推动城乡冷链网络双向融合。鼓励大型生鲜电商、连锁商超等企业统筹建设城乡一体冷链物流网络，加大对中小城镇和农村冷链物流设施建设投入力度，加强城乡冷链设施对接，打造“上行下行一张网”，提高设施利用效率，促进城乡冷链物流双向均衡发展。建立城乡冷链网络协同机制，提高资源共享与优化配置效率。

| 专栏 8　供销系统农产品冷链物流体系建设工程 |
| --- |
| 聚焦农产品优势产区，依托供销系统县域城乡融合综合服务平台，按照“1 个中心+N 个田头保鲜仓”模式，建设 600 个县域产地冷链物流中心，建设 200 个以中央厨房、生鲜电商等业务为重点的城市销地冷链物流中心，全面对接国家骨干冷链物流基地、产销冷链集配中心等，建立供销系统公共农产品冷链物流服务网络。 |

### （六）构建产业融合发展新生态

培育冷链物流产业生态。以国家骨干冷链物流基地、产销冷链集配中心为核心，吸引商贸流通、农产品加工产业集聚发展，深化产业链上下游联动整合，强化农产品全产业链组织功能，打造冷链物流与产业融合发展生态圈。推进冷链物流计量测试中心建设。优化“冷链物流+”产业培育和发展环境，创新“冷链物流+种养殖”、“冷链物流+农产品加工”、“冷链物流+新零售”等新生态、新场景。

构建生鲜食品供应链生态。鼓励龙头冷链物流企业、生鲜食品商贸流通企业加强战略合作，推动业务领域相互渗透，对接上游生产和终端消费，为客户提供集中采购、流通加工、共同配送全链条一站式服务。推动企业利用大数据发掘消费潜力、赋能上游生产，开展精准营销和个性化供应链服务，辅助生鲜食品生产加工企业和农产品生产主体合理安排计划、精准组织生产，推动生产、流通和冷链物流企业在融合发展中同步升级、同步增值、同步受益。

## 九、强化冷链物流全方位支撑

### （一）培育骨干企业

支持冷链物流企业做大做强。积极培育发展第三方冷链物流企业，开展品牌创建工作，打造一批知名冷链物流服务品牌。鼓励冷链物流企业通过兼并重组、战略合作等方式优化整合资源，拓展服务网络，培育龙头冷链物流企业，提升市场集中度。鼓励大型生产、流通企业整合开放内部冷链物流资源，开展社会化服务。依法合规推动冷链物流平台企业发展，扩大冷链资源要素组织规模和范围，提升冷链物流组织化、规模化运营能力。

促进冷链物流企业网络化专业化发展。支持企业构建干支仓配一体的冷链物流服务网络，扩大业务覆盖范围，提升运行效率。鼓励大型综合物流企业发挥网络运营优势，对标国际先进水平，提升冷藏运输、冷藏保鲜、冷冻储存等基础服务专业化水准。围绕冷链细分领域、特定场景培育专业化冷链物流企业，提高精益化管理、精细化服务能力，满足不同冷链产品个性化、多元化冷链物流需求。

提升冷链物流企业国际竞争力。推动龙头冷链物流企业深度参与全球冷链产品生产和贸易组织，强化境内外冷链物流、采购分销等网络协同，延伸跨境电商、交易结算等服务，提升国际供应链管理能力和国际竞争力。鼓励冷链物流企业与贸易企业等协同“出海”，围绕全球肉类、水果、水产品等优势产区，积极布局境外冷链物流设施，依托远洋海运、国际铁路联运班列、国际货运航空等开展国际冷链物流运作，构建国内外衔接的物流通道网络，提升冷链物流企业国际化发展水平。

| 专栏 9　骨干冷链物流企业培育工程 |
|---|
| 研究制定支持冷链物流企业发展的政策措施，支持符合条件的大型冷链物流企业开展国内国际资源整合、全链条冷链物流运作，培育一批具有较强国际竞争力的冷链物流企业集团。围绕冷链运输、仓储、配送等主要环节，以及肉类、水产品、乳品、医药产品等细分领域，培育一批专业化运作能力强的领军企业。鼓励冷链产品生产、流通和物流企业跨界融合，创新业态模式，优化供应链，延伸产业链，提升价值链，培育一批特色鲜明、创新发展的标杆企业。 |

### （二）健全标准体系

加强冷链物流标准制修订。加强冷链基础通用标准和冷链基础设施、技术装备、作业流程、信息追溯等重点环节以及冷链物流绿色化、智慧化等重点领域标准制修订，加快填补标准空白。制定一批强制性国家标准，守好冷链产品安全底线。加强冷链物流推荐性国家标准、行业标准推陈出新，支持地方因地制宜制定符合发展需要的地方标准，鼓励高起点制定团体标准和企业标准。积极参与冷链物流国际标准化活动，推动国内国际标准接轨。

加强标准评估和执行力度。系统梳理现行冷链物流标准体系，加强评估和复审，及时修订或废止不适应经济社会发展需要、行业发展要求、技术进步趋势的标准，推动解决标准不统一、不衔接等问题。严格落实冷链物流强制性国家标准，强化推荐性国家标准、行业标准支撑与引导作用。充分发挥有关标准化技术委员会、行业协会、龙头企业作用，加强冷链物流标准宣贯，推动协同应用，提高推荐性标准采用水平。开展冷链物流标准监督检查和实施效果评价，充分发挥标准支撑冷链物流高质量发展作用。

| 专栏 10　冷链物流标准体系建设工程 |
| --- |
| 研究建立冷链物流标准制修订工作机制，加强部门协调和政企沟通，2022 年底前完成现行冷链物流国家标准、行业标准、地方标准集中梳理工作，提出废止或制修订建议。结合标准梳理工作，在冷链物流设施、装备、载器具、标识、流程、管理与服务等领域，补充完善一批企业和行业急需的标准，形成全链条有机衔接的冷链物流标准体系。 |

**（三）完善统计体系**

加强行业统计监测。开展冷链物流行业调查，全面掌握市场规模、行业结构、人员设施设备等情况。研究建立冷链物流行业统计制度，科学制定统计分类标准和指标体系，根据实际需要开展冷链物流统计试点。探索开展冷链物流行业普查调查。依托国家骨干冷链物流基地、产销冷链集配中心、龙头冷链物流企业、冷链物流平台企业等，加强行业日常运行监测和分析研判。研究编制冷链物流发展综合性指数，科学、及时、全面反映行业发展现状和趋势，为政府部门政策制定和企业经营管理提供参考。

**（四）加强人才培养**

完善专业人才培养体系。支持有条件的普通本科院校和职业院校开设冷链物流相关专业或课程，重点培养冷链产品供应链管理、冷链物流系统规划、冷链物流技术和企业运营等方面的专业人才。鼓励高等院校深入对接行业需求，以应用为导向发展冷链物流继续教育。完善政产学研用结合的多层次冷链物流人才培养体系。开展多层次、宽领域国际交流合作，培养具有全球视野和国际供应链运作经验的高层次冷链物流人才。

健全专业技能培养培训模式。鼓励职业院校加强与冷链物流相关企业、行业协会合作，通过实训基地、订单班、新型学徒制培养、顶岗实习及建立产业学院等方式，强化冷链物流人才实践能力及创新创业能力培养。鼓励高等院校、行业协会分级分类开设冷链物流培训课程，促进从业人员知识更新与技能提升。

## 十、加强冷链物流全链条监管

**（一）健全监管制度**

加强法律制度建设。完善冷链物流监管法律法规，从准入要求、技术条件、设施设备、经营行为、人员管理、监督执法等方面明确各类市场主体权利、义务及相关管理部门职责要求，确保冷链物流各领域、各环节有法可依、有法必依。按照食品安全法、药品管理法、疫苗管理法等相关法律法规要求，细化配套规章和规范性文件，落实冷链物流全链条保温、冷藏或冷冻设施设备使用和运行要求。

健全政府监管机制。建立统一领导、分工负责、分级管理的冷链物流监管机制，发挥政府监管的主体作用，进一步明确各有关部门监管职责，强化跨部门沟通协调，加大督促检查力度，确保各项监管制度严格执行到位。推动冷链产品检验检测检疫在生产、流通、消费全过程及跨区域信息互通、监管互认、执法互助。完善主管部门行政监管制度，分品类建立完善日常巡查、专项检查、飞行检查、重点检查、专家审查等相结合的检查制度，依法规范冷链物流各类市场主体经营活动。严格执行农产品、食品入市查验溯源凭证制度，不得收储无合法来源的农产品、食品。

### （二）创新行业监管手段

推进冷链物流智慧监管。引导企业按照规范化、标准化要求配备冷藏车定位跟踪以及全程温度自动监测、记录设备，在冷库、冷藏集装箱等设施中安装温湿度传感器、记录仪等监测设备，完善冷链物流温湿度监测和定位管控系统。研究建立冷链道路运输电子运单管理制度。加强冷链物流食品品质监测、仓储运输过程温湿度智能感知、卫星定位技术的应用，形成冷链物流智慧监测追溯系统，实现各环节数据实时监控和动态更新。加快区块链技术在冷链物流智慧监测追溯系统建设中的应用，提高追溯信息的真实性、及时性和可信度。逐步完善冷链追溯、运输监管等重要领域信息资源体系，基本掌握食品药品生产经营企业、冷库企业、运输企业、食用农产品批发市场、商场超市、生鲜电商等市场主体及资源底数。推动海关、市场监管、交通运输等跨部门协同监管和数据融合，依托全国进口冷链食品追溯监管平台形成全链条追溯体系，提升冷链监管效能。

建立以信用为基础的新型监管机制。发挥行业协会、第三方征信机构和各类信息平台作用，完善冷链物流企业服务评价体系。以冷链食品追溯为突破，形成以责任主体为核心的追溯闭环，对跨部门、跨地域的全链条追溯数据进行大数据分析，为信用评价提供数据支撑。依托全国信用信息共享平台，加强冷链物流企业信用信息归集和共享，通过“信用中国”网站和国家企业信用信息公示系统依法向社会公开。加大公共信用综合评价、行业信用评价、市场化信用评价结果应用力度，推广信用承诺制，推进以信用风险为导向的分级分类监管，依法依规实施联合惩戒。

强化冷链物流社会监督。发挥社会媒体舆论监督作用，加大对冷链物流领域违规违法典型案件的曝光力度，强化警示作用。支持行业协会建立行业自律规范，引导企业共同打造和维护诚信合规的市场环境，推动行业规范有序发展。畅通消费者投诉举报渠道，建立举报人奖励机制，引导和鼓励群众参与冷链物流监督，营造社会共治氛围。

| 专栏 11　全国冷链食品追溯监管体系建设工程 |
| --- |
| 依托现有全国进口冷链食品追溯管理平台，逐步将内贸冷链食品流通纳入追溯管理范围，同步完善地方进口冷链食品追溯管理平台功能，推动国家级、省级平台以及各类市场化平台间数据交换和信息共享，到 2025 年建成覆盖冷链产品重点品类、流通全链条、内外贸一体化的全国冷链食品追溯管理平台，形成各有关部门业务联动、协同处置和共治共享的冷链物流监管体系，实现多层次、多系统、跨区域冷链物流追溯闭环。 |

### （三）强化检验检测检疫

健全检验检测检疫体系。适应不同农产品检验检测检疫要求，完善覆盖从种养殖、加工到销售终端全链条以及冷链物流包装、运载工具、作业环境等全要素的检验检测检疫体系。加强检验检测检疫设施建设和设备配置，完善应急检验检测检疫预案，实行闭环式疫情防控管理，防范非洲猪瘟、新冠肺炎、禽流感等疫情扩散风险，提高重大公共卫生事件等应急处置能力。

提升检验检测检疫能力。围绕主要农产品产销区、集散地、口岸等，优化检验检测检疫站点布局，提高装备配备水平，增强冷链检验检测检疫能力。依托各地食品安全重点实验室，加强国家级、地区级食品安全专业技术机构冷链物流检验检测检疫能力建设。严格检验机构资质认定管理、跟踪评价和能力验证，强化冷链检验检测检疫专业技能培训。深化国际技术交流合作。

优化检验检测检疫流程。围绕农产品进出口，优化提升口岸/属地检查、检疫处理、实验室检验等流程，鼓励企业提前申报，依托国际贸易“单一窗口”，推行检疫处理、检测结果无纸化传递。按照分类监管原则，针对不同监管对象和产品特点，优化放行模式，提高查验效率。支持农产品批发市场、冷链物流企业、屠宰加工企业等建设快检实验室，提升就近快速检测水平。推动各地冷链产品检验检测检疫信息共享、结果互认。

筑牢疫情外防输入防线。完善口岸城市防控措施，建立多点触发的监测预警机制，严格执行高风险岗位人员核酸检测等规定，切实做到闭环管理。针对冷链等可能引发的输入性疫情，排查入境、仓储、加工、运输、销售等环节，建立健全进口冻品集中监管制度，压实行业主管部门责任，健全进口冷链食品检验检疫制度，加强检验检疫结果、货物来源去向等关键数据共享，做到批批检测、件件消杀，全程可追溯、全链条监管，堵住疫情防控漏洞。

| 专栏 12　进口冷链食品预防性消毒优化工程 |
|---|
| 按照“安全、有效、快速、经济”原则开展口岸查验、交通运输、掏箱入库、批发零售等环节预防性全面消毒工作，推进全流程闭环管控可追溯。优化口岸冷链资源配置，依据冷链物流特点，在进口冷链食品首次与我境内人员接触前实施预防性全面消毒处理。加强部门协同配合，全力保障口岸通关效率，对进口冷链食品装载运输工具和包装原则上只进行一次预防性全面消毒，避免重复消毒，避免专为消毒作业实施掏箱、装箱，避免增加不必要的作业环节和成本，避免货物积压滞港影响物流和市场供应。推动冷链物流自动消杀设施设备、冷链安全消毒剂等研发和应用，创新消毒方式方法，优化消毒流程，提高消杀效率，保证受检进口冷链食品品质。 |

## 十一、实施保障

### （一）加强组织协调

国家发展改革委要会同有关部门建立冷链物流发展协调推进工作机制，统筹推进重点工程落地，完善支撑政策，强化评估督导，协调解决跨部门、跨区域问题，保障规划有序实施。各省级人民政府要按照本规划确定的主要目标和重点任务，结合发展实际，统筹制定本地区冷链物流发展规划或实施方案。规划实施中涉及的重要政策、重大工程、重点项目要按程序报批。重大问题及时向国务院报告。

**（二）强化政策支持**

通过现有资金支持渠道，加强国家骨干冷链物流基地、产销冷链集配中心等大型冷链物流设施建设。物流企业冷库仓储用地符合条件的，按规定享受城镇土地使用税优惠政策。拓展冷链物流企业投融资渠道，鼓励银行业金融机构等对符合条件的冷链物流企业加大融资支持力度，完善配套金融服务。在严格落实永久基本农田、生态保护红线、城镇开发边界三条控制线基础上，大中城市要统筹做好冷链物流设施布局建设与国土空间等相关规划衔接，保障合理用地需求。严格落实鲜活农产品运输“绿色通道”政策。落实农村建设的保鲜仓储设施用电价格支持政策，鼓励各地因地制宜出台支持城市配送冷藏车便利通行的政策。

**（三）优化营商环境**

各地区、各有关部门要按照“放管服”改革要求，在确保行业有序发展、市场规范运行基础上，深化体制机制改革，简化涉企事项审批流程，进一步简并资质证照，全面推广资质证照电子化，完善便利服务。在冷链物流领域探索推行“一照多址”，支持冷链物流企业网络化发展。

**（四）发挥协会作用**

鼓励冷链物流相关行业协会发挥桥梁纽带作用，开展冷链物流发展调查研究和政策宣贯，及时向有关政府部门反馈行业发展共性问题。支持行业协会统筹冷链物流不同领域、不同环节市场主体需求，开展业务技能培训，提高行业发展质量。鼓励行业协会深入开展冷链物流行业自律建设，倡导诚信规范经营，树立良好行业风气。

**（五）营造舆论环境**

加强冷链物流理念宣传和冷链知识科普教育，提高公众认知度、认可度，培养良好消费习惯和健康生活方式。提高冷链企业和从业人员产品质量安全意识，严格遵守冷链物流相关法律法规和操作规范，筑牢冷链产品质量安全防线。宣传推介一批冷链物流企业诚信经营、优质服务典型案例，营造行业发展良好环境。

附件：“四横四纵”国家冷链物流骨干通道网络布局示意图（略）

# 海关总署等十部门关于进一步深化跨境贸易便利化改革优化口岸营商环境的通知

署岸发〔2021〕85号

各省、自治区、直辖市人民政府：

为落实党中央、国务院决策部署，深化“放管服”改革，聚焦市场主体关切，进一步深化跨境贸易便利化改革、优化口岸营商环境，提升跨境贸易便利化水平，实现更高水平对外开放，促进外贸高质量发展，经国务院同意，现将有关事宜通知如下。

## 一、总体要求

### （一）指导思想

以习近平新时代中国特色社会主义思想为指导，全面贯彻党的十九大和十九届二中、三中、四中、五中全会精神，坚持稳中求进工作总基调，坚持全心全意为人民服务的宗旨，立足新发展阶段，完整、准确、全面贯彻新发展理念，构建新发展格局，聚焦市场主体关切，对标国际先进水平，坚持系统观念，加强内外统筹，充分发挥口岸在国内国际双循环中的开放平台作用，统筹推进疫情防控和经济社会发展，在严格疫情防控、严防疫情输入的基础上推进通关便利化，进一步优化通关流程、创新监管方式、提升通关效率、降低通关成本，提升高质量监管、高品质服务水平，持续优化市场化、法治化、国际化口岸营商环境，更大激发市场主体活力和综合竞争力，保持外贸进出口稳定增长。

### （二）基本原则

尊重市场，高效便利。以市场主体需求为导向，充分发挥市场机制作用，鼓励市场竞争，积极采取有效措施助企纾困，保障公平竞争，维护良好市场秩序。紧密结合跨境贸易新趋势，进一步提升整体通关效率，促进外贸高质量发展，提升跨境贸易自由化便利化水平。

遵循法治，协同治理。运用法治思维和法治方式，坚持公正文明执法，加强跨部门执法协作，引导企业诚信经营，最大限度保障企业合法权益。坚持安全监管与便利通行并重，着力破解制约通关便利化的难题，强化口岸监管，优化口岸服务，进一步提升口岸治理法治化水平，做到管得住、放得开、效率高。

对标国际，改革创新。借鉴国际先进经验和通行规则，坚持主动作为，深化改革创新，积极推进“智慧海关、智能边境、智享联通”建设和对外合作交流，着力推动跨境贸易重点领域关键环节改革取得突破，打造国际先进的口岸营商环境。

## 二、重点任务

### （一）深化改革创新，进一步优化通关全链条全流程

1. 推进海关全业务领域一体化。紧扣高质量发展推进海关业务一体化改革，由通关环节与流程的全国一体化拓展到海关全业务领域一体化，积极推动全业务领域跨关区协同治理与发展。（海关总署负责）

2. 进一步优化进出口货物通关模式。整合简化报关单申报项目。支持企业自主选择进出口申报模式，进一步完善进出口货物“提前申报”“两步申报”通关模式。在符合条件的港口扩大进口货物“船边直提”和出口货物“抵港直装”试点。提高出口便利化水平，优化出口环节服务。支持海外仓建设，完善跨境电商出口退货政策。（海关总署、发展改革委、财政部、商务部、税务总局按职责分工负责）

3. 深入推进“主动披露”制度和容错机制实施。及时了解企业进出口需求，加大涉企政策宣传，便利企业利用“主动披露”制度和容错机制，逐步扩大适用范围。（海关总署负责）

4. 深化税收征管改革。提供多元化税收担保方式，进一步推广关税保证保险、汇总征税、自报自缴、预裁定等便利措施。实现船舶吨税缴纳证明自助打印。（海关总署负责）

5. 进一步提升出口退税便利度。加强跨部门信息共享，进一步提升出口退税申报便利水平，实现企业通过税务系统申报出口退税时自动调用本企业出口报关单信息，通过国际贸易“单一窗口”申报出口退税时自动调用本企业购进的出口货物的发票信息。持续加快出口退税进度，2021年底前税务部门办理正常出口退税的平均时间压缩至 7 个工作日以内，2022 年底前进一步压缩至 6 个工作日以内。（海关总署、税务总局按职责分工负责）

6. 进一步合理调整和精简进出口环节监管证件。结合实际，适时调整自动进口许可证商品目录。可在后续市场环节验核的证件，如依法退出口岸验核效率更高，应及时退出口岸验核。优化原产地证书自助打印功能。2021 年底前，除涉密等特殊情况外，进出口环节监管证件统一纳入“单一窗口”一口受理，根据实际需要逐步实现监管证件电子签发、自助打印。（海关总署牵头，商务部、市场监管总局等相关部门按职责分工负责）

7. 推进检验检疫监管模式改革。在确保安全的基础上，稳步扩大进口巴氏杀菌乳检验监管模式改革试点，对符合条件的企业进口相关商品，在口岸实施“检查放行+风险监测”模式。积极稳妥推进商品检验第三方检验结果采信，及时发布相关管理制度。（海关总署、市场监管总局按职责分工负责）

8. 优化进口食品化妆品样品检验监管。用于展览展示的预包装进口食品样品，在符合准入要求的前提下，免予抽样检测。进口用于特殊化妆品注册或普通化妆品备案用的化妆品样品、企业研发用的非试用化妆品样品、非试用或者非销售用的展览展示化妆品，可免予提供进口特殊化妆品产品注册证或进口普通化妆品备案电子信息凭证，免予进口检验。（海关总署负责）

9. 深化区域物流一体化监管。探索推进京津冀等重点区域跨境贸易货物物流运输一体化。完善粤港澳大湾区“组合港”等改革措施，实现外贸货物在支线港口完成通关等手续。（海关总署、交通运输部及相关地区人民政府按职责分工负责）

**（二）清理规范收费，进一步降低进出口环节费用**

10. 进一步规范口岸收费。修订《港口收费计费办法》。将港口设施保安费并入港口作业包干费，定向降低沿海港口引航费标准，研究推进货物港务费改革。引导船公司规范调整海运收费结构，严格执行运价及附加费等备案制度。督促口岸经营单位进一步清理精简收费项目，明确收费名称和服务内容。规范港外堆场收费行为，制定集装箱洗箱、修箱、验箱服务规则。对有限竞争性经营的口岸服务，引入招标制度，鼓励市场经营主体公平竞争。对属于政府职责且适合通过市场化方式提供的服务项目，推进政府购买服务。（发展改革委、财政部、交通运输部、商务部、海关总署、市场监管总局和各地区人民政府按职责分工负责）

11. 优化收费公示制度和收费服务模式。认真落实口岸收费目录清单公示制度并强化动态更新，目录清单之外不得收费。有序推进口岸收费主体通过“单一窗口”公开收费标准、服务项目等信息，增强口岸收费透明度、可比性。支持具备条件的口岸提供“一站式”收缴费服务，复制推广“一站式阳光价格”服务模式。（各地区人民政府负责）

12. 加大进出口环节收费监督检查力度。依法查处口岸不执行政府定价和指导价、不按规定明码标价、未落实优惠减免政策等各种违法违规收费行为，并及时向社会公布。依法依规调查处理口岸经营活动中的涉嫌垄断行为。（市场监管总局牵头，发展改革委、商务部、海关总署、交通运输部和各地区人民政府按职责分工负责）

**（三）强化科技赋能，进一步提升口岸综合服务能力**

13. 深化国际贸易“单一窗口”功能。建设和优化推广“单一窗口”船舶联合登临检查、邮轮旅客申报、出口退税申报等系统功能，推动口岸和跨境贸易领域相关业务统一通过“单一窗口”办理。将棉花等进口关税配额事项纳入“单一窗口”，实现在线和无纸化办理。创新“外贸+金融”“通关+物流”等服务模式，推进企业跨境贸易档案库、物流协同、金融保险、通关物流全流程评估等功能实施。加强“单一窗口”与境外互联互通。支持地方“单一窗口”拓展特色服务功能。（海关总署牵头，交通运输部、发展改革委、商务部、税务总局、人民银行、银保监会等部门和各地区人民政府按职责分工负责）

14. 推进口岸物流单证全流程无纸化。在全国主要海运口岸继续推进集装箱设备交接单、装箱单、提货单等单证电子化。推进船公司统一海运电子提单标准，提升海运电子提单应用率，实现无纸化放单。在集装箱干线港推进基于区块链的集装箱电子放货平台应用，海关提供放行信息予以支持。全面推广使用空运电子运单，推进空运提货单无纸化。研究探索国际铁路联运运单电子化，适时与具备条件的国家启动双边试点工作。（交通运输部、海关总署、民航局、铁路局、国铁集团和各地区人民政府按职责分工负责）

15. 提升口岸基础设施和监管智能化水平。加强自动化码头建设，推广智能卡口、无人集卡、智能理货、辅助机器人、货物智能识别等技术应用，扩大智能审图商品范围。在场所巡查、审核单证等业务领域，通过机器辅助人工等方式加强智能化监管。（交通运输部、海关总署和各地区人民政府按职责分工负责）

16. 促进航空物流通关便利化。依托“单一窗口”建设航空物流公共信息平台，推动航空物流全链条信息互联互通，实现运单申报、运输鉴定报告、货物跟踪、航线网络可视化等“一站式”

服务。在具备条件的地区探索航空安检、打板等前置的物流模式，稳步推动符合条件的场外货站与重点枢纽航空口岸无缝对接，提升航空口岸分拨时效。（海关总署、民航局和各地区人民政府按职责分工负责）

17. 加快多式联运发展。建设全国多式联运公共信息系统，推进多式联运各方信息共享和协同，为承运人企业提供多式联运“一站式”服务。对水运转铁路运输货物，探索实行“车船直取”模式。（交通运输部、发展改革委、海关总署、国铁集团和各地区人民政府按职责分工负责）

18. 提升口岸物流作业综合效率。落实属地管理责任，配备充足口岸作业人员，严格落实疫苗接种、核酸检测、人员管理等各项疫情防控措施，从严做好人员安全防护，统筹做好进出口冷链商品消杀等工作，严防疫情通过商品传入。加大港口物流管理力度，简化港口提箱、码头操作等业务手续，提升口岸物流作业效率。（海关总署、交通运输部、卫生健康委、市场监管总局和各地区人民政府按职责分工负责）

**（四）高效利企便民，进一步改善跨境贸易整体服务环境**

19. 推进政务服务事项一体化办理。推进口岸环节政务服务网上办理。加强行政审批业务系统整合和优化，加大制度、模式、系统等支持力度，实现进出口环节行政审批线上办理和窗口递交纸本、后台流转作实体验核的一体“通办”。（海关总署、交通运输部、发展改革委、财政部、商务部、市场监管总局等部门按职责分工负责）

20. 建设稳定透明的口岸服务环境。明确并全面公开港口、机场、陆港、铁路场站调货、移位、装卸等物流作业时限及流程。推广“一站式”海运业务查询办理平台，及时公开集装箱存箱、用箱信息，实现提箱预约、电子化放箱和精准提箱。（海关总署、交通运输部、民航局、国铁集团和各地区人民政府按职责分工负责）

21. 实现通关全流程可视化查询。口岸查验单位向进出口企业、口岸场站推送各环节通关状态信息，实现海关、海事等部门口岸通关状态查询和通关流程全程可视化。口岸场站将运抵、调箱、装载等作业信息推送企业，实现作业系统可视化查询。（海关总署、交通运输部和各地区人民政府按职责分工负责）

22. 为海关认证企业提供更多便利化措施。优化完善“经认证的经营者”（AEO）制度。优化企业协调员机制，扩大宣传受惠范围，建立更加紧密的关企合作关系。（海关总署负责）

23. 加强知识产权海关保护。依法加强知识产权海关保护，持续部署开展“龙腾行动”等专项执法行动，加大对进出口侵权违法行为的打击和处罚力度。加强政策和法律宣贯指导，提升企业守法经营和尊重知识产权意识。优化措施，为企业创新和维权提供便捷服务。（海关总署负责）

24. 加强技术性贸易措施企业咨询服务。建立面向企业的技术性贸易措施咨询服务体系，建设重点产业技术性贸易措施研究评议基地。丰富完善技术性贸易措施“工具箱”，加强对世界贸易组织《技术性贸易壁垒协定》（TBT 协定）和《实施卫生与植物卫生措施协定》（SPS 协定）措施的预警和通报评议，提升合规意识和技术创新能力，助力企业“走出去”。（海关总署负责）

25. 完善企业意见反馈和协调解决机制。线下线上相结合，及时推动解决企业反馈的问题。在口岸现场设立通关疑难问题处理专窗，协调解决疑难问题。通过“单一窗口”等渠道，推送政策措施及监管要求。提升“单一窗口”智能化服务水平，实现用户咨询问题线上受理和自动应答。

统筹做好改革问题收集、稳外贸稳外资协调等机制下“问题清零”工作。（海关总署、商务部和各地区人民政府按职责分工负责）

**（五）推进智享联通，进一步加强跨境通关合作交流**

26. 提升国际物流供给能力。积极引导班轮公司（船公司）根据航运市场需求变化，优化增加中国港口航线航班供给和船舶运力投放，加快跨境运输船舶周转效率，提升国际物流集装箱供给能力和周转效率。推动枢纽集装箱港开展国际集装箱中转集拼业务。支持基于《国际公路运输公约》（TIR公约）的国际道路运输业务发展，推动运输便利化水平不断提升。（交通运输部、商务部、海关总署和各地区人民政府按职责分工负责）

27. 加大跨境通关合作力度。围绕“智慧海关、智能边境、智享联通”建设，积极推进我国与共建“一带一路”国家（地区）通关监管合作和信息互换，重点加强跨境班列双边铁路部门运营数据预先交换、集装箱检验监管信息互换、压缩班列在口岸场站停留时间等跨境通关对接合作。推动检验检疫证书跨境电子传输。推动“关铁通”合作项目向其他有意向的共建“一带一路”国家（地区）推广，鼓励更多企业、更多航线加入“安智贸”项目。主动参与世界贸易组织、世界海关组织等国际组织贸易便利化规则制定，更大范围推进跨境通关合作。做好与《区域全面经济伙伴关系协定》中贸易便利化措施的衔接。（海关总署、发展改革委、交通运输部、商务部、国铁集团按职责分工负责）

## 三、实施保障

**（一）加强组织领导**

各地区、各部门要深入学习贯彻习近平新时代中国特色社会主义思想，增强“四个意识”，坚定“四个自信”，做到“两个维护”，不断提高政治判断力、政治领悟力、政治执行力，确保党中央、国务院决策部署全面有效落实到位。要加强跨部门跨地区协调联动，形成整体合力，抓实抓细各项工作措施，认真落实各项工作任务。

**（二）严格疫情防控**

各地区、各有关部门要进一步加强新冠肺炎等境外传染病疫情的防控工作，坚持“人”“物”同防，压实四方责任，加强对口岸重点人群的疫情防控，按要求落实进口冷链食品和高风险非冷链集装箱货物的监测检测和预防性消毒措施，毫不放松抓好“外防输入、内防反弹”各项工作。

**（三）落实工作责任**

各地区人民政府要落实主体责任，统筹做好优化口岸营商环境工作，结合本地区实际制定完善配套措施，加强督促检查，确保各项政策措施落地生效。

**（四）加大政策宣传**

海关总署（国务院口岸工作部际联席会议办公室）要会同有关部门加大政策宣传力度，充分发挥政府与企业合力，聚焦市场主体关切，引导企业用好用足各项利企便民政策措施，对企业反映的问题要及时回应，积极推动研究解决，更好服务市场主体，大力营造良好社会舆论氛围。

海关总署　发展改革委
财政部　交通运输部
商务部　卫生健康委
税务总局　市场监管总局
铁路局　民航局
2021 年 8 月 20 日

# 农业农村部　海关总署公告

第 416 号

为贯彻落实国务院“放管服”改革精神和稳外资外贸决策部署，履行《关于在国际贸易中对某些危险化学品和农药采用事先知情同意程序的鹿特丹公约》（以下简称《鹿特丹公约》）义务，便利农药进出口贸易、提高通关效率，根据《中华人民共和国海关法》《农药管理条例》有关规定，农业农村部、海关总署就优化农药进出口管理服务措施公告如下：

一、进出口的农药应在我国取得农药登记，进出口农药的单位应取得相应的农药经营许可证，并对农药的质量负责，出口的农药还应取得农药生产许可证。

二、农药进出口实行名录管理，《中华人民共和国进出口农药管理名录》（以下简称名录，最新调整的名录见附件 1）由农业农村部和海关总署共同制定，并适时调整公布。

三、进出口农药单位应在中国国际贸易单一窗口（以下简称单一窗口）（http：//www. singlewindow. cn）网上办理农药进出口通知单（以下简称通知单，见附件 2-1，2-2）。

四、向中国出口农药的企业，由其在中国设立的销售机构或委托中国代理机构办理通知单。涉及多个生产地的，还应提供相应的生产场所信息。

五、农药生产企业自营出口的，直接在单一窗口办理；农药生产企业委托贸易企业出口的，还应与贸易企业签订出口委托书；农药生产企业委托加工的，还应提供受托方的农药生产许可证和委托加工协议。仅限出口登记的农药和特殊管理的农药出口，按照相关规定执行。

六、对列入《鹿特丹公约》监管的农药（见附件 3），包括《鹿特丹公约》附件三的农药品种和农药产品，以及我国已经禁用和严格限用的农药品种，应按照《鹿特丹公约》要求履行相关手续。

七、因农药登记试验、科学研究、检验检测等特殊情况，需要进出口农药的，应提供相关用途证明材料，经确认后在单一窗口办理。

八、农业农村部农药检定所在网上审核确认进出口单位提供的信息，符合条件的，将农药进出口通知单电子数据发送海关。

九、海关特殊监管区域、保税监管场所与关境内的其他地区（海关特殊监管区域、保税监管场所除外）之间进出的农药，应当办理农药进出口通知单。海关特殊监管区域、保税监管场所与境外之间进出的农药，除列入《鹿特丹公约》的应当办理农药进出口通知单外，其余无需办理农药进出口通知单。区内企业的农药生产经营活动应当符合国家相关法律法规和政策，由海关依法实施监督管理。

十、农药进出口通知单实行一批一单管理，即进出口一批农药，办理一份农药进出口通知单，对应一份海关进出口货物报关单。农药进出口通知单有效期 3 个月。

十一、实施农药进出口通知单通关作业无纸化，海关凭农药进出口通知单电子数据办理通关验放手续，不再收取纸质文本。因海关等有关部门审核需要，或计算机管理系统、网络通信故障等原因，可提供纸质农药进出口通知单，海关验核纸质信息并进行纸面签注。

十二、农业农村部农药检定所和中国电子口岸数据中心具体承担相关业务工作，联系电话分别是 010-59194007、010-95198。

十三、因防治突发重大病虫害等紧急需要，农业农村部必要时会同国务院有关部门决定临时限制出口或者临时进口规定数量、品种的农药。

本公告自 2022 年 1 月 1 日起实施。原农业部、海关总署联合发布的《关于对进出口农药实施登记证明管理的通知》（农农发〔1999〕9 号），农业部、海关总署公告第 1452 号、第 2203 号同时废止。

农业农村部　海关总署

2021 年 12 月 24 日

附件：1. 中华人民共和国进出口农药管理名录（2022 年）（略）

2. 农药进出口通知单样本（略）

3.《鹿特丹公约》监管的农药（略）

# 农业农村部公告

第 496 号

为贯彻落实《国务院办公厅关于进一步优化营商环境更好服务市场主体的实施意见》（国办发〔2020〕24 号）有关要求，实现进口兽药通关单通过国际贸易“单一窗口”一口受理，方便申请人“一站式”办理业务，农业农村部会同海关总署依托国际贸易“单一窗口”建设进口兽药通关单核发管理系统（以下简称“核发系统”）。现将有关事项公告如下。

一、核发系统自 2021 年 11 月 29 日起正式启用。申请人通过国际贸易“单一窗口”在线申领进口兽药通关单，农业农村部和各级农业农村部门通过核发系统核发进口兽药通关单。

二、进口兽药通关单核发后，相关电子数据将直接发送至海关联网核查系统，报关时录入通关单编号即可进行联网核查。

三、国际贸易“单一窗口”为互联网平台，访问地址 https：//www. singlewindow. cn。申请人实名注册登录后，点击“标准版应用”，选择“许可证件”项下“进口兽药通关单”进入管理系统申请端进行申领，用户手册可在国际贸易“单一窗口”首页“服务指南”项下载。各相关管理部门通过密钥（USBkey）登录核发系统审批端办理业务，用户手册可在审批端下载。

四、各相关管理部门要加强经办人员技术培训，梳理掌握核发系统操作流程，确保通关单核发工作顺利开展。

五、各相关管理部门要积极协调解决现行系统与“单一窗口”核发系统切换过程中遇到的具体问题，推动核发系统启用工作顺利开展。

核发系统使用过程中遇到的问题及改进建议请及时反馈我部畜牧兽医局（联系电话：010—59192829）。

特此公告。

农业农村部

2021 年 11 月 25 日

# 海关总署公告

2021 年第 103 号

《中华人民共和国进口食品境外生产企业注册管理规定》（海关总署令第 248 号，以下简称《注册规定》）和《中华人民共和国进出口食品安全管理办法》（海关总署令第 249 号，以下简称《管理办法》）已于 2021 年 4 月 12 日公布，将于 2022 年 1 月 1 日起施行。现将相关事宜公告如下：

## 一、关于境外生产企业注册申请及企业信息查询

### （一）注册系统登录及境外生产企业信息查询

进口食品境外生产企业注册管理系统（以下简称“注册系统”）访问地址为：https：//cifer. singlewindow. cn/，或可通过中国国际贸易单一窗口（https：//www. singlewindow. cn/）门户网站—进口食品境外生产企业注册管理系统访问。

已注册进口食品境外生产企业可在海关总署官方网站或注册系统查询其在华注册编号、有效期等信息。

### （二）境外生产企业注册申请

除相关境外主管当局与海关总署就申请方式和申请材料另有约定的，《注册规定》第七条所列 18 类进口食品境外生产企业，应由所在国家（地区）主管当局分配其注册系统账号，通过注册系统按流程提交申请。境外主管当局的注册系统账号，由海关总署予以分配。《注册规定》第七条所列 18 类以外的其他食品境外生产企业，应自行申请其注册系统账号，按注册系统流程提交申请。

## 二、关于境外生产企业注册涉及产品类别及商品编号查询

进口食品境外生产企业注册涉及产品的类别与相应商品编号（HS 编码）、检验检疫名称（检验检疫编码），可登录注册系统查询，查询方式：首页菜单—产品类别查询。

## 三、关于境外生产企业注册办事指南

进口食品境外生产企业注册办事指南及相关附件，可参见海关总署网站“互联网+海关”办事指南栏目—行政审批—进口食品境外生产企业注册—《进口食品境外生产企业注册办事指南》。

## 四、关于进口食品境外生产企业的进口申报

2022 年 1 月 1 日起启运的输华食品，在进口申报时应在报关单“产品资质”项下“进口食品境外生产企业注册”证书栏（许可证类别代码 519）规范填写该企业在华注册编号。在实施 2020 版申报项目的海关申报进口食品，应在“其他企业”项下的“其他企业类别”栏选择“进口食品境外生产企业”，在“编号或企业名称”栏填报该企业在华注册编号。未按要求规范填报的，海关不接受申报。

## 五、关于注册编号标注及包装标签标识

2022 年 1 月 1 日起生产的输华食品，应当在输华食品的内、外包装上标注在华注册编号或者所在国家（地区）主管当局批准的注册编号。

《管理办法》关于包装和标签、标识的要求，适用于自 2022 年 1 月 1 日起生产的输华食品；2022 年 1 月 1 日前生产的输华食品包装和标签、标识要求适用于原规定要求。

## 六、关于注册有效期

已获注册的进口食品境外生产企业，其注册资格继续有效。已注册企业在注册有效期届满前 6 ~3 个月期间，应按照《注册规定》第二十条相关要求办理延续注册。未按规定申请延续注册的企业，海关总署将予以注销。

## 七、关于费用

实施进口食品境外生产企业注册，海关总署不收取任何费用。

特此公告。

海关总署

2021 年 12 月 13 日

# 海关总署公告

2021 年第 105 号

根据《中华人民共和国海关经核准出口商管理办法》（海关总署令第 254 号公布，以下简称《办法》）有关规定，现就经核准出口商管理有关事项公告如下：

一、申请人申请经核准出口商认定的，应当通过“中国国际贸易单一窗口”（https：//www.singlewindow.cn）或者“互联网+海关”一体化网上办事平台（http：//online.customs.gov.cn）中的“经核准出口商管理信息化系统”（以下简称经核准出口商系统）提交《中华人民共和国海关经核准出口商认定申请书》（见附件 1）。

经核准出口商应当通过经核准出口商系统办理续展、注销、信息变更、货物信息提交、原产地声明开具等事项。

海关通过经核准出口商系统向申请人、经核准出口商制发文书，发布通知。

二、海关审核申请人提交的申请后，符合《办法》所规定经核准出口商条件的，制发《中华人民共和国海关经核准出口商认定书》（见附件 2）；不符合的，制发《中华人民共和国海关不予认定经核准出口商决定书》（见附件 3）。

三、经核准出口商开具的《中华人民共和国政府和冰岛政府自由贸易协定》《中华人民共和国和瑞士联邦自由贸易协定》《区域全面经济伙伴关系协定》《中华人民共和国政府和毛里求斯共和国政府自由贸易协定》项下原产地声明，应当相应符合海关总署令第 222 号、第 223 号、第 255 号、海关总署公告 2020 年第 128 号的相关规定。

经核准出口商通过经核准出口商系统开具原产地声明后，按照所适用的协定的具体要求，由开具人员签名或者加盖印章确认原产地声明所列货物符合相关优惠贸易协定原产地规则。

四、经核准出口商符合《办法》第十四条规定注销情形的，海关注销其经核准出口商认定并制发《中华人民共和国海关经核准出口商认定注销通知书》（见附件 4）。

五、经核准出口商符合《办法》第十五条规定撤销情形的，海关撤销其经核准出口商认定并制发《中华人民共和国海关经核准出口商认定撤销通知书》（见附件 5）。

本公告自 2022 年 1 月 1 日起实施。海关总署公告 2014 年第 52 号、2020 年第 128 号第二款经核准出口商制度相关规定同时废止。2021 年 12 月 31 日前已被认定为相关协定项下经核准出口商的，在 2022 年 3 月 31 日前仍可依据原公告规定开具原产地声明。

特此公告。

附件：1. 中华人民共和国海关经核准出口商认定申请书（略）

2. 中华人民共和国海关经核准出口商认定书（略）

3. 中华人民共和国海关不予认定经核准出口商决定书（略）
4. 中华人民共和国海关经核准出口商认定注销通知书（略）
5. 中华人民共和国海关经核准出口商认定撤销通知书（略）

海关总署
2021 年 12 月 10 日

# 海关总署　市场监管总局公告

2021 年第 113 号

为进一步优化营商环境，根据《国务院关于深化“证照分离”改革进一步激发市场主体发展活力的通知》（国发〔2021〕7 号），现就报关单位备案（进出口货物收发货人备案、报关企业备案）全面纳入“多证合一”改革有关事项公告如下：

申请人办理市场监管部门市场主体登记时，需要同步办理报关单位备案的，应按照要求勾选报关单位备案，并补充填写相关备案信息。市场监管部门按照“多证合一”流程完成登记，并在市场监管总局层面完成与海关总署的数据共享，企业无需再向海关提交备案申请。“多证合一”改革实施后，企业未选择“多证合一”方式提交申请的，仍可通过国际贸易“单一窗口”或“互联网+海关”提交报关单位备案申请。

报关单位办理流程依据《中华人民共和国海关报关单位备案管理规定》（海关总署令第 253 号）执行。涉及报关单位备案的具体业务问题，企业可以咨询海关 12360 热线或所在地海关。

本公告自 2022 年 1 月 1 日起施行。海关总署、市场监管总局发布的 2019 年第 14 号公告同时废止。

特此公告。

海关总署　市场监管总局

2021 年 12 月 20 日

# 税务总局公告

2021 年第 15 号

为贯彻党中央、国务院决策部署，持续深化“放管服”改革、优化营商环境，积极落实中办、国办印发的《关于进一步深化税收征管改革的意见》，更好服务市场主体，按照在党史学习教育中开展好“我为群众办实事”实践活动的要求，税务总局将金税三期工程系统和出口退税管理系统进行了整合，在金税三期工程系统中开发了出口退税管理模块。本次系统整合工作，坚持为民便民，以优化执法服务、办好惠民实事为导向，大幅简并优化了出口退（免）税申报、报送资料、办税程序、证明开具和分类管理等措施，增加了便捷服务功能。现将有关事项公告如下：

## 一、取消部分出口退（免）税申报事项

（一）纳税人因申报出口退（免）税的出口报关单、代理出口货物证明、委托出口货物证明、增值税进货凭证没有电子信息或凭证内容与电子信息不符，无法在规定期限内申报出口退（免）税或者开具《代理出口货物证明》的，取消出口退（免）税凭证无相关电子信息申报，停止报送《出口退（免）税凭证无相关电子信息申报表》。待收齐退（免）税凭证及相关电子信息后，即可申报办理退（免）税。

（二）纳税人因未收齐出口退（免）税相关单证，无法在规定期限内申报出口退（免）税或者开具《代理出口货物证明》的，取消出口退（免）税延期申报，停止报送《出口退（免）税延期申报申请表》及相关举证资料。待收齐退（免）税凭证及相关电子信息后，即可申报办理退（免）税。

## 二、简化出口退（免）税报送资料

（一）纳税人办理出口退（免）税备案时，停止报送《对外贸易经营者备案登记表》《中华人民共和国外商投资企业批准证书》《中华人民共和国海关报关单位注册登记证书》。

（二）纳税人办理出口退（免）税备案变更时，在《出口退（免）税备案表》中仅需填报变更的内容。该备案表由《国家税务总局关于出口退（免）税申报有关问题的公告》（2018 年第 16 号）发布。

（三）生产企业办理增值税免抵退税申报时，报送简并优化后的《免抵退税申报汇总表》（附件 1）和《生产企业出口货物劳务免抵退税申报明细表》（附件 2），停止报送《免抵退税申报汇总表附表》《免抵退税申报资料情况表》《生产企业出口货物扣除国内免税原材料申请表》；办理消费税退税申报时，报送简并优化后的《生产企业出口非自产货物消费税退税申报表》（附件 3）。

（四）生产企业办理年度进料加工业务核销时，报送简并优化后的《生产企业进料加工业务

免抵退税核销表》（附件 4）。企业获取的主管税务机关反馈数据与实际业务不一致的，报送简并优化后的《已核销手册（账册）海关数据调整表》（附件 5）。主管税务机关确认核销后，生产企业应根据《生产企业进料加工业务免抵退税核销表》确认的应调整不得免征和抵扣税额在首次纳税申报时申报调整。

（五）外贸企业以及横琴、平潭（以下简称区内）购买企业办理出口退（免）税申报时，报送简并优化后的《外贸企业出口退税进货明细申报表》（附件 6）和《外贸企业出口退税出口明细申报表》（附件 7），停止报送《外贸企业出口退税汇总申报表》《区内企业退税进货明细申报表》《区内企业退税入区货物明细申报表》《区内企业退税汇总申报表》。

（六）纳税人办理已使用过且未计算抵扣进项税额设备的出口退（免）税申报时，报送简并优化后的《出口已使用过的设备退税申报表》（附件 8），停止报送《出口已使用过的设备折旧情况确认表》。

（七）纳税人办理购买水电气、采购国产设备退税时，报送简并优化后的《购进自用货物退税申报表》（附件 9），停止报送《购进水电气退税申报表》。

（八）纳税人办理跨境应税行为免抵退税申报时，报送简并优化后的《免抵退税申报汇总表》，停止报送《免抵退税申报汇总表附表》。其中，办理国际运输（港澳台运输）免抵退税申报时，报送简并优化后的《国际运输（港澳台运输）免抵退税申报明细表》（附件 10）；办理其他跨境应税行为免抵退税申报时，报送简并优化后的《跨境应税行为免抵退税申报明细表》（附件 11）和《跨境应税行为收讫营业款明细清单》（附件 12）。

（九）纳税人办理航天运输服务或在轨交付空间飞行器及相关货物免退税申报时，报送简并优化后的《航天发射业务免退税申报明细表》（附件 13）；办理其他跨境应税行为免退税申报时，报送简并优化后的《跨境应税行为免退税申报明细表》（附件 14），停止报送《外贸企业外购应税服务出口明细申报表》《外贸企业出口退税进货明细申报表》《外贸企业出口退税汇总申报表》。

## 三、优化出口退（免）税办税程序

（一）纳税人办理出口退（免）税申报时，根据现行规定应在申报表中填写业务类型的，按照优化后的《业务类型代码表》（附件 15）填写。

（二）纳税人发现已申报、但尚未经主管税务机关核准的出口退（免）税申报数据有误的，应报送《企业撤回退（免）税申报申请表》（附件 16），主管税务机关未发现存在不予退税情形的，即可撤回该批次（所属期）申报数据。

纳税人自愿放弃已申报、但尚未经主管税务机关核准的出口退（免）税的，应报送《企业撤回退（免）税申报申请表》，主管税务机关未发现存在不予退税情形或者因涉嫌骗取出口退税被税务机关稽查部门立案查处未结案的，即可撤回该笔申报数据。已撤回申报数据涉及的相关单证，不得重新用于办理出口退（免）税申报。

（三）国家计划内出口的免税卷烟，因指定口岸海关职能变化不办理报关出口业务，而由其下属海关办理卷烟报关出口业务的，自海关职能变化之日起，下属海关视为指定口岸海关。从上述下属海关出口的免税卷烟，可按规定办理免税核销手续。

已实施通关一体化的地区，自本地区通关一体化实施之日起，从任意海关报关出口的免税卷烟，均可按规定办理免税核销手续。

## 四、简化出口退（免）税证明开具

（一）纳税人申请开具《代理出口货物证明》时，报送简并优化后的《代理出口货物证明申请表》（附件17），停止报送纸质的《委托出口货物证明》。

（二）纳税人发生退运或者需要修改、撤销出口货物报关单时，报送简并优化后的《出口货物已补税/未退税证明》（附件18），停止报送《退运已补税（未退税）证明申请表》。主管税务机关按照下列规定在《出口货物已补税/未退税证明》上填写核实结果并反馈纳税人。

1. 出口货物未申报出口退（免）税的，核实结果填写“未退税”。

2. 已申报但尚未办理退（免）税的出口货物，适用免抵退税方式的，待纳税人撤销免抵退税申报后，或者向纳税人出具《税务事项通知书》，要求其在本月或次月申报免抵退税时以负数冲减原申报数据后，核实结果分别填写“未退税”“已补税”；适用免退税方式的，待纳税人撤销出口退（免）税申报后，核实结果填写“未退税”。

3. 已办理退（免）税的出口货物，适用免抵退税方式的，待向纳税人出具《税务事项通知书》，要求其在本月或次月申报免抵退税时以负数冲减原申报数据后，核实结果填写“已补税”；适用免退税方式的，待纳税人补缴已退税款后，核实结果填写“已补税”。

纳税人委托出口货物发生退运或者需要修改、撤销出口货物报关单时，应由委托方向主管税务机关申请开具《出口货物已补税/未退税证明》转交受托方，受托方凭该证明向主管税务机关申请开具《出口货物已补税/未退税证明》。

纳税人未按规定负数冲减原免抵退税申报数据的，在冲减数据前不得再次申报退（免）税。

（三）纳税人需要作废出口退（免）税相关证明的，应向主管税务机关提出申请，并交回原出具的纸质证明。

## 五、完善出口退（免）税分类管理

（一）将《出口退（免）税企业分类管理办法》（国家税务总局公告2016年第46号发布，2018年第31号修改）第六条中“评定时纳税信用级别为C级，或尚未评价纳税信用级别”调整为“评定时纳税信用级别为C级、M级或尚未评价纳税信用级别”。

（二）年度评定结果于评定完成后的次月1日起生效，动态调整和复评于评定完成后的次日起生效。新的管理类别生效前，已申报的出口退（免）税，仍按原类别办理。

（三）《出口退（免）税企业分类管理办法》中的“外贸综合服务业务”，应符合《国家税务总局关于调整完善外贸综合服务企业办理出口货物退（免）税有关事项的公告》（2017年第35号）中关于代办退税业务的规定。

## 六、增加出口退（免）税便捷服务

（一）为便于纳税人申报办理出口退（免）税事项，本次系统整合提供了电子税务局、标准版国际贸易“单一窗口”、出口退税离线申报工具三种免费申报渠道，供纳税人选用。

（二）为便于纳税人办理下列出口退（免）税事项，上述三种免费申报渠道中增加了便捷服务功能，纳税人可通过上述申报渠道，提出相关申请。

1. 出口退（免）税备案撤回；

2. 已办结退税的出口货物免退税申报，发现申报数据有误而作申报调整；
3. 将申请出口退税的增值税专用发票、海关进口增值税专用缴款书用途改为申报抵扣；
4. 出口退（免）税相关证明作废；
5. 进料加工计划分配率调整。

**七、本公告未明确的其他出口退（免）税事项，按照现行出口退（免）税相关规定执行。**

**八、施行时间**

本公告自发布之日起施行；其中，江苏省、广西壮族自治区、海南省、四川省、贵州省、云南省、西藏自治区自本地区金税三期工程系统出口退税管理模块上线之日起施行。《废止的文件条款目录》（附件 19）中列明的条款相应停止施行。

特此公告。

附件：1. 免抵退税申报汇总表（略）
2. 生产企业出口货物劳务免抵退税申报明细表（略）
3. 生产企业出口非自产货物消费税退税申报表（略）
4. 生产企业进料加工业务免抵退税核销表（略）
5. 已核销手册（账册）海关数据调整表（略）
6. 外贸企业出口退税进货明细申报表（略）
7. 外贸企业出口退税出口明细申报表（略）
8. 出口已使用过的设备退税申报表（略）
9. 购进自用货物退税申报表（略）
10. 国际运输（港澳台运输）免抵退税申报明细表（略）
11. 跨境应税行为免抵退税申报明细表（略）
12. 跨境应税行为收讫营业款明细清单（略）
13. 航天发射业务免退税申报明细表（略）
14. 跨境应税行为免退税申报明细表（略）
15. 业务类型代码表（略）
16. 企业撤回退（免）税申报申请表（略）
17. 代理出口货物证明申请表（略）
18. 出口货物已补税未退税证明（略）
19. 废止的文件条款目录（略）

税务总局

2021 年 6 月 3 日